21世纪法学系列教材配套辅导用书

经济法练习题集

（第六版）

主　编　刘文华　孟雁北

撰稿人（以姓氏笔画为序）

万　欣　王　超　王一琳　王惠娟　申宛鑫
田雪扬　孙晓红　孙铮铮　李庆璐　李佳航
杨　光　邱　越　佘文达　宋翘楚　张斯加
陈嘉睿　林树杰　倪经尧　徐　韬　黄　宁
赛音吉娅　樊汶青　魏　忠

中国人民大学出版社

·北京·

出版说明

法学练习题集系列自2006年出版以来，已经发行了15年。在这15年中，这套书受到了广大法学师生的喜爱，屡屡登上法学畅销书的排行榜。作为编者，我们倍受鼓舞，为能够为中国法学教育事业的发展贡献一点微薄的力量而感到由衷的喜悦，同时也深感自己身上的担子更重了。

这套书的设计初衷是帮助学生通过做练习的方式来检测、巩固所学知识，并通过案例分析、论述等题型的设计，进一步提高解决实务问题的能力和开阔学术研究的视野，通过“应试”的方式提高学习能力。从广大读者的反馈来看，这一设计初衷较好地实现了：学生通过精心设计的同步练习，更好地掌握了本学科的知识，加深了对司法实务问题的理解，并对一些法学学术前沿问题有所涉猎。

具体来讲，这套书有如下一些特点：

第一，帮助学生系统掌握本门学科知识。这套书参照法学课程通用教材设计章节体系，每本练习题集的每章下设“知识逻辑图”栏目，提纲挈领地勾画了一章的内容中不同知识点之间的逻辑关系，能帮助学生更好地理解知识体系、结构、逻辑关系，快速记忆本章的核心知识点。其后设计了名词解释、单项选择题、多项选择题、简答题、案例分析题、论述题等常见题型的自测题，突出了本章的重点、难点知识点，并提供了详细的答案分析，从而不仅可以开阔学生的眼界，帮助学生了解不同类型考题的不同形态，掌握其解题方法，而且可以培养和增强学生的综合实战能力。除每章的自测题外，全书还专门设计了三套综合测试题，学生可以在学完本门课程后自己测验一下对这门课程总的学习效果。

第二，帮助学生通过国家统一法律职业资格考试。法学专业的学生在经过系统学习之后，通过法律职业资格考试应当是顺理成章的事情，然而，法律职业资格考试在大多数法学院校学生中的通过率并不高。这套书从历年法律职业资格考试（司法考试）的试题中精选了部分经典的试题，帮助学生在上学期间了解法律职业资格考试的难度、考查的角度和形式，并进行有针对性的学习和准备。

第三，帮助学生准备考研。一方面，这套书从一些法学名校（如中国人民大学、北京大学、中国政法大学等）的历年考研试题中精选了部分试题；另一方面，这套书专门设计了“论述题与深度思考题”栏目，以拓展学生学术视野，同时，对考研的学生掌握论述题的答题方法和技巧亦有较大帮助。

我们的思路可归纳为：通过似乎回到“应试教育”模式、进行同步练习这样一种“俗”的方式，来达到我们强化“专业教育”的大而不俗的目的。

法学教育进入了新时代，更加强调法学专业学生对国家全面依法治国方略的学习和理解，更加强调法律职业伦理的塑造，更加强调法治人才对法治理论的实际运用能力。原来的“司法考试”升级为“国家统一法律职业资格考试”，无论是客观题还是主观题，都更加强调对案例分析能力的考查。作为一门实践性、应用性很强的学科，法学案例教学的重要性日益凸显。

为了回应新时代法学教育的需求，我们对这套书进行了全新的改版升级。一方面，我们适当增大了各类案例题型（案例型选择题、案例型分析题、案例型论述题）的比例。另一方面，我们力图运用新的出版技术手段，更好地为广大读者服务。在保留原有优势和特色的基础上，我们为每本书增加了相配套的视频讲解，选择书中的重点和难点题目，由作者进行更详细的分析和讲解。每本书附数字学习卡，扫码即可观看全部视频。除此之外，为方便读者学习，在有视频解析的题目下也配有二维码，读者扫码即可观看相关的讲解视频。*

此外，为了更好地为广大读者服务，我们计划建立读者答疑群。购买正版图书的读者可以凭所附的数字学习卡，一书一码，扫码进微信答疑群，我们会请相关书的作者不定期地进行集中的答疑。在这里，您既可以跟全国的读者进行交流，又可以得到专家学者的指导，从而能在学习上获得更多的帮助和支持。

最后，推荐大家关注中国人民大学出版社法律分社的微信公众号，“人大社法律出版”。这里不仅有大量的出版资讯，还有不少的数字资源，是跟我们联系的另一条渠道。

您的喜爱是我们前行的动力，衷心希望这套练习题集能够做得越来越好，在您的前进道路上略尽绵薄之力。

2021 年 11 月

扫码关注“人大社法律出版”

* 《经济法练习题集（第六版）》无视频讲解和数字学习卡。——编辑注

第六版修订说明

《经济法练习题集》是“新编21世纪法学系列教材”《经济法》的配套辅导用书，也可供“马工程”《经济法学》教材学习者参考使用。我们结合《经济法》（第七版）教材的修订情况、近几年我国经济法学的发展以及与经济法学科相关的国家统一法律职业资格考试及各大院校考研试题，因应经济法课程教学的需要，对《经济法练习题集》（第五版）进行相应的修订。

本次修订的内容较多，主要是：(1) 根据中国人民大学出版社《经济法》（第七版）教材新增的内容、高等教育出版社《经济法学》（第三版）教材的有关内容，增加了相关的练习题，并针对《经济法》（第七版）教材和《经济法学》（第三版）教材的不同之处提供多个版本的参考答案。(2) 结合《经济法学》（第三版）的体例增加了第六章“经济法主体的权利（权力）、义务和责任”和第十八章“特别市场规制制度”的内容。(3) 增加了近几年国内各高校较为典型的经济法考研题目以及有关国家统一法律职业资格考试题目的解读。(4) 对《经济法练习题集》（第五版）的内容从准确性、时效性的角度进行了修订。(5) 根据经济法学科的发展以及我国经济政策、法律法规的变化，对《经济法练习题集》（第五版）的相关内容进行了修订。

本次修订工作由孟雁北主持，由倪经尧、宋翘楚、佘文达、王一琳、田雪扬、邱越、陈嘉睿、赛音吉娅、樊汶青修订，由孟雁北定稿。

《经济法练习题集》自出版以来，得到了广大读者和考生的支持，还收到许多读者的反馈意见。由于水平所限，本书仍会存在不妥或考虑不周之处，恳请广大读者和考生继续批评指正。您的意见可发送至 mengyb@ruc. edu. cn，我们会认真地倾听您的意见，谢谢！

孟雁北

2025年2月24日

目 录

第一章　经济法的产生和发展

知识逻辑图

- 经济法的产生和发展
  - 经济法产生的基础条件
    - 市场经济发展到社会化阶段，国家被动或自觉地承担起对经济的组织协调职能
    - 社会经济及国家对经济的调整建立在法治的基础之上，并形成了相应的经济法学说
  - 经济法形成的一般原因和规律
    - 法律部门形成的一般规律：任何法律部门的形成，都是社会经济、法制客观条件和有关主观学说结合和共同作用的结果，经济法也不例外
    - 经济法形成的一般原因和规律
      - 社会化生产与生产关系的矛盾
      - 社会化导致现代国家对经济生活的广泛而深入的参与
      - “有形之手”和“无形之手”的协同并用
      - 纵向经济关系与横向经济关系的平衡结合
      - 经济集中与经济民主的对立统一
      - 法和法学自身发展的逻辑
      - 一定经济法学说之形成
  - 经济法产生和发展的历史
    - 西方国家经济法的产生和沿革
      - 西方国家经济法的产生
      - 西方国家经济法的沿革
        - 战时经济法
        - 危机对策经济法
        - 自觉维护经济协调发展的经济法
    - 社会主义国家经济法的产生和沿革
      - 苏联、东欧国家经济法简史
      - 中国经济法的形成和发展
        - 德国和日本经济法形成之初对中国的影响
        - 中国经济法的产生和发展

名词解释与概念比较

两成分法（中国人民大学考研）

简答题

1. 简述经济法产生的基础条件。
2. 简述西方国家经济法的沿革。

论述题与深度思考题

1. 试述经济法形成的一般原因和规律。
2. 试述学界关于经济法产生的主要观点并作评析。

参考答案

名词解释与概念比较

两成分法是20世纪20年代苏联形成的从性质上明确区分民法与经济法的法学理论，是苏联、东欧经济法的逻辑起点。20世纪20年代末，以斯图契卡为代表的一些苏联法学家认为，苏维埃民法可以分为两个部分：一部分是调整国民经济中社会主义成分的组织技术性质的规范；另一部分是以个人意志自由为出发点，贯穿资产阶级原则，调整逐渐消失的私人成分的规范。上述两部分即是所谓的两种成分，按照两成分法学说，后一种成分是民法的本质所在，随着它的消亡，作为社会主义经济—行政规范的经济法，将取而代之。

简答题

1. 20世纪在全球范围内兴起的经济法，既是一个新兴的法律部门和法律学科，也是一种适应时代需要、应运而生的法律思潮。不论是否被承认，事实上都在一定程度上自觉或不自觉地运用经济法的理念和手段——冲破国家与市民社会、公法与私法之间的樊篱而由政权直接介入及参与经济生活。对于经济法的产生，应从社会经济、政治和法自身的轨迹中去寻求答案。

经济法是市场经济内在矛盾的必然产物，是国家机器职能发展的必经阶段，同时也是法对经济关系调整之历史发展的逻辑结果。因此，可以从经济关系、国家职能以及法本身这三项基本因素的发展变化中，去寻求和把握经济法产生和发展的一般规律。

经济法产生的一般基础和条件是，市场经济发展到社会化阶段，国家被动或自觉地承担起对经济加以调节的职能；同时，社会经济及国家对经济的调整建立在法治的基础之上，并形成了相应的经济法学说。

经济法是调整经济关系的，但是，并非法对经济的任何调整，都能形成经济法。从法产生起，对经济关系的调整就是它的首要任务，对经济的法律调整是史前社会结束以来任何社会或国家不可或缺的一种控制及运行机制。但并不能认为古代就有经济法。法的部门划分，包括经济法以及民法等任何其他法律部门，都是社会及法律调整发展到一定阶段的产物。

在古代和中世纪，凡由国家制定或认可的法律规范都结合在一起，诸法合一，没有部门划分，也就谈不上从法律部门意义上理解的经济法和其他法律门类。作为例外，古罗马由于自由、平等的贸易和手工业的普遍发展，从而在纪元前后导致公私法的分立也即民法部门的形成，法学家乌尔比亚努斯也提出了公法、私法划分的理论。其后，以拿破仑民法、商法、民事诉讼法、刑法、刑事诉讼法等五法典问世为标志，社会和法的发展突破了仅有公法和私法划分的局面。然而，这些都没有形成“经济法”一说。因为自由资本主义国家向来信奉“干预越少的政府就是越好的政府”，强调政治国家与市民社会井水不犯河水，国家调节之手遭到否定而萎缩不全，因而在自由资本主义时期，不存在经济法形成的社会经济条件。

到了垄断资本主义阶段，垄断力量破坏市场竞争、干预国家政治，还导致了周期性的经济危机。靠市场力量显然无法摆脱这种困境。于是，资本主义国家不得不改变自由市场的观念和政策，转而采用“规制”“组织经济”等新的理念和做法，以“有形之手”直接、具体地参与经济生活。而这种国家对经济生活的组织和参与，都是通过法的手段实施的，于是就出现了与民商法和其他传统法律部门迥然有异的经济法律、法规及相应的法治，也即“经济法”。

社会主义公有制的建立，为国家自觉维护经济协调发展的经济法的孕育、发展准备了良好的条件。然而苏俄的浓重中央集权和行政色彩，使经济法难以从行政法和国家法中脱颖而出，只有原民主德国和捷克斯洛伐克于20世纪60年代认可了经济法，按经济法精神制定了经济法典、经济合同法和企业法等。我国由计划经济转向社会主义市场经济，经济法制的重要性为各界所一致认可，而我国政府在宏观和微观的经济管理、调控、参与方面的主观能动作用，为其他任何市场经济国家所不及，这就为经济法的形成和发展提供了坚实的基础条件。

综上所述，经济法产生于一定时期的经济、政治和法律的需要。当市场经济发展到社会化阶段，国家放弃消极不干预经济的做法转而对社会经济加以调控，并使这种调控在法治的基础之上进行，形成一系列国家调控经济的法律、法规，同时，法学家对这种现象的抽象总结形成了相应的经济法学说，此时，经济法作为一个法律部门就应运而生了。

（参考资料：刘文华、史际春、徐孟洲主编：《经济法》，7 版，北京，中国人民大学出版社，2024；史际春、邓峰：《经济法总论》，2 版，北京，法律出版社，2008）

2. 经济法问世之后，在 20 世纪 30 年代大危机时期和第二次世界大战结束至今，又曾出现多次高潮。根据历史和逻辑，我国经济法学者多将资本主义经济法的发展过程概括为由低到高的三个阶段，或者说三个不同层次。

（1）战时经济法。

这是初级的经济法，仅于浅表层次和以野蛮的方式回应着不期而至的社会化要求，实质上则是与客观经济规律格格不入的。除德国的战时经济法之外，日本作为后进的帝国主义国家，其第一次世界大战前经济也具有强烈的国家主义和军国主义色彩，更在两次世界大战之间及二战时颁布种种经济统治法令，较之德国有过之而无不及。这些法令与市场机制和规律背道而驰。虽然说日本的经济法直至第二次世界大战结束总体上都是围绕着侵略扩张制定的，称其为绑在战车上的经济法并无不妥，但战时经济法同时也体现了市场经济中国家对经济介入的经济法理念。战时经济法是对社会客观要求的一种扭曲反映，当国家适应经济社会化需要，对经济关系加以正常协调的法律秩序建立后，战时经济法也就宣告结束了。

（2）危机对策经济法。

这是为应付经济不景气或其他意想不到的经济危机而被动制定的经济法。鉴于经典的资本主义意识形态强调国家公权力与市民社会应严格分野，西方国家的经济法长期以来多是迫于经济危机或社会矛盾激化而不得不制定的。既然是为了消极、被动地应付危机而制定，则其必然具有相当的盲目性，立法者为应急往往不计后果，不惜强行采取管制措施，从而损及经济的活力和民主的要求。随着经济社会化的客观内在要求普遍显现，适应这种要求的个别经济主体自律及其社会性协调管理逐渐融合个人和社会之理性，经济法之体现国家自觉维护经济协调发展的因素日益增长，经济法终将摆脱必然王国而走向自由境界。

（3）自觉维护经济协调发展的经济法。

第二次世界大战结束以后，自解散德、日的卡特尔和财阀，推行经济民主化开始，以维护自由竞争的市场秩序，促进社会经济协调发展为目标的较为成熟的经济法，在西方发达国家日益形成。其主要标志是经济法据以解决社会经济矛盾的宗旨和方式，已由干预、管制市场主体的自由意志和行为转向尽可能创造充分、适度、公平的竞争环境以维护这种市场主体意志和行为的自由。这一时期的经济法，是以社会为本位，立足社会整体，以多数人的利益和意志为重，从整个国民经济的协调发展和社会整体利益出发，来调整经济关系，协调经济利益关系的现代意义的经济法。

（参考资料：刘文华、史际春、徐孟洲主编：《经济法》，7 版，北京，中国人民大学出版社，2024）

论述题与深度思考题

1. 任何法律部门的产生，都需要主、客观两方面条件，缺一不可。某一法的部门或门类产生的客观条件，是社会在发展中出现了需要以不同于以往的法律原则制度来规范的某些社会关系，并有了相应的司法实践或成文法规。主观条件是由法学家对业已出现的客观社会经济条件和法律法规进行总结、解释和归类，形成相应的法学理论或学说，并在相当程度被学界和社会接受。因此，任何法律部门的形成，都是社会经济、法制客观条件同有关主观学说结合和共同作用的结果。经济法也不例外。经济法形成的一般原因和规律，包括以下几个方面：

（1）社会化生产和生产关系的矛盾。

从根本上说，生产力与生产关系的矛盾仍是现代经济法产生的根本原因。随着生产力的发展，资本主义的社会经济不断提出社会化的要求，为了消弭私有制与它的不兼容、垄断经济对资本竞争和生产力发展的阻碍，资本主义经济法必然产生。社会主义实践最初选择了高度集中的计划经济体制，有超越社会经济的自然要求、以行政或“家长式”方式拔生产力之苗而助长之嫌。20 世纪 70 年代末，以公有财产决策和利用的分散化、民主化、社会化和法制为基本标志的社会主义改革，则决定了社会主义经济法的产生。

（2）社会化导致现代国家对经济生活的广泛而深入的参与。

由于生产和经济的社会化，经济关系日益复杂，社会上各种层次的主体之间以及不同个体与社会整体之间的经济利益和经济行为的冲突，要求在经济领域内必须有一定的经济调节和利益协调的中心，从社会利益出发实行必要的经济管理和监督。在国有暨公有制领域，更要求有一个公共机构来承担本质上内在于再生产过程、属于在社会层面上开展协作劳动的经济管理职能，而不是一般外在于生产过程的经济行政管理职能。这样的中心或机构，是任何阶层、集团或个人都不能充任的，而只能由凌驾于社会之上的国家来充任。20世纪以来，各国都在一定的经济体制内，日益加强干预和参与经济生活的广度、深度和力度，发挥国家在管理、组织、监督经济方面的职能。国家的职能活动多是通过立法手段实现的，现代经济法因此而产生。

（3）“无形之手”和“有形之手”的协同并用。

在自由资本主义时代，国家和市民社会有着严格的分界，国家不干预市场主体的行为，而把经济运行交给市场这一无形之手，因而只需调整平等主体间关系的民法存在即可，是不可能产生经济法这样公私交融之法的。而在社会主义国家的计划经济时期，国家依靠强有力的国家调节之手去组织和干预经济，另一只市场调节之手处于被扼杀的状态，因而只需要外在于经济的行政管理存在即可，经济法也没有存在的必要。无论资本主义国家还是社会主义国家，只有当国家调节之手和市场调节之手这两只手协同并用时，经济法才有产生和存在的客观基础。

（4）纵向经济关系与横向经济关系的平衡结合。

无形之手多体现于横向经济关系之中，有形之手主要体现在国家主导的纵向经济关系中。市场和政府两种调节因素的经济关系普遍形成，经济法才有可能产生。社会主义国家原先实行计划经济，国家之手运作的纵向经济关系极其发达。由于忽视商品关系和市场，横向经济关系萎缩，发育得很差。在这种情况下，民法难以发挥作用，经济法更难以产生。20世纪七八十年代之交，我国开始经济体制改革，其主要方向和内容是：一方面，大力发展商品经济，发展横向的联合、协作与竞争；另一方面，改革纵向经济关系的机制、模式和手段，使两类经济关系在新的体制中平衡协调结合。反映这一体制基本要求的中国经济法由此得以产生。

（5）经济民主与经济集中的对立统一。

这对矛盾既存在于经济基础之内，也表现在上层建筑之中，例如，生产社会化之要求集中与各经济利益主体之要求分散的矛盾，国家参与和管理监督与市场主体独立自主的矛盾，中央统一领导与地方分权的矛盾，等等。国家调节之手和纵向经济关系往往体现着经济集中，市场调节之手和横向经济关系则意味着社会个体的经济民主。资本主义和社会主义的经济法，都是在经济集中与经济民主既对立又统一的矛盾中产生的。

（6）法和法学自身发展的逻辑。

法和法学属于上层建筑范畴，但其产生以后又具有自己的相对独立性。法和法学问世之后，大体经过了诸法合一、部门分化、专业高度分化基础上的高度整合这三个阶段。社会经济的发展由量变到质变，则使法和法学的发展进入当前所处的专业高度分化基础上的高度整合阶段。在这一阶段，法的规范和专业技术规范之间已不存在明显的界限，无法再将二者截然区分开来。现代国家对法规范的权利保障，也不能简单归结为诉讼和法律制裁。“公法私法化”和“私法公法化”的趋势日益明显，公法和私法也不再保持明显的界限，传统法律部门的划分方法遭受到前所未有的冲击，实践呼唤着按新的标准对法重新分门别类，以适应法和法学发展的新趋势。

（7）一定的经济法学说之形成。

一定的学说及其在相当程度上为社会所认可，是一个法律部门形成的必要条件。经济法部门的形成，自然也有赖于某种主流经济法学说及经济法学的确立，尤其是统治者对它的推广和认可。譬如，我国官方将经济法定位为法学核心课程，设置经济法专业硕士和博士研究生学位点，最高权力机关将经济法列为我国七大法律部之一等，都可以作为经济法产生的标志和主观标志或因素之一。

综上所述，经济法的形成并不是偶然的。它是在市场经济发展到社会化大生产阶段，在客观条件和主观条件都具备的情况下应运而生的。

（参考资料：刘文华、史际春、徐孟洲主编：《经济法》，7版，北京，中国人民大学出版社，2024；史际春、邓峰：《经济法总论》，2版，北京，法律出版社，2008）

2. 关于经济法的产生问题，在国内外法学界主要有以下四种观点[①]：

其一，认为经济法是在资本主义进入垄断阶段以后才产生的。

日本经济法学者金泽良雄认为，经济法是一个新的领域，“经济法”一词在学术上开始使用时，主要是在第一次世界大战后的德国。经济法产生的历史背景，一般是以资本主义高度发展的现象为基础的；经济法之所以在德国产生，是因为适合了德国的学术土壤。

在中国，有的学者认为，经济法作为一个独立的法律部门，是在资本主义由自由竞争走向垄断的时代，到了20世纪初，特别是在第一次世界大战以后才形成的。有些学者认为，法律部门的形成，需具备的一个条件，就是形成相应的理论或学说，并在相当程度上被学界和社会接受。在分析经济法产生的主观条件时，他们阐述了“经济法”一词的提出和使用；在分析经济法产生的客观条件时，他们强调了经济集中和垄断是经济法产生的原因之一。

其二，认为近代经济法产生于19世纪末，但并不否认“市民革命以前的经济法的存在”。

在日本，有学者（如丹宗昭信）认为，在19世纪后半叶，垄断市场的倾向日益显著，产生了各种市场弊端。因此，国家对自由市场干预的法即经济法也就发展起来了。近代经济法虽是19世纪末产生的，但国家对市场的介入法，在市民革命以前就已经存在了。大约从古代起，在存在自由市场的场合，就产生了垄断倾向。在古罗马帝国时期，就已制定了被认为明显是垄断禁止的法律。

其三，认为随着国家和法律的产生，经济法就产生了；到了垄断资本主义阶段，经济法形成一个新的法律部门。

有的学者认为，就经济法的内涵，即国家运用法律的强制手段来管理社会经济来看，它是阶级社会中最古老的法律的一个组成部分。当人类进入阶级社会时，随着国家和法律的产生，经济法也就产生了。在奴隶制与封建制社会，它是包含在“诸法合体”的法律之中的。到了资本主义社会，在自由资本主义时期，经济法与其他法同时并存，到了垄断资本主义阶段，经济法的地位突出出来，逐渐形成一个新的法律部门。

其四，认为作为一个独立的法的部门的经济法产生于古代社会。

持这种观点的学者认为，经济法既不是在人们提出“经济法”这一概念时才产生的，也不是人们承认了它是一个独立的法律部门的时候才存在的。当适应经济关系发展的需要而制定的、调整特定经济关系的规范达到一定数量的时候，也就形成了作为独立法律部门的经济法。因此，不论奴隶制国家、封建制国家、资本主义国家，还是社会主义国家，都有各自的经济法，但其本质、内容和作用是各不相同的。

对经济法的产生问题存在争论的一个主要原因在于对“经济法产生”的含义认识不同。一种观点认为，经济法的产生即经济法律规范的产生，因此，在奴隶社会或封建社会，当经济法律规范产生时，经济法就产生了，只不过它是包含在“诸法合体”的法律之中的。另一种观点认为，经济法的产生即经济法律的制定。据此，金泽良雄认为德国于1915年发布《关于限制契约最高价格的公告》等法令即可视为经济法的产生。再一种观点认为，经济法的产生即经济法部门的产生。我们认为，把经济法产生的含义理解为经济法律规范的产生或经济法律的制定，是不可取的。因为我们不能把一个或一些经济法律规范等同于经济法，学术意义上的经济法，是从部门法的角度来说的，只有当经济法形成了一个独立的法律部门，才能说经济法已经产生了。但支持这一观点的有些学者认为调整特定经济关系的法律规范达到一定数量时，经济法就产生了，而没有考虑其产生的主观因素，也是不全面的。

我们认为，讨论法的部门划分或新的法律部门的产生应遵循主客观相统一原则。就经济法来说，它产生的基础条件是：市场经济发展到社会化大生产阶段，国家被动或自觉地承担起对经济加以调节的职能；同时，社会经济及国家对经济的调整建立在法治的基础之上，并形成了相应的经济法学说。当资本主义发展到垄断阶段时，垄断力量破坏市场竞争、干预国家政治，还导致了周期性的经济危机，靠市场力量显然无法摆脱这种困境，于是，资本主义国家不得不改变被

① 关于经济法产生于何时的争论，实际上并不是一个单纯的历史事实问题的争论，它与对经济法含义的理解、对经济法部门的理解密切相关，不同的理解将导致不同的结论。

动的不干预政策，而逐步采用“国家干预”“宏观调控”等做法，以“有形之手”直接、具体地参与和干预经济生活。而这种国家对经济生活的参与和干预，都是通过法的手段实施的，于是就出现了与民商法和其他传统法律部门迥然有异的经济法律、法规，遂有法学家将其诠释为“经济法”。由于传统民法调整平等主体间的权利、义务关系，而行政法的国家调控外在于经济关系，它们都不能解决国家力量对经济领域的调控问题，因而，具有典型公私融合特征的经济法得到了学术界和统治者的普遍认可。由于产生的主客观条件皆备，经济法便应运而生了。

（参考资料：刘文华、史际春、徐孟洲主编：《经济法》，7版，北京，中国人民大学出版社，2024；杨紫烜主编：《经济法》，北京，北京大学出版社、高等教育出版社，1999）

第二章　经济法的概念、本质和基本原则

知识逻辑图

- 经济法的概念、本质和基本原则
  - 经济法的含义
    - 否定经济法的经济法含义表述
      - 学科经济法说：经济法是研究经济法规运用各个基本法手段和原则对经济关系进行综合调整的规律的法律学科
      - 综合经济法说：（或“综合法律部门说”）经济法是以经济民法方法、经济行政方法、经济劳动方法调整平等的、行政管理的、劳动的社会关系的法律规范的总和
      - 经济行政法说：经济法是“经济行政法”，它与行政法其他部分的区分，是“经济行政法所调整的经济管理关系兼有行政性和经济性”
    - 经济法学界关于经济法含义的表述
      - 大经济法说：经济法是调整国民经济管理和各种经济组织在经济活动中的经济关系的法律规范的总称
      - 经济法规说：经济法是国家对国民经济各种经济关系和各项经济活动进行调整、管理、监督、奖励或限制的诸种经济法规的总称
      - 企业法说：经济法是调整企业在经营管理活动中所产生的经济关系的法律规范的总称
      - 国民经济运行法说：经济法是法在调整国民经济总体运行过程中所形成的法律制度、法形式和法方法的总和，包括国民经济组织法、经济活动法和经济秩序法
      - 宏观调控法说：经济法的调整对象是国家作为经济管理主体与市场主体之间的间接宏观调控性经济关系
      - 纵向关系说：经济法是调整经济管理关系的法律规范的总称
      - 纵横统一说：经济法是调整经济管理过程中和计划指导下的经营协调活动中所发生的经济关系的法律规范的总称［或经济法是“有关确立国家机关、社会组织和其他经济实体的经济法律地位，以及调整它们在经济管理过程中和经营协调活动中所发生的经济关系的法律规范的统一体（总称）”］
  - 经济法的调整范围
    - 经济管理关系：公共经济管理关系，主要表现为以国家为管理主体的经济管理关系
    - 维护公平竞争关系：现代国家为了维持市场经济的正常运行及其活力，采取相关措施维护、促进或限制竞争的过程中形成的社会经济关系
    - 组织管理性的流转和协作关系：直接体现国家意志且具有组织管理性的流转和协作关系，或曰超出民法调整范围的“平等主体”之财产关系
    - 经济组织内部经济关系：鉴于现代市场经济的社会化要求，为了社会整体利益和其他人的合法权益而必须接受公权力的介入（检查、监督）和法律直接规制的企业内部关系

- 经济法的概念、本质和基本原则
  - 经济法的本质和特征
    - 本质
      - 经济法是平衡协调法
      - 经济法是社会责任本位法
      - 经济法是系统、综合调整法
      - 经济法是经济集中与经济民主对立统一的法
      - 经济法是“以公为主、公私兼顾”的法
    - 特征
      - 经济性或专业性
      - 政策性
      - 行政主导性
      - 综合性
  - 经济法的基本原则
    - 平衡协调原则：这是由经济法的社会性和公私交融性所决定的一项普遍原则
    - 维护公平竞争原则：这是经济法反映社会化市场经济的内在要求和理念的一项核心的、基础性的原则
    - 责、权、利、效相统一原则：经济法律关系中各管理主体和公有制经营主体所承受的权（力）利、利益、义务和职责必须相一致，不应当有脱节、错位、不平衡等现象存在

名词解释与概念比较

1. 学科经济法学说（中国人民大学考研）
2. 平衡协调原则（中国人民大学考研）
3. 经济行政法学说①
4. 纵横统一说/管理协调说
5. 经济法

简答题

1. 简述经济法的社会责任本位。②（中国人民大学考研）
2. 简述经济法理念的内容。（中国人民大学考研）
3. 如何理解经济法的行政主导性特征？（中央财经大学考研）
4. 试论经济法的政策性。（北京大学考研）

论述题与深度思考题

1. 论述经济法的概念和调整对象。（中国人民大学考研）
2. 论责、权、利、效相统一原则。③（中国人民大学考研）
3. 论述经济法的维护公平竞争原则。（中国人民大学考研）
4. 经济法的基本原则及其研究价值。（北京大学考研）
5. 试论“社会本位”与“实质正义”理念。（中国政法大学考研）
6. 试论经济法的价值。（武汉大学考研）
7. 论经济法的本质。
8. 论经济法的特征。

① 2006 年中国人民大学经济法考博试题有一道是“论经济行政法”。经济行政法学说是否定经济法学说的流派之一，考生可能会在复习时忽略经济法概念中隐含的这部分内容，但是中国人民大学考研试题于 2005 年考的“学科经济法学说”就涉及这方面的内容，因此需要考生对此部分内容多加留意。

② 本题考查的内容在中国人民大学历年的考研真题中曾经以名词解释、论述和简答多种形式出现，出题率相对较高。而且也可以将“社会责任本位”与经济法的价值和理念联系起来理解，以加深对经济法本质的理解。

③ 该原则是社会主义经济法的一项根本性原则，考查频率较高，请考生注意。

9. 论述经济法的社会责任本位。（中国人民大学考研）

10. 根据中国共产党第十九届中央委员会第三次全体会议公报的相关材料①，请论述经济法治建设如何实现材料中的目标。（中国人民大学考研）

参考答案

名词解释与概念比较

1. 学科经济法学说认为，经济法是“研究经济法规运用各个基本法手段和原则对经济关系进行综合调整的规律”的法律学科。该学说认为在法的体系中并不存在“经济法”部门，所谓经济法无非是运用民法、行政法、刑法等基本部门法的手段来调整经济关系的经济法规，是这些基本部门法的具体化。因此，也可称之为“经济法规说”。该学说同时认为，经济法作为一门学科是必要的，因为传统法学对经济的法律调整缺乏综合研究，建立经济法学科可以弥补传统法学学科的不足，实践中有利于加强法律对国民经济的综合性调整。也就是说，现代经济需要法律的综合调整，这是一门需要研究的学问，但在法律的综合调整中，并不形成新的法律门类或部门。

此学说看到了当代国家对各种经济关系普遍运用民事、行政、刑事等手段进行统一调整的现象和趋势，并且认为应当加强对此现象的研究，以提高对经济的法律调整的功效。但是，它囿于法律部门的传统划分，未能对学科与部门的关系作出令人信服的解释，因此它不能为经济法学者所接受。

2. 所谓平衡协调原则，是指经济法的立法和执法要从整个国民经济的协调发展和社会整体利益出发，调整具体经济关系，协调经济利益关系，以促进、引导或强制实现社会整体目标与个体利益目标的统一。

平衡协调原则是由经济法的社会性和公私交融性所决定的一项普遍原则，是不同社会经济制度的经济法所共同遵循的一项主导性原则。现代经济法为消弭社会个体无度追求私人利益所生流弊，以组织协调、平衡发展、公有精神之追求为己任。平衡协调原则作为经济法之社会本位的体现和基本要求，在宏观抑或微观领域的调整中均发挥着基本指导准则的作用。

平衡协调原则作为一种法律规范，在多数情况下未必于具体的经济法律关系和经济执法中直接适用，而是作为经济管理、经济执法及司法所遵循的一项理念或宏观标准。经济管理、执法及司法机关应当从社会利益出发，在其履行职责时仔细权衡利害关系，乃至听取专业团体和有关各界的意见，而不是机械地理解、适用法条而作出有违实质正义和社会利益之决断，但是也不能随意或滥用此项原则，以免造成管理和司法的混乱。

3. 经济行政法学说认为，经济法就是“经济行政法”，它与行政法其他部分的区分，在于“经济行政法所调整的经济管理关系兼有行政性和经济性”，“经济行政法在采用传统的行政法调整方法及行政命令方法的同时，还广泛运用其他调整方法，特别是着重发挥经济调节手段的作用”。

“经济行政法说”的要旨是认为经济法隶属于行政法，是行政法的一个分支，不构成任何独立的法的部门；并且尽可能避免使用“经济法”的措辞，以免造成经济法是一个法律部门的错觉。其创始者是苏联民法学家 C. H. 勃拉图西，他于 1963 年提出“经济行政法”观点，认为经济法无非是调整经济管理关系的行政法，不能将行政关系与民事关系在“经济法”的名下混为一谈。

此说坚持法律部门划分的传统理论，作为学术探讨或学术流派之一，无可厚非，但问题在于，若按此说，现代经济法的许多法律、法规如反垄断法、国有企业或公共企业法等，则无法被囊括到经济行政法或经济法的名下；若将超出行政范畴的经济性法律规范硬性归入行政法，则会令行政法和行政法学勉为其难，并对其本身及其调整对象造成损害。

4. “纵横统一说”也称“管理协调说”，认为经济

① 题目中节选的材料为：“全会提出，转变政府职能，优化政府机构设置和职能配置，是深化党和国家机构改革的重要任务。要坚决破除制约使市场在资源配置中起决定性作用、更好发挥政府作用的体制机制弊端，围绕推动高质量发展，建设现代化经济体系，调整优化政府机构职能，合理配置宏观管理部门职能，深入推进简政放权，完善市场监管和执法体制，改革自然资源和生态环境管理体制，完善公共服务管理体制，强化事中事后监管，提高行政效率，全面提高政府效能，建设人民满意的服务型政府。”该题目实际上考查经济法治如何调整“政府与市场”关系的问题。

法是调整“经济管理过程中和计划指导下的经营协作活动中所发生的经济关系的法律规范的总称”，或者是“有关确立国家机关、社会组织和其他经济实体的经济法律地位，以及调整它们在经济管理过程中和经营协调活动中所发生的经济关系的法律规范的统一体（总称）”。

5. 参考答案一：

基于“纵横统一说”，经济法概念的基本定义为：经济法是调整经济管理关系、维护公平竞争关系、组织管理性的流转和协作关系的法。这是从调整对象的角度对经济法概念的基本定义或界说，对于作为一门社会科学的经济法学来说是必不可少的。同时，对任何事物，尤其是复杂的事物，都可以也需要从多种角度进行表述或定义，方可形成较为完整、准确的概念。经济法也不例外。因此，也不排除可以从性质、地位等角度对经济法的概念作多种定义。

（参考资料：刘文华、史际春、徐孟洲主编：《经济法》，7版，北京，中国人民大学出版社，2024）

参考答案二：

经济法是调整在现代国家进行宏观调控和市场规制过程中发生的社会关系的法律规范的总称。简单地说，经济法就是调整调制关系的法律规范的总称。

上述经济法的定义包含了多个方面的内容，例如：第一，从时间维度看，经济法是与现代国家、现代市场经济相关联的，因而其产生基础和存续时间不同于传统部门法；第二，从空间维度看，经济法侧重于在一国范围内对调控和规制关系进行法律调整，因而不同于国际层面的法律协调，与国际公法或国际经济法有别；第三，从调整对象看，经济法调整的是宏观调控关系和市场规制关系，简称调制关系；第四，从规范归类看，经济法是一类法律规范的总称，而不是形式上的法律或法规的总称，因此，它是一个独立的部门法，应从实质意义的经济法的角度对规范加以归类。

（参考资料：《经济法学》编写组编：《经济法学》，3版，北京，高等教育出版社，2022）

简答题

1. 经济法的社会责任本位是指它在对经济关系的调整中立足于社会整体，在任何情况下都以大多数人的意志和利益为重。

社会责任本位要求经济法以社会利益和社会责任为最高准则。无论国家还是企业，都必须对社会负责，亦即都必须对发展社会生产力、提高社会经济效益负责，在对社会共同尽责的基础上处理和协调好彼此之间的关系。在整体上，国家代表全局利益、长远利益，但在具体经济过程和经济关系中，它是以具体国家机关或者某种经过授权的组织，作为特定的物质利益实体和社会组织的身份、地位出现的。在具体经济关系中，国家必须依法行使权力和权利，对社会负责，不得以不当或过度的行政权力和长官意志，妨碍或损害市场主体及非国有主体依法行使权利，不能不法损害其他主体的利益。企业和个人等经济主体也要对社会负责，不能只讲权利、不讲义务；不得片面强调自身局部利益而置社会利益于不顾，不得借口对抗行政干预而损害他人或社会整体利益。

经济法的社会责任本位不是不讲权利、只讲责任。相反，它强调并全面贯彻权利（力）、义务相统一的原则。它主张要正确把握权利（力）、义务设置的出发点和基础，理解权利（力）的来源和获取、行使的条件。无论国家机关还是企业、个人等，都要首先对社会负责，在对社会尽责的基础上享有权利（力）、获得利益。因此，社会本位不是义务本位，更不是企业或个体义务本位。社会本位的思想是符合社会主义的本质、反映社会进步的要求的。

（参考资料：刘文华、史际春、徐孟洲主编：《经济法》，7版，北京，中国人民大学出版社，2024）

2. 参考答案一：

经济法的理念是人们对经济法的应然规定性的、理性的、基本的认识和追求，是经济法及其适用的最高原理。作为部门法，经济法的理念应当是实现公平正义，但经济法对于公平正义自有其独特的追求，否则，它与其他法律部门就没有分别，也就没有必要成为一个法的部门。经济法尤其是我国由社会主义公有制主导之经济法的实质正义观，在于实现社会范围内的实质性、社会性的正义和公平。这种正义观，是一种追求最大多数社会成员之福祉的、社会主义的正义观。公平正义既是抽象的又是具体的，它在任何情况下都表现为对特定利益的追求和维护。我们认为，经济法的理念是经济社会化条件下的实质公平正义，其核心内容是社会整体经济利益的实现。首先，社会整体经济利益是客观存在的。社会整体利益与社会个体利益固然紧密相关，但又确实不同于社会个体利益，也不是社会个体利益的简单相加。其次，依赖传统大陆法架构的民商法、行政法无法实现社会整体经济利益的追求和维护，这也为经济法预留下生存的空间。最后，中国经济法天然要以维护社会整体经济利益为己任，从而确立经济法的核心理念。

在经济社会化条件的实质公平正义之下，经济自由、经济效益、经济秩序（包括经济安全）等都是其不完全的表现形式。社会整体的经济生活应当是自由的、有效益的、有秩序的，这就决定了经济法的经济民主和经济集中、经济自由和经济秩序、公平和效益等的高度统合，反映到法律上，就是打破各种法律调整机制的自足和封闭状态，进行制度创新，对经济关系作综合、系统的调整。

（参考资料：史际春、李青山：《论经济法的理念》，载《经济法学评论》，2003 年卷）

参考答案二：

经济法的理念体现了经济法的本质属性和特征，贯穿于整个经济法的法治建设和经济法的理论研究过程之中，是立法、司法、执法的指南，更是经济法意识不可缺少的组成部分。可以将经济法理念的具体内容界定为：经济法应当依法运用国家调制手段解决市场失灵问题，保障经济与社会中普遍公正价值的实现，维护社会公共利益，促进经济与社会的良性运行与协调发展。概括而言，对经济法理念内容的理解主要包括经济法的实施与目标两方面的内容，前者是经济法理念的客观方面，后者是经济法理念的主观方面。

（1）经济法通过国家调制作用于市场机制，进而解决市场失灵问题

一般说来，经济的理想状态是经济能协调、高效率地健康发展并实现其社会经济政策目标。对于如何实现这种理想状态，存在着两种不同的观念。一种观念认为，经济机制的自我机能可以使经济保持正常运行状态，任何外部干预都只会破坏经济机制的作用，仅靠市场机制自发作用的状态是经济的理想状态。经济自由意味着人们的经济选择自由，而选择自由要以人的平等为前提。这种观念的法律表述，就是个人利益不可侵犯、主体地位平等、意思自治，这正是民法的最基本原则或法律理念。另一种观念认为，市场机制存在缺陷，即经济机制的自我协调和恢复等机能有限。若任其自发作用将导致种种弊端，如果没有政府的干预，不可能达到经济的理想状态；而要克服市场机制的缺陷，解决市场机制在经济发展中的一些无力解决的问题，就必须由社会的代表者——国家采取多种措施，以实现经济的理想状态。这种观念的法律表述即社会利益、国家调制，正是经济法的基本理念。

很显然，市场机制存在着客观缺陷，即市场失灵是现实存在的，它构成了确立经济法理念的客观基础。既然市场机制的自发作用可以实现经济的理想状态是民法的经济学观念基础，那么民法的基本理念就在于为市场机制的自由发挥创造条件，即恢复市场机制的自然状态。而经济法以市场缺陷的存在和国家调制作为其观念基础，其调整手段的实施就旨在规范、限制、修正市场机制作用的发挥，以使市场经济按照理想状态或一定的政策目标运行。这是民法在世界范围内具有极大的相同性及稳定性，而经济法却因国家的不同具有差异性和变动性的原因所在。

（2）经济法以实现社会公正为目标，并最终促进个人利益和社会利益的矛盾统一

经济学家对公正的论述，也形成了两种对立的观点：一种观点认为，在人格平等的基础上，要实现公正就必须给每个经济活动参与者同等待遇，实现“机会均等”，即“水平公正”——同样情况同样对待。另一种观点则认为，在现实经济活动中不同个体的能力及财产等是存在差别的，在不平等的前提下要实现公正，只能是一种“垂直公正”——不同情况不同对待。而民法和经济法正是建立在这两种不同公正观上的法律系统。民法以抽象的人格平等为基础来建立公正体系，给每个主体以平等权利，主体机会均等就算公正，结果可以不同，即以平等求公正。经济法则以现实的不平等为基础来建立公正体系，基于不同主体在经济社会中的现实表现给予差别性的权利体系。除此之外，经济法对公正的探寻更超越当前的历史限制，寻求代际的公正，这在以追求可持续发展为目的的环境法当中体现得尤为明显。因此，与民法对起点公正、形式公正和代内公正的追求相比，经济法理念所探寻的是一种结果公正、实质公正和代际公正，即以权利体系和保护力度上的“不公正”追求真正的、普遍性的公正。

通过追求真正的、普遍性的公正，经济法旨在最终实现个人利益与社会利益的矛盾统一。效率与公平是个体营利性与社会公益性这一矛盾的具体化。市场

经济中的个体都是以营利性为目的，追求利润最大化目标。其单个的逐利行为可能会给社会公共利益带来不良影响，而社会公共利益则是社会成员不可侵犯的共同利益。因此，必须消除个体营利行为的不良影响，限制个体盲目的逐利行为，对社会公益加以保护，以免各种不当的、非法的逐利行为给社会、国家和国民造成损害。这就要求国家行使其经济职能和社会职能，对市场经济进行调控和规制，以切实保障社会公共利益。

（参考资料：《经济法学》编写组编：《经济法学》，3 版，北京，高等教育出版社，2022）

3. 经济法是国家干预、从事经济活动、参与经济关系的产物，它调整的是直接体现国家意志或公共、集体利益的经济关系，从而与政府的管理和参与有着密切关系。作为这种特殊意志性的客观要求及其在法律上的反映，经济法在强制性、授权性和法的实现方面均体现着政府或行政主导特征，日本学者又将其称为政治性。而且，经济法需适应经济体制和经济政策的要求，及时应对社会经济生活和政治形势的变化，因而具有政策性。政策性与行政主导性是一体两面，这使得经济法相对于民法、刑法等传统法律部门来说更具有灵活性和模糊性。

社会化市场经济，要求将市场主体的自主性与宏观和微观的调控有机结合起来。一方面，对于瞬息万变的市场，法律不可能将代表国家的特定调控主体的行为事无巨细地规定下来。它们在协调和参与市场经济活动时，应当在法律规定的范围内或立法宗旨的限定下发挥主观能动性，具有相当的自由裁量权或自主权。另一方面，即使是合同关系，在经济法调整中也不乏行政主导性。如国有建设用地使用权出让合同、政府与社会资本合作合同等，其合同的基本内容均由政府确定，作为合同一方的国家机关或其授权的代理人则被赋予监督合同的权利，称之为“义务”也可。

公共经济管理表现为政府的行政管理，因此经济法中不乏命令、服从性质的强制性规范。但是，经济法之所以不同于民法和行政法，就在于它的行政主导是一种尊重市场规律和贯彻现代民主精神的引导，而非仅凭政权强制力来实现管理主体的单方意志；是在一个利益多元化的社会中，利用国家的先天优势——作为社会公共利益的应然代表者垄断着重要的经济和社会资源，提供一种适宜的机制、场所和途径，由社会各利益相关者依照公平、公正和公开的程序，充分表达意愿，在博弈中形成约束各方当事人行为的规则，包括政府在内的主体也必须遵守。

党的十一届三中全会以来的市场化改革和未来可预见时期内的社会经济发展，都是自上而下推动进行的，这就决定了我国经济法的行政主导特性要比西方资本主义国家的经济法更为显著。如对于在许多发达国家通过法院诉讼规制的不正当竞争行为，我国《反不正当竞争法》规定，市场监督管理部门或其他行政主管部门可主动查处，给予责令停止违法行为、没收违法所得、罚款、吊销营业执照等处罚。

（参考资料：刘文华、史际春、徐孟洲主编：《经济法》，7 版，北京，中国人民大学出版社，2024）

4. 经济法根源于国家对经济的自觉调控和参与，其重要意义在于对万变之经济生活及时应对，以求兴利避害，促使经济快速、平稳发展，并提高国家及其经济的国际竞争力。它的任务是实现一国经济体制和经济政策的要求，因而它获得了比其他任何法律部门更为显著的政策性特征。

首先，在法的调整渗透于社会关系的各个方面并高度专业化的今天，经济的法律调整往往以政策先行，并赋予政策以法的效力。如 1993 年国务院发布《关于实行分税制财政管理体制的决定》推出改革财政体制的重大举措，其中关于中央与地方事权和支出划分、中央与地方收入划分、中央财政对地方税收返还数额的确定、原体制之中央补助和地方上解及有关结算事项处理等基本规定，辅之以同时出台的有关增值税、消费税、营业税、企业所得税、土地增值税、资源税等一系列暂行条例，对税法作了重大修订；同年中国人民银行《关于进一步改革外汇管理体制的公告》（已失效）和有关部门推出的一系列规范性文件，也是我国经济法的重要组成部分。

其次，政策因经济形势需要经常发生变化，经济体制也非一成不变，经济法受其影响也时常处于变动之中，中外皆然。此时之应然、不应被制止或不应为的行为，至彼时则可能成为应受谴责、应被制止或应然之行为。如针对 1997 年亚洲金融危机，为稳定外商投资及防患于未然，我国及时决定对有关外商投资进口设备免征关税和进口环节增值税，取消对国有商业银行的贷款限额控制，推行资产负债比例管理和风险管理，及时对税法和金融法作适当修正。

最后，政策性的另一重要方面是经济法的执法或司法力度受经济政策的影响很大。计划和产业法、金融和外汇管理法、反垄断法等在这方面都比较典型。如条文大同小异的反垄断法，在美国的执行力度就比在诸如日、韩等国要严厉得多；在美国，不同时期对反垄断法的执行力度也是不一样的。如在 20 世纪五六十年代，美国风行保护中小企业的意识和政策，反垄断法的执行非常严格；而且一般而言，共和党执政时对待垄断的态度要比民主党执政时来得宽松；等等；这些都是经济法政策性的表现。

政策性特征是经济法内在特性的一种反映；表象则是经济法相对于民法、刑法等传统法律部门来说更具灵活性和模糊性。就政策性特征而言，称经济法为经济政策法，亦不为过。

（参考资料：刘文华、史际春、徐孟洲主编：《经济法》，7 版，北京，中国人民大学出版社，2024）

论述题与深度思考题

1. 参考答案一：

（1）经济法的概念。

人们对经济法这一概念的内涵和外延尚缺乏深刻的理解和较高程度的共识。从我国的情况看，大致可以按照对经济法及其概念是赞成抑或否定，将对经济法含义的表述分为两类。第一类为否定经济法的经济法含义表述，如“学科经济法说”“综合经济法说”等；第二类为经济法学界关于经济法含义的表述，如“大经济法说”“经济法规说”“企业法说”“国民经济运行法说”“宏观调控法说”“经济管理法说”“纵横统一说”等。

“纵横统一说”的观点具有合理性，该说认为经济法是调整“经济管理过程中和计划指导下的经营协作活动中所发生的经济关系的法律规范的总称”，或者是“有关确立国家机关、社会组织和其他经济实体的经济法律地位，以及调整它们在经济管理过程中和经营协调活动中所发生的经济关系的法律规范的统一体（总称）”。

此说认识到经济法是与国家自觉遵循经济规律并在此基础上组织、管理经济密切相关的。这既符合公有制经济的实际状况，又体现出与单纯行政命令式计划经济的对立性。因而此说自中国经济法学初创时起就盛行一时，虽然后有起伏，但时间和实践将会证明，它是符合中国国情和经济体制改革要求的。

“纵横统一说”与经济法的调整对象有直接关联，但不仅仅注重调整关系，主要指社会经济存在和运行的两种形态。一切有关经济管理、经济监督、经济集权、经济集中、计划与计划调节等有层次序列之别、上下运动形态之分的经济活动和经济行为，均可被列入纵向范畴；一切有关经济独立、经济自主、经济分权、经济民主、市场和市场调节等均可被列入横向范畴。“纵横统一说”之“统一”的含义之一，是指经济法调整的对象是经济和国家意志这二者之统一。作为经济法调整对象的经济关系，“纵”不包括非经济的管理关系，除了关系国计民生的一些共性的重要的内部关系，一般不包括国家不直接参与或应由当事人自治的企业内部管理关系；“横”不包括公有制组织自由的流转和协作关系以及其实体权利、义务不受国家直接干预的任何经济关系。这是对“纵横统一”的必要限定。

基于“纵横统一说”，我们对经济法概念的基本定义为：经济法是调整经济管理关系、维护公平竞争关系、组织管理性的流转和协作关系的法。这是从调整对象的角度对经济法概念的基本定义或界说，对于作为一门社会科学的经济法学来说是必不可少的。同时，对任何事物，尤其是复杂的事物，都可以且需要从多种角度进行表述或定义，方可形成较为完整、准确的概念。经济法也不例外。因此，也不排除可以从性质、地位等角度对经济法的概念作多种定义。

（2）经济法的调整对象。

基于“纵横统一说”，经济法调整的范围或对象如下：

1）经济管理关系。经济法调整的经济管理关系，是指公共经济管理关系，主要表现为以国家为管理主体的经济管理关系。现代国家广泛参与、管理社会各方面的事务，经济法依其固有性质只应调整其中的经济管理关系。在经济领域，只要不是个别人孤立劳动，就必然需要管理，需要有与一定的经济形态相适应的劳动组织形式和管理方式。在社会分工和协作不断深化、科学技术广泛应用于生产经营过程、经济活动中人的因素和物的因素之相互作用愈益复杂化的今天，无论是实行社会主义还是实行资本主义，科学管理都已从微观领域延伸至全社会的协作劳动。这正是经济法产生的客观依据。国家因担负社会宏观劳动协调功能而产生的经济管理关系，本质上仍是物质再生产领域的物质社会关系，其中的国家意志属于社会经济关系当事人意志的范畴，表现为披着行政外衣的“私”行为。

2）维护公平竞争关系。这是在现代国家为了维持市场经济的正常运行及活力，采取相关措施，维护、促进或限制竞争的过程中所形成的社会经济关系。市场竞争天然地具有限制竞争和损害竞争的倾向，而且正当、正常的竞争有时也有不利于经济发展的一面。由竞争到联合、独占，是契约自由和市场竞争的自然倾向。在竞争中取得优势地位者难免要利用其实力，有形或无形地迫使交易对手接受其交易条件，或单方面实施某种市场行为而损及广大中小业者和消费者的利益，结果可能导致某一生产经营领域由一个或少数几个企业控制的垄断状态。竞争的另一个倾向是不顾诚实信用原则和既有的商业道德，不讲“规矩”，以不正当手段谋取一己之利，从而损害正常的竞争。经过长期反复实践，人们从正反两方面经验中认识到，解决上述问题的办法不是否定市场经济，也不是靠计划经济和行政管制，而是要采取适应市场经济内在要求的措施，扬其长避其短，即通过反垄断法和反不正当竞争法，对市场主体的行为和市场竞争状态加以控制，使之符合充分、适度竞争的要求。同时，为促进垄断、限制正常竞争，以达到私人自治无法形成的有效垄断状态，如发展关系国民经济命脉和国家安全的行业、为提高产业竞争力而组建企业集团等，由此形成的经济关系，也是经济法及竞争法的调整对象。

3）组织管理性的流转和协作关系。在市场经济条件下，国家对经济的参与，由直接的行政命令和行政指挥，更多地转向公开市场操作和间接影响。这是不以人的意志为转移的社会化趋势。直接体现国家意志而具有组织管理性的流转和协作关系，或曰超出民法调整范畴的“平等主体”之财产关系，即应当作为经济法的调整对象。这些关系主要有以下两种表现形式。

其一，国家通过政府机构或设立企业、委托代理人直接参与的经济活动或经济关系，如进行招标、订（购）货、发包、出让、信贷、担保等活动时发生的合同关系。这类关系的一方或双方当事人是国家机关或必须执行国家政策的企业，在合同内容中需要体现国家的政策或意志。

其二，平等的国家机关或财政主体之间的经济协作关系。所谓平等的国家机关或财政主体，是指在行政或财政上互相没有隶属关系的国家机关，它们在交往时的地位是平等的。这类关系是国家规划和政策引导下相关政府及市场主体平等协作组合而成的，都是国家战略部署、统一计划的组成部分。这种平等协作关系是民法无法调整的，而只能由经济法调整。

4）经济组织内部经济关系。经济组织内部经济关系不属于前述第一类经济管理关系，而且即使在相当高度社会化的市场经济中，经济组织的内部仍属其自治领地，主要内部关系仍应由其依照章程自律调整。但是由于现代市场经济的社会化要求，为了社会整体利益和其他人的合法权益，企业内部一些重要关系必须接受公权力的介入（检查、监督）和法律的直接规制。法从来只调整社会关系（外部关系），不调整内部关系，但劳动法、经济法和其他社会法在法的发展史上突破了这一藩篱。如现行公司法有关公司内部治理结构也是由法律直接规定的，而非完全由公司章程自治。由于食品业和药品业关系人民的生命健康，因而近年来，国家对其生产、经营过程日益加强全面系统的监控和管理，许多部门规章、技术质量标准都直接规制其生产经营过程（所谓“从田头到餐桌”）。所以对经济组织内部的一些重要的、共性的，尤其是具有较强外部性的关系，也应由包括经济法在内的法律进行调整。

（参考资料：刘文华、史际春、徐孟洲主编：《经济法》，7版，北京，中国人民大学出版社，2024）

参考答案二：

（1）经济法的调整对象。

市场失灵的存在，使人们更加关注市场经济的局限性以及政府的能动作用，并试图在政府与市场之间作出取舍。从宏观的角度看，市场失灵会造成产业失衡，并由此导致结构失衡；而各类经济结构的失衡，会引发总量失衡，因而必须依据一定的经济目标和社会目标，进行有效的宏观调控；而在宏观层面对经济运行进行调节和控制的主体是广义的政府，由于诸多原因，在调控方面可能会出现政府失灵的问题，只有依法调控，才可能在一定程度上解决这些问题。而要依法调控，就必须有宏观调控法，并运用宏观调控法来调整政府与国民之间存在的宏观调控关系。上述由市场失灵引发的问题及其解决途径之间的内在关联，可大体表示如下：

市场失灵—结构失衡—经济失衡—宏观调控—政府失灵—依法调控—宏观调控法

市场失灵不仅需要宏观层面上的调控，也需要微观层面上的规制。从微观的角度看，市场失灵会导致竞争失效，并影响整体的市场秩序，因而需要加强市场规制，即对相关市场主体的市场行为进行规范和制约，以保障良好的市场竞争环境，解决市场失序的问题。同上述的宏观调控一样，市场规制也是由政府实施的，因而在市场规制领域同样会存在政府失灵的问题。要解决此类政府失灵问题，政府必须以相关法律为圭臬，依法进行市场规制，为此，就需要有相关的市场规制法。上述由市场失灵引发的问题及其解决途径之间的关联，可大体表示如下：

市场失灵—竞争失效—市场失序—市场规制—政府失灵—依法规制—市场规制法

正是为了解决现实存在的市场失灵问题，才需要现代国家履行两个经济职能，即宏观调控职能和市场规制职能，而这两项职能的履行过程中都会存在政府失灵的问题。要解决“两个失灵”问题，需要有不同于以往法律制度的宏观调控法和市场规制法，以及整体经济法体系的形成。由于宏观调控和市场规制是现代国家的两大经济职能，两者的性质、目标、方向在根本上是一致的，从而也使与其相对应的宏观调控法与市场规制法紧密关联。同时，在宏观调控和市场规制领域形成的两类社会关系，即宏观调控关系和市场规制关系，应分别由宏观调控法和市场规制法来调整，并成为新兴的经济法的调整对象。

基于上述分析，可将经济法的调整对象分为两类，一类是宏观调控关系，另一类是市场规制关系，可以分别简称为调控关系和规制关系，或者合称为“调制关系”。因此，经济法的调整对象，最简单地说，就是“调制关系”。

(2) 经济法的概念。

根据上述对经济法调整对象的认识，以及提炼概念应遵循的一般原则，可以认为，经济法是调整在现代国家进行宏观调控和市场规制过程中发生的社会关系的法律规范的总称。简单地说，经济法就是调整调制关系的法律规范的总称。

上述经济法的定义包含了多个方面的内容，例如：第一，从时间维度看，经济法是与现代国家、现代市场经济相关联的，因而其产生基础和存续时间不同于传统部门法；第二，从空间维度看，经济法侧重于在一国范围内对调控和规制关系进行法律调整，因而不同于国际层面的法律协调，与国际公法或国际经济法有别；第三，从调整对象看，经济法调整的是宏观调控关系和市场规制关系，简称调制关系；第四，从规范归类看，经济法是一类法律规范的总称，而不是形式上的法律或法规的总称，因此，它是一个独立的部门法，应从实质意义的经济法的角度对规范加以归类。

（参考资料：《经济法学》编写组编：《经济法学》，3版，北京，高等教育出版社，2022）

2. 责、权、利、效相统一原则，在社会主义市场经济或在以公有制为核心的市场经济下，是作为经济法灵魂的一项根本性原则，该原则是公有制和市场经济的契合和连接点。责、权、利、效相统一原则，是指在经济法律关系中各管理主体和公有制经营主体所承受的权（力）利、利益、义务和职责必须相一致，不应当有脱节、错位、不平衡等现象存在。其核心是主体的责、权、利相统一，同时，经济效益和社会效益是我们一切经济工作的基本出发点和终极目的。

在以私有制为主导的资本主义条件下，法和经济法无须特别关注财产关系中的责、权、利关系，依靠人格化主体趋利避害的自然属性即可合理地配置各种责、权、利关系。而在以公有制为主导的社会主义条件下，各种公有主体和作为拟制体的国家不能像私人那样自动地追求利润最大化，因此这些非人格化的主体在市场经济中发挥主观能动性、从事管理并参与市场经济活动时，容易发生角色的错位而导致责、权、利失衡，从而极大地破坏了市场经济秩序。因此，需要在经济法的各项制度中贯彻责、权、利效相统一原则，建立一种确保所设置的各种公有主体角色不易错位的内在机制。所以，责、权、利、效相统一原则是社会主义经济法及中国经济法的一项特色。

责、权、利、效相统一原则中的责任具有不同的层次。首先，它是一种角色责任，表明了经济法律关系对于特定角色的权（力）利、义务要求。其次，责任是主体违反义务时所引起的法律和国家对其否定性的评价，是义务和制裁的连接点。而权指的是权利和权力。责、权、利、效相统一原则要求权责相当，不能失衡、畸轻畸重，以免权重责轻诱发专权、擅权，或者权轻责重让人畏缩不前。利指的是利益，这是由经济法的经济性所决定的。将利与权责相联系，是要经济法在其法律调整中引入物质利益原则，将作为公有制主体成员的自然人或机构本身的利益同其在公有制体系中所扮演的角色及其工作成效有机地联系起来。权责重，成效显著，利就大；反之就小，直至令行为人承担不同程度的不同利益。同时，经济法的社会本位要求在经济管理、经济活动、经济法的立法、执法以及司法中，在一定的主体角色定位范围内追求社会效益的最优化。效即效益，包括经济效益和更宽泛意义上的社会效益。经济法的制度和规定都是以效益为出发点，并以获得效益为终点的；同时，各个局部效益必须符合社会整体利益的要求。责、权、利与每一个具体经济法律关系及其主体直接相关，而“效”常常是外在于其自身的，可能需要以眼前和局部的低效、无效或效益减损，去换取长远或整体的效益。

责、权、利、效相统一原则贯穿于经济法的整体和始终，各种经济管理主体和共有财产主体都必须遵循这一原则。权责不统一，就会导致有权无责或有责无权，引起权利（力）及其救济不彰，或者滋生贪污、腐败，主张懈怠、推诿、扯皮等官僚主义习气。权责与利效不统一，会产生同样的弊端，经济法的经济性和效益即无从体现。从经济法的“社会责任本位”本质看，责、权、利、效相统一原则广义上也适用于管理主体和市场经营主体。

（参考资料：刘文华、史际春、徐孟洲主编：《经济法》，7版，北京，中国人民大学出版社，2024；史际春、邓峰：《经济法总论》，2版，北京，法律出版社，2008）

3. 维护公平竞争原则是经济法反映社会化市场经济的内在要求和理念的一项核心的、基础性的原则。维护公平竞争的要求不仅直接体现在竞争法（反垄断法和反不正当竞争法）中，而且在经济法的各项制度，如发展规划、产业政策、财政税收、金融外汇、企业组织、经济合同等制度，以及具体执法及司法过程中，都必须考虑市场主体公平竞争的问题，政府的经济管理和市场操作也应该做到公开、公平、公正，不得违背和破坏市场公平竞争的客观法则。

维护公平竞争原则和制度的出现，是通过国家的“有形之手”来纠正市场“看不见的手”所导致的弊端，同时又力求使“看不见的手”在最大范围内、最高程度上发挥作用的产物。以自由竞争和自由市场排斥政府对市场的管理、调控或“裁判”；或以规划、管理、调控等为名行干预、管制之实而抑制乃至否定市场的机制和作用，凡此理念和做法均与维护公平竞争原则相悖，最终都不免遭受客观规律的惩罚。可以说，维护公平竞争原则及贯彻市场经济精神的经济法，无论在资本主义还是社会主义条件下，都是经由惨痛的教训得来的。

维护公平竞争原则应当作为经济法立法和执法的重要依据之一，它是市场经济之经济法的永恒追求。在此意义上，国外学者把反垄断法称为“经济宪法”“经济的基石”“市场经济的大宪章”等，并认为反垄断法及竞争法在经济法中占有核心和基本的地位，是经济法的“原则法”。因此也可以说，维护公平竞争原则是资本主义经济法的根本原则。

改革开放以来，我国从无到有逐渐确立市场及竞争规则，保护、促进正当竞争，反对垄断和不正当竞争。

（参考资料：刘文华、史际春、徐孟洲主编：《经济法》，7版，北京，中国人民大学出版社，2024）

4. 参考答案一：

经济法的基本原则是经济法的灵魂和构建经济法体系的依据，是经济法宗旨的具体体现，是经济法的规范和法律文件所应贯彻的指导性准则。经济法的基本原则既要体现经济法的宗旨，又要高于（或称统领）经济法的具体规则，并且，各类具体规则作为其衍生物，不应与经济法的基本原则相抵触。另外，经济法的基本原则既然是“基本原则”，就应当具有基础性的地位，应当能够贯穿经济法各项制度的始终，应当在立法、执法等法治建设的各个环节中得到普遍遵行。

（1）经济法的基本原则的内容。

第一，平衡协调原则。这是由经济法的社会性和公私交融性所决定的一项普遍原则，是不同社会经济制度下的经济法所共同遵循的一项主导性原则。所谓平衡协调原则，是指经济法的立法和执法要从整个国民经济协调发展和社会整体利益出发，来协调具体经济关系，协调经济利益关系，以促进、引导或强制实现社会整体目标与个体利益目标的统一。作为现代新兴法律部门，经济法对整个经济生活的调整，不再是国家—私人极端对立之下维护任何一方利益的工具，也不仅是私人组织扩大之后，国家单纯用以矫正社会不公、保护经济弱者的手段。在社会化条件下，经济法以兼容并蓄之精神，在调整中以平衡协调当先，竭力促使私人与私人、私人与国家的合作，在我国社会主义制度下并按社会化之内在要求促进公共所有制及其经济关系和整个社会经济关系的协调发展。

第二，维护公平竞争原则。这是经济法反映社会化市场经济之内在要求和理念的一项核心的、基础性的原则。其要求不仅直接体现在竞争法（反垄断法和反不正当竞争法）中，而且在经济的各项制度，如发展规划、产业政策、财政税收、金融外汇、企业组织、经济合同等制度中都有体现。在此原则中，维护公平竞争表明经济法和国家在维护市场经济及其竞争秩序中的积极能动作用，表示经济法之公平竞争是法对市场主体的一般性要求。同时，“维护”公平竞争也表达了政府在这方面的积极性义务，以及法律对国家或政府在这一问题上的限制。维护公平竞争原则还体现出经济法规范的强行性，表明政府在追求市场机制和自由竞争时的政策性和强制性。

第三，责、权、利、效相统一原则。这是指在经济法律关系中各管理主体和公有财产主体所负的权利（力）、利益、义务和职责必须相一致，不应当有脱节、错位、不平衡等现象存在。在社会主义市场经济或在以公有制为核心的市场经济下，该原则是作为经济法灵魂的一项根本性原则，是公有制和市场经济的契合和连接点。责、权、利、效相统一原则贯穿于经济法的整体和始终，各种经济管理主体和公有财产主体都必须遵循这一原则。

经济法的三大原则鲜明地表达了经济法所要追求的价值目标。平衡协调原则体现了经济法力求实现实质正义和社会利益；维护公平竞争原则表明了经济法对市场精神和经济效益的追求；责、权、利、效相统一的原则是公有制与市场经济之契合和连接点。三者协同一致，致力于实现公正、效益、经济自由、经济民主和经济秩序的统一。

（2）经济法的基本原则的研究价值。

第一，经济法追求的实质正义、社会效益、经济自由和经济秩序的和谐，在经济法基本原则中得到直接、具体的体现，通过法律条款规定的内容和法的规范、制度的适用，使无形的经济法的价值和宗旨得到有形化和物化。原则对具体规则和制度的基本目的作出阐释，根据一贯和相互联系的期待目标，对规则和制度加以合理化。因此，法律原则是规则和价值观念的汇合点。

第二，经济法的基本原则是“实践纲领”，在经济法体系中起着基础性和高级规范的作用。经济法的基本原则是下级规范得以存在及演绎下级规范的基础，任何下级规范都不应当同其相左或违背。它是法学家分析、研究经济法规范和制度的基本原理，也是实际工作者在经济法的立法和执法中所应遵循之原则。

第三，经济法的基本原则是经济法规范之间相互衔接、协调的基础和根据。当下级规范在具体适用中发生冲突，或者下级规范的适用将会背离经济法的价值或宗旨的时候，经济法的基本原则可以对有关冲突和背离起到纠正作用。法律规范建立在法律原则之上，具有不同的层次，原则的效力在层次间传播，使得经济法在其适用中不至于因逻辑和演绎而脱离其固有的目的。

第四，经济法的基本原则的价值由法的盲目性和滞后性所决定。当某种经济法范畴的社会关系在法律的调整中出现空白或背离客观要求时，就需要由执法者根据经济法的基本原则所表达的理念和抽象规则，在其指导下运用自由裁量权，以杜绝任意执法和怠于执法等违背法治要求的情形发生。

概言之，经济法的基本原则是衔接经济法的各个分支、具体制度和经济法学理之桥梁。经济法的各个分支或具体制度也可能具有某些特殊原则，并有不同的等级，这些法律原则亦须同经济法的基本原则保持一致，从而构成经济法之统一、有序、富有活力、适应性强的法律规范体系。

（参考资料：刘文华、史际春、徐孟洲主编：《经济法》，7版，北京，中国人民大学出版社，2024；史际春、邓峰：《经济法总论》，2版，北京，法律出版社，2008）

参考答案二：

经济法的基本原则，是集中体现经济法的特性，由经济法宗旨和根本价值所指引，对经济法的立法、执法、司法和守法具有全局性指导意义和普遍适用价值的基本准则。经过对不同学说的比较以及对经济法制度的概括性提炼，可将经济法的基本原则概括为有效调制原则、社会利益本位原则和经济安全原则三项，前者包括市场决定性原则，以及调制法定、调制适度、调制绩效三原则（简称“调制三原则”）两方面的内容，中者包括综合效益原则和实质公正原则两方面的内容，后者包括宏观经济安全原则和经济发展原则两方面的内容。

（1）有效调制原则。

面对激烈的市场竞争，部分市场主体实施限制竞争或者阻碍市场竞争的不正当竞争行为和各种垄断行为，生产者、销售者等信息优势方隐藏部分与交易相关的重要信息，投资集中于经济效益较好的行业或者产业而对基础设施等社会必需品投资不足，这些市场缺陷的克服都需要国家有效调制的介入。

具体来说，经济法的有效调制原则主要包括两类具体的子原则：第一类是市场决定性原则，第二类是调制法定、调制适度和调制绩效三原则。这两类子原则之间的关系呈现为一种组合结构：市场决定性原则是有效调制原则得以落实的前提；而调制法定、调制适度与调制绩效三原则是有效调制原则的具体内容。

1）子原则一：市场决定性原则。

市场决定资源配置是市场经济的一般规律，市场经济本质上就是市场决定资源配置的经济。基于市场经济、市场机制与资源配置之间的应然和实然状态，现代市场经济条件下的国家调制，只能是一种在充分尊重私权基础之上的范围有限的国家调制，其在资源配置中的地位和作用，只能从属于市场的自由调节。只有在市场失灵的领域，经济法上的国家调制才可能发挥作用，即国家权力为克服市场调节机制缺陷对市民社会经济生活的有限渗透，为遏制极端个人主义、利己主义思潮给社会带来的危害，消除生产和竞争的无政府状态，以及通过分配的公平合理来调节社会各阶层的利益关系，而进行的对具有私权特征的经济关系的直接干预。这就是经济法领域国家调制的市场决定性原则。

2）子原则二：调制法定、调制适度与调制绩效三原则。

调制法定原则揭示的是，经济法以法律形式授权政府可以也应当对经济生活进行调制，从而使得政府能以合法机构、职能、权限、程序、责任介入市场，是实体法和程序法的结合。

调制适度原则是有效调制的一项弹性原则，是指政府调制经济的范围和目的要合理，调制行为要符合客观实际，同时兼顾调制的需要及可能，保障各类主体的基本权利。

调制绩效原则是指国家对经济的调制应当追求总量的平衡和社会总福利的增长，从而满足社会整体对效益的追求。

（2）社会利益本位原则。

社会利益本位要求立法和司法实践均应以社会整体利益为出发点，在尊重个体利益基础上将整体利益作为衡量行为之标准。一般认为，社会利益的主体是“社会”或“社会公众”“公共社会”，其内容是依赖于个体利益需求的绝大多数社会主体共同的欲求。社会公共利益即为了满足社会全体成员之需要，建立在个人利益基础之上的关系大多数社会成员福利的一种利益，其具有整体性与公益性两大特征。

在经济法视域下，社会公共利益的具体体现包括如下几个方面：一为自由竞争秩序，自由竞争是经济秩序的基础；二为对特殊群体人格的限定和保护，如对消费者、中小企业、农民利益的保护；三为维护和发展对社会持续发展有利的和谐稳定的社会关系，比如，通过宏观调控法来实现协调稳定的宏观经济秩序，通过市场规制法来规范市场经营行为，营造诚实守信的竞争环境。

1）子原则一：综合效益原则。

区别于个人主义私法体系下对微观效益的追求，经济法的综合效益具有更为丰富的内涵体系。经济法的综合效益将经济效益、社会效益与环境效益相统一，是近期效益、中期效益和长期效益的有机结合，是宏观整体效益与微观个体效益的兼顾。经济法的综合效益观所追求的不再仅是一般的经济产出最大化，更是宏观成果、长远利益以及社会福利等诸多因素的整合。

2）子原则二：实质公正原则。

经济法的公正观，是一种实质公正观，它不同于形式公正理念中的起点公正、机会公正、代内公正，而是更强调结果公正、分配公正和代际公正。经济法剥去了人格抽象平等、权利机会平等的“外衣”，而对“人”进行真实具体的价值关怀，如强调对消费者、被限制自由竞争的经营者等具体人格的保护。这种实质的、结果的公正观念要求尽量排除社会历史和自然因素对于人们生活前景的影响。

（3）经济安全原则。

经济法上的经济安全原则的着眼点是国家整体经济安全。经济法通过设定国家宏观调控和市场规制的权限、条件、方式和内容，调适国家与国家之间、国家与个人之间、国家与经济投资者之间的诸种经济关系，实现国家经济主权的独立性、预防和处理危机的有效性、经济发展的可持续性、增强国民经济的国际竞争性、维护基本经济秩序的有序性及强化对经济主体利益的保障性。具体而言，经济法的经济安全原则由静态层面的宏观经济安全原则和动态层面的经济发展原则构成。

1）子原则一：宏观经济安全原则。

经济法以宏观经济安全为其安全理念，在宏观调控法方面，通过“稳增长、调结构”的法律制度供给，合理配置与市场相适应的国家经济资源，通过运用价格、财政、金融、规（计）划等手段，营造国民经济持续、健康、稳定增长的宏观经济环境。在市场规制法方面，既要规制跨国公司等国外资本对国家经济安全的威胁，也要规制国内垄断、不正当竞争和限制竞争行为对国家经济安全的可能威胁；在外贸管制中适时地采用反倾销和反补贴政策保持贸易收支平衡；关注和解决关系民生的粮食、食品、药品、房地产等市场安全问题。总而言之，宏观经济安全原则具体作用的领域涉及对外贸易安全、投资安全、金融安全、财政安全、产业安全等。

2）子原则二：经济发展原则。

与静态的宏观经济安全原则不同，经济可持续发展原则是经济法从动态的角度对经济安全的保障，更大程度上是维护经济过程安全和经济后续发展安全。从系统论的角度看，经济法的经济发展原则强调经济的整体发展、协调发展与可持续发展。三者当中，经济整体发展是基石，经济协调发展是核心，经济可持续发展是终极目标，三者紧密结合，共同构成经济法的经济发展原则。

（参考资料：《经济法学》编写组编：《经济法学》，3版，北京，高等教育出版社，2022）

5. 社会本位与实质正义都是经济法的理念追求，也是经济法与其他法律部门的根本区别。通过经济法的各种具体制度和理论探讨，体现出经济法对社会的深切关爱和实质正义的终极追求。

（1）社会本位。经济法追求的是社会整体利益，是以社会为本位的法。实质上，经济法产生和发展的过程，也就是法律从个人权利本位到社会权利本位过渡的过程。资本主义进入垄断资本主义阶段后，资本高度集中、垄断组织竞相出现，“市场失灵”作为市场机制的先天缺陷明显暴露出来，客观上存在不宜由市场调节或不宜完全由市场调节的领域。民法所倡导的个人本位精神导致私权的无限扩张，形成一系列利益矛盾。无限制的自由竞争，生产的无政府状态，经济的高度垄断，信息不完善、不对称，使资本主义的固有矛盾空前激化，影响资本主义经济的总体发展，进而将最终危及资产阶级的统治。为了维护资产阶级的统治，资产阶级政府从“守夜人”转变为社会经济生活的干预者。这种角色转变反映在法律领域，使“私有权神圣不可侵犯”和“契约自由”等原则受到了质疑。在经济运行的层面上，社会化大生产导致公司、合伙等经济组织的出现，它既是个人权利让渡的结果，又是对个体权利的制约，由此出现了个体经济组织的矛盾；在市场机制上，以民法为代表的私法强调个人效益的最大化，其负面效应导致个人权利之间的矛盾，社会整体利益得不到维护。在私法无法解决问题时，新的法律制度便应运而生，这就是经济法。社会本位的理念体现在具体的法律关系上，就是公共利益优于个人利益，而这种公共利益优先原则不同于民法中公序良俗的被动优先。在民法中，只有当个体的民事行为违反公序良俗时才对其予以限制。而在经济法中，在某些情况下可以直接规定代表公众利益的行为的优先性。经济法的社会本位理念追求社会的整体效益，社会权利本位实现的法律手段就是对个人权利的限制，体现了对民法的绝对“契约自由”和“私有权神圣不可侵犯”的理念的突破，标榜了经济法自身独有的特色。

（2）实质正义。法的根本目的在于正义的实现，以追求并实现正义作为其天职和精髓，经济法也不例外。形式正义从根本上说是和法律的普遍性相联系的，它要求同等的人应当受到同等对待。这种思维方式发展到极致，使得其在法律思维中忽略了社会运动和现实生活中各种情况的具体性和复杂性。形式正义引起的社会实质不公，导致了新的正义观以及相应法律规范的出现。实质正义是相对于形式正义而言的，经济法的实质正义观，在于实现社会范围内的实质性、社会性的正义和公平。这种正义观，是一种追求最大多数社会成员之福祉的、社会主义的正义观。实质正义强调针对不同情况和不同的人予以不同的法律调整，它包含分配正义的内容。经济法的实质正义要求根据特定时期的特定条件来确定经济法的任务，以实现最大多数人的幸福、利益和发展。它摒弃了试图用“自然法”来建立永恒不变的法律和正义的理念，而是根据社会发展的内在要求和多数人的实在需要，来确定法的规范及其适用，由此亦决定了经济法的社会本位性质。形式正义的法追求法的近乎机械的适用，社会的运动和发展迫使其不断在法律规则及其实施标准中寻求平衡点，以致不得不形成种种特例。实质正义使立法者和社会赋予执法者以不同程度的自由裁量权，体现了实质正义要求法及其调整所具有的能动作用、灵活性和适应能力。实质正义的法律调整手段之多样化，更表现为经济法为了纠正社会不公而采取的种种积极措施或手段。在经济法中，从经济管理、经济活动到维护公平竞争的规范和制度，无不要求主体的行为既符合法律规范本身的规定，而且行为结果也不违背该规范的内在精神和合理预期，合乎实质正义的价值。需要指出的是，实质正义尽管是相对于形式正义而言的，但是它和形式正义并非相悖，它同样包含着形式正义对于相同情况作出相同法律调整的要求，是在形式正义的基础上发展起来的，是对形式正义的一种扬弃，而不是简单地走向反面和极端化。

（参考资料：史际春、邓峰：《经济法总论》，北京，法律出版社，1998；刘文华、史际春、徐孟洲主编：《经济法》，7 版，北京，中国人民大学出版社，2024）

6. 法的价值在于实现由一定的社会经济条件所决定的正义、效益、自由和秩序要求。经济法的价值也在于实现这些目标，并在实现的同时更为具体地体现经济法部门的特征，其内容为实质正义、社会效益、经济自由和经济秩序的和谐，它们在本质上是统一的，但又表现为不同的方面。

（1）实质正义。法的根本目的在于正义的实现，经济法也不例外，而正义有形式正义和实质正义之分。形式正义从根本上说是和法律的普遍性相联系的，它要求同等的人应当受到同等对待；实质正义在于实现社会范围内的实质性、社会性的正义和公平，是一种追求最大多数社会成员之福祉的正义观，强调针对不同情况和不同的人予以不同的法律调整。经济法的实质正义正是要求根据特定时期的特定条件来确定它的任务，以实现最大多数人的幸福、利益和发展。实质正义根据社会发展的内在要求和（多数）人的实在需要，来确定法的规范及其适用，由此亦决定了经济法的社会本位性质。在经济法中，从有关经济管理、经济活动到维护公平竞争的规范和制度，无不要求不仅主体的行为符合法律规范本身的规定，而且其行为结果也不违背该规范的内在精神和合理预期，合乎实质正义之价值。需要指出的是，实质正义尽管是相对于形式正义而言的，但是它和形式正义并非相悖。实质正义同样包含着形式正义对于相同情况作出相同法律调整的要求，它是在形式正义的基础上发展起来的，是对形式正义的一种扬弃，而不是简单地走向反面和极端化。

（2）社会效益。经济法的效益观是一种社会效益观。效益是通过成本—收益分析反映出来的，而经济法的效益观所追求的社会效益，在于它不是一般而言的经济法成果最大化，同时更是宏观经济成果、长远经济法利益以及社会福利、人文和自然环境发展、人的自由和自身价值等诸多因素的优化和发展，微观和经济的成果只是社会效益的组成部分之一。从根本上说，实质正义本身包含了对效益的要求，但在特定的情况下，如果公平和效益发生冲突，则仍然有一个利益分配和实质正义的实现问题。在这种情况下，我们认为，经济法之内在要求和宗旨，不容许任何有损社会利益和优良道德的效益之存在，宏观经济效益和社会公共道德、秩序应当优先于局部或个别之效益，长远利益应当优先于一时之效益，互利或不损人之效益则优先于损人利己或损人不利己之效益。

（3）经济自由与经济秩序的统一。自由和秩序是一对与生俱来的矛盾。自始就将公法与私法融为一体的经济法，天然要以经济自由与经济秩序的统一和谐作为其价值追求的目标。经济法对于经济自由和经济秩序之统一性的实现，在于经济法是一种将代表“公”的国家意志渗入经济关系之法律制度化的产物。这种制度，既是一种规则体系，又是比任何其他法的部门更为强烈的经济和法的实践。现代经济法是保障和实现经济自由的法律手段，经济自由是其出发点和归宿，它应当为了自由而干预、限制，而不是通过干预而限制乃至扼杀经济自由。经济法对经济自由与经济秩序统一的追求决定了经济法的调整具有促进、协调、组织、参与、引导和市场操作等丰富而深刻的内涵，而远非简单的行政干预。

［参考资料：史际春、邓峰：《经济法的价值和基本原则刍论》，载《法商研究（中南政法学院学报）》，1998（6）；漆多俊主编：《经济法学》，武汉，武汉大学出版社，1998］

7. 经济法的本质具有两层含义：一是指一般意义上的法的社会性和阶级性等，二是指经济法具有不同于其他法律部门的性质或属性。

经济法作为法的一个部门，自然包含着反映生产力客观要求、商品关系暨市场经济共同规律、现代国家及其职能等共性的一面，集中体现为经济法是社会本位法，是由社会经济的社会化所导致的国家干预、参与经济之法。同时，中国经济法又具有鲜明的阶级性和民族性。

经济法的本质属性主要是：

(1) 经济法是平衡协调法。

所谓平衡协调法，是指经济法的立法和执法从整个国民经济的协调和社会整体利益出发，来调整具体经济关系，协调经济利益关系，以促进、引导或强制实现社会整体目标与个体利益目标的统一，保证社会经济持续、稳定、协调地发展。

(2) 经济法是社会本位法。

经济法的社会本位，是指它在对经济关系的调整中立足于社会整体，在任何情况下都以大多数的意志和利益为重。行政法可谓行政权力本位，民法传统上是“个人权利本位”，经济法则是“社会责任本位”，是以社会整体利益为最高准则的。

(3) 经济法是系统、综合调整法。

经济法是反映经济关系分化与综合这两种发展趋势要求，体现法律的统、分两种调整机制功能的法律部门。综合调整和系统调整是经济法等社会法固有的调整机能，是法律现代化的一种表现。

(4) 经济法是经济集中与经济民主对立统一的法。

一些重要的规定国家经济管理职能和活动的法律、法规，也必然确认和保护着企业等市场主体应有的地位和权益；一些重要的规定企业等市场主体自由意志、自主行为的法律、法规，也必然规定了体现国家调控、指导、规制、监督等方面职能和活动的法律规范。

(5) 经济法是“以公为主、公私兼顾”的法。

经济法不是只体现国家意志和利益、单纯干预和管理经济的公法，更不是只立足于个人或权利本位、企业本位的私法。它是“以公为主、公私兼顾”的法，是介于二者之间，对二者进行平衡协调的一种新型的法。

8. 参考答案一：

经济法具有如下特征：

(1) 经济性或专业性。

经济法具有经济性，这是不言而喻的，因为经济法的对象发生在直接物质再生产领域，并具有经济目的性。经济法之法律关系中的人身权如厂商名称权、标志权、商誉权等，也首先是以财产价值形态表现出来的，其精神因素微弱。

经济性的重要表现，是经济法往往把经济制度、经济生活的内容和要求规定为法律。直接赋予经济规则以法律效力，也意味着经济法具有专业性。

(2) 政策性。

经济法根源于国家对经济的自觉调控和参与，其重要意义不在于如民法般抽象地设定和保障某种权利，而需要及时应对万变之经济生活，以求兴利去害，促使经济尽速、平稳发展，并提高国家及其经济的国际竞争力。它的任务是实现一定经济体制和经济政策的要求，从而获得了比其他任何法律部门更为显著的政策性特征。经济法的政策性主要表现为如下几个方面：

1) 在法的调整渗透于社会关系的各个方面并高度专业化的今天，经济法的法律调整往往以政策先行，并赋予政策以法的效力。

2) 政策因经济形势需要而经常发生变化，经济体制也非一成不变，经济法受其影响也时常处于变动之中，无论中外，皆然。这种易变性也可以表现为法的政策化。

3) 经济法的执法或司法力度受经济政策的影响很大。

(3) 行政主导性。

经济法是国家干预、从事经济活动，参与经济关系的产物，调整的是直接体现国家意志或公共、集体利益的经济关系，从而与政府的管理和参与有着密切关系。作为这种特殊意志性的客观要求及其在法律上的反映，经济法在强制性、授权性和法的实施方面均体现着政府主导性特征，此特征亦可被称为政府主导性。

(4) 综合性。

经济法基于公、私法的兼顾、融合，在多方面具有综合性的特点。

1) 综合性是指公法因素和私法因素的综合，表现为两个角度：一是经济法以行政、刑事等“公”的手段，去调整企业、合同、价格、利润、利率等“私”的关系。二是将平等对立、协调商量、等价有偿、恢复补偿等私的手段，引入有政府和公权力加入、为公共利益考量之“公”的关系。

2）综合性又指经济法的调整是将各种法律调整手段有机结合进行综合调整。经济法对其关注的经济关系，采取所需的各种手段进行调整，包括民事的、行政的、刑事的、褒奖的、社会性的等等。

3）综合性还可以理解为经济法在其调整中处处体现着统分结合、指导和规制相结合的现代市场经济精神。

（参考资料：刘文华、史际春、徐孟洲主编：《经济法》，7版，北京，中国人民大学出版社，2024）

参考答案二：

经济法具有如下特征：

（1）经济性。

所谓经济性，即经济法的调整具有节约或降低社会成本，增进总体收益，从而使主体行为及其结果更为“经济”的特性。经济法的经济性至少体现在以下几个方面：

1）经济法作用于市场经济，直接调整特定的经济关系；调整的目标是节约交易成本，提高市场运行的效率。

2）经济法要反映经济规律。经济法要保障经济活动更加“经济”，提高总体福利，必须遵循和体现相关的经济规律，包括价值规律、竞争规律、供求规律等。

3）经济法是经济政策的法律化。经济政策是经济立法的前提，经济法是经济政策的法律化，是对经济政策有效实施的法律保障。对那些长期适用、行之有效的经济政策应上升为经济法。

4）经济法运用的是法律化的经济手段。与传统的民事、刑事或行政手段不同，经济法的调整手段是法律化的经济手段，包括法律化的宏观调控手段和市场规制手段。

5）经济法追求的是总体上的经济效益。经济法的调整以总体经济效益的提高为直接目标，以社会利益等其他利益的综合保护为间接目标。

（2）规制性。

经济法的规制性，是指在调整的目标和手段方面，经济法所具有的将积极的鼓励、促进与消极的限制、禁止相结合的特性。在经济法的各个部门法中，都存在着大量的“促进型”规范，如旨在鼓励、促进市场主体发展的各类优惠措施、适用除外制度等，它们与大量的限制、禁止性规范协调并用，使经济法的规制性体现得尤为突出。

（3）现代性。

经济法的定义中，隐含着经济法与现代国家、现代市场经济的关联，它使经济法成为旨在解决现代经济问题的现代法，并由此与传统法相区别。产生于现代市场经济基础上的经济法，具有突出的现代性，该“重要特征”主要体现在精神追求、产生基础和制度建构三个方面。

1）在精神追求上的现代性。

经济法所追求的目标是解决个体营利和社会公益性的矛盾，以及由此而带来的效率与公平的矛盾。经济法更追求一种从资源配置到财富分配，从调整手段到调整目标的整体“和谐”或“协调”，这种追求是经济法的一种基本理念，是其不同于传统部门法的一种基本精神。

在经济法产生之初，相关国家立法的价值取向就已开始从个人本位转向社会本位，因而在法益保护方面，经济法与传统部门法不同，它更侧重于对社会公共利益的保护，也能兼顾对国家利益和私人利益的保护。因此，经济法涉及多重法益的保护，或者说在法益保护方面具有多重性。

2）在产生基础上的现代性。

经济法产生所对应的经济发展阶段，不是传统的近代市场经济，而是现代市场经济；同样，经济法产生所对应的社会发展阶段，也不是近代市民社会，而是现代多元社会。恰恰是在这个特定历史阶段，出现了一系列重要的经济现象和经济问题，并且，它们是用传统部门法理论和制度不能有效解释和解决的。正是解决这些问题的现实需求，推动了经济法的产生和发展。

从总体上看，经济法产生的重要前提，是市场经济的充分发展，以及需由新兴部门法加以解决的市场失灵等问题的存在。如果市场机制可以充分有效发挥其作用，能够完全实现自发调节，不需要政府的介入和相关制度的影响，则经济法就无须产生。可以说，市场经济的充分发育，特别是自由竞争导致的垄断的普遍出现，私人成本外在化所导致的外部性问题的突出，因消费的非排他性和不可分割性所导致的市场供给公共物品的不可能性，以及信息的不对称、分配的不公平、币值的不稳定等市场失灵问题的普遍存在，是经济法得以产生的重要经济基础。

上述经济基础和社会基础，是经济法赖以产生和发展的重要背景，与传统部门法的产生和发展背景明显不同，由此使经济法作为对现代市场经济和现代多元社会的重要回应而具有突出的现代性。此外，上述背景使经济法不仅具有前述精神追求方面的现代性，还具有制度建构方面的现代性。

3）在制度建构上的现代性。

在制度层面，无论是制度形成、制度构成，还是制度实施，经济法都具有不同于传统部门法的现代性。在制度形成方面，经济法制度的形成与经济政策的联系十分密切，由此使经济法具有很强的“政策性”。在制度构成方面，经济法制度具有自足性，在其制度构成中，既有实体法制度，又有程序法制度，从而在制度实施上能够“自给自足”。在制度的实施方面，执法机关权力的膨胀，以及经济法制度构成上的自足性的突出，使那些具有调制职能的执法机关成了经济法的主要执法主体，经济法的制度实施更主要地体现于行政领域，经济法领域的许多纠纷和争议并非在司法机关解决，这与传统的刑法、民商法等方面的案件大量由司法机关审理有很大不同。

（参考资料：《经济法学》编写组编：《经济法学》，3版，北京，高等教育出版社，2022）

9. 参考答案一：

经济法的社会责任本位，是指它在对经济关系的调整中立足于社会整体，在任何情况下都以大多数人的意志和利益为重。法的各个部门在处理社会整体和个体的关系方面，有不同的主旨和调整方式，对国家和非公共组织、个人的保护和制约也有不同的侧重，从而区分出不同的法律调整模式。

行政法可谓采“行政权力本位”，当然，对权力的制约也是其题中应有之义。它以行政权力的设置和制约为核心，强调通过上下隶属的行政体系，主要依靠命令、服从的机制进行调整。这在经济法领域也是一种不可缺少的机制和手段，但以此作为指导、调节整个经济生活和经济关系的基本出发点，必然会造成违背经济规律、影响市场经济正常运行和健康发展的后果。过去我国采旧体制，片面强调国家的意志，行政权力高度膨胀，忽视了企业和个人等经济主体的地位及物质利益，使之隶属于行政，成为行政附庸。个中弊端尽人皆知，断不可重蹈覆辙。

民法传统上采“个人权利本位”，对组织、团体、社会等任何集体及其利益均持怀疑和警惕的态度，强调人人生来平等、享有平等的能力和自由。这种在反封建斗争中形成的基本理念，曾对历史起过巨大的推动作用；在当前的社会主义市场经济中，它仍是推动资源自发优化配置的思想和实践基础。它在微观经济领域内有很大的激励、动员作用，能够调动个人及个体的积极性、主动性和创造精神，保护社会个体利益，促进社会主义市场经济发展。但是，对于国民经济整体和运行的全过程而言，个人权利本位却有着相当的局限性：一方面，生产力的发展和社会经济的社会化，已使企业等组织在市场活动中充当主体和主导的角色，个人的地位和权益往往不得不屈居于组织之下。另一方面，更重要的是，现代国家基于经济社会化要求所促成的社会意志和利益，广泛、深入地介入经济生活，调控市场并直接从事市场经济活动，社会和法律要求个人权益在同依法代表社会利益的国家权力发生冲突时，社会和权力必须优于个体及其权利，而不是相反。在横向经济关系中，民法是大法，是基本法，但从经济关系的全局来说，民法只是基础法，而非起主导作用的法。个人权利本位思想常常孤立地强调社会个体的意志和利益，忽视甚至无端对抗社会整体的意志和利益；往往片面强调权利、自由，忽视对组织、团体、国家和社会承担的责任，将权利和义务割裂开来，已显出其局限性。

经济法是“社会责任本位”，以社会整体利益为最高准则。无论国家还是企业，都必须对社会负责，亦即都必须对发展社会生产力、提高社会经济效益负责，在对社会共同尽责的基础上处理和协调好彼此之间的关系。在整体上，国家代表全局利益、长远利益，但在具体的经济过程和经济关系中，它是以具体国家机关或某种经授权的组织，以特定的物质利益实体和社会组织的身份、地位出现的。在具体的经济法律关系中，国家必须依法行使权力（利），对社会负责，不得以不当或过度的行政权力和长官意志，妨碍或损害市场主体及非国有主体依法行使权利，不能不法损害其他主体的利益。企业和个人等经济主体也要对社会负责，不能只讲权利、不讲义务；不得片面强调自身局部利益，置社会利益于不顾，借口对抗行政干预而损害他人或社会整体利益。

（参考资料：刘文华、史际春、徐孟洲主编：《经济法》，7版，北京，中国人民大学出版社，2024）

参考答案二：

社会利益本位要求立法和司法实践均应以社会整体利益为出发点，在尊重个体利益基础上将整体利益作为衡量行为之标准。一般认为，社会利益的主体是“社会”或“社会公众”“公共社会”，其内容是依赖于个体利益需求的绝大多数社会主体共同的欲求。社会公共利益即为了满足社会全体成员之需要，建立在个人利益基础之上的关系大多数社会成员福利的一种利益，其具有整体性与公益性两大特征。

在经济法视域下，社会公共利益的具体体现包括如下几个方面：一为自由竞争秩序，自由竞争是经济秩序的基础；二为对特殊群体人格的限定和保护，如对消费者、中小企业、农民利益的保护；三为维护和发展对社会持续发展有利的和谐稳定的社会关系，比如，通过宏观调控法来实现协调稳定的宏观经济秩序，通过市场规制法来规范市场经营行为，营造诚实守信的竞争环境。

社会利益本位原则是对传统个人主义的法律体系的改进和超越，在后者语境下的利益观，其本质上是一种个人主义或自由主义的利益观，即对微观法律主体形式公正和纯粹效益的追寻。但在经济法视野下，尤其是基于社会利益本位原则下的公正和效益观，展现出了与传统私法体系完全不同的新内涵。这便是社会利益本位原则的两大子原则：综合效益原则与实质公正原则。

（1）子原则一：综合效益原则。

区别于个人主义私法体系下对微观效益的追求，经济法的综合效益具有更为丰富的内涵体系。经济法的综合效益将经济效益、社会效益与环境效益相统一，是近期效益、中期效益和长期效益的有机结合，是宏观整体效益与微观个体效益的兼顾。经济法的综合效益观所追求的不再仅是一般的经济产出最大化，更是宏观成果、长远利益以及社会福利等诸多因素的整合。

经济法的综合效益观，是社会整体效益与微观个体效益的有机结合。经济法的主体之一便是个体、经济组织等市场主体，这些市场主体以自身利益的最大化为行为目标，其经济逐利性是一个社会经济发展的前提条件和生命源泉，经济法是以整体发展为理念的法律部门，必然以市场主体的经济利益之实现为前提和基础，离开了市场个体的经济利益，经济法大厦就犹如空中楼阁。但是，个体经济利益并不是经济法的终极目标，它还要追求宏观整体效益。宏观整体效益是各个局部、各种具体经济效益的有机组合，而非各个具体经济效益的简单相加，其外在表现是社会总供求关系的基本平衡、资源在各个地区间的合理配置和产业结构的平衡发展。

（2）子原则二：实质公正原则。

经济法的公正观，是一种实质公正观，它不同于形式公正理念中的起点公正、机会公正、代内公正，而是更强调结果公正、分配公正和代际公正。经济法剥去了人格抽象平等、权利机会平等的“外衣”，而对“人”进行真实具体的价值关怀，如强调对消费者、被限制自由竞争的经营者等具体人格的保护。这种实质的、结果的公正观念要求尽量排除社会历史和自然因素对于人们生活前景的影响。

经济法的实质公正观在内容上主要体现于资源、地区、产业、竞争四个方面。在资源方面，经济法要解决的是资源稀缺性和开发利用的无限性之间的矛盾冲突。在地区发展方面，克服地区发展失衡，实现地区间发展公正，需要经济法运用实质公正观念、整体调整方法对地区经济关系、部门经济关系、企业集团经济关系进行规范化、系统化。在产业结构方面，基于保证经济稳定增长的前提，实现“调结构”和“优结构”并重是经济法所追求的具体目标。在竞争领域，竞争公正的实现有赖于市场主体公平竞争权的行使和保护。竞争主体主要为了交易机会和交易条件而展开竞争，政府实施调制行为的条件、程序、效果、责任等，都必须切实有利于营造良好的竞争氛围，保障所有参与竞争的各方享有公平的竞争权。

（参考资料：《经济法学》编写组编：《经济法学》，3版，北京，高等教育出版社，2022）

10. 亚里士多德曾提出，法治应包含两重意义：其一，已成立的法律获得普遍的服从；其二，大家所服从的法律是已经制定的良好的法律。要转变政府职能，全面提高政府效能，建设服务型政府，并使市场在资源配置中起决定性作用，经济法治建设应从“良法”“守法”“善治”这几个角度展开。

（1）关于“良法”。

立法上，应当关注经济法领域的立法权分配、立法体系构建、经济政策与经济法的关系等问题，并在此基础上充分考虑经济法的特殊性，实现科学立法。经济法的任务是实现一定经济体制和经济政策的要求，从而获得了比其他任何法律部门都更为显著的政策性特征，经济的法律调整往往以政策先行。对于符合条件的政策，应当通过法定程序及时上升为法律，以实现“有法可依”，在法治框架下推动经济法的制度改进，促进和保障经济与社会的发展。（经济法的政策性特征）

除此之外，立法的重要目标是制定“好的法”。首先，按照法治原则的要求，经济法的立法应具有合法性，满足合宪性以及立法正当性的要求。为此，经济法立法从实体到程序都应正当、合法，不能与上位法相冲突；同时，其立法目标与相应的调控、规制手段也都要合法，以处理好改革与法治的关系，切实保障基本人权，要时刻以建设人民满意的服务型政府为经济法治的目标。其次，经济法的立法还应具有合理性，能够有效平衡公平与效率、自由与秩序等基本价值，充分实现经济法作为“平衡协调法”“社会本位法”的功能，在实质上保障分配正义和矫正正义。其中，协调好政府与市场的关系是完善经济体制的重中之重。只有全面体现上述价值以及相关理念和规律，不断增进立法的合理性和合法性，才能实现经济法结构与功能的持续优化。（经济法的理念、本质）

（2）关于“守法”与“善治”。

基于政府在宏观调控和市场规制方面的主导地位，只有政府模范遵守经济法，善于运用经济法实施治理，才可能实现“善治”。

1）政府及其职能部门，都应依法定的经济职权和经济职责，依法定程序进行宏观调控和市场规制，不得越权、滥用权力，也不得弃权，应践行经济法的责、权、利、效相统一原则，经济法律关系中各管理主体和公有制经营主体所承受的权利（力）、利益、义务和职责必须相一致，不断优化政府机构设置和职能设置。（经济法的原则）

2）政府应在法治框架下，综合运用各类经济法制度，从整个国民经济的协调发展和社会整体利益出发，来调整具体利益关系，协调经济利益关系，以引导、促进或强制社会整体目标和个体利益的统一，推动国家经济职能的全面实现，提高政府效率，全面提高政府效能。（经济法的原则）

3）政府应当严格遵守经济法，真正做到依法办事，充分保障市场主体的信赖利益，不断完善市场监管和执法体制，例如在税法的实施过程中，征税机关必须严格落实税收法定原则，不能为完成税收目标或收入任务而罔顾法律规定，这样不仅严重影响市场主体的税法预期和税收利益，还会对税收秩序、征纳关系产生一系列负面影响。

4）政府在经济法领域，应当坚持社会主义市场经济改革方向，转变政府职能，深入推进简政放权，更加尊重市场经济一般规律，最大限度减少政府对市场资源的直接配置和对微观经济活动的直接干预，充分发挥市场在资源配置中的决定性作用，更好发挥政府作用，有效弥补市场失灵。可通过全面完善产权制度、全面实施市场准入负面清单制度、全面落实公平竞争审查制度等措施，持续优化营商环境，强化事中事后监管，切实解决法律实施中的问题，不断提升经济治理的水平。这样才能实现经济法领域的“善治”，建设人民满意的服务型政府。

（参考资料：刘文华、史际春、徐孟洲主编：《经济法》，7版，北京，中国人民大学出版社，2024）

第三章　经济法的地位和体系

知识逻辑图

- 经济法的地位和体系
  - 经济法的地位
    - 关于经济法的地位之争和传统法律部门划分存在的问题
    - 经济法是我国社会主义法律体系中的一个“独立”部门
  - 经济法与相关部门法的关系
    - 经济法与民商法的联系和区别
    - 经济法与行政法的联系和区别
  - 经济法的渊源
    - 全国人大及其常委会制定的法律
    - 国务院制定的行政法规
    - 地方人大及其常委会制定的地方性法规
    - 国务院的部门规章、命令、指示
    - 地方政府制定的地方规章
    - 宪法及其他宪法性文件
    - 最高人民法院的意见和司法解释
    - 国际条约或协定
    - 经济政策、习惯（特殊地位）
    - 学理、理念（间接渊源）
  - 经济法的体系
    - 社会主义市场经济法律体系
      - 就具体法律关系而言可分为三种
        - 直接调整经济关系的法
        - 间接调整经济关系的法
        - 不调整具体经济关系的法
      - 狭义——直接调整经济关系的法的体系
    - 我国经济法的体系
      - 经济法的体系的构造方法
      - 经济法的体系（按照经济关系及经济法调整的内在逻辑）
        - 经济组织法
          - 企业法
            - 特殊企业法
            - 公有制企业法
            - 公有主体联合投资经营法
          - 中央银行法
          - 经济性行业组织法
        - 经济管理法
          - 综合职能管理制度
          - 行业管理制度
        - 经济活动法
    - 经济法学的体系
      - 总论：经济史、基本原则、理念
      - 分论：经济法的三大组成部分

名词解释与概念比较

1. 经济法责任与民事责任（西南政法大学考研）
2. 经济法的体系与经济法学的体系
3. 法律体系与经济法的体系
4. 经济法的渊源

简答题

1. 经济法的体系可以划分为经济组织法、经济管理法与经济活动法，请举例简述三个部分之间的联系及其划分的相对性。

2. 请分析经济政策与经济立法的关系以及如何看待政策作为经济法的渊源之一。

3. 简要列举宪法中与经济法直接相关并作为经济法渊源的宪法性文件的内容。

4. 从我国涉外经济法的产生及发展历程简要分析其内容能否归于经济法的范畴。

5. 简述国际经济法与经济法的共同点与差异点。

论述题与深度思考题

1. 通过对经济法、劳动和社会保障法等现代法律部门的不适性分析传统法律部门划分的缺陷及经济法的独立性。①

2. 试从民商法特质以及经济法与民商法的宗旨、调整对象、对经济关系的调整作用等方面论证经济法与民商法的划界。②

3. 从经济法的调整对象、调整手段、理念角度论述经济法与商法的差异点；从经济法与商法的历史同根性和相互配合角度阐述经济法与商法的联系性。③

4. 有人认为经济法就是经济行政法，试从经济法与行政法的区别方面，论述经济法与行政法的关系。

5. 从经济法与自然资源和环境保护法之间的异同角度论述自然资源和环境保护法从经济法中独立的必要性。

6. 试述劳动法和社会保障法各自的界定及经济法与劳动和社会保障法的衔接与联系。

7. 关于社会法的界定，有学者将其归纳为四类：（1）一种法学思潮；（2）社会团体制定的行为规范；（3）相对于公法和私法的“第三法域”；（4）独立的法律部门。总的来讲，大约有 40 种不同的界定。试述学界对于社会法内涵与外延的界定及经济法与社会法的关系。

8. 试论经济法体系的构成。（武汉大学考研）④

---

① 除了对经济法的地位和独立性直接命题，历年来经济法专业考研试题多涉及经济法分论制度的具体性质与地位问题以及论证其属于经济法的范畴，具体包括：（1）根据《证券法》论证券法的性质与地位（中国人民大学考博）；（2）从公私法关系来评述公司法的性质和地位（中国人民大学考博）；（3）反垄断法的地位与作用（西南财经大学考研）/试论反垄断法的性质与地位（中国人民大学考研）；（4）为什么政府采购法属于经济法体系的组成部分（中国人民大学考研）；（5）金融法的地位（西北政法大学考研）；（6）以所有权、合同、金融法为例，论经济法的公私交错、融合性的特征以及法的部门划分的相对性（中国人民大学考博）。

② 从历年来的各高校的经济法考研题目发展进化趋势来看，对于经济法与其他相关法律部门的关系的论证呈现出两种新的趋势。一是命题往往与经济法分论具体制度和热点的经济法现象相结合，二是让考生论述经济法与相关法律部门某一具体方面的不同，而较少采用笼统的出题模式。因此，考生要注意培养将经济法总论和经济法分论融会贯通与灵活应变的能力。具体例如：根据近年来的商法现象，论经济法与民商法的关系（中国人民大学考博）；试比较分析经济法与民商法在经济、社会基础方面的差异（北京大学考研）；分析经济法调整的社会关系以及经济法与民法的划界（西北政法大学考研）；试比较经济法与民法调整的社会关系（西北政法大学考研）；论经济法与国际经济法的性质、地位和相互关系，结合涉外经济法、对外贸易法论述（中国人民大学考博）；等等。

③ 关于商法和经济法的关系命题主要有：（1）论经济法和商法的关系；（2）经济法与商法在调节经济关系方面的不同作用（中国人民大学考研、武汉大学考研、华东政法大学考研）；（3）试析经济法主体与商法主体的区别（华东政法大学考研）。

④ 为了实现经济法总论与经济法分论制度的契合，以下列举部分各高校在经济法考研试题中对经济法体系的子法律体系的命题题目，使考生树立对总论与分论部分的经济法体系的整体认识。例如：（1）论社会法理论体系的建构（北京大学考博）；（2）简述我国社会保障法律制度的体系（西南政法大学考研）；（3）试论我国宏观调控法律体系（西南政法大学考研；北京工商大学考研）；（4）论可持续发展的法律保障体系（西南政法大学考研）；（5）国有资产管理法及其体系（中国人民大学考研）；（6）简述我国的税法体系（北京大学考研）；（7）简论我国市场管理法体系的结构（北京大学考研）；（8）简述计划法的体系（武汉大学考研）；（9）我国要在 2000 年前建立我国市场经济法律体系框架，请说明我国市场经济企业立法体系框架的构成（武汉大学考研）；（10）简述银行法的体系（西北政法大学考研）。

参考答案

名词解释与概念比较

1.

经济法责任	经济法责任是指经济法主体因实施了违反经济法律、法规的行为而承担的否定性法律后果以及直接基于法律的规定而加于行为人的负担。经济法责任具有复合性，其主要责任形式有行政责任、民事责任和刑事责任。但是，经济法责任不是三大责任的简单综合，因为有些行政责任和刑事责任是经济法主体不能承担的，而有些特殊的经济法责任的承担方式又不能归于三大责任，如消费者权益保护法上的三倍的惩罚性赔偿金，产品质量法上的强制产品召回、信用降级和剥夺从业资格等专业不名誉方式
民事责任	民事责任是指民事主体因违反合同或者不履行其他民事义务所应承担的民事法律后果。其承担民事责任的方式主要有赔偿损失、停止侵害、排除妨碍、消除危险、支付违约金和赔礼道歉等
区别	经济法责任在性质和理念上与民事责任有所不同，在民事责任上，双方当事人可以约定或协商，但是经济法责任一般都是法定的

（参考资料：叶希善：《法学硕士考研复习指南经济法学》，北京，中国法制出版社，2005）

2. 经济法的体系是指一国现行经济法的法律规范组成的有机联系的统一的部门法体系。经济法学的体系，是指以经济法及其发展规律作为研究对象的学科体系，其与经济法的体系既密切联系又相互区别。第一，经济法的体系与经济法学的体系两者是衔接和联系的。经济法或经济法学的总论，加上由经济组织法、经济管理法与经济活动法组成的经济法的体系作为分论，即构成我国经济法学的体系。一方面，经济法学的体系由经济法的体系决定并受其影响，经济法的体系为经济法学的体系提供客观基础与研究素材；另一方面，经济法学的体系的发展与完善也会反过来指导和推动经济法的体系的发展与完善，经济法学的体系为经济法体系提供主观基础与理论论据。第二，经济法的体系不同于经济法学的体系。经济法的体系的构成要素是经济法的法律规范，经济法的体系是由经济法的法律规范形成的若干子法律体系组成的；而经济法学的研究对象是经济法及其发展规律。①

3. 法律体系是指一个国家内部各现行法律部门所组成的有机统一的整体。我国法律体系是由宪法、民法、行政法、刑法、经济法和诉讼法等法律部门组成的。这些法律部门一般是指调整同一类社会关系的法律规范的总称，本身又构成了一个分支体系。经济法体系就是整个法律体系中的一个子法律体系。经济法体系是由经济法的法律规范组成的有机联系的统一的部门法体系。经济法体系的构成要素是经济法的法律规范，经济法的体系又是由经济组织法、经济管理法和经济活动法三个子法律体系所共同组成的。

4. 法的渊源分为法的实质渊源与形式渊源。按照马克思主义法学理论，法的实质渊源是指法体现统治阶级的意志，法的实质渊源决定法的形式渊源。我们通常所讲的法的渊源即指法的形式渊源，依通说是指法的存在或表现形式，大致分为制定法、判例和司法解释、习惯、政策和学理等。法的渊源不仅决定于法律渊源和法律部门本身的特点，而且更多地与学者的研究方法和立场有关，我国法的渊源基本上是成文的制定法，经济法也不例外；同时基于经济法的特性，还需要考虑一些如经济政策等其他的法源因素。

我国经济法的渊源	具体表现形式和实例
全国人民代表大会制定的基本法律及其常务委员会制定的法律	《反不正当竞争法》《税收征收管理法》《中国人民银行法》等
国务院制定的行政法规	《外汇管理条例》《反倾销条例》等
地方人民代表大会及其常务委员会制定的地方性法规，民族自治地方的人民代表大会制定的自治条例和单行条例	《天津市招标投标条例》等

① 由于经济法学的体系是经济法总论与经济法分论共同组成的完整的有机统一体，因此，如何建立起经济法总论的理论与分论制度的内在联系，成为命题者近几年关注的问题，例如，以金融法和企业法为例，论述经济法总论与分论的关系（中国人民大学考博）。这同时也是对考生理论联系实际的综合运用能力的一种考察，防止对分论具体制度的学习与对总论的学习脱节，呈现经济法总论与分论“两张皮”的现象。

续表

我国经济法的渊源	具体表现形式和实例
国务院各部委发布的部门规章、命令、指示等，地方政府制定的地方政府规章	国家发展改革委、商务部印发的《外商投资准入特别管理措施（负面清单）》，国家税务总局出台的《税务稽查案件办理程序规定》等，北京市政府制定的《北京市政府投资管理办法》等
《宪法》及其他宪法性文件	规定"国家加强经济立法，完善宏观调控"等
最高人民法院的指导性意见和法律解释	最高人民法院《关于审理企业破产案件指定管理人的规定》等
国际公约或协定	中国已加入的《1974年班轮公会行动守则公约》《中美税收协定》等
经济性的政策、习惯（惯例）	国务院《关于实行分税制财政管理体制的决定》，《反不正当竞争法》中的商业道德与惯例
经济法的学理、理念（间接渊源）①	经济法的实质公平理念与平衡协调原则

简答题

1. 法和实际的法律制度是一个整体，任何法律部门的划分和一个法律部门的内部划分都是相对的，体现出"主、客观统一"的特征。例如，之所以将经济活动法划分为一类，是考虑和强调相应经济关系中的市场因素或平等关系，而从宏观调控管理和市场规制的角度出发，达不到此种效果。经济法的体系按照经济关系及经济法调整的内在逻辑，可以划分为经济组织法、经济管理法与经济活动法。其中，企业法是经济法体系的起点，管理法是经济法的核心，经济活动法调整的是经济主体间的权利、义务关系。经济法的这三个部分不可能截然区分，而是相互衔接、相互配合的。例如，经济组织法与公共财政及国有资产管理经营紧密相关，并由国有资产经营管理而又与国家公务员制度及其人事管理相衔接、重合；经济管理法也与特殊企业和国家从事经济活动及政府经济合同等密不可分；而经济活动法也涉及产业政策、财政制度、竞争政策等公共管理的内容。这是基于一定标准、从一定角度出发所作的相对合理、明确的划分。

（参考资料：刘文华、史际春、徐孟洲主编：《经济法》，7版，北京，中国人民大学出版社，2024；史际春主编：《经济法》，北京，中国人民大学出版社，2005）

2. 经济政策与经济立法的关系：(1) 经济政策与经济立法的区别。第一，从制定的主体和程序来看，经济法是由国家立法机关依照法定的立法程序制定的，而经济政策则是由党和各级政府依职权制定的。第二，从实施的方式与主体来看，经济法由司法机关、行政机关实施，由国家强制力保障；而经济政策则由党和各级政府行政机关实施，主要依赖经济手段实现。第三，从表现形式来看，经济法是由经济法律规范组成的，而经济政策则表现为决议、方针、指示、纲领等。第四，从稳定性来看，经济法比经济政策更具稳定性。(2) 经济政策与经济立法的相同点。二者都是国家对经济生活的意志的具体体现，都是国家为实现一定时期的经济目标而采取的手段，都是上层建筑的范畴，都是思想意识形态的产物。(3) 两者有着紧密的联系。一方面，经济政策是经济立法的前提和基础，经济政策是一定时期的经济立法、执法和司法的指导方针和原则；经济法是经济政策的法律化，是经济政策有效实施的法律保障。另一方面，较为具体、稳定的政策与法并不能截然区分，有些政策本身就是法的规范，如《外商投资准入特别管理措施（负面清单）》。在现代法治条件下，法与政策并非不兼容，只要将政策的制定和实施纳入法治轨道，令相关行为具有可问责性，政策是利大于弊的。

鉴于经济法的政策性特点，政策可以在相当程度上作为经济法的渊源，而且经济政策作为经济法渊源的必要性远甚于民法，因而经济法相对于民法等传统法律部门更具灵活性和不确定性，以至于可以用经济政策来变更或者取代法律的规定。举两个经典的事例：其一是中共中央和国务院决定冻结非农建设项目占用耕地1年，也即用经济政策冻结《土地管理法》关于国家建设征用耕地审批的法律规定。其二是关于传销，

① 需要特殊说明的是，学者、专家的理论和学理解释本身不是经济法的渊源，但可能成为影响政策、立法、行政执法和司法的因素，对经济法的渊源发生直接或间接的影响作用。参见史际春主编：《经济法》，100页，北京，中国人民大学出版社，2005。

国务院在2005年8月颁行《直销管理条例》和《禁止传销条例》之前出台了关于禁止、取缔和查处传销经营活动等的决定，这是重要的经济政策，决定要求已经批准登记从事传销经营的企业一律停止传销经营活动，对未经批准擅自从事传销经营的立即取缔、查处。而且由中国的政治、经济体制和国情所决定，党和国家的经济政策发挥着重要作用：我国的每一项改革开放的重大举措几乎都是以实验性、局部性的政策先行的，通过经济政策的不断试错，在立法时机成熟时再将政策上升为经济立法。

［参考资料：刘文华、史际春、徐孟洲主编：《经济法》，7版，北京，中国人民大学出版社，2024；邓峰：《经济政策、经济制度和经济法的协同变迁与经济改革演进》，载《中国人民大学学报》，1997（2）］

3. 我国1982年《宪法》与1988年、1993年、1999年、2004年和2018年的5个修正案中同经济法直接相关，作为经济立法根本依据并构成其渊源的主要包括以下规定：《宪法》“序言”第七自然段关于进行社会主义现代化建设、坚持改革开放和发展社会主义市场经济的规定；《宪法》第1条关于我国国体和社会主义根本制度的规定；第4条关于帮助各民族地区加速经济和文化发展的规定；第5条关于实行依法治国，建设社会主义法治国家的规定；第6～11条关于国家基本经济制度、分配制度，关于国有经济、农村集体经济、个体经济和私营经济的规定；第12条和第13条关于保护公共财产和公民合法财产的规定；第14条关于完善经济管理体制、企业经营管理制度，实行社会主义责任制和建立社会保障制度的规定；第15条关于实行社会主义市场经济，加强国家经济立法，完善宏观调控的规定；第16～18条关于国有企业、集体经济组织和外商投资企业的权利义务的规定；等等。

（参考资料：漆多俊主编：《经济法学》，5版，北京，高等教育出版社，2023）

4. 一般而言，涉外经济法是国内法中关于涉外经济交往的法律规定，具体范畴包括外资并购、平行进口、进出口管理和涉外金融、涉外税收管理和对外贸易法，以及反倾销、反补贴和保障措施、反垄断法的域外适用等对外贸易救济制度。在我国改革开放之初，为了吸引外资，先后制定了一批涉及外商的企业法、税法和对外经济交往方面的法律、法规，如《中外合资经营企业法》《外商投资企业和外国企业所得税法》《涉外经济合同法》等，形成了数量可观的调整涉外经济交往关系的法律、法规，并有形成独立的学科与部门法之势。然而，随着我国加入世界贸易组织（WTO）和对外开放不断深入，涉外经济法有萎缩的趋势，国民待遇原则的适用导致在企业法方面对外资一视同仁。2008年1月1日起施行的统一《企业所得税法》实现外商投资企业和内资企业所得税两税并轨，《涉外经济合同法》也已被《民法典》取代，各种涉外交往遵循我国参加或承认的国际条约和惯例，实现与国际接轨。因此，尽管我国在某些方面仍将保留一些专门调整涉外经济关系的法律、法规，但其意义和数量已经不足以构成一个法律部门，内容上会逐渐并入经济法或者国际经济法的范畴。

5. 国际经济法是调整双边和多边跨国经济交往关系的法，它的渊源主要是国际条约、协定和国际惯例，也包括某国的经济法、民商法等国内法。经济法与国际经济法的共同之处在于它们都调整经济关系，在渊源与调整手段上也有相同之处。特别是随着国际交往的深入，国内经济交往也深受国际惯例的影响，从而使得国际和国内经济关系的法律调整在某种程度上有趋同之势，如避免国际双重征税和转移定价制度就是如此。经济法与国际经济法的区别主要表现为：第一，调整对象及所属法律体系不同。经济法主要调整国内经济关系；国际经济法调整国家或者地区间的双边和多边关系，既调整国家间、国际经济组织间、国家与国际经济组织间的经济关系，也调整自然人、法人同国家、国际经济组织之间的经济关系，其调整对象也具有国际性。因此，经济法属于国内法，而国际经济法属于国际法的范畴。第二，调整手段不同。经济法的调整手段主要是国内法上的各种褒奖、责任和救济制度；国际经济法的调整手段也有民事、行政、刑事等，但还有国际法范畴内特殊的国际争端解决机制与救济途径。第三，宗旨不同。经济法的宗旨是实现国内经济的平衡、发展与社会公共利益最大化；国际经济法旨在平衡不同国家间及其国民间的利益关系。第四，法律适用的主体不同。公民、法人和其他经济组织均是两者共同的适用主体，但是，国际经济法还有特殊的适用主体，即国家、国际经济组织等。第五，法律渊源各有侧重。经济法的法律渊源主要是法律、行政法规等国内法渊源，而国际经济法的法律渊源主要是国际条约、协定和惯例。

（参考资料：史际春主编：《经济法》，北京，中国人民大学出版社，2005）

论述题与深度思考题

1. 传统法律部门划分的理论要点：苏联法学界关于法律部门的划分有两个经典的命题，即必须将法律调整的社会关系的内容和法律调整的方法相结合，作为法律部门划分的标准或依据。继受苏联的通说，法的部门划分不是由人们的主观意志决定的，而是由需要法律规范调整的社会关系多样性的客观存在决定的。

（1）传统法律部门划分的理论缺陷。在现代条件下，生产和交往的社会化程度以及社会关系的复杂程度日益提高，法律调整的最佳方式和大多数国家的通例，是对同一范围内的社会关系运用行政、民事、刑事、社会性、专业性的多种法律手段进行综合调整，由此产生了许多不能按照传统理论归类的法律现象，如经济法、劳动和社会保障法、自然资源和环境保护法等。这说明在现代条件下，试图仅依据是否运用单一调整手段和调整对象的性质来判定一个法律部门，已经失去了客观基础。传统法律部门划分理论的缺陷主要有：第一，这一理论把法律部门的划分归结为对社会关系性质的机械反映，忽视了人类认识过程中的能动性和主观性。从根本上说，法律部门及其调整方法都是由其调整对象决定的，但是调整对象本身并不存在天然、客观的标记来供人研判，而是法学家经过主观研究加以揭示的。传统观点把法律部门的划分归结为客观状态，忽视它本质上是一种主观的学术活动，陷入了机械唯物论的泥沼。第二，传统理论把产生于19世纪的大陆法系国家的法律体系样式和20世纪苏联的法律部门划分的法理学当作经典，陷入了盲目崇拜。无论是法国资产阶级革命后的法典化运动，还是苏联时代的法理学，都只是特定历史阶段对法律现象认识的成果。但是法律部门的历史演进是从一个古代诸法合体、民刑不分，再到近代法典化和传统法律部门划分阶段，最后到现代建立在经济社会关系不断社会化和复杂化、高度分化基础上的高度整合的法律部门划分这样一个动态发展的过程。新兴的经济法、劳动和社会保障法等法律现象的发展必将催生法律部门划分标准的深刻变化。第三，传统理论把法律部门看成是割裂的板块之间的关系，而实际上法律部门之间是交叉渗透、交互作用的，社会关系的性质不能决定一类社会关系只能由一个法律部门调整，某一个法律部门也不只调整一种社会关系。第四，按照传统理论的逻辑，要形成一个法律部门，此中社会关系的质的特性必须达到需要特种法律调整方法的程度。由此产生的逻辑矛盾是，在极为有限的法律调整的方法和手段的情况下，传统划分标准对日新月异的社会关系和迅速增长的法律规范进行分类时无所适从，必将陷入有限的调整手段与现实法律综合运用法律手段调整的逻辑矛盾。

（2）划分法律部门的原则及标准。在这种情况下，对于法律部门划分具有决定意义的是法的调整对象所包含的具体社会经济内容的差异，而不再是决定法律调整手段差异的社会关系之抽象性质的不同。因此，要对经济法、劳动和社会保障法、教育法等现象加以科学的划分，必须按照主客观一致、以主观为主的指导思想来确定法律部门划分的标准。由实践需要决定的立法者或统治者在法律调整中表现出来的特殊关注或不关注，是现代法的某个部门成立与否的重要标识。通过对传统“客观论”的改造，按照社会活动的领域和法律调整的宗旨来划分法律部门，以调整某一社会活动领域的社会关系或解决某一重要问题的一个或几个核心的立法或法规，加上相关的法规群，再辅之以外围法规，就可以构成一个法律部门。

法的部门的划分是相对的，这是由立法和法学的主观性决定的。这种相对性表现为法律部门之间的交叉和层次包容，也表现为同一项法规基于不同的调整角度可以同时属于不同的法律部门，同样的法规在不同国家和同一国家的不同时期可以属于不同的法律部门。如公司法也是一种中性的组织制度，在调整公有财产和公有主体投资经营的角度它们是经济法，在市场主体一般的结社、权益抗衡协调的角度它们又是民商法。而不同部门的法规之间的交叉，应被视为不同部门之间的衔接，如民法中的诚信原则和公序良俗条款，就是民法与经济法之间的连接点。

总之，数量适宜的一定的法规，只要有确定的宗旨和一定的特殊任务、功能，调整的社会关系又属于一定的范围或领域，就可以成为一个法律部门。一方面，客观上出现了某种新的社会活动领域，如国家直接介入生产、流通，而不再仅对其实行外部的行政管理，或者既有的某种社会活动领域的重要性空前提高；

另一方面，主观方面国家按照社会公共利益的宗旨对由该活动产生的各种社会关系进行统一调整，制定了系统的经济法律、法规，法学家对该法律规范进行研究形成经济法的总论与学说，则称之为经济法法律部门。因此，经济法是独立的法律部门，在社会主义市场经济法律体系中居于重要地位。

（参考资料：刘文华、史际春、徐孟洲主编：《经济法》，7版，北京，中国人民大学出版社，2024；史际春主编：《经济法》，北京，中国人民大学出版社，2005）

2. 民法的本质是自由的财产流转法，它以民事法律行为和意思表示制度为核心，主要调整当事人意思自治的领域，即民法作为私法或者说私法普通法，主要调整公权力不直接介入的、由价值规律自发作用的财产流转关系，并建立民事主体制度与物权、债权、侵权等制度。凡公权力直接介入或直接体现社会公共利益的经济关系，均需由经济法和其他法律调整或优先适用。商法是私法特别法，所谓的私法公法化实际上就是商法的公法化，所以，商法的概念和范围已变得越来越模糊。如果把“公法化”了的商法仍作为商法，那么本来意义的商法就不复存在，从而也就否定了商法和私法。特别是在中国公有制主导的条件下，传统商法公法化的程度较之西方国家更深，在中国当前并无在民法、经济法、国际经济法之外另立商法部门的客观条件与法学基础。

民商法与经济法在对经济关系调整中是相辅相成的。它们都调整经济关系，在调整中都可能运用民事的调整方法。在市场经济条件下，民商法的根本作用是保证各种合法主体能够按照自己真实、自主的意愿从事活动；经济法的根本作用则是保证有一个正常、自由、公平的竞争秩序与市场环境，是在民法调整基础上的二次调整。民法中的“诚实信用”“公序良俗”等规定是民商法与经济法的连接点：违反这些条款的行为超出了民商法的调整范畴，而须由经济法中的反垄断法、反不正当竞争法等来作具体调整。

经济法以社会公共整体利益为宗旨和以社会责任为本位，同时不过分僭越个体私利，但是民法以个体私权利为本位，同时要求不得损害社会公共利益。除了调整理念、宗旨与作用不同外，经济法与民商法在调整的社会关系及其范围上也有差别：经济法主要调整公共性经济关系，着眼于宏观的秩序和公共效益，而非民法的私人财产及人身权益。

（参考资料：刘文华、史际春、徐孟洲主编：《经济法》，7版，北京，中国人民大学出版社，2024）

3. 经济法与商法的区别是：(1) 调整对象的范围和性质不同。传统的商法范围包括公司法、证券法、保险法、票据法、海商法、破产法，主要调整平等经济活动主体之间的交易活动和横向的经济关系，一般不涉及人身关系，在调整过程中注重维持私法中传统的“意思自治原则”；经济法调整的不仅是经济活动主体的经营行为，还有国家及其代表的政府机构参与经济活动或者运用经济职权干预管理经济活动的行为，是对公共经济管理者、经营者、消费者等经济法主体“纵横统一”的综合调整，在调整过程中强调国家意志的体现和政府公共经济管理的职能。(2) 调整手段不同。商法通常运用专业性、技术性较强的手段进行调整；而经济法除了运用商法上的专业及社会性调整手段，还运用民事、行政、刑事、褒奖等综合调整机制。(3) 价值取向和理念不同。商法强调个体效益的最大化和个体利益本位，强调微观个体的交易自由和个体形式平等；经济法则以维护社会整体利益为出发点和落脚点，以社会整体经济利益为本位，强调社会的整体效益、实质公平和宏观交易秩序。

经济法与商法的联系是：经济法与商法同样是市场经济的产物，商法是市场经济初级阶段的产物，经济法则是市场经济发展到高级阶段和社会化大生产条件下的产物，同样是法律社会化趋势下的公法与私法的兼容。两者出生的同根性决定了两者在法律体系中具有最近的亲缘性。如果说民法的高度发达是商法得以产生的制度基础，那么商法的高度发达也是经济法产生的基础条件。商事法律面对新的复杂的社会经济关系，暴露出固有的缺陷，为了解决政府“有形之手”与市场“无形之手”的平衡协调，经济法登上历史的舞台。总之，商法需要经济法来“克服市场失灵的痼疾”，防止出现价值规律自发调节下的盲目性、滞后性和市场竞争的无序性；经济法不但需要商法对市场经济的基础关系加以调整，而且经济法的许多调整手段正是借鉴于商法的调整手段。

在中国民商合一的背景下，商法是私法特别法，所谓的私法公法化实际上就是商法的公法化，所以，商法的概念和范围已变得越来越模糊。如果把“公法化”了的商法仍当作商法，那么本来意义的商法就不复存在，从而也就否定了商法和私法。特别是在中国公有制为主体、多种所有制经济共同发展的情况下，传统商法“公法化”的程度较之西方国家的更深，虽然可从一般私法的角度或在非部门法的意义上使用“民商法”“商法”等名称或提法，但在中国当前并无在民法、经济法、国际经济法之外另立商法部门的客观条件与法学基础。

（参考资料：刘文华、史际春、徐孟洲主编：《经济法》，7版，北京，中国人民大学出版社，2024）

4. 参考答案一：

经济行政法说最早是由苏联民法学家 C. H. 勃拉图西于 1963 年提出的，其要旨是经济法隶属于行政法，经济法无非是调整经济管理关系的行政法，只是行政法的一个分支，不构成任何法的部门。此说的最大问题在于它认为经济行政法所调整的经济管理关系，实质上是以行政手段调整为主的关系。在这种法律关系中，国家机关及其授权组织是权利主体，经济组织是义务主体。此种主张违背经济体制的改革方向，和计划经济体制下的国家与企业的关系几无区别。经济法是有别于行政法的独立的法律部门，经济行政法已经为经济法学的主流学说所摒弃。经济法与行政法的区别主要表现在：第一，调整对象不同。行政法以行政组织及其权力的设置为主要调整对象。经济法的调整对象则是经济管理关系、维护公平竞争关系和组织管理性的流转与协作关系，即不囿于纵向经济关系，经济法对横向经济关系，如政府经济合同，也进行调整。第二，调整手段不同。经济法除了运用行政法的行政处罚等行政调整手段，还运用民事的、刑事的、程序的、褒奖的、专业及社会性调整等综合法律调整手段。第三，价值取向不同。经济法以在经济社会化条件下实现社会整体经济利益为核心内容的实质公平正义作为价值目标。行政法以提高行政效率为价值目标。第四，产生的历史背景不同。经济法是在生产社会化的市场经济条件下国家对经济进行干预和管理的过程中应运而生的。行政法则是以“三权分立”和对行政权力的约束、限制为背景产生的。

所以，行政法是关于政府的组织人事和行政救济法，充分关注的应当是行政组织及其权力设置、行使、制约和监督，这与行政法起源于授权与控权法的历史和逻辑一致。至于现代国家对各行业进行行政管理的具体内容，既然行政法学不予研究，则其不研究的可不必归于行政法的范畴。因此，随着法律对社会关系的调整不断精细化和技术化，行政法中对“事”管理的内容已经或将要分化出去，成为专门的法律部门或其他法律门类的组成部分，如经济法、劳动和社会保障法、环境法、教育法、卫生法及军事法等。但是，因行政法本来就不关注行政行为的具体社会经济内容，经济法部门的形成与行政法的产生和发展之间并无内在逻辑联系。再有，经济法的内容和范围不限于经济行政，它还包括反垄断、制定和执行产业政策、货币和金融调控、政府参与市场活动等历来不属于行政法范畴的私法公法化的内容。

（参考资料：刘文华、史际春、徐孟洲主编：《经济法》，7版，北京，中国人民大学出版社，2024）

参考答案二：

狭义的行政，主要是国家行政机关运用行政权力进行行政管理的活动，由于行政的对象具有特殊性，行政主体在进行行政管理时享有较大的自由裁量权，可能对公民权利和社会自由构成威胁，因而必须对其予以法律规制。行政法的核心是程序法而不是实体法，即行政法的核心是为行政机关行使行政权力规定一套法律程序。行政法的宗旨不是行政管理而是管理行政，具体说来，就是通过规定法律程序以管理行政机关及其行政权力的运行，达到制约行政权力、规范行政行为和明确行政责任的目的。所以，威廉·韦德认为：“行政法定义的第一个含义就是，它是关于控制政府权力的法。无论如何，这是此学科的核心。”

经济法是独立于行政法的一个重要法律部门，这是由经济法和行政法的区别所决定的。具体来看：

（1）两者的调整对象不同。行政法的调整对象主要是行政管理关系，即管理行政自身的关系、内部的关系，目的是控制行政权力、规范行政行为、明确行政责任，管理好行政机关自身。而经济法的调整对象是宏观调控关系和市场规制关系，这种社会关系不属于行政管理关系，而是市场经济发展的必然结果和普遍要求。它不是行政自身的内部关系，而是一种具有普遍性的社会关系。

（2）两者的主体不同。行政法的主体有一方是行政机关和行政人员。而经济法的主体主要是与宏观调控和市场规制有关的当事人，介入其中的国家机构也不尽是行政机关。在经济法领域，实施宏观调控和市场规制的主体应具有较强的独立性，有的甚至需要去行政化。一般说来，它们只按相关法律规则行事，不受行政命令的干预和束缚。

（3）两者涉及的权力不同。由于行政所针对的社会关系具有特殊性，难以实体立法，所谓的依法行政主要是依行政程序行使政权，行政权本质上是一种自由裁量权。在行政法关系中，行政权是一种主导性权力，它决定、支配其他行政相对人的权利。而经济法领域的权力，主要是宏观调控权和市场规制权，它们作用的社会关系具有普遍性，法律可以作出较为详尽的规定，应依法行使。

（4）两者的构成要素不同。为了防止行政权力的自由裁量侵犯人们的合法权益，必须对其加以规范和约束，如规定行政主体的资格、界定行政权力的范围、规范行政权力的程序、维护行政受害人的诉权、保障行政受害人的求偿权等等。这样，行政组织法、行政程序法、行政诉讼法和国家赔偿法等就成了行政法的基本构成要素。而经济法调整的是宏观调控关系和市场规制关系，其构成要素主要是宏观调控法和市场规制法。

（5）两者的宗旨不同。在行政管理关系中，政府是管理主体，相对方是管理受体，两者之间是一种命令与服从的关系。在行政管理过程中，政府可能侵害相对方的相关权利，因此行政法从许多方面界定了政府权力，规范了政府行为，明确了政府责任。可见，行政法关注的核心和规制的重心是政府本身，其宗旨是限制政府权力、管理行政机关，着重于解决政府失灵的问题。而经济法通过依法设立宏观调控机构和市场规制机构并赋予它们相应的宏观调控权和市场规制权来进行宏观调控和市场规制，其调控的核心和规制的重心是市场秩序和市场运行，其宗旨在于解决市场失灵的问题，以保障市场经济公平、自由、竞争、协调、有序地发展。

（6）两者追求利益的方式不同。在市场体制下，利益格局多元化，既有私人利益，也有国家利益，还有社会公共利益。私人利益是由私人所享有的利益；国家利益要兼顾全社会利益，理论上应与社会公共利益相一致；社会公共利益是一种与全社会成员密切相关且为他们共同享有的利益。严格说来，行政法和经济法都应追求社会公共利益。但两者追求社会公共利益的方式、路径和着力点不同。行政法通过限制行政权力、规范行政行为和明确行政责任，进而保障行政相对人和其他人利益的方式去实现社会公共利益。经济法通过宏观调控克服市场的盲目性和无序性，通过规制垄断和不正当竞争等保证市场经济公平、自由、竞争、协调、有序地发展，维护社会整体秩序，促进社会共同利益。

（参考资料：《经济法学》编写组编：《经济法学》，3版，北京，高等教育出版社，2022）

5. 从自然资源和环境保护法发生、发展的历史进程来看，我国的自然资源和环境保护法曾经是经济法的内容，而且是在经济法框架内建立并发展起来的。进入20世纪90年代后期，一方面人们对经济法的内涵与体系认识不断深化，另一方面自然资源和环境保护法本身有了很大发展。无论从宗旨、重要性还是规范数量来看，自然资源和环境保护法都有从经济法中分出来自立门户的必要，并最终成为一个独立的法律部门。

经济法与自然资源和环境保护法的共同点除了具有共同的历史渊源和作为新兴法律部门的共同之处，还主要表现在：第一，从调整的视角和价值目标来看，两者都是从社会利益出发，具有共同的社会性理念。自然资源和环境保护法与经济法一样，并不以某种单一性质的社会关系作为其调整对象，而是以社会责任为本位和宗旨，对特定领域的社会关系进行调整。第二，两者都采用民事的、行政的和刑事的等多种调整手段，综合性地解决特定领域的社会性问题，并不限于采用某一种调整方法。这也正体现了它们作为新兴法律部门有别于传统法律部门之处。经济法与自然资源和环境保护法密切相关，从自然资源的开发、利用及资源作为财产的角度而言，自然资源法同时也是经济法，环境保护制度与经济法的产业政策法也有内在联系。由于自然资源和环境发展较之一般经济活动更为具体和特殊，应以自然资源和环境保护法的适用为优先，以经济法的适用为一般。而经济发展往往引发环境问题，环境问题又制约着经济的进一步发展。因此，经济的发展必须是可持续的发展，而经济的发展又将为资源和环境保护提供物质基础。

经济法与自然资源和环境保护法的区别主要在于：第一，调整的社会关系领域不同。经济法以社会再生产过程中的社会性、国家意志性物质利益关系作为其调整范围，自然资源和环境保护法的调整对象则是人们经济活动对环境的影响及自然资源和环境保护中发生的社会关系。第二，宗旨不同。经济法以实现经济社会的平衡协调和发展为目标，而自然资源和环境保护法以实现社会经济和环境的可持续发展为宗旨和要义。因此，自然资源和环境保护法有从经济法独立出来的必要性。

（参考资料：史际春主编：《经济法》，北京，中国人民大学出版社，2005）

6. 劳动法调整的劳动关系，作为人们在再生产过程中因劳动而发生的社会关系，也是社会性的经济关系，从性质上讲，也可以由经济法调整。但是，法律部门的划分受到多种因素的影响。劳资双方在契约基础上对立并对作为弱者的劳动者加以保护的劳动关系，已经形成一个社会性经济关系中具有独立意义的部分。基于劳动力的生理、人文属性及劳动再生产过程相对独立于物质再生产的特性，可以把劳动视为一个独立的新的社会活动领域。同时，调整这部分经济关系的法律规范数量众多，特别是 1994 年《中华人民共和国劳动法》的公布，意味着劳动法依照一定的宗旨自成体系。对劳动关系的法律调整不仅具有经济意义，更具政治和社会价值。因此，劳动法完全可以而且应当从经济法中分立出来，成为独立的法律部门。

社会保障法起源于 19 世纪末西欧的劳动保险制度。社会保障法调整公民因缺乏和丧失劳动能力而获得国家物质帮助所发生的社会关系，是实现宪法关于公民获得物质帮助权利的具体法律调整机制。因为社会再生产不仅包括物质生产资料的再生产，也包括劳动力和人口的再生产和补充，在社会化条件下，这项任务需由国家来承担，属于市场机制失灵的领域，政府在统筹资源为公民和劳动者提供物质帮助过程中发生的社会关系，也是内在于社会再生产过程中的经济关系。目前，我国社会保障法与劳动法关系密切，社会保障关系属于劳动法的调整范围，但是，随着社会保障实践的发展、社会保障法律制度的建立健全，社会保障法终将走出劳动法的视野，成为一个单独的法律部门。①

劳动和社会保障法同属于社会法的范畴，经济法与劳动和社会保障法的共同之处，概括起来主要表现在社会性的调整视角、社会责任本位和公共利益优先的理念及综合运用多种调整方法等方面。经济法与劳动和社会保障法紧密相关，社会保障资金的筹集要求经济法主体履行一定的强制义务（如纳税义务），劳动和社会保障法实现了对经济法活动主体的经济核算和生产经营的间接调整；同时，企业是经济法的细胞和基本单元，劳动法对于企业劳资双方关系的基础调整为经济法提供了组织制度的保证。总之，经济法与劳动和社会保障法的立法与适用应当相互配合、协调，如经济法中的产业政策法、中小企业促进法与再就业和劳动者保护制度相互配合，工会法与企业制度相互衔接等。经济法与劳动和社会保障法的区别主要体现在具体的目标和调整的社会关系上，经济法更注重经济的平衡、协调、发展，劳动和社会保障法则更多地关注社会性目标。

（参考资料：史际春主编：《经济法》，北京，中国人民大学出版社，2005）

7. 虽然我国实现了经济的飞速发展，但是仍存在一些社会问题。如果经济和社会不能协调发展，就可能产生剧烈的社会冲突，从而制约我国经济的发展与和谐社会的构建。在我国以经济改革为重心转向以社会改革为重心的体制创新阶段，研究经济法和社会法的关系是对现实生活的积极回应。

对经济法与社会法关系的探讨以对社会法的界定为前提和基础。有学者对社会法作广义、中义和狭义的区分。（1）广义社会法是指为了解决社会问题而制定的各种社会法规的总称，英美国家通常将社会法作广义理解。其具体包括体现对弱势群体保护的未成年人保护法、妇女儿童权益保护法，维护社会稳定的社会保障法，促进公益事业的献血法、彩票法，促进教科文体发展的卫生法、科技进步法，等等。（2）狭义的社会法专指社会保障法。德国对社会法采取此解。（3）中义的社会法，居于上述两种概念的中间，内容涵盖了劳动法与社会保障法，如日本的社会法。根据 1993 年中国社会科学院发表的研究报告《建立社会主义市场经济法律体系的理论思考和对策建议》，我国社

① 虽然具体形式各异，但有关社会保障法的考点，在往年各大高校考研试题中都有所反映，应引起足够的关注。简要列举如下，以供考生备考：（1）有人认为："社会保障关系作为平等主体之间的社会关系，应当由民法调整"，如何判断分析这句话（西南政法大学考研）；（2）我国社会保障立法的得失（北京大学考博）；（3）试论社会保障法的实质正义与社会公平原则（中国政法大学考研）；（4）简述我国社会保障法律制度的体系（西南政法大学考研）。

会主义市场经济法律体系框架主要由民商法、经济法、社会法三大部分构成。2001 年第九届全国人大第四次会议提出，关于法律部门，法学界有不同的划分方法，常委会根据立法工作的实际需要，初步将中国社会主义法律体系划分为七个法律部门，即宪法及宪法相关法、民法商法、行政法、经济法、社会法、刑法、诉讼与非诉讼程序法；同时将社会法界定为调整劳动关系、社会保障和社会福利关系的法律。这是我国第一次在官方文件上明确提出社会法的概念。由此可见，我国的立法机构采用中义的社会法的概念，即劳动和社会保障法。

对社会法的内涵与外延的不同界定决定了对经济法与社会法关系的不同理解。关于经济法与社会法的关系，目前有四种观点：（1）经济法包含社会法。认为经济法体系包括市场主体规制法、市场秩序规制法、宏观调控和可持续发展法律制度，以及社会分配法律制度（即劳动和社会保障法）。（2）社会法包括经济法。认为社会法包含经济法、社会保障法和环境资源法。（3）社会法包含经济法中的一部分。认为社会法的领域为反垄断法、消费者权益保护法、中小企业促进法、劳动法、社会保障法、环境法等。（4）经济法与社会法并存。认为经济法与社会法是在传统社会转型到现代社会这一重大社会变迁的过程中同期产生的两个独立的法部门。我们认为第四种观点更具有代表性与合理性。

经济法与社会法的相同点主要表现为具有共同的实质公平和可持续发展的宗旨以及社会公共利益本位，二者本质上都体现了国家干预，在产生上具有一定的同根性。从公法、私法和第三法域的角度归纳，两者都属于第三法域；从传统法与现代法的角度归纳，两者都属于现代法。两者之间存在交叉关系，之所以会出现这样的情况，是因为法律部门的划分并不是绝对的，对同一社会关系不妨由多个法律部门从不同角度进行调整，一个法律部门也不妨调整多种社会关系。

经济法与社会法是有区别的，社会法不是经济法发展的终极进路。经济法是国家干预经济的基本法律形式，社会法则是调整国家在解决社会问题和促进社会公共事业发展的过程中所产生的各种社会关系的法律规范的总称。经济法的发展轨迹始终与经济领域相连，所以具有显著的经济性的特征，而社会法的发展轨迹始终与社会领域相关，所以具有突出的社会性的特征。经济法与社会法的区别主要有：（1）调整的范围不同。社会法的调整对象是国家对劳资关系和社会分配领域进行干预的社会关系，经济法则以经济管理关系、维护公平竞争关系、组织管理性的流转与协作关系为调整对象。（2）调整的宗旨与理念不同。社会法以社会稳定与实现社会公平为其宗旨，体现“公平优先，兼顾效率”的原则；经济法以经济稳定、持续发展和实现自由公平竞争为其目标，体现“效率优先，兼顾公平”的原则。对于法的效益与安全的理念，经济法追求的是经济效益与经济安全，社会法追求的是社会效益和社会安全。（3）调整的手段不同。社会法的调整手段比较单一和固定，主要是团体契约、劳动和社会保障监察等，而经济法则是将民事、行政、刑事、专业手段综合运用。

构建和谐社会与统筹经济和社会发展的目标要求我们实现经济法与社会法的协调与配合。经济法与社会法共同承担着社会整合的法律功能，经济法承担着发展性社会整合功能，社会法承担着保障性社会整合功能，两者相互配合。经济法的功能是一种直接促进经济发展的功能，是从市场经济体制内部发生作用。而社会法的功能是一种间接功能，它主要从解决失业、社会保障等社会问题，平抑社会矛盾的角度，为市场经济发展创造稳定和谐的社会环境；通过发展劳动培训和社会保障等公共事业来提高人的基本素质，增强市场主体的竞争能力，从而间接推动经济的发展。所以，社会法的功能主要是在市场经济体制外部发挥作用。①

［参考资料：甘强：《经济法与社会法的法理念辨析——经济法与社会法关系研究之视角》，载《理论与改革》，2005（3）；单飞跃：《社会整合：经济法与社会法的功能配合》，载《法学》，2004（5）；李昌麒、甘强：《经济法与社会法关系的再认识——基于法社会学研究的进路》，载《法学家》，2005（6）；陈海嵩：

① 考生在回答和论述经济法与相关法律部门的关系这一类问题时，无论题目如何千变万化，一般均可选取和采用调整对象和调整范围、调整的理念和宗旨、调整手段和责任设置等分析方法和切入点，在比较经济法与其他相关法律部门的相同点与不同点的基础上进一步提炼出两者之间的关系。

《经济法与社会法关系之我见》，载《中南民族大学学报（人文社会科学版）》，2003（2）]

8. 经济法体系是指由现行有效的经济法的法律规范组成的有机联系的一个统一的部门法体系。广义的社会主义市场经济法律体系指的是整个法的体系，具体包括直接调整经济关系的法律部门、间接调整经济关系的法律部门与不调整具体经济关系的法律部门；而狭义的社会主义市场经济法律体系仅指直接调整经济关系的法律体系。经济法体系是直接调整经济关系的法律部门之一或者说是社会主义市场经济法律体系的子法律体系。

（1）对经济法体系的建构根据不同的方法有不同的划分。例如，有的著作把经济法分为“综合经济法律制度”“部门经济法律制度”“经济组织法律制度”；有的著作则按“企业组织法”“市场运行法”“涉外经济法”“经济调控、监督法”“经济纠纷的处理”来架构经济法的体系；还有的著作是按“经济组织法”“经济管理法”“经济和技术合同法”“经济仲裁与经济司法”来对经济法进行分类；不一而足。对于经济法体系的构建原则，应当在经济法的调整范围内，在对经济法的具体调整对象进行研究提炼的基础上，遵循经济的内在逻辑与客观的经济规律，依据科学合理的划分依据，尽可能减少经济法体系的疏漏与重复，以期做到结构清晰、内容完整、体系周延。按照经济关系及经济法调整的内在逻辑对经济法体系的设计较为合理，依此经济法可以大致分为经济组织法、经济管理法与经济活动法三个部分。

（2）经济法体系构成的具体内容是：第一，经济组织法。经济组织法主要是企业法。由经济法调整对象的国家意志性所决定，作为经济法的企业法主要是指规制特殊企业、公有制企业和公有主体联合投资经营的法律制度。此外，值得注意的是，就作为中性组织制度的公司法和合伙企业法而言，从调整公有财产和公有主体投资经营的角度其也属于经济法中的企业法的范畴。但是，经济组织法又不囿于企业法，它还包括中央银行法和各种经济性行业组织法，农村和社区合作组织的规范也不妨成为经济法的组织法律制度。第二，经济管理法。这又可以细化为综合职能管理法律制度与行业管理法律制度，前者如计划和产业政策法，后者如工业、农业等特定产业管理法律制度。第三，经济活动法，具体包括调整正常经济活动关系的经济合同法，以及具有矫正功能的竞争法与消费者保护法等内容。

（3）经济法体系三个部分之间的联系与划分的相对性。法和实际的法律制度是一个整体，任何法律部门的划分和一个法律部门的内部划分都是相对的，体现出“主、客观统一”的特征。经济法的体系按照经济关系及经济法调整的内在逻辑，可以划分为经济组织法、经济管理法与经济活动法。其中，企业法是经济法体系的起点，管理法是经济法的核心，经济活动法调整的是经济主体间的权利、义务关系。经济法的这三个部分不可能截然区分，而是相互衔接、相互配合、相互联系着的。例如，经济组织法与公有财产管理经营紧密相关，并经由国有资产经营管理而与国家公务员制度及其人事管理相衔接、重合；经济管理法也与特殊企业和国家从事经济活动及政府经济合同等密不可分；而经济活动法也涉及产业政策、财政制度、竞争政策等经济管理的内容。这是基于一定标准、从一定角度出发所作的相对合理、明确的划分。

（参考资料：刘文华、史际春、徐孟洲主编：《经济法》，7版，北京，中国人民大学出版社，2024）

第四章　经济法的制定与实施

知识逻辑图

- 经济法的制定与实施
  - 经济法的制定
    - 概念
      - 经济法的制定，是指狭义的经济立法
      - 经济立法
        - 广义：与经济法的渊源相适应，指在经济法范畴内有权机关起草、审议、通过或否决、批准、颁行、修改、废止各种规范性文件的活动，也包括最高人民法院就有关经济法的适用作出司法解释或提出指导性意见的活动等
        - 狭义：作为部门法的经济法的创制活动，是与民事立法、行政立法、刑事立法相并列的立法活动
    - 特点：经济法的制定有高低不同的位阶
  - 经济法的实施
    - 经济法的实施概说
      - 概念：经济法被遵守、适用以及其在社会生活中实现的过程、方式和手段
      - 三要素
        - 知法
        - 守法
        - 执法
    - 经济法律关系
      - 概念：属于经济法部门的法律关系，即由经济法部门所规定和保障的权（力）利、义务关系
      - 基本特征：公法、私法因素相交织
      - 种类
        - 经济管理法律关系
        - 竞争法律关系
        - 组织管理性的流转和协作法律关系
      - 三要素
        - 主体：经济法律关系的参加者
        - 客体：经济法律关系主体的权（利）力、义务指向的对象
        - 内容
          - 概念：经济法律关系的内容，是指经济法律关系主体所享有的权（力）利、所承担的义务与职责
          - 特征
            - 权（利）力、利益内在一体性
            - 权（利）力、义务一体性
            - 义务纵横一体性
            - 作为或不作为、履行或违反义务后果之奖惩一体性
          - 具体内容
            - 经济职权和职责
            - 所有权和其他物权
            - 其他权（利）力、义务

名词解释与概念比较

1. 经济法的制定与经济立法
2. 经济法的实施与经济法的实现
3. 经济关系与经济法律关系（西南政法大学考研）
4. 经济法律关系的主体与根据经济法主体制度成立的主体
5. 经济职权与经济职责（西南政法大学考研）

选择题

多项选择题

1. 经济法实施的要素包括（　　）。

A. 立法　　B. 知法
C. 守法　　D. 执法

2. 以下属于经济法律关系的有（　　）。

A. 企业承包经营责任制合同关系
B. 商业银行向央行提交存款准备金从而形成的法律关系
C. 甲企业冒用乙企业的产品商标从而形成的法律关系
D. 甲企业协议收购乙企业的合同关系

3. 以下属于经济法律关系的客体的有（　　）。

A. 企业内部管理行为
B. 政府间转移支付行为
C. 纳税人纳税行为
D. 商业银行和保险公司缴付存款准备金和未到期责任准备金的行为

简答题

1. 简述经济法律关系的内容。(暨南大学考研)
2. 简述经济法律关系的客体。(西北政法大学考研)
3. 经济法律关系包括哪些种类?

论述题与深度思考题

论述经济法与营商环境的关系。（中国人民大学考研）

参考答案

名词解释与概念比较

1. 经济法的制定是指狭义的经济立法，也即作为部门法的经济法的创制活动，与民事立法、行政立法、刑事立法等相并列。而“经济立法”有两种基本含义：一是泛指调整经济关系的法律、法规等各种规范性文件，与广义的经济法规同义。二是指一种立法活动：广义上的经济立法是指有关经济的立法活动，外延上与经济的法律调整相同，只要是对经济活动进行调整的法律、法规的制定均为广义的经济立法；“经济立法”偶尔也被用来专指狭义上的“经济法的制定”。经济法的制定具体是指在经济法范畴之内有权机关起草、审议、通过或否决、批准、颁行、修改、废止各种规范性文件的活动，也包括最高人民法院就有关经济法的适用作出司法解释或提出指导性意见的活动。

2. 经济法的实施是指经济法被遵守、适用及在社会生活中实现的过程、方式和手段。它是将经济法规范的要求转化为人们的行为，使抽象规定具体化的过程。而经济法的实现是经济法实施的目的，它是指经济法规范在现实中具体落实，即权利被享用、义务被履行、禁令被遵守的现实结果。

3. 法学意义上的经济关系，即作为法律调整对象的人们在生产、交换、分配和消费活动中形成的具有直接物质利益内容的具体社会关系，如财产所有关系、商品交换关系、经济管理关系、劳动和社会保障关系、财产继承关系等，在此意义上构成宪法和民法、经济法、劳动法等多种法律部门的调整对象，与财产关系是同义语。经济关系受到法的调整形成有经济内容的法律关系，包括民事法律关系、经济法律关系、劳动法律关系、环境法律关系、行政法律关系、刑事法律关系等。而所谓经济法律关系，则是指属于经济法部门的法律关系，也即由经济法部门所规定和保障的权（力）利、义务关系，其基本特征是公法、私法因素相交融，或曰行政、经济或者商事因素之融合。

4. 经济法律关系的主体是指经济法律关系的参加者，也即在经济管理、维护公平竞争、组织管理性的流转和协作等法律关系中依法享有一定权利（力）、承担一定义务的当事人。应当注意的是，经济法律关系的主体和根据经济法的主体制度成立的主体不是同一概念。凡依某个法律部门的规定或制度取得合法资格的主体都可以依法参加到经济法的法律关系之中，而无须根据经济法的主体制度设立。因此，从外延上讲，后者比前者要小。

5. 经济职权和经济职责主要由经济管理主体所承担，依法确立并行使。二者高度统一，权责之主体对其不可抛弃。也就是说，经济职权既是管理主体所享有的权力，也是其应承担的义务或职责；经济职责则同时当然包含着相应的职权和权力。经济职权和职责包括规划、决策、审核、批准、命令、指挥、协调、执行、许可、确认、免除、撤销、检查监督、褒奖、处罚等。

选择题

多项选择题

1. BCD。经济法实施的要素为知法、守法、执法，其中，知法是经济法实施的前提，守法是经济法实施的关键，执法是经济法实施的保障。而立法则是与实施相并列的法律活动。故排除 A 选项。

2. ABC。经济法律关系是指属于经济法部门的法律关系，即由经济法部门所规定和保障的权利（力）、义务关系。经济法的二次调整性决定了某些民事法律关系很容易与经济法律关系相混淆。如 D 选项中，协议收购法律关系一般而言应当属于民事法律关系，只有当协议收购可能会影响到市场竞争秩序，构成对竞争法、反垄断法的违反时才会被纳入经济法规制的范畴，故 D 选项在没有特殊说明的情况下不应当被认定为经济法律关系。A 选项虽有“合同关系”的字样，但是属于特殊的经济合同，经济责任制是经济法的重要内容。B 选项属于经济管理法律关系。C 选项属于竞争法律关系。

3. BCD。A 选项是内部管理行为，而非公共管理范畴的经济管理行为（注意经济管理行为的公共性）。选项 B、C、D 是典型的经济管理法律关系中的给付行为。

简答题

1. 经济法律关系的内容是指经济法律关系主体所享有的权利（力）和承担的义务与职责。经济法调整对象的国家意志性和经济性、公私因素相交织的特性决定了经济法律关系所包容的权利、义务具有不同于其他法律关系内容的特征，即权利（力）和利益的内在一体性，权利（力）和义务的一体性，义务的纵横一体性，行为或不行为、履行或违反义务后果之奖惩一体性。经济法律关系的具体内容包括：（1）经济职权和职责。在经济法律关系中，职权和职责二者高度统一，不可分割。经济职权既是管理主体所享有的权力，也是其应承担的义务或职责；经济职责同时当然也包含相应的职权和权力。（2）所有权和他物权。注意：经济法律关系中的所有权和他物权与民事法律关系中的所有权和他物权不同：前者强调公共性，即是针对公有财产而言的，而一般的私有领域的物权属于民法的范畴。具体来讲，经济法律关系中的所有权和他物权包括国家所有权、集体所有权、公有组织的经营管理权等。（3）其他权利（力）、义务。除以上两方面的内容以外，经济法律关系的内容还包括给付权利（力）、义务，竞争法意义上的竞争权利（力）、义务，知识产权、人格和身份权等。需要注意的是，要将这些权利（力）、义务与民法典等调整的民事法律关系相区别。

2. 经济法律关系的客体是指经济法律关系主体的权利（力）、义务所指向的对象。其既具有法律关系客体的一般共性，也具有专属于经济法范畴的特性。共性主要表现在：（1）法律关系客体，又称权利客体，是权利主体的权利和义务所指向的对象。（2）权利客体具有客观性，不以主体的意识为转移；权利客体具有价值性，能够满足主体的物质利益和精神需要；权利客体具有法律性，它受到法律规范的确认和保护。（3）权利客体具体包括物、行为、非物质财富（包括智力成果、人格尊严等）。特性主要表现在：（1）经济法律关系客体中的行为可以分为经济管理行为和给付行为，二者均不同于其他部门法意义上的“管理”和“给付”。经济管理行为主要存在于经济管理法律关系当中，但是由于经济法具有公私融合的特点，所以在竞争法律关系、组织管理性的流转和协作关系中也存在很多经济管理行为（注意：经济管理行为的特点在于公共性）。非公共管理范畴的管理行为一般不能构成经济法律关系的客体。此外，给付行为也可能构成经济法律关系的客体，但是这里的给付行为不同于民事债以及行政法律关系中的缴纳行为。它主要存在于竞争关系和组织管理性的流转、协作法律关系之中。

(2) 其他类型的法律关系客体（如物、智力成果、人格权等）一般而言均可以成为任何一个部门法的客体。作为经济法律关系客体的物如果仅从外延上讲并没有其独特之处，任何物均可以成为经济法律关系的客体。①

（参考资料：刘文华、史际春、徐孟洲主编：《经济法》，7版，北京，中国人民大学出版社，2024；孙国华、朱景文主编：《法理学》，北京，中国人民大学出版社，1999）

3. 经济法律关系作为经济法调整的社会关系的法律形式，依其三类对象可以分为三种类型，即经济管理法律关系、竞争法律关系、组织管理性的流转和协作法律关系。经济管理法律关系在宏观管理方面主要表现为经济管理职权关系，即在一定职权职务范围内实施相应行为（主要是抽象行政行为）而形成的职权关系；在微观管理方面，主要是因具体行政行为而形成的经济管理法律关系。同时，经济管理法律关系也包括契约性的法律关系，如企业承包经营责任制合同关系。竞争法律关系是在反垄断法和反不正当竞争法的调整中形成的。它主要是在民商法对竞争关系进行一般性规范的基础上，依经济法的原则和规范进行"二次调整"所形成的法律关系。组织管理性的流转和协作法律关系主要包括本质上为政府商事合同的经济合同关系，公有主体参与的股东协议等企业关系，平等财政主体间的经济协作法律关系。

论述题与深度思考题

营商环境，是指企业等市场主体在市场经济活动中所涉及的体制机制性因素和条件。营造良好的营商环境，就是要让有意愿、有能力的企业、个人无障碍进入市场、获得资源，在各类市场主体的平等竞争中，脱颖而出并发展壮大。经济法的调整对象包括经济管理关系、维护公平竞争关系和组织管理性的流转和协作关系，法治是最好的营商环境，因此建立健全经济法相关法律法规的制定和实施制度，是优化营商环境的关键之举和应有之义。

(1) 经济法治与营商环境。

市场经济是法治的经济起点，社会主义市场经济本质上是法治经济。必须将市场的自发调节与国家的宏观调控相结合，建立一套完善、有效的法律刺激和约束机制。构建良好营商环境，促进经济高质量发展的目标要求必须推动相关法律法规的制定、修改、废除、完善。目前市场监管的法律法规还存在立法碎片化、立法空白、有些法律法规的制度设计与新的经济业态不相适应等问题，针对此种情况，经济法的立法应当坚持社会责任本位，以实现社会整体经济利益的实质公平正义作为立法的理念。只有这样，才能有助于形成一个科学合理的市场监管的法规体系，构建良好的营商环境。

(2) 市场准入、退出机制与营商环境。

市场准入上，我国颁布了《外商投资法》《优化营商环境条例》等相关的经济法规范。市场准入"负面清单"等制度的设立，便是贯彻落实经济法原则的体现，其保证了各类市场主体清晰明确地知道哪些领域不得投资、哪些领域有所限制。此外，《优化营商环境条例》还明确指出要保障市场主体在市场准入、获取生产要素、招标投标和政府采购环节中的平等待遇，依法保护市场主体经营自主权、财产权、知识产权等合法权益，从国家层面夯实了优化营商环境的法治基础，标志着中国坚持深化改革扩大开放，激发各类经营主体活力，加快建设全国统一大市场，持续营造市场化、法治化、国际化一流营商环境，不断增强发展的动力和活力。

在市场退出方面，《企业破产法》立法、实施与个人破产制度的探索，也是完善中国营商环境的关键之一。通过审理破产案件，化解产能过剩、清理僵尸企业等，进一步完善市场竞争优胜劣汰的竞争机制，优化社会资源的配置与使用，实现真正、充分、公平的竞争，打造良好的营商环境。

(3) 政策制定与营商环境。

打造良好的营商环境，要正确处理好政府和市场的关系。应当坚持社会主义市场经济改革方向，充分尊重市场经济一般规律，最大限度减少政府对市场资源的直接配置和对微观经济活动的直接干预，充分发挥市场在资源配置中的决定性作用，更好发挥政府作用，更大激发市场活力和社会创造力，增强发展动力，打造良好的营商环境。

① 注意：结合经济法的本质和特征，其客体的特殊性主要表现在"行为"上，故应对行为作重点把握。

充分发挥有效市场与有为政府的作用从而推动高质量发展，是经济法的主要任务。为此，在政策制定上，我国于相关的法规中规定了公平竞争审查制度等机制，要求政府部门在制定有关政策措施时，要考虑其可能对市场竞争的影响，确保政府相关行为符合公平竞争要求和相关法律法规，在实现政策目标的同时，防止排除和限制竞争，保障市场配置资源的决定性作用得到充分发挥，保障各类市场主体平等使用生产要素、公平参与市场竞争、同等受到法律保护。这样一来，有利于最大限度地保证制定的政策能够达到合法有效、互相协调、正面激励的效果。

第五章　经济法主体的一般原理

知识逻辑图

- 经济法主体的一般原理
  - 经济法主体的概念
    - 经济法律关系的主体
      - 经济管理主体：主要是指依据宪法和行政法设立的国家机关，也包括根据经济法成立，或经依法授权承担一定管理职能的特殊企业或公司等组织
      - 经济活动主体：主要是指依民法、经济法、行政法设立，直接从事生产、流通、服务和经济协作等活动的组织和个人
    - 根据经济法的主体制度成立的主体，如根据国有企业法和公司法成立的国有企业或国有公司等
  - 经济责任制
    - 概念：在公有制主导的经营管理中，企事业机关单位及其内部机构、成员因角色设置及其实现，而相互承担义务和相应地享有权益的经济法律关系或制度
    - 范围
      - 国家机关之间
      - 国家与公有主体及其主导的组织之间
      - 个人与组织之间
      - 组织内部
    - 意义：经济责任制作为责、权、利、效相统一原则的表现和实现形式，可以提高政府经济管理水平和企业经营效益，克服官僚主义、腐败现象，保证市场经济有序运行以及劳动者积极性和责任感的发挥
    - 分类
      - 一般经济责任制
        - 概念：由法律一般地规定经济法律关系，当事人之间的权（力）利、义务关系，普遍适用于某一类主体或关系，对于法律不作规定的细节或实践中出现的具体问题，通过经济管理主体、经济活动主体和司法机关的日常活动加以解决的责任的形式
        - 优点
          - 操作方便
          - 有利于经济法律关系主体能动性、创造性的发挥，不容易发生短期行为
        - 缺点
          - 不能面面俱到
          - 法律关系主体的自由裁量度较大，容易出现滥用权（力）利或疏忽、懈怠的弊端
      - 特殊经济责任制
        - 概念：由个别契约、章程或专门法规等规定某种具体的责任制关系
        - 优点
          - 权利、义务较为明确、具体
          - 当事人不易滥用权利（力）或怠于履行义务
          - 发生纠纷较为容易得到解决
        - 缺点
          - 成本较高，耗时费力
          - 对实质公正可能造成一定程度的破坏
          - 可能在长期性契约中对当事人形成束缚或导致短期行为

名词解释与概念比较

1. 经济法主体（中国人民大学考研）
2. 经济活动主体
3. 经济责任制
4. 一般经济责任制（中国人民大学考研）
5. 特殊经济责任制

选择题

（一）单项选择题

1. 经济法的主体是指在国家协调经济运行过程中依法（　　）的当事人。

A. 享有经济权利
B. 承担经济义务
C. 享有经济权利和承担经济义务
D. 享有经济权利或承担经济义务

2. 公民个人依法缴纳个人所得税，此行为使公民成为（　　）主体。

A. 民法　　B. 民法和经济法
C. 经济法　　D. 民法或经济法

3. 在以下哪种情况下，国家机关是经济活动的主体？（　　）

A. 国家对外签订贷款合同
B. 房屋管理部门依法对房屋进行拆迁
C. 城市管理部门依法驱逐不法摊贩
D. 民政部门为退休职工发放退休金

4. 以下不属于特殊经济责任制的优点是（　　）。

A. 权利、义务较为明确
B. 能够突出管理者与被管理者之间平等性的方面
C. 当事人不易滥用权利
D. 有利于经济法律关系主体能动性、创造性的发挥

（二）多项选择题

1. 以下可以成为经济法主体的是（　　）。

A. 企业　　B. 供销合作社
C. 国家机关　　D. 个体工商户

2. 以下可以成为经济活动主体的是（　　）。

A. 企业　　B. 个体经营者
C. 承包企业的个人　　D. 国家

3. 以下属于经济法的主体制度内容的是（　　）。

A. 经济性行业组织法
B. 中央银行法
C. 特殊经济组织法
D. 合作制及集体所有制组织法

（三）不定项选择题

1. 下列事项中，一般不作为经济法律关系主体的社会组织是（　　）。

A. 企业内部组织　　B. 个体工商户
C. 私营企业　　D. 党团组织

2. 经济责任制的范围包括（　　）。

A. 国家机关之间
B. 国家与公有主体及其主导的组织之间
C. 个人与组织之间
D. 组织内部

简答题

1. 简述经济法律关系主体的种类。
2. 简述经济法主体制度。

案例分析题

某市市场监督管理局以甲公司出售假冒商品为由将其商品扣押。但是，经过相关公证机构的检验，证明该商品符合产品质量标准，是合格产品。这样，市场监督管理局对甲公司实施的扣押这一具体行政行为就失去了事实依据。根据行政法的相关规定，行政机关作出的某一具体行政行为，必须同时具有事实依据和法律依据，才能被认为合法，缺少其中任何一项依据，该具体行政行为就应该被认定为违法。市场监督管理局扣押甲公司的商品没有事实依据，当然应该认定该扣押属违法具体行政行为。所以，在甲公司将市场监督管理局起诉到人民法院后，法院便依法判决市场监督管理局承担行政侵权赔偿责任，并判令市场监督管理局赔偿甲公司直接经济损失 5 000 元。

（1）分别指出案例中的经济法主体有哪些？

（2）结合经济法的相关理论，指出案例中经济法主体之间的权利、义务关系。

论述题与深度思考题

1. 论经济法主体及其权利结构。（北京大学考研）

2. 经济责任制的确立对于经济法学具有重要意义，请结合经济责任制与法律责任的关系，谈谈你对经济责任制的理解。

参考答案

名词解释与概念比较

1. 参考答案一：

经济法主体有两个基本含义：一是指经济法律关系的主体，也即由经济法部门所规定和保障的权利(力)、义务关系的参加者，是指在经济管理、维护公平竞争、组织管理型的流转和协作等法律关系中依法享有一定的权利（力）、承担一定义务的当事人。经济法律关系主体又分为经济管理主体和经济活动主体。二是指根据经济法的主体制度成立的主体，如根据国有企业法和公司法成立的国有企业或国有公司、直接依法成立的中国人民银行等。经济法主体是经济法律关系构成的基本要素，是经济法律关系的直接参与者，它既是经济权利（力）的享受者又是经济义务的承担者，是经济法律关系中最积极、最活跃的因素。在经济法基本理论的建设中，研究和探讨主体问题对于加强经济立法、守法、执法及司法，建立经济法科学的理论体系具有重要的理论意义和实践意义。

（参考资料：刘文华、史际春、徐孟洲主编：《经济法》，7版，北京，中国人民大学出版社，2024）

参考答案二：

所谓经济法主体，是依据经济法而享有权力或权利，并承担相应义务的组织和个体。某类主体是否属于经济法主体，应根据其是否参与经济法所调整的社会关系而定。由于经济法所调整的社会关系是宏观调控关系和市场规制关系，经济法调整这种社会关系的根本宗旨是调控宏观经济秩序和规制微观市场行为。为此，必须确立宏观调控主体和市场规制主体。如前所述，所谓的法律主体在根本上无非是个人或组织，但由于履行宏观调控和市场规制职责的主体不可能是个人，也不可能是一般的组织，如企业、公司、非政府组织等，而只能是具有法定职权和责任的宏观调控机构和市场规制机构，这两类机构可合称为“调制机构”。

（参考资料：《经济法学》编写组编：《经济法学》，3版，北京，高等教育出版社，2022）

2. 经济活动主体主要是指依民法、经济法、行政法设立，直接从事生产、流通、服务和经济协作等活动的组织和个人。经济活动主体主要为各类企业、个体经营者、承包或租赁企业的个人等。其中，国有企业、合作制或集体所有制企业或者组织，包括由国有、合作制主体控制的各种经济组织，是根据经济法的主体制度成立的，其他经济活动主体则多是依民法和行政法设立的。

3. 经济责任制是指在公有制主导的经营管理中，企事业机关单位及其内部机构、成员因角色设置及其实现，而相互承担义务和相应地享有权益的经济法律关系或制度。它是责、权、利、效相统一原则在经济法的各项制度中的具体体现和保障。如果没有经济责任制，责、权、利、效相统一原则就无从实现，社会主义公有制主导的市场经济之经济法和经济法治就会落空。经济责任制特指在公有财产及其主导的管理经营体系中刻意于角色塑造及相应的权义设置和权益制衡的某种法律关系或制度，而非指任何责任制关系。经济责任制作为经济法责、权、利、效相统一原则的表现和实现形式，对于提高政府经济管理水平和企业经营效率，克服官僚主义、腐败现象，保证市场经济有序运行，以及劳动者积极性和责任感的发挥，都有着重要意义。经济责任制的范围包括国家机关之间、国家与公有主体及其主导的组织之间、个人与组织之间以及组织内部。

4. 一般经济责任制是指由法律一般地规定经济法律关系当事人之间的权利（力）、义务关系，普遍适用于某一类主体或关系，对于法律不作规定的细节或实践中出现的具体问题，通过经济管理主体和经济活动主体的日常活动加以解决的责任制形式。一般经济责任制由普遍性规范加以确认，优点是操作方便，有利于经济法律关系主体的能动性、创造性的发挥，不容易发生短期行为；缺点是可能会出现权利、义务不明晰的情况，容易使当事人滥用权利或疏忽懈怠。

5. 特殊经济责任制是指由个别契约、章程或专门法规等规定某种具体的责任制关系。据此，将当事人依法可以享有的权利（力）、义务、职权、职责等，通过一定的合法形式予以明确，加以具体落实。特殊经济责任制的优点是，权利（力）、义务较为明确、具体，采取契约或协议形式，能够突出管理者与被管理者之间平等性的方面，当事人不易滥用权利（力）或怠于履行义务，发生纠纷较为容易得到解决。其缺点是具体地确定权利（力）、义务的成本较高，较为耗时费力，当事人的经济力、信息力、谈判力等的差异可能导致在同等条件下发生不同的权利（力）、义务安排，对实质公正造成一定程度的破坏；如果对权利（力）、义务规定得过细，有可能在长期关系契约中对当事人形成束缚，或者导致短期行为。

选择题

（一）单项选择题

1. C。本题考查经济法主体的概念，考生要牢牢记住，经济法律关系的主体是指在经济管理、维护公平竞争、组织管理型的流转和协作等法律关系中依法享有一定的权利（力）、承担一定义务的当事人。

2. C。公民个人也可能成为经济法律关系的主体。公民个人从事经济活动，参加的经济法律关系主要是税收法律关系、市场监督管理法律关系、竞争法律关系等。

3. A。经济法律关系的主体，也即由经济法部门所规定和保障的权利（力）、义务关系的参加者，是指在经济管理、维护公平竞争、组织管理型的流转和协作等法律关系中依法享有一定的权利（力）、承担一定义务的当事人。国家机关在参与经济活动如国家对外签订贷款合同时就是经济活动的主体。

4. D。特殊经济责任制的优点，是权利（力）、义务较为明确、具体。采取契约或协议形式，能够突出管理者与被管理者之间平等的方面，当事人不易滥用权利（力）或怠于履行义务，发生纠纷较为容易得到解决。而有利于经济法律关系主体能动性、创造性的发挥是一般经济责任制的优点。

（二）多项选择题

1. ABCD。经济法律关系的主体是指在经济管理、维护公平竞争、组织管理型的流转和协作等法律关系中依法享有一定的权利（力）、承担一定义务的当事人。企业、供销合作社、国家机关、个体工商户在一定条件下都可以成为经济法律关系的主体。

2. ABCD。经济活动主体主要是指依民法、经济法、行政法设立，直接从事生产、流通、服务和经济协作等活动的组织和个人。经济活动主体主要为各类企业、个体经营者、承包或租赁企业的个人等。国家在参与经济活动如国家对外签订贷款合同时也是经济活动的主体。

3. ABCD。经济法的主体制度，包括规范公有制及其主导的经济组织的地位及其内外部组织关系的国有企业法、合作制及集体所有制组织法、公司法，中央银行法，政策性经营或兼有公共管理职能的公司等的特殊企业法或特殊经济组织法，以及经济性行业组织法。因此，选项 A、B、C、D 都符合要求。

（三）不定项选择题

1. D。企业是重要的经济活动主体，企业内部组织在一定条件下是经济法律关系的主体，如分厂依法与企业订立承包合同。个体工商户依法作为纳税人参加税收法律关系时也是经济法主体。党团组织一般受到党团的纪律约束，不属于法律规制的对象。

2. ABCD。经济责任制是指在公有制主导的经营管理中，企事业机关单位及其内部结构、成员因角色设置及其实现，而相互承担义务和相应地享有权益的经济法律关系或制度。它是责、权、利、效相统一原则在经济法的各项制度中的具体体现和保障。经济责任制的范围非常广泛，题中 A、B、C、D 四个选项的内容均是其范围。

简答题

1. 参考答案一：

经济法律关系的主体可以分为经济管理主体和经济活动主体两类。经济管理主体主要是指依据宪法和行政法设立的国家机关，也包括根据经济法成立，或经依法授权承担一定管理职能的特殊企业或公司等组织。经济活动主体主要是指依民法、经济法、行政法设立，直接从事生产、流通、服务和经济协作等活动的组织和个人。经济活动主体主要为各类企业、个体经营者、承包或租赁企业的个人等。其中，国有企业、合作制或集体所有制企业或者组织，包括由国有、合作制主体控制的各种经济组织，是根据经济法的主体制度成立的；其他经济活动主体则多是依民法和行政法设立的。国家机关和国家作为整体，在一定条件下也是经济活动的主体，如国家对外签订贷款和担保合同，对内、对外发行债券，政府出让土地使用权、发包工程、作为股东投资设立企业等。

组织机构内部的机构、单位、成员等，虽不具有独立法律人格，但在一定条件下也是经济法律关系的主体，如分厂、车间、职工等依法与企业订立承包或租赁等责任制合同而将内部的组织管理关系外部化。公民个人从事经济、民事活动，参加的经济法律关系主要是税收关系、市场监督管理法律关系、竞争法律关系等。

从各主体的功能和作用角度，还可以将经济法主体作如下划分：

(1) 经济法的决策主体。经济法的决策主体是指根据我国宪法和法律的规定，在经济法律关系中享有决策权的社会实体，主要是各级国家权力机关和企事业单位。

(2) 经济法的经济管理主体。经济法的经济管理主体主要包括各级行政机关和企事业单位。

(3) 经济法的生产经营主体。其是指根据宪法和法律的有关规定，从事生产经营或者服务性活动，以营利为目的的社会实体，主要包括各类企业、个体经营者和承包户。它们以自身的生产经营或者服务性活动实现自己的经济目的，取得各项权益；同时，又以自身的各种法律行为履行对国家承担的各项义务。

(4) 经济法的消费主体。其是指为了生活消费需要而购买、使用商品或者接受服务，享受消费者权益的社会实体，主要包括为了满足生活消费需要而购买、使用商品或者接受服务的自然人和个体社会成员。消费主体是经济法的重要主体。

(5) 经济法的监督主体。其是指根据宪法和有关法律规定在社会经济活动和国民经济管理中，享有监督权的社会实体。它们包括各级国家权力机关、国家行政机关、行使专项监督权的专门机关和非国家机关的组织以及人民群众。监督权行使的范围主要是对经济领域生产、流通、消费和分配等各个环节上实行严格、全面、系统的监督。①

(参考资料：杨紫烜主编：《经济法》，北京，北京大学出版社、高等教育出版社，1999；刘文华、史际春、徐孟洲主编：《经济法》，7版，北京，中国人民大学出版社，2024)

参考答案二：

经济法主体主要包括两类：一类是从事宏观调控行为和市场规制行为的机构，即宏观调控机构和市场规制机构；另一类是接受宏观调控和市场规制的主体，主要是各类市场主体等。接受宏观调控和市场规制的主体，在经济法上可以多种形式存在，如经营者、纳税人、商业银行、证券公司、政府机构等。

(参考资料：《经济法学》编写组编：《经济法学》，3版，北京，高等教育出版社，2022)

2. 经济法律关系主体的范围非常广泛，从国家到个人、从经济组织到非经济组织、从内国和外国的主体到国际组织，都可以依法参加经济法律关系。这些主体多数不是根据经济法的主体制度设立的，只有其中少数几种主体是根据经济法的主体制度设立的。

经济法的主体制度或者根据经济法（主体制度）成立的主体，基本上都属于法人范畴。法人制度中可以有公法人和私法人、抽象法人制度和具体法人制度之分。抽象的私法人制度如《民法典》第57条至第75条的规定，旨在确认某种组织机构，包括作为公法人的国家机关是否具有参加民事法律关系，主要是民事流转关系的能力，而对有关组织机构的具体组织形式和运作机制并不过问，所以，它是民法上的主体制度，而不是经济法上的主体制度。人们通常所称法人制度，正是指民法上抽象的规定法人条件的私法人制度，其要义是关注某一组织或机关参加民事法律关系，主要是民事流转法律关系时能否以自身名义享有合法主体资格，承担相应的权利义务。根据公法和经济法上的具体法人制度成立的主体，比如国家主席、国务院及其各部委、中国人民银行等，它们参加民事法律关系时，并不需要民法的法人制度另行认可其地位和能力。至于法人的外部支配关系（如法人相互之间的控制关系）、内部的组织和运作方式（如机构设置及权限、议事的程序等）、其财产的独立性和财产权的行使机制等，主要是由国有企业制度、公有主体投资管理经营制度、合作制或集体所有制组织制度以及国家机构组织制度等经济法和公法的具体法人制度所关注。这些不由抽象的私法人制度来规范，也非其所能解决的问题。经济法的主体制度，包括规范公有制及其主导的经济组织的地位及其内外部组织关系的国有企业法、合作制及集体所有制组织法、公司法，中央银行法，

① 关于经济法主体的种类，不同的教材是从不同的角度来划分的，史际春教授将其分为经济管理主体、经济活动主体两大类，而杨紫烜教授则从各主体的功能和作用角度进行划分。本题将两种观点融合在一起，以使考生对经济法主体的掌握更加全面。

政策性经营或兼有公共管理职能的公司等的特殊企业法或特殊经济组织法，以及经济性行业组织法，它们是经济法上的具体法人制度。

（参考资料：刘文华、史际春、徐孟洲主编：《经济法》，7版，北京，中国人民大学出版社，2024）

案例分析题

（1）案例中的经济法主体是某市市场监督管理局和甲公司。其中市场监督管理局是经济法主体中的经济管理主体，甲公司是经济法主体中的经济活动主体。

（2）经济管理主体的职权可以总称为“经济管理权”，简称为“管理权”。经济管理主体的市场规制权，也可以分为市场规制立法权和市场规制执法权两类。案例中市场监督管理局作为经济管理主体行使的是市场规制执法权。市场监督管理局在行使市场规制执法权的同时，也要履行相关的职责。依法管理是相关的管理主体的重要职责，它不仅要求不得滥用管理权和超越管理权，而且在广义上也包括适当地行使管理权，以及不能放弃管理权。所以，市场监督管理局在行使扣押甲公司商品这一职权的同时，必须要承受这一行为违反法律规定所带来的不利法律后果。

经济活动主体依法享有法律赋予市场主体的一切基本权利，这些权利可以被统称为“经济自由权”，在实质上是一类“市场对策权”。经济活动主体的经济自由权，在市场经济条件下是非常重要的。甲公司享有作为市场主体所应该享有的经济自由权，不受经济管理主体的非法干涉，并且在其经济自由权受到经济管理主体侵害的情况下，拥有请求赔偿的权利。

论述题与深度思考题

1. 经济法主体是指在经济管理、维护公平竞争、组织管理型的流转和协作等法律关系中依法享有一定的权利（力）、承担一定义务的当事人。经济法主体又分为经济管理主体和经济活动主体。经济管理主体主要是指依据宪法和行政法设立的国家机关，也包括根据经济法成立，或经依法授权承担一定管理职能的特殊企业或公司等组织。经济活动主体主要是指依民法、经济法、行政法设立，直接从事生产、流通、服务和经济协作等活动的组织和个人。经济活动主体主要为各类企业、个体经营者、承包或租赁企业的个人等。其中，国有企业、合作制或集体所有制企业或者组织，包括由国有、合作制主体控制的各种经济组织，是根据经济法的主体制度成立的；其他经济活动主体则多是依民法和行政法设立的。

经济法主体的权利，是指经济法主体在法律规定的范围内可以实施某种行为或者不实施一定行为的一种可能性或者资格。这种可能性或者资格是由法律规定的，并且以经济法主体的作为或不作为来实现。经济法主体的权利主要包括三部分：经济职权和职责、所有权和其他物权、其他权利（力）和义务。

（1）经济职权和职责。经济职权和职责主要由经济管理主体所承担，依法确立并行使。二者高度统一，权、责之主体对其不可抛弃。也就是说，经济职权既是管理主体所享有的权力，也是其应承担的义务或职责；经济职责则同时包含着相应的职权和权力。经济职权和职责包括规划、决策、审核、批准、命令、指挥、协调、执行、许可、确认、免除、撤销、检查监督、褒奖、处罚等。

（2）所有权和其他物权。所有权是一定的所有制关系在法律上的反映，经济法的性质决定了，属于经济法关注的是动态的所有权之内在经济管理和对所有权的职能或权能的社会化的管理。在所有权派生的权利中，对于经济法最具有重要意义的为经营管理权。在社会化和市场经济高度发展的今天，经济领域之“两权分离”，即财产由所有权人以外具有独立法律人格的他人经营管理，成为普遍现象，经营管理他人财产者亦依法享有一定的权利。这一点在公有制主导下实行市场经济或发展商品货币关系的条件下尤其具有法的价值。在公有制及其主导的市场经济和体制中，各种经济管理机关和公有制企业既是构成整个国有及公有经济体系的细胞，同时其相互之间及与其他所有制主体之间又基于市场之商品货币关系而发生联系，如不对其权利（力）明确定性并上升至法权高度，则无论由宏观还是微观观之，经济都是无法运行的，结果不是公有制覆灭就是市场经济死亡，最终导致低级野蛮的私有制或行政性家长制经济复归。具体来说，经济管理权的要义应包括如下方面：第一，经营管理权不单只是抽象的物权或民法上的物权。国家机关在经济管理和国家所有权体系中法定地享有经营管理权以及相应的义务、职责。第二，经营管理权的经营与管理密不可分。作为宏观经营，管理不可或缺。经营与管理在概念上也是包容、交叉的，其无论在宏观、微观或观念上都是不可分的，应当将经营管理权作总括、完整的抽象，方可避免理论上的片面性，进而避免危及实践。第三，经营管理权是经济管理机关、国有企业和其他公有主体在法律规定或授权范围内经营管理一定公有财产所必需的各种权利（力）的总和。这是以上两点的自然延伸。第四，经营管理权具有普遍性和法定性。这是公有制内在的统一与分散、集中与分权要求的反映。

(3) 其他权利（力）和义务。经济法主体的其他权利（力）和义务包括给付权利（力）和义务、竞争法意义上的竞争权利（力）和义务、知识产权、人格和身份权等，它们与作为经济法律关系客体的有关行为和物是对应的。

（参考资料：史际春、邓峰：《经济法总论》，2 版，北京，法律出版社，2008）

2. 经济责任制，是指在公有制主导的经营管理中，企事业机关单位及其内部结构、成员因角色设置及其实现而相互承担义务和相应地享有权益的经济法律关系或制度。它是责、权、利、效相统一原则在经济法的各项制度中的具体体现和保障。如果没有经济责任制，责、权、利、效相统一原则就无从实现，社会主义公有制主导的市场经济之经济法和经济法治就会落空。经济法的经济责任制特指在公有财产及其主导的管理经营体系中刻意于角色塑造及相应的权义设置和权义制衡的某种法律关系或制度，而非指任何责任制关系。这是我国社会主义经济法的灵魂和根本之所在。经济责任制的范围包括国家机关之间、国家与公有主体及其主导的组织之间、个人与组织之间以及组织内部。

对于经济责任制，可以从以下几个方面来理解：

(1) 经济责任制与法律责任的关系。法学家对法律责任的理解主要是强调责任的可归责性和处罚性，认为责任是国家采取的一种“处罚”或“制裁”。这种把责任视为法律对当事人的一种否定态度和主体行为引起的一种消极后果的观点，已经无法适应实际的需要，对于现代法尤其是经济法而言，需要更多地考虑法律责任的积极功能。在经济法上，应当主要把法律责任作为法律主体承受权利、义务的一种形式，它基于一定的职责、权力、权益而产生，强调义务的应为性和违反义务的应受谴责性，同时与违法行为和法律制裁相联系。经济责任制中所指的责任与法律责任的责任是一致的，不同的只是这两个概念反映和表达事物的角度。法律责任强调的是角色义务及其行为的必为性和法定性，而“责任制”强调的是角色的设置、权益（义）制衡和责权利的相关性。

(2) 经济责任制的本质。其一，经济责任制本质上是一种法律关系。经济责任制天然地应当是法律关系。它将管理、经营上的权、责同角色所应实现的利益和角色扮演者的自身利害相联系。严格考核、赏罚分明、监督有效得力、裁判公正、处罚和相应的强制措施到位等，均是法律关系的应有之义。它是公有财产有效管理经营和在公有制下实行市场经济的必要条件。其二，经济责任制本质上是一种利益关系。经济法将组织管理性与财产性相结合的经济关系作为调整对象，更由于公有财产关系的主导，国家及其法律参与财产主体内部利益的直接调整，为构成主体成员的各个机构和个人的利益划分与取得等确立规则。经济责任制的利益关系表明了它与行政法的不同：行政法固有的行政效率和管理效率要求，决定了它从根本上不能与经济利益发生直接联系，对公有制及其主导的经济管理的有效调整，必须依赖经济法和经济责任制关系。其三，经济责任制本质上是一种经营管理关系。经济责任制在本质上属于科学管理范畴，它是管理学、组织行为学在经济法中的具体体现。它顺应组织和现代企业的发展而生，最终在公有财产关系主导的社会经济和经济法中找到了归宿。经济责任制和科学管理虽由私人组织发展而来，但由于其天然地适应公有制的要求，从一开始就得到了公有制国家及其经济组织的关注和借鉴。我国经济法上所应弘扬的经济责任制，正是力求将资本主义所创造的科学的经济管理上升为公有制所不可或缺的法律关系和法律制度。其四，经济责任制本质上是经济集中与经济民主的对立统一。经济责任制实质上是一种决策权的分配。它通过在不同组织之间和同一组织内的职责、权限的划分，来实现决策权的集中、分散与整合。经济民主化对于实现经济发展、提高经济效益、促进社会经济进步具有重要意义。而经济责任制正是经济民主化的表现之一：它在公有制内部实现决策权的分散化，将责任同一定的角色、职位相结合，并赋予其相应的权益，从而实现层级组织内的责任在不同层级上的分散化。

（3）经济责任制的意义。经济责任制作为经济法责、权、利、效相统一原则的表现和实现形式，对于提高政府经济管理水平和企业经营效率，克服官僚主义、腐败现象，保证市场经济有序运行，以及提升劳动者积极性和责任感，都有重要意义。首先，经济责任制通过对整个国家经济管理的要求，实现对经济转轨的促进。经济法和经济责任制按照市场经济的要求，令各种经济管理机关做到责、权、利、效结合，促进科学的分工、合作，实现层层制约、相互制约。它要求任何机关或人员都应各司其职、各负其责，密切协调、配合，搞好管理，对任何越权、失职的行为都要加以追究。其次，经济责任制的重要性还表现在经济增长模式的改变方面。提高资金和资本的利用效率，提高经济效益，需要经济责任制的有效约束，通过经济责任制对经济利益的引导，将经济法追求的经济效益目标切实体现在制度之中。最后，经济责任制是在公有制主导的经济体系中真正发挥劳动者积极性和主人翁精神的法宝。只有通过有效的经济责任制约束和激励，才能实现经由市场的按劳、按知识、按能力、按贡献进行分配，真正实行按劳取酬，重建劳动者的主人翁态度和责任感。以劳动者权益及其不断发展为契机，一定可以实现一个积极昂扬、充满生机和活力的、民主的社会主义市场经济。这也正是经济责任制的出发点和归宿。

（4）经济责任制的分类。按经济责任制的产生根据及实现方式，经济责任制可分为一般经济责任制和特殊经济责任制。一般经济责任制是指由法律一般地规定经济法律关系当事人之间的权利（力）、义务关系，普遍适用于某一类主体或关系，对于法律不作规定的细节或实践中出现的具体问题，通过经济管理主体和经济活动主体的日常活动加以解决的责任制形式。如经济管理机关的权义和职权、职责的设置通常属于一般责任制性质；国有公司、企业对于股东、董事、经理、监事等角色处理不采取特定责任制形式的，也适用法律规定的一般要求。一般经济责任制由普遍性规范加以确认，优点是操作方便，有利于经济法律关系主体的能动性、创造性、主动性的发挥，不容易发生短期行为。但法律、法规的规定不可能事无巨细、面面俱到，可能会出现权利（力）、义务不明晰的情况，此时法律关系主体的自由裁量度较大，如果当事人不能正确地理解法律规定的目的和精神，或出于一己之私利而曲解法律的要求，就容易出现滥用权利（力）或疏忽懈怠的弊端。这也是一般经济责任制的缺点，即它所规定的责、权、利关系对于公有制的主体和财产关系而言极易落空，使之不成其为责任制的原因之所在。特殊经济责任制是指由个别契约、章程或专门法规等来规定某一种具体的责任制关系。据此，当事人依法可以享有的权利（力）、义务、职权/职责等，均通过一定的合法形式予以明确，加以具体落实。如公有主体同其委任的股东、董事、经理、监事等之间以协议或责任状等形式明确相互间的权利、义务；由特别法对某一机关或企业等组织的设立和运作予以专门调整，如我国的《中国人民银行法》、日本的《金融厅设置法》等。特殊经济责任制的优点是权利（力）、义务较为明确、具体，采取契约或协议形式，能够突出管理者与被管理者之间的平等性，当事人不易滥用权利（力）或怠于履行义务，发生纠纷较易解决；缺点则为具体地确定权义的成本较高，较为耗时费力，当事人的经济力、信息力、谈判力等的差异可能导致在同等条件下发生不同的权义安排，对实质公正造成一定程度的破坏，而且如果权利（力）、义务规定得过细，又可能在长期关系性契约中对当事人形成束缚，或者导致短期行为。

简言之，一般经济责任制对一国法治水平和社会法律意识的要求较高；实行特殊经济责任制，则法律的规定可以较粗，具体权义又较为明确，比较适合于普通民众的法治观念相对较差的社会状况。从我国的实际情况来看，凡以某种具体方式来落实法律规定或以专门法就某事项作具体规定的，一般都可取得较好的效果。在权衡是采特殊经济责任制还是放任仅以一般司法来实施法的一般规定、制度时，应将“宜特则特”作为一项原则。但是，特殊经济责任制的有效实现有赖于一般经济责任制的完善和发展，没有制度和法治作为经济责任制的背景和前提条件，特殊责任制形式就缺乏相应的保证。

（参考资料：史际春、邓峰：《经济法总论》，2版，北京，法律出版社，2008）

第六章　经济法主体的权利（权力）、义务和责任

知识逻辑图

- 经济法主体的权利（力）和义务
  - 调制主体的职权
    - 宏观调控权
    - 市场规制权
  - 调制受体的权利
    - 消费者权
    - 经营者权
  - 调制受体的义务
    - 保护消费者权益的义务
    - 公平竞争的义务
    - 依法接受调制的义务
- 经济法主体的责任
  - 经济法主体的责任的界定
    - 经济法主体的责任的独立性
    - 经济法主体的责任的特殊性
  - 经济法主体的责任的类型
    - 调制主体的责任
    - 调制受体（经营者）的责任

名词解释与概念比较

调制主体与调制受体

选择题

（一）单项选择题

1. 我国对消费者权进行系统规定的立法是（　　）。

A.《消费者权益保护法》

B.《侵权责任法》

C.《反垄断法》

D.《反不正当竞争法》

2. 以下不属于宏观调控权决策过程的性质的是（　　）。

A. 单方性　　B. 诱导性

C. 长期性　　D. 不可诉性

（二）多项选择题

1. 以下属于国家调制主体的权力的是（　　）。

A. 宏观调控权　　B. 市场规制权

C. 消费者权　　D. 经营者权

2. 经济法主体的责任具有哪些性质？（　　）

A. 责任承担的非过错性

B. 责任追究的积极性

C. 责任主体的绝对性

D. 责任内容的惩罚性

3. 市场规制权的三个层次包括（　　）。

A. 准入性规制权　　B. 竞争行为规制权

C. 社会性规制权　　D. 经济性规制权

简答题

1. 消费者权的内容

2. 经营者权的内容

3. 调制受体的义务

论述题与深度思考题

1. 调制主体都有哪些权力？其各自的典型特征是什么？

2. 与传统法律责任相比，经济法责任的特殊性体现在哪些方面？

参考答案

名词解释与概念比较

经济法主体分为调制主体和调制受体，二者的权义配置存在根本性的不同。（1）落实宏观调控和市场规制职责的调制主体，其在经济法律关系中享有权力，且这种权力具有与义务的一体性，权力不得放弃，否则即构成调制主体对权力的滥用。社会实践中经常使用的“职权”一词，即为对调制主体权力和义务一体性的典型概括。调制主体在落实国家调制过程中行为的类型，可根据调制主体调制市场经济行为的过程分为宏观调控、市场规制和国家投资经营三种类型，它们分别对应国家调制经济的三种职权。（2）接受调制主体宏观调控和市场规制的调制受体，其由经济法律制度所确立的权利是可以放弃的，而不履行义务则会受到调制主体的处罚，并承担相应的经济法律责任。在国家调制经济过程中，尤其在市场规制领域，调制受体主要包括消费者和经营者两种类型，因此调制受体的权利可以类型化为消费者权和经营者权。

（参考资料：《经济法学》编写组编：《经济法学》，3版，北京，高等教育出版社，2022）

选择题

（一）单项选择题

1. A。在我国，《民法典》规定了自然人应当享有的基本权利体系，但是，针对一些在社会经济活动中明显具有弱势地位的法律主体，《民法典》允许其他部门法、特别法作出特别保护的规定，消费者即是其中非常重要的一类受到特殊保护的主体类型，《消费者权益保护法》对消费者权进行了系统的规定，因此选择 A。

2. D。若宏观调控权决策和执行出现失误，宏观调控权具有有限的可诉性，即弱可诉性，这根源于宏观调控执行上的间接性、诱导性和长期性。间接性使宏观调控权不具有明确的具体相对人，难以寻得具有诉讼利益的起诉权主体；诱导性使宏观调控权即使对逆调控情势而行的经营者也不能实施处罚，使宏观调控权经常不具有起诉的价值；长期性使宏观调控权在未达目标的情况下，难以确定调制主体是否存在过错，也难以确定谁是应当受到起诉的主体。因此宏观调控权具有有限的可诉性，并非不可诉，故选择 D。

（二）多项选择题

1. AB。经济法上的国家调制权体系，以宏观调控权和市场规制权的二元结构为主要类型。消费者权和经营者权属于调制受体的权利。因此，选择 AB。

2. ABCD。经济法主体的责任具有责任承担的非过错性、责任追究的积极性、责任主体的绝对性以及责任内容的惩罚性。因此，选择 ABCD。

3. BCD。在内容上，市场规制权通常包含三个层次：第一层次为对所有市场统一适用的规制，即竞争行为规制权；第二层次为基于社会公益性目的所实施的规制权，即社会性规制权；第三层次为基于效益和倾斜性规制目的所实施的规制权，即经济性规制权。因此，选择 BCD。

简答题

1. 消费者权主要由如下内容构成：（1）安全保障权。消费者有权要求经营者提供的商品和服务，符合保障人身、财产安全的要求。（2）知悉真情权，即消费者享有知悉其购买、使用的商品或者接受的服务的真实情况的权利。（3）自主选择权，即消费者享有自主选择商品或者服务的权利。（4）公平交易权，即消费者享有公平交易的权利，消费者有权拒绝经营者的强制交易行为。（5）依法求偿权，即消费者因购买、使用商品或者接受服务受到人身、财产损害的，享有依法获得赔偿的权利。（6）网购反悔权，即消费者在限定的交易类型（主要限定于远程交易方式）中，在与经营者缔约后，可在法定期限内按规定程序单方无条件解除合同，且不承担任何补偿性费用的权利。（7）依法结社权，即消费者享有依法成立维护自身合法权益的社会组织的权利。（8）受教育权，即消费者享有获得有关消费和消费者权益保护方面的知识的权利。（9）获得尊重权，即消费者在购买、使用商品和接受服务时，享有人格尊严、民族风俗习惯得到尊重的权利，享有个人信息依法得到保护的权利。（10）监督批评权，即消费者享有对商品和服务以及保护消费者权益工作进行监督的权利。

此外，消费者还享有若干针对调制主体的未经立法所写明的权利，主要包括：（1）接受调制保护权。国家调制致力于对市场失灵的弥补，尤其是在市场规制权的行使过程中，更需立足于消费者的弱势地位实施若干保护措施。消费者享有接受国家调制所带来的权益，在调制主体不落实相关的国家调制义务时，消费者还可据此向其申诉乃至追究责任。（2）获取调制信息权。由于规定国家调制权的法律和政策数量巨大，且变动频繁，因而向消费者有效提供调制信息非常必要。这有助于为消费者提供必要的引导，从而使其在理性经济人逻辑下择取对己有利的行为。

（参考资料：《经济法学》编写组编：《经济法学》，3版，北京，高等教育出版社，2022）

2. 经营者主要享有如下权利：第一，相对于消费者而言，经营者享有在保护消费者权利前提下的自由经营权。由于消费者通常相较经营者处于信息和资本等方面的弱势地位，这一状况反映到《消费者权益保护法》当中即为对经营者和消费者权益的不均衡配置，而经营者享有在尊重和保护消费者权利前提下的适度经营自由，也是不言自明的。这既是民商法上意思自治和合同自由原则在经济法领域的引申，也是保证经济活力和促进经济发展所必需的制度设计。第二，相对于其他经营者的竞争关系而言，经营者享有公平竞争权。在国家调制权尤其是市场规制权运行过程中，除了需要面对经营者与消费者之间的市场经营关系，更需要面对来自两个或多个经营者之间的竞争关系。公平竞争权主要包含两项权能：一为正当竞争权，即经营者享有免受其他经营者不正当竞争行为侵害的权利，主要由《反不正当竞争法》规定；二为自由竞争权，即经营者享有免受其他经营者限制竞争行为侵害的权利，主要由《反垄断法》规定。第三，相对于调制主体而言，经营者享有不受非法调制侵犯权和获取调制信息权。在国家调制过程中，调制主体主要面对两类调制受体，即消费者和经营者，前者主要居于受保护的地位，后者则根据其经营行为是否在符合经营者权的合法范畴内而受到保护或处罚。如果经营者的经营行为侵犯了消费者的合法权益或其他经营者的公平竞争权，则应受到国家调制的非法性评价，否则，该经营者不应受到非法调制行为对其正当权利的干预，这便是不受非法调制侵犯权。另外，鉴于国家对经济调制的非体系化和碎片化，在落实国家调制权的法律和政策数量冗繁且变动频繁的情况下，亦有必要向经营者保证周延的调制信息供给，这就是经营者相对调制主体的获取调制信息权。

（参考资料：《经济法学》编写组编：《经济法学》，3版，北京，高等教育出版社，2022）

3. 对调制受体来说，享有权利必然承担义务。在经济法视野下，调制受体的义务，主要是指经营者的义务，其义务构成依据其面对的经济法主体类型的不同而存在区别：针对消费者，经营者具有保护消费者权益的义务；针对其他经营者，经营者具有公平竞争的义务；针对调制主体，经营者具有依法接受调制的义务。（1）保护消费者权益的义务。我国《消费者权益保护法》对经营者保护消费者权益的义务进行了明确，主要包括依法履行交易行为，接受消费者监督，保证消费者人身、财产安全，依法披露交易信息，出具交易凭据的义务，交易标的瑕疵担保义务，退货、更换修理“三包”义务，保证消费者人格尊严和人身自由，保护消费者个人信息等方面的义务，等等。（2）公平竞争的义务。公平竞争既是权利，又是义务。在具有竞争关系的经营者之间，彼此在享有公平竞争权的同时，均对其他经营者负有公平竞争的义务。一方面，经营者具有保护其他经营者正当竞争权利的义务，即不实施《反不正当竞争法》等市场规制法所规定的不正当竞争行为，主要包括不实施商业混淆行为、商业贿赂行为、虚假宣传行为、侵犯商业秘密行为、不正当有奖销售行为等。另一方面，经营者具有保护其他经营者自由竞争权利的义务，即不实施《反垄断法》等市场规制法所规定的限制竞争行为，主要包括达成垄断协议、滥用市场支配地位和具有或可能具有排除、限制竞争效果的经营者集中行为等。（3）依法接受调制的义务。经营者相对国家调制主体还具有依法接受调制的义务，这既包括依法接受市场规制的义务，又包括依法接受宏观调控的义务。但二者具有明显的区别：依法接受市场规制的义务的强制性，明显高于依法接受宏观调控的义务，这主要是由市场规制权直接影响经营者经营自由的特点所决定的；而宏观调控权具有较强的单方性和诱导性，在一些情况下，即使经营者逆宏观调控情势而行，也并不必然承担法律责任。另外，经营者具有依法接受调制的义务，也并不意味着其在国家调制经济过程中仅作为一个规则的接受者而存在。经营者在国家调制过程中有权获取与调制经济有关的政策与法规信息，并积极参与到调制规则制定过程当中，发表意见和进行监督。这有利于形成国家调制经济过程中的互动“谱系”，从而优化国家对经济的干预力量，保证市场决定性作用的实现。

（参考资料：《经济法学》编写组编：《经济法学》，3版，北京，高等教育出版社，2022）

论述题与深度思考题

1. 经济法上的国家调制权体系，以宏观调控权和市场规制权的二元结构为主要类型，具体内容如下：

（1）宏观调控权。

宏观调控权是国家调制权的重要组成部分。通过国家规（计）划、货币政策、财税政策等方式，宏观调控权的享有主体对经济运行和发展实行总体指导和调控，有助于实现经济发展、熨平经济周期、平衡总供给与总需求的关系、调节国家产业经济结构，主要包括规划调控权、货币政策调控权、财政税收调控权等内容。宏观调控权具有国家权力的一般特征，还具有自身的独特性质，具体体现为：

1）宏观调控权配置上的中央属性。宏观调控权的享有主体是中央一级国家机关，我国有关宏观调控的立法是由中央政府独家“生产经营”的，宏观调控权也由中央集中行使，这是宏观调控法的公共性和公益性的必然要求。

2）宏观调控权实施目标上的公共物品属性。对宏观调控权实施目标的界定，通常认为包括促进经济增长、增加就业、稳定物价和保持国际收支平衡四个方面。从实施目标的内容来看，宏观调控权的实施以强烈的公共物品属性为特征。即以国家干预经济的形式弥补市场机制的不足，实现熨平经济周期、平衡总供求、提供社会服务等公共服务性目标；而市场机制能够自发调整的私人物品的提供，则应当交由市场在资源配置中的决定性地位发挥作用。

3）宏观调控权的间接性、诱导性和长期性。宏观调控权与行政法上的权力同属于国家公权力，但二者有明显区别。首先，宏观调控权具有间接性。宏观调控权不存在明确的行政相对人，其以影响宏观经济变量为目的，并不会对微观的个人或企业直接产生具体的刚性效果。其次，宏观调控权具有诱导性。宏观调控权以诱导性而非命令性的规范进行落实，比如税率的提高或降低。最后，宏观调控权具有长期性。宏观调控权不同于一般的行政权力，后者具有“立竿见影”的功效，而前者则具有明显的长期性。

4）宏观调控权的弱可诉性。若宏观调控权决策和执行出现失误，宏观调控权具有有限的可诉性，即弱可诉性。宏观调控权的弱可诉性根源于宏观调控执行上的间接性、诱导性和长期性。间接性使宏观调控权不具有明确的具体相对人，难以寻得具有诉讼利益的起诉权主体；诱导性使宏观调控权即使对逆调控情势而行的经营者也不能实施处罚，使宏观调控权经常不具有起诉的价值；长期性使宏观调控权在未达目标的情况下，难以确定调制主体是否存在过错，也难以确定谁是应当受到起诉的主体。

（2）市场规制权。

市场规制权是国家调制权的重要组成部分，是指国家市场规制主体依法享有的直接限制经营主体权利，或者增加经营主体义务的权力。在内容上，市场规制权通常包含三个层次：第一层次为对所有市场统一适用的规制；第二层次为基于社会公益性目的所实施的规制权，即社会性规制权；第三层次为基于效益和倾斜性规制目的所实施的规制权，即经济性规制权。

与宏观调控权相比，市场规制权具有如下典型特征：

1）市场规制权实施主体的独立性。市场规制权的落实通常涉及某一领域或行业的具体经营行为，规制者在未具备相应知识储备的情况下，极易导致市场规制权的缺位或偏位，因此，将市场规制权配置给独立主体行使的方式是现代国家对市场经济进行调制的普遍做法，比如，我国的国家金融监督管理总局之于银行业规制、市场监管局之于竞争规制等等。

2）市场规制权的直接性、强制性和短期性。与宏观调控权的间接性、诱导性和长期性不同，市场规制权更类似于传统的行政职权，它本质上是行政管理职权在社会经济领域的延伸。与宏观调控权相比，市场规制权具有明确的调制受体，并且其职权行使过程会即时地对受体的权利义务配置产生直接影响。

3）市场规制权实施过程的“品”字形结构。市场规制权具有明确的调制受体，但这并不意味着它要与行政法上的行政权相等同。与行政法上典型的“行政主体—行政相对人”的纵向行政关系相异，市场规制权的实施是一种独特的“品”字形结构。处于结构下端的两个主体是市场经营过程中的法律主体双方，它有时候表现为“经营者—消费者”结构，如《消费者权益保护法》所规制的市场经营关系；有时候则表现为“经营者—经营者”结构，如《反不正当竞争法》所规制的市场竞争关系。市场规制主体处于该结构的上端，其根据市场经营中的具体权利和义务结构，来落实相关强制性的市场规制措施。

4）市场规制权实施方式的谦抑性。市场规制权的产生源于市场失灵的客观存在，构成一种并非源自市场机制本身的外部性干涉力量，因此，市场规制的边界应被限制在市场失灵的范围之内，在市场仍然能够发挥作用的场合则要保持必要的抑制，否则将构成对市场在资源配置中发挥决定性作用的侵扰。为此，应确定精准的规制边界，对规制工具依照刚性程度的不同进行类型化，避免对低层级的市场失灵状况施加高层级的规制手段。

（参考资料：《经济法学》编写组编：《经济法学》，3版，北京，高等教育出版社，2022）

2. 传统法律责任理论主要依托民事责任理论，在此体系下表现出如下四个方面的特征：

（1）责任承担的过错性，即责任主体通常因为其过错程度而承担与之相适应的法律责任；

（2）责任追究的消极性，即通常只在行为产生实际损害时才被追究法律责任，在行为只具有损害危险而并没有发生实质损害时，通常不被施加积极的法律责任；

（3）责任主体的相对性，即只对受到损害的主体承担责任，这一责任可能因继承而发生移转，但通常并不会扩张至与损害无关的社会公众；

（4）责任内容的补偿性，即恪守“填平”原则，依据受害人实际损失的多少而被施以与之相适应的责任内容，通常不允许受害人因为赔偿责任而获利。

经济法主体的责任则在不同程度上对上述四个方面的特点有所突破，表现出了新的特殊性。主要包括：

1）责任承担的非过错性。在经济法领域，基于对信息不对称和经济外部性等现实状况的关注，传统私法基于形式理性所建立的以过错为基准判定责任的逻辑在很大程度上被打破，无过错责任或过错推定责任不再是个别适用的情况，这在若干市场规制立法中体现得尤为明显，这是典型的基于实质正义和社会本位的要求对责任承担的过错性所做的突破。

2）责任追究的积极性。传统法律责任遵循着“行为—损害结果—法律责任”的基本逻辑，一般情况下在没有损害结果或行为与损害结果没有因果关系的情况下，无法律责任可言。但由于经济社会发展的复杂化，因果关系经常难以推定，待损害结果发生后再行挽救则为时已晚，因此，立足于社会整体利益的经济法确立了适度的积极责任，即尽管损害结果尚未发生或处于不确定状态，仍然可以对相关的责任主体追究法律责任。

3）责任主体的绝对性。传统法律责任从静态的社会关系出发，法律责任的承担对象通常只限于在法律上受违法行为损害的人。但如下事实很大程度上颠覆了这种责任的相对性：首先，经济社会中的危害具有很强的传导性和连锁性，如产品责任从最初的生产者传导至销售者、消费者乃至非消费者的其他使用者。其次，在经济法领域，受害人与违法行为人的关系有时候很难再以传统私法或公法上的法律关系进行判断。比如《反垄断法》中的垄断协议，如果说达成垄断协议的经营者之间尚可被称为合同关系，那么达成协议的经营者对其他未达成协议的经营者产生的对其公平竞争权的侵害便难以被纳入民商法中任何一个范畴的法律关系。最后，某些行为甚至不存在传统法律关系上的相对方。比如，在宏观调控法律关系中，调制主体与调制受体并非行政法律关系那种命令与服从的纵向关系，调制主体的宏观调控决策和执行具有很强的单方性和诱导性，如果按照诉讼中诉的利益的标准，调制受体并非因宏观调控权的实施而造成直接利益损害，所以并不是适格的诉讼主体。因此在经济法上，为了保证社会公共利益的实现，责任的承担会呈现出一种对社会整体负责的绝对性，如经营者欺诈消费者利益的行为将不仅面临民法上的违约或侵权责任，而且会受到调制机关的处罚。

4）责任内容的惩罚性。经济法上的责任突破了承担民事责任的“填平”原则，主要表现在两方面：第一，即使是在传统上被视为“民事”赔偿责任的领域，责任主体也通常被施加了高于补偿标准的法律责任，其目的在于奖励提起诉讼的通常处于弱势地位的受害人，并对违法行为人形成重要的威慑作用，其典型即为我国《消费者权益保护法》《食品安全法》等规定的经营者对消费者承担的惩罚性赔偿。第二，在对直接受害人承担赔偿责任后，责任主体通常还面临着来自调制机关的处罚，且这种处罚经常被课以较高数额，比如，我国《反垄断法》对经营者达成垄断协议或实施滥用市场支配地位所施加的巨额罚款。

（参考资料：《经济法学》编写组编：《经济法学》，3版，北京，高等教育出版社，2022）

第七章　经济管理主体

知识逻辑图

- 经济管理主体
  - 经济管理主体的概念：在经济法律关系中承担管理职能的当事人
  - 经济管理主体的类别和地位
    - 政府及其管理部门
      - 宏观调控部门
      - 专门经济管理部门
    - 各级人民代表大会及其常委会
    - 人民法院和人民检察院
    - 特殊企业
      - 政策性经营的企业
      - 专事国有资产投资或控股管理的企业
    - 经授权的其他组织
  - 经济管理主体的职权
    - 经济管理主体在经济法律关系中依法享有和行使的权力，也是该主体对国家、人民、上级的职责和义务，即其职权和义务、职责是一体的
    - 对经济管理主体强调经济责任制

名词解释与概念比较

1. 经济管理主体
2. 宏观调控部门和专门经济管理部门

选择题

（一）单项选择题

1. 经济管理主体主要为（　　）。

A. 国家权力机关　　B. 政府

C. 特殊企业　　D. 经授权的其他组织

2. 下列关于经济管理主体的说法，错误的是（　　）。

A. 经济管理主体主要是根据宪法和行政法而不是经济法设立的

B. 宏观调控部门也会在微观领域直接同市场、企业等发生关系

C. 经授权的其他组织中不包括普通的企事业单位团体

D. 中国人民银行作为银行的银行和公开市场操作主体，具有政策性企业或特殊企业的性质

3. 下列主体中不属于政府及其管理部门的是（　　）。

A. 中国人民银行

B. 国家发展和改革委员会

C. 海关总署

D. 中国证券监督管理委员会

4. 下列主体中属于经授权的其他组织的有（　　）。

A. 国家金融监督管理总局

B. 国家开发银行

C. 中国人民银行

D. 中国银行

5. 下列主体中属于宏观调控部门的是（　　）。

A. 国家市场监督管理总局

B. 商务部

C. 自然资源部

D. 中国人民银行

6. 下列关于经济管理主体职权和职责的说法，正确的是（　　）。

A. 经济管理主体在经济法律关系中的权力也是其对国家、人民的义务，而不是对上级的义务

B. 在经济法律关系中，经济管理主体的职权一般

不包括其立法权、法律解释权

C. 经济管理主体扮演着“全局”的角色，而依法充任此角色的自然人就是“全局”的化身

D. 根据我国的国情，应当充分发挥一般经济责任制在经济管理中的作用，短期内在经济管理主体中建立起完善的一般经济责任制

（二）多项选择题

1. 下列关于经济管理主体的表述中，正确的有（　　）。

A. 经济管理主体是指在经济法律关系中承担管理职能的当事人

B. 主要是依据经济法的主体制度设立的

C. 既包括依法设立的组织或机构，也包括由国家或法律授权，承担某种政府的或社会的经济管理职能的其他组织

D. 在我国，中国证券监督管理委员会是国务院直属机构

2. 经济管理主体中，国务院和地方政府承担经济管理职能的部门大致可以分为（　　）。

A. 微观调控部门

B. 宏观调控部门

C. 综合经济管理部门

D. 专门经济管理部门

3. 经济管理主体的种类包括（　　）。

A. 政府及其管理部门

B. 国家权力机关

C. 特殊企业

D. 经授权的其他组织

4. 在我国，特殊企业的种类包括（　　）。

A. 国有企业

B. 非国有企业

C. 政策性经营的企业

D. 专事国有资产经营的企业

5. 下列关于在经济管理主体中强调经济责任制的做法，符合我国国情的有（　　）。

A. 完善经济管理主体的一般经济责任制

B. 本着“宜特则特”的精神，充分发挥特殊经济责任制在我国经济管理中的作用

C. 建立、健全经济管理中的岗位责任制

D. 建立有效的考核和监督机制

6. 下列关于经济管理主体职权的说法，正确的有（　　）。

A. 经济管理主体的职权和义务、职责是一体的，归根到底都是纳税人和全民的权益

B. 其职权具体包括决策、执行、检查监督、处罚等作为经济法律关系内容的经济职权和职责

C. 其职权包括相关的立法权和法律解释权

D. 管理相对人可以对管理主体进行监督，合法、合理地提出请求、抗辩、复议乃至行政诉讼

7. 下列行为属于经济法律关系范畴内经济管理主体职权的是（　　）。

A. 商务部制定有关反倾销的条例

B. 国家金融监督管理总局对银行进行监管

C. 市场监管部门对符合法定要求的企业进行登记

D. 国税总局对某税收暂行条例进行解释

简答题

1. 如何认识经济管理主体的职权和职责？

2. 简述经济管理主体的特点。

3. 如何对中国人民银行进行法律定位？

4. 简述经济管理主体中授权的其他组织的特征。

5. 简述经济管理主体的类别和地位。

论述题与深度思考题

试述如何对经济管理主体强调经济责任制。

参考答案

名词解释与概念比较

1. 经济管理主体是指在经济法律关系中承担管理职能的当事人。它们主要是指根据宪法和行政法设立的，由宪法和行政法明确其性质、职能、任务、隶属关系等，承担决策、协调、执行、监督等经济管理职能的组织或者机构，也包括由国家或法律授权、承担某种政府的或社会的经济管理职能的其他组织，如我国对证监会、国资委等的定位就不是政府机关，而是国务院直属机构或国务院直属特设机构。经济管理主体的类别主要包括政府及其管理部门、各级人民代表大会及其常务委员会、人民法院和人民检察院、特殊

企业、经授权的其他组织。作为经济法律关系的主体，经济管理主体的职权亦为该主体对国家、人民、上级的职责和义务，归根到底都是全民及纳税人的权益，法律不允许其随意抛弃，其必须接受管理相对人的监督。

2. 国务院和地方政府承担经济管理职能的部门大致可以分为宏观调控部门和专门经济管理部门：

宏观调控部门	专门经济管理部门
着眼于经济总量的平衡，优化经济结构和经济秩序，促进经济尽速、健康及可持续发展。但宏观和微观的划分具有相对性，并不具有法律意义，宏观调控部门也会在微观领域直接同市场、企业等发生关系，如国家发展和改革委员会、财政部等	不再直接管理企业，而是在很大程度上从宏观的角度制定行业规划和行业政策，引导本行业产品结构的调整，维护所辖范围或行业的市场及竞争秩序等。如商务部、自然资源部、国家市场监督管理总局等

选择题

（一）单项选择题

1. B。本题考查的是经济管理主体的种类问题。经济管理主体主要包括政府及其管理部门、各级人民代表大会及其常务委员会、特殊企业和经授权的其他组织。由经济法的行政主导性所决定，经济管理主体主要为政府，如我国的国务院、各级地方政府，国外的中央政府或联邦政府、省、州、县等。

2. C。本题考查的是经济管理主体概念和种类的相关问题。普通的企事业单位团体也可能依法获得某种特殊的管理性权利，如国有企业兼有国资控股公司职能。因此，普通的企事业单位团体也是可能成为经济管理主体中经授权的其他组织的。故选项 ABD 都是正确的表述。

3. D。本题考查经济管理主体中的政府及其管理部门。选项 A 和 B 都是经济管理部门中的宏观调控部门，而选项 C 是专门经济管理部门。而证监会是国务院直属机构，属于经授权的其他组织，而不属于政府机关。

4. A。本题考查经济管理主体中的经授权的其他组织。国家金融监督管理总局因法律或政府对其特别授权而获得一定的监督管理职能。国家开发银行则属于特殊企业中政策性经营的企业。而中国人民银行作为国务院的组成部门，属于经济管理主体中的政府及其管理部门，是宏观调控部门。中国银行是一般的企业单位，并没有被授权承担管理职能，不属于经济管理主体。

5. D。本题考查的是经济管理主体中的宏观调控部门。作为主要的经济管理主体，政府承担经济管理职能的部门分为宏观调控部门和专门经济管理部门。前者不仅着眼于经济总量的平衡，优化经济结构和经济秩序，促使经济快速、健康及可持续发展，而且会在微观领域直接同市场、企业等发生关系，如财政部、中国人民银行等。专门经济管理部门在很大程度上要从宏观角度制定行业规划和行业政策，引导本行业产品结构的调整，维护所辖范围或行业的市场及竞争秩序等，如国家市场监管管理总局、商务部、自然资源部等。

6. B。本题考查的是经济管理主体的职权、职责以及经济责任制的有关问题。经济管理主体在经济法律关系中的权力亦为该主体对国家、人民、上级的职责和义务，即其职权和义务、职责是一体的，归根到底都是纳税人和全民的权益。立法权、法律解释权一般不属于经济管理主体的职权，因为在经济法律关系中，经济管理主体的职权通常是与具体管理行为和政府的经济（市场）行为相联系的。就立法和法律解释等抽象管理行为而言，它们作为法律事实所产生的一般为宪法和行政法上的法律关系。经济管理主体扮演着“全局”“宏观”或“中观”的角色，但绝不能认为依法充任此角色的自然人、小团体当然就是“全局”的化身，理所当然就能代表“全局”“宏观”或“中观”的利益。如果不强调经济责任制的话，则担当“全局”角色的自然人、小团体或小集体等自身的品格就会不时暴露出来，从而损及全局和宏观的利益及相关秩序。本着“宜特则特”的精神，需要根据中国国情，充分发挥特殊经济责任制在经济管理中的作用。在经济管理主体的一般责任制无法在短期内建立、完善的情况下，实行特殊经济责任制是经济管理主体借以迅速提高管理水平的一种切实有效的手段。

（二）多项选择题

1. ACD。本题考查经济管理主体的概念问题。经济管理主体是指在经济法律关系中承担管理职能的当事人，其主要是依据宪法和行政法设立的，而不是依经济法设立的，所以选项 B 的表述是错误的。经济管理主体既包括依法设立的组织或机构，也包括由国家或法律授权、承担某种政府的或社会的经济管理职能的其他组织。

2. BD。本题考查经济管理主体中的政府管理部门的分类。由经济法的行政主导性所决定，经济管理主体主要为政府，国务院和地方政府承担经济管理的部门大致可以分为宏观调控部门和专门经济管理部门。前者不仅着眼于经济总量的平衡，优化经济结构和经济秩序，促使经济快速、健康及可持续发展，而且也会在微观领域直接同市场、企业等发生关系，如财政部、中国人民银行等。专门经济管理部门在很大程度上要从宏观角度制定行业规划和行业政策，引导本行业产品结构的调整，维护所辖范围或行业的市场及竞争秩序等，如农业农村部、商务部等。

3. ABCD。本题考查的是经济管理主体的类别。经济管理主体包括：（1）政府及其管理部门，这是主要的经济管理主体；（2）国家权力机关，在我国是指各级人民代表大会及其常委会；（3）人民法院和人民检察院；（4）特殊企业，包括政策性经营的企业和专事国有资产投资或控股管理的企业两类；（5）经授权的其他组织，即因法律或政府对其特别授权而获得一定管理职能的组织。

4. CD。本题考查的是经济管理主体中特殊企业的种类。作为经济管理主体的一种，特殊企业是指依照特别法、专门法规或行政命令设立和运作的企业，包括政策性经营的企业和专事国有资产投资或控股管理的企业两类：前者承担着执行国家政策及相应的管理职能，如我国的三大政策性银行；后者不经营具体业务，但由于与国有资产管理密切相关而具有经济管理主体的性质。迄今，我国的特殊企业都是国有企业。

5. ABCD。本题考查的是经济管理主体的经济责任制。强调经济管理主体的经济责任制，首先要完善经济管理主体的一般经济责任制，依法明确划分各个、各级经济管理机关及其内部机构、成员的职责和权限，使其合理分工、配合，防止政出多门，形成相互制衡和监督。其次要本着“宜特则特”的精神，根据中国国情，充分发挥特殊经济责任制在经济管理中的作用。要建立、健全经济管理中的岗位责任制，强调首长负责制，对经济管理主体的每一个组成人员都赋予明确、严肃、饱满的职责，并予以严格考核和奖惩。无论是一般的或特殊的经济责任制，有效的考核和监督都不可或缺，同时还应当完善责任追究和救济制度。

6. ABD。本题考查经济管理主体的职权。经济管理主体或为国家机关，或为依法承受并执行国家意志的其他组织，由此所决定，它们在经济法律关系中的权力亦为该主体对国家、人民、上级的职责和义务，即其职权和义务、职责是一体的，归根到底都是纳税人和全民的权益，法律不允许其随意抛弃。管理相对人据此可以对管理主体进行监督，合法、合理地提出请求、抗辩、复议乃至行政诉讼，这也构成经济管理法律关系平等、民主的一面。具体而言，经济管理主体的职权即决策、执行、检查监督、处罚等作为经济法律关系内容的经济职权和职责。但是，立法权、法律解释权一般不属于经济管理主体的职权，因为在经济法律关系中，经济管理主体的职权通常是与具体管理行为和政府的经济（市场）行为相联系的，如征税、金融监管等。就立法和法律解释等抽象管理行为而言，它们作为法律事实所产生的一般为宪法和行政法上的法律关系。只有当有关主体的抽象管理行为在该主体间引发、变更或消灭某种经济管理法律关系时，这些职权才构成经济法律关系的内容。

7. BC。本题考查经济管理主体的职权。经济管理主体的职权即决策、执行、检查监督、处罚等作为经济法律关系内容的经济职权和职责。但是，立法权、法律解释权一般不属于经济管理主体的职权，因为在经济法律关系中，经济管理主体的职权通常是与具体管理行为和政府的经济（市场）行为相联系的，如征税、金融监管等。就立法和法律解释等抽象管理行为而言，它们作为法律事实所产生的一般为宪法和行政法上的法律关系。只有当有关主体的抽象管理行为在该主体间引发、变更或消灭某种经济管理法律关系时，如上级税务机关制定、解释业务规章而与下级税务机关发生或变更法律关系时，这些职权才构成经济法律关系的内容。本题中的选项A和D中所表述的行为一般而言都不属于经济法律关系范畴内经济管理主体的职权。

简答题

1. 经济管理主体是指在经济法律关系中承担管理职能的当事人，其职权即为经济管理主体在经济法律关系中依法享有和行使的权力。经济管理主体，或为国家机关，或为依法承受并执行国家意志的其他组织。

由此所决定，它们在经济法律关系中的权力亦为该主体对国家、人民、上级的职责和义务，即其职权和义务、职责是一体的，归根到底都是纳税人和全民的权益，法律不允许其随意抛弃。管理相对人据此可以对管理主体进行监督，合法、合理地提出请求、抗辩、复议乃至行政诉讼，这也构成经济管理法律关系平等、民主的一面。

具体而言，经济管理主体的职权即决策、执行、检查监督、处罚等作为经济法律关系内容的经济职权和职责。但是，立法权、法律解释权一般不属于经济管理主体的职权，因为在经济法律关系中，经济管理主体的职权通常是与具体管理行为和政府的经济（市场）行为相联系的，如征税、金融监管等。就立法和法律解释等抽象管理行为而言，它们作为法律事实所产生的一般为宪法和行政法上的法律关系。只有当有关主体的抽象管理行为在该主体间引发、变更或消灭某种经济管理法律关系时，如上级税务机关制定、解释业务规章而与下级税务机关发生或变更法律关系时，这些职权才构成经济法律关系的内容。

从原则上或理论上说，经济管理主体的权力（利）、义务、职权、职责和责任是统一的，实行经济责任制是其内在要求，强调经济管理主体的经济责任制，才能真正实现经济管理主体责权力（利）的统一。

（参考资料：刘文华、史际春、徐孟洲主编：《经济法》，7版，北京，中国人民大学出版社，2024）

2. 经济管理主体的特点首先体现为其与民事主体的两个显著区别：其一，经济管理主体享有的管理权是一种以公共需要为基础的权力；而民事主体享有的权利主要是一种私权，包括私的管理权，一般不涉及社会或公共利益。其二，与法权的性质相联系，经济管理主体的权义一体性，意味着它如果怠于履行职责，就构成了违法的不作为；而民事主体在不影响他人、社会和国家的利益的情况下，一般可以抛弃或不行使自己的权利。

在建立社会主义市场经济体制的过程中，我国的经济管理主体正在发生深刻的变化，主要表现在：（1）主体范围不断调整，一方面是政府机构逐步精简，另一方面则是依法或依授权享有经济管理权的非国家机关类组织在增加。（2）职权发生很大变化，权力机关的决策权和监督权不断得到落实与加强，行政机关的管理权力则面对清理和压缩，其权力的内容也由过去的直接干预和强制命令为主，逐步向规划引导、间接调控、必要的审批和监管为主转变。（3）主体角色和责任不断强化，管理逐步规范化。（4）经济管理职权趋于分散化，地方政府享有越来越大的决策、管理权，一些原由政府承担的经济管理职能逐步为行业协会等社会组织的自治功能所取代。（5）管理方式向便民、高效的方向转变，公共管理愈益体现出服务的性质。这些新特点体现了我国政治文明建设的初步成果，适应了经济体制转轨和建立社会主义市场经济体制的客观需要，也充分表明了我国经济管理主体发展、完善的基本方向。

（参考资料：刘文华、史际春、徐孟洲主编：《经济法》，7版，北京，中国人民大学出版社，2024；史际春主编：《经济法》，北京，中国人民大学出版社，2005）

3. 中国人民银行为国务院的组成部分。根据《中国人民银行法》第2条的规定，中国人民银行是中华人民共和国的中央银行。中国人民银行在国务院领导下，制定和执行货币政策，防范和化解金融风险，维护金融稳定。发达国家多将中央银行定位为准企业性的经济组织或者法定机构、特殊法人，我国则将中国人民银行定位为实施宏观调控的国家机关。事实上，中国人民银行作为银行的银行和公开市场操作主体，也具有政策性企业或特殊企业的性质。因此，它作为一种法律主体制度，属于行政法和经济法的交叉接合部。

4. 在经济管理主体中，有些主体既非政府机关，也非依法具有独特权能的特殊企业，但因法律或政府对其特别授权而获得一定的管理职能，如前所述我国特设的证监会等监管机构。普通企事业单位团体也可能依法获得某种特殊的管理性权利，如国有企业经授权兼有国资控股公司职能，国有粮食企业和供销合作社经授权而获得有关粮棉等农副产品的政策性经营职能，国外私营的开发商、电力和电信等公司经政府授权在规划建设和公用事业方面获得一定的管理职能等。在政府和特殊企业之外，承担经济管理职能的社会组织主要还有同业公会、交易所等自律、自治团体。这类主体在国外有诸多称谓，如非政府机构、非营利机构、第三部门、独立部门、志愿部门等，其职能具有某种公共管理、公共服务性质，也具有“私”的一面。它们作为经济管理主体的一个共同特点，就是权力

(利) 主要来源于自治，辅之以法律的认可、规范和司法审查。

(参考资料：刘文华、史际春、徐孟洲主编：《经济法》，7版，北京，中国人民大学出版社，2024；史际春主编：《经济法》，2版，北京，中国人民大学出版社，2010)

5. 由经济法的行政主导性所决定，经济管理主体主要为政府，如我国的国务院、各级地方政府，国外的中央政府或联邦政府等。政府的经济管理职能，主要是通过其有关职能部门来承担和实现的，如美国的农业部和司法部，日本的经济产业省，英国的商业、能源和工业战略部，我国承担经济管理职能的部、委、局和地方政府的相应机构。此外，经济管理主体还有各级权力机关，它们在行使预决算、经济决策、监督等职能的过程中，可能与有关主体建立经济法律关系。依法执行一定的政策或承担一定的公共管理职能的企业等组织，也可能在经济法律关系中以管理主体的面目出现，如我国的国家开发投资集团有限公司、美国的进出口银行等。

(1) 政府及其管理部门。

根据我国宪法的规定，国务院即中央政府，是最高国家行政机关，它负责领导和管理全国的经济工作和城乡建设，编制、执行国民经济和社会发展规划以及国家预算。

国务院和地方政府承担经济管理职能的部门大致可以分为宏观调控部门和专门经济管理部门。宏观调控部门着眼于经济总量平衡、优化经济结构和经济秩序，促使经济尽速、健康及可持续发展。当然，宏观和微观的划分是相对的，且不具有法律意义，宏观调控部门也会在微观领域直接同市场、企业等发生关系。专门经济管理部门也不再直接管理企业，而是在很大程度上要从宏观的角度制定行业规划和行业政策，引导本行业结构的调整，维护所辖范围或行业的市场竞争秩序等。

国务院的经济管理部门，包括国家发展和改革委员会、财政部、中国人民银行等宏观调控部门，以及自然资源部、工业和信息化部等部委和海关总署等国务院直属机构或部委下辖的国家局。这些为专门经济管理部门。

发达国家多将中央银行定位为准企业性的经济组织或者法定机构、特殊法人，我国则将中国人民银行定位为实施宏观调控的国家机关。

地方各级人民政府在国务院统一领导下，依法管理本行政区域内的经济、城乡建设事业和财政等工作，也依法设置有关宏观调控部门和专门的经济管理部门。

(2) 各级人民代表大会及其常务委员会。

根据宪法的规定，我国的权力机关分为5级，即全国人民代表大会，省级人民代表大会，设区的市、自治州人民代表大会，县、不设区的市、市辖区人民代表大会，乡镇人民代表大会。它们在立法和审查、批准、决定重大事项，依法实施监督的过程中与有关机关、组织和个人发生经济法律关系。

(3) 人民法院和人民检察院。

根据宪法的规定，人民法院是国家的审判机关，依照法律规定独立行使审判权；人民检察院是国家的法律监督机关，依照法律规定独立行使检察权。

人民法院独立行使审判权和人民检察院独立行使检察权过程中，客观上都可能涉及对经济事务的管理，主要表现有：第一，发布指导性案例等典型案例。例如，依据最高人民法院《关于案例指导工作的规定》，最高人民法院发布多批指导性案例，由各级人民法院审判类似案件时参照，其中不乏对公司、破产、金融、竞争等法领域的典型案件，对司法审判和相关经济活动产生重要影响。第二，通过公益诉讼等方式直接参与经济管理活动。例如，依据《民事诉讼法》《反垄断法》等法律，人民检察院可依法提起反垄断、消费者权益保护等方面的民事公益诉讼，从而实现在竞争法、消费者权益保护法领域的经济管理效果。

(4) 特殊企业。

作为经济管理主体的特殊企业，包括政策性经营的企业和专事国有资产投资或控股管理的企业两类。政策性经营的企业，承担着执行国家政策及相应的管理职能，其典型形式如我国的三大政策性银行等。专事国有资产投资和控股管理的企业，不经营具体业务，由于与国有资产管理密切相关而具有经济管理主体的性质，如我国的中国投资有限责任公司、国家开发投资集团有限公司等。这类主体有时可能兼有行政法和经济法的双重性质，如英国、法国、德国、西班牙四国政府曾设立的联合协调机构空中客车工业公司等。如上所述，中国人民银行实际上也兼有特殊企业的性质。

（5）经授权的其他组织。

有些主体既非政府机关，也不是依法具有独特权能的特殊企业，但因法律或政府对其特别授权而获得一定的管理职能，如前述我国特设的证监会等监管机构。国外的独立监督机构如美国联邦贸易委员会（FTC）、联邦通讯委员会（FCC）等，相对独立于政府，属于法定机构，不具有企业性质，被称为“第四部门”。普通企事业单位团体也可能依法获得某种特殊的管理性权利，如国有企业经授权兼有国资控股公司职能，国外私营的开发商、电力和电信公司经政府授权在规划建设和公用事业方面获得一定的管理职能等。

论述题与深度思考题

建立一套高效廉洁的文官制度，是适应社会主义市场经济要求的经济管理法律关系在社会上普遍建立并得以实现的必要条件。经济管理主体为经济法律关系的主体，对经济管理主体实行经济责任制的实质在于宏观和微观经济管理的科学化和法治化。经济管理主体扮演着“全局”、“宏观”或“中观”的角色，但绝不能认为依法充任此角色的自然人、小团体当然就是“全局”的化身，理所当然就能代表“全局”“宏观”或“中观”的利益。如果不强调经济责任制的话，担当“全局”角色的自然人、小团体或小集体等自身的品格就会不时暴露出来，从而损及全局和宏观的利益及相关秩序。

强调经济管理主体的经济责任制，应当从以下几个方面入手：

（1）完善经济管理主体的一般经济责任制，依法明确划分各个、各级经济管理机关及其内部机构、成员的职责和权限，使其合理分工、配合、防止政出多门，形成相互制衡和监督。它要求合理、严肃地确定各经济主体的设置、人员定额和比例结构，对不同的部门和级别，按照科学管理的要求明确其法律上的权义及相应的利益，以便将部门之间、上下级之间的权义和利益模糊降低到最低限度。此外，在经济管理主体的一般经济责任制方面，公平、公开、公正的程序性规则和形式的完善也是不可或缺的。

（2）本着“宜特则特”的精神，需要根据中国国情，充分发挥特殊经济责任制在经济管理中的作用。根据中国实际，各经济管理主体按照一定形式，在本部门、本系统、本单位内建立责权利相统一的特殊经济责任制关系，在管理的经济内容方面“能包则包”，是在现有条件下提高经济管理水平的有效途径。在经济管理主体的一般责任制无法在短期内建立、完善的情况下，实行特殊经济责任制是经济管理主体借以迅速提高管理水平的一种切实有效的手段。

（3）要建立、健全经济管理中的岗位责任制。国家经济管理主体内部的岗位责任制介于一般经济责任制和特殊经济责任制之间，因为它需要由法的一般规定和主体根据自身情况的具体规定两方面相结合。在这方面，首先应当强调首长负责制；其次应当对经济管理主体的每一个组成人员都赋予明确、严肃、饱满的职责，并予以严格考核和奖惩。

（4）无论是一般的或特殊的经济责任制，有效的考核和监督均不可或缺。对经济管理机关的考核监督无非内部和外部两个方面：内部考核监督属于岗位责任制的范畴；外部考核监督则包括制度化的考核监督和一般性的社会监督。

（5）应完善责任追究和相关救济制度。凡法律上的角色和权义设置，最终都应落实为责任的承担和对违法行为的追究。因此，应当通过法律程序的精心设计，为经济管理主体的违法、不当行为之纠正和制裁，提供充分有效的法律救济；应当将政府和国家机关扮演的各种行政和经济的角色，无例外地纳入司法监督的范畴。

（参考资料：刘文华、史际春、徐孟洲主编：《经济法》，7版，北京，中国人民大学出版社，2024；史际春、邓峰：《经济法总论》，2版，北京，法律出版社，2008）

第八章　企业概述

知识逻辑图

- 企业概述
  - 企业和企业法
    - 企业的概念：经营性地从事生产、流通或者服务的某种主体。它既可作为概括的资产或资本和人员集合之经营体，也可作为交易的客体
    - 企业的分类
      - 传统的典型企业
        - 个人独资企业：一个自然人投资经营的企业，亦可译为个体经营
        - 合伙企业：二人以上依协议共同占有、使用财产或成立共同经营关系，共负盈亏和风险，对外负无限责任的联合
        - 公司企业：二人以上依公司法设立的经营性企业，晚近各国法律上也允许由一个主体单独投资设立的企业公司形式
      - 传统的非典型企业
        - 合作社：不以营利为首要宗旨，而以互助合作为要旨，决策时实行“一人一票”，限制资金分红、实行按劳分配或按贡献分配的集体所有制性质的组织
        - 国有企业：资本全部或部分归国家所有，并为国家直接或间接控制的企业
    - 我国企业的类型
    - 企业法的概念：规定企业的法律地位及调整其内外部组织关系的法
    - 企业法的体系和立法模式
      - 特殊企业法
      - 普通企业法
        - 纳入民法典
        - 纳入商法典和制定单行法
        - 制定公司法典
        - 制定法和判例法
        - （以上）的模式
  - 现代企业制度与企业法
    - 现代企业制度
      - 形式：除个人独资企业外的组织形式，合伙企业、公司、合作制或集体所有制企业、国有企业等
      - 实质方面（现代企业的必备要素）
        - 所有者支配
        - 企业及其资本经营的市场化、契约化
        - （以上）私有制及其主导的企业
        - 高效廉洁的文官制度（对国有企业或由公有主体主导的企业的特殊要求）
    - 我国企业制度的沿革
      - 清末的公司立法
      - 民国时期的企业立法
      - 新中国成立后的企业制度（新中国成立之初/改革开放前/改革开放后）
    - 我国国有企业建立现代企业制度的改革
      - 根本原因：国有暨公有财产具有的缺乏天然产权主体的特点，而公司制本身并不能保证在公有制内部实现角色明晰、权责分明、将行为与行为人的利害密切相关的效果
      - 途径：在利益和意志传导的每一个环节实行某种形式的经济责任制

- 企业概述
  - 市场准入制度
    - 概念
      - 市场准入：对企业或其他主体进入某领域或地方的市场从事活动施加限制或禁止的规制或制度
      - 市场准入制度：市场准入是一种制度化的安排，主要表现为法律制度，即调整市场准入过程中形成的社会关系的有关法律规范
    - 方法
      - 许可或审批
        - 行为许可和资格许可
        - 一般许可和特别许可
        - 无附加义务的许可和附加义务的许可
        - 排他性许可和非排他性许可
        - 其他许可方法：资质认证、资源使用合同、目录制度也具有市场准入的功能，但并非一种独立的许可方法
      - 标准
      - 行业管理
      - 立法特许
      - 对企业结合的控制
    - 设定原则
      - 限于市场失灵的范围之内
      - 限于能够弥补市场缺陷的范围之内
      - 限于宏观调控手段不能达到目标的范围之内
      - 限于合同、奖励、税收、补贴等市场手段或经济手段不能实现或者不能更有效地实现政策目标的领域之内
      - 限制在规制的收益大于成本的范围之内
    - 我国市场准入制度的建立和完善
      - 现状
      - 市场准入制度构建和完善的原则
      - 适当确定市场准入的适用范围和方法
  - 企业登记管理
    - 企业设定的立法原则
      - 许可主义：需个别报请主管机关审批
      - 准则主义：只需符合法定成立条件，不需报请批准
      - 特许主义：依特别法、专门法规、行政命令或国家领导人特许设立
      - 自由主义：法律对企业设立不予规制，当事人可自由设立公司，设立公司无须履行任何法律手续
    - 企业设立的条件
      - 名称
      - 章程
      - 相应的资金或资本
      - 有符合法律规定的组织机构和从业人员
      - 有与企业的生产经营规模相适应的经营场所和设施
    - 企业名称管理：《企业名称登记管理规定》（2020 年修订）
    - 企业登记管理
      - 概念：国家主管机关依法对企业及其有关事项进行审核登记，把登记与对企业的监督结合起来的一种工商管理制度
      - 管辖：市场监督管理机关
      - 登记事项：名称、住所、股东或发起人的姓名或名称等
      - 企业设立登记
      - 企业名称的登记管理
      - 企业的变更：合并、分立、增设或撤销分支机构、住所变更、转业、组织形式变更、歇业、其他事项变更
      - 企业的终止
        - 因出现章程规定的事由而解散
        - 公司股东会决议解散
        - 因企业合并或者分立需要解散
        - 依法被吊销营业执照、责令关闭或者被撤销
        - 司法解散
        - 依法被宣告破产

名词解释与概念比较

1. 企业
2. 普通合伙、有限合伙和隐名合伙
3. 有限责任公司、股份有限公司、无限公司、两合公司和股份两合公司
4. 合作社
5. 企业登记管理
6. 许可主义、准则主义、特许主义和自由主义（中国人民大学考博）
7. 授权资本制（武汉大学考研）
8. 别除权（中国人民大学考研）
9. 市场准入与市场准入制度（中国人民大学考研）
10. 个人独资企业
11. 合伙企业

选择题

（一）单项选择题

1. 下列企业形态中，不属于传统典型企业的是（　　）。

A. 个人独资企业　　B. 合伙企业
C. 公司企业　　D. 合作社

2. 下列关于有限合伙的说法，错误的是（　　）。

A. 主要存在于英美法系国家和地区
B. 其合伙人一般不能是法人
C. 有限责任合伙人不参与合伙的实际经营，只是单纯的出资者
D. 两合公司就相当于英美法上的有限合伙

3. 下列企业中，属于无须承担无限责任的投资者的是（　　）。

A. 有限责任公司　　B. 普通合伙
C. 有限合伙　　D. 个人独资企业

4. 下列关于合作社的说法，错误的是（　　）。

A. 不以营利为首要宗旨
B. 实行按劳动或按贡献分配
C. 限制资金分红
D. 合作社属于典型企业

5. 下列关于企业法的说法，正确的是（　　）。

A. 企业法是一种企业行为法
B. 企业法调整的企业活动是企业组织范畴内的活动
C. 一般的企业法仅指普通企业法
D. 企业法一般不调整投资者与企业的关系

6. 下列国家中，采用公司法典立法模式的是（　　）。

A. 瑞士　　B. 德国
C. 法国　　D. 美国

7. 我国普通企业法的体系特点是（　　）。

A. 制定公司法典的模式
B. 纳入商法典的模式
C. 制定法和判例法模式
D. 各类企业核心法规加相关及配套法规的模式

8. 有限责任公司是股东以（　　）为限对公司承担责任，公司以（　　）对公司债务承担责任的公司。（　　）

A. 个人全部财产；其特定资产
B. 其出资额；其全部资产
C. 其出资额；其经营财产
D. 其个人全部财产；其全部资产

9. 下列所作的关于公司的分类，哪一种是以公司的信用基础为标准的分类？（　　）（司考改编）

A. 总公司与分公司
B. 母公司与子公司
C. 人合公司与资合公司
D. 封闭式公司与开放式公司

10. 针对我国公有制及其主导的企业的特点，要建立起现代企业制度，除了要满足现代企业制度的实质和形式两个方面，还需要满足的一个必要条件是（　　）。

A. 所有者支配
B. 企业及其资本经营的市场化、契约化
C. 一个现代文明的社会大环境
D. 一套高效廉洁的文官制度

11. 中国最早的企业立法是（　　）。

A. 1904年清朝政府颁布的《公司律》
B. 1908年清朝政府颁布的《公司律》
C. 1904年清朝政府颁布的《商人通例》
D. 1908年清朝政府颁布的《商人通例》

12. 在公有制主导的条件下，股份制或公司化并不必然能为我们带来现代的企业及其经营管理，其根本原因在于（　　）。

A. 没有一个现代文明的大环境

B. 国有及公有财产固有的缺乏天然产权主体的特点

C. 无法实现所有者支配

D. 无法实现企业及其资本经营的市场化、契约化

13. 下列关于市场准入的说法，正确的是（　　）。

A. 市场准入指的是企业的市场准入

B. 市场准入指的是一般地禁止进入市场

C. 在现代市场经济法治条件下，对于市场主体资格及其营业资格的取得，广泛采取准则制或登记制

D. 对于规制具体市场进入的市场准入制度而言，企业登记管理具有准入的意义

14. 下列关于市场准入方法的表述，错误的是（　　）。

A. 市场准入制度的方法主要有许可或审批和标准制定两大类

B. 许可是用得最为广泛的市场准入方法

C. 按照许可的范围，可以将许可分为行为许可和资格许可

D. 目录制度虽然具有市场准入的功能，但并不是一种独立的许可方法

15. 一些发达国家晚近对公司设立规定了最低资本额、股东和董事的资格，这类企业设立的立法原则称为（　　）。

A. 许可主义　　B. 特许主义

C. 准则主义　　D. 严格准则主义

16. 根据我国《企业名称登记管理规定》的规定，预先登记的企业名称保留期为（　　）。

A. 6 个月　　B. 1 年

C. 18 个月　　D. 2 年

17. 甲、乙、丙、丁打算设立一家普通合伙企业。对此，下列表述正确的是（　　）。(司考改编)

A. 各合伙人不得以劳务作为出资。

B. 如乙仅以其房屋使用权作为出资，则不必办理房屋产权过户登记。

C. 该合伙企业名称中不得以任何一个合伙人的名字作为商号或字号。

D. 合伙协议经全体合伙人签名、盖章并经登记后生效。

（二）多项选择题

1. 下列关于企业经营性的说法，正确的有（　　）。

A. 企业的经营性是指它基于一定的目的进行筹划运作，考虑投入、产出，重视经济核算，借以参与社会的经济、文化等活动

B. 经营一般是为了营利，即在企业营运中，设法获取超出所投入的资金和财物的利润或经济利益

C. 经营性不等于营利性

D. 经营性不等于经济性

2. 合伙企业的下列事务哪些必须经全体合伙人同意才能作出决定？（　　）(司考改编)

A. 出售合伙企业的房屋

B. 以合伙企业的名义为另一家企业提供担保

C. 转让合伙企业的商标

D. 改变合伙企业的名称

3. 依照《公司法》的规定，有限责任公司在下列哪些情况下可以不设监事会？（　　）(司考改编)

A. 公司规模较小　　B. 股东人数较少

C. 国有独资公司　　D. 国有控股公司

4. 下列有关一人公司的表述错误的有（　　）。

A. 只有一个股东的有限责任公司不设股东会

B. 一人公司发生人格或财产混同时，股东应当对公司债务承担连带责任

C. 一人公司的注册资本必须一次足额缴纳

D. 一个法人只能设立一个一人公司

5. 下列关于特殊企业法的表述，正确的有（　　）。

A. 特殊企业法也是企业法的构成部分

B. 特殊企业法在发达国家和地区往往表现为“一企一法”

C. 我国目前的特殊企业法，主要为国务院有关设立诸如政策性银行等特殊企业的决定和规章等

D. 我国《邮政法》和《铁路法》并不属于特殊企业法的性质

6. 设定市场准入的原则包括（　　）。

A. 市场准入应当限于市场失灵并且能够弥补市场缺陷的范围之内

B. 市场准入应当限于宏观调控不能达到目标的范围之内

C. 市场准入应当限于合同、奖励、税收、补贴等市场手段或经济手段不能实现或不能更有效地实现政策目标的领域之内

D. 其手段的运用必须限制在规制的收益大于成本

的范围之内

7. 企业可以因下列原因而解散：(　　)。

A. 歇业

B. 依法被撤销或被宣告破产

C. 企业转业

D. 企业合并

8. 湘星公司成立于 2012 年，甲、乙、丙三人是其股东，出资比例为 7∶2∶1。公司经营状况良好。2017 年年初，为拓展业务，甲提议公司注册资本增资 1 000 万元。关于该增资程序的有效完成，下列说法正确的有（　　）。(司考改编)

A. 三位股东不必按原出资比例增资

B. 三位股东不必实际缴足出资

C. 公司不必修改公司章程

D. 公司不必办理变更登记

（三）不定项选择题

1. 下列关于隐名合伙的表述，正确的有（　　）。

A. 隐名合伙是指某些合伙人不公开其身份、未登记为合伙人，或者合伙本身未进行商事登记的事实上的合伙

B. 在英美法国家，普通合伙可以是隐名合伙，但有限合伙不可以是隐名合伙

C. 在大陆法系，隐名的合伙人需要对合伙的债务承担无限责任

D. 隐名合伙中的合伙人不可能对合伙债务承担有限责任

2. 根据法律规定，下列关于个人独资企业设立条件的判断，哪些是正确的？(　　)(司考改编)

A. 投资人只能是自然人

B. 投资人需具有完全民事行为能力

C. 须有企业章程

D. 有符合规定的法定最低注册资本

3. 市场准入区别于价格规制、补偿、维护公平竞争等其他政府规制的特征包括（　　）。

A. 市场准入应当限于市场失灵的范围内

B. 市场准入是一种市场壁垒，形成壁垒的主体主要是政府

C. 市场准入具有消极性

D. 市场准入具有"门槛性"，主要集中于进入特定市场时的规制

简答题

1. 简述企业法的基本特征。(中国政法大学考研)

2. 简述市场准入控制的方法。

3. 简要谈谈在我国建立和完善市场准入制度，应当怎样适当确定市场准入的适用范围和方法。

4. 简述公司资本三原则的主要内容。(中国政法大学考研)

5. 简述企业的合并与分立。

6. 简述设定市场准入的原则。

案例分析题

1. A 先生与 B 有限责任公司协商后，决定设立一家合伙企业。合伙协议中规定：B 公司向合伙企业投资 30 万元，A 负责经营管理，但不投资。B 公司每年从合伙企业取得 60%的收益；亏损时，责任及其他一切风险均由 A 负担。随后，双方共同向登记机关申请合伙登记，登记机关工作人员 C 在收取了 A 的贿赂后，作出登记决定，并颁发了合伙企业"营业执照"。后 A 为了经营方便一直使用 B 有限责任公司的名义对外进行经营活动。

问题：(1) 合伙企业设立必须具备的必要条件是什么？

(2) 本案中有哪些违法行为？应怎样处理？

2. 2006 年 5 月 26 日，北京市崇文区人民法院受理了北京博士伦眼镜护理产品有限公司（以下简称"北京博士伦公司"）诉长沙市佳健眼镜有限公司（以下简称"长沙公司"）买卖合同纠纷案件。在受理过程中，作为债权人的北京博士伦公司提出申请，要求追加被告公司股东为共同被告，承担连带责任，法院准许了原告的申请。该案是北京法院受理的第一起"揭开公司面纱"案。

北京博士伦公司在向法院提交的追加被告申请书中称，其在诉讼过程中发现被告股东朱某利用其持有的被告 80%股份及其法定代表人的身份实际掌控着长沙公司，并将从北京博士伦公司购买的货物的 90%转交给了上海佳健眼镜有限公司（以下简称"上海公司"）进行销售。被告只是名义上的货主，实际上是货物中转的仓库，上海公司才是直接受益人。而上海公司的股东也正是朱某及其丈夫，两人各持股 50%。

北京博士伦公司认为，朱某以被告名义在长沙向其购货，再将被告的资产转移到上海公司，然后在长

沙消失，退租店面，使被告仅剩下一个法律空壳，债权人即使取得胜诉判决，也难以得到执行。因此，作为债权人的原告根据《公司法》的有关规定，申请追加股东朱某为本案共同被告，对长沙公司的对外债务承担连带责任。

假设该案例中原告北京博士伦公司所叙述的事实属实，试根据现行《公司法》及有关法理分析该案。

论述题与深度思考题

1. 试论法律关系角度下的现代企业制度。
2. 试论如何进一步健全我国市场准入负面清单制度。

参考答案

名词解释与概念比较

1. 企业是经营性地从事生产、流通或服务的某种主体；同时，它作为概括的资产或者资本和人员集合之经营体，也可以作为交易的客体。企业主要不是法律概念，它基本上是一个经济概念。企业的经营性是指它基于一定的目的进行筹划运作，考虑投入、产出，重视经济核算，借以参与社会的经济、文化等活动。依国际惯例，凡经合法登记注册、拥有固定地址而相对稳定经营的组织或个人都属于企业。

2. 这是按照合伙人或合伙承担责任或以其地位不同为标准而对合伙进行的分类。

普通合伙	有限合伙	隐名合伙
二人以上依法成立、各合伙人均承担无限责任的合伙	主要存在于英美法系国家和地区，是指由普通合伙人和仅对其出资承担有限责任的有限责任合伙人共同组成的合伙，有限责任合伙人不参与合伙的实际经营，是单纯的出资者；普通合伙人则实际从事企业的经营，对合伙债务承担无限连带责任	是指某些合伙人不公开其身份、未登记为合伙人，或者合伙本身未进行商事登记的事实上的合伙。在英美法系国家，普通合伙和有限合伙都可以是隐名合伙；而在大陆法系国家，隐名的合伙人只需对合伙的债务承担有限责任

3. 这是大陆法系国家以公司资本的结构和股东对公司债务承担责任的方式为标准对普通公司进行的分类。

有限责任公司	简称有限公司，是指股东以其出资额为限对公司承担责任，公司以其全部资产对公司债务承担责任的公司。其重要特征是在公司筹资和经营上具有“封闭性”或非开放性
股份有限公司	简称股份公司，是指全部资本分为等额股份，股东以其所持股份为限对公司承担责任，公司以其全部资产对公司的债务承担责任的公司；其中，股票在证券交易所上市交易的股份公司又称上市公司。其重要特征是在公司筹资和经营上具有开放性乃至公众性，法律对其规制较为严格
无限公司	由两个以上的股东组成，全体股东对公司的债务承担无限连带责任的公司，实际上就是普通合伙企业
两合公司	相当于英美法上的有限合伙，指由一个以上的无限责任股东和一个以上的有限责任股东组成，无限责任股东对公司债务负无限连带责任，有限责任股东仅以出资额为限对公司债务承担责任的公司
股份两合公司	是指由一个以上的无限责任股东和一个以上的有限责任股东组成，公司的资本分为等额股份的公司。该类公司凭借无限责任股东个人的信用和经营能力向社会募集股份，募股较困难，且无限责任股东承担的责任过重，故该形式一直没有得到广泛的发展

4. 合作社是指其经营不以营利为首要宗旨，它是以成员互助合作为要旨，决议事项时贯彻“一人一票”的平等和民主原则，限制资金分红，实行按劳分配或按贡献分配的集体所有制性质的组织。合作制或集体所有制企业的本质是社会成员在自治基础上开展生产经营，以增进合作成员的福利。在西方国家，劳动者通过这种公有形式来抗衡私有制和私人企业以资本收益为最高目的、无视劳动者利益而给其带来的损害；在社会主义国家，合作社或集体企业是私有制和小生产通往社会所有和社会化生产经营的一种形式。依据我国《农民专业合作社法》，农民专业合作社是在农村家庭承包经营基础上，农产品的生产经营者或者农业生产经营服务的提供者、利用者，自愿联合、民主管理的互助性经济组织。股份合作和其他集体所有制形式，也是我国当前国有企业尤其是小型国有企业改制时可供选择的组织方式。

5. 企业登记管理是指国家主管机关依法对企业及

其有关事项进行审核登记，把登记与对企业的监督结合起来的一种工商管理制度。其要旨在于登记的公示效力和维护社会交易安全。理论上，企业登记可以分为企业法人登记和营业登记两种：前者的目的是创设法人，对企业及其事项进行注册，授予其法人资格，并对其进行监督管理；后者的作用是政府承认某项营业及某一商号、行号的合法性，准许其开业。我国现行做法是将这两种登记合在一起进行。

6. 这是企业设立的基本原则。

许可主义	许可主义又称“核准主义”“审批主义”，是指设立企业除了需要符合法律规定的条件，还需要个别地报请主管的行政机关审核批准，方能申请登记成立
准则主义	准则主义又称“登记主义”，是指设立企业不需要报有关主管机关批准，只要符合法律规定的成立条件，即可向企业登记机关申请登记，登记机关经审查合格后授予其合法主体资格。我国对有限公司和合伙企业、个人独资企业等一般地实行这一原则。为了防止滥设公司和利用公司欺诈等流弊，发达国家严格了公司设立的条件，规定公司的最低资本额、股东和董事等资格，加重发起人的责任等，学理上称之为“严格准则主义”
特许主义	特许主义是指根据特别法、专门法规或行政命令设立企业，或由国家领导人特许设立企业。它分为两种情况：一种是为个别企业制定专门的法律，由该法予以特别调整，称为“法定主义”；另一种是制定特别法或专门法规，对于符合条件者，经主管机关或领导人特许而设立企业。按照特许主义设立的企业通常是特殊企业
自由主义	自由主义是指法律对公司的设立不予规制，当事人可自由设立公司，无须履行任何法律上的手续。这种情况仅发生在企业的萌芽时期

7. 授权资本制与传统的资本确定原则相对，是指公司章程预先确定公司的资本总额，并授权董事会在公司成立后作出决议，发行资本总额中尚未发行的股份。只要公司股东实际认购了部分资本数额，公司即可成立。授权资本制不仅允许公司设立时不必募足全部股份，而且允许公司董事会根据公司章程实现授权，斟酌公司的资金需求状况和资本市场的具体情况而适时、适度发行适量股份。其优点在于避免了公司设立之初的资本闲置和浪费现象，也避免了烦琐的增资程序。授权资本制代表了现代公司立法的潮流，从法定资本制到授权资本制的变革不仅是资本制度的重大改革，也是公司治理制度从股东会中心主义走向董事会中心主义的一个试金石。

8. 别除权是指在企业破产时，对部分有财产担保债权可以不经过破产程序而优先以担保物价值受偿的权利。别除权是基于担保物权及特别优先权产生的，其优先受偿权的行使不受破产清算与和解程序的限制，但在重整程序中受到限制。别除权具有三个特征：第一，是担保物权的权利人对破产财产所享有的一种权利；第二，这种权利的行使以担保标的物为限；第三，这种权利的行使不依据破产程序，权利人可在破产程序之外，通过民事执行程序行使权利，随时对权利标的物行使权利，不受破产程序的约束。

9. 市场准入是对于企业或其他主体进入某领域或地方的市场从事活动施加限制或禁止的规则或制度。市场可以指各种交易关系的总和或者交易场所，这是一般而言或作为抽象概念的市场。而市场准入之“市场”，是指具体的市场，包括特定的产品、服务、项目、行业或产业、地域以及某个国家的市场等。市场准入通常指企业的市场准入，但也可能是针对自然人、政府等的准入。

市场准入制度是一种制度化的安排，主要表现为法律制度，即调整市场准入过程中形成的社会关系的有关法律规范，存在于诸如产业政策法规、国家安全法、产品质量法、标准化法、消费者保护法、公用事业法、外商投资法、自然资源和环境保护法、行政法、刑法等各有关法律法规中，也包括有关司法解释、国际公约或协定等。有些法律制度，如知识产权制度，也具有市场准入的作用，但其一般不被视为市场准入制度。

10. 个人独资企业特指一个自然人投资经营的企业，亦可译为个体经营。个人独资企业的法律人格同其投资者的人格混为一体，后者须对企业债务承担无限责任。在市场经济发达的国家和地区，法律上对这种企业不作专门规定，对其与一个有完全行为能力的人适用同样的法律；个人从事经营时，只需履行商事登记或企业登记。我国制定了专门的《个人独资企业法》。

11. 合伙企业是指自然人、法人和其他组织依照《合伙企业法》在中国境内设立的普通合伙企业和有限合伙企业。普通合伙企业由普通合伙人组成，合伙人对合伙企业债务承担无限连带责任。《合伙企业法》对普通合伙人承担责任的形式有特别规定的，从其规定。有限合伙企业由普通合伙人和有限合伙人组成，普通合伙人对合伙企业债务承担无限连带责任，有限合伙人以其认缴的出资额为限对合伙企业债务承担责任。

选择题

（一）单项选择题

1. D。此题考查企业的分类。按照私人投机冒险要求资本扩张、规避风险和近代资本主义的传统，企业可以分为个人独资企业、合伙企业和公司企业，这是三种传统的典型企业。而合作社和国有企业是历史上在典型企业形态之外发展起来的两种非典型企业。

2. B。本题考查合伙中的有限合伙。有限合伙主要存在于英美法系国家和地区，是指由普通合伙人和仅对出资承担有限责任的有限责任合伙人共同组成的合伙。有限责任合伙人不参与合伙的实际经营，只是单纯的出资者；普通合伙人则实际从事企业的经营，对合伙债务承担无限连带责任。其合伙人可以是自然人，也可以是法人。大陆法系的两合公司其实就相当于英美法上的有限合伙。

3. A。本题考查企业投资者的责任问题。普通合伙的合伙人对外都承担无限责任，而有限合伙中至少有一个是承担无限责任的合伙人。个人独资企业的法律人格同其投资者的人格混为一体，所以投资者须对企业债务承担无限责任。

4. D。本题考查合作社的概念。合作社的经营不以营利为首要宗旨，它是以成员的互助合作为要旨，决议事项时贯彻“一人一票”的平等和民主原则，限制资金分红，实行按劳动或按贡献分配的集体所有制性质的组织。

5. B。本题考查的是企业法的问题。企业法是规定企业的法律地位及调整其内外部组织关系的法。它是一种组织法，凡超出企业组织范畴的活动即不属于企业法的调整范围。企业法规定和调整企业的设立、变更、终止，企业的能力、资本、投资者及其与企业的关系。企业法依其是否一般地适用于普通的企业，分为特殊企业法和普通企业法两大块，不仅仅是指普通企业法。

6. C。本题考查普通企业法的立法模式。普通企业法的立法模式在国外大体存在着四种：纳入民法典（如瑞士）、纳入商法典和制定单行法（如德国和日本）、制定公司法典（如法国）、制定法和判例法（如美国）。

7. D。本题考查我国企业法的立法模式。普通企业法的立法模式在国外大体存在着四种：纳入民法典模式、纳入商法典和制定单行法模式、制定公司法典模式、制定法和判例法模式。我国的普通企业法体系具有自身特点，表现为各类企业核心法规加相关配套法规的模式。此外，《民法典》在总则编第三章“法人”和第四章“非法人组织”中提纲挈领地规定了各类非自然人的民事法律主体。

8. B。本题考查有限责任公司的概念和特性。有限责任公司是一种重要而普遍的公司形式。有限责任公司是股东以出资额为限对公司承担责任、公司以全部资产对公司债务承担责任的公司。其重要特征是公司筹资和经营上具有封闭性。

9. C。本题考查公司的分类。根据不同的标准，可以将公司作不同的分类。以公司信用为标准，可将公司分为人合公司、资合公司。前者是指公司的信用基础在于股东个人条件而非公司资产数额的公司（无限公司）；后者指公司的信用基础在于公司的资产数额而非股东的个人条件的公司（如股份有限公司）。

10. D。本题考查现代企业制度。从法律关系角度来看，现代企业制度表现为实质和形式两个方面。实质的方面包括所有制支配和企业及其资本经营的市场化、契约化；形式上是除了个人独资企业外的其他任何形式都可以作为现代企业制度的有效组织形式。对于公有制及其主导的企业而言，由于其所具有的缺乏天然产权主体的固有特点，客观上必然要求有一套高效廉洁的文官制度，以科学、有效地实现各角色的设置。当然，一个现代文明的社会大环境也是我国建立现代企业制度的一个更基本和宏观的条件，但这并不是由国有企业的固有特征所决定的。

11. A。本题考查我国的公司立法。1904 年 1 月清朝颁布的《公司律》是中国最早的企业立法，此前的企业并没有法律予以调整。这部《公司律》与《商人通例》一起颁布，合称《钦定大清商律》。

12. B。本题考查我国国有企业建立现代企业制度的改革问题。在公有制主导的条件下，股份制或公司化并不必然能为我们带来现代的企业及其经营管理，其根本原因在于国有及公有财产固有的缺乏天然产权主体的特点。选项A只是其中的一个外部原因，而选项C和D正是国有及公有财产缺乏天然产权主体这一特点所导致的，因此选项B所表述的才是根本性的原因。

13. C。本题考查市场准入的概念。市场准入是指对于企业或其他主体进入某领域或地方的市场从事活动施加限制或禁止的规制或制度。它通常是指企业的市场准入，但也可能是针对自然人、政府等的准入。市场准入不是一般地禁止进入市场，在市场准入的条件下，符合条件的准入，不符合条件的禁止进入。限制或禁止是常态，市场主体取得许可或特许即可解除这种状态，进入特定市场。在现代市场经济法治条件下，对于市场主体资格及其营业资格的取得，广泛采取准则制或登记制，只要符合法律规定的一般条件，政府就应依法赋予相应的资格。因此，对于规制具体市场进入的市场准入制度而言，企业登记管理并不具有准入的意义，仅对于一般或抽象的市场概念而言，它具有“准入”功能，而这并非市场准入的内涵或要求。

14. C。本题考查市场准入的方法。市场准入规制的方法主要有许可或审批和标准两大类，其中，许可或审批是使用得最为广泛的市场准入方法，包括批准、注册、核准、登记、资质认可等具有审批性质的政府规制方法。按照许可的范围，可以将许可分为一般许可和特殊许可，其中特殊许可对申请人有特别的限制，而行为许可和资格许可是按照许可的性质对许可进行的分类。目录制度也具有市场准入的功能，但这些目录并不具备许可的要素，不是一种独立的许可方法。

15. D。本题考查企业设立的立法原则。企业设立的立法原则主要包括许可主义、准则主义、特许主义和自由主义。许可主义是指设立企业除了需要符合法律规定的条件，还需要个别地报请主管的行政机关审核批准，方能申请登记成立。特许主义是指根据特别法、专门法规或行政命令设立企业，或由国家领导人特许设立企业。准则主义是指设立企业不需要报有关主管机关批准，只要符合法律规定的成立条件，即可向企业登记机关申请登记，登记机关经审查合格后授予其合法主体资格。为了防止滥设公司和利用公司欺诈等流弊，发达国家严格了公司设立的条件，规定公司的最低资本额、股东和董事等资格，加重发起人的责任等，学理上称之为“严格准则主义”。因此，本题的最佳选项应该是最后一项。

16. B。本题考查企业名称的预先核准登记。对企业名称实行预先核准，可以使企业的名称在企业申请设立登记之前就具有合法性、确定性。根据《企业名称登记管理规定》（2020年修订）第18条规定，企业登记机关对通过企业名称申报系统提交完成的企业名称予以保留，保留期为2个月。设立企业依法应当报经批准或者企业经营范围中有在登记前须经批准的项目的，保留期为1年。申请人应当在保留期届满前办理企业登记。

17. B。本题考查普通合伙企业设立中的相关问题。《合伙企业法》第16条第1款规定：“合伙人可以用货币、实物、知识产权、土地使用权或者其他财产权利出资，也可以用劳务出资”。选项A错误，选项B正确。《合伙企业法》第15条规定：“合伙企业名称中应当标明‘普通合伙’字样。”这并未禁止将个人姓名作为商号或字号使用。选项C错误。《合伙企业法》第19条第1款规定，“合伙协议经全体合伙人签名、盖章后生效。合伙人按照合伙协议享有权利，履行义务”。合伙协议生效不以登记为要件。选项D错误。

（二）多项选择题

1. ABCD。本题考查企业的经营性。经营性是企业的最本质属性，它是指基于一定的经济目的进行筹划运作，考虑投入、产出，重视经济核算，借以参与社会的经济、文化等活动。经营一般是为了营利，即在企业营运中，设法获取超出所投入的资金和财物的利润或经济利益。但经营性不等于营利性，企业也可以从事政策性经营或公益性经营，如政策性银行等。而且经营性不等于经济性，因为在一些市场经济发达的国家，企业不一定直接参与社会再生产活动，它可以追求营利目的，从事文化、教育、艺术、体育等活动，如通过设立报社、体育俱乐部等企业来赚钱。

2. ABCD。本题考查我国《合伙企业法》中须经全体合伙人同意的合伙企业事务。《合伙企业法》第31条规定，合伙企业的下列事务必须经全体合伙人同意：(1) 改变合伙企业的名称；(2) 改变合伙企业的经营范围、主要经营场所的地点；(3) 处分合伙企业的不动产；(4) 转让或者处分合伙企业的知识产权和其他财产权利；(5) 以合伙企业名义为他人提供担保；

（6）聘任合伙人以外的人担任合伙企业的经营管理人员。根据上述规定，四个选项所表述的事项都需要经过全体合伙人同意。

3. AB。本题考查我国有限责任公司设立监事会的有关问题。自 2024 年 7 月 1 日开始实施的《公司法》第 76 条第 1 款规定：有限责任公司设监事会，监事会成员为 3 人以上。其第 83 条规定，股东人数较少或者规模较小的有限责任公司，可以设 1 名监事，不设监事会。其第 176 条规定，国有独资公司在董事会中设置由董事组成的审计委员会行使本法规定的监事会职权的，不设监事会或者监事。因此，选项 C 的国有独资公司是应当设立监事会的。而选项 D 中的国有控股公司可以采取有限责任公司和股份有限公司两种形式，并依法决定是否设立监事会。

4. CD。本题考查我国一人有限责任公司的有关问题。自 2024 年 7 月 1 日起实施的《公司法》第 60 条规定，只有一个股东的有限责任公司不设股东会。A 项表述正确。《公司法》第 23 条第 3 款规定，只有一个股东的公司，股东不能证明公司财产独立于股东自己的财产的，应当对公司债务承担连带责任。B 项表述正确。2013 年《公司法》修改删除了对“一人有限责任公司的注册资本最低限额为人民币十万元”的规定，现设立一人公司，股东无须一次实缴资本，允许认缴资本。C 项表述错误。一人公司在投资方面的限制只适用于自然人，不适用于法人。换言之，一个法人可以投资设立两个或两个以上的一人有限责任公司。由一个法人设立的一人有限责任公司可以再投资设立一人有限责任公司，成为一人有限责任公司的股东。故 D 项错误。

5. ABC。本题考查特殊企业法的问题。依是否一般地适用于普通的企业，可以将企业法分为特殊企业法和普通企业法。特殊企业法在发达国家和地区往往表现为“一企一法”，即每个企业单独立法，由某法对某企业的设立、机构和运营等作专门规定及调整，该企业不再适用公司法等普通企业法。我国目前的特殊企业法，主要为国务院有关设立诸如政策性银行、邮政等国有独资企业、有关主权基金等的决定和规章等；《邮政法》《铁路法》《中国人民银行法》在某种程度上也具有特殊企业法的性质。因此选项 D 的表述是错误的。

6. ABCD。本题考查设定市场准入的原则。应当将市场准入限制在必要和可能的范围之内，即：市场准入应当限于市场失灵的范围之内；市场准入应当限于能够弥补市场缺陷的范围之内；市场准入作为一种微观的直接调控手段，应当限于宏观调控不能达到目标的范围之内；市场准入应当限于合同、奖励、税收、补贴等市场手段或经济手段不能实现或不能更有效地实现政策目标的领域之内；市场准入手段的运用必须限制在规制的收益大于成本的范围之内。

7. ABD。本题考查企业的解散。企业的解散原因主要有歇业、依法被撤销或被宣告破产。企业转业是指企业以新的经营范围代替原经营范围，企业名称须同时变更，但一般不会使企业解散。而作为企业合并的一种，吸收合并是指一个企业接纳其他企业加入本企业，加入方解散并取消原企业法人或企业的资格，接纳方存续。因此，如果企业合并是吸收合并，则加入方也是要解散的，故选项 D 也应选。

8. AB。本题考查公司的注册资本变更问题。根据自 2024 年 7 月 1 日开始实施的《公司法》第 227 条：有限责任公司增加注册资本时，股东在同等条件下有权优先按照实缴的出资比例认缴出资。但是，全体股东约定不按照出资比例优先认缴出资的除外。所以在增资时，全体股东的约定优先。A、B 选项均正确。根据《公司法》第 46 条第 3 项，公司注册资本是章程必备记载事项，因此变更注册资本要修改公司章程。C 选项错误。《市场主体登记管理条例》第 8 条规定：“市场主体的一般登记事项包括：……（五）注册资本或者出资额……”其第 24 条规定，“市场主体变更登记事项，应当自作出变更决议、决定或者法定变更事项发生之日起 30 日内向登记机关申请变更登记”。据此，D 选项错误。

（三）不定项选择题

1. A。本题考查隐名合伙。隐名合伙是指某些合伙人不公开其身份、未登记为合伙人，或者合伙本身未进行商事登记的事实上的合伙。在英美法国家，隐名合伙可以是普通合伙，也可以是有限合伙。而在大陆法系，隐名的合伙人只需要对合伙的债务承担有限责任。又由于隐名合伙可以是有限合伙和普通合伙，因而在隐名有限合伙中，至少有一个合伙人是对合伙债务承担有限责任的。

2. AB。本题考查个人独资企业的设立条件。根据《个人独资企业法》第 2 条的规定，个人独资企业的投资人只能是自然人。投资人以其个人财产对个人独资企业债务承担无限责任，就必然要求投资人需具有完全民事行为能力。根据相关法律规定，个人独资企业的设立条件没有企业章程和法定最低注册资本的要求。

3. BCD。本题考查市场准入的特征。第一，市场准入是一种市场壁垒、一种进入特定市场的法律或政策壁垒，形成壁垒的主体主要是政府；第二，市场准入具有消极性，在实行市场准入的领域，以限制或禁止进入为常态，只有取得政府的许可、特许或履行其他审批才得以进入；第三，市场准入具有“门槛性”，主要集中于进入特定市场时的规制。而选项 A 是设定市场准入的原则，并不是市场准入的特征。

简答题

1. 企业法是指规定企业的法律地位及调整其内外部组织关系的法。它以企业这种组织或主体为规范对象，规定及调整企业的设立、变更、终止，企业的法律地位和能力，企业的资本，出资者相互之间及与企业的关系，企业的内部组织机构，企业与其他组织间的控制与被控制的关系等。依其是否一般地适用于普通的企业，可以将企业法分为特殊企业法和普通企业法。其基本特征主要包括：

（1）企业法主要是一种组织法，通过它规定企业的各种组织形式，供投资经营者采用。这是企业法最主要的特征。当然，企业法也对企业的一些行为进行规范，如企业的兼并或改组、股份和债券的发行及转让等，但是这些行为均以企业本身的组织和运作为出发点。凡是超出企业组织范畴的行为，如企业从事买卖、运输等活动，即不属于企业法调整的范围。

（2）企业法主要是强制法，兼有任意性规范。相对于一般的民商事法，企业法有关当事人如企业出资人之间的协议、契约不能违背法律的规定，更多地体现了国家的意志和干预。企业法之所以包含了较多的强制性规范，是因为企业是社会经济中最基本、最主要的主体，企业的运作对社会经济秩序的影响较大。为了保护有关主体和整个社会的经济秩序与经济安全，各国企业法都通过强制性规范来限制当事人个人意志的滥用，体现出强烈的“私法公法化”的趋势和特征。同时，企业法也有一定的任意性规范，以体现出资人和企业的意思自治。

（3）企业法是具有一定国际性的国内法。就其本质而言，企业法属于国内法。但在当今世界，各国经济联系日趋密切，这就要求各国企业法在适应本国实际的同时，借鉴和吸收国际通行的企业制度、体现具有共性的企业组织原则和活动准则。这就使各国企业法尤其是公司法的内容带有明显的国际性或共同性。

在企业法的制定和适用过程中，必须考虑到企业法的这些基本特征，以构建出一套科学、合理的企业法体系，充分发挥企业法在现代市场经济国家中应有的功能。

（参考资料：刘文华、史际春、徐孟洲主编：《经济法》，7 版，北京，中国人民大学出版社，2024；史际春、温烨、邓峰：《企业和公司法》，北京，中国人民大学出版社，2001；杨紫烜主编：《经济法》，北京，北京大学出版社、高等教育出版社，1999）

2. 市场准入是指对企业或其他主体进入某领域或地方的市场从事活动施加限制或禁止的规则或制度。市场准入规制的方法归结起来，主要有许可或审批和标准制定两大类，另外还有行业管理、国家垄断等特殊方法。

（1）许可或审批。这是使用得最为广泛的市场准入方法，包括批准、注册、核准、登记、资质认可、资源使用合同等任何具有审批性质的政府规制方法。此外，目录制度也具有市场准入的功能，但它并不具备许可的要素，不是一种独立的许可方法。

（2）标准制定。有关机关或团体制定种种标准，达不到最低的强制性标准，就无法进入特定领域或地区从事经营活动，从而构成市场准入。标准制定以后，还需要通过相关的质量认证、检查、处罚来保障实施。拟定和执行标准也经常运用目录制度，这种目录主要是公告的性质。在一项具体的市场准入中，往往既有标准要求，又有许可、审批程序。

（3）行业管理。某些行业的市场准入，除了标准和许可，还需有政府主管机关或行业协会等的认可或接纳。这些强制性要求客观上构成了市场准入的特殊手段。

（4）立法特许。这往往与国家垄断和特殊企业的设立有关，即通过制定法律、法规，设立特定的市场主体从事某种活动。我国的政策性银行等就采用这种方式准入。国家对某种产品、服务或行业如造币、烟草批发等实行垄断，不便由政府直接从事经营，则可通过设立特殊企业来经营。由于是依照法律或行政命令设立企业，所以就无须再就经营的事业申请许可，也无必要作工商登记以借助政府公信力进行公示。立法特许可能产生排斥进入的效果，也可能是由国家或政府提供一种示范或榜样。

(5) 对企业结合的控制。企业等主体可以通过并购、参股等实现新市场领域的进入，这是冲破市场壁垒、进入特定市场的重要方式。结合的目标企业已经进入了市场准入规制的领域，通过并购、参股成为目标企业的股东以进入该市场，并不需要增加目标企业的许可条件和程序。此种准入控制，应当根据目标企业所属行业，依相关市场准入制度进行。

(参考资料：刘文华、史际春、徐孟洲主编：《经济法》，7版，北京，中国人民大学出版社，2024)

3. 市场准入是指对于企业或其他主体进入某领域或地方的市场从事活动施加限制或禁止的规则或制度。要建立和完善我国市场准入制度，必须确定市场准入的适用范围和方法。具体而言：

(1) 自然垄断产业和公用事业。对于具有自然垄断性质特征而其他市场进入壁垒又不能有效阻止过度进入的产业，如管道输送、铁路路网系统等，以及至关重要或具有自然垄断特性的公共物品的提供，如大型公共水利工程等，采用特许方式准入。在特许权授予中引入市场竞争的方法，同时将非自然垄断的业务如通信终端的生产、销售等分离，以增加竞争或潜在的竞争，提高效率。

(2) 对于涉及国家安全、社会公共安全的行业，如核工业、航天等，应当由国家垄断或由立法特许的特殊国有企业经营。

(3) 对于特殊产品的生产、销售，如烟、武器等，采取特许经营或国家垄断的市场准入方法。

(4) 对于涉及公共利益、社会稳定或相关使用者利益的行业，如银行、保险等，采取标准制定或许可证方式实行准入。

(5) 对于涉及消费者保护和公共安全的专业服务的资格准入，包括执业律师、注册会计师等，采取资格考试核准的方式，一般无须审批许可，不应当作数量或比例限制。

(6) 对于涉及自然资源和环境保护的产业，如采矿业等，应采用标准制定和许可证的准入方式，并且应当建立许可证的一级和二级市场，促进资源和环境利用、保护效率的提高。

(7) 对于涉及生产者安全或公众安全的产业，如易燃易爆品的生产、存放等，实行严格的安全标准制定和核准的准入方式，并加强准入之后的持续监察。

(8) 对于涉及健康和卫生的产业，如食品、药品等，用标准制定并实行认证和标签、目录公示等方式准入。

(9) 对于其他消费者保护等所必要的市场准入领域，如家电、轿车等的安全标准规制，运用标准制定和认证的方式准入。

(10) 对于其他竞争性产业中的规模经济明显的产业，如煤炭、石化等，只进行规模经济标准的制定和安全质量规制、环境保护等的市场准入，不作厂商数量和产品数量规格等的限制。

(11) 外商投资的市场准入。参照上述范围，并增加为贯彻产业政策和竞争政策、涉外经济政策，为保护国家经济安全和利益而有必要审批的个别其他领域，具体根据外商投资法和各产业部门法的限定执行。准入方式以许可制与登记制相结合，对于鼓励产业、一定投资规模以下的，直接采用登记制。

(参考资料：刘文华、史际春、徐孟洲主编：《经济法》，7版，北京，中国人民大学出版社，2024)

4. 资本制度是公司制度的核心。为奠定公司生存与发展的物质基础，并为公司的潜在债权人保留最低限度的公司资产以减轻股东有限责任原则对市场交易安全的冲击，保护善意第三人的利益，传统公司法创设了资本确定原则、资本维持原则和资本不变原则，即“公司资本三原则”，其主要内容如下：

资本确定原则，又称法定资本制，是指在公司设立时股东必须充分、确实地认购公司发行的全部股份，公司才能合法地成立与运行。首先，公司章程要确定资本总额。其次，公司章程载明的资本总额必须全部认购和实缴完毕。认购不同于实缴，但法定资本制项下的资本至少在公司成立之前认缴完毕，并实缴法定最低数额。资本确定原则旨在确保公司“优生优育”，在诞生之初就拥有足以保护债权人和其他利益相关者的物质基础。

资本维持原则，又称资本充实原则或资本拘束原则，是指公司在存续过程中必须经常保持与抽象的公司资本额相当的公司现实资产。这是由于，一旦公司资本确定，公司得以成立，该公司的资产就开始在纷繁复杂的投入、产出活动中处于剧烈的变动状态之中。为保护债权人在公司运营阶段的利益，确保公司可持续发展，我国《公司法》继受了资本维持原则，具体包括严格规制非货币出资行为、禁止折价发行股票、追究瑕疵出资股东的民事责任、原则禁止公司回购自己股份、严格限制分红条件、禁止以股抵债等规定。

资本不变原则，是指公司不得超越法定条件与程序而随意增减资本。其与资本维持原则的不同点在于，资本维持原则的功能在于预防公司现实资产的减少，而资本不变原则的功能在于预防公司抽象资本的减少。严格来说，资本不变原则包括两方面内容：一是限制公司随意减资，二是限制公司随意增资。换言之，公司增加资本、减少资本都要遵循法定程序。如果说限制公司减资旨在保护债权人和其他利益相关者，限制公司增资则旨在保护股东免受参与增资行为带来的财力负担，以及不参与增资行为带来的股权比例的萎缩。

5. 企业的合并与分立都属于企业变更的一种情况。

企业合并是指两个以上的企业依法合并为一个企业。合并的形式有两种：一种是吸收合并，另一种是新设合并。吸收合并是指一个企业接纳其他企业加入本企业，加入方解散并取消原企业法人或企业的资格，接纳方存续。新设合并是指一个企业与其他企业合并，成立新的企业，原合并各方解散，取消原企业法人或企业的资格。

企业分立是指一个企业依法分为两个以上的企业。分立的形式有两种：一种是一个企业分出部分财产或业务另设企业，原企业存续；另一种是一个企业将全部财产分别归入两个以上的新设企业，原企业解散。

6. 市场准入应当是基于公共利益的需要进行的，但在现实运行中，其设定和实施往往偏离公正和效率的目标，甚至导致比没有市场准入状态下更低的效率和不公。所以，应当将市场准入限制在必要和可能的范围之内。

第一，市场准入应当限于市场失灵的范围之内。

第二，市场准入应当限于能够弥补市场缺陷的范围之内。在不能通过政府规制来纠正失灵的市场领域，强行为之会带来更大的扭曲，或徒然造成公共资源的浪费。

第三，市场准入应当限于宏观调控手段不能达到目标的范围之内。市场准入是一种微观的直接调控工具。通常情况下，宏观调控具有总量性、划一性、作用对象的整体性及不特定性、规模经济性等某些特点，较之市场准入等微观规制手段，效率相对较高。因此，只有在宏观手段无法实现政策目标或者成本更为高昂、效率更为低下的情况下，才应当运用微观规制的方法。

第四，市场准入应当限于合同、奖励、税收、补贴等市场手段或经济手段不能实现或者不能更有效地实现政策目标的领域之内。

第五，市场准入规制手段的运用，还必须被限制在规制的收益大于成本的范围之内。这是从社会整体效益的角度考虑的。

案例分析题

1.（1）《合伙企业法》中规定，合伙企业是指在中国境内设立的，由合伙人订立合伙协议，共同出资、合伙经营，共享收益、共担风险，并对合伙企业债务承担无限连带责任的营利性组织。根据《合伙企业法》第14条的规定，设立合伙企业应具备下列要件（条件）：

第一，有两个以上的合伙人，并且都依法承担无限责任。合伙企业必须有两个以上的合伙人；他们共同投资、合伙经营，共享收益、共担风险。至于合伙企业合伙人的上限，法律并未明确规定，而是允许当事人自行选择。合伙人必须都是依法对合伙企业债务承担无限责任的普通合伙人。在合伙企业中，所有的合伙人都应对合伙企业的债权人承担无限连带责任。合伙企业法不允许有限合伙人入伙。《合伙企业法》第14条规定，合伙人为自然人的，应当具有完全民事行为能力。

第二，有书面合伙协议，书面合伙协议是合伙企业成立的基本文件。合伙人的权利、义务，合伙企业的经营范围、利润分配和亏损负担，合伙事务执行、入伙和退伙，合伙企业的经营期限以及违约责任等均应在合伙协议中加以约定。按照合伙企业法的规定，合伙协议为要式合同，需要以书面方式订立，而且要向企业登记主管机关在申请登记时提交。

第三，有各合伙人实际出资的份额、实物。作为合伙企业成立的前提条件之一，合伙人应向合伙企业投入合伙协议中约定的出资，作为合伙企业存续期间的财产组成部分。合伙人可以货币、实物、土地使用权、知识产权或其他财产权利出资。每个合伙人应出资的具体份额，按照合伙协议的约定处理。当然，经全体合伙人同意，合伙人也可以用劳务出资。

第四，有合伙企业的名称。在其存续期间，合伙企业只有有自己的名称，才能以自己的名义参与民事法律关系、享有民事权利、承担民事义务，并参与诉讼，成为诉讼当事人。

第五，有经营场所和从事合伙经营的必要条件。合伙企业一般只有一个经营场所，即企业登记主管机关登记的营业地点，但它也可以在主要经营场所之外有多个经营场所。

以上便是合伙企业法对设立合伙企业所规定的法定条件。每一个合伙企业，无论它从事何种行业，都必须同时具备上述条件，缺一不可。

(2) 本案中有下列违法行为：

第一，B的主体资格不合法律规定。因为B为有限责任公司，为非自然人；B只收取收益，不承担亏损，不符合合伙协议法律特征的要求，致使双方在权利、义务的承担上显失公平，该合伙协议是无效的合伙协议；并且该合伙企业被违法批准后以“有限责任公司”的名义对外活动不符合合伙企业名称的要求。根据《合伙企业法》第14条的规定，该合伙企业不具备设立条件，应予以撤销。

第二，对于登记主管机关工作人员C收取贿赂，违法审批已构成徇私舞弊、收受贿赂的违法行为，应根据《合伙企业法》第104条的规定追究其相应的法律责任。

2. 本案例涉及的是公司法中的“揭开公司面纱”制度（piercing the corporation’s veil）。揭开公司面纱制度肇始于英美法系国家，在大陆法系又称公司法人人格否定（disregard of corporate personality），是指当公司的独立人格和股东有限责任被公司背后的股东滥用时，就具体法律关系中的特定事实，否定公司的独立法人机能，将公司与其背后的股东视为一体并追究其共同的连带法律责任，以保护公司债权人或其他相关利害关系群体的利益及社会共同利益，实现公平、正义。

揭开公司面纱与公司人格独立原则相对。公司人格理论的意义在于，承认公司是独立的主体，享有与自然人一样的人格，从而使公司可以独立承担责任，使股东承担有限责任。揭开公司面纱就是在特定情况下，使公司的独立人格遭到否定，从而使股东直接对公司债务承担责任。因此，揭开公司面纱的主要功能是对股东滥用有限责任的情形予以矫正和补救。在适用上，揭开公司面纱主要针对两种情况：一是确认某个自然人，主要是公司的股东或董事，与公司的人格混同；二是确认某个企业集团实为一体。

自2024年7月1日开始实施的《公司法》第21条规定：公司股东应当遵守法律、行政法规和公司章程，依法行使股东权利，不得滥用股东权利损害公司或者其他股东的利益。公司股东滥用股东权利给公司或者其他股东造成损失的，应当承担赔偿责任。第23条第1款规定：公司股东滥用公司法人独立地位和股东有限责任，逃避债务，严重损害公司债权人利益的，应当对公司债务承担连带责任。

按照本案原告北京博士伦公司的陈述，上海公司由被告股东朱某及其丈夫两人各持股50%。被告股东朱某实际上利用了其股东资格和被告的有限责任，将被告的资产转移至上海公司后，使被告仅剩下一个法律空壳。债权人即使取得胜诉判决，也难以得到执行，这将严重损害债权人的利益。因此，根据自2024年7月1日开始实施的《公司法》第21条和第23条的规定，应当将被告股东朱某列为共同被告，并由朱某对长沙公司债务承担连带责任。

论述题与深度思考题

1. 党的十四届三中全会《关于建立社会主义市场经济体制若干问题的决议》把现代企业制度表述为“产权清晰、权责明确、政企分开、管理科学”。而从法律关系的角度来看，现代企业制度表现为实质和形式两个方面。

(1) 从实质方面来看，能够及时、有效地应对复杂多变的市场，选择合适的市场经营领域进退自如，进能赚钱，退能将损失减到最小限度的现代企业，必须具备两个要素：

第一，所有者支配，也即企业切实为其投资者所控制，并服从其意志和利益进行运作。我国国有企业长期以来的一个主要弊端就是忽视了它的全民或国有性质，过分强调了职工是企业的“主人”，以致在企业财产及其剩余价值究竟归谁——国家、企业或劳动者——的问题上模糊不清。企业改革从某种程度上说就是要在企业关系中引进资本因素，使劳动服从于资本，强调企业从普通职工到厂长（经理）对于全民和国家的“打工者”地位。换言之，要淡化其“主人翁”的地位和意识。当然，在企业系由本企业员工出资的情况下，“所有者支配”也要求企业切实为其员工所控制。

第二，企业及其资本经营的市场化、契约化，使所有者得以从供略大于求的劳动力市场上自由挑选合意的经营者，从而保证企业的有效经营管理及投资的保值、增值。现代企业的一个特点是“所有”与“经营”不妨两权分离，法律不禁止企业所有者事必躬亲地经营、管理自己的企业，但是如果他不愿意或没有能力这样做，在社会化市场经济条件下，就可以从职业企业家阶层提供的经营者后备军中，选择一个最适合经营其企业及财产的经营者劳动力，并且可以根据其意愿随时更换。否则，如果企业都必须由所有者亲自经营，或者所有者难以控制其企业经营者的选任和去留的话，这样的企业是不能适应市场经济环境的。

对于私有制及其主导的企业来说，只要满足以上两个要素即可确立现代企业制度。而对于国有企业或由公有主体主导的企业来说，要建立现代企业制度，还需要第三个要素，就是国家要有一套高效廉洁的文官制度。因为国有及公有财产的重要特点之一，就是“产权不明晰”，它没有天然的人格化的产权主体，涉及企业所有和经营的各种角色，包括出资者、股东、董事、监事、经理等，都是由法律或制度设置及模拟出来的，而不是天然的。因而如果缺乏一套高效廉洁的文官制度来科学、有效地实现公有财产经营中各种各级角色的设置、约束、激励，使所有者的意志和利益在各层级所有者代表与企业之间有效地传导的话，就必然会导致国有企业及公有财产经营中的角色不清和普遍错位、漠不关心、扯皮拖拉，甚至化公为私、分光吃光等。

而且，现代企业是存在于现代社会之中的。所谓现代社会，简言之，就是建立在信用、契约、科学和法治的基础之上，摈弃了愚昧、野蛮、迷信、身份和超经济强制。一个现代文明的社会大环境当然也是我国现代企业制度建设的一个更为基本的条件。

（2）从形式方面来看，除了个人独资企业外，合伙企业、公司、合作制或集体所有制企业、国有企业等，都可以满足现代企业的实质要件，成为现代企业的有效组织形式。然而，在公有制主导的条件下，股份制或公司化并不必然能为我们带来现代的企业及其经营管理。其根本原因就在于国有及公有财产固有的缺乏天然产权主体的特点，而公司制本身并不能保证达到在公有制内部实现角色明晰、权责分明、将行为与行为人的利害密切相关的效果。因此，凡国有和国有主体控制的企业、公司，无论采取何种法律形式，客观上都要求其在利益和意志传导的每一个环节实行某种形式的经济责任制，即在各个相应环节设计并完善适应资本原则和市场机制要求的一般经济责任制和特殊经济责任制形式。

（刘文华、史际春、徐孟洲主编：《经济法》，7 版，北京，中国人民大学出版社，2024）

2. 近年来，在深化认识“政府与市场关系”及构建开放型经济新体制的背景下，2015 年国务院《关于实行市场准入负面清单制度的意见》出台，以清单方式明确列出在我国境内禁止和限制投资经营的行业、领域、业务等；负面清单以外的行业、领域、业务等，各类市场主体皆可依法平等进入。目前，负面清单主要包括市场准入负面清单和外商投资负面清单。市场准入负面清单是适用于境内外投资者的一致性管理措施，是对各类市场主体市场准入管理的统一要求；外商投资负面清单适用于境外投资者在华投资经营行为，是针对外商投资准入的特别管理措施。2018 年 12 月，《市场准入负面清单（2018 年版）》印发，标志着市场准入负面清单制度在全国全面实施。全面实施市场准入负面清单制度，是党中央为不断完善社会主义市场经济体制作出的重大决策部署，是根本性、全局性、制度性的重大改革创新，对深化“放管服”改革，促进政府职能转变，推进国家治理体系和治理能力现代化，构建统一开放、竞争有序的现代市场体系具有重要意义。

市场准入负面清单制度全面实施后，清单之外的行业、领域、业务等，各类市场主体皆可依法平等自主进入，市场准入管理模式更为开放、更加包容、更可预期，实现了“规则平等、权利平等、机会平等”，有利于推动建立统一公平的市场准入规则体系，提升市场主体信心，激发市场主体活力。另外，市场准入负面清单制度实现了对政府监管行为的进一步规范。有利于厘清政府在市场准入环节发挥作用的职责边界，重塑政府和市场的关系，倒逼政府有针对性地完善配套措施和创新监管方式，提高行政管理的效率和效能。

要进一步完善我国市场准入负面清单制度，要做到以下几点。

（1）严格落实“全国一张清单”管理要求。坚决维护市场准入负面清单制度的统一性、严肃性和权威性，确保“一单尽列、单外无单”。按照党中央、国务院要求编制的涉及行业性、领域性、区域性等方面，需要用负面清单管理思路或管理模式出台相关措施的，应纳入全国统一的市场准入负面清单。已经纳入的，各有关部门要做好对地方细化措施的监督指导，确保符合“全国一张清单”管理要求。各地区各部门不得自行发布市场准入性质的负面清单。

（2）切实履行政府监管责任。各地区各部门要更好发挥政府作用，严格落实法律法规和“三定”规定明确的监管职责，对法律法规和“三定”规定未明确监管职责的，按照“谁审批、谁监管，谁主管、谁监管”的原则，全面夯实监管责任。要落实放管结合、并重要求，坚决纠正“以批代管”“不批不管”等问题，防止出现监管真空。要健全监管规则，创新监管方式，实现事前事中事后全链条全领域监管，提高监管的精准性有效性。要强化反垄断监管，防止资本无序扩张、野蛮生长、违规炒作，冲击经济社会发展秩序。要进一步健全完善与市场准入负面清单制度相适应的准入机制、审批机制、社会信用体系和激励惩戒机制、商事登记制度等，系统集成、协同高效地推进市场准入制度改革工作。

（3）建立违背市场准入负面清单案例归集和通报制度。国家发展改革委会同有关部门按照“一案一核查、一案一通报”原则，对违背市场准入负面清单情况进行归集排查，按季度对违背市场准入负面清单的典型案例情况进行通报，有关情况纳入全国城市信用状况动态监测，并在国家发展改革委门户网站和“信用中国”网站向社会公布。对于性质严重案例及相关情况，实行点对点通报约谈。

（4）深入开展市场准入效能评估试点。进一步完善市场准入效能评估指标体系，将违背市场准入负面清单案例归集情况、督办协调机制建立运行和整改效果作为评估重要内容。注重将信息技术作为重要工作手段，开展效能评估信息化平台建设，探索效能评估结果应用。

（5）扎实做好清单落地实施工作。对清单所列事项，各地区各部门要持续优化管理方式，严格规范审批行为，优化审批流程，提高审批效率，正确高效地履行职责。清单之外的行业、领域、业务等，各类市场主体皆可依法平等进入，不得违规另设市场准入行政审批。对于需提请修改相关法律、法规、国务院决定的措施，各地区各部门要尽快按法定程序办理，并做好相关规章和规范性文件“立改废”工作。

［参考资料：刘文华、史际春、徐孟洲主编：《经济法》，7版，北京，中国人民大学出版社，2024；国家发展改革委：《健全市场准入负面清单制度体系　营造市场化法制化国际化营商环境》，载《中国经贸导刊》，2019（23）］

第九章　特殊企业和国有企业

知识逻辑图

- 特殊企业和国有企业
  - 特殊企业和国有企业概述
    - 概念
      - 特殊企业：依特别法、专门法规或行政命令设定和运作的企业
      - 国有企业：国家或政府可以根据资本联系，对其实施控制或控制性影响的各种企业、公司
    - 国有企业及特殊企业的类别
      - 具有特殊性的国有企业
      - 普通国有企业
  - 特殊企业的存在领域和经营管理
    - 存在领域
      - 政府性经营或者在经营中承担一定的政府或公共管理职能的领域
      - 非竞争性的合法垄断领域
      - 竞争性领域和公用事业的特许经营
      - 国有农场、林场、建设兵团等
      - 为完成特殊任务而设定的特殊企业或法人
    - 组织特点和经营管理
      - 组织特点
      - 经营管理：营业规制、价格控制、经营决策和特别财会制度、监察制度
  - 国有企业暨公司法
    - 我国国有企业法现状
      - 概念：调整国有企业内外部组织关系的法
      - 由来构成
        - 《宪法》的有关规定
        - 《全民所有制工业企业法》及其配套法规
        - 《公司法》及其相关法规和有关国有企业改制的法规
        - 《企业国有资产法》及相关的法规、规章
        - 有关特殊国有企业的法规
        - 与国有企业法密切相关的其他法律、法规
    - 企业法人财产权问题
    - 国有企业与国家或政府的关系——三种角色：“国资总老板”；具体“老板”或股东、占用者；社会经济管理者
    - 国有企业暨公司法人治理
      - 厂长（经理）负责制和“老三会”：“老三会”：党委会、职代会和工会
      - “新三会”与独立董事和监事会
        - “新三会”：股东会、董事会、监事会
        - 董事会秘书和公司秘书
        - 独立董事
        - 经理
        - 监事会（监事）与外部监事会
    - 公司制与责任制：两者并不矛盾，应当有效地结合起来

名词解释与概念比较

1. 特殊企业（中国人民大学考研）
2. 国有企业（中国人民大学考研）
3. “老三会”和“新三会”
4. 董事会秘书
5. 独立董事（中国人民大学考研）
6. 职工监事（中国人民大学考研）

选择题

（一）单项选择题

1. 以企业适用法律的性质和范围为标准，企业可以分为（　　）。

A. 普通企业和特殊企业
B. 法人企业和非法人企业
C. 公司型企业和非公司型企业
D. 传统的典型企业和非典型企业

2. 下列关于国有企业法的说法，正确的是（　　）。

A. 国有企业法是调整国有企业内外部组织关系及其活动的法
B. 实质上的国有企业法不包括特殊企业法
C. 新中国成立后关于国有企业的第一个比较系统的行政法规是1988年第七届全国人大第一次会议正式通过的《全民所有制工业企业法》
D. 广义的国有企业法在外延上与实质上的国有企业法的概念是一致的

3. 国有企业实行公司制最重要的意义在于（　　）。

A. 落实责权利关系
B. 通过公司所固有的不同利益、不同所有制主体相互制约基础上的合作，有效地投资经营并实现资源的优化配置
C. 引入公司治理结构
D. 与国际接轨

4. 根据我国的有关法律，下面关于股东会的说法错误的是（　　）。

A. 代表1/10表决权的股东提议召开临时会议的，应当召开临时会议
B. 只有一个股东的有限责任公司不设股东会
C. 国有独资公司不设股东会
D. 股东会会议只能由股东按照出资比例行使表决权

5. 根据《公司法》的规定，下列何种情况下，有关股东可以为了公司的利益以自己的名义直接向人民法院提起诉讼？（　　）

A. 监事会、不设监事会的有限责任公司的监事，或者董事会、执行董事收到股东依法提出的书面请求后拒绝提起诉讼
B. 监事会、不设监事会的有限责任公司的监事，或者董事会、执行董事自收到股东依法提出的书面请求之日起30日内未提起诉讼
C. 情况紧急、不立即提起诉讼将会使公司利益受到难以弥补的损害的
D. 以上三项均是

6. 公司法对国有独资公司的组织机构，有哪些特殊规定？（　　）（司考改编）

A. 不设股东会
B. 不设监事会
C. 董事会和经理只能由国家授权投资的机构或者国家授权的部门任命
D. 公司重大事项只能由国家授权投资的机构或者国家授权的部门决定

7. 下列关于我国公司董事会的表述，错误的是（　　）。

A. 董事会决议的表决，实行一人一票
B. 董事会成员中可以没有公司职工代表
C. 股份有限公司的董事会会议应有过半数的董事出席方可举行
D. 董事任期由公司章程规定，每届任期不得超过3年，连选可以连任

8. 下列关于我国监事会的说法，错误的是（　　）。

A. 监事会应当包括股东代表
B. 监事会应当包括适当比例的职工代表
C. 监事会成员为3人以上
D. 国有独资公司必须设监事会或者监事

9. 以下各项制度中，我国现行《公司法》没有明确规定的制度是（　　）。

A. 外部董事制度　　B. 独立董事制度
C. 董事会秘书制度　　D. 累积投票制

10. 根据《公司法》，下列关于经理的说法错误的是（　　）。

A. 经理与董事会之间是聘用关系

B. 董事可以兼任经理

C. 经理可以是公司的法定代表人

D. 国有独资公司的经理由国有资产监督管理机构聘任或者解聘

（二）多项选择题

1. 下列关于国有企业的说法，正确的有（　　）。

A. 特指从计划经济时期延续而来或者虽于改革开放以后成立但仍适用《全民所有制工业企业法》，而非适用《公司法》等的“（旧）体制内”企业

B. 国有企业与国家之间存在着资本联系

C. 国有企业应当受到国家的控制或支配

D. 地方在国家所有权体系中仅依法享有部分代表权或管辖权，不具有所有权主体的资格

2. 国家或政府对特殊企业的控制主要是在以下方面（　　）。

A. 营业规则

B. 价格控制

C. 经营决策和特别财会制度

D. 监察制度

3. 我国国有企业法主要是由以下几方面组成的（　　）。

A.《宪法》的有关规定

B.《全民所有制工业企业法》《公司法》《企业国有资产法》及其相关法规和有关国有企业改制的法规

C. 有关特殊国有企业的法规

D. 其他与国有企业法密切相关的法律、法规

4. 在国有企业与国家或政府之间的关系中，国家或政府扮演的角色有（　　）。

A. 国有资产的抽象所有权人

B. 国有资产的出资者（股东）

C. 国有资产的具体管理者

D. 社会经济管理者

5. 下列关于董事（会）的表述，正确的有（　　）。

A. 董事只能是自然人，不能是法人

B. 董事会有可能是公司的权力机关

C. 我国《公司法》规定国有独资公司的董事会成员中应当有公司职工代表

D. 我国《公司法》尚未正式确定独立董事制度

6. 下列关于二级制监事会模式的表述，正确的有（　　）。

A. 指由股东会选出董事会和监事会这两个平行的机关

B. 指由股东会选出监事会作为决策和监督机关

C. 日本采用这种模式

D. 德国采用这种模式

7. 以下关于公司制与责任制关系的表述，正确的有（　　）。

A. 两者不存在矛盾

B. 两者是一般与特殊的关系

C. 公司及其法人治理结构、机制本身就属于一般责任制范畴

D. 法律应当允许国有企业、公司实行承包、租赁等任何形式的特殊责任制

8. 以下关于国有独资公司的表述，正确的有（　　）。

A. 国有独资公司的董事会成员中，应当过半数为外部董事

B. 国有独资公司的经理由董事会聘任或者解聘

C. 国有独资公司在董事会中设置由董事组成的审计委员会行使本法规定的监事会职权的，不设监事会或者监事

D. 国有独资公司的董事会成员中可以没有公司职工代表

简答题

1. 简述特殊企业存在的领域。

2. 简述监事会制度

3. 简述独立董事的职责和职权

案例分析题

A市电视机厂由于生产经营上的需要，欲购买5台电脑用于控制生产经营和管理财务。经多次谈判，A市电视机厂于20××年3月5日与该市亚细亚商场签订了一份电脑购销合同。双方在合同中约定：亚细亚商场于5月底供给A市电视机厂5台电脑，每台售价1.2万元，价款共计6万元；A市电视机厂于提货当时付款2万元，剩余款项于3个月内付清。同时还在合同中约定，任何一方违反合同，均应当按照违约部分标的总价款的15%承担违约金。

合同签订之后，亚细亚商场按照合同中的约定，于5月底如期向A市电视机厂提供了5台电脑。但是A市电视机厂仅仅在提货时交付了2万元，而剩余款项在9月份时仍然没有交付。亚细亚商场多次与A市电视机厂交涉均没有结果。

因此，亚细亚商场向人民法院起诉，称A市电视机厂违反双方的购销合同，拖欠货款，要求A市电视机厂承担违约责任。

人民法院在受理该案件后进行了审理。在审理过程中法院了解到：A市电视机厂是该市一家老牌国有工业企业。该电视机厂之所以没有能够按照合同规定如期交付货款，是因为其上级主管机关的干预。其上级主管机关认为，A市电视机厂未经上级主管机关的批准就擅自购买电脑，违反财经纪律，所以其签订的购销合同无效。

经过审查，人民法院根据事实和法律作出如下判决：（1）A市电视机厂与亚细亚商场所签订的合同符合法律规定，是有效的。A市电视机厂的上级主管机关对于电视机厂的合法经营活动不得加以干涉。（2）A市电视机厂于判决生效之日起10日内付清欠款4万元，并承担违约金6 000元。（3）A市电视机厂承担违约责任后，可以由其上级主管机关对于它因此所受到的损失负责处理。

问：全民所有制工业企业的法律地位如何？

（案例来源：王宗玉、殷琳娜主编：《企业公司法典型案例》，北京，中国人民大学出版社，2003）

论述题与深度思考题

试述企业法人财产权。

参考答案

名词解释与概念比较

1. 以企业适用法律的性质和范围为标准，可以将企业分为特殊企业和普通企业。特殊企业是相对于公司、合伙、一般国有企业、合作制或集体所有制企业等普通企业形态或形式而言的，是指依特别法、专门法规或行政命令设立和运作的企业。如我国由国务院决定设立的政策性银行、投资公司、经营特殊产品或特殊行业的企业等，它们依法从事政策性经营或承担着一定的管理职能，或者从事军工、航天等关系国计民生的重要活动。这些企业一般不受《公司法》等普通企业法的调整。在发达国家和地区通常由专门立法对其设立、组织、经营和财务等作出规定。因此，在英国、新加坡和我国香港地区又称其为法定公司或法定机构，如香港地铁公司和九广铁路公司等。

2. 国有企业指企业的资本全部或部分归国家所有，并为国家直接或间接地控制的企业。严格地说，国有企业是说明企业产权归属和所有制性质的一个概念，而非指一种企业组织形式。企业“国有”，一方面说明它与国家之间存在着资本联系，也即以投资与被投资形式表现出来的所有权关系；另一方面也表明企业要受国家的控制和监督。国有企业及其运行与国有资产管理制度相联系，转型期的国有企业法律适用具有相当的政策性特征。鉴于我国国有企业的固有特性和弊端，建立现代企业制度，强调国有企业中的经济责任制，是国有企业改革的方向。

3.

“老三会”	“新三会”
“老三会”指党委会、职工代表大会、工会。厂长（经理）负责制加上“老三会”，构成了传统国有企业治理的基本模式。企业党组织在企业中处于核心地位，起政治保障作用，保证、监督党和国家的方针政策在企业中贯彻执行，支持厂长（经理）依法行使职权，依靠职工，引导企业做好思想政治工作。职工代表大会是国有企业实行民主管理的基本形式，是职工行使民主管理权利的机构，其常设机构是企业的工会委员会，由其负责职工代表大会的日常工作	“新三会”指股东会、董事会和监事会，其适用的法律主要是《公司法》。股东会是公司的权力机构或意思机关；董事会也称董事局，是公司的经营决策机关，董事会执行股东会决议，负责公司的日常经营决策；监事会是公司中专司监督职能的机关。为了在国有企业中既能确保“老板”到位，又能使企业经营者放手大胆经营，我国在改革中普遍实行公司制，赋予“新三会”在国有企业治理中的主导地位。同时，“老三会”在国有企业、公司中继续存在，起辅助的治理作用。2022年党的二十大报告中进一步强调，“推进国有企业、金融企业在完善公司治理中加强党的领导，加强混合所有制企业、非公有制企业党建工作”。

4. 董事会秘书制度移植于英美法系的公司秘书制度。通常认为，英美法的公司秘书具有公司高级管理人员的身份，在公司组织机构中，隶属于董事会，是协助董事会执行业务的助理机构。据英美法系国家的公司法中的公司秘书或注册代理人制度，公司依法必须聘请一个自然人或机构作为秘书或代理人，他的住所地必须与公司注册地相一致。国务院在 1994 年颁布的《关于股份有限公司境外募集股份及上市的特别规定》中提出了“董事会秘书”这一概念，沪深两交易所于 1996 年相继颁布了《上市公司董事会秘书的管理办法》，明确规定上市公司必须聘任董事会秘书，并对相关方面作出了规定。2023 年修订的《公司法》第 138 条也明确规定，上市公司设董事会秘书，负责公司股东会和董事会会议的筹备、文件保管以及公司股东资料的管理，办理信息披露事务等事宜。

5. 独立董事是指不在公司担任除董事外的其他职务，并与其所受聘的上市公司及其主要股东不存在可能妨碍其进行独立、客观判断的关系的董事。中国证监会于 2023 年发布《上市公司独立董事管理办法》（以下简称《独立董事管理办法》）。按照《独立董事管理办法》的规定，独立董事是指不在上市公司担任除董事外的其他职务，并与其所受聘的上市公司及其主要股东、实际控制人不存在直接或者间接利害关系，或者其他可能影响其进行独立客观判断关系的董事。独立董事对上市公司及全体股东负有忠实与勤勉义务。上市公司董事会成员中应当至少包括 1/3 的独立董事，其中至少包括一名会计专业人士。独立董事制度发端于英美法系国家，也是现在我国企业改革中进行的一项探索，对于改善上市公司治理业已发挥一定的作用。

6. 职工监事是指股份有限公司或者有限责任公司的监事会中代表职工利益、检查公司财务、监督董事/经理活动的，由职工民主选举产生的职工充任的监事。自 2024 年 7 月 1 日开始实施的《公司法》第 130 条中规定：股份有限公司设监事会，本法第 121 条第 1 款、第 133 条另有规定的除外。监事会成员为 3 人以上。监事会成员应当包括股东代表和适当比例的公司职工代表，其中职工代表的比例不得低于 1/3，具体比例由公司章程规定。监事会中的职工代表由公司职工通过职工代表大会、职工大会或者其他形式民主选举产生。第 83 条规定：规模较小或者股东人数较少的有限责任公司，可以不设监事会，设一名监事，行使本法规定的监事会的职权；经全体股东一致同意，也可以不设监事。

选择题

（一）单项选择题

1. A。本题考查特殊企业和普通企业的分类。以企业适用法律的性质和范围为标准，可以将企业分为特殊企业和普通企业。特殊企业是依特别法、专门法规或行政命令设立和运作的企业，一般不需要进行商事登记；而普通企业是按公司法、企业法等普通企业法设立和运作的企业。普通企业通常为营利性经营，依法必须进行登记注册，在国外又被称为商事企业、注册公司。

2. D。本题考查国有企业法。国有企业法是指调整国有企业内外部组织关系的法。国有企业的活动一般由民法等其他法律调整，其并不是国有企业法的调整对象。形式上的国有企业法是指以国有企业或全民所有制企业为名、调整国有企业关系的专门法律，在我国就是《全民所有制工业企业法》，而实质上的国有企业法是各种调整国有企业组织关系的法，除了形式上的国有企业法，它还包括特殊企业法、外商投资法等。所以表述为实质上的国有企业法不包括特殊企业法的选项 B 是错误的。狭义的国有企业法是指调整普通国有企业、公司的法律、法规，而广义的国有企业法在外延上与实质上的国有企业法的概念是一致的。另外，新中国成立后关于国有企业的第一个比较系统的行政法规是 1983 年国务院颁布的《国营工业企业暂行条例》。

3. B。本题考查国有企业实行公司制的意义。国企实行公司制最重要的意义所在，就是通过公司所固有的不同利益、不同所有制主体相互制约基础上的合作，有效地投资经营并实现资源的优化配置。因此，股东之间的矛盾、冲突是常态，是正常现象，需要在尊重、保护各方合法权益的基础上，在制约中求得平衡，而不能由少数股东或内部人员操纵公司。由于国有资产的缺乏天然产权主体的固有特点，引入公司制并不必然会带来明确的责权利关系。另外，引入公司治理结构以及与国际接轨，只能说是国有企业实行公司制的意义或目的之一，并不能说是其最重要的意义。

4.D。本题考查我国《公司法》对于股东会的规定。根据自2024年7月1日开始实施的《公司法》第62条和第123条的规定，有限责任公司和股份有限公司代表1/10以上表决权的股东提议召开临时会议的，应当召开临时会议。此外，根据《公司法》第60条和第172条的规定，只有一个股东的有限责任公司和国有独资公司均不设股东会。《公司法》第65条规定，股东会会议由股东按照出资比例行使表决权；但是，公司章程另有规定的除外。由此可见，股东会会议由股东按照出资比例行使表决权只是一般原则，公司章程可以对此作出不同的约定。

5.D。本题考查股东派生诉讼。派生诉讼（Derivative Action）是指公司的合法权益受到他人的侵害，特别是受到有控制权的股东、董事或其他管理人员的侵害，而公司怠于或者客观上不能追究侵害人的责任时，符合法定条件的股东或者利益相关者为了公司的利益，依照法定程序，以自己的名义提起诉讼，追究侵害人民事责任的诉讼制度。自2024年7月1日开始实施的《公司法》第189条中规定，董事、高级管理人员有前条规定的情形的，有限责任公司的股东、股份有限公司连续180日以上单独或者合计持有公司1/100以上股份的股东，可以书面请求监事会向人民法院提起诉讼；监事有前条规定的情形的，前述股东可以书面请求董事会向人民法院提起诉讼。监事会或者董事会收到前款规定的股东书面请求后拒绝提起诉讼，或者自收到请求之日起30日内未提起诉讼，或者情况紧急、不立即提起诉讼将会使公司利益受到难以弥补的损害的，前款规定的股东有权为公司利益以自己的名义直接向人民法院提起诉讼。据此，本题A、B、C三项都符合题意，但由于是单项选择题，故选D项。

6.A。本题考查国有独资公司组织机构的特殊规定。自2024年7月1日开始实施的《公司法》第172条规定，国有独资公司不设股东会，由履行出资人职责的机构行使股东会职权。根据第176条的规定，国有独资公司在董事会中设置由董事组成的审计委员会行使法定的监事会职权的，不设监事会或者监事。因此，其不是一律不设监事会，选项B错误。《公司法》第174条规定，国有独资公司的经理由董事会聘任或者解聘。故选项C也不选。又依《公司法》第172条，履行出资人职责的机构可以授权公司董事会行使股东会的部分职权，但公司章程的制定和修改，公司的合并、分立、解散、申请破产，增加或者减少注册资本，分配利润，应当由履行出资人职责的机构决定。也就是说，并不是所有重大事项都只能由履行出资人职责的机构决定。故选项D错误。

7.B。本题考查我国《公司法》对董事会的规定。根据自2024年7月1日开始实施的《公司法》第73条和第124条的规定，董事会决议的表决应当一人一票制。《公司法》第124条又规定：（股份有限公司的）董事会会议应当有过半数的董事出席方可举行。董事会作出决议，应当经全体董事的过半数通过。又依《公司法》第70条和第120条的规定，董事任期由公司章程规定，每届任期不得超过3年，连选可以连任。因此，选项A、C、D的表述都是正确的，不应当选。《公司法》第68条规定，职工人数300人以上的有限责任公司，除依法设监事会并有公司职工代表的外，其董事会成员中应当有公司职工代表。因此，B项错误。

8.D。本题考查我国的监事会制度。根据自2024年7月1日开始实施的《公司法》第76条第2款和第130条第2款中的规定：监事会成员为3人以上。监事会成员应当包括股东代表和适当比例的公司职工代表。故A项、B项和C项的表述符合法律规定。第176条规定：国有独资公司在董事会中设置由董事组成的审计委员会行使本法规定的监事会职权的，不设监事会或者监事。因此选项D错误，应选。

9.A。本题考查我国《公司法》确定的相关制度。根据自2024年7月1日开始实施的《公司法》第136、138条的规定，上市公司设立独立董事和董事会秘书。又依该法第117条的规定，股东会选举董事、监事，可以按照公司章程的规定或者股东会的决议，实行累积投票制。本法所称累积投票制，是指股东会选举董事或者监事时，每一股份拥有与应选董事或者监事人数相同的表决权，股东拥有的表决权可以集中使用。因此，B、C、D三项制度都在《公司法》中有明确规定。至于外部董事，与其相对应的是内部董事，与公司没有关联关系的外部董事就是独立董事，我国《公司法》只对独立董事作出了相关规定，而没有涉及外部董事。

10.D。本题考查我国《公司法》对经理的有关规定。自2024年7月1日开始实施的《公司法》第74条规定：有限责任公司可以设经理，由董事会决定聘任或者解聘。因此，双方是被聘用和聘用的关系。第127

条规定：公司董事会可以决定由董事会成员兼任经理，因此 B 项的表述是正确的。又依《公司法》第 10 条中的规定：公司的法定代表人按照公司章程的规定，由代表公司执行公司事务的董事或者经理担任，因此 C 项的表述也是正确的。《公司法》第 174 条中规定，国有独资公司的经理由董事会聘任或者解聘，可见，D 项的表述是错误的。

（二）多项选择题

1. BCD。本题考查国有企业的相关问题。国有企业指企业的资本全部或部分属于国家所有，并为国家直接或间接地控制的企业。企业“国有”，一方面说明它与国家之间存在着资本联系，也即以投资与被投资形式表现出来的所有权关系；另一方面也表明企业要受国家的控制和监督。而 A 项中关于国有企业的概念，是国有企业在过去曾经具有的特定含义，并不具有现实意义。此外，我国不存在国外普遍存在的地方所有（权），国家所有权的主体统一于国家，地方在国家所有权体系中仅依法享有部分代表权或管辖权，不具有所有权主体的资格。

2. ABCD。任何特殊企业，包括私有、私营者，其经营都在一定程度上受国家或政府的控制，并依企业性质、目的、任务等的差异而有不同的侧重。这种控制或直接规制主要体现在营业规则、价格控制、经营决策和特别财会制度以及监察制度等方面。

3. ABCD。本题考查国有企业法的外延。国有企业法是指调整国有企业内外部组织关系的法。实质上即广义上的国有企业法的外延主要包括：《宪法》的有关规定、《全民所有制工业企业法》及其配套法规、《公司法》及其相关法规和有关国有企业改制的法规、《企业国有资产法》及其配套规章有关特殊国有企业的法规，以及其他与国有企业法密切相关的法律、法规。

4. ABD。本题考查国家或政府在国有资产运营中的角色定位。我国的市场经济和企业法治的顺利发展，亟须从法律和观念上区分国家或政府的三种角色：国有资产的“总老板”或抽象所有权人、国有资产的具体“老板”或出资者（股东）以及社会经济管理者。这三种角色的设置不得有错位或利益冲突。至于 C 项中的具体管理者，国家作为具体“老板”，应当从市场上选任合适的经营者对国有企业的一般性事务进行经营管理，而不需要其自己直接进行具体的管理。

5. BC。本题考查董事（会）制度。董事会是公司的经营决策机关。董事可以是自然人，也可以是法人，即所谓董事单位。法人或单位担任董事时必须指定一名具有民事行为能力的自然人作为其代表或代理人参加董事会。中外合资、中外合作的有限责任公司不设股东会的，董事会是公司的权力机关。自 2024 年 7 月 1 日开始实施的《公司法》第 173 条第 2 款规定：国有独资公司的董事会成员中，应当过半数为外部董事，并应当有公司职工代表。第 136 条第 1 款规定：上市公司设独立董事，具体管理办法由国务院证券监督管理机构规定。

6. BD。本题考查股份有限公司监事会的模式。股份有限公司的监事会设置，分为监事会与董事会并列的二元制和由监事会产生董事会的二级制两种。二元制是指由股东会选出董事会和监事会这两个平行的机关。日本采用这种模式。二级制又称德国模式，是指由股东会选出监事会作为决策和监督机关，相当于一个常设的小型股东会，再由监事会选任董事，组成董事会，董事会向监事会报告工作，对监事会负责。因此，B、D 项是正确的选项，而 A 项和 C 项是对二元制监事会模式的表述。

7. ACD。本题考查公司制与责任制的关系。事实上，公司制与责任制并不存在矛盾，公司及其法人治理结构、机制本身就属于一般责任制范畴，也不排除在公司中仍以契约等形式实行某种特殊责任制。国有企业、公司实行承包、租赁等任何特殊责任制，法律不必，更不应当加以禁限，因为即使有了公司制，如果不明确“责权利”关系，也是办不好企业的。此外，公司制与责任制之间并不是特殊与一般的关系，而是两种并行不悖、可以相互促进的制度，故 B 项不应选。

8. ABC。根据自 2024 年 7 月 1 日开始实施的《公司法》第 173 条第 2 款，国有独资公司的董事会成员中，应当过半数为外部董事，并应当有公司职工代表。因此 A 项正确，D 项错误。根据《公司法》第 174 条第 1 款的规定，国有独资公司的经理由董事会聘任或者解聘。B 项正确。根据《公司法》第 176 条的规定，国有独资公司在董事会中设置由董事组成的审计委员会行使本法规定的监事会职权的，不设监事会或者监事。C 项正确。

简答题

1. 特殊企业是相对于公司、合伙、一般国有企业、合作制或集体所有制企业等普通企业形态或形式而言的，是指依特别法、专门法规或行政命令设立和运作的企业。法定或由政府授权的一定的政策性职能或管理职能是各个领域特殊企业的一种共性。特殊企业的存在领域大体可以概括为以下几个方面：

（1）政策性经营或在经营中承担一定的政府或公共管理职能的领域，如我国的三大政策性银行、各级政府设立的国有投资公司或控股公司。

（2）非竞争性的合法垄断领域。国有的采油和输油管道、铁道等通常都由特殊企业或法定机构来经营，因为这些行业具有自然垄断的性质。此外，还有非自然垄断性质的法定垄断领域，如航天、军工、邮政等的经营，须由特殊的企业或法人来承担，如我国的邮政集团公司、中国烟草总公司等。

（3）竞争性领域和公用事业的特许经营。该领域的特点是为了公众领域而实行有控制的竞争，政府对企业的经营方式和价格等直接规制。特许经营未必采取特殊企业的形式，但其中由政府出资或控股的以及关系国计民生的重要的私营企业，往往采取特殊企业的形式，如日本航空（JAL）等。

（4）国有农场、林场、建设兵团等具有社区性、地域性、政权组织性的某些经营领域。此类组织在设立之初往往具有非经济目的，随着经济体制改革，为避免妨碍生产力发展，防止国有资产流失，将其调整为特殊企业。

（5）为完成特殊任务而设立的特殊企业或法人。如我国的长江三峡工程开发总公司，它作为全面负责三峡工程建设和经营的项目业主，随着三峡工程的结束而终止。目前，公司主体也相应更名为中国长江三峡集团有限公司，并由全民所有制企业变更为国有独资公司。

（参考资料：刘文华、史际春、徐孟洲主编：《经济法》，7版，北京，中国人民大学出版社，2024）

2. 监事会是依法产生，对董事和经理的经营管理行为及公司财务进行监督的常设机构。它代表全体股东对公司经营管理进行监督，是公司的监督机构。

（1）监事会的组成。

1）监事会由股东代表和适当比例的公司职工代表组成，其中职工代表的比例不得低于1/3，具体比例由公司章程规定。

2）在有限责任公司中，经营规模较大的，设立监事会，其成员不少于3人；股东人数较少和规模较小的，可以设1名监事。股份有限公司监事会成员不得少于3人。

3）董事、高级管理人员不得兼任监事。

（2）监事会的特点。

1）监事会由股东代表和适当比例的公司职工代表组成，监事会中的职工代表由公司职工民主选举产生；2）监事会是对公司事务进行监督的机构；3）监事会独立行使职权；4）监事个人和监事会并行行使监督职权。

3. 独立董事依法履行职责并行使特别职权。独立董事履行下列职责：（1）参与董事会决策并对所议事项发表明确意见；（2）对上市公司与其控股股东、实际控制人、董事、高级管理人员之间的潜在重大利益冲突事项进行监督，促使董事会决策符合上市公司整体利益，保护中小股东合法权益；（3）对上市公司经营发展提供专业、客观的建议，促进提升董事会决策水平；（4）法律、行政法规、中国证监会规定和公司章程规定的其他职责。

独立董事行使下列特别职权：（1）独立聘请中介机构，对上市公司具体事项进行审计、咨询或者核查；（2）向董事会提议召开临时股东大会；（3）提议召开董事会会议；（4）依法公开向股东征集股东权利；（5）对可能损害上市公司或者中小股东权益的事项发表独立意见；（6）法律、行政法规、中国证监会规定和公司章程规定的其他职权。独立董事行使前述第（1）～（3）项所列职权的，应当经全体独立董事过半数同意；独立董事行使前述所列职权的，上市公司应当及时披露。独立董事职权不能正常行使的，上市公司应当披露具体情况和理由。

（参考资料：刘文华、史际春、徐孟洲主编：《经济法》，7版，北京，中国人民大学出版社，2024）

案例分析题

全民所有制工业企业，是指依法自主经营、自负盈亏、独立核算的社会主义商品生产和经营单位。它是经济法律关系的参加者，依法享有权利并承担法律规定的义务，能够独立自主地参加生产经营活动。其财产由代表全体人民利益的国家所有，并按照所有权与经营权分离的原则，把经营权交给企业，使企业能够面对市场成为相对独立的商品生产者和经营者。

我国《全民所有制工业企业法》规定，全民所有制工业企业依法自主经营、自负盈亏、独立核算，其财产属于全民所有，国家依照所有权与经营权分离的原则授予企业经营管理权，企业对国家授予其经营管理的财产享有占有、使用和依法处分的权利。在本题中，A市电视机厂作为国有企业，对于自己所经营管理的财产享有占有、使用和依法处分的权利，其上级主管机关是不应该予以无理干涉的。电视机厂作为企业法人，应当与其他市场主体平等地参与各种经济关系。因此，本案中人民法院的判决是正确的。另外，根据《全民所有制工业企业法》的相关规定，可以建议A市电视机厂主管机关的上级机关责令该电视机厂的主管机关改正；对于情节严重的，还可以建议有关机关对主管人员和直接责任人员给予行政处分。

从这个案例我们可以看出，政府和企业的关系尚有很多需要改进的方面。因此我们应当明确政府的职责，厘清政府和企业的关系，以解决相关问题。

论述题与深度思考题

法人财产权的概念和规定，使国有企业与公司获得了内在统一。《公司法》规定，公司是企业法人，有独立的法人财产，享有法人财产权；公司股东依法享有资产收益、参与重大决策和选择管理者等权利。这是在公有制下实行市场经济、明晰企业法人财产权关系所必需的，具有中国特色。公有制较之私有制，更需要能够使主体的责、权、利明确一致的法治。而且，在法人财产作为全体股东概括的共有权益的角度，这个概念对资合法人企业，包括发达资本主义国家的公司法人，在某种程度上也是适用的。它对于我们把握企业法人财产权及出资者财产权的性质，界定企业法人与其出资者或股东的关系，具有普遍意义。

法人财产权依法具有以下含义：

（1）法人财产权是基于投资经营而形成的一种他物权。企业法人作为独立于其出资者或股东的民事主体，对法律上明确作为企业法人的资产（包括负债形成的资产）享有直接支配权，并就其行为承担法律责任；出资者或股东作为所有者或他物权人，不直接支配法人财产，也不对企业法人的行为承担责任。

（2）出资者或股东对企业法人享有所有者权益，并依其所有者地位，通过选择经营者、作出重大决策、享有剩余索取权等方式对企业法人施加控制。国家授权的机构、部门或者其他任何国有主体作为出资者或股东时，具有所有者代表或代理人的身份，其投入的资本归国家所有。任何企业法人转投资或再投资时的情况与此相似，它们作为股东享有所有者权益，但实际上，它们并非资本所有者，而只是他物权人。在会计上，所有者权益仅及于企业净资产，并不涵盖整个企业财产，但从法人财产权的角度来看，其客体必须是概括性财产，否则，企业法律关系和法律制度都将无法实际运作。换言之，在法人财产权关系中，企业法人的出资者或股东对其投入企业的资本及形成的全部资产享有所有者权益，不仅享有企业带来的利益，也要承担其损害。

（3）根据所有权或私有权的原则，财产的孳息或收益应归财产的所有者所有，这对于法人财产也不例外。既然明确了出资者或股东对企业法人及其财产享有所有者权益，则企业财产及其经营的任何收益，在依法或依约分配给各出资者或股东、企业管理者、职工，用以向国家纳税或向债权人偿债之前，均应归企业资本的全体所有者所有，因而企业法人财产权中不应包括收益权。当然，如前所述，在企业法人转投资的情况下，它享有收益权的依据是他物权，所取得的收益或孳息仍然属于资本的所有者所有。

（4）股权或股东权是投资者实现其所有权或他物权的形式或手段。股权或股东权包含社员权，它本身并不是债权，也不是物权，但它与所有权、法人财产权有密切联系，是投资者实现其所有者权益和他物权的一种手段，是其投资以后对企业法人及其财产享有所有者权益的一种表现形式。

总之，明确法人财产权的概念及内涵，对于明晰国有产权关系、落实责权利（力），都是有极其重要的理论和现实意义的。

（参考资料：刘文华、史际春、徐孟洲主编：《经济法》，7版，北京，中国人民大学出版社，2024）

第十章　合作制暨集体所有制企业或组织

知识逻辑图

- 合作制暨集体所有制企业或组织
  - 合作制暨集体所有制企业或组织
    - 概念：由企业成员或某一集体出资举办，在本企业、组织或者出资集体内实行合作制原则的企业或组织
    - 基本分类
      - 农村社区性合作组织
      - 集体投资举办的企业
        - 社区性合作制暨集体所有制企业
        - 一般企事业机关单位举办的合作制暨集体所有制企业
      - 成员直接所有或控制的企业：是合作制暨集体所有制企业的典型
  - 我国合作制暨集体所有制企业或组织法的主要内容
    - 设立：我国对合作制暨集体所有制企业或组织的设立没有统一规定，不同类型、不同地区的企业有不同的要求
    - 地位和治理
      - 地位
      - 治理
    - 财产权关系

名词解释与概念比较

1. 合作制
2. 合作制暨集体所有制企业或组织
3. 合作经济
4. 农村社区性合作组织
5. 农民专业合作社

选择题

不定项选择题

1. 合作制暨集体所有制企业或组织的根本特点，在于（　　）。

A. 实行互助合作

B. “一人一票”的民主

C. 按股份分配

D. 按劳分配或按贡献分配

2. 我国农村合作化的结果，是由互助组、农业生产合作社和高级农业生产合作社发展为“三级所有，队为基础”的人民公社制度。这三级是指（　　）。

A. 人民公社　　B. 生产大队

C. 生产队　　D. 村民小组

3. 我国的合作制暨集体所有制企业或组织可以基本分为以下几类：（　　）。

A. 农村社区性合作组织

B. 集体投资举办的企业

C. 成员直接所有或控制的企业

D. 外部人控制的企业

4. 一般来说，农村土地承包经营合同的内容应该包括以下方面：（　　）。

A. 具体地块的界定

B. 承包期限

C. 农户依法纳税

D. 缴纳村集体提留和乡统筹费

5. 集体投资举办的企业可以分为两类，分别为（　　）和（　　）。

A. 社区性合作制暨集体所有制企业
B. 一般企事业机关单位举办的合作制暨集体所有制企业
C. 成员集资举办的集体企业
D. 成员外部人员投资举办的企业
6. 我国合作制暨集体所有经济的主体是（　　）。
A. 农村社区性合作组织
B. 社区性合作制暨集体所有制企业
C. 一般企事业单位举办的合作制暨集体所有制企业
D. 成员直接所有或控制的企业
7. 针对国有或集体所有制单位办企业中出现的企业产权纠纷，在由单位委派他人筹建企业，包括召集人员、集资、借款等的情况下，应当认为所建立的企业属于（　　）所有。
A. 委派者　　B. 受托者
C. 企业的管理者　　D. 国家
8. 对于城镇股份合作制企业，通常将其设立分为（　　）和（　　）两种类型。
A. 新设立　　B. 改制设立
C. 合并设立　　D. 登记设立
9. 设立农村信用社县联社的，应该经以下哪个机构批准？（　　）
A. 县人民政府
B. 中国人民银行县（市）支行
C. 中国人民银行地（市）分行
D. 中国人民银行省级分行

简答题

1. 我国合作制暨集体所有制企业或组织法律调整的现状如何？
2. 简述农村社区性合作组织的现状及特征。
3. 现行法关于合作制暨集体所有制企业或组织的地位和治理有哪些主要规定？
4. 现行法关于合作制暨集体所有制企业或组织的财产权关系有哪些主要规定？
5. 我国农民专业合作社应当遵循哪些原则？

论述题与深度思考题

论述如何按法律关系的性质和财产权行使的特点对我国的合作制暨集体所有制企业或组织进行分类。

参考答案

名词解释与概念比较

1. 合作制是由成员为了谋求自身的经济利益，在自愿互利的基础上结合起来的经济组织制度。合作制是一种社会经济制度，有其特定的组织形式，反映特定的经济关系；是一种利用合作行为来达到特定目的的群众经济组织；是人类社会发展到一定历史阶段即近代商品经济的产物。合作制是一个历史范畴，有其产生、发展和消亡的规律和过程。合作制又是一种普遍的社会现象。它的内涵、类别、性质、功能和作用，依其所在的时代、国家、社会经济条件的不同而变化。

（参考资料：刘文华、史际春、徐孟洲主编：《经济法》，7版，北京，中国人民大学出版社，2024）

2. 合作制暨集体所有制企业或组织是指由成员或某一集体出资举办，在本企业、组织或者出资集体内实行合作制原则的企业或组织。其特点在于实行互助合作、“一人一票”的民主，限制资金分红，以按劳分配或按贡献分配为主的合作制原则。

（参考资料：刘文华、史际春、徐孟洲主编：《经济法》，7版，北京，中国人民大学出版社，2024）

3. 合作经济即合作社经济。在有的情况下，它是一个国家或地区所有合作社经济成分的总称；而在有的情况下，它泛指各种形式的合作社或合作经济组织。合作经济是商品经济发展到一定阶段的产物，它随着市场经济的发展而发展。因而，合作经济就成为社会主义市场经济的组成部分。

4. 农村社区性合作组织是在村或村民小组的范围内设立的农村基层综合性合作组织，严格地说并不是企业。其前身是人民公社时期的生产大队或生产队，现存的农村社区性合作组织中有许多就是由生产大队或生产队延续而来的，有些则是在生产大队或生产队自动解散以后在村或村民小组自治的基础上重新建立起来的。

5. 农民专业合作社，是指在农村家庭承包经营基础上，农产品的生产经营者或者农业生产经营服务的提供者、利用者自愿联合、民主管理的互助性经济组织。它以成员为主要服务对象，提供农业生产资料的购买、使用，农产品的生产、销售、加工、运输、贮藏及其他相关服务，农村民间工艺及制品、休闲农业和乡村旅游资源的开发经营等，以及与农业生产经营有关的技术、信息、设施建设运营等服务。

选择题

不定项选择题

1. ABD。按股份分配不是合作制暨集体所有制企业的特征，以按劳分配或按贡献分配为主的合作制原则是合作制暨集体所有制企业区别于其他类型企业的显著特征。合作暨集体企业或组织的根本特点，在于实行互助合作、“一人一票”的民主、以按劳分配或按贡献分配为主的合作制原则。而如果出资、控制的主体实行合作制，或者将出资主体的权力限制在不影响企业集体实行合作制的范围内，也就把合作企业与一般的公司、合伙企业区分开了。

2. ABC。“三级所有”是指由人民公社、生产大队和生产队三级所有。

3. ABC。按合作制暨集体所有制企业或组织法律关系的性质以及其财产权行使的特点，可以分为农村社区性合作组织、集体投资举办的企业和成员直接所有或控制的企业三种类型。

4. AB。社区合作组织或村民委员会行使土地所有权，主要是由其作为发包方，代表集体与村民签订承包经营合同，将集体所有的土地、山岭、草原、荒地、滩涂、水面等包给农户经营。承包经营合同的内容包括具体地块之界定，承包方家庭成员信息，承包期限，承包土地的用途，发包方和承包方的权利和义务，合同变更及解除的条件，违约责任，等等。

5. AB。集体投资举办的企业可以分为两种：一类是社区性合作制暨集体所有制企业，这类企业的规范性强；另一类是企事业单位或机关团体举办的集体所有制企业，其性质不十分明确，目前尚未完全定型。

6. B。社区性合作制暨集体所有制企业是我国合作制暨集体经济的主体，经过长期发展已经形成较为规范的组织和管理制度，在改革中也颇受政府和社会的关注。

7. A。国有或集体所有制单位办企业中出现的企业产权纠纷，在由单位委派他人筹建企业包括召集人员、集资、借款等的情况下，应当认为所建立的企业属于委派者所有，因为在企业筹建过程中，是以委派者的名义并由委派者承担集资的债务和风险而开展活动的。

8. AB。对于城镇股份合作制企业，通常将其设立分为新设立和改制设立两种类型。新设立股份合作制企业的，依准则主义可以直接到市场监督管理机关注册登记。国有企业或集体企业改建成股份合作制企业的，应经资产所有权人或者资产所有权人代表同意，由职工大会提出，按行政隶属关系报政府主管部门、体改部门或政府授权部门审查批准后，办理工商登记手续，即为改制设立。

9. A。《城镇集体所有制企业条例》规定，职工（代表）大会是集体企业的权力机构。但是由集体企业联合经济组织投资开办的集体企业，其厂长（经理）可以由该联合经济组织任免；投资主体多元化的集体企业中，国家投资达到一定比例的，其厂长（经理）可以由上级管理机构按照有关规定任免。

简答题

1. 我国人民公社制度改革以后，农村土地改行家庭经营，全国许多地方的基层社区合作组织已经解散或者名存实亡。因此，农村土地的集体所有权在一些地方是由村或村民小组的社区合作组织行使，在很多地方则是由村民直接在自治的基础上通过村民委员会来行使。在少数地方，农业生产还是由合作社集体进行的。

由上可见，在我国的各类企业中，对合作制暨集体所有制企业或组织的法律调整是最薄弱的。一方面，我国此方面的法制不够健全。另一方面，互助合作根源于社会成员利害相关、自觉自愿基础上的充分自治，其利害计算和纠纷等，也可最大限度地通过协商、少数服从多数和自愿的方式得到解决。因此，合作制暨集体所有制企业或组织对法律的依赖较之其他企业或组织形式要小得多。换言之，在某种程度上，政策、理论的引导和指导对其来说具有不亚于法律调整的重要性。

（参考资料：刘文华、史际春、徐孟洲主编：《经济法》，7版，北京，中国人民大学出版社，2024）

2. 农村社区性合作组织是在村或村民小组的范围内设立的农村基层综合性合作组织，严格地说并不是企业。其前身是人民公社时期的生产大队或生产队。

现存的农村社区性合作组织中有许多就是由生产大队或生产队延续而来的，有些则是在生产大队或生产队自动解散以后在村或村民小组自治的基础上重新建立起来的。我国的农村社区性合作组织具有以下特征：

(1) 名称繁多。由于没有专门的法律调整，农村社区性合作组织在法律和实践中有许多种名称。《宪法》称之为“农村集体经济组织”，《民法典》将农村集体经济组织法人归类为特别法人；实践中则称之为“经济合作社”“经济联社”“实业公司”或“农工商总公司”等；还有一些地方仍维持着生产大队和生产队的叫法。

(2) 社区性合作组织或村民委员会行使土地所有权，主要通过承包经营合同的方式实现。由其作为发包方，代表集体与村民签订承包经营合同，将集体所有土地、山岭、草原、荒地、滩涂、水面等承包给农户经营，并为农户提供必要的生产、技术、信息等服务。承包经营合同的内容包括：具体地块的界定，承包方家庭成员信息，承包期限，承包土地的用途，发包方和承包方的权利和义务，合同变更及解除的条件，违约责任，等等。在承包期内，承包方转让土地的，须经发包方同意；承办人在承包期内死亡的，其继承人可以继受原承包合同的权利、义务，继续承包。

(3) 社区性合作组织与村民自治的关系密切。社员大会实际上就是村民（代表）大会或村民（代表）会议，村、组自治机构和合作机构通常是“一套人马，两块牌子”。由于在实践中，许多社区性合作组织自称为“公司”，所以其管理机构往往被称为“董事会”，另外也有叫管理委员会或理事会的。

(4) 社区合作的精髓是自治和自觉参与。农村社区性合作社不仅需要以一定的经济发展水平为依托，而且对于社区的文化氛围和人的素质也有较高要求。所以，各地设立集体经济组织应当避免“一哄而上”，增设组织和干部，造成农民的负担和情绪波动，挫伤农民的积极性和创造性，妨害农村生产力发展。

（刘文华、史际春、徐孟洲主编：《经济法》，7版，北京，中国人民大学出版社，2024）

3. 我国对农村社区性合作组织没有统一的法律调整。合作制暨集体所有制企业或组织具备法人条件的，依法取得法人资格；不具备法人条件的，亦不妨成为分厂、分店等法人分支机构或“合伙型联营”等非法人企业，以利于社会交易安全。按照所有者支配的现代企业原理，投资型集体企业的权力机构应由外部出资者组成或控制，其中社区性集体企业的权力机构应当能够反映包括当前出资者在内的社区各方面的利益；成员直接所有或控制的企业则应为成员（代表）大会所控制。

《乡村集体所有制企业条例》（2011年修订）针对乡、镇、村、村民小组投资的企业，规定：企业财产属于举办该企业的乡或者村范围内的全体农民集体所有，由乡或者村的农民大会（农民代表会议）或者代表全体农民的集体经济组织行使企业财产的所有权（第18条第1款）。企业职工大会或者职工代表大会有权对企业经营管理中的问题提出意见和建议，评议、监督厂长（经理）和其他管理人员，维护职工的合法权益（第26条第2款）。《城镇集体所有制企业条例》（2016年修订）则规定，职工（代表）大会是集体企业的权力机构（第9条第1款）。这固然符合成员直接所有的合作性质，但对于占大多数的投资型或由外部合作制主体控制的集体企业来说，就存在问题了。于是该条例又补充规定：由集体企业联合经济组织投资开办的集体企业，其厂长（经理）可以由该联合经济组织任免；投资主体多元化的集体企业，其中国家投资达到一定比例的，其厂长（经理）可以由上级管理机构按照国家有关规定任免（第32条第2款、第3款）。

至于农村信用合作社和供销社，农村信用社原先实行社员（代表）大会和管理委员会制，前者是权力机构，后者则为执行和监督职能合一。1997年改革之后，农村信用社和供销社一样，都实行社员代表大会和理事会、监事会制度。农村信用社实行理事会领导下的主任负责制，主任为法定代表人；农村信用合作社的理事长、副理事长、主任、副主任及其他主要管理人员不得在党政机关任职，不得兼任其他企事业单位的高级管理人员，不得从事除本职工作以外的其他任何以营利为目的的经营活动。供销合作社的治理结构与此相当。

（参考资料：刘文华、史际春、徐孟洲主编：《经济法》，7版，北京，中国人民大学出版社，2024）

4. 非股份制的投资型集体企业，合作制主体作为出资人外在于企业，其经营管理和财产关系在形式上与传统国有企业无异，并不涉及合作制原则。但《乡村集体所有制企业条例》第32条要求，企业税后利润，留给企业的部分不应低于60%，主要用于增加生产发展基金、进行技术改造和扩大再生产、适当增加福利基金和奖励基金等，并要求企业所有者将企业所缴的税后利润主要用于扶持农业基本建设、农业技术服务、农村公益事业、企业更新改造或者发展新企业等。

在明晰产权的改革和投资主体为复数或多元化的情况下，则涉及企业中的国有财产的处理问题。《城镇集体所有制企业条例》（2016 年修订）第 41 条规定，集体企业外的单位和个人的投资，归投资者所有。也即它们可以作为非控股的股东。《劳动就业服务企业管理规定》第 14 条规定，集体企业的主办或者扶持单位对其提供给企业的设备、工具等生产资料和厂房，可以采取出租形式，向企业收取相当于折旧费的租金。

供销合作社是典型的合作经济组织。《中华全国供销合作总社章程》（2020 年修订）第 44 条规定，总社资金来源包括社有资本收益、接受捐赠和资助、合作发展基金、成员社股金，以及国家财政预算拨款和专项资金等。合作发展基金由总社资产收益提取部分、成员社交纳的基金、国家扶持资金和社会捐赠等构成，统筹用于基层社建设和为农服务。

合作制企业如果为其全体员工所有，其积累自应归企业或员工集体所有。对于有外部股东的多元化投资主体的企业来说，企业的资本包括公积金等积累都应归股东共有，而不能归企业或其员工集体所有。我国以前制定的法规规定，即使企业解散后，公共积累也不能返还给出资的个人，而只能交公处理。这严重违背了财产权关系的客观要求。当前，法规在这方面的规定已有一定的进步，如《北京市城镇企业实行股份合作制办法》第 44 条规定，股份合作制企业终止的，清算结束后的剩余财产，按照股东所占股份的比例进行分配，其中集体共有股分得的财产，应当由政府授权的专门机构负责，用于原企业职工的失业保险、养老保险等事项，专款专用。

（参考资料：刘文华、史际春、徐孟洲主编：《经济法》，7 版，北京，中国人民大学出版社，2024）

5. 根据我国《农民专业合作社法》的规定，农民专业合作社应当遵循下列原则：（1）成员以农民为主体；（2）以服务成员为宗旨，谋求全体成员的共同利益；（3）入社自愿、退社自由；（4）成员地位平等，实行民主管理；（5）盈余主要按照成员与农民专业合作社的交易量（额）比例返还。

论述题与深度思考题

在计划经济体制下，强调集中和城乡、条块分割，按城乡和“大小”来对合作制暨集体经济组织作基本分类，但是在市场经济条件下，这种分类无论从理论上还是在实践中都不合理了。因此，应该打破传统上对集体经济进行分类的框框，按合作制暨集体所有制企业或组织法律关系的性质及财产权行使的特点，对其进行分类。其主要分为：

（1）农村社区性合作组织。农村社区性合作组织是在村或村民小组的范围内设立的农村基层综合性合作组织，严格地说并不是企业。其前身是人民公社时期的生产大队或生产队。现存的农村社区性合作组织中有许多就是由生产大队或生产队延续而来的，有些是在生产大队或生产队解散以后在村或村民小组自治的基础上重新建立起来的。农村改革历经多年，农村基层合作组织不再以土地经营和集体生产为主要任务，其功能已转变为农业产供销服务、对村经济进行管理协调、兴办企业、积累及管理集体资金、从事村政建设和举办村公益事业等综合性职能。

依法律规定，农村的土地属于集体所有。但土地的集体所有与合作组织没有必然联系。在建立了社区性合作组织的地方，它依法作为村或村民小组的代表，行使土地的集体所有权；在没有建立社区性合作组织的地方，则由村民委员会代表村集体行使土地所有权。可以享受合作组织或集体之利益者，包括具有本村或本村民小组户籍的所有村民，每一个村民包括婴儿和无意思能力的人，都可分得一份土地、享受集体的分红和福利等。

由人民公社时期延续下来的农村社区性合作组织，是法定设立的；改革开放以后出现的社区性合作组织，则是由村民大会或村民小组会议按少数服从多数的原则，自愿决议设立的。其与村民自治的关系密切，社员大会实际上就是村民（代表）大会或村民小组（代表）会议，村、组自治机构和合作机构通常是“一套人马，两块牌子”。

农村社区性合作组织不仅需要以一定的经济发展水平为依托，而且对社区的文化氛围和人的素质也有较高的要求。所以，各地设立集体经济组织应当避免“一哄而上”，增设组织和干部，造成农民的负担和情绪波动，挫伤农民的积极性和创造性，妨害农村生产力的发展。

（2）集体投资举办的企业。集体投资举办的企业可以分为两类。一类具有社区性，规范性较强；另一类是企事业单位或机关团体举办的集体所有制企业，其性质不十分明确，有些还不甚规范。

乡村集体所有制企业现多已成为乡村集体控制的公司制企业。《农村集体经济组织法》规定，农村集体经济组织可以依法出资设立或者参与设立公司、农民专业合作社等市场主体，以其出资为限对其设立或者参与设立的市场主体的债务承担责任。至于后者，随着市场经济及其法治的发展，资本关系在我国企业中已成为主导，机关所办企业必须解散或与举办单位脱钩，国有企事业单位办的集体企业在实践中或因“吃单位”而缺乏正当性和竞争力、被市场淘汰出局，或因靠自己在竞争中脱颖而出、通过规范或改制摆脱了母体的“庇荫”成为私人企业，其余的则实行了公司制改造。总之，“国有办集体”作为特定历史时期的产物已经消亡。

（3）成员直接所有或控制的企业。这是合作制暨集体所有制组织的典型形式，传统的、典型的合作社也属于此类，即群众自愿组织、集资，共同劳动、经营，按合作制原则民主管理，实行按劳或按贡献分配的组织。《城镇集体所有制企业条例》第 4 条第 2 款第 1 项所称企业财产属于“本集体企业的劳动群众集体所有”，就是这类企业的财产权形式。

典型的合作社保留着社员的股金，以股金账户与社员个人的利益挂钩，但法律也不禁止合作社及其财产不分份额地为社员集体所有。成员直接所有、员工同时也是社员的组织固然是典型的合作企业，应当遵循所有者与劳动者、管理者同一原则，限制不参加合作组织或不与之交易的人作为出资者，并要求每个员工入股成为社员或股东。传统的合作社法，强调合作社的自助、互助性及不以营利为最高目的。严格地说，这是一个社会学和伦理学的标准，很难从法学上进行把握。所以，在合作制立法及法学上，不必纠缠于合作社或合作企业的互助合作性抑或营利性。一个组织只要适用合作制暨集体所有制企业法，其成员“入社自愿、退社自由”，实行依照合作制原则设计的法人治理结构，在资本结构和非股东员工的比例上不超过法律规定的度，就可以认定它是合作社或合作企业。所谓法律上的度，一是多数成员入股，二是成员入股应当在企业原始出资或股本中占大多数，在此基础上由社员大会或员工股东大会作为权力机构。超过这个度，就不是合作企业了。

（参考资料：刘文华、史际春、徐孟洲主编：《经济法》，7 版，北京，中国人民大学出版社，2024）

第十一章　市场规制法原理

知识逻辑图

- 市场规制法
  - 概述
    - 市场和市场规则体系
      - 市场
        - 市场是指聚集买卖双方以交换商品和劳务的实际场所
        - 市场是一种交易机制，即参与交易活动的所有买者和卖者之间的频繁交换共同决定商品和服务的价格与交易量的机制
        - 市场是某项产品或劳务的实现的或潜在购买者的集合
      - 市场规则体系：市场规则体系一般是由市场商业道德规范、政策规范、法律规范等构成的有机体系。市场规则体系中的法律规则系统由市场主体法、市场交易法、市场规制法和市场监管法四个子系统所构成。其中，前两个应纳入民法体系，后两者纳入经济法体系
    - 市场规制法的概念：是指调整市场规制关系的法律规范系统。“市场规制关系”具体而言是指国家在规制市场主体和市场监管主体的行为过程中发生的生产经营规制关系、市场竞争关系、市场监管关系，即我国经济法调整的市场规制关系
    - 市场规制法的调整对象
      - 生产经营规制关系
        - 一般性的生产经营规制关系
        - 具体的生产经营规制关系
        - 特殊的生产经营规制关系
      - 市场竞争关系
      - 市场监管关系
  - 市场规制法的基本原则和作用
    - 基本原则
      - 尊重价值规律、供求规律和竞争规律，依法适度管理
      - 统一规制、分级监管的原则
      - 维护公平竞争原则
      - 保护弱者和消费者合法权益的原则
      - 违法行为法定原则
    - 作用
      - 创造公平竞争的市场环境，协调经营者之间的利益关系
      - 维护消费者的合法权益，协调经营者与消费者之间的利益关系
      - 为政府对市场进行管理提供法律依据，规范和约束政府管理市场的行为
      - 促进社会主义市场经济体制的建立和完善，推动社会主义市场经济的发展

- 市场规制法
  - 市场规制法的体系结构和地位
    - 体系结构
      - 生产经营规制法
        - 产品质量法
        - 价格法
        - 广告法
        - 商标法
        - 计量法和标准化法
        - 产业经营规制法
        - 国有资产经营规制法
      - 市场竞争法
        - 反不正当竞争法
        - 反垄断法
      - 市场监管法
        - 银行业监管法
        - 证券业监管法
        - 保险业监管法
        - 商贸监管法
        - 土地监管法等
    - 地位：是经济法体系的主要组成部分，属于经济法的范畴，属于经济法这一独立法律部门的主要子部门之一，是经济法“一体两翼”中的一翼，具有以社会整体利益为本位，公法和私法相互融合、渗透的特点

名词解释与概念比较

1. 市场规制法
2. 市场规则体系
3. 市场调节机制
4. 市场竞争关系
5. 市场规制
6. 标准化法（中国人民大学考研）
7. 强制性标准（中国人民大学考研）
8. 计量法
9. 经济合同

选择题

（一）单项选择题

1. 国家对市场进行规制的根源是（　　）。

A. 政府失灵　　B. 垄断

C. 不正当竞争　　D. 市场失灵

2. 市场规制法的调整对象不包括（　　）。

A. 市场竞争关系

B. 生产经营规制关系

C. 市场监管关系

D. 市场运行中产生的社会关系

3. 国家规制市场交易活动的宗旨是（　　）。

A. 维护公平的市场交易活动

B. 体现国家的经济意志

C. 实现有计划的经济调控

D. 扩大政府管理权

（二）多项选择题

1. 市场规制法是经济法的重要组成部分，是经济法的“一体两翼”。经济法的“一体两翼”指的是（　　）。

A. 经济法主体　　B. 市场规制法

C. 宏观调控法　　D. 企业公司法

2. 下列哪些法律制度应该列入市场规制法中？（　　）

A. 市场主体资格的确认和管理

B. 国有资产经营规制法

C. 市场竞争法

D. 产品质量法

3. 市场规则是由一系列规则构成的规则体系，包括：（　　）。

A. 市场准入规则　　B. 市场退出规则

C. 市场交易规则　　D. 市场竞争规则

4. 国家对市场机制的引导和保护，可以起到以下哪些作用？（　　）。

A. 加强对市场主体的约束

B. 协调个体利益和整体利益、社会利益的矛盾

C. 防范和制止市场机制作用与宏观调控作用的冲突

D. 加强国家的行政管理权力

5. 市场的概念有很多种，但是通常的含义有三种。下面哪些是市场的通常含义？（　　）

A. 市场是指聚集买卖双方以交换商品和劳务的实际场所

B. 市场是商品交换关系的总和，即参与交易活动的所有买者和卖者之间的交换关系

C. 市场就是指某项产品或劳务的现实的或潜在的购买者的集合

D. 市场是一切生产、交换和分配关系的总和

6. 市场规制法的体系组成部分包括（　　）。

A. 市场竞争法

B. 产品质量法

C. 价格法和计量法、标准化法

D. 消费者权益保护法和广告法

7. 市场规制法的基本原则有（　　）。

A. 尊重市场规律，依法适度管理的原则

B. 统一规制、分级监管的原则

C. 维护公平竞争的原则

D. 保护弱者和消费者合法权益的原则

8. 以下关于经济合同表述正确的是（　　）。

A. 经济合同是经济法用以管理与协调商品交换和货币流通的一种积极手段，体现了市场经济与宏观调控的有机结合

B. 合同主体至少有一方是地方政府的经济合同，如政府采购合同是经济合同的一种

C. 经济合同主体必须有一方是地方政府

D. 合同双方主体虽然不包括政府，但合同的内容以及订立形式上要接受政府监督和管理的合同也是经济合同的一种

9. 市场规制法具有以下哪些特征？（　　）

A. 以社会整体利益为本位

B. 公法与私法相互融合

C. 属于公法

D. 属于私法

10. 市场经济的本质要求公平，具体来说，在市场交易中，公平原则要求（　　）。

A. 市场主体的竞争环境应当是公平的

B. 市场主体的交易和竞争活动应该公平

C. 市场竞争主体的法律地位平等和经济机会均等

D. 一切主体的地位都是平等的

11. 国家市场规制行为的合法性包括（　　）。

A. 主体合法　　B. 内容合法

C. 形式合法　　D. 程序合法

简答题

1. 简述市场监管的体系与职能。（中国政法大学考研）

2. 简述市场规制法的特征。

3. 简述市场规制法的地位。

4. 简述市场规制法的概念和调整对象。（中国人民大学考研）

论述题与深度思考题

1. 论市场规制法的基本原则。

2. 论市场规制法在市场经济中的作用。

3. 论市场规制法的内在本质。

4. 市场监管权的性质、内容、体制（中国政法大学考研）

5. 论市场规制法的性质与特征（中国人民大学考研）

参考答案

名词解释与概念比较

1. 市场规制法是调整市场规制关系的法律规范系统。至于市场规制关系，具体而言，是指国家在规制市场主体和市场监管主体的行为过程中发生的生产经营规制关系、市场竞争关系、市场监管关系，即我国经济法调整的市场规制关系。市场规制法是经济法体系中三大主要组成部分之一，是经济法“一体两翼”（经济法主体、市场规制法和宏观调控法）中的一翼。

市场规制法调整的是微观的市场竞争和市场管理关系，它们构成宏观调控法所调整的宏观经济关系的微观基础。

2. 健全的市场规则是加强市场管理和清除市场障碍的前提与依据。而市场规则是由一系列规则构成的规则系统，如市场准入规则、市场退出规则、市场交易规则和市场竞争规则等。市场规则体系一般是指由市场商业道德规范、政策规范、法律规范等构成的有机体系，其中的法律规则系统由市场主体法、市场交易法、市场规制法、市场监管法四个子系统构成。市场主体法和市场交易法大部分规范应被纳入民法体系，而市场规制法和市场监管法一般被纳入经济法体系。

3. 所谓市场调节机制，是指市场机体内的价格、供求、竞争、风险、利率、工资等要素之间互为因果、互相制约的联系和作用。市场的调节主要依靠市场内的价格、供求、竞争、风险等市场制约要素构成的调节机制发挥作用。市场的调节、支配和制约是根据市场规则进行的。价格是市场调节的核心因素。

4. 市场竞争关系即生产经营者之间的竞争关系。市场竞争机制外化为市场竞争关系。竞争机制是发挥市场配置资源的基础性作用的重要机制，也是将市场主体追求利润最大化的内在动力转化为面向市场竞争的外在压力，使企业和其他经济组织富有活力、积极进取的重要机制。

5. 市场规制是国家针对市场进行干预的一种方式，即国家干预的政治、行政、经济和法律等手段中的法律规制，是国家通过制定行为规范引导、调节、控制、监督市场主体行为和规范、约束市场监管主体的管理行为，从而保护消费主体利益的管理系统。

6. 标准化法是调整国家在制定标准和实施标准化过程中发生的社会关系的法律规范的总称。商品的生产和市场交易离不开计量和标准，因此，标准化法和计量法也是市场规制法的基本内容。

7. 强制性标准是在一定范围内通过法律、行政法规等强制性手段加以实施的标准，具有法律属性。强制性标准一经颁布，必须贯彻执行，否则，造成恶劣后果和重大损失的单位和个人，要受到经济制裁或承担法律责任。我国《标准化法》规定：对保障人身健康和生命财产安全、国家安全、生态环境安全以及满足经济社会管理基本需要的技术要求，应当制定强制性国家标准。

8. 计量是运用法定形式和技术手段，为实现量的单位统一，量值准确、可靠的目的而进行的测量。为了实现数据度量的统一性和准确性，促进科技、贸易和人民生活等的健康发展，国家通过计量立法，统一计量单位和计量器具，明确计量技术保证体系、管理措施和计量责任。因此，计量是法制化的测量活动。计量是质量管理的基础工作，产品质量的形成和评价，离不开计量工作。计量法是调整计量活动的法，其内容包括计量管理体制、计量器具、计量单位、计量检定、计量检测、计量认证、计量纠纷解决和计量责任等。商品的生产和市场交易离不开计量和标准，因此，标准化法和计量法也是市场规制法的基本内容。

9. 市场主体之间在计划基础上的流通、协作活动及合同关系，应由经济法调整。这种合同是计划组织因素与商品货币关系的价值因素相结合、“纵横统一”的典型形式，即经济合同。一般来讲，经济法将经济合同界定为“政府”经济合同，即市场经济条件下直接体现政府意志或以政府意志为主导的合同。经济合同主要包括两类：（1）合同主体至少有一方是政府的经济合同。（2）合同双方主体虽然不是政府，但合同的内容以及订立形式上要接受政府监督和管理的经济合同。

调整上述经济合同关系的法律规范的总称即为经济合同法。

选择题

（一）单项选择题

1. D。政府失灵是经济法产生的一个原因，政府失灵的前提是政府对市场进行规制，但是政府也有失误的时候。国家对市场规制的原因是市场失灵，市场失灵表现为垄断、不正当竞争、市场不能提供公共产品等。可见，垄断和不正当竞争只是市场失灵的表现。

2. D。市场规制法的调整对象是国家对市场规制过程中发生的社会性和管理性的市场规制关系，包括生产经营规制关系、市场竞争关系、市场监管关系。选项D的外延包括了合同法等调整的社会关系，界定不准确。

3. A。市场规制法的宗旨是国家通过对市场交易活动的规制，创造一个良好、有序的市场竞争环境，维护公平的市场交易活动。体现国家的经济意志只是国家规制市场交易活动的一个外部表现形式。扩大政府管理权更不是国家规制市场交易活动的宗旨。政府的管理权要依法行使，并依法受到监督和约束。

（二）多项选择题

1. ABC。调整国家对市场规制过程中发生的社会性和管理性的市场竞争关系和市场管理关系的市场规制法，是经济法体系中三大主要组成部分之一，是经济法“一体两翼”（即经济法主体、市场规制法和宏观调控法）中的一翼。市场规制法调整的是微观的市场竞争和市场管理关系，构成宏观调控法所调整的宏观经济关系的微观基础。

2. BCD。市场竞争法和产品质量法天然地属于市场规制法的范畴。市场竞争法是市场规制法的核心。“市场主体资格的确认与管理”同民法中的法人和公民的资格、权利能力和行为能力的规定，同经济法中各类企业法律制度的规定相重复，故不宜纳入“市场规制法”之中。国有资产经营规制法属于特别的市场规制法律制度。

3. ABCD。市场规则是由一系列规则构成的规则系统，如市场准入规则、市场退出规则、市场交易规则和市场竞争规则等。市场规则体系主要是由市场主体法、市场交易法和市场规制法、市场监管法四个子系统所构成的。目前法学界一般认为，市场交易法和市场主体法大部分应纳入民法体系，而市场规制法和市场监管法应纳入经济法体系。

4. ABC。对市场机制的引导和保护可以加强对市场主体的约束，协调个体利益和整体利益、社会利益的矛盾，防范和制止市场机制作用与宏观调控作用的冲突。而加强国家的行政管理权力根本就是与市场规制法无关的范畴，政府的行政权力应该依法行使并受到制约，政府不能为自己扩权。

5. ABC。市场的概念虽有多种含义，但是通常可以归纳为如下三种：其一，市场是指聚集买卖双方以交换商品和劳务的实际场所。这是最早的，也是传统的市场概念，如农贸市场等。其二，市场是商品交换关系的总和，即参与交易活动的所有买者和卖者之间的交换关系。这是经济学上对市场的解释，通常说的“市场调节”“市场机制”中的市场就是经济学意义上的市场。其三，市场就是指某项产品或劳务的现实的或潜在的购买者的集合。这是从企业或卖方的角度对市场的理解。这是市场营销学上所采用的概念。市场不包括生产和分配关系，如果一种产品内部生产、内部消费，那么它就没有走向市场。

6. ABCD。市场规制法体系主要有生产经营规制法、市场监管法、市场竞争法三类，其中选项 B、C、D 是生产经营规制法的组成部分。市场规制法是个有机整体，在这个有机整体中，以市场规制法基本原则为指导，各个组成部分相互协调、互相配合，以实现政府维护市场秩序和公平交易的目的。

7. ABCD。市场规制法的基本原则是贯穿于市场规制法之中的，是人们在市场规制法的立法、执法、守法过程中必须遵循的根本准则或者说根本指导思想。它是由市场规制法的目的和调整对象的性质所决定的。四个选项都是市场规制法的基本原则。市场规制法的基本原则还包括违法行为法定原则。

8. ABD。调整经济合同关系的法律规范的总称即为经济合同法。政府作为一方主体，参与经济法律关系时，并不是以管理者的身份出现，而是以经济法意义上的消费主体或经营主体的身份出现。这也是经济合同法归属于经济法范畴而非行政法范畴的重要原因。选项 B、D 是构成经济合同的两种类型。

9. AB。市场规制法属于经济法，这一点在我国经济法学界已经取得共识。经济法是以社会利益为本位之法，这也是经济法区别于传统法律部门的一个特征。经济法也是公私交融、以公为主的法律，属于经济法的市场规制法理所当然具有经济法以社会利益为本位、公法与私法相交融的特点，并且以公法为主。

10. ABC。市场主体之间的公平竞争包括竞争环境是公平的、交易和竞争活动是公平的，市场竞争主体的法律地位平等和经济机会均等。主体地位平等主要讲的是在宏观的层次上所有主体在法律上的地位都是平等的，但并不意味着在所有的市场规制关系中所有主体的地位都是平等的。比如在国家查处不正当竞争过程中，国家机关和进行不正当竞争活动的主体一方的地位是不平等的，有关国家机关在履行职责中依法享有强制执行的权力。

11. ABCD。合法性首先便要求主体合法，这是合法规制的前提。合法的主体行使权力的内容也必须合法，并具备法律所要求的形式。同时，行使权力还必须遵循合法的程序，程序合法才能保证实体合法。

简答题

1. 参考答案一：

市场规制法是一个集合概念，包括我国在内的任何一个国家都没有制定一部统一市场规制法，而是从维护市场秩序的各个方面分别立法。但是，市场规制法是一个有机的统一整体。在这个有机整体中，以市场规制法基本原则为指导，各个组成部分相互协调、相互配合，共同实现政府维护市场秩序和公平交易的目的。根据市场规制法的调整对象的范围和基本内容，我国市场规制法体系主要由以下几部分构成：

（1）商品生产经营规制法。

1）产品质量法。产品质量法是调整国家在对生产经营者的产品质量进行监管和对消费者权益进行保护的过程中所发生的社会关系的法律规范的总称。

2）价格法。价格法是调整生产经营者在价格形成和国家在价格监管过程中所发生的社会关系法律规范的总称。

3）广告法。广告法是调整广告关系的法律规范的总称。广告关系是指国家在对广告活动进行监督管理过程中所发生的社会关系。

4）商标法。商标法是指调整商标关系的法律规范的总称。国家为了加强商标管理，保护商标专用权，促使生产经营者保证商品和服务质量，维护商标信誉，保障消费者和生产经营者的利益，促进社会主义市场经济的发展，制定了商标法。

5）计量法和标准化法。计量法是调整计量关系的法律规范的总称。标准化法是调整国家在制定标准和实施标准化过程中所发生的社会关系的法律规范的总称。

6）经济合同法。经济合同主要包括两种类型。一是合同主体至少有一方是政府的经济合同。但是，政府作为一方主体参与经济合同法律关系时，并不是以管理者的身份出现，而是以经济法意义上的消费者主体或经营者主体的身份出现，这也是经济合同法归属于经济法范畴而非行政法范畴的重要原因。二是合同双方主体虽然都不包括政府，但合同的内容以及订立形式要接受政府监督和管理的经济合同，如供用电、水、气、热所订立的格式合同，建设工程合同，等等。调整上述经济合同关系的法律规范的总称即为经济合同法。

7）产业经营规制法。产业经营规制法是指调整工业、农业、服务业中的生产经营规制关系的法律规范的总称，属于具体的市场规制法律制度的范畴，例如农业生产经营规制法、电子商务经营规制法等。

8）政府特许经营规制法。政府特许经营规制法，是指调整政府授予特许经营者特许经营权，允许其在能源、交通运输、水利、市政工程等基础设施和公用事业等领域内进行特许经营活动中所发的特许经营规制关系的法律规范的总称。

（2）市场竞争法。

市场竞争法是调整经营者之间的市场竞争关系的法律规范的总称。市场竞争关系是竞争法的调整对象。市场竞争法主要由反不正当竞争法和反垄断法组成。反不正当竞争法主要是反对经营者出于获取不正当利益的目的，违反市场交易中的诚实信用原则公认的商业道德，通过使用不正当竞争手段而获取相对竞争优势。而反垄断法是从保护市场竞争，防止和制止垄断行为，防止和制止滥用行政权力排除、限制竞争的行为出发，使市场保持足够的竞争者，以便交易相对方和消费者在市场上有选择商品的机会。因此，市场竞争法是规范竞争行为，维护经营者、消费者的合法权益和社会公共利益的法。

（3）消费者权益保护法。

消费者是为了满足生活消费需要而购买、使用商品或接受服务的，由国家以专门法律确认其主体地位和保护其消费权益的个体社会成员。消费者权益保护法是调整在消费者为生活消费需要而购买、使用商品或接受商品性服务过程中所发生的，有关消费者、经营者、国家机关、社会组织等各方关系的，以保护消费者权益为中心的法律规范的总称。

（4）市场监管法。

市场监管法是调整市场监管法律关系的法律规范的总称。

（5）经济监督法。

1）会计法。会计法是调整会计关系的法律规范的总称。它是规范会计行为，保证会计资料真实完整，以加强经济和财务监督管理，提高经济效益，维护社会主义市场经济秩序的法律。

2）审计法。审计是指审计机关依法独立检查被审计的会计凭证、会计账簿、财务会计报告以及其他与财政收支、财务收支有关的资料和资产，监督财政收支、财务收支真实、合法和效益的行为。审计法是调整审计过程中所发生的审计关系的法律规范的总称。

最后需要指出的是，消费者权益保护法是市场规制法的中心，商品生产经营规制法、市场竞争法和市场监管法等都是直接或间接保护消费者利益的法，它们在市场规制法体系中环环相扣、互为补充，发挥各自不可替代的特有调整功能，构成一个完整的维护市场秩序和公平交易的法律规范系统。

（参考资料：刘文华、史际春、徐孟洲主编：《经济法》，7版，北京，中国人民大学出版社，2024）

参考答案二：

（1）定义：市场监管体系是指政府通过监督、管理等方式干预经济的各项法律规范和制度的总和。

（2）内容：第一，以监管对象为标准，市场监管体系包括基础性的市场监管和行业性的市场监管：1）基础性的市场监管是指对市场经济的综合性监管，具体包括对竞争秩序的监管、对价格的监管、对产品质量的监管等；2）行业性的市场监管是指对专业性行业的市场监管，例如对房地产、金融、会计与审计、广告等行业的监管。第二，以监管时间为标准，市场监管体系包括事前监管、事中监管和事后监管：1）事前监管主要指准入监管；2）事中监管即运营监管，主要包括竞争监管、信息监管、质量监管、价格监管、技术监管等；3）事后监管主要指退出监管。

（3）职能：市场监管体系体现了政府对市场的干预。一方面，在宏观领域，市场监管体系主要通过市场机制引导市场主体的活动，从而间接实现政府对市场经济的干预，例如通过财政政策、货币金融政策等引导相关主体的市场行为。另一方面，在微观领域，市场监管体系主要通过直接规定市场主体的权利和义务实现政府对市场经济的干预，例如通过消费者保护政策、竞争政策、价格政策等，规定相关市场主体的权利和义务。

（参考资料：王卫国、李东方：《经济法学》，4版，北京，中国政法大学出版社，2019）

2. 市场规制法是调整国家在规制市场主体和市场监管主体的行为过程中发生的生产经营规制关系、市场竞争关系、市场监管关系的法律规范系统。其特征有：

第一，市场规制法的本质是国家权力对市场交易活动的依法适度干预。市场经济的理论和实践充分表明，市场交易的失败即市场失灵，是国家干预市场交易活动的主要根源。国家干预市场交易活动的宗旨是重视和扶植公平的市场交易活动。为了提高国家干预市场交易活动的经济和行政手段的效率及确定干预市场交易活动的范围，有必要依法强制实施和规范国家重视和扶植市场交易活动的行政和经济手段。

第二，市场规制法的调整对象是生产经营规制关系、市场竞争关系、市场监管关系。该关系具有政府经济管理关系的属性，但它不同于政府对宏观经济的管理关系。市场规制法规制的主体是微观市场主体，构成宏观市场调控的基础。

第三，市场规制法是从社会整体利益出发对市场秩序进行调控，这集中体现了现代经济法的本质。市场规制法在特定的市场环境中贯彻特定的经济政策，对各种交易关系和竞争关系进行有别于民法的特殊安排，以弥补民法在建立良好市场秩序方面的不足，进而实现国民经济的持续、健康与和谐发展。

（参考资料：刘文华、史际春、徐孟洲主编：《经济法》，7版，北京，中国人民大学出版社，2024）

3. 市场规制法的地位，是指其在我国经济法律体系中的地位。我们认为，它是经济法体系的主要组成部分，属于经济法的范畴。

关于经济法的调整对象及相应的体系，目前我国法学界仍有较大分歧。但市场规制关系和宏观经济调控关系属于经济法的调整对象，可以说已成为经济法学界大多数学者的共识。我们认为，弥补市场缺陷，需由政府在尊重市场客观经济规律的前提下对经济进行适度干预，这已为世界上绝大多数市场经济国家所承认。经济法恰恰适应了这一要求，既突破了经济活动是市民的私事、国家不干预的观念，又突破了计划经济中国家无处不在的观念，使公法与私法适当融合、渗透，成为国家对经济依法适度干预的重要法律依据。经济法一手牵着市民社会，一手牵着国家，以创新、协调、绿色、开放、共享的发展理念和以人民为中心的法治理念为指导，用平衡、协调的方法把国家和市民社会有机融合起来，促进社会经济治理的系统化、协同化。从经济法的主旨在于避免市场失灵和纠正政府失灵，以及国家对经济适度干预的角度来看，市场规制法应属经济法这一独立法律部门的主要子部门之一。

经济法融公法和私法于一体，在尊重市场主体的私权利的前提下，以适度的公权力手段对市场经济进行必要的法律调整，适应了现代市场经济发展的需要。所以，经济法绝不是公法规范和私法规范的简单组合，当然也不是民法规范和行政法规范的简单组合。我们认为，如果对《反不正当竞争法》《产品质量法》《价格法》《消费者权益保护法》《广告法》等法律的规范形式进行实证分析，就不难发现，其大量的法律规范都是从维护市场的正常秩序和社会公众利益的角度出发，以义务性规范和禁止性规范的形式，规定了经济主体的各种相关的义务。这和民法规范主要以授权性规范的形式规定民事主体的私权利（包括有形、无形财产权和人身权）显然不同，也和行政法规范主要规定国家行政机关的权力和义务（包括职权和职责）显然不同。市场规制法与宏观调控法都是以社会整体利益为本位，都具有公法与私法相互融合、渗透的特点，但它们是经济法体系中两个相互独立的子系统：前者主要调整微观经济关系，维护市场秩序；后者主要调整宏观调控关系，调节的是社会宏观经济利益，主要规范和约束政府经济行为以及政府调控宏观经济的行为，促进经济与社会全面、协调、健康和可持续发展。

（参考资料：刘文华、史际春、徐孟洲主编：《经济法》，7版，北京，中国人民大学出版社，2024）

4. 参考答案一：

市场规制法是调整在国家进行市场监督管理过程中发生的经济关系的法律规范的总称。国家对市场进行规制的过程中发生的社会性和管理性的市场规制关系是市场规制法的调整对象。市场规制法是经济法体系的三大主要组成部分之一，即经济法“一体两翼”（经济法主体、市场规制法和宏观调控法）中的一翼。其调整对象范围主要包括：

（1）生产经营规制关系。

生产经营规制关系是指生产经营者在生产经营活动中发生的受国家依质量、价格、计量、标准和特殊经营法律法规标准规制的法律关系。具体可分为三个部分：一是指一般性的生产经营关系，主要指必须接受国家在产品质量、安全、价格、计量、标准、广告、商标、经济合同等方面的管理所发生的生产经营规制关系。二是具体的生产经营规制关系，主要是指工业、农业、服务业三大产业的生产经营活动中所发生的规制关系。三是特殊的生产经营规制关系，主要包括国有资产经营管理与烟草、军工产品等的生产经营活动中发生的规制关系。

（2）市场竞争关系。

市场竞争关系即生产经营者之间的竞争关系。值得注意的是，直销行为也属于市场竞争关系的一个重要内容。在国外，直销和传销不分，都是指通过销售员而不通过店面销售产品。而在中国，两者有着严格的区分：直销是指直销企业招募直销员，由直销员在固定营业场所之外直接向最终消费者推销产品的经销方式。传销是指组织者或者经营者发展人员，通过对被发展人员以其直接或者间接发展的人员数量或者销售业绩为依据计算和给付报酬，或者要求被发展人员以交纳一定费用为条件取得加入资格等方式牟取非法利益，扰乱经济秩序，影响社会稳定的行为。我国对传销行为一律予以查处和禁止。

（3）市场监管关系。

市场监管关系，是指政府在对金融、商贸、电信、电力、土地市场等进行监察、督促、引导和管理活动中产生的经济管理关系，主要包括银行业监管关系、证券业监管关系、保险业监管关系、商贸监管关系、土地监管关系、电信/电力监管关系。

参考答案二：

（1）市场规制法的定义：既然市场规制法所调整的是市场规制关系，根据部门法定义的逻辑规则，市场规制法，是调整在国家规制市场行为过程中所发生的社会关系的法律规范的总称。需要强调的是，这是部门法意义上即实质意义上市场规制法的定义。形式意义上的市场规制法，表现为一国或地区的反垄断和反不正当竞争的基本法律，如竞争法或反垄断法、反不正当竞争法。其中，采行统一立法模式的国家，其竞争法是比较完整的形式意义上的市场规制法。

（2）市场规制法的调整对象：市场规制法的调整对象，需要在理解调整对象的一般原理和经济法的调整对象理论的基础上展开。市场规制法所调整的是市场规制关系。市场规制关系，就是在国家规制市场行为过程中发生的社会关系。市场规制，是国家依法规范市场主体的市场竞争行为的行为。由于国家市场规制行为是国家对整个经济运行进行调控和规制行为的一部分，市场规制关系也就成为国家经济调制关系的一部分。由于市场规制行为主要是反垄断行为和反不正当竞争行为，市场规制关系也主要包括反垄断关系和反不正当竞争关系。基于其他视角，还可以将市场规制关系分为市场行为规制关系和市场规制体制关系。二者结合，反垄断关系包括垄断行为规制关系和反垄断体制关系，反不正当竞争关系包括不正当竞争行为规制关系和反不正当竞争体制关系。多角度、多层次分类，有助于增进对市场规制法所调整的市场规制关系的认识。

论述题与深度思考题

1. 参考答案一：

市场规制法的基本原则是贯穿于市场规制法之中的，是人们在市场规制法的立法、执法、守法过程中必须遵循的根本准则或者说根本指导思想。它是由市场规制法的目的和调整对象的性质所决定的。市场规制法的原则既是立法机关制定市场规制法的指导思想，又是司法机关进行司法活动的基本依据，也是一切市场经济活动主体的行为准则。关于市场规制法的基本原则问题在学界争议也比较大，但是它又是一个很重要的问题。当前研究市场规制法的基本原则是有其现实意义的：其一，市场规制法基本原则的确立，是我国市场经济法律体系重新整合、市场规制法律体系走向完善和成熟的重要标志；其二，市场规制法基本原则的确立，能够弥补我国市场规制法律规范和条文存在较多缺陷的现状。

我们认为，市场规制法的基本原则主要有以下几项[①]：

第一，尊重价值规律、供求规律和竞争规律，依法适度管理的原则。价值规律、供求规律和竞争规律是市场机制赖以存在和发挥作用的基本规律。任何违背这些客观规律的市场行为和市场管理行为，都是注定要失败的。市场规制法要保障市场经济活动更加“经济和理性”，提高经营者的整体效益和消费者的整体福利，必须遵循和体现相关的市场运行规律，包括价值规律、竞争规律、供求规律和投入产出规律等。其实，规律本身也是一种法，是超越世俗法的自然法，具有更高的效力。市场规制法只有充分尊重和体现相关经济规律，才能引导市场主体依法从事经济合理的行为，实现综合效益和宏观经济的目标，实现自身的各类调整目标。国家对市场进行管理在于弥补市场的不足而不是替代市场，所以在强调其管理的重要性的同时，必须强调国家管理的合理性、适度性和有效性，把握好管理的范围、方式和力度，这样就必须要尊重市场客观经济规律，否则，就会因国家对市场的过度干预而否认市场运行规律，最终否认市场经济，也会导致使市场主体活力窒息的严重后果。市场规制立法、执法，调整市场监督、管理和协调关系，必须顺应价值规律、供求规律和竞争规律，使市场规制法的所有规范都符合这些规律的要求。

依法适度管理就是要求国家对市场秩序的管理要从维护良好的市场秩序这个立足点出发，并遵循市场运行的规律，把握适度、得当。国家对经济的管理必须在一定的“度”内，适度可以促进经济的增长，而“过度”和“不及”都会阻碍经济的发展。这个“度”是个有弹性的标准，要根据不同时期的经济发展情况和市场运行状况来作出判断。比如反垄断法的执行力度和司法力度在不同时期相差很大，受到政府经济政策的影响很大。如在20世纪五六十年代，美国风行保护中小企业的意识和政策，反垄断法的执行就非常严格；而在20世纪80年代后，随着美国面临国际竞争的压力增大及世界范围内企业兼并的潮流盛行，美国对反垄断法的执行力度放松，对垄断行为的认定从结构主义转向行为主义。“市场失灵”要产生效率损失，国家对之管理是为了弥补这种效率损失。但是，由于国家也是一个有限理性的经济主体，政府不是万能的，也会产生“政府失灵”问题，它在管理经济活动中能够克服市场缺陷的同时也存在着可能会抑制市场的活力甚至违背经济规律的风险，所以，当国家能以最低的风险和成本牺牲挽回最大的市场效率损失时，就是最佳、最理想的国家管理，即国家管理的适度、得当。

第二，维护公平竞争的原则。公平竞争原则是市场规制法确定和维护的基本原则。这是市场规制法反映社会化市场经济之内在要求的一项核心原则。所谓公平竞争是指市场竞争主体的法律地位平等和经济机会均等。在市场竞争中，一切竞争者处于平等的法律地位，服从同一法律规则。经济机会均等是指经营主体都有进入市场并进行平等竞争的机会，不允许某个

① 也有学者将市场规制法的原则归纳为：(1) 维护市场经济活动中的经济民主原则；(2) 保障市场活动中的实质公平原则；(3) 维护市场运行的整体效率原则；(4) 倾斜保护弱者原则。参见李昌麒主编：《经济法学》，213～216页，北京，中国政法大学出版社，2002。

竞争者独占机会，也不允许对任何竞争者进行歧视。维护公平竞争原则要求国家要为当事人创造一个公平的竞争环境和竞争条件，使他们能够在相同的条件和外部环境中参与竞争，促进竞争机制在市场中发挥积极作用。维护公平竞争原则和制度的出现，是通过国家的“有形之手”来纠正市场之“看不见的手”所导致的弊端，同时又力求使“看不见的手”在最大范围内、最高程度上发挥作用的产物。在此原则中对公平竞争加上“维护”，表明了市场规制法和国家在维护市场经济及其竞争秩序中的一种积极和能动的作用。市场规制法所维护的公平竞争既包括形式意义上的公平竞争，也包括实质意义上的公平竞争。这也符合经济法所追求的实质公平的理念。

第三，保护弱者和消费者合法权益的原则。在现代市场经济条件下，市场主体间的强者、弱者是客观存在的。强者拥有强大的经济实力和组织网络，在市场活动中居于显著优势地位；弱者或消费者不仅经济实力小，而且处于无组织的分散状态，因此，他们在市场活动中最容易受到伤害。这就要求国家从维护社会公平与正义出发，在立法、执法和救济等方面，对市场主体间弱者一方给予特别的保护。对弱者的保护实质上也是为市场竞争储备后生力量，为经济长远发展积累能量，因为今天的弱者可能明天就会变成强者。同时保护市场上弱者的权益也体现了市场经济社会应该具有的社会良心，有利于社会的和谐、稳定。对消费者合法权益的保护，实质是保护消费、促进消费，从而保护生产、促进生产，有利于社会经济的发展。所以，保护弱者和消费者合法权益的原则应该被确定为市场规制法的原则。

第四，违法行为法定原则。违法行为法定，即违法行为由法律明示。在市场经济条件下，市场瞬息万变，市场主体要及时作出经营决策并实施某种经营行为。法律要将市场主体可以实施的行为都一一规定下来，是不可能的。法律可以做到的，只能是为市场主体不允许实施的行为划一个范围，即法律未明示禁止的行为应视为合法行为，行为人应不受制裁。违法行为包含三个方面的基本要求：一是法无明文规定不制裁，即实施制裁必须有法定依据，没有法定依据不能实施制裁；二是市场管理机关必须在法定职权范围内实施制裁；三是市场管理机关实施制裁必须遵循法定程序实施，违反法定程序的，制裁行为即无效。

（参考资料：刘文华、史际春、徐孟洲主编：《经济法》，7版，北京，中国人民大学出版社，2024；史际春、邓峰：《经济法总论》，2版，北京，法律出版社，2008；张守文：《经济法理论的重构》，北京，人民出版社，2004）

参考答案二：

（1）界定。

市场规制法原则，是市场规制法的制定和实施所应遵循的基本准则。市场规制法原则，应当统率市场规制法的各规则、各环节，并与宏观调控法原则相区别。

提炼市场规制法的原则，首先要遵循法治国家依法而治的基本准则，与经济法的基本原则、市场规制法的价值和宗旨以及国内外市场规制实践相契合，体现市场规制法的特色和特殊需要，并与其他法律部门相区别。基于上述要求，市场规制法的原则包括：规制法定原则、规制公平原则、规制绩效原则和规制适度原则。需要说明的是，本部分所称的原则，是市场规制法的基本原则。

（2）规制法定原则。

市场规制是国家介入市场运行、规范市场主体竞争行为的行为。在法治国家，这类行为必须有法律的明确授权，同时还应当由法律对其实体与程序进行明确界定。《谢尔曼法》比较全面、简要地体现了规制法定原则：1）规定三类托拉斯行为为非法行为，并须承担相应的法律责任。这是将托拉斯这种原来是市场主体可自由实施的市场竞争行为纳入国家规制范围的法律依据。2）“授予美国区法院司法管辖权，以防止、限制违反本法。”这是法院享有规制托拉斯的权力，进而成为市场规制主体的法律依据。3）“各区的检察官，依司法部长的指示，在其各自区内提起衡平诉讼，以防止和限制违反本法行为。”这是授权特定国家机构——列入行政序列的准司法机构的工作人员——检察官，享有启动反托拉斯诉讼以规制违反市场规制法行为的权力。这也规定了启动规制程序的一项法定条件。同时，为满足便捷、有效的需要，还允许“依据美国联邦法律、州法、准州法或外国法律成立的，经上述法律授权的现存公司及联合会”，也可通过提起诉讼而启动反托拉斯这种市场规制行为的程序。美国《联邦贸易委员会法》第1条有关联邦贸易委员会的成立、构成、第一届的任职年限等的详细规定，同样将规制法定原则体现得非常详细、严格。由此可见，规制法定原则要求，规制市场竞争行为的主体、权力和程序等均需依照法律规定；非依法律规定，任何组织或个人不得规制市场主体的竞争行为。

（3）规制公平原则。

既然市场规制法具有人类社会所需要的公平价值，那么在制定、实施市场规制法规范时就应以实现公平、增进公平和彰显公平为基本准则，通过对合同法、商法层面的公平价值的矫正，均衡实现形式公平与实质公平、机会公平与结果公平。

比如，在立法中，界定垄断及其四类垄断行为的法律定义时，应突出其限制公平竞争的属性；在规定反垄断调查程序、垄断行为的认定标准时，着重于其对公平竞争的损害及其程度；在规定反垄断法适用除外的条件和范围时，同样应重点体现对公平竞争的保护。在实施中，应以恢复、实现、保护和促进公平竞争为基本准则。在适用反垄断法律的规定、原则和精神进行权变考量时，公平性是最重要的判断依据之一。

（4）规制绩效原则。

产业组织理论和市场规制法原理的研究表明，不同的市场结构和市场行为产生不同的市场绩效，不同的规制行为所产生的市场绩效也不同。既然如此，规定规制主体、规制权力、规制行为方式和行为程序的市场规制法规范，在制定前进行制度设计时的预期、在制定后运行时的绩效都应当是最大化的。追求并体现规制绩效的最大化，包括资源配置效率的最大化、技术进步速度和质量的最大化、社会福利提高的最大化等。绩效的最大化不仅仅考察单个市场或单个市场的局部，还要全面考察各有关因素。

（5）规制适度原则。

凡事皆有度，过犹不及，适可而止。由于观察角度、参照点和理论依据不同，许多市场竞争行为常常同时存在着妨碍公平和体现公平、减损绩效和提高绩效、阻碍竞争和促进竞争等相互对立的属性。作为一物之二面，全面禁止或完全放任，都会给经济社会带来不利的影响，并反过来破坏市场规制制度本身。因此，需要既有禁止又有允许，既有一般规定又有适用除外“规制”。规制所适之度，在于：1）适用市场规制法的“法度”；2）追求经济和社会协调发展的“绩效之度”；3）均衡达成形式与实质公平和机会与结果公平的“公平之度”。也就是说，市场规制法的制定和实施，均须在法定的范围内，以实现绩效的最大化和公平的均衡化作为制约规制手段的选择、节制规制权力运行的力度的基准。适度原则的上述精神在反垄断法、反不正当竞争法各类制度中都有较充分的体现。

2. 市场规制法在市场经济中的作用主要体现在以下四个方面：

第一，创造公平竞争的市场环境，协调经营者相互之间的利益关系。创造公平竞争的市场环境，是指通过立法和执法使一切市场主体处于平等的法律地位，服从同一法律制度，并坚决查处、制裁垄断和不正当竞争等不法行为，推动和保护正当竞争。

第二，维护消费者的合法权益，协调经营者与消费者之间的利益关系。消费者的消费是经济发展的原动力，保护消费者的权益能鼓励消费者消费，扩大内需，从而刺激经济的发展。维护消费者的合法权益，必然要以经营者切实履行其应尽的合法诚实经营义务为基础，所以要通过立法明确经营者的义务。尤其在我国消费者自我保护意识不强的情况下，增强消费者自我保护的法律意识，大力查处经营者损害消费者合法权益的违法行为，方便消费者为维护自己的合法权利提出申诉、申请仲裁或提起诉讼，显得尤为重要、尤为迫切。这促使经营者为面向市场争夺更多的消费者而对内部加强和改善经营管理，切实转换经营机制，促进我国市场经济的健康发展。可以说维护消费者权益是整个市场规制法的落脚点，消费者权益保护法自不用说，反垄断法和反不正当竞争法的作用在于促使生产者和经营者遵守市场规则，自由和公平地开展竞争，从而提供更多价廉、质优的产品，最终提高消费者的福利。所以，我们可以说，竞争法实质上也是消费者权益保护法，整个市场规制法甚至整个经济法体系都是以维护消费者权益为中心而构建起来的。

第三，为政府对市场进行管理提供法律依据，规范和约束政府管理市场的行为。在市场经济条件下，政府对市场的管理同样不是万能的，必然要以不妨碍市场机制正常发挥为前提，以弥补市场缺陷为目的。市场经济是一种法治经济。人们的这一共识不仅是指基本的社会经济关系都有法可依，以及法律成为调整社会经济关系的主要手段，而且主要是指政府干预有法可依、有法必依，政府干预必须守法。所以必须通过立法明确政府对市场管理的职能机构、职能范围、方式程序，既使其具有权威性、强制性，以维护市场的正常秩序，又避免主观性、随意性等滥用权利破坏市场机制的行为出现，建立必要的监督制约机制，从而防止政府的过度干预而酿成“政府失败”的恶果。

第四，促进社会主义市场经济体制的建立和完善，推动社会主义市场经济的发展。市场机制是资源配置的一种十分重要的手段。它能通过供求、价格、竞争之间的相互作用与影响，推动资源的合理流动与分配，提高资源的使用效率，从而促进社会经济的发展。人们通常把市场机制的这种客观作用，形象地比喻为“无形的手”或“看不见的手”。市场规制法在“无形之手”对资源配置的基础上，通过立法、执法，充分利用“有形之手”排除“无形之手”在某些方面不能发挥作用的“功能性障碍”，整顿和规范市场经济秩序，打破行业垄断和地区封锁，促进一个统一、开放、竞争有序的现代市场体系的形成。

（参考资料：刘文华、史际春、徐孟洲主编：《经济法》，7版，北京，中国人民大学出版社，2024；邱本：《自由竞争与秩序调控——经济法的基础建构与原理阐释》，北京，中国政法大学出版社，2001）

3. 经济法包括市场规制法和宏观调控法两个子部门。市场规制法主要包括反垄断法、反不正当竞争法、消费者权益保护法等。市场规制法的内在本质或者说它的价值在于（市场）秩序，这一价值涵盖了市场公平、市场正义、市场效益、市场安全等价值。

市场规制法以“秩序”（具体地说是市场秩序）为基本价值，这是由市场规制法的本质特征所决定的。其一，市场规制法的调整对象说到底是市场竞争关系，包括反不正当竞争关系和反垄断关系。这些关系具有整体性、宏观性、立体性的特征，决定了以反不正当竞争法、反垄断法为核心的市场规制法必须以秩序为自己的价值，即市场竞争法的目的在于消除市场主体数量、主体规模、主体行为等方面给市场秩序带来的消极社会效应而弥补市场调节的缺陷，优化经济结构，构建宏观秩序，从而减少个体行为对整体的冲突，阻止或消除市场秩序的结构失调。其二，市场竞争法具有社会公共性，而市场秩序是这一社会公共性的最好的阐述和解构。社会公益性虽涵盖许多内容，但最基本的起决定性作用的应是社会制度利益，是自由公平的市场竞争秩序。有了这个秩序条件，人们才可能谋求和实现私人利益。其三，市场规制法只有以秩序为其价值，才能合理地解释其国家干预性特征。对市场进行规制的法律手段主要是以国家干预私权的形式出现的，其初衷并不关心受到公权干预的主体在此过程中的最终结局是受益还是受损，而是为了市场交易场所的井然有序——自由、公正、平等、有序竞争。其四，市场规制法以秩序为价值，更有利于我们理解经济法律现象。秩序作为市场规制法的价值，它所关心的是“社会生活的形式，而不是实质或性质”，即市场规制法调整社会关系过程中侧重于社会经济生活的形式结构（秩序）——权力与权利及权利与权利的组合形式。与效益、公平、自由或安全等实质性的价值相比，它更有助于我们理解为什么竞争法要严格限制个别主体为实现规模效益而无节制地兼并其他中小主体。

市场规制法的秩序不仅是一种经济秩序，而且是一种道德伦理秩序，还是一种法律秩序，因而应从经济、伦理和法律的角度来对市场规制法的秩序价值内涵进行解读。（1）市场规制法的秩序价值的经济维度。从经济的角度来阐释市场规制法的秩序价值，就是把市场规制法所追求的秩序描述为一种经济。其一，市场规制法的秩序价值所蕴含的经济是一种整体或全社会意义上的。其二，效益是经济的核心范畴，市场规制法所追求的秩序是一种有效益的秩序。（2）市场规制法的秩序价值的伦理维度。它决定了市场规制法律制度的生存基础和正当性。换言之，市场规制法的秩序价值无形中契合了人类本性对秩序的道德伦理需求，“道德人”“社会人”理念蕴含了人们对秩序价值的渴望和追求。（3）市场规制法的秩序价值的法律维度。从法律角度来论述市场规制法的秩序价值就是解构市场秩序由哪些法律、从哪些市场层次方面对市场交易的行为和状态进行规制。市场秩序分为进入秩序、交易秩序、竞争秩序、中介秩序和市场管理秩序五个层次。相应地，市场规制法的体系也是以此为基础构建和完善的，进而分工合作以便保证市场规制法秩序价值的实现。

市场规制法的秩序价值是整个市场规制法律体系得以建立的灵魂，它是构建市场规制法律体系的指导思想和根本准则，在整个市场规制法律体系中处于统率地位。其立法上的表现就是维护市场秩序这一基本原则的确立。在市场规制法的基本价值序列中，秩序价值总要优先于正义和自由等价值，而市场自由、市场公平、市场平等、市场效益等价值是居于第二位的，是其秩序价值的内在要求。它们在各个具体的市场规制法律制度中的地位是不平等的，这是由具体市场规制法律制度所起作用的市场领域和侧重面不同决定的。如反垄断法的价值侧重点在于效益，反不正当竞争法的侧重点在于公平，市场准入法律制度的侧重点在于平等。因此，我们认为，居于第一位的秩序价值是市场规制法的基本价值，它涵盖了居于第二位的自由、公平、平等、效益等法的价值，其实质是一种自由的、公平的、平等的、效益的秩序，所谓某某价值与秩序价值的冲突实际上是这些价值与秩序价值中自由、公平、平等、效益等部分内容的冲突，不存在一个抽象的、与其他价值必然发生冲突的秩序价值。是否民主、是否自由、是否公平、是否平等、是否效益等，只是秩序价值实现与否的评判取舍标准，反对的、破除的只是秩序中某些不合理因素。

[参考资料：吕忠梅、刘大洪：《经济学的法学与法经济学分析》，北京，中国检察出版社，1998；刘大洪、廖建求：《论市场规制法的价值》，载《中国法学》，2004 (2)]

4. 市场监管权的性质：市场监管权是指市场监管机关根据市场监管法的规定，对市场主体享有的实施具体监督管理行为的权力，包括许可权、禁止权、限制权、强制权、监督检查权和处罚权等权力。市场监管的本质是一种行政执法行为，主要强调的是政府在市场中的地位和角色。

市场监管权的内容：根据适用范围的不同，市场监管权可以分为一般市场监管权和特定市场监管权。

(1) 一般市场监管权。一般市场监管权是指适用于所有市场领域的权力，包括竞争法、消费者权益保护法、自然资源法领域的市场监管权。

(2) 特定市场监管权。特定市场监管权是对某一特殊市场领域或行业的经营者进行监管的权力。特定市场监管权既有一般市场监管权的特征，也有根据行业需要形成的一些特殊目的，监管的手段也相应具有多元性，包括金融法、房地产市场法、电子商务法、电信市场法等领域的市场监管权。

市场监管权的体制：

(1) 主体制度。市场监管权的主体是依法授权的、履行监管职能的国家机关或社会组织，市场监管权的受体是法律规定的市场主体及其行为。

第一，市场监管权的主体包括国家和政府。在市场失灵的背景下，国家通过法定程序被授予实施宏观调控和市场监管行为的权力后，国家便成为市场监管主体。当国家的权力在许多方面由政府行使时，政府也就成为国家介入市场、规制市场竞争行为的实际担当者和执行者。

第二，市场监管权的受体包括经营者及其利益的代表者。经营者是以营利为目的提供商品或服务的组织或个人，不以注册的身份为限。市场监管权的行使包括对主体资格和经营行为的监管。经营者利益的代表者包括可能实施垄断协议并违反反垄断法的行业协会以及实施行政性垄断行为的地方政府和各级政府部门。

(2) 配置制度。市场监管权是规制主体依法律的授权而享有的、监管市场竞争的权利，具有法定性和强制性，包括权力的横向配置和纵向配置。第一，市场监管权的横向配置，包括不同监管权在不同监管主体之间的配置和同一监管权在不同监管主体之间的配置。市场监管权包括反垄断权、反不正当竞争权、消费者保护监管权和特别市场监管权，由国家市场监督管理总局行使，国务院反垄断委员会行使协调、调研和部分立法权。第二，市场监管权的纵向配置。例如，四类垄断行为的监管权仅由国家市场监督管理总局行使，但是根据工作需要可以授权省、自治区、直辖市人民政府相应的机构，依照反垄断法规定负责有关反垄断执法工作。五类不正当竞争行为监管权的配置，适用地域管辖的原则。本行政区域内的，由本级政府市场监督管理部门行使；跨行政区的，由共同的上一级市场监督管理机关行使，国家市场监督管理总局起到组织、指导、协调、监督的作用。

(3) 程序制度。根据监管法定原则，市场监管权的行使必须依法进行。不同的市场监管权的行使需要履行不同程序，以反垄断法为例，特定行为许可权、违法行为查处权、规则制定权等的行使需履行不同的程序。

(4) 责任制度。市场监管法责任是市场监管法主体违反市场监管法义务而应承担的不利后果。违反市场监管法的法律责任形式，可分为财产性责任和非财产性责任。财产性责任，如赔偿、财产罚；非财产责任，如声誉罚、自由罚、资格罚。

评价：市场经济既区别于政府主导资源配置的计划经济，也并不等于取消政府职能。就当前中国的特定体制条件而言，问题的重心还在于进一步增强有限政府的观念，进一步缩小政府干预的范围、降低干预的程度，进一步规制监管权，在进一步合理界定政府经济职能的基础上，明晰市场监管权的内涵和范围，厘清政府监管行为与市场行为的各自限度。

[参考资料：张守文：《经济法学》，228页，北京，高等教育出版社，2019；薛克鹏：《经济法学》，139页，北京，中国政法大学出版社，2018；盛学军：《监管失灵与市场监管权的重构》，载《现代法学》，2006（1）]

5.

（1）市场规制法的概念。

市场规制法是调整市场规制关系的法律规范系统。它是经济法体系“一体两翼”（经济法主体、市场规制法和宏观调控法）之重要一翼。

市场规制关系，是国家在规制市场主体行为和市场监管主体行为过程中发生的经济协调与管理关系，主要是国家或政府与市场主体之间的社会关系。具体包括商品生产经营规制关系、市场竞争关系、市场监管关系。

市场规制关系主要包括以下几个方面：

1）商品生产经营规制关系。

商品生产经营规制关系是指作为市场主体的生产经营者在生产经营活动中所发生的受国家质量、价格、计量、标准、广告和特许经营法律、法规标准规制的经济关系。

2）市场竞争关系。

市场竞争关系，即生产经营者之间的市场竞争关系。竞争机制是发挥市场配置资源的决定性作用的重要机制。为维护公平竞争的市场秩序，国家必须加强反垄断、反不正当竞争方面的立法，依法加强对市场竞争活动的规制，规范经营者的市场竞争行为，查处限制竞争行为和不正当竞争行为。

3）市场监管关系。

市场监管关系，是指国家行政机关在对市场主体是否遵从市场规则方面的法律、法规而进行的监督、督促和检查活动中产生的经济管理关系。它实质上是一种市场执法关系，例如银行业监管关系、保险业监管关系等。市场监管关系主要是国家行政机关与市场主体之间发生的社会关系。

（2）性质。

市场规制法是经济法体系的主要组成部分，是经济法的主要法律制度。

市场规制法与宏观调控法都是以社会整体利益为本位，都具有公法与私法相互融合、渗透的特点，在调整对象上具有同质性，因此，它们在法律调整内容与方法等方面存在紧密联系。但是，在经济法体系中，市场规制法与宏观调控法又是两个相互独立的子系统。市场规制法主要调整微观经济管理关系，大多针对企业公司或其他经营者的经济行为，维护市场秩序，它们构成宏观调控法所调整的宏观经济关系的微观基础。宏观调控法主要调整宏观经济管理关系，调节的是社会宏观经济利益，主要规范和约束政府经济行为和政府管理宏观经济的行为，促进经济与社会全面、协调、健康和可持续发展。

（3）市场规制法的特征。

1）市场规制法的本质是国家权力对市场交易活动的依法适度干预。

市场经济的理论和实践充分表明，市场交易的失败即市场失灵，是国家干预市场交易活动的主要根源，国家干预市场交易活动的宗旨是重现和复制公平的市场交易活动。为了提高国家干预市场交易活动的经济和行政手段的效率和确定干预市场交易的范围，有必要依法强制实施和规范国家重现和复制市场的行政和经济手段。

2）市场规制法的调整对象是生产经营规制关系、市场竞争关系、市场监管关系。

该关系具有政府经济管理关系的属性，但它不同于政府对宏观经济的管理关系，市场规制法规制的主体是微观市场主体。

3）市场规制法是从社会整体利益出发对市场秩序进行调控，这集中体现了现代经济法的本质。

市场规制法在特定的市场环境中贯彻特定的经济政策，对各种交易关系和竞争关系进行有别于民法的特殊安排，以弥补民法在建立良好市场秩序方面的不足，进而实现国民经济的持续、健康与和谐发展。

第十二章　经济合同法律制度

知识逻辑图

- 经济合同法律制度
  - 经济合同法概述
    - 经济合同的概念与特征
      - 概念：是国家通过合同形式指导、促进、监督国家计划实现的基本途径和工具
      - 特征
        - 规划性
        - 职责性
        - 协作性
        - 财政性
        - 民主性
        - 公益性
        - 法定性
    - 经济合同与民事合同、行政合同的关系
      - 市场化与政府职能调整对经济合同的影响
      - 经济合同与民事合同的关系
      - 经济合同与行政合同的关系
    - 经济合同的基本制度
      - 国民经济和社会发展规划（计划）制度
      - 经济管理与运行权责制度
      - 国家预算制度
      - 政府决策程序制度
    - 我国经济合同立法的沿革
      - 《经济合同法》的颁布及修订
      - 《合同法》的颁布以及其对经济合同制度的影响
      - 《民法典》的颁布
  - 国家规划合同
    - 概念：落实国家计划目标的合同，规定责任主体、目标、实施机制、目标考核等内容
    - 分类
      - 规划指标责任合同
      - 国家物资储备合同
      - 政府投资项目合同等
  - 政府协作合同
    - 概念：不同行政区划的政府或政府部门之间，为协作履行社会经济管理职责而订立的合同
    - 分类
      - 扶助型政府协作合同
        - 扶贫协作合同
        - 救灾协作合同
      - 互惠型政府协作合同
        - 互补型政府协作合同
        - 区域型政府协作合同
  - 国有资源资产管理合同
    - 概念：国家资源资产管理部门为实现国有资源资产的社会价值，保障国家对国有资源资产的管理利益与财产利益，依法与国有资源资产使用者签订的、明确各方权责利关系的合同
    - 分类
      - 国有自然资源管理合同
      - 国有企业管理合同等

名词解释与概念比较

1. 经济合同
2. 政府投资项目合同
3. 政府协作合同
4. 国有资源资产管理合同

选择题

不定项选择题

1. 下列关于政府投资项目的说法正确的是（　　）。

A. 政府投资项目以非经营性项目为主

B. 政府投资项目实行项目计划制

C. 各级政府编制五年滚动政府投资计划

D. 依据五年滚动政府投资计划编制政府投资年度计划，合理安排政府投资

2. 以下属于政府投资项目合同的有（　　）。

A. 项目委托合同　　B. 工程承包合同

C. 工程监理合同　　D. 政府采购合同

3. 下列（　　）属于互惠型政府协作合同。

A. 厦门市与齐齐哈尔市粮食部门签署的“粮食战略合作协议”，建立长期稳定的粮食产销协作关系

B. 中部、东部省份与汶川重灾县依据《汶川地震灾后恢复重建对口支援方案》签署支援协议

C. 泛珠三角合作框架协议

D. 京津冀协同发展合作协议

4. 下列关于申领取水许可证程序说法错误的是（　　）。

A. 取水单位向许可审批机关提交申请书即完成取水申请

B. 取水审批机关决定批准取水申请的，应当为申请人办理取水许可证

C. 获得取水权的单位或个人转让取水权须经原取水审批机关批准

D. 取水权转让须经水权交易平台签订协议

简答题

1. 简述经济合同的特征。
2. 简述经济合同的基本制度。
3. 简述政府协作合同及其分类。

论述题与深度思考题

1. 论我国经济合同立法的沿革。
2. 论经济合同与民事合同的关系。
3. 论经济合同与行政合同的关系。

参考答案

名词解释与概念比较

1. 经济合同是社会主义国家的特有制度，产生于苏联计划经济时期，是国家通过合同形式指导、促进、监督国家计划实现的基本途径和工具。学界通常从两个角度定义经济合同：一是从计划管理角度，将经济合同定义为“计划合同”，把合同作为实现计划的工具，强调合同对计划的从属性。二是从所有制的角度，将经济合同定义为管理共有财产的社会主义组织之间订立的合同，突出公有制条件下社会主义组织的特殊功能。在苏联，经济合同是经济法体系的组成部分。我国学者也认为，经济合同是国家实施间接计划管理、实行指导性计划不可或缺的基础环节和重要法律形式，经济合同的订立和履行直接或间接地构成国家计划管理过程的有机组成部分，体现了经济关系的纵横结合，体现着经济法的本质。

2. 政府投资项目合同是政府投资项目在规划、审批和建设等流程中涉及的合同，主要包括四类。一是项目委托合同，即项目主管部门委托专业机构编制项目计划书、项目可行性研究报告、初步设计、项目总概算以及勘察、设计等法定文件时签订的合同。二是工程承包合同，即发包人与承包人之间签订的、用以明确项目建设安装工程任务的合同。三是工程监理合同，即项目主管部门委托专业机构从事工程建设监理工作的合同，性质上也属于委托合同。四是政府采购合同，即项目主管部门在选择项目咨询机构、施工单位、监理机构等专业机构时，以及项目建设中涉及利用财政性资金采购材料、服务时，采购方依照《政府采购法》与服务方、供货方订立的合同。

3. 政府协作合同是不同行政区划的政府或政府部门之间，为协作履行社会经济管理职责而订立的合同。

根据协作目的，政府协作合同可以分为扶助型政府协作合同与互惠型政府协作合同。根据协作意愿，政府协作合同可以分为行政性协作合同与市场性协作合同。在区域协同发展过程中，这些合同类型相互渗透。

4. 国有资源资产管理合同是国家资源资产管理部门为了实现国有资源资产的社会价值，保障国家对国有资源资产的管理利益与财产利益，依法与国有资源资产使用者签订的、明确各方权责利关系的合同。我国实行生产资料公有制，自然资源由国家或集体所有。国家通过直接投资、特许经营、行政许可等方式对自然资源进行开发利用，构成政府配置社会资源的基础形式。

选择题

不定项选择题

1. AB。本题考查政府投资项目的有关内容。依照2016年7月中共中央、国务院发布的《关于深化投融资体制改革的意见》，政府投资项目以非经营性项目为主，实行项目计划制。各级政府依据国民经济和社会发展规划及国家宏观调控总体要求，编制三年滚动政府投资计划，明确计划期内的重大项目，并与中期财政规划相衔接。依据三年滚动政府投资计划及国家宏观调控政策，编制政府投资年度计划，合理安排政府投资。答案为AB。

2. ABCD。本题考查政府投资项目合同的有关内容。政府投资项目合同是政府投资项目在规划、审批和建设等流程中涉及的合同，主要包括项目委托合同、工程承包合同、工程监理合同和政府采购合同。

3. ACD。本题考查政府协作合同的有关内容。A选项厦门市与齐齐哈尔市粮食部门签署的粮食产销协议是不同行政区划的政府之间为实现优势互补，余缺调剂，依照市场交易原则订立的合同，属于互补型政府协作合同。C、D选项中，泛珠三角合作框架协议与京津冀协同发展合作协议是地理位置毗邻的政府间为促进区域社会经济共同发展而订立的合同，旨在发挥区域整体优势，推动更大范围内行政区划的均衡发展，属区域型政府协作合同。B选项帮扶支援协议是因汶川地区遭遇严重自然灾害导致生产生活受到严重影响，未受灾地区对受灾地区施以援助帮扶其恢复社会秩序的协作活动，属扶助型政府协作合同中的救灾协作合同，不属于互惠型政府协作合同。

4. ABD。本题考查取水许可证与取水交易合同的有关内容。取水单位向许可审批机关提交申请书申请取水的同时，建设项目申请人也应当提交建设项目水资源论证报告书，故A选项错误。流域管理机构和县级以上政府水行政主管部门按照规定权限审批取水许可申请，决定批准取水申请的，应当签发取水申请批准文件。取水工程或设施建成并试运行满30日的，由申请人向取水审批机关报送材料，申请核发取水许可证；取水审批机关对取水工程或设施进行现场核验，验收合格才核发取水许可证，故B选项错误。获得取水权的单位或个人通过调整产品和产业结构、改革工艺、节水等措施节约水资源的，在取水许可证有效期和取水限额内可以向符合条件的其他单位或个人有偿转让相应的取水权，但转让应当经原取水审批机关的批准，故C选项正确。转让申请被批准后，转让方可直接与受让方签订取水权交易协议，交易量大的应当通过水权交易平台签订协议，故D选项错误。

简答题

1. 经济合同是社会主义国家的特有制度，产生于苏联计划经济时期，是国家通过合同形式指导、促进、监督国家计划实现的基本途径和工具。经济合同具有如下特征：

第一，经济合同具有计划性，是国家计划实现的工具。

第二，经济合同具有职责性，是政府部门、经济组织履行各自职责的形式。

第三，经济合同具有协作性，是政府部门、经济单位之间协同完成计划任务的机制。

第四，经济合同具有财政性，是国家财政收支的前提。

第五，经济合同具有民主性，是社会主义劳动者参与国民经济管理的依托。

第六，经济合同具有公益性，是国家发展社会生产力、消灭贫困与剥削、实现共同富裕的保障。

2. 经济合同是一系列经济法律制度的集合体，这些制度构成经济合同的必要组成部分，称为经济合同基本制度。主要包括以下制度：

第一，国民经济和社会发展规划（计划）制度。

国家规划通过目标指引，对政府、企业、个人等主体的行为产生预期影响。其中，国家重大工程项目、重要发展指标等目标，必须通过基本建设合同、政府投资合同、指标分解考核责任制等形式，细化为当事各方具体的现实行动。

第二，经济管理与运行权责制度。国民经济有序运行必须依靠政府机构、国有企业等组织。其中，政府机构负有宏观调控、市场培育和监管等职责，这些职责既可以通过立法、政策、内部管理制度等文件予以确认，也可以通过岗位责任书、目标考核书、任期业绩书等法律文书予以明确。国有企业控制着基础性、关键性和战略性产业，承担着促进经济发展、稳定经济秩序的责任。要依照大量行业性立法、特许经营政策等规定履行责任，并依据责任制的要求将经营责任和义务落实到具体岗位和人员。

第三，国家预算制度。在政府投资项目中，政府资本金注入、拨款、贷款补贴等资金来源是项目顺利运行的关键因素。在国有企业经营中，国家作为企业投资者和管理者，有权参与企业受益的利税分享，形成国有资本经营收入。这些财政收支的获取离不开经济合同。

第四，政府决策程序制度。首先，政府应当依法履行包括前期调研、方案拟定与论证、审批、公示备案等在内的决策程序；其次，应当采取招标、拍卖、挂牌等市场竞价方式确定重大任务、项目的执行者；最后，重大项目、任务通常涉及许多政府部门协同管理。

3. 政府协作合同是不同行政区域的政府或政府部门之间，为协作履行社会经济管理职责而订立的合同。根据协作目的，政府协作合同可以分为扶助型政府协作合同与互惠型政府协作合同。根据协作意愿，政府协作合同可分为扶助型政府协作合同与互惠型政府协作合同。

扶助型政府协作合同是为缩小地区差距、实现共同发展和富裕的目标，由发达地区提供物料、人才、资金、技术、管理、项目等资源，帮助欠发达地区发展。扶助型政府协作合同又可分为发达地区提供帮助、扶持贫困地区发展的扶贫协作合同和部分地区遭遇严重自然灾害，生产生活受到严重影响时，未受灾地区基于行政命令、道义等对受灾地区施以援助，帮助其恢复社会秩序的救灾协作合同。

互惠型政府协作合同是不同行政区划的政府基于优势互补、区划发展或者社会协同治理等目标，彼此间针对协作事务及其执行达成的协议。依据协作目标，互惠型政府协作合同可分为互补型政府协作合同和区域型政府协作合同。互补型政府协作合同是指不同行政区划的政府间为实现优势互补，余缺调剂，依照市场交易原则订立的合同。区域型政府协作合同是地理位置毗邻的政府间为促进区域社会经济共同发展而订立的合同。

论述题与深度思考题

1. 1950 年颁布的《机关、国营企业、合作社签订合同契约暂行办法》要求不能即时清结的主要业务必须签订合同，1956 年《对目前有关工商计划衔接贯彻经济合同中若干问题规定的联合通知》第一次使用经济合同的概念。1979 年 8 月，国家经济委员会、工商总局、中国人民银行联合发布《关于管理经济合同若干问题的联合通知》，明确经济合同管理体制、合同鉴证、仲裁等内容，要求人民银行通过信贷和结算管理监督企业经济合同执行情况。1981 年 12 月 13 日通过的《经济合同法》将经济合同定义为“法人之间为实现一定经济目的，明确相互权利义务关系的协议”，要求合同订立必须遵守国家法律、符合国家政策和计划的要求。为审理经济合同纠纷案件，1979 年通过的《人民法院组织法》要求人民法院设立经济审判庭，各级工商行政管理部门设立经济合同仲裁委员会，专门裁决经济合同纠纷。后来国务院颁布了《建设工程勘察设计合同条例》《建筑安装工程承包合同条例》《财产保险合同条例》《工矿产品购销合同条例》《农副产品购销合同条例》等针对具体合同的实施办法。1993 年我国开始实行社会主义市场经济，国家计划总体上转向指导性计划，政府不再直接干预企业的生产经营活动。在此背景下，第八届全国人大常委会第三次会议于 1993 年 9 月对《经济合同法》进行修正，删除有关国家计划的规定，将企业执行指令性计划转由《全民所有制工业企业转换经营机制条例》调整，淡化政府部门的合同管理职能。

1999 年第九届全国人大第二次会议审议通过《合同法》，在承袭《经济合同法》《涉外经济合同法》《技术合同法》等立法规定的合同类型形式的基础上，增加了融资租赁、赠与、委托、行纪、居间等新合同类型。考虑到合同活动仍受国家计划和政府管理的影响，《合同法》对执行计划的合同作出了指引性规定，维持既有的合同行政管理，并认可特殊合同适用特殊立法。《合同法》的出台标志着合同的形式与个体理性超越实质与整体理性，民事合同取得正统地位，经济合同因“不合时宜”而被取消名分，被肢解、隔离在分散的企业、产业、财政、规划等立法政策中，并为日渐兴起的行政合同理论与实践逐渐覆盖、替代和挤压。然而经济合同形式意义上的消失并不能泯灭其在实质意义上发挥的难以削弱的作用，其赖以存在的社会土壤依旧鲜活。

2020 年 5 月 28 日第十三届全国人民代表大会第三次会议通过《民法典》，其第三编为合同编，将《合同法》的内容并入其中。考虑到社会经济生产生活的新变化，其增加了订立合同的方式，明确预约合同及违约责任，增加了对电子合同标的交付时间等规定，强化了对弱势群体的关爱，突出对民生的保护，回应了互联网时代交易的需求，使合同法律制度更加符合国情，更能回应我国市场经济发展的需求，解决中国现实问题，也更能把握时代发展的脉搏。

2. 经济合同是社会主义国家特有的合同类型，以生产资料公有制与国家计划管理体制为前提，具有计划性、职责性、协作性、财政性、民主性、公益性。改革开放以来，我国推进市场化改革，调整政府职能，使市场机制开始发挥资源配置的功能。服务国民经济发展的经济主体不再局限于国有企业，大量外商投资企业、私营企业开始参与国民经济运行，生产决策更加多元化、分散化。这导致原来由经济合同执行的很多计划任务转由市场供应，依照市场交易原则确立的民事合同逐步取代经济合同的职能。

然而事实上，在经济合同促进民事合同发展的同时，民事合同也补充了经济合同的实现路径。民事合同承载的经济目的通常是当事方个人及家庭的生活需要，当经济目的指向生产领域时，民事合同多表现为以企业为中心订立的商事合同，只有在涉及产业链时，上下游民事合同才具有一定的协作性。当企业受托承担部分政府职能或计划任务时，双方既要秉持合同理念和规则，也要遵循计划管理体制或政府职责运作要求；此类合同的管理性重于契约性，宜保持经济合同的属性。民事合同法有关合同订立、履行、违约责任等内容的制度设计，为经济合同提供了基础性的参照。

3. 随着市场化改革的推进，政府管理经济的方式在市场化过程中不断调整，既要采用计划、财政、金融、产业政策、对外贸易等宏观调控手段促进总体经济发展，还要采用产业准入、产品标准、价格、消费者保护、反垄断等监管手段维护市场交易秩序。这导致经济合同承载的政府管理职能随着行政法的勃兴开始脱离经济法的范围，转入行政合同领域，淡化了经济合同赖以存在的公有制基础与国家计划体制，忽视了经济合同执行国家计划、促进经济发展、稳定经济秩序、保障经济安全的特殊功能。

根据 2019 年 11 月 12 日经最高院审判委员会会议讨论通过的最高人民法院《关于审理行政协议案件若干问题的规定》第 1 条的规定，行政合同是指行政机关为了实现行政管理或公共服务目标，与公民、法人或其他组织协商订立的具有行政法上权利义务内容的合同。用“大行政法”来解释，经济合同可被纳入行政合同中。不过，经济合同着眼于国家计划执行和公有制经济运行，与国家计划和产权机制密切相关。在市场化进程中，一些计划任务通过企业间活动来完成，国有资源资产配置也主要是通过资源、行业、资产管理部门的竞价活动得以实现的。这种既符合政府职责运行又符合市场交易原则，既维护共有产权又尊重私人利益的经济活动，具有显著的促进国民经济运行的整体性特征，将其纳入经济合同范畴是有必要的。即行政合同以主体及其职能为界分标准，经济合同以合同功能为界分标准。

第十三章 竞争法

知识逻辑图

- 竞争法
  - 竞争和竞争法
    - 竞争的概念和特征
      - 竞争是两个以上独立的经济活动主体（主要是经营者）之间相互争胜的活动
      - 竞争是由双方经济力量的互相抗衡而引起的
      - 竞争是以实现经营者追逐自身「经济」利益「最大化」为目标的
      - 竞争的作用是双重的，竞争的结果会呈现出利弊均在的矛盾状态
    - 竞争法的概念和立法模式
      - 法群式立法模式
      - 法典式立法模式
        - 二元立法例
        - 单一立法例
  - 反不正当竞争法
    - 反不正当竞争法的基础理论
      - 反不正当竞争法的概念
      - 反不正当竞争法的立法目的
      - 反不正当竞争法的基本原则
    - 不正当竞争行为的法律责任
      - 不正当竞争行为的民事责任
      - 不正当竞争行为的行政责任
      - 不正当竞争行为的刑事责任
    - 不正当竞争行为的概念和特征
      - 不正当竞争行为的概念
        - 不正当竞争行为是经营者的行为
        - 不正当竞争行为是违法的行为
      - 不正当竞争行为的特征
        - 不正当竞争行为是违反公认的商业道德的行为
        - 不正当竞争行为是侵犯其他经营者和消费者合法权益的行为
        - 不正当竞争行为是扰乱市场竞争秩序的行为
    - 典型不正当竞争行为的类型
      - 商业混淆行为
      - 商业贿赂行为
      - 不正当商业宣传行为
      - 侵犯商业秘密行为
      - 不正当有奖销售行为
      - 商业诋毁行为
      - 网络不正当竞争行为
  - 反垄断法
    - 垄断的概念
      - 经济学上的垄断
      - 法律上规制的垄断：有违市场竞争机制，通过合谋性协议、安排或协同行为或者通过滥用优势地位或企业结合，排斥或控制其他正当的经济活动，在一定的生产或流通领域限制竞争的行为
      - 我国《反垄断法》禁止的垄断行为类型
        - 垄断协议
        - 滥用市场支配地位
        - 经营者集中
        - 滥用行政权力排除、限制竞争

- 竞争法
  - 反垄断法
    - 反垄断法的含义、性质和地位
    - 反垄断法的域外管辖权
    - 公平竞争审查制度
    - 相关市场的界定：经营者在一定时期内就特定商品或者服务进行竞争的商品范围和地域范围
    - 垄断协议
      - 含义：经营者之间通过合谋性协议，安排或协同行动来相互约束各自的经济活动，在一定交易领域内排除、限制竞争的行为
      - 横向垄断协议
      - 纵向垄断协议
      - 垄断协议组织或者帮助行为
      - 垄断协议的豁免
      - 我国《反垄断法》的规定
        - 具有竞争关系的经营者达成的垄断协议
        - 经营者与交易相对人达成的垄断协议
    - 滥用市场支配地位
      - 滥用市场支配地位行为概述
      - 市场支配地位的认定标准
      - 滥用市场支配地位的表现形式
    - 经营者集中
      - 行为表现
        - 合并
        - 取得其他经营者的股份、资产
        - 以合同等方式取得控制权或能够施加决定性影响
      - 申报
      - 审查
        - 初步审查
        - 进一步审查
        - 停表制度
        - 经营者集中反垄断审查的决定
    - 滥用行政权力排除、限制竞争
      - 滥用行政权力排除、限制竞争的概念
      - 滥用行政权力排除、限制竞争的特征
      - 滥用行政权力排除、限制竞争的表现形式
        - 限定交易行为
        - 妨碍市场进入行为
        - 妨碍商品自由流通行为
        - 招投标中的不当限制行为
        - 排斥或者限制在本地投资或者设立分支机构的行为
        - 强制经营者从事垄断行为
        - 制定含有排除、限制经营内容的规定行为
    - 反垄断法的适用除外制度
      - 适用除外制度的概念和意义
      - 适用除外的范围及我国《反垄断法》的适用除外制度
    - 反垄断法的实施
      - 反垄断法的实施概述
      - 反垄断行政执法
      - 反垄断合规审查
      - 反垄断民事诉讼
    - 违反《反垄断法》的法律责任
      - 垄断协议的法律责任
      - 滥用市场支配地位的法律责任
      - 经营者集中的法律责任
      - 滥用行政权力排除、限制竞争的法律责任
      - 经营者妨碍执法审查和调查的法律责任
      - 反垄断执法机构工作人员的法律责任

名词解释与概念比较

1. 自然垄断行业（中国人民大学考研）
2. 垄断与不正当竞争（西南政法大学考研）
3. 商业贿赂行为（西北政法大学考研）
4. 商业秘密与侵犯商业秘密行为（中国人民大学、西北政法大学考研）
5. 不正当奖售行为
6. 反垄断法（西北政法大学考研）
7. 垄断协议（中国政法大学考研）
8. 市场支配地位（中国政法大学考研）
9. 经营者集中
10. 滥用行政权力排除、限制竞争
11. 《谢尔曼法》（北京大学考研）
12. 横向垄断协议与纵向垄断协议
13. 网络不正当竞争行为
14. 相关市场（中国政法大学考研）
15. 反垄断法中的宽恕制度（中国政法大学考研）

选择题

（一）单项选择题

1. 甲公司欠乙公司货款30万元到期不还，乙公司多次催要无果。乙公司登录“企查查”下载甲公司的不良涉诉信息私下发送给甲公司的几家合作伙伴，导致行业内各企业对甲公司的评价降低，甲公司频频收到合作伙伴的解约通知。经查，乙公司在“企查查”下载的信息实为2016年的信息，“企查查”的工作人员操作失误将其登记为2018年信息。对于乙公司的行为，下列说法正确的是（　　）。（法考改编）

A. 该行为属于互联网不正当竞争行为
B. 该行为属于混淆行为
C. 该行为属于虚假宣传
D. 该行为属于不正当使用公共数据的行为

2. 以下哪项行为属于不正当竞争行为？（　　）

A. 使用知名商品的包装装潢，造成混淆
B. 某公司发布竞争对手的真实负面信息，损害其商品声誉
C. 设置最高奖项为50 000元的抽奖式有奖销售
D. 某公司不知其职员提供的技术信息是某企业被盗的商业秘密，已使用于其产品制造

3. 经营者对商品作虚假宣传或引人误解的宣传，或者通过组织虚假交易等方式帮助其他经营者进行虚假或引人误解的商业宣传，监管部门无权采取的措施有（　　）。

A. 责令停止违法行为
B. 处20万元以上100万元以下的罚款，情节严重的，处100万元以上200万元以下的罚款
C. 处违法经营额5倍以下的罚款
D. 吊销营业执照

4. 李某长期加工茶叶出售，为增加销售量，他委托加工厂在包装袋上印上“绿色环保”“高级饮品”等字样，并且将产地改为某省一著名茶乡。对这一行为的认定是（　　）。

A. 该行为虽违反商业道德，但不构成不正当竞争行为
B. 该行为违反了《反不正当竞争法》，构成虚假宣传行为
C. 该行为根据《民法典》的规定构成欺诈的民事行为
D. 该行为没有违反《反不正当竞争法》，不构成虚假宣传行为

5. 甲酒店向该市出租车司机承诺：为酒店每介绍一位客人，酒店向其支付该客人房费的10%作为奖励。与甲酒店相邻的乙酒店将此行为举报到有关部门。经调查：甲酒店给付的奖励在公司的账面上皆有明确详细的记录。请问，甲酒店的行为是（　　）。

A. 正当的竞争行为　　B. 商业贿赂行为
C. 限制竞争行为　　D. 低价倾销行为

6. 甲公司和乙公司均从事服装经营活动，都是某知名羽绒服的授权代理商。在2021年秋冬换季的热销季节，乙公司通过网络发布甲公司售卖假货的虚假信息和数据，导致甲公司的订单锐减。甲公司起诉，在诉讼过程中，发现乙公司还发布了很多其他公司售卖假货的虚假信息和数据。有关乙公司的行为，下列说法正确的是？（　　）（法考改编）

A. 乙公司的行为构成诋毁商誉
B. 乙公司的行为构成互联网不正当竞争
C. 乙公司的行为构成虚假宣传
D. 鉴于乙公司违法行为情节严重，监管部门可以吊销营业执照

7. 某燃气公司在办理燃气入户前，要求用户缴纳

一笔“预付气费款”，否则不予供气。待不再用气时，用户可申请返还该款项。经查，该款项在用户日常购气中不能冲抵燃气费。根据《反垄断法》的规定，下列哪一说法是正确的？（　　）（法考改编）

A. 反垄断机构执法时应界定该公司所涉相关市场

B. 只要该公司在当地独家经营，就能认定其具有市场支配地位

C. 如该公司的上游气源企业向其收取预付款，该公司就可向客户收取“预付气费款”

D. 县政府规定了“一个地域只能有一家燃气供应企业”，故该公司行为不构成垄断

8. 某文具公司在网络电商平台注册一店铺，公司设置专项资金派发给员工，要求员工用此专项资金在本公司店铺购买文具，公司的客服再根据下单的地址，给员工邮寄空的包裹，通过这种方式来提高公司在网络销售平台的排名。下列有关该文具公司行为的说法正确的是？（　　）（法考改编）

A. 互联网不正当竞争　B. 虚假宣传行为

C. 商业贿赂行为　　　D. 混淆行为

（二）多项选择题

1. 下列行为中哪些属于侵犯商业秘密的行为？（　　）

A. 甲公司擅自利用乙公司的专利技术生产产品

B. 丙公司与某技术研究院签订了技术开发合同，该技术研究院未经丙公司同意，将开发的技术卖给了丁公司

C. 甲公司以高薪利诱乙公司的李某盗取本公司的商业秘密并使用之

D. 丙公司将盗取的商业秘密高价出售

2.《反不正当竞争法》规定的行政责任主要有（　　）。

A. 责令停止违法行为

B. 责令赔偿

C. 责令改正

D. 吊销营业执照

3. 飞快汽车生产公司与好迪4S店达成的下列协议中，构成垄断协议的是？（　　）（法考改编）

A. 好迪4S店在河东省独家销售飞快汽车

B. 好迪4S店向消费者提供飞快汽车保养服务，各项服务价格固定为200元

C. 飞快公司授权好迪4S店销售原装轮胎，每个轮胎的价格不得低于2 000元

D. 好迪4S店向消费者提供升级服务，每项服务价格不得高于200元

4. 日本的GB公司在我国投资设立杭州蓝天公司，GB公司持股60%。GB公司与英国的KT公司达成股权转让协议，GB公司将其持有的蓝天公司的全部股权转让给KT公司。据查，参与此行为的各公司的交易规模已经达到了国务院规定的申报标准，且此股权转让涉及国家安全。下列有关说法正确的是？（　　）（法考改编）

A. 应当事前向国务院反垄断执法机构申报

B. 可以完成股权转让后向国务院反垄断执法机构申报

C. 应当由国务院安全监督管理部门进行国家安全审查

D. 若GB公司对反垄断执法机构的决定不服，可以直接提起行政诉讼

5. 甘泉自来水公司（以下简称“甘泉公司”）为某市65%的用户提供城市用水，甘泉公司与岳峰公司签订房地产项目供水合同时，指定由顺清公司负责该项目的给水工程设计，并直接将顺清公司作为乙方的格式合同交给岳峰公司签字。对此，下列说法正确的是？（　　）（法考改编）

A. 甘泉公司构成拒绝交易

B. 反垄断执法机构仅能向该市水务局提出依法处理的建议

C. 相关市场应确定为市公共自来水供水服务市场

D. 可推定甘泉公司具有市场支配地位

6. 因云服务中心是从事垃圾分类宣传教育的非营利法人，因云服务中心长期在社区宣传垃圾分类的知识，取得了良好的社会效应。甲公司也从事垃圾分类相关产品的经营，注册了名为“因云”的网站，在该网站上出售垃圾分类的相关课程和图书，当地居民纷纷以为是因云服务中心开展的业务而购买。据查，甲公司与因云服务中心并无任何关系。下列有关说法正确的是？（　　）（法考改编）

A. 因云服务中心是“经营者”

B. 甲公司侵犯了因云服务中心的商标专用权

C. 甲公司的行为构成混淆行为

D. 因云服务中心和甲公司具有竞争关系

7. 某县甲企业生产代步车，相关市场份额达

70%，现与下游经销商签署特许经销协议，约定某一畅销型号的代步车售价不得低于2 000元。下列说法正确的是？（　　）（法考改编）

A. 甲企业与经销商签署的特许经销协议构成了纵向协议行为

B. 该协议意思表达真实，合法有效

C. 没有购买代步车的张某有权向反垄断执法机构举报

D. 当该协议付诸实施后，反垄断执法机构才可视情节对其处罚

8. 某省L市旅游协会为防止零团费等恶性竞争，召集当地旅行社商定对游客统一报价，并根据各旅行社所占市场份额，统一分配景点返佣、古城维护费返佣等收入。此计划实施前，甲旅行社主动向反垄断执法机构报告了这一情况并提供了相关证据。关于本案，下列哪些判断是错误的？（　　）（司考改编）

A. 旅游协会的行为属于正当的行业自律行为

B. 由于尚未实施，旅游协会的行为不构成垄断行为

C. 如构成垄断行为，L市发改委可对其处以300万元以下的罚款

D. 如构成垄断行为，对甲旅行社可酌情减轻或免除处罚

9. 甲酒厂为扩大销量，精心模仿乙酒厂知名白酒的包装、装潢。关于甲厂模仿行为，下列哪些判断是错误的？（　　）（司考改编）

A. 如果乙厂的包装、装潢未获得外观设计专利，则甲厂模仿行为合法

B. 如果甲厂在包装、装潢上标明了自己的厂名、厂址、商标，则不构成混淆行为

C. 如果甲厂白酒的包装、装潢不足以使消费者误认为是乙厂白酒，则不构成混淆行为

D. 如果乙厂白酒的长期消费者留意之下能够辨别出二者差异，则不构成混淆行为

10. 某县政府规定：施工现场不得搅拌混凝土，只能使用预拌的商品混凝土。某年，县建材协会组织协调县内6家生产企业达成协议，各自按划分的区域销售商品混凝土。因货少价高，一些施工单位要求县工商局处理这些企业的垄断行为。根据《反垄断法》，下列哪些选项是错误的？（　　）（司考改编）

A. 县政府的规定属于行政垄断行为

B. 县建材协会的行为违反了《反垄断法》

C. 县工商局有权对6家企业涉嫌垄断的行为进行调查和处理

D. 被调查企业承诺在反垄断执法机构认可的期限内采取具体措施消除该行为后果的，该机构可决定终止调查

11. 甲公司取得了热播电视剧《12小时》的独家网络直播权，张某嫌该剧片头广告时间过长，开发出屏蔽该片头广告的软件，在其社交主页上炫耀，并提供了专门的下载通道，受到网民追捧。随后张某用此软件招商播放乙公司的产品广告，收益颇丰。下列说法正确的是（　　）。（法考改编）

A. 张某的行为有利于消费者，是合法行为

B. 张某并非经营者，所以其不是不正当竞争行为的适格主体

C. 张某的行为构成不正当竞争行为

D. 甲公司的实际损失难以计算的，可按张某向乙公司收取的报酬确定赔偿金额

（三）不定项选择题

1. 2015年3月4日，静车公司和海金公司签署投资合作协议，共同设立吉乐公司，静车公司持股45%，海金公司持股55%，共同控制吉乐公司。静车公司和海金公司的全球及境内营业额已达到经营者集中申报的金额，但没有向反垄断执法机构申报。经查，吉乐公司成立一年以来，在经营期间并没有排除竞争、扰乱市场的情况，下列说法正确的是（　　）。（法考改编）

A. 对静车公司、海金公司、吉乐公司都罚款

B. 仅对吉乐公司罚款

C. 仅对静车公司、海金公司罚款

D. 对三公司均不罚款

2. 奇能公司是电动车领域的巨头，使用“标准”牌电池。为了扩张产业链，奇能公司与下列企业签订了相关协议，且协议涉及的交易规模都达到国务院规定的申报标准。以下选项应当向反垄断执法机构申报的是（　　）。（法考改编）

A. 奇能公司跟某太阳能企业达成协议约定信息互通共享

B. 奇能公司收购某电子公司30%的股份，成为其第二大股东，取得其控制权

C. 奇能公司收购旗下控股子公司的股份达到80%

D. 电霸公司享有奇能公司52%表决权的股份，享有天霸公司55%表决权的股份，奇能公司收购天霸公司的股份达到70%

3. 某地区海鲜水产行业协会组织本地水产供应商压缩供货并控制出货节奏，导致下游供货量减少，海鲜的价格猛涨，众供应商收益颇丰，但对当地的海鲜市场造成很严重的负面影响。因为此次安排对大小供应商的返利政策不同，甲水产供应商主动向反垄断执法机构报告了这一情况，并提供了重要证据。下列说法正确的是（ ）。(法考改编)

A. 当地民政部门可以对该海鲜水产行业协会撤销登记

B. 海鲜水产协议出于行业自律，且维护了同业经营者的权益，不应被处罚

C. 水产供应商并未签署任何协议，故未构成协议行为

D. 反垄断法执法机构应免除对甲的处罚

4. 某市公安局指令该市印章协会统一安装软件，该市需要刻章的企业需卸载此时已经使用的软件，统一安装印章协会的软件并购买相关配套产品，根据反垄断法，反垄断执法机构采取下列措施中正确的是（ ）。(法考改编)

A. 处罚该市公安局

B. 责令该市公安局改正

C. 建议市政府责令该市公安局整改

D. 撤销该印章协会社团资格

5. 某教育机构宣传可以“参访名校、状元陪读，已售1 000+”，结果不能保证全员参访，提供不了状元和已售相关资料，属于什么行为？（ ）(法考改编)

A. 网络不正当竞争

B. 虚假宣传

C. 引人误解的宣传

D. 混淆行为

6. 甲公司与乙公司都是电视机生产厂家，乙公司的LOGO是一头可爱的小熊，具有很高的识别度。2022年一条视频爆红网络：一男子对着贴有小熊图案的电视机不断说，“看不清、侧漏光、视野小……”该视频获超百万点赞。经调查，视频中的男子是甲公司员工，且乙公司生产的电视机并不存在视频中所说的问题。对此，下列说法正确的是（ ）。(法考改编)

A. 甲公司违法与否要看是否构成混淆

B. 甲公司违法与否要看乙公司的小熊标志是否具有影响力

C. 甲公司违法与否取决于小熊是否属于商业装潢

D. 甲公司违法与否要看是否侵犯了乙公司的商品声誉

7. 为方便沟通，王某召集当地鸽子经销商成立一微信交流群。某日，王某在群里发消息称：最近生意难做，从7月1日起，每只鸽子交易价格下调一元。不少经销商在王某的影响下纷纷降低收购价，当地最大的鸽子养殖户老李因此事遭受了大量损失。对此，下列说法正确的是（ ）。(法考改编)

A. 鸽子经销商之间构成横向垄断协议

B. 王某的行为属于利用平台规则以滥用市场支配地位

C. 王某和各位群友的行为属于经营者集中

D. 反垄断执法机构应当对王某的行为进行公平竞争审查

简答题

1. 简述不当奖售行为及其规制。(中国人民大学考研)

2. 简述我国反垄断法所禁止的滥用市场支配地位行为的表现形式。(中国人民大学考研)

3. 简述反垄断法所规制的垄断行为和垄断组织形式。(华东政法大学考研)

4. 简述我国反垄断法的适用除外制度。(中国人民大学考研)

5. 简述我国反垄断法规定的垄断协议的具体形式。(中国人民大学考研)

6. 简述经营者集中反垄断审查时应考虑的因素。(北京大学考研)

7. 简述《反垄断法》的性质和地位。(中国人民大学考研)

8. 简述侵犯商业秘密行为。(中国人民大学、西北政法大学考研)

9. 简述行政垄断的法律规制。(中国政法大学2018考研)

10. 简述侵犯商业秘密民事诉讼的特别规定。

论述题与深度思考题

1. 论述市场支配地位的认定标准及应当考虑的因素。

2. 论垄断协议的概念及主要种类。（中国人民大学考研）

3. 论述价格歧视现象。（北京大学考研）

4. 论述市场竞争的特征。

5. 竞争法保护竞争而不是竞争者，对此进行评价。（中国政法大学考研）

6. 结合反垄断法关于纵向垄断一条的规定，试论经济法和合同法在调整合同关系上的区别。（中国政法大学考研）

7. 请谈你对我国在大力推动经济高质量发展中完善竞争法律制度的看法。（中国人民大学考研）

8. 反垄断法是如何规制经营者集中的？（北京大学考研）

9. 论述反垄断法的政策功能。（中国人民大学考研）

参考答案

名词解释与概念比较

1. 自然垄断行业是指那些具有固定的网络系统和显著的规模经济，固定成本高、沉淀性大，为社会经济活动和民众生活提供基础性、稀缺性公共商品和服务，在传统上被认为应当排除或限制竞争、仅由一家企业或极少数几家企业垄断的产业。自然垄断经营主要是指由于自然条件、技术条件以及规模经济的要求无法竞争或不适宜竞争而形成的垄断经营。虽然各国规定的自然垄断行业范围不尽相同，但一般指自来水、热水、煤气、天然气、通讯、电力、邮政、铁路及电视、广播等行业的企业。这些部门涉及整个国民经济的发展和人们的基本生活，不宜实行自由竞争，应适用反垄断法除外制度，由国家垄断经营。

2. 法律禁止的垄断，是指违反法律和社会公共利益，通过合谋性协议、安排或协同行动，或者通过滥用经济优势地位，排斥或控制其他正当的经济活动，在一定的生产领域或流通领域内实质上限制竞争的经济行为。法律上的垄断概念，强调了垄断的违法性和社会危害性特征。我国《反垄断法》并没有对法律上的垄断进行界定，而是采取了列举的方法、方式。我国《反垄断法》所禁止的垄断行为包括四种类型：一是经营者的垄断协议，二是滥用市场支配地位，三是具有或可能具有排除、限制竞争效果的经营者集中，四是滥用行政权力排除、限制竞争。广义的不正当竞争包括垄断行为；狭义的不正当竞争与垄断并列，指经营者违反《反不正当竞争法》的规定，损害其他经营者的合法权益，扰乱社会经济秩序的行为。垄断与不正当竞争都违反了市场竞争所应遵循的公平、自愿原则，破坏了正常的市场秩序，损害了其他经营者和消费者的利益，因而同属竞争法的规制对象。但二者在许多方面也有差异：（1）性质。垄断排斥、限制竞争，而不正当竞争本质上仍然是一种竞争行为，只是竞争手段、竞争方式缺乏正当性，不恰当地损害了其他经营者和消费者的合法利益。（2）行为的方式。不正当竞争主要采用欺诈、商业贿赂、商业诽谤等不道德方式，而垄断是利用企业合并、格式合同、商业合作等表面看来符合市场交易规则的手段。（3）直接后果。不正当竞争的直接后果是破坏市场竞争秩序，但并不能消除竞争，而垄断的直接后果是竞争不足，损害竞争的活力和效率。（4）主体范围不同。不正当竞争主体具有广泛性，而垄断主体的范围较窄，只有具有经济优势、处于市场支配地位的经营者才有可能成为垄断行为的主体。

3. 商业贿赂行为，是指经营者采用财物或者其他手段进行贿赂以谋取交易机会或竞争优势。贿赂的对象可以是交易相对方的工作人员，也可以是受交易相对方委托办理相关事务的单位或个人；贿赂的方法通常是直接或间接给予利益，也可能是利用职权或影响力影响交易的单位或个人。根据我国《反不正当竞争法》的规定，经营者销售或者购买商品，可以以明示方式给对方折扣，也可以给中间人佣金，但必须如实入账；接受折扣、佣金的经营者也必须如实入账。凡在账外暗中给予对方单位或者个人回扣的，以行贿论处；对方单位或者个人在账外暗中收受回扣的，以受贿论处。商业贿赂行为与其他不正当竞争行为相比较，有以下几方面的特征：（1）行为具有隐蔽性；（2）行为具有多重违法性及社会危害性；（3）行贿手段的多样性。

4. 商业秘密，是指不为公众所知悉，具有商业价值，并经权利人采取相应保密措施的技术信息和经营信息。侵犯商业秘密行为，是指经营者通过不正当手段，违法获取、披露、使用或者允许他人使用权利人的商业秘密的行为。侵犯商业秘密所采取的不正当手段包括：第一，以盗窃、贿赂、欺诈、胁迫、电子侵入或者其他不正当手段获取权利人的商业秘密；第二，披露、使用或者允许他人使用以前述手段获取的权利人的商业秘密；第三，违反保密义务或者违反权利人有关保守商业秘密的要求，披露、使用或者允许他人使用其所掌握的商业秘密；第四，教唆、引诱、帮助他人违反保密义务或者违反权利人有关保守商业秘密的要求，获取、披露、使用或者允许他人使用权利人的商业秘密。此外，第三人明知或者应知商业秘密权利人的员工、前员工或者其他单位、个人实施上述违法行为，仍获取、披露、使用或允许他人使用该商业秘密的，视为侵犯商业秘密。

5. 不正当奖售行为，是指经营者违反法律规定而进行的不正当有奖销售行为，该种行为不仅会损害同业竞争者的利益，而且还会损害消费者利益和公序良俗。我国《反不正当竞争法》规定经营者不得从事下列有奖销售：(1) 所设奖的种类、兑奖条件、奖金金额或奖品等有奖销售信息不明确，影响兑奖；(2) 采用谎称有奖或故意让内定人员中奖的欺骗方式进行有奖销售；(3) 抽奖式的有奖销售，最高奖的金额超过5万元。

6. 反垄断法，是规制有关阻碍、限制或妨害竞争的协议、合谋、联合、结合和滥用经济优势的行为，借以保护市场公平竞争、维护市场秩序的法律规范体系，也包括允许、保护合理的垄断以优化竞争结构的相关规范和制度。我国反垄断法通过对垄断协议、滥用市场支配地位、经营者集中等垄断行为进行规制，进而预防和制止垄断行为，保护市场公平竞争，提高经济运行效率，维护消费者利益和社会公共利益，促进社会主义市场经济健康发展。

7. 垄断协议，就是通常所说的卡特尔，是指经营者之间通过合谋性协议、安排或者协同行动，相互约束各自的经济活动，违反公共利益，在一定的交易领域内排除、限制竞争的行为。我国《反垄断法》第16条规定，本法所称垄断协议，是指排除、限制竞争的协议、决定或者其他协同行为。

垄断协议的定义：垄断协议，是指排除、限制竞争的协议、决定或者其他协同行为。垄断协议主要包括横向垄断协议、纵向垄断协议和混合型垄断协议(例如中心辐射型卡特尔)。

垄断协议具有如下特点：(1) 从目的看，垄断协议是为了排除、限制竞争；(2) 从主体看，是2个或2个以上的市场独立经营者；(3) 从行为看，垄断协议需要行为人共同采取措施；(4) 从表现形式看，主要包括协议、决定和协同行为；(5) 从法律态度看，我国《反垄断法》对垄断协议的态度为“原则上禁止，以豁免为例外”，且竞争法为强制法，不能被当事人的约定所排除。另外，我国《反垄断法》第20条对垄断协议的豁免例外作出了具体的规定。

评价：垄断协议作为垄断行为的一种，其排除、限制竞争，获取高额的垄断利润，因此《反垄断法》对垄断协议原则上是禁止的，但是有些垄断协议并不会严重限制相关市场的竞争，而且能够使消费者分享由此产生的利益，为此，法律规定了豁免情形。

(参考资料：薛克鹏：《经济法学》，150页，北京，中国政法大学出版社，2018)

8. 我国《反垄断法》规定，本法所称市场支配地位，是指经营者在相关市场内具有能够控制商品价格、数量或者其他交易条件，或者能够阻碍、影响其他经营者进入相关市场能力的市场地位。这里的相关市场，是指经营者在一定时期内就特定商品或者服务进行竞争的商品范围和地域范围。

9. 经营者集中，也称“企业兼并”“企业结合”，是指经营者通过合并以取得其他经营者的股份、资产，以及通过合同等方式取得对其他经营者的控制权或者能够对其他经营者施加决定性影响的情形。我国反垄断法界定的经营者集中包括下列三种情形：(1) 经营者合并；(2) 经营者取得股权或者资产；(3) 经营者通过合同等方式取得对其他经营者的控制权或者能够对其他经营者施加决定性影响。经营者集中一般可分为横向集中、纵向集中和混合集中。

10. 滥用行政权力排除、限制竞争，主要是指行政机关和法律、法规授权的具有管理公共事务职能的组织滥用行政权力实施的限定交易、地区封锁等排除、限制竞争行为，往往被称为“行政性垄断”。这是与传统的市场经营主体的垄断或者限制竞争行为(经济性垄断)相对的概念。滥用行政权力排除、限制竞争的行为主体是政府及其所属部门，以及法律、法规授权的具有管理公共事务职能的组织，既包括地方各级政府及其下属部门，也应当包括中央政府。

11. 1890年，美国国会通过了由参议员约翰·谢尔曼提出的反托拉斯法案，史称《谢尔曼反托拉斯法》（简称《谢尔曼法》）。该法规定：“凡以托拉斯形式订立契约、实行合并或阴谋限制贸易的行为，均属违法，旨在垄断州际商业和贸易的任何一部分的垄断或试图垄断、联合或共谋犯罪。违反该法的个人或组织，将受到民事的或刑事的制裁。”该法奠定了反垄断法的坚实基础，至今仍然是美国反垄断的基本准则。但是，该法对于什么是垄断行为、什么是限制贸易活动没有作出明确解释，为司法解释留下了广泛的空间，而且这种司法解释要受到经济背景的深刻影响。《谢尔曼法》是美国国会制定的第一部反托拉斯法，也是美国历史上第一个授权联邦政府控制、干预经济的法案，被视为美国乃至世界现代反垄断法制的鼻祖，对后世影响深远。

12. 根据反垄断法的理论，垄断协议可以分成两类：横向垄断协议和纵向垄断协议。横向垄断协议是指处于同一生产或流通环节的、经济水平相当的企业之间通过协议，以控制企业经济活动的某一特定方面的行为。它的一个主要特征是当事人处于同一生产或流通环节，或同为生产者，或同为销售者，或同为购买者。另外，当事人之间的经济实力应当是比较接近的，只有实力相当才能达到平等的横向限制。纵向垄断协议是指处于不同流通环节的企业之间的垄断行为。它的主要特征是发生在不同流通环节的企业之间，如生产者与批发商、批发商与零售商之间等。

13. 网络不正当竞争行为，是指经营者利用技术手段，通过影响用户选择或其他方式妨碍、破坏其他经营者合法提供的网络产品或者服务正常运行的行为。《反不正当竞争法》采用列举加兜底的方式对其作了规定，明确将网络不正当竞争行为纳入反不正当竞争法的调整范围之中。《反不正当竞争法》第12条规定了三种具体的网络不正当竞争行为：（1）未经其他经营者同意，在其合法提供的网络产品或者服务中，插入链接、强制进行目标跳转；（2）误导、欺骗、强迫用户修改、关闭、卸载其他经营者合法提供的网络产品或者服务；（3）恶意对其他经营者合法提供的网络产品或者服务实施不兼容。鉴于互联网经济日益发达，网络上违反诚实信用的商业竞争行为越来越多，层出不穷，该条也对网络不正当竞争行为进行了兜底性规定，即经营者不得实施其他妨碍、破坏其他经营者合法提供的网络产品或者服务正常运行的行为。

14. 参考答案一：

相关市场是指经营者在一定时期内就特定的商品或者服务（以下统称“商品”）进行竞争的商品范围和地域范围。在市场竞争中，市场范围的大小直接影响市场竞争的程度，界定相关市场是认定市场是否有效竞争的基本前提和根本标准。在反垄断法中，相关市场的认定具有重要意义。它关系到对某个经营者的产品或服务所占市场份额、该经营者的市场地位及其行为是否构成不法垄断等的认定。

相关市场的定义：是指经营者在一定时期内就特定的商品或服务进行竞争的商品范围和地域范围。相关市场的类型：影响特定市场范围的有产品、地域、时间、技术等因素，根据这些因素，分别构成相关商品市场、相关地域市场、相关时间市场、技术市场和创新市场。其中，相关商品市场是指经营者在一定时期内就特定商品进行竞争的商品范围，包括同类品和替代品的范围。相关地域市场是指经营者在一定时期内就特定商品进行竞争的地域范围。界定相关市场的作用或者意义在于：（1）明确经营者竞争范围；（2）是判断经营者是否具有市场支配地位的前提。任何竞争行为（包括具有或可能具有排除、限制竞争效果的行为——垄断行为，不正当竞争行为）均发生在一定的市场范围内。界定相关市场就是明确经营者竞争的市场范围。在禁止经营者达成垄断协议，禁止经营者滥用市场支配地位，控制具有或者可能具有排除、限制竞争效果的经营者集中等反垄断执法工作中，均可能涉及相关市场的界定问题。科学合理地界定相关市场，对识别竞争者和潜在竞争者、判定经营者市场份额和市场集中度、认定经营者的市场地位、分析经营者的行为对市场竞争的影响、判断经营者行为是否违法以及在违法情况下需承担的法律责任等关键问题，具有重要的作用。因此，相关市场的界定通常是对竞争行为进行分析的起点，是反垄断执法工作的重要步骤。

（参考资料：刘继峰：《竞争法学》，3版，141页，北京，北京大学出版社，2018）

参考答案二：

相关市场是指经营者在一定时期内就特定商品或者服务（以下统称“商品”）进行竞争的商品范围和地域范围。在反垄断执法实践中，通常需要界定相关产品市场和相关地域市场，而相关时间市场对于特定案件的分析也有重要意义。例如，反垄断法在禁止滥用市场支配地位行为时，首先面临的问题就是要合理地界定相关市场。如果相关市场界定过宽，会人为减少一个企业的实际市场份额或淡化其市场影响力，使该企业很容易逃脱反垄断法的规制；而如果相关市场界定过窄，则会夸大一个企业的市场份额，使反垄断法对该企业的规制过于苛刻。

相关产品市场，也被称为相关商品市场，是根据商品的特性、用途及价格等因素，由需求者认为具有较为紧密替代关系的一组或一类商品所构成的市场。这些商品表现出较强的竞争关系，在反垄断执法中可以作为经营者进行竞争的商品范围。一般认为，相关产品市场的界定，应当考虑以下因素：(1) 产品的性质；(2) 产品的用途；(3) 产品的价格；(4) 消费者的喜好；(5) 产品的替代性；等等。

相关地域市场，是指需求者获取具有较为紧密替代关系的商品的地理区域。这些地域表现出较强的竞争关系，在反垄断执法中可以作为经营者进行竞争的地域范围。经济学上一般假定某种产品在全国范围甚至全球范围内展开竞争，但实际上由于特定条件的限制，相关产品不可能在如此广泛的地域范围内展开竞争。相关地域市场考察的是同一产品在空间上的可替代性。地域市场划分以全国市场为原则，但针对特定产品的地域市场可能是地区性的。确定地域市场的主要方法是考察企业的销售范围，在某种意义上，企业的销售范围等同于地域市场范围，当然，消费者是否能方便地选择竞争产品也可作为考察地域市场范围的补充。因此，影响地域市场范围的因素主要有区域间交易障碍、潜在竞争、产品差异和产品本身的性质等，其中运输成本和产品特性具有特别重要的意义。

相关时间市场，是指相同或近似产品在同一区域内相互竞争的时间范围。以往反垄断法的实践在界定相关市场时主要考察产品市场和地域市场，很少重视时间市场，但是随着科技的迅猛发展，许多产品的科技含量越来越高，更新的速度也越来越快，也许企业的某种产品在某一时间确实具有市场支配地位，但这种市场支配地位很可能是暂时的或稍纵即逝的。当生产周期、使用期限、季节性、流行时尚性或知识产权保护期限等已构成商品不可忽视的特征时，界定相关市场还应考虑时间性。

（参考资料：孟雁北：《反垄断法》，2 版，北京，北京大学出版社，2017）

15. 反垄断法上的宽恕制度，是指参与垄断协议行为的经营者，在该行为尚未被发现时主动向执法机关报告该行为，或在执法机关进行调查时，主动向执法机关报告该行为的具体内容，执法机关因此可以部分或全部免除该经营者因从事垄断协议行为所应负的刑事责任或行政责任。[①] 垄断协议行为因其隐蔽性而导致对其实施的取证和查处行为都很困难，为了有效地规制垄断协议行为，许多国家的反垄断法通过宽恕制度来提高执法效率。我国《反垄断法》规定，经营者主动向反垄断执法机构报告达成垄断协议的有关情况并提供重要证据的，反垄断执法机构可以酌情减轻或者免除对该经营者的处罚。

选择题

（一）单项选择题

1. D。A 项，互联网不正当竞争行为的核心表现是经营者利用技术手段，通过影响用户选择或者其他方式，实施了妨碍、破坏其他经营者合法提供的网络产品或者服务正常运行的行为。比如：(1) 未经其他经营者同意，在其合法提供的网络产品或者服务中，插入链接、强制进行目标跳转；(2) 误导、欺骗、强迫用户修改、关闭、卸载其他经营者合法提供的网络产品或者服务；(3) 恶意对其他经营者合法提供的网络产品或者服务实施不兼容。本案中，乙公司并不存在此类情形，故 A 项错误。B 项，混淆行为的核心是“搭便车、傍名牌”，在各方面伪装自己以使自己的特征与其他有一定影响力的商品或服务极其相像，达到使一般消费者误认的效果。本案中，乙公司并没有将自己伪装成跟甲公司相像，没有混淆行为，故 B 项错误。C 项，虚假宣传的核心是经营者对自身的方方面面作出不真实的美化效果并传播出去，以诱使消费者产生消费欲望，进而获取交易机会。本案中，乙公司没有对自身的任何方面作出虚假的意思表示，不构成虚假宣传，故 C 项错误。D 项，《反不正当竞争法》的

① 参见王晓晔：《中华人民共和国反垄断法详解》，241 页，北京，知识产权出版社，2008。

立法目的在于维护市场竞争秩序，核心在于竞争行为的正当性和制止不正当行为。判断一项行为是否具有正当性，应当从市场竞争秩序、商业道德、利益平衡等基本原则出发，结合相关行业准则、行为手段、损害后果等因素对其性质予以综合评判。“企查查”误将甲公司的历史信息作为最新消息上传到网络，存在一定的失误且给甲公司造成了损失，应该承担赔偿责任。乙公司通过“企查查”查询到一些与甲公司有关的信用信息，可以作为自己作出商业决策的依据，但不应该将该信息恶意扩散至甲公司的合作伙伴，致使甲公司受到经济损失。乙公司此行为违反了诚信的基本规则，不正当地使用了公共数据，属于不正当竞争行为，D项正确。

2. A。使用与他人有一定影响的商品名称、包装、装潢等相同或近似的标识，引人误以为是他人商品或者与他人存在特定联系的，属于混淆行为，A选项应选。诋毁商誉行为是指经营者不得编造、传播虚假信息或误导性信息，损害竞争对手的商业信誉、商品声誉。发布的信息如果是真实的，不构成诋毁商誉行为。抽奖式有奖销售的金额不得超过5万元，即金额小于等于5万元的，为合法。侵犯商业秘密要求第三人明知或应知商业秘密权利人的员工、前员工或其他单位、个人实施了《反不正当竞争法》第9条规定的违法行为，仍获取、披露、使用或允许他人使用。

3. C。经营者对商品作虚假宣传或引人误解的宣传，或者通过组织虚假交易等方式帮助其他经营者进行虚假或引人误解的商业宣传的，由监督检查部门责令停止违法行为，处20万元以上100万元以下的罚款；情节严重的，处100万元以上200万元以下的罚款，可以吊销营业执照。C选项为混淆行为应当承担的行政责任。经营者实施混淆行为的，由监督检查部门责令停止违法行为，没收违法商品。违法经营额5万元以上的，可以并处违法经营额5倍以下的罚款；没有违法经营额或者违法经营额不足5万元的，可以并处25万元以下的罚款，情节严重的，吊销营业执照。

4. B。根据《反不正当竞争法》的规定，经营者利用广告或其他方法，对商品的性能、功能、质量、销售状况、用户评价、曾获荣誉等作虚假或引人误解的宣传，欺骗、误导消费者的行为构成虚假宣传行为。李某通过在产品上伪造或冒用质量标志，伪造产地，作出虚假宣传，因此构成《反不正当竞争法》规制的虚假宣传行为。

5. A。《反不正当竞争法》第7条规定：“经营者在交易活动中，可以以明示方式向交易相对方支付折扣，或者向中间人支付佣金。经营者向交易相对方支付折扣、向中间人支付佣金的，应当如实入账。接受折扣、佣金的经营者也应当如实入账”。因而，A项正确。

6. A。A项，乙公司是和甲公司具有竞争关系的经营者，编造、传播虚假信息，损害甲公司的商业信誉、商品声誉，构成诋毁商誉。A项正确。B项，互联网不正当竞争行为的特征是“技术干扰”“技术控制”，即经营者利用技术手段，通过影响用户选择或者其他方式，实施妨碍、破坏其他经营者合法提供的网络产品或者服务正常运行的行为。互联网不正当竞争行为是在互联网产品和服务运营的过程中实施的。本案中，虽然乙公司通过网络发布了甲公司及其他公司的虚假信息，但互联网只是其发布信息的媒介，乙公司并没有利用技术手段妨碍、破坏其他经营者合法提供的网络产品或者服务正常运行的行为，不属于互联网不正当竞争行为。B项错误。C项，虚假宣传指的是经营者对其商品的性能、功能、质量、销售状况、用户评价、曾获荣誉等作虚假或者引人误解的商业宣传，欺骗、误导消费者。虚假宣传是经营者“给自己造假”。本案中，乙公司是给其他竞争对手造假，不属于虚假宣传。C项错误。D项，乙公司发布了甲公司和许多其他公司的虚假信息，损害了众多竞争对手的商业信誉、商品声誉，情节严重，对其可以处以50万～300万元的罚款，但对其没有吊销营业执照的处罚。《反不正当竞争法》中只针对混淆行为、商业贿赂、虚假宣传三种行为在情节严重的情形下，可以吊销营业执照。D项错误。

7. A。A项，相关市场，是指经营者在一定时期内就特定商品或者服务进行竞争的商品范围和地域范围。市场支配地位，是指经营者在相关市场内具有能够控制商品价格、数量或者其他交易条件，或者能够阻碍、影响其他经营者进入相关市场能力的市场地位。任何竞争行为均发生在一定的市场范围内，相关市场的界定是对竞争行为分析的起点，是反垄断执法工作的重要步骤。就滥用市场支配地位的判断而言，依据逻辑，先界定“相关市场”，再认定“市场支配地位”，最后确定有无“滥用行为”进而确定是否应追究责任。故A项正确。B项，认定某一经营者是否具有市场支配地位，应综合各种要素进行衡量判断，比如：（1）该经营者在相关市场的市场份额，以及相关市场的竞争状况；（2）该经营者控制销售市场或者原材料采购市场的能力；（3）该经营者的财力和技术条件；（4）其他经营者对该经营者在交易上的依赖程度；（5）其他经营者进入相关市场的难易程度等。市场份额作为众多参考因素之一，只能“推定”经营者具有支配地位，而不能“认定”经营者具有支配地位。该燃气公司“独家经营”只是表明其有100%的市场份额，只能推定其具有市场支配地位，B项“只要……就……”的表述形式将市场份额与市场支配地位画了等号，是错误的。C项，涉及两组法律关系：一是上游气源企业与该燃气公司；二是该燃气公司与下游用户。这是彼此独立的两组法律关系，一码归一码，上游气源企业对该燃气公司实施了不当行为应承担相应的法律责任，而这不能成为该燃气公司转嫁经营成本、损害消费者利益的正当理由。故C项错误。D项，在传统经济中，能源型公共事业一般都获准实行垄断经营，其经营活动由国家实行监管。因此，《反垄断法》第8条规定了，对关系国民经济命脉和国家安全的行业以及依法实行专营专卖的行业，国家对其经营者的合法经营活动予以保护，同时要求该行业的经营者不得利用其控制地位或专营专卖地位损害消费者利益。判断经营者是否构成垄断行为更不能根据政府规定来认定。即便因为其属于特殊行业，政府规定了独家经营，也不是其滥用该地位的法定理由。故D项错误。

8. B。《反不正当竞争法》第8条规定：“经营者不得对其商品的性能、功能、质量、销售状况、用户评价、曾获荣誉等作虚假或者引人误解的商业宣传，欺骗、误导消费者。经营者不得通过组织虚假交易等方式，帮助其他经营者进行虚假或者引人误解的商业宣传。”第12条规定：“经营者利用网络从事生产经营活动，应当遵守本法的各项规定。经营者不得利用技术手段，通过影响用户选择或者其他方式，实施下列妨碍、破坏其他经营者合法提供的网络产品或者服务正常运行的行为：（一）未经其他经营者同意，在其合法提供的网络产品或者服务中，插入链接、强制进行目标跳转；（二）误导、欺骗、强迫用户修改、关闭、卸载其他经营者合法提供的网络产品或者服务；（三）恶意对其他经营者合法提供的网络产品或者服务实施不兼容；（四）其他妨碍、破坏其他经营者合法提供的网络产品或者服务正常运行的行为。”本案中，文具公司通过自己员工下单、邮寄空包裹等行为实际构成了对销售状况的虚假宣传，欺骗、误导消费者，属于虚假宣传行为，B项正确。互联网不正当竞争的核心是经营者利用自有的技术手段，妨碍、破坏其他经营者合法提供的网络产品或服务的正常运行，本案中，文具公司并不存在此行为，A项错误。商业贿赂强调经营者为了谋取交易机会或者竞争优势，而采用财物或者其他手段贿赂相关单位或个人，本案中，文具公司并未实施此类行为，C项错误。混淆行为强调经营者擅自使用他人有一定影响的名称、包装、装潢、名称、域名、网站、网址等，足以引人误以为是他人商品或者与他人存在特定联系，本案中，文具公司并未擅自使用他人的任何元素，没有混淆行为，D项错误。

（二）多项选择题

1. BCD。《反不正当竞争法》第9条规定：“经营者不得实施下列侵犯商业秘密的行为：（一）以盗窃、贿赂、欺诈、胁迫、电子侵入或者其他不正当手段获取权利人的商业秘密；（二）披露、使用或者允许他人使用以前项手段获取的权利人的商业秘密；（三）违反保密义务或者违反权利人有关保守商业秘密的要求，披露、使用或者允许他人使用其所掌握的商业秘密；（四）教唆、引诱、帮助他人违反保密义务或者违反权利人有关保守商业秘密的要求，获取、披露、使用或者允许他人使用权利人的商业秘密”。A项属于侵犯专利权的行为。

2. AD。《反不正当竞争法》第四章“法律责任”规定了对各种不正当竞争行为的惩罚措施，归纳起来主要有三种：责令停止违法行为、罚款、吊销营业执照。

3. BC。A项，生产商与销售商签订的在一定区域内的独家销售协议，其排除了在该区域其他销售商销售该生产商生产的该种商品的行为，实际上排除了品牌内的竞争；但该协议并不能排除其他生产商与其他销售商签订独家销售协议，因此，独家销售协议虽然排除了品牌内的竞争，但没有排除甚至加剧了品牌间的竞争，并未损害消费者的利益，所以没有产生对竞争实质性的排除或限制的影响，A项错误。B、C项，纵向垄断协议指的是有竞争关系的上下游主体之间形成的，主要针对价格方面的协议，包括固定向第三者转售的价格或限定向第三者出售的最低价格。这样，上游生产商凭借自身的控制力，影响了下游经销商市场的自由竞争和价格调控市场机制，剥夺了消费者因充分竞争可能享受到的“物美价廉”，所以对竞争造成了排除或限制的实质影响，且损害了消费者的合法权益。B、C项属于《反垄断法》规制的纵向垄断行为，B、C两项正确。D项，生产商限定经销商向第三者转售的最高价格，避免经销商漫天要价损害消费者的合法权益，对消费者有好处，不为《反垄断法》所禁止，所以D项并非《反垄断法》规制的协议行为，D项错误。

4. AC。A、B项，本案中KT公司和GB之间的股权转让协议，实际上是KT公司收购蓝天公司60%的股权，取得对蓝天公司的控制权，属于经营者集中行为。我国对巨头集中实行事先申报制度，以防患于未然。KT公司对蓝天公司的收购，达到了国务院规定的申报标准，应当事前向国务院反垄断执法机构申报，而不能“先斩后奏”，A项正确，B项错误。C项，外资KT公司并购我国境内的蓝天公司，涉及国家安全，除依照《反垄断法》规定进行经营者集中审查外，还应当按照国家有关规定进行国家安全审查，C项正确。D项，经营者对禁止集中的决定不服的，应先提起行政复议再诉讼，而不能“直接”诉讼，D项错误。

5. CD。A项，“拒绝交易”是指经营者没有正当理由，拒绝与交易相对人进行交易。本案中，甘泉公司没有正当理由而限定交易相对人只能与其指定的经营者进行交易，属于限定交易，并非拒绝交易，A项错误。B项，甘泉公司被推定具有市场支配地位，又实施了限定交易的滥用行为，反垄断执法机构可以责令停止违法行为，没收违法所得，并处上一年度销售额1%以上10%以下的罚款。对于行政垄断行为，反垄断执法机构不能直接处罚而应该向行为人的上级提出处理建议，B项混淆了滥用市场支配地位与行政垄断的处理措施，B项错误。C项，甘泉公司的业务及行为均只涉及该市城市用水的供应，所以相关市场应确定为市公共自来水供水服务市场，C项正确。D项，甘泉公司在相关市场的份额达到了1/2（高达65%），可推定其具有市场支配地位，D项正确。综上，本题答案为CD。

6. ACD。A、D项，《反不正当竞争法》所称的经营者是指从事商品生产、经营或者提供服务的自然人、法人和非法人组织。从立法的角度可以看出，现行的《反不正当竞争法》对于经营者的范围从行为特征的角度进行了扩大，由最初的“商品经营或者营利性服务”变成了“商品生产、经营或者提供服务”，将商品生产、非营利性服务的提供者也纳入了经营者的范畴。所以，非营利法人可以成为《反不正当竞争法》中的“经营者”。故A项正确。因云服务中心和甲公司从事类似的业务活动，具有竞争关系。故D项正确。B项，商标专用权是指由法律授予商标权人在指定商品或服务上使用其注册商标的排他性权利。本案中，因云服务中心的名称中包含了“因云”，但其并未将“因云”申请为注册商标，因云服务中心不是商标专用权人，甲公司不存在侵犯商标专用权的情形。故B项错误。C项，因云服务中心的名称有一定影响，甲公司擅自使用“因云”注册网站进行经营活动，引人误认为是因云服务中心的商品，搭了因云服务中心的“便车”，蹭了因云服务中心的“流量”，构成了混淆行为。故C项正确。

7. AC。《反垄断法》第18条第1款规定：“禁止经营者与交易相对人达成下列垄断协议：（一）固定向第三人转售商品的价格；（二）限定向第三人转售商品的最低价格；（三）国务院反垄断执法机构认定的其他垄断协议。”甲企业利用其优势地位，与下游的经销商签署协议限定向第三人转售商品的最低价格，排除限制了竞争，构成了纵向垄断协议。无论是否为双方真实自愿，均应受到反垄断法的规制，所以A项正确，B项错误。《反垄断法》第46条第2款规定：“对涉嫌垄断行为，任何单位和个人有权向反垄断执法机构举报。反垄断执法机构应当为举报人保密。”对于违反《反垄断法》的行为，任何单位或个人均可举报，以便执法机构及时掌握信息进行调查处理，举报者无须与垄断行为有交易或其他利害关系。故C项正确。《反垄断法》第56条规定，经营者违反本法规定，达成并实施垄断协议的，由反垄断执法机构责令停止违法行为，没收违法所得，并处上一年度销售额1%以上10%以下的罚款，上一年度没有销售额的，处500万元以下的罚款；尚未实施所达成的垄断协议的，可以处300万元以下的罚款。经营者的法定代表人、主要负责人和直接责任人员对达成垄断协议负有个人责任的，可以处100万元以下的罚款。对协议行为的处罚不以实施为条件，即使未实施，也可被罚款。故D项错误。

8. ABC。《反垄断法》第21条规定，行业协会不得组织本行业的经营者从事本章禁止的垄断行为。该法第 17 条规定，禁止具有竞争关系的经营者达成下列垄断协议：(1) 固定或者变更商品价格；(2) 限制商品的生产数量或者销售数量；(3) 分割销售市场或者原材料采购市场；(4) 限制购买新技术、新设备或者限制开发新技术、新产品；(5) 联合抵制交易；(6) 国务院反垄断执法机构认定的其他垄断协议。据此可知，某省 L 市旅游协会召集当地旅行社商定对游客统一报价的行为构成垄断行为。故选项 A、B 错误。《反垄断法》第 56 条第 1 款规定，经营者违反本法规定，达成并实施垄断协议的，由反垄断执法机构责令停止违法行为，没收违法所得，并处上一年度销售额 1%以上 10%以下的罚款；尚未实施所达成的垄断协议的，可以处 300 万元以下的罚款。故选项 C 错误。《反垄断法》第 56 条第 3 款规定，经营者主动向反垄断执法机构报告达成垄断协议的有关情况并提供重要证据的，反垄断执法机构可以酌情减轻或者免除对该经营者的处罚。故选项 D 正确。

9. ABD。混淆行为是指擅自使用与他人有一定影响的商品名称、包装、装潢等相同或近似的标识，引人误以为是他人商品或者与他人存在特定联系，并不需要乙厂白酒获得外观设计专利这一附加条件，A 选项表述错误。题中已告知甲厂“精心模仿”乙厂知名白酒的包装装潢，说明二者的包装装潢很近似，即使甲厂表明了自己的厂名、厂址、商标等信息，也只能判断出甲厂不构成“虚假宣传”，但仍构成“混淆”，故 B 项表述错误。C 项表述正确，“不足以使消费者误认为”，即没有达到“误认”的程度，不构成混淆。此处对于消费者的界定，是以一般消费者为衡量标准，而不是以该商品的长期消费者为衡量标准，故选项 D 错误。

10. ACD。县政府的行为属于正常的行政管理，并没有从事地区封锁、限制竞争的行为，故选项 A 错误。《反垄断法》第 21 条规定，行业协会不得组织本行业的经营者从事本章禁止的垄断行为。本案中，建材协会的行为属于行业协会的垄断协议，分割销售市场，故选项 B 正确。《反垄断法》第 13 条第 2 款规定，国务院反垄断执法机构根据工作需要，可以授权省、自治区、直辖市人民政府相应的机构，依照本法规定负责有关反垄断执法工作。据此可知，县工商局没有反垄断执法权，故选项 C 错误。《反垄断法》第 53 条第 1 款规定：对反垄断执法机构调查的涉嫌垄断行为，被调查的经营者承诺在反垄断执法机构认可的期限内采取具体措施消除该行为后果的，反垄断执法机构可以决定中止调查。中止调查的决定应当载明被调查的经营者承诺的具体内容。据此可知，应该是“中止”调查而非“终止”调查，故选项 D 错误。

11. CD。《反不正当竞争法》第 2 条第 3 款规定：本法所称的经营者，是指从事商品生产、经营或者提供服务的自然人、法人和非法人组织。自然人作出了商品的生产、经营或提供服务行为的，该自然人也属于经营者的范畴，本案中，张某利用其软件实施了播放广告取得收益的经营行为，属于经营者，B 项错误。经营者在生产经营活动中，应当遵循自愿、平等、公平、诚信的原则，遵守法律和商业道德。所以“公平、诚信、法律和商业道德”是区分不正当竞争和正当经营的关键。本案中，张某的行为损害了甲公司产品的正常运营，且谋取了自身的经济利益，不能以“有利于消费者”来掩盖这一不诚信的行为，所以张某的行为已经构成了不正当竞争，而非合法行为，A 项错误，C 项正确。《反不正当竞争法》第 17 条规定：“经营者违反本法规定，给他人造成损害的，应当依法承担民事责任。经营者的合法权益受到不正当竞争行为损害的，可以向人民法院提起诉讼。因不正当竞争行为受到损害的经营者的赔偿数额，按照其因被侵权所受到的实际损失确定；实际损失难以计算的，按照侵权人因侵权所获得的利益确定。经营者恶意实施侵犯商业秘密行为，情节严重的，可以在按照上述方法确定数额的一倍以上五倍以下确定赔偿数额。赔偿数额还应当包括经营者为制止侵权行为所支付的合理开支。经营者违反本法第六条、第九条规定，权利人因被侵权所受到的实际损失、侵权人因侵权所获得的利益难以确定的，由人民法院根据侵权行为的情节判决给予权利人五百万元以下的赔偿。”不正当竞争行为的民事赔偿数额确定的依据是被害者的实际损害或侵权人的侵权所得。所以，当甲公司的实际损失难以计算的时候，可按张某的侵权所得，即向乙公司收取的报酬确定赔偿金额，D 项正确。

（三）不定项选择题

1. C。静车公司与海金公司设立合营企业，其中静车公司持股 45%，海金公司持股 55%，双方共同控制合营企业，属于《反垄断法》第 25 条规定的经营者集中。参与集中的经营者的交易规模达到了国务院规定的申报标准的，经营者应当事先向国务院反垄断执法机构申报，未申报的不得实施集中。本案中，静车公司和海金公司的全球及境内营业额已达到经营者集中申报的金额，但没有申报，违反了《反垄断法》的规定，构成未依法申报违法实施的经营者集中。所以，应当对参与集中的经营者静车公司和海金公司实施处罚。但是吉乐公司作为被设立的“新生命”并未实施违法违规行为，不应被处罚。只有C项正确。

2. B。《反垄断法》第25条规定：“经营者集中是指下列情形：（一）经营者合并；（二）经营者通过取得股权或者资产的方式取得对其他经营者的控制权；（三）经营者通过合同等方式取得对其他经营者的控制权或者能够对其他经营者施加决定性影响。”经营者集中行为的典型特征是通过集中行为可产生经营控制权的转移，而电动车厂商奇能公司与太阳能企业达成的信息共享的协议并没有控制权的转移，不属于经营者集中行为，无须申报，A项错误。奇能公司收购电子公司的股权，取得其控制权，属于经营者集中行为，因其交易规模达到申报标准，所以需要向国务院反垄断执法机构事先申报，B项正确。《反垄断法》第27条规定：“经营者集中有下列情形之一的，可以不向国务院反垄断执法机构申报：（一）参与集中的一个经营者拥有其他每个经营者百分之五十以上有表决权的股份或者资产的；（二）参与集中的每个经营者百分之五十以上有表决权的股份或者资产被同一个未参与集中的经营者拥有的。”奇能公司对其控股子公司本来就拥有控制权，即使收购股权增持至80%，也是由奇能公司享有该子公司的控制权，所以此收购股权的行为并没有发生控制权的转移，无须申报，C项错误。电霸公司同时拥有奇能公司和天霸公司的控制权，所以兄弟公司奇能公司对天霸公司的收购行为并没有改变其控制权被电霸公司控制的结果，无须申报，D项错误。

3. A。《反垄断法》第16条规定：“本法所称垄断协议，是指排除、限制竞争的协议、决定或者其他协同行为。”第21条规定：“行业协会不得组织本行业的经营者从事本章禁止的垄断行为。”第56条第4款规定：“行业协会违反本法规定，组织本行业的经营者达成垄断协议的，由反垄断执法机构责令改正，可以处三百万元以下的罚款；情节严重的，社会团体登记管理机关可以依法撤销登记。”本案中，海鲜水产行业协会组织本行业的水产供应商压缩供货，控制出货节奏，对竞争造成了排除、限制的影响，构成了横向垄断协议行为，且情节严重。所以行业协会已构成违法行为，不能以行业自律来抗辩，民政部门可对其撤销登记。A项正确、B项错误。协议行为强调的形式要件是协同行为，实质要件是对竞争排除、限制的负面影响，不要求书面的协议形式，C项错误。《反垄断法》第56条第3款规定：“经营者主动向反垄断执法机构报告达成垄断协议的有关情况并提供重要证据的，反垄断执法机构可以酌情减轻或者免除对该经营者的处罚。”主动报告并提供重要证据者，由执法机构自由裁量可酌情减免处罚，并非法定免除处罚，D项错误。

4. C。本案中公安局作为行政机关，从事了“指令”“强令”等行为，属于典型的限定经营行为，对提供软件及印章相关配套产品的经营者实施了差别待遇。行政垄断与经营性垄断（协议行为、滥用市场支配地位、经营者集中）不同。在经营性垄断行为中，反垄断执法机构是行政管理部门，对于实施垄断行为的经营者，可以责令改正、处以罚款等。但是在行政垄断中，行为人是行政机关或法律、法规授权的具有管理公共事务职能的组织，反垄断执法机构并非其上级管理部门，无法直接对其行为进行处罚。故需要迂回处理，即反垄断执法机构可以向有关上级机关提出依法处理的建议；上级机关责令其改正，对直接负责的主管人员和其他直接责任人员依法给予处分。A、B项，反垄断执法机构不能直接对该市公安局作出处罚或责令改正，错误。C项，反垄断执法机构对公安局的上级机关市政府提出处理建议是正确的。D项，行业协会“组织”了行业内经营者达成垄断协议，才会被“社会团体登记管理机关”撤销登记，本案中印章协会迫于公安局的压力统一安装软件，并未组织行业内经营者达成协议，不会因此被撤销资格。而且，即使行业协会实施了组织本行业经营者达成垄断协议的行为，导致被撤销资格时，也应该是社会团体登记机关撤销其登记，而不应是反垄断执法机构撤销登记，所以D项错误。

5. B。根据《反不正当竞争法》第8条，经营者不得对其商品的性能、功能、质量、销售状况、用户评价、曾获荣誉等作虚假或者引人误解的商业宣传，欺骗、误导消费者。该机构虚构“状元陪读”“已售1 000+”等事实，直接违反此条款，构成虚假宣传，

B选项正确。A选项中的网络不正当竞争通常涉及诋毁竞争对手、流量劫持等行为，与本题无直接关联。C选项中的引人误解的宣传侧重于信息模糊导致消费者误判（如使用歧义表述），但本题中宣传内容明确且直接虚假，更符合“虚假宣传”而非“误解”。D选项中的混淆行为，指误导消费者使其误认为与其他品牌有关联（如仿冒商标），与本题无关。

6. D。A项：混淆行为是指经营者实施的引人误认为是他人商品或者与他人存在特定联系的行为。本题中，甲公司的电视机产品并未与乙公司的产品发生混淆从而引起他人误认，故并非混淆行为。因此，A项错误。B、C项：《反不正当竞争法》第6条规定：“经营者不得实施下列混淆行为，引人误认为是他人商品或者与他人存在特定联系：（一）擅自使用与他人有一定影响的商品名称、包装、装潢等相同或者近似的标识……”据此，在判断不正当竞争行为是否为混淆行为时，才需考虑商品是否有影响力以及商业装潢的问题，而本案并不涉及混淆的判断。因此，B、C项错误。D项：《反不正当竞争法》第11条规定：“经营者不得编造、传播虚假信息或者误导性信息，损害竞争对手的商业信誉、商品声誉。”本案中，甲公司员工故意拍摄抹黑小熊图案电视机的视频并获得了极大的关注，且因该图案具有很高的识别度，会使人直接与乙公司的电视机产品进行联系，所以甲公司员工的行为实质上损害了乙公司的商品声誉。因此，D项正确。综上所述，本题答案为D项。

7. A。A项：《反垄断法》第16条规定：“本法所称垄断协议，是指排除、限制竞争的协议、决定或者其他协同行为。”第17条规定：“禁止具有竞争关系的经营者达成下列垄断协议：（一）固定或者变更商品价格……”据此，所谓横向垄断协议即是竞争企业之间达成的排除、限制竞争的协议、决定或者其他协同行为。本题中，各经销商在微信交流群中进行沟通，后实施了集体下调鸽子交易价格的行为，该行为排除、限制了竞争，损害了他人的合法利益，构成横向垄断协议。因此，A项正确。

B项：《反垄断法》第22条第2款规定：“具有市场支配地位的经营者不得利用数据和算法、技术以及平台规则等从事前款规定的滥用市场支配地位的行为。”本题中，王某不具备市场支配地位，且微信群仅起到交流互动的作用，王某亦未利用其平台规则以实施滥权行为。因此，B项错误。

C项：《反垄断法》第25条规定：“经营者集中是指下列情形：（一）经营者合并；（二）经营者通过取得股权或者资产的方式取得对其他经营者的控制权；（三）经营者通过合同等方式取得对其他经营者的控制权或者能够对其他经营者施加决定性影响。”本题中，王某在群中的言论不会对其他经营者产生控制的效果，也不会对其他经营者产生决定性影响，不应视作经营者集中。因此，C项错误。

D项：《反垄断法》第5条第2款规定：“行政机关和法律、法规授权的具有管理公共事务职能的组织在制定涉及市场主体经济活动的规定时，应当进行公平竞争审查。”本题中，王某组建的微信交流群既非行政机关，亦非具有管理公共事务职能的组织，故无须经过公平竞争审查。因此，D项错误。

综上所述，本题答案为A项。

简答题

1. 不当奖售行为是指经营者不法进行的不正当有奖销售行为。有奖销售是经营者的一种促销手段，正当的有奖销售法律是允许的，而不正当的有奖销售不仅会损害同业竞争者的利益，还会损害消费者的利益和公序良俗，行为人应当为此承担民事责任、行政责任甚至是刑事责任。

（1）不当奖售行为的民事责任。

因不正当有奖销售行为受到侵害的经营者，可以按照《反不正当竞争法》第17条的规定要求民事的损害赔偿，即经营者实施不正当的有奖销售行为，“给他人造成损害的，应当依法承担民事责任”。“因不正当竞争行为受到损害的经营者的赔偿数额，按照其因被侵权所受到的实际损失确定；实际损失难以计算的，按照侵权人因侵权所获得的利益确定。”“赔偿数额还应当包括经营者为制止侵权行为所支付的合理开支。”

（2）不当奖售行为的行政责任。

我国《反不正当竞争法》第22条规定：经营者违反本法第10条规定进行有奖销售的，由监督检查部门责令停止违法行为，处5万元以上50万元以下的罚款。此外，对于利用有奖销售行为来推销质次价高的商品行为的，《产品质量法》第50条规定，在产品中掺杂、掺假，以假充真、以次充好，或者以不合格产品冒充合格产品的，责令停止生产、销售，没收违法生产、销售的产品，并处违法生产、销售产品货值金额50%以上3倍以下罚款；有违法所得的，并处没收违法所得；情节严重的，吊销营业执照；构成犯罪的，依法追究刑事责任。

（3）不当奖售行为的刑事责任。

欺骗性有奖销售如果情节严重，可能构成诈骗罪。借有奖销售之机推销质次价高的产品，可依据产品质量法和刑法追究经营者的刑事责任。

2. 我国《反垄断法》第22条第1款规定，禁止具有市场支配地位的经营者从事下列滥用市场支配地位的行为：（1）以不公平的高价销售商品或者以不公平的低价购买商品；（2）没有正当理由，以低于成本的价格销售商品；（3）没有正当理由，拒绝与交易相对人进行交易；（4）没有正当理由，限定交易相对人只能与其进行交易或者只能与其指定的经营者进行交易；（5）没有正当理由搭售商品，或者在交易时附加其他不合理的交易条件；（6）没有正当理由，对条件相同的交易相对人在交易价格等交易条件上实行差别待遇；（7）国务院反垄断执法机构认定的其他滥用市场支配地位的行为。此外，该法第68条还规定，“经营者滥用知识产权，排除、限制竞争的行为，适用本法”。

3. 垄断法规制的垄断行为主要有：（1）滥用市场支配地位行为，即具有市场支配地位的企业不合理地利用其市场支配地位，在一定的交易领域实质性地限制竞争，违背公共利益，明显损害消费者利益、损害自由公平的市场竞争秩序，应受反垄断法规制的行为。（2）垄断协议即两个或两个以上的企业，采取合同、决议、默契或其他形式，共同决定产品或服务的价格，或就产品的销售数量、生产技术标准，以及产品的销售地区、销售对象进行限定，从而排斥、限制或妨碍特定市场的竞争的行为。[1] 例如，有些行业协会通过“行业自律”行为来限制竞争，以行业协会决议的形式限制价格竞争，也属于联合限制竞争行为的一种表现形式。（3）经营者集中。主要有三种情况：第一，狭义的合并，即民法或者公司法意义上的合并，英文“merger”通常指这种含义。第二，通过收购股份获取对其他企业的控制，即收购企业与被收购企业（目标企业）在不改变各自的法律主体资格的前提下，通过改变股权的方式取得对被收购企业的实际控制，成为事实上（而不是法律上）的同一主体，英文中常用“acquisition”表示。一项收购即使发生了控制权的完全转移，可能仍然使有关企业继续作为一个独立的实体从事经营。但是，共同控制意味着共同利润最大化，是反托拉斯机关的潜在的案源。第三，是两个或者两个以上的企业在保留各自独立法律人格的前提下，通过协议、联营等方式形成控制与被控制的关系。

反垄断法规制的垄断组织形式有：（1）卡特尔，是生产同类商品的企业，在划分销售市场、规定商品产量和商品价格方面达成协议而形成的初级垄断组织。由于各企业在生产、贸易、财务和法律上都保持各自的独立性，因而卡特尔既不稳定，也不持久。（2）辛迪加，是同一生产部门为高价销售商品、低价购买原料，通过协定建立起来的一种程度较高、较稳定的垄断组织。参加者销售商品和购买原料由总办事处统一经营，不再与市场发生直接联系，但在生产和法律上仍保持独立性。（3）托拉斯，是由许多生产同类商品的企业或与产品生产上有密切关系的企业，为加强竞争能力、垄断销售市场、争夺原料产地和投资场所而建立的高级垄断组织。其由董事会统一掌管下属全部企业的生产、销售和财务活动。原来的企业主成为股东，按股权多少分红，完全丧失生产、销售和法律上的独立性。股东退出时，不能带走原资本，只能出售股票。（4）康采恩，是由工业、商业、运输、金融、保险等不同经济部门中的企业联合组成的垄断组织。参加康采恩的企业虽在形式上保持各自的独立性，但实际上已为银行或其中资本雄厚的大企业所控制。

（参考资料：史际春主编：《经济法》，北京，中国人民大学出版社，2005；孟雁北：《竞争法》，北京，中国人民大学出版社，2004）

4. 我国反垄断法的适用除外制度主要包括以下内容。

（1）含义和制度价值。

反垄断法适用除外，是指在规定反垄断法适用范

[1] 联合限制竞争行为在反垄断法中有不同的称谓，如德国称之为“卡特尔”，有的学者称之为“限制竞争协议”，美国《谢尔曼法》第1条使用了“合同”（contract）、“联合”（combination）和“共谋”（conspiracy）来表述联合限制行为，美国的理论界和执法机关常常使用“联合”或“联合行为”（collaboration）一词。

围和适用反垄断法时，将符合特定条件的领域、事项或行为作为例外而不适用反垄断法基本规定的一项制度。对某些利大于弊的垄断行为，适用除外的规定，有利于实现反垄断法经济社会效益的最大化，有利于实现反垄断法稳定性与反垄断案件的权变性有效结合，有利于最大限度地体现和维护国家整体利益。

（2）适用条件。

其实体要件是要有利于国家整体利益和社会公共利益。从正面看，应当是有利于改进技术、提高产品和服务质量、降低成本、提高经济效益、增强中小企业的竞争能力，或者有利于渡过经济低谷期，保障我国对外贸易和对外经济合作中的正当利益。从反面看，不严重增加对地区竞争的限制，不阻碍某一行业、产业或区域经济发展，不严重妨碍市场竞争，不损害消费者权益且消费者能够分享由此带来的利益。

其程序要件是应当履行申报登记或许可程序。即使已颁发许可，如果竞争环境条件、行为目的和效果等发生变化，主管机关仍可依法撤销该许可。

（3）适用范围。

包括两类：一类是自然垄断行业经营者，部分行业协会、合作社、著作权保护组织、中小经营者及其团体等，知识产权人，对外贸易经营者等主体的符合前述的实体条件和程序条件的行为；另一类是其他主体为了应对经济不景气而制止销售量严重下降或者生产明显过剩、促进经营者合理化，没有其他更适宜的方法的情形下所采取的联合行为。我国《反垄断法》的适用除外规定，集中体现在下列四个方面：

一是垄断协议。我国《反垄断法》第20条规定了适用除外的7种情形和证明责任。

二是滥用市场支配地位。我国《反垄断法》第22条在规定禁止具有市场支配地位的经营者滥用市场支配地位行为时，均设定了“不公平”“没有正当理由”等限定。如果行为人能够证明其价格行为“公平”、其他被诉滥用行为有“正当理由”，即可能不构成滥用。

三是滥用知识产权。对经营者依照有关知识产权的法律、行政法规规定行使知识产权的行为，不适用我国《反垄断法》；但是经营者滥用知识产权，排除、限制竞争的行为，适用《反垄断法》。

四是农业生产者及农村经济组织的特定行为。农业生产者及农村经济组织在农产品生产、加工、销售、运输、储存等经营活动中实施的联合或者协同行为，不适用《反垄断法》。

（参考资料：《经济法学》编写组编：《经济法学》，3版，北京，高等教育出版社，2022）

5. 我国《反垄断法》根据垄断协议主体的不同，将其分为以下两类：一是具有竞争关系的经营者达成的垄断协议，二是经营者与交易相对人达成的垄断协议。此外，我国《反垄断法》还明确规定，行业协会不得组织本行业的经营者从事《反垄断法》禁止的协议垄断行为。

我国《反垄断法》禁止的具有竞争关系的经营者达成的垄断协议主要包括：（1）固定或者变更商品价格；（2）限制商品的生产数量或者销售数量；（3）分割销售市场或者原材料采购市场；（4）限制购买新技术、新设备或者限制开发新技术、新产品；（5）联合抵制交易；（6）国务院反垄断执法机构认定的其他垄断协议。

我国《反垄断法》禁止的经营者与交易相对人达成的垄断协议主要包括：（1）固定向第三人转售商品的价格；（2）限定向第三人转售商品的最低价格；（3）国务院反垄断执法机构认定的其他垄断协议。

（参考资料：刘文华、史际春、徐孟洲主编：《经济法》，7版，北京，中国人民大学出版社，2024）

6. 根据我国《反垄断法》第33条的规定，审查经营者集中，应当考虑下列因素：（1）参与集中的经营者在相关市场的市场份额及其对市场的控制力；（2）相关市场的市场集中度；（3）经营者集中对市场进入、技术进步的影响；（4）经营者集中对消费者和其他有关经营者的影响；（5）经营者集中对国民经济发展的影响；（6）国务院反垄断执法机构认为应当考虑的影响市场竞争的其他因素。

7. 反垄断法，是规制有关禁止阻碍、限制或妨碍竞争的协议、合谋、联合行动和滥用经济优势的行为，借以保护市场公平竞争、维护市场秩序的法律规范体系；也包括允许、保护合理的垄断以优化竞争结构的相关规范和制度。我国《反垄断法》，是指通过对垄断协议、滥用市场支配地位、经营者集中等垄断行为进行规制，预防和制止垄断行为，保护市场公平竞争，提高经济运行效率，维护消费者利益和社会公共利益，促进社会主义市场经济健康发展的法律规范体系。

从反垄断法的概念和基本内容来看，反垄断法应属于经济法体系的组成部分，是国家干预经济的重要法律手段。因为经济法是调整国家在管理、协调经济生活和经济实体在国家指导下进行生产经营活动中产生的经济关系的法律规范体系。它是国家管理或干预经济生活的现实在法律上的反映。所以，西方发达国家的多数学者认为，反垄断法是“经济宪法”“市场经济宪章”“经济法的龙头法”等，把反垄断法放在经济法的核心地位。

（1）从反垄断法产生的背景看，反垄断法是在高度发达的市场经济条件下，为了防止和消除自由竞争所引起的垄断现象，使市场经济机制得以健康运转而制定的法律。反垄断法体现了国家对市场主体限制竞争或垄断行为的干预，所以说反垄断法体现了经济法的本质特征，是经济法的重要组成部分。

（2）从反垄断法的利益保护结构看，反垄断法以社会公共利益为本位，维护整个社会利益、国家利益，保护市场竞争秩序，保护所有竞争者和消费者的利益。这一点和经济法的利益保护结构是一致的。

（3）从反垄断法的作用来看，反垄断法的作用是弥补、修复和弘扬市场机制，因此，它与民商法一样，是市场经济条件的基础性法律制度。但民商法是通过市场主体的自发行为和合力来维护市场机制，而反垄断法是通过国家或政府作为市场的“监护人”来维护市场机制，因此反垄断法也属于经济法的重要组成部分。

8. 我国《反不正当竞争法》规定，商业秘密是指不为公众所知悉、具有商业价值并经权利人采取相应保密措施的技术信息、经营信息等商业信息。可见，商业秘密具有如下特点：其一，秘密性。该种信息是不为公众知悉，他人无法从公开渠道直接获得或探明的信息。其二，独特性。该种信息具有一定程度的创造性。其三，价值性。商业秘密是一种具有商业价值的信息。其四，保密性。权利人对该信息采取了保密措施。侵犯商业秘密的行为有如下表现形式：（1）以盗窃、贿赂、欺诈、胁迫、电子侵入或其他不正当手段获取权利人的商业秘密。实际上是规定了“获取”行为本身的违法性。此处主要列举了盗窃、贿赂、欺诈、胁迫、电子侵入几种手段，并采用其他不正当手段进行兜底，包含了上述几种手段外其他所有的非法手段。（2）披露、使用或者允许他人使用以前项手段获取的权利人的商业秘密，属于侵犯他人商业秘密的继续。此处的行为包括非法获取商业秘密的行为人自己使用他人的商业秘密、将获取的商业秘密披露给他人、让他人使用，这些都会造成权利人的损害进一步被扩大。（3）违反保密义务或违反权利人有关保守商业秘密的要求，披露、使用或者允许他人使用其所掌握的商业秘密。这种情况下是指行为人掌握的商业秘密是通过正当手段获得的，且对权利人负有义务，不得泄露。（4）教唆、引诱、帮助他人违反保密义务或者违反权利人有关保守商业秘密的要求，获取、披露、使用或者允许他人使用权利人的商业秘密。此规定对帮助他人实施侵犯商业秘密的行为进行规制，使权利人的商业秘密得到更充分的保护。（5）第三人侵犯商业秘密的行为。第三人即直接侵犯权利人商业秘密以外的人，他已明知或应当知道上述几种侵犯商业秘密的违法行为，而获取、披露、使用或者允许他人使用权利人的商业秘密。这种商业秘密的侵权形式，主要是间接侵权形式，也是非法的侵犯商业秘密行为。对前四种行为，除经营者以外的其他自然人、法人、非法人组织也被视为侵犯商业秘密条款规制的主体。

在侵犯他人商业秘密的法律责任上，《反不正当竞争法》第21条规定：经营者以及其他自然人、法人和非法人组织违反本法第9条规定侵犯商业秘密的，由监督检查部门责令停止违法行为，没收违法所得，处10万元以上100万元以下的罚款；情节严重的，处50万元以上500万元以下的罚款。若经营者恶意实施侵犯商业秘密行为，情节严重的，可以在根据实际损失或侵权利益确定的数额的1倍以上5倍以下确定赔偿数额。

9. 参考答案一：

对于滥用行政权力排除、限制竞争行业，应负的法律责任如下。

反垄断执法机构依法对涉嫌滥用行政权力排除、限制竞争的行为进行调查，有关单位或者个人应当配合。行政机关和法律、法规授权的具有管理公共事务职能的组织，涉嫌违反《反垄断法》规定的，反垄断执法机构可以对其法定代表人或者负责人进行约谈，要求其提出改进措施。

行政机关和法律、法规授权的具有管理公共事务职能的组织滥用行政权力，实施排除、限制竞争行为的，由上级机关责令改正；对直接负责的主管人员和其他直接责任人员依法给予处分。反垄断执法机构可以向有关上级机关提出依法处理的建议。行政机关和法律、法规授权的具有管理公共事务职能的组织应当将有关改正情况书面报告上级机关和反垄断执法机构。

法律、行政法规对行政机关和法律、法规授权的具有管理公共事务职能的组织滥用行政权力实施排除、限制竞争行为的处理另有规定的，依照其规定。

参考答案二：

关于行政垄断的违法责任，对涉嫌滥用行政权力排除、限制竞争行为的主体，反垄断执法机构有权进行调查，有关单位或者个人应当配合。经营者、行政机关和法律、法规授权的具有管理公共事务职能的组织，涉嫌违反《反垄断法》规定的，反垄断执法机构可以对其法定代表人或者负责人进行约谈，要求其提出改进措施。行政机关和法律、法规授权的具有管理公共事务职能的组织滥用行政权力，实施排除、限制竞争行为的，由上级机关责令改正；对直接负责的主管人员和其他直接责任人员依法给予处分。反垄断执法机构可以向有关上级机关提出依法处理的建议。行政机关和法律、法规授权的具有管理公共事务职能的组织应当将有关改正情况书面报告上级机关和反垄断执法机构。法律、行政法规对行政机关和法律、法规授权的具有管理公共事务职能的组织滥用行政权力实施排除、限制竞争行为的处理另有规定的，依照其规定。

（参考资料：《经济法学》编写组编：《经济法学》，3版，北京，高等教育出版社，2022）

10.（1）侵犯商业秘密的举证责任分配。侵犯商业秘密案件中的权利人“举证难”以及由此导致的胜诉率低，一直是权利人的痛点所在。为了强化对商业秘密的法律保护，我国《反不正当竞争法》对侵犯商业秘密的民事审判程序中的举证责任作了如下倾斜性规定：

1）关于是否构成商业秘密的举证规则。在侵犯商业秘密的案件中，涉案信息是否构成商业秘密是重点审理的问题之一。对此，商业秘密权利人负有划定其主张的商业秘密的具体范围和内容的责任，并证明对此商业秘密享有权利。在此基础上，权利人仅需提供初步证据，证明其已经对所主张的商业秘密采取保密措施，且合理表明商业秘密被侵犯，此时举证责任将转移给涉嫌侵权人，由其证明权利人所主张的商业秘密不属于《反不正当竞争法》规定的商业秘密。

2）关于涉嫌侵权人是否存在商业秘密侵权的举证规则。这方面同样也实行举证责任转移规则。按照规定，商业秘密权利人提供初步证据合理表明商业秘密被侵犯，且提供以下证据之一的，应由涉嫌侵权人证明其不存在侵犯商业秘密的行为：a. 有证据表明涉嫌侵权人有渠道或者机会获取商业秘密，且其使用的信息与该商业秘密实质上相同；b. 有证据表明商业秘密已经被涉嫌侵权人披露、使用或者有被披露、使用的风险；c. 有其他证据表明商业秘密被涉嫌侵权人侵犯。

（2）商业秘密被许可人的诉讼主体资格。在以下三种情况下，商业秘密的被许可人对于侵犯商业秘密行为，可以和权利人共同提起或者单独提起侵权诉讼：

1）独占使用许可合同的被许可人，可以向人民法院起诉。

2）排他使用许可合同的被许可人可以和权利人共同起诉，或者在权利人不起诉的情况下，自行提起诉讼。

3）普通使用许可合同的被许可人可以和权利人共同提起诉讼，或者经权利人书面授权，单独提起诉讼。

（参考资料：《经济法学》编写组编：《经济法学》，3版，北京，高等教育出版社，2022）

论述题与深度思考题

1. 我国《反垄断法》采纳了“市场支配地位”的概念，该法第22条第3款明确界定：“本法所称市场支配地位，是指经营者在相关市场内具有能够控制商品价格、数量或者其他交易条件，或者能够阻碍、影响其他经营者进入相关市场能力的市场地位。”其中，“相关市场”是指“经营者在一定时期内就特定商品或者服务进行竞争的商品范围和地域范围”。

我国《反垄断法》对市场支配地位的认定标准作了具体的规定。该法第23条规定，认定经营者具有市场支配地位，应当依据下列因素：（1）该经营者在相关市场的市场份额，以及相关市场的竞争状况；（2）该经营者控制销售市场或者原材料采购市场的能力；（3）该经营者的财力和技术条件；（4）其他经营者对该经营者在交易上的依赖程度；（5）其他经营者进入相关市场的难易程度；（6）与认定该经营者市场支配地位有关的其他因素。该法第24条规定，有下列情形之一的，可以推定经营者具有市场支配地位：（1）一个经营者在相关市场的市场份额达到1/2的；（2）两个经营者在相关市场的市场份额合计达到2/3的；（3）三个经营者在相关市场的市场份额合计达到3/4的。有前述第2项、第3项规定的情形，其中有的经营者市场份额不足1/10的，不应当推定该经营者具有市场支配地位。被推定具有市场支配地位的经营者，有证据证明不具有市场支配地位的，不应当认定其具有市场支配地位。

2. 垄断协议，是指两个或两个以上的企业，采取合同、决议、默契或其他形式，共同决定产品或服务的价格，或就产品的销售数量、生产技术标准，以及产品的销售地区、销售对象进行限定，从而排斥、限制或妨碍特定市场的竞争的行为。

垄断协议可依不同的标准进行分类。例如，依据参与主体所处经营领域的不同及参与主体之间的相互关系，垄断协议可分为横向垄断协议、纵向垄断协议和混合垄断协议三种形式；依据行为主体意思表示形式的不同，垄断协议可分为契约型垄断协议、决议型垄断协议和其他协同行为三种形式；依据垄断协议内容的不同，垄断协议可分为价格垄断协议和非价格垄断协议两种形式。其中尤以第一种分类标准最为常见：

横向垄断协议一般也被称为卡特尔，是指两个或两个以上因生产或销售同一类型产品或提供同一类型服务而处于相互直接竞争中的经营者，通过共谋而实施的限制竞争行为。由于横向垄断行为是竞争者之间的联合，对竞争的危害直接、严重，因而是反垄断法所重点规制的行为。

纵向垄断协议是指两个或两个以上在同一产业中处于不同阶段而有买卖关系的经营者，通过共谋而实施的限制竞争行为。纵向垄断协议由于是非竞争者之间的联合，因而只有在特定的情形下，如对价格进行限制，才会产生限制竞争的后果，从而需要反垄断法的规制。

混合垄断协议是指横向垄断协议和纵向垄断协议行为的混合。在现实生活中，有些问题较为复杂，横向垄断协议和纵向垄断协议之间并非泾渭分明。例如，××××年1月，某市8家商业企业和9家生产企业联合行动，打着保护民族品牌、促进民族工业发展的旗号，达成了关于同意洗衣机市场零售价格的协议，将洗衣机价格普遍上调了200元左右，其中就不仅有横向垄断，而且有纵向垄断，属于混合垄断行为。

（参考资料：孟雁北：《反垄断法》，2版，北京，北京大学出版社，2017）

3. 竞争法上所说的价格歧视，是指具有市场支配地位的企业在提供相同商品或服务时，无正当理由对不同的交易对象实行不同的交易价格或交易条件，从而使这些交易对象处于不平等的竞争地位的行为。

价格歧视的构成须满足以下条件：(1) 实行价格歧视的主体是具有市场支配地位的经营者；(2) 价格歧视是以交易对象“条件相同”为前提的，即行为人提供的商品或服务的质量、状态、级别、型号等都相同，只是由于交易相对人的不同而给予不同的定价；(3) 价格歧视行为的实施必须没有“正当理由”，而是以损害竞争为目的，所谓“正当理由”比较宽泛，对大客户的折扣优惠、为清理滞销存货而降价等符合正常的商业惯例和商业道德的理由均可构成这里的“正当理由”。

价格歧视现象对竞争的损害性主要表现在：(1) 具有市场支配地位的经营者可能通过价格歧视对竞争者所在地区或竞争中的客户给予特别的低价销售，以排挤竞争对手；(2) 具有市场支配地位的经营者可以通过价格歧视，威胁、引诱交易相对人接受不合理的交易条件或排他性交易条件，建立纵向限制竞争的协议；(3) 具有市场支配地位的经营者可以通过价格歧视使不同客户处于不同的竞争地位，从而建立或维持关联企业的垄断地位，或将自己的垄断地位扩展到上、下游市场；(4) 具有市场支配地位的经营者可以通过差别定价从消费者处获得最大的收益；等等。因此，反垄断法对具有市场支配地位的经营者的价格歧视行为予以必要的规制。我国《反垄断法》第22条第1款规定：“禁止具有市场支配地位的经营者从事下列滥用市场支配地位的行为……（六）没有正当理由，对条件相同的交易相对人在交易价格等交易条件上实行差别待遇……”在法律上对价格歧视现象予以明确禁止。《关于欧洲联盟运行条约》第102（c）条禁止“对与其他贸易方的相同交易施以不同的条件，从而使其处于不利的竞争地位”。德国《反对限制竞争法》规定，支配企业提出的交易价格或者其他交易条件差于该支配企业在类似市场上向同类购买人所要求的交易价格或其他交易条件，构成滥用，但该差异在实质上合理的除外。

（参考资料：孟雁北：《反垄断法》，2版，北京，北京大学出版社，2017）

4. 市场竞争一般是指商品生产经营者在市场经营活动中，为了取得有利的产销条件而进行的相互争胜的活动。这种相互争胜的活动，是竞争者把自己生产经营的商品投入市场接受价值规律和消费者的检验，相互比较，优胜劣汰的活动。

就市场竞争的一般性质而言，它有以下几个特点：(1) 竞争是独立的商品生产经营者之间的个体（不是群体）竞争；(2) 竞争是由不同市场主体之间的博弈和抗衡引起的；(3) 处于劣势地位的商品生产者，总是企图摆脱自己的不利地位；(4) 商品生产经营者为了逐利，也倾向于伺机采取非正常且损害市场机制的方式开展竞争，包括违反商业道德的假冒伪劣、坑蒙拐骗，以及限制、排斥他人竞争等。法律上的应对措施即为反不正当竞争法和反垄断法。

5. 竞争法，包括《反垄断法》和《反不正当竞争法》。保护竞争和保护竞争者二者属于不同层次的价值目标，并不矛盾，并不是出于相互对立的两极、非此即彼的关系，而是相互依存，你中有我，我中有你。

首先，反垄断法：(1) 对竞争的保护。《反垄断法》第1条明确指出，为预防和制止垄断行为，保护市场公平竞争，鼓励创新，提高经济运行效率，维护消费者利益和社会公共利益，促进社会主义市场经济健康发展，制定本法。反垄断法通过对垄断行为的规制，保护公平竞争的市场秩序，主要因为竞争是一种理想的资源配置方式，竞争所产生的积极效果有两个方面，一是效益好的企业将获得利润，效益差的企业由于优胜劣汰的市场机制将面临亏损或者破产。二是竞争将导致价格降低，产品或者服务的质量提高，消费者福利和消费者的选择权增加。(2) 对竞争者的保护。保护竞争是一种抽象意义上的法律价值目标的表达，而保护竞争者是法律价值在具体层面上的体现。1) 保护竞争者是反垄断法的价值要求。反垄断法以社会整体利益为本位，但社会利益本位原则的确立，并非完全放弃对个人权利的保护，而是通过对其进行合理必要的限制来予以实现。发展是一种扬弃，而不是断然否定。主张“不保护竞争者”显然是从绝对保护个人权利的极端滑向了另一个极端。反垄断法的价值不仅在于其对抽象的“良好的竞争秩序”的构建，也在于对具体利益相关者的保护。与消费者利益、社会公共利益相比，竞争者的利益更为直接地受到侵害，仅仅通过构建良好的竞争秩序来实现对竞争者的间接保护不仅无法达到有效保护的目的，反而会最终损害良好的竞争秩序这一目标的实现。因为任何抽象层面的法益目标都需要众多的具体法益目标予以支撑，最终都是通过对具体权利主体的保护、对具体义务主体施加强制力这种方法予以实现。2) 保护竞争者是反垄断法价值体系的重要组成部分。反垄断法的主要主体是经营者，其又可以划分为实施垄断行为的经营者和受垄断行为影响的经营者，经营者享有公平竞争的权利，如果从事限制竞争行为的经营者侵犯了其他经营者享有的公平竞争权，此时其他竞争者可以依据反垄断法的规定寻求救济，向反垄断执法机构和法院寻求救济。在《反垄断法》中，规定了垄断协议、滥用市场支配地位、经营者集中、滥用行政权力排除限制竞争等几种垄断行为，《反垄断法》通过对这几种垄断行为进行规制，维护受垄断行为侵害的竞争者的利益。维护公平自由的竞争秩序，依赖于现实中每一次公正的执法，每一次公正的审判来。一方面是对从事损害竞争行为的经营者的打击，另一方面是对受垄断行为损害的竞争者的保护，对竞争者这些主体合法权益的保护是反垄断法价值目标的第一层次。(3) 二者关系。反垄断法的价值目标可以分为不同层次，第一层次是保护具有竞争关系的经营者等合法主体权益，第二层次是保护公平竞争的市场秩序。竞争是一种秩序，对这种秩序的保护，需要对具体权利人的合法权益进行有力地保护才能真正得以实现。

其次，反不正当竞争法：(1) 对竞争的保护。反不正当竞争法的立法宗旨是“为了促进社会主义市场经济健康发展，鼓励和保护公平竞争，制止不正当竞争行为，保护经营者和消费者的合法权益”。立法宗旨开宗明义地指出保护公平竞争。(2) 对竞争者的保护。《反不正当竞争法》规定了7种不正当竞争行为，即市场混淆、商业贿赂、虚假宣传、侵犯商业秘密、不正当有奖销售、商业诋毁、互联网不正当竞争等，通过对7种不正当竞争行为进行规制，保护受不公平竞争行为损害的经营者的利益。反不正当竞争法对竞争者的保护建立在社会连带的思想基础上。反不正当竞争法从社会连带的思想出发，从外部来看待当事人之间构建关系的小圈子。之所以从外部来看待这个小圈子，是因为小圈子具有外部性，特别是负外部性。比如商业贿赂的连带关系，在行贿人和受贿人的关系基础上连带行贿人的竞争者。之所以规制这种行为，是因为它侵犯了行贿人的竞争者的利益，既包括市场上既存的竞争者，又包括潜在的竞争者。因此，反不正当竞争法具有保护竞争者的功能。(3) 二者关系。对不正当竞争行为的制止在表层上是维护了正当经营者的直接利益，从深层上是维护了公平竞争、优胜劣汰的市场机制。《反不正当竞争法》对既有竞争者和潜在竞争者的保护，其背后的机理是创造一种机制，由该机制形成一种舞台，使现有的竞争者在竞争机制托起的市场舞台上进行正当竞争，同时清除阻碍新的进入者进入的障碍，向所有潜在的竞争者敞开大门。无论不正当竞争行为损害的是现有的竞争者还是潜在的竞争者，都最终损害了竞争机制，所以保护竞争和保护竞争者在最终意义上是一致的，不是相互矛盾的。

综上，传统的“保护竞争而不保护竞争者”，俨然将对“竞争”的保护和对“竞争者”的保护视作两个不能相容的价值目标，这种人为割裂的后果是，在培育“保护竞争”这一竞争文化的同时，也传播了“不保护竞争者”的竞争思想。通过上述分析，可以发现“保护竞争”是一种抽象意义上法律价值目标的表达，“保护竞争者”则是法律价值在具体层面上的体现。竞争法对竞争的保护和对竞争者的保护并非水火不容，而是相互依存，相辅相成，都能够在法律的价值中寻找到自己相应的空间。

［参考资料：吴宏伟、谭袁：《保护竞争而不保护竞争者？——对主流反垄断法观点的审视》，载《北方法学》，2013（7），110～117页］

6.（1）纵向垄断的定义：纵向垄断协议是指处于不同经济环节的经营者在交易过程中为了限制竞争而订立的协议，我国《反垄断法》在垄断协议上只明确禁止了纵向价格协议，即固定向第三人转售商品的价格和限定向第三人转售商品的最低价格。其中，固定向第三人转售商品的价格，是处于上游的经营者规定下游经营者只能以其规定的价格向他人销售商品，不得擅自提高或降低价格；限定向第三人转售商品的最低价格，是处于上游的经营者给下游经营者规定的向他人销售商品的最低价格。

（2）主体识别上的区别：经济法中的人是在市场中从事竞争和交易的人，具有经济身份，如经营者、消费者、劳动者和市场监管机构，而合同法中的自然人和法人是抽象的和无任何差别的人。在纵向垄断协议中，双方当事人的身份特殊性得到凸显，一方是具有市场支配地位的上游经营者，另一方是处于同一产业链中下一环节的经营者，例如分销商，受到上游经营者的挟制。反垄断法意识到当事人主体地位的不平等性，并禁止一方利用支配地位，以合同法上看似“合法”“合理”的交易方式，限制相对方意思自由的空间，虽采平等、公平等社会理念，但损害消费者等社会公众的利益，造成社会整体福利的损失。

（3）调整方法上的区别：经济法在尊重当事人意思自治的基础上，根据市场主体在市场竞争和交易中的实际地位进行差别对待，主张从立法、行政和司法等方面对市场进行适当干预保障结果公平。合同法认为所有民事主体都是没有差别、完全平等的人，都能通过自己的行为承担风险，享有利益，并对自己的行为负责，所以当事人应当自治，国家不应当干预。纵向垄断协议消除了本产业链各环节中同一环节经营者之间的竞争，从而获取超额利润，损害了其他经营者和消费者的合法权益，这是市场失灵的表现，无法通过当事人意思自治加以解决，因此需要授权政府机关进行适当干预。

（4）法律责任上的区别：经济法责任是违法者对社会公共利益造成危害或威胁而承担的责任，责任对象是社会共同体；合同法责任是民事主体因违反约定或侵犯民事权利应承担的不利法律后果，责任的对象是受害人。经营者达成并实施纵向垄断协议的，由反垄断执法机构责令停止违法行为，没收违法所得，并处以罚款；尚未实施所达成的垄断协议的，可以减轻处罚。经营者主动向反垄断执法机构报告达成垄断协议的有关情况并提供重要证据的，反垄断执法机构可以酌情减轻或者免除对该经营者的处罚。

（5）价值理念上的区别：经济法以社会公共利益和经济秩序为目标，以社会为本位，追求实质上的公平。民法追求的是完全的个人自由、个人利益和形式公平。基于纵向垄断协议利弊共存的特点，若能有利于社会公共利益实现的，反垄断法并非一律禁止。例如，为改进技术，研究开发新产品的；为提高产品质量、降低成本、增进效率，统一产品规格、标准或者实行专业化分工的；为提高中小经营者经营效率，增强中小经营者竞争力的；为实现节约能源、保护环境、救灾救助等社会公共利益的；因经济不景气，为缓解销售量严重下降或者生产明显过剩的；为保障对外贸易和对外经济合作中的正当利益的。

（参考资料：张守文：《经济法学》，243页，北京，高等教育出版社，2019；薛克鹏：《经济法学》，9页，北京，中国政法大学出版社，2018）

7. 党的十九大明确我国经济发展已由高速增长阶

段转向高质量发展阶段。只有大力提高发展质量，才能解决好我国社会主要矛盾，以更加平衡更加充分的发展满足人民美好生活需要，实现“两个一百年”奋斗目标。2020年12月18日结束的中央经济工作会议将“强化反垄断和防止资本无序扩张”确定为2021年的重点任务之一，并且明确提出反垄断、反不正当竞争，是完善社会主义市场经济体制、推动高质量发展的内在要求。这表明，完善竞争法律制度在我国受到了前所未有的重视，是我国现阶段推动有效市场和有为政府更好结合进而推动经济高质量发展的内在要求。

竞争法是调整不正当和不适当的市场竞争关系的法律规范的总称，它主要包括反不正当竞争法、反垄断法及其他相关的法律制度。目前，我国市场体系还不健全、市场发育还不充分，政府和市场的关系没有完全理顺，还存在市场激励不足、要素流动不畅、资源配置效率不高、微观经济活力不强等问题，现有的竞争法律制度还存在不足。完善竞争法律制度，可以发挥经济竞争的积极作用，抑制经济竞争的消极作用，保障促进社会生产力的发展，达到维护自由、公平竞争，保障市场调节机制的正常运行的目的。这不仅有利于保护消费者的利益和社会公共利益，还能促进国际贸易的稳步增长。

完善竞争法律制度，可从以下几个方面展开：

（1）立法上：1）进一步完善和细化反不正当竞争法律制度。目前的《反不正当竞争法》仍然较为原则和笼统，在不少方面的可操作性不强，相关配套规章及规范性文件的“立改废释”工作尚未完全跟上。2）尽快建立健全“强化竞争政策基础地位”的法律制度，为我国反垄断法律制度完善和实施奠定坚实制度基础。一是要进一步完善落实强化竞争政策基础地位的顶层设计和法制建设。二是要通过修法将公平竞争审查制度纳入反垄断法，增强这项制度的刚性约束。三是要依法强化各级人大和人大财经委对计划制定、财政预决算全流程，开展公平竞争的专项监督。3）以构建新发展格局、推动高质量发展、建设创新型国家和世界科技强国为导向，进一步推进反垄断法的修改与实施。一是反垄断法的修改与实施，要坚持面向市场发展、国际竞争和未来创新的整体导向。二是要进一步完善反垄断法的责任制度。三是要以面向未来的思维，妥善应对全球反垄断法共同面临的平台经济、数字经济挑战。除此之外，反垄断法修改的整体导向，要注重进一步增强我国反垄断执法的专业性和程序法制化。

（2）执法上：在统一市场监管格局下加强我国反不正当竞争和反垄断执法机构建设。建立和加强反不正当竞争工作协调机制，并解决多头执法问题。进一步完善强化反垄断法实施的体制机制。通过组建更加权威、专业和相对独立的反垄断执法机构，不断加强和完善我国反垄断法实施的体制机制。

（3）守法上：在加强反垄断和反不正当竞争执法的同时，加强竞争文化的培育和推进竞争合规的开展。通过开展《反不正当竞争法》《反垄断法》的宣传普及和竞争倡导等活动，提高民众的反不正当竞争和反垄断法律意识，培育全社会的竞争文化。

8.（1）经营者集中概述。

经营者集中是经济活动中的普遍现象，经营者集中的结果具有两面性：一方面有利于形成规模经济，提高经营者的竞争力；另一方面又可能产生或加强市场支配地位，对市场竞争产生不利影响。因此，各国反垄断法都对经营者集中实行必要的控制，以防止因经济力的过于集中而影响市场竞争。

经营者集中是指经营者合并、经营者通过取得股权或者资产的方式取得对其他经营者的控制权，或者经营者通过合同等方式取得对其他经营者的控制权或者能够对其他经营者施加决定性影响的情形。《反垄断法》第25条规定：“经营者集中是指下列情形：（一）经营者合并；（二）经营者通过取得股权或者资产的方式取得对其他经营者的控制权；（三）经营者通过合同等方式取得对其他经营者的控制权或者能够对其他经营者施加决定性影响。”

经营者集中以其影响市场的效果和程度为标准，可分为三种具体类型：横向集中、纵向集中和混合集中。横向集中又称平行集中，是指生产、经销同类产品或者提供同类服务的同行业的经营者之间进行的集中，参与集中的经营者通常处于直接的竞争关系。纵向集中又称垂直集中，是指处于不同经济层次和经营环节上的经营者之间进行的集中，参与集中的经营者之间存在某种交易关系，如产品的制造商与其前置层次的供应商或后置层次的销售商进行集中。混合集中则泛指分属于不同行业、不同经营层次的企业之间进行的集中，包括横向集中和纵向集中以外的其他所有形式的集中，具体又有产品扩张型集中、市场扩张型集中和纯粹的混合集中。

虽然各国反垄断法对经营者集中的监控原则上适用于所有类型的集中，但是在实践中，由于横向集中可以消灭竞争对手，减少竞争者数量，直接影响市场结构，所以各国法律对经营者集中的控制主要集中在横向集中上。

（2）经营者集中的申报。

经营者集中是大量频繁发生的，反垄断执法机构不可能对所有的经营者集中行为进行审查，所以反垄断法就需要确定一个适当的反垄断审查申报标准。这一标准既要使那些有较大限制竞争可能性的经营者集中得到必要的审查和有效的控制，又要使那些基本上不会限制竞争的经营者集中行为能够及时、顺利地进行，防止政府的不必要干预，减少交易的成本。

我国《反垄断法》第 26 条规定："经营者集中达到国务院规定的申报标准的，经营者应当事先向国务院反垄断执法机构申报，未申报的不得实施集中。经营者集中未达到国务院规定的申报标准，但有证据证明该经营者集中具有或者可能具有排除、限制竞争效果的，国务院反垄断执法机构可以要求经营者申报。经营者未依照前两款规定进行申报的，国务院反垄断执法机构应当依法进行调查。"第 27 条规定："经营者集中有下列情形之一的，可以不向国务院反垄断执法机构申报：（一）参与集中的一个经营者拥有其他每个经营者百分之五十以上有表决权的股份或者资产的；（二）参与集中的每个经营者百分之五十以上有表决权的股份或者资产被同一个未参与集中的经营者拥有的。"

国务院《关于经营者集中申报标准的规定》第 3 条明确规定："经营者集中达到下列标准之一的，经营者应当事先向国务院反垄断执法机构申报，未申报的不得实施集中：（一）参与集中的所有经营者上一会计年度在全球范围内的营业额合计超过 120 亿元人民币，并且其中至少两个经营者上一会计年度在中国境内的营业额均超过 8 亿元人民币；（二）参与集中的所有经营者上一会计年度在中国境内的营业额合计超过 40 亿元人民币，并且其中至少两个经营者上一会计年度在中国境内的营业额均超过 8 亿元人民币。营业额的计算，应当考虑银行、保险、证券、期货等特殊行业、领域的实际情况，具体办法由国务院反垄断执法机构会同国务院有关部门制定。"

（3）经营者集中的审查。

经营者集中的反垄断审查分为初步审查和进一步审查两个阶段，进而作出决定。

1）初步审查：国务院反垄断执法机构应当自收到经营者提交的符合规定的文件、资料之日起 30 日内，对申报的经营者集中进行初步审查，作出是否实施进一步审查的决定，并书面通知经营者。国务院反垄断执法机构作出决定前，经营者不得实施集中。国务院反垄断执法机构作出不实施进一步审查的决定或者逾期未作出决定的，经营者可以实施集中。

2）进一步审查：国务院反垄断执法机构决定实施进一步审查的，应当自决定之日起 90 日内审查完毕，作出是否禁止经营者集中的决定，并书面通知经营者。作出禁止经营者集中的决定，应当说明理由。审查期间，经营者不得实施集中。有法定情形的，国务院反垄断执法机构经书面通知经营者，可以延长前述规定的审查期限，但最长不得超过 60 日。

审查经营者集中，应当考虑下列因素：

a. 参与集中的经营者在相关市场的市场份额及其对市场的控制力。

b. 相关市场的市场集中度。

c. 经营者集中对市场进入、技术进步的影响。

d. 经营者集中对消费者和其他有关经营者的影响。

e. 经营者集中对国民经济发展的影响。

f. 国务院反垄断执法机构认为应当考虑的影响市场竞争的其他因素。

3）停表制度：停表制度，是指反垄断执法机构可根据经营者集中申报案件审查的需要，在案件符合特定条件时，决定中止计算审查期限的制度。我国《反垄断法》第 32 条规定："有下列情形之一的，国务院反垄断执法机构可以决定中止计算经营者集中的审查期限，并书面通知经营者：（一）经营者未按照规定提交文件、资料，导致审查工作无法进行；（二）出现对经营者集中审查具有重大影响的新情况、新事实，不经核实将导致审查工作无法进行；（三）需要对经营者集中附加的限制性条件进一步评估，且经营者提出中止请求。自中止计算审查期限的情形消除之日起，审查期限继续计算，国务院反垄断执法机构应当书面通知经营者。"

4）经营者集中行为反垄断审查的决定：我国《反垄断法》第 34 条规定："经营者集中具有或者可能具

有排除、限制竞争效果的，国务院反垄断执法机构应当作出禁止经营者集中的决定。但是，经营者能够证明该集中对竞争产生的有利影响明显大于不利影响，或者符合社会公共利益的，国务院反垄断执法机构可以作出对经营者集中不予禁止的决定。”这里的“严重损害竞争”并不仅是指严重损害竞争的事实，而且包括严重损害竞争的可能性。在具体审查中，评估经营者集中对竞争产生不利影响的可能性时，首先考察集中是否产生或加强了某一经营者单独排除、限制竞争的能力、动机及其可能性。当集中所涉及的相关市场中有少数几家经营者时，还应考察集中是否产生或加强了相关经营者共同排除、限制竞争的能力、动机及其可能性。当参与集中的经营者不属于同一相关市场的实际或潜在竞争者时，重点考察集中在上下游市场或关联市场是否具有或可能具有排除、限制竞争效果。

反垄断执法机构根据审查结果会分别作出禁止集中、不予禁止集中或附条件不予禁止集中的决定。经营者集中具有或者可能具有排除、限制竞争效果的，国务院反垄断执法机构应当作出禁止经营者集中的决定。但是，经营者能够证明该集中对竞争产生的有利影响明显大于不利影响，或者符合社会公共利益的，国务院反垄断执法机构可以作出对经营者集中不予禁止的决定。对不予禁止的经营者集中，国务院反垄断执法机构可以决定附加减少集中对竞争产生不利影响的限制性条件。反垄断执法机构应当将禁止经营者集中的决定或者对经营者集中附加限制性条件的决定，及时向社会公布。

在审查过程中，为消除或减少经营者集中具有或者可能具有的排除、限制竞争的效果，参与集中的经营者可以提出对集中交易方案进行调整的限制性条件。根据经营者集中交易具体情况，限制性条件可以包括如下种类：a. 剥离参与集中的经营者的部分资产或业务等结构性条件；b. 参与集中的经营者开放其网络或平台等基础设施、许可关键技术（包括专利、专有技术或其他知识产权）、终止排他性协议等行为性条件；c. 结构性条件和行为性条件相结合的综合性条件。参与集中的经营者提出的限制性条件应当能够消除或减少经营者集中具有或者可能具有的排除、限制竞争效果，并具有现实的可操作性。限制性条件的书面文本应当清晰明确，以便能够充分评价其有效性和可行性。在审查过程中，为消除或减少经营者集中具有或者可能具有的排除、限制竞争效果，反垄断执法机构和参与集中的经营者均可以提出对限制性条件进行修改的意见和建议。

9. 反垄断法经济基本法地位的政策含义包括以下内容。

（1）反垄断法的功能局限：不能完全取代管制。

反垄断法并不适用于所有领域；在功能上也无法全部取代管制。竞争是市场经济的核心，但在有些领域（例如，自然垄断性领域）管制更有效率。因此，在这些领域，反垄断法必须尊重管制的权威。反垄断法对经济效率之外的目标实现存在局限。反垄断法的特点决定了它并不适合直接用来实现非经济目标。经济效率之外的其他社会目标可以通过其他法律机制直接维护。管制就是一种这样的典型机制。管制本身包含着竞争（经济效率）之外的其他价值考量，例如，减少环境污染、确保民生物资充分供应、维护金融市场稳定。对政府过程而言，经济效率几乎从来都不是其唯一的目标。实际上，在许多情况下，它甚至不是一个明确的目标。

（2）反垄断法的功能拓展：对管制竞争影响的制约。

基于宪法的基本人权原则，反垄断法对管制的竞争影响存在制约作用。这种制约的本质是从维护自由、维护基本权利的角度，确保管制不逾越必要的界限而不合理地限制竞争。传统反垄断法只关注私人的限制竞争行为，对管制之下的相关领域不适用反垄断法（适用除外），或者，对企业在管制之下的反竞争行为免于追究反垄断法律责任（豁免）。这就很容易导致只要打着管制旗号，无论管制规则对竞争的限制是否局限在必要的限度之内，都将排除反垄断责任的约束。现代反垄断法越来越多地关注管制对竞争的影响。管制在一些情形下是必要的，在另一些情形下又可能超越了必要的限度。反垄断法必须对管制对竞争的影响进行甄别。经济合作与发展组织（OECD）极力倡导的竞争评估（Competition Assessment）就是这样一种制度机制。竞争评估，是竞争主管机构利用反垄断法的基本制度框架，分析、评价拟定中的或现行的法律可能（已经产生）的竞争影响。它是发现管制限制竞争风险的主要制度路径，有助于最大限度减少反竞争的政府干预；也是进一步采取反垄断法措施的基础。这种约束主要就是将反垄断法作为一种“对限制的限制”，根据管制对竞争的影响而区别对待：如果其制度设计、实施已经将对竞争的损害降到最低，则尊重其效力；反之，则在法治框架内直接制裁管制之下企业的反竞争行为，以最大限度地排除不合理限制竞争的管制影响，或提出更合理管制（范围、方式的）建议，减少对个人自由的侵犯，维护宪法上的基本权利。这样的约束目的是确保将管制对竞争的限制局限在必要、合理的范围内，以实现自由市场与政府干预、竞争与管制的均衡（最优组合）。反垄断法对管制的审查、制约实际上为从维护竞争角度提高管制质量开辟了新的路径。同时，这也极大拓展了反垄断法作用空间，使其由单纯的对企业限制竞争的规制，扩大到对政府干预失当限制竞争的规制。

（3）反垄断法实施的重点：促进管制的竞争化。

某种意义上，反垄断法实施的重点不在于针对个案的反垄断执法，而在于促进管制竞争化的实现。因为后者有助于在更广泛的范围内改善竞争环境，促进产业政策、货币政策和贸易政策等管制政策的建立、实施最大限度地考虑竞争，从而有利于形成有效竞争秩序。

一方面，管制政策的制定要最大限度地考虑竞争。为此，首先管制要以促进竞争为目标。例如，美国1996年《电信法》就是这种观念的体现。电信法的制定目标是“解除管制与促进竞争”，并规定了网络互连、细分化网络组件接取、不对称管制等多种有利于竞争制度，希望降低市场进入壁垒。英国2003年《通信法》第3条明确指出，电信管制机构需要通过促进竞争来增进消费者利益。更重要的是，相关机构在制定（修改）涉及竞争问题的法律（政策）时，事前听取竞争主管机构的意见，确保管制方案设计的合理化，减少不合理限制竞争的规定和不必要的反垄断除外（豁免）。例如，韩国文化、体育和旅游部（MCST）于2008年起草了一份关于《旅游促进法》的修正案，要求旅游合同的内容和形式都要符合标准化的要求。韩国公平交易委员会（KFTC）认为，一旦企业交易条件、交易形式都以统一或类似的方式展开，必将削弱竞争和创新。所以，建议MCST删除相关条款，允许企业自由选择最适合的交易形式和交易条件。MCST最终接受了KFTC的意见。

另一方面，管制政策的实施要最大限度降低对竞争的损害，选取最有利于竞争的实施方案，或对管制规定做最有利于竞争的解释。2011年深圳市公安局依据《道路交通安全法》中关于“公安机关交通管理部门……可以对机动车、非机动车……限制通行、禁止通行等措施”的规定，发布了《关于在我市部分区域道路禁止电动自行车及其它安装有动力装置的非机动车行驶的通告》，禁止电动自行车驶入主要市区。由于电动自行车是快递公司在终端配送中使用的主要交通工具，“限行令”大幅提高了深圳快递企业和部分自建物流电子商务企业的运营成本，直接导致深圳快递货物大量积压，对全国快递网络产生了重大负面影响。实际上，从减少对竞争的损害的角度出发，可以在加强管理基础上例外允许快递领域电瓶车的通行，或者规定一定过渡期以便其作出应对。这样的设计在追求安全和通行效率目标的过程中，充分考虑了管制的竞争影响。正是基于此，深圳从2012年4月1日开始试行的新的电动车禁行方案，对邮政、报业、快递等民生特殊行业的电动车行驶不加限制。交警通过统一车身颜色、建立备案制度等多种措施进行管理。管制的竞争化，是基于反垄断法对管制竞争影响的评价结果，发挥反垄断机构在维护竞争方面积极作用，推动管制制度制定、实施最大限度考虑竞争因素。反垄断机构对管制在竞争维度上的负面评价，不是质疑管制目标的正当性。在一个民主、法治社会中，在不同价值之间进行权衡和选择的决定，应当由立法机关作出。反垄断执法机构只应在实现既定目标的前提下，就如何减少竞争限制提出建议，其对于不合理限制竞争效力的否定，必须符合法律位阶制度和维护法律确定与可预见性的要求。

［参考资料：张占江：《反垄断法的地位及其政策含义》，载《当代法学》，2014（5）］

第十四章　消费者权益保护法律制度

知识逻辑图

- 消费者权益保护法律制度
  - 概述
    - 消费者和消费者权益
    - 消费者权益保护法的立法体例
    - 消费者权益保护法的概念和调整范围
    - 消费者权益保护法的立法宗旨和原则
      - 宗旨
        - 保护消费者合法权益
        - 维护社会经济秩序
        - 促进社会主义市场经济健康发展
      - 原则
        - 特别保护原则
        - 国家支持原则
        - 社会监督原则
        - 自愿、平等、公平和诚实信用原则
  - 消费者的权利和经营者的义务
    - 消费者权益的含义
    - 消费者的权利
      - 安全保障权
      - 知悉真情权
      - 自主选择权
      - 公平交易权
      - 获得赔偿权
      - 成立团体权
      - 获取相关知识权
      - 人格尊严、民族风俗习惯受尊重权和个人信息保护权
      - 监督权
      - 无理由退货权
    - 经营者与经营者义务的概念
    - 经营者的义务
      - 依法守信和恪守社会公德的义务
      - 接受消费者监督的义务
      - 保障消费者人身和财产安全的义务
      - 提供真实、全面信息的义务
      - 出具凭据和单据的义务
      - 质量担保义务
      - 格式条款义务
      - 不得侵犯消费者人格尊严和人身自由的义务
      - 依法收集和使用消费者信息的义务

- 消费者权益保护法律制度
  - 争议解决和法律责任
    - 争议性质和解决途径
      - 与经营者协商和解
      - 请求消费者协会或者依法成立的其他调解组织调解
      - 向有关行政部门投诉
      - 提请仲裁
      - 提起诉讼
    - 赔偿责任主体和责任归属
    - 法律责任
      - 民事责任
      - 行政责任
      - 刑事责任

名词解释与概念比较

1. 消费者（中国人民大学考研）
2. 消费者权利
3. 消费者的知悉真情权（中国人民大学考研）
4. 消费者的自主选择权
5. 消费者的公平交易权
6. 消费者问题
7. 食品安全（中国政法大学考研）
8. 食品安全标准（中国政法大学考研）

选择题

（一）单项选择题

1. 某年5月2日，李某家中吊扇扇叶掉下将其砸伤，经鉴定，原因为设计不合理，扇叶不够稳固。本案中，可以依下列何种依据判定生产者承担责任？（　　）

A. 产品存在的缺陷

B. 产品买卖合同的约定

C. 产品默示担保条件

D. 产品明示担保条件

2. 某居民因热水器爆炸受到重伤。经查，此热水器为某厂处于研发阶段的样品中丢失的一件且存在严重缺陷。如果该户居民要求赔偿，热水器厂可以何理由抗辩？（　　）

A. 该热水器尚未投入流通

B. 该居民如何得到热水器事实不清

C. 该居民偷盗样品，应责任自负

D. 该居民应向向其提供热水器的人索赔

3. 下列关于产品责任的表述哪个是不正确的？（　　）

A. 销售者不能指明缺陷产品的生产者也不能指明其供货者的，应承担赔偿责任

B. 因缺陷产品造成损害要求赔偿的诉讼时效为1年

C. 缺陷产品造成他人人身、财产损害的，可以向该产品的销售者或生产者要求承担责任

D. 缺陷产品的生产者应对该产品造成的他人人身、财产损害承担无过错责任

4. 王某使用其朋友李某的营业执照经营，售出不合格茶杯，碎片划伤消费者张某。张某可向谁要求赔偿？（　　）

A. 只能向王某要求赔偿

B. 只能向李某要求赔偿

C. 可向王某或李某要求赔偿

D. 必须同时向王某和李某要求赔偿

5. 胡某在超市购物被怀疑偷东西而在商场经理的命令下被强行搜身。第二天，胡某将此情况告知某报社。当天报社载文时对商场和经理的行为进行了抨击。胡某的行为属于（　　）。

A. 消费者维护自身权益的行为

B. 诋毁商誉的行为

C. 新闻媒体损害竞争对手商业信誉的行为

D. 侵犯经理名誉权的行为

6. 下列关于经营者对行政处罚决定不服可采取的措施说法正确的是（　　）。

A. 可以自收到处罚决定之日起15日内向上一级机关申请复议

B. 对复议决定不服的，应自收到复议决定书之日起 7 日内向人民法院提起诉讼

C. 可以直接向人民法院提起行政诉讼

D. 对复议决定不服的，可以向人民法院提起诉讼

7. 下列关于对经营者不法行为的监督权的行使主体，说法不当的是（　　）。

A. 国家市场监督管理机关应依职权对经营者的行为进行监督

B. 大众媒体应在对经营者的监督中发挥重要作用

C. 消费者只能对与自己当次消费行为有关的经营者的行为进行监督

D. 消费者可以随时随地行使监督权

8. 玩具协会举办玩具展销会，斗星公司借了护卫舰公司的营业执照，租赁云团公司的柜台，卖火牛公司生产的拼图玩具。大牛在该会展上购买了拼图玩具后，发现少了一片，在展销会结束之前，大牛可以向哪一主体主张权利？（　　）（法考改编）

A. 玩具协会　　B. 护卫舰公司

C. 云团公司　　D. 火牛公司

9. 甲公司从事食品生产业务，生产许可证到期后向当地市场监督管理部门申请续期成功。后甲公司在对所生产的饼干进行包装时未更换新的包装，旧包装上记载的生产许可证编号已经过期。李某在乙超市购买该饼干时通过查询得知该许可证编号已经过期的事实，依旧购买饼干若干，并向法院起诉主张饼干价款的 10 倍赔偿。下列说法正确的是（　　）。（法考改编）

A. 乙超市有合法的购货来源且支付了合理的对价，所以不承担责任

B. 甲公司如果能证明该饼干质量合格且不会使消费者构成误认，则不承担 10 倍价款的赔偿责任

C. 李某应当先向乙超市主张赔偿，如果乙超市不赔，才可以向甲公司主张赔偿

D. 因为李某知道此饼干的许可证过期，故不可主张赔偿

10. 李某违规在养殖海鲜的饲料里加农药，某市酒店自李某处购入海鲜，提供给顾客王某预定的婚宴，结果造成参加婚宴的所有宾客群体性中毒。针对此事件，下列说法正确的是（　　）。（法考改编）

A. 市疾病预防控制中心应向市卫健委提交流行病学调查报告

B. 市卫健委要向市市场监督管理局提交流行病学调查报告

C. 市卫健委应对与事故有关的因素进行流行病学调查

D. 市卫健委应对事故现场进行卫生处理

11. 吴某在甲银行办了一张借记卡，一年后收到短信提醒发生了 1 万元的转账，报警发现系被他人在外地某商场盗刷。经查，吴某没有任何泄密行为，只是因为长时间没有修改密码。关于吴某的维权及各主体责任，下列说法正确的是（　　）。（法考改编）

A. 吴某自行承担责任

B. 银行应承担二分之一的赔偿责任

C. 银行应承担全部的赔偿责任

D. 只能由盗刷卡者承担责任

12. 苗苗公司研发的奶粉通过了质检。苗苗公司向贫困山区捐出几百万元助学款，食品行业协会无偿推荐了该奶粉。在 A 公司组织的奶粉展销会上，B 公司销售了苗苗公司的奶粉。甲在 B 公司的展台购买了奶粉，食用后得了急性肾病。经查，该奶粉中含有二甘醇（食用该物质会导致肾病），质检机构因疏忽而遗漏做特定物质的检测使二甘醇未被检测出来，A 公司没有严格审查入驻商家的资质文件。下列应对甲承担赔偿责任的主体中，不正确的是（　　）。（法考改编）

A. A 公司　　B. B 公司

C. 食品行业协会　　D. 食品检验机构

13. 某年 1 月 30 日，小姜在某网上书店下单了三本法律类原版书籍和某歌星的 CD。次日收到包裹，小姜拆封后发现书籍为影印版，该 CD 也并非自己心仪的，便与店家沟通退货事宜。以下说法正确的有（　　）。（法考改编）

A. 书籍可以退货，但 CD 不能退货

B. 退货所发生的运费应由小姜自行承担

C. 若店家同意退货，小姜所支付款项只能在一个月后返还

D. 若小姜下单时网店曾提示“一经拆封，概不退货”，故对已拆封商品不予退货

（二）多项选择题

1. 消费者协会享有下列职权：（　　）。

A. 对商品和服务进行监督

B. 受理消费者的投诉，并对投诉事项进行调查和仲裁

C. 支持受损害的消费者提起诉讼

D. 对违法经营者提起诉讼

2. 好味肉联厂增加火腿肠的淀粉含量而减少其中的肉含量制成火腿肠后，使用本厂享有盛誉的“好味特级肠”的包装及标贴出售。该火腿肠符合食品卫生标准，售价仅为“好味特级肠”的1/3，销量甚好。下列对该厂的此种做法定性错误的是（　　）。

A. 属于以不合格产品冒充合格产品

B. 与“好味特级肠”差价显著，不属于以假充真行为

C. 符合食品卫生标准，不属于以假充真行为

D. 属于以假充真行为

3. 甲在商场购买电脑一台，使用3个月后发生故障，在“三包”有效期内经两次修理，仍不能正常使用。该商场应如何解决这一问题？（　　）

A. 可以要求甲支付折旧费后调换同型号产品

B. 若甲要求，应无条件调换同型号产品

C. 可以要求甲支付折旧费后退货

D. 若甲要求，应无条件退货

4. 春江饭店经理甲授意店员出售严重变质的食品，致使14名顾客发生严重的食物中毒。下列哪些是其违反质量保证义务应承担的法律责任？（　　）

A. 判决春江饭店承担全部诉讼费用

B. 判决春江饭店赔偿受害顾客损失共计10万元

C. 对春江饭店处以违法所得的5倍的罚款

D. 对甲处以有期徒刑1年

5. 梁某在星光商场购得进口葡萄酒5瓶，共计1 000元。该葡萄酒中文标签标明“酒精度：11%vol”和保质期等内容，外文标签标明“酒精度：10.8%vol”等。梁某以“葡萄酒有违食品安全标准为由”诉求获得1万元的额外赔偿。经查，该葡萄酒酒精度实测数为10.92%vol，在法定合理误差范围内，星光商场也能证明该葡萄酒系安全食品。对此下列说法正确的是（　　）。（法考改编）

A. 该葡萄酒的标签应当清楚明确，不得误导消费者

B. 梁某的诉求应得到法院的支持

C. 对该葡萄酒的标签存在瑕疵，但未超出普通消费者的认知

D. 该葡萄酒的保质期标识应当显著标注

6. 消费者曹某从某土特产超市购买了野生菇一包（售价50元），食用后因食物中毒口吐白沫、倒地不起，被紧急送往医院抢救，花费医疗费5 000元。事后查明，该野生菇由当地企业蘑菇世家生产，因不符合食品安全标准，已多次发生消费者食物中毒事件。关于本案的责任承担，下列说法正确的是（　　）。（法考改编）

A. 土特产超市发现食品安全事故后，可以立即停止销售，召回已经销售野生菇的食品

B. 如果曹某要求土特产超市赔偿，该超市有权以无过错为由拒绝赔偿

C. 曹某有权获得最高1.5万元的惩罚性赔偿金

D. 若生产企业财产不足以同时支付行政罚款和民事赔偿，应当先行支付民事赔偿

7. 某超市做促销活动，购买美琦牌榨汁机赠送箐韵奶粉一罐，张奶奶遂买了一台榨汁机并领取了获赠的奶粉一罐。张奶奶于当晚冲泡奶粉，喝完后上吐下泻，送到医院治疗7日。经检验，该奶粉质量严重不合格。张奶奶要求超市赔偿，该超市以其未支付对价为由拒绝赔偿。下列选项中正确的是（　　）。（法考改编）

A. 因奶粉是赠品，应由张奶奶自行承担损失

B. 张奶奶可向超市主张侵权责任

C. 张奶奶只能向超市主张违约责任

D. 箐韵奶粉生产厂家有义务承担赔偿责任

8. 植物园规定，未成年人凭证件参观植物园减免门票费用。针对未带证件的未成年人，植物园在实际操作中一律按照身高计算，身高150cm以下的按照规定减免，身高150cm以上的，按照成年人的标准需买全价票。某身高150cm以上的17岁大学生，认为植物园的行为侵犯了其合法利益故提起诉讼。请问：市消费者协会实施的下列行为正确的是？（　　）（法考改编）

A. 市消费者协会提请省消费者协会提起公益诉讼

B. 市消费者协会代表该大学生提起诉讼

C. 市消费者协会参与制定有关消费者权益的法律、法规、规章和强制性标准

D. 市消费者协会对植物园提出警告并罚款

9. 甲在一网上商城看到一款液晶电视，产品说明页中明确标记为“7天无理由退货”，甲购买一台液晶电视，1月1日收到货并安装使用，1月3日发现电视四角漏光，甲检查时还发现有漏电现象。甲以此为由向店家主张退货。店家说需要甲先对电视机质量进行

检验，甲于1月13日收到检验报告说电视机质量合格。店家主张不符合退货条件故不能退货。下列说法正确的是（ ）。（法考改编）

A. 因超过7天，所以甲不能主张退货

B. 对于电视的质量瑕疵，店家应承担举证责任

C. 甲可主张无理由退货，并自行承担运费

D. 甲可主张无理由退货，并要求店家承担不少于2倍损失的赔偿

10. 王某开的饭店做促销活动，建立了一个叫“再来一份”的微信群，张某在微信群买了一份炒饭后送了一瓶酸梅汤，酸梅汤包装上写明“常温放置，请三天内饮用”。张某当天到甲商场购买了一台乙公司生产的康明冰箱，将酸梅汤放入冰箱存放。不料，第二天冰箱突然断电，停止制冷。张某担心酸梅汤会变质，故将酸梅汤喝完，引发了严重腹泻，花去医疗费若干元。有关张某的救济措施，下列说法正确的是？（ ）（法考改编）

A. 因为酸梅汤是赠品，张某不可向饭店主张赔偿

B. 张某和饭店虽无明确约定，仍可向饭店主张赔偿

C. 张某可向甲商场请求赔偿，商场需就冰箱产品质量瑕疵承担证明责任

D. 张某可向甲商场要求退货，并请求所受损失2倍以内的惩罚性赔偿

11. 周某在好吃网外卖平台订餐，点了一份×××餐厅的餐点，价款50元。11:08短信提示外卖已送出，11:38短信告知订单因配送问题被取消，且50元餐费被退回。周某向好吃网质询，对方反馈：大部分订单已经完成了配送，只是部分订单被系统自动取消。周某起诉好吃网欺诈消费者，主张500元的赔偿。法院查明该订单配送方式为××专送，配送服务方应是好吃网平台，取消订单系因配送问题。以下选项正确的是？（ ）（法考改编）

A. 好吃网应向周某退回50元餐费

B. 好吃网应向周某赔偿500元

C. 好吃网应向周某赔偿150元

D. ×××餐厅应向周某赔偿500元

12. 甲通过微信群向A经营部团购了50斤自制香肠，共计1 500元。A经营部收到订单后在自家家庭作坊中烹制，然后对这50斤香肠进行了简单的真空包装后发货给甲。因该批香肠在外包装上未标识产品名称、生产时间、生产经营者名称和地址、保质期等必要的产品信息，甲将其诉至法院要求赔偿。经调查，A经营部系家庭式食品生产加工小作坊，经营执照齐备并且该批香肠没有质量问题。对此，下列哪些选项是正确的？（ ）（法考改编）

A. A经营部有合法的证照，只要该批香肠没有质量问题，甲不可主张价款10倍的赔偿

B. 该批香肠属于裸装的食品，可以不附加产品标识

C. 该批香肠即使没有食品质量问题，但因产品包装违法，也应认定为不符合食品安全标准的产品

D. 甲有权在7日内申请退货退款

13. 缪公公司生产了一种大豆，注册并一直使用“缪公”作为商标。后圆源公司在自己的大豆包装上擅自使用“缪公大豆”的名称和缪公的头像，并委托主播陈某在好快迪直播平台上宣传带货，消费者凯某通过陈某的直播间购买了该产品，吃完后腹泻不止，便向好快迪直播平台投诉，直播平台立即关停了陈某的直播间。对此，凯某可以要求哪些主体进行赔偿？（ ）（法考改编）

A. 圆源公司

B. 好快迪直播平台

C. 陈某

D. 好快迪直播平台和陈某连带责任

（三）不定项选择题

1. 消费者因经营者利用虚假广告提供商品或者服务，其合法权益受到损害的，可能的赔偿责任承担者有哪些？（ ）

A. 广告经营者　　B. 广告制作人

C. 经营者　　D. 发布广告的媒体

2. 甲厂发运一批玻璃器皿，以印有“美美牌化妆品”的纸箱包装，在运输过程中，由于装卸工人未轻拿轻放而损坏若干件。该损失应由哪个或哪些部门承担？（ ）

A. 装卸工人承担　　B. 装卸工人的雇主承担

C. 运输部门承担　　D. 甲厂承担

3. 李某到某著名手机品牌的官网上买了一台手机，用了一个月之后，感觉手机有问题，遂到维修店进行检测，检测结果为翻新机。对此李某能够主张下列哪些请求？（ ）（法考改编）

A. 以存在欺诈为由，撤销买卖合同

B. 要求退回旧手机，换一台新手机

C. 主张 3 倍价款的惩罚性赔偿

D. 保留该手机，主张差价补偿

4. 甲公司在河东省 W 市生产保健品 LIRO 胶原蛋白，为推广其新产品，在微博上进行宣传，由明星乙代言，并宣传为美国原装进口。2020 年女神节促销期间，推出买 3 套 LIRO 胶原蛋白送 1 箱牛奶的活动。丙购买 1 套，饮用后食物中毒，经检查为菌落超标。对此，下列说法正确的是（　　）。(法考改编)

A. 无论是 LIRO 胶原蛋白质量不合格还是牛奶质量不合格，甲公司均应当承担赔偿责任

B. 如果丙是因为牛奶质量不合格造成的食物中毒，甲公司无须承担赔偿责任

C. 乙应当承担连带责任

D. 微博应当承担连带责任

5. A 省 B 县悦阳公司生产的 RED 粉剂能为某类过敏人群提供营养支持，悦阳公司拟将其注册为特殊医学配方食品。对此，下列哪一表述是正确的？（　　）(法考改编)

A. 若 RED 粉剂成功注册，A 省食品安全监督管理部门应及时将其纳入特殊医学配方食品目录

B. 悦阳公司应将 RED 粉剂提交 A 省食品安全监督管理部门注册

C. 若 RED 粉剂成功注册，悦阳公司在生产时可在注册的产品配方外，增加促进消化的益生菌

D. 在申请注册时，RED 粉剂的标签、说明书应声明“本品不能替代药品”

6. 甲从德富超市购买一瓶乳酸菌饮料，标签写明菌群标准符合国际标准，但送检查明该饮料样品仅符合我国食品安全标准，并不符合国际标准。经查，德富超市从美国国际饮品中心正规渠道进口该乳酸菌饮料。有关德富超市需对甲承担的责任，下列说法正确的是（　　）。(法考改编)

A. 无须向甲退还价款且无须 10 倍赔偿

B. 需向甲退还价款但无须 10 倍赔偿

C. 无须向甲退还价款但需 10 倍赔偿

D. 既需向甲退还价款又需 10 倍赔偿

7. 关于 7 天无理由退换货，下列说法正确的是（　　）。(法考改编)

A. 甲网购一件衣服，觉得颜色不好看，可以申请 7 天无理由退货

B. 乙购买的冰箱在第 5 个月发现有质量问题，由商家承担举证责任

C. 丙网购一批当季水果，觉得不符合口味，可以申请 7 天无理由退货

D. 丁主张 7 天无理由退换货时，运费由店家承担

8. 甲企业生产了一款地方特色食品，该食品没有食品安全国家标准，但有地方标准与企业标准。消费者乙因吃了该食品中毒住院，并在出院后向法院提起诉讼要求甲企业赔偿。对此，下列说法正确的是（　　）。(法考改编)

A. 该地方标准在食品安全国家标准制定后仍可适用

B. 该企业标准应严于地方标准，并报省级人民政府卫生行政部门备案

C. 甲企业应当对该食品符合质量标准承担举证责任

D. 法院在判定食品是否安全时，应以地方标准为依据

9. 某网络平台入驻商家承诺：店铺会员支持 7 天无理由退货。小张并非该店会员，某日从该店网购一台冰箱，收到货后发现质量问题申请退货，商家要求先做质检再退货。但是，自小张收到冰箱已经过了 7 天，商家仍不同意退货，小张遂将该店铺诉至法院。对此，下列说法正确的是（　　）。(法考改编)

A. 平台应向消费者提供商家的真实地址

B. 如因为买家的过错导致质量出现问题，不能退货

C. 小张不享有 7 天无理由退货的权利

D. 商家可要求小张先质检再退货

10. 充电宝公司设置用户要点击同意“使用协议”之后，才能看到充电宝使用价格。一名消费者在点击不同意获取个人信息的情况下租用了充电宝，但充电宝公司依然会向其不停地投放广告。请问充电宝公司侵犯了消费者的哪些权利？（　　）。(法考改编)

A. 知情权

B. 自主选择权

C. 公平交易权

D. 个人信息权

简答题

1. 我国《消费者权益保护法》的调整范围和调整对象是什么？

2. 我国《消费者权益保护法》规定了哪些经营者与消费者的争议解决途径？

3. 简述消费者的保障安全权。（中国人民大学考研）

4. 简述消费者的知悉真情权。

5. 比较消费者权益保护法和产品质量法之间的关系。（中国政法大学保研）

6. 简述消费者权益保护法是否禁止捆绑销售行为及其理由。（中国人民大学考研）

7. 简述消费者权益保护法与电子商务法间的联系。（中国政法大学保研）

案例分析题

1. 某年元旦李某与女友在某花园大酒店举行婚礼，宴请各方宾朋。肖某乘兴与同桌划拳斗酒，因拳技不佳，频频输酒，肖某只好将瓶中酒一饮而尽，他顿时觉得喉咙似有一硬物卡住，并不时有阵阵的刺痛感。肖某马上到附近医院就诊，经过医生的仔细观察，诊断证明其喉咙被一细铁丝卡住。肖某于当天动了手术，并在医院躺了一个星期，前后共花去各项费用 3 200 元。肖某于是到酒店讨说法，要求赔偿损失。酒店以酒水免费为由拒绝赔偿。无奈，肖某只好诉至法院，请求法院判决酒店赔偿其损失 3 200 元。

问题：法院应如何判决？

2. 20××年 5 月，女青年张某与刘某至某百货商场化妆品自选柜台选购化妆品。两人在此挑选、试用化妆品约 20 分钟，终因未曾选中合适的化妆品而离开商场。二人走到店门口时，化妆品自选柜台的营业员和一位保安人员追了上来，指控二人偷了化妆品柜台陈列的货物，二人坚决否认，双方相持不下。这时，另一位商场保安人员上来对张、刘二人说："请你们到商场保卫科把事情说清楚。"到保卫科后，商场保安人员要求检查刘、张二人随身所带的皮包，遭到二人的拒绝。保安人员对刘、张说："如果你们确实没有偷窃商场的货物，就应该接受我们的检查来证明你们的清白。"迫于无奈，刘、张二人交出了自己的皮包。经检查，未发现任何商场的化妆品。此后，保安人员进一步提出要对二人搜身检查并立即找来两位女营业员对刘、张二人强行进行搜身检查，仍然没有找到任何商场的东西。事后，刘、张二人愤然离开了这家百货商场。

20××年 6 月 1 日，刘、张二人以该百货商场损害了自己的人格尊严为由提起诉讼，要求该商场赔礼道歉，为其恢复名誉并赔偿精神损失费 3 000 元。

问题：法院应支持刘、张的诉讼请求吗？为什么？

论述题与深度思考题

1. 试论我国《消费者权益保护法》规定的消费者权利。（中国人民大学考研）

2. 我国《消费者权益保护法》中规定经营者应履行哪些主要义务？（中国人民大学考研）

3. 结合"王海现象"谈谈你对我国《消费者权益保护法》第 55 条的理解。（北京大学考研）

4. 论消费者权益保护法的立法宗旨和原则。

5."反悔权"是消费者权利吗？如果是，为什么规定在"经营者的义务"一章？（中国政法大学考研）

6. 消费者在竞争法和消费者权益保护法中的差异（中国政法大学保研）

7. 垃圾信息是否侵犯了消费者的权利？如果是，是什么权利；如果不是，为什么？（中国政法大学保研）

8. 论《消费者权益保护法》中网络平台的责任（中国政法大学保研）

参考答案

名词解释与概念比较

1. 消费者是为满足生活消费需要而购买、使用商品或接受商品性服务的，由国家专门法律确认其主体地位和保护其消费权益的个体社会成员。它是人类社会商品经济阶段出现的具有特定的经济和法律含义的概念，可以从以下几方面理解：第一，消费者是个人，即个体社会成员。第二，消费者是获取生活资料以满足自身生活消费需要的个人。第三，消费者是通过商品交换形式获取生活消费资料和接受生活消费服务的个人。第四，消费者是从经营者手中获取生活消费商品或接受服务的个人。第五，消费者是由国家专门法律确认其主体地位、保护其特定消费权利的个人。

2. 消费者权利是指消费者为了满足生活消费的需要，依法为或不为一定行为，以及要求经营者和其他有关主体为或不为一定行为的法律许可。消费者权利的基本性质是生存权、发展权和其他基本人权，是包含财产权、人身权等多种民事经济权利在内的综合性权利。它主要包括消费者的保障安全权，知悉真情权，自主选择权，公平交易权，获得赔偿权，成立团体权，获取相关知识权，人格尊严、民族风俗习惯受尊重权和个人信息保护权，监督权，无理由退货权。

3. 知悉真情权，或称获取信息权、知情权、了解权，是消费者享有的知悉其购买、使用的商品或接受的服务的真实情况的权利。《消费者权益保护法》规定，消费者有权根据商品或服务的不同情况，要求经营者提供商品的价格、产地、生产者、用途、性能、规格、等级、主要成分、生产日期、有效期限、检验合格证明、使用方法说明书、售后服务，或者服务的内容、规格、费用等有关情况。知悉真情权是消费者与经营者交易时首先应行使的权利，也是经营者首先应履行的义务。

4. 自主选择权是指消费者享有的自主选择产品和服务的权利。该权利包括以下几个方面：(1) 自主选择经营者；(2) 自主选择商品品种和服务方式；(3) 自主决定购买或不购买商品、接受或不接受服务；(4) 在自主选择商品或服务时所享有的进行比较、鉴别和挑选的权利。消费者的自主选择权是消费者权利的核心。从微观上说，它主要决定于消费者自己，当然也受经营者的制约；从宏观上说，它决定于各个国家、各个社会的经济发展情况。

5. 消费者享有的公平交易权是指消费者在购买商品或接受服务时，有权获得质量可靠、价格合理、计量正确等公平交易条件等权利；并有权拒绝强买强卖等不法行为。其中，质量保障包括商品质量安全，商品质量能保证其应有的使用性能，符合经营者在其商品上或商品包装上或产品说明中标示的产品标准。价格合理要求经营者不得非法牟利，更不可暴利“宰人”。计量正确要求经营者采用正确的法定计量单位，使用经检验合格的计量工具，计算要准确。

6. 消费者问题是与消费者同时、同条件下产生的概念。它也是一个具有特定含义的概念，是指消费者利益受到损害的问题，即消费者自身以外的组织或个人因其出售的商品或提供的商品性服务，给消费者的财产或人身健康造成损害、侵害消费者合法权益的问题。

在现代社会，消费者问题已不仅仅是消费者个人的问题，而且日益成为严重的社会问题。其危害表现在：(1) 消费者人身、健康得不到安全保障；(2) 消费者的财产和利益损失；(3) 危害其他经营者的经营活动和利益；(4) 影响社会秩序和社会安全；(5) 影响国家声誉。

消费者问题产生的具体原因是多方面的，主要有：(1) 个人利益本位的追求，不顾他人、不顾社会；(2) 地方保护主义；(3) 法制不健全，管理不力；(4) 生产力发展不够，市场发育不足，买方市场没有形成；(5) 消费者自我保护意识不强。

7. 食品安全是指食品无毒无害，符合应当有的营养要求，对人身体健康不造成任何急性、亚急性或者慢性危害。

8. 食品安全标准是指国家为了保障公众身体健康而制定的食品、食品添加剂以及食品相关产品的生产经营者在其经营过程中必须强制执行的，科学合理且安全可靠的标准。

《食品安全法》第 26 条规定，食品安全标准应当包括下列内容：(1) 食品、食品添加剂、食品相关产品中的致病性微生物，农药残留、兽药残留、生物毒素、重金属等污染物质以及其他危害人体健康物质的限量规定；(2) 食品添加剂的品种、使用范围、用量；(3) 专供婴幼儿和其他特定人群的主辅食品的营养成分要求；(4) 对与卫生、营养等食品安全要求有关的标签、标志、说明书的要求；(5) 食品生产经营过程的卫生要求；(6) 与食品安全有关的质量要求；(7) 与食品安全有关的食品检验方法与规程；(8) 其他需要制定为食品安全标准的内容。

制定食品安全国家标准，应当依据食品安全风险评估结果并充分考虑食用农产品安全风险评估结果，参照相关的国际标准和国际食品安全风险评估结果，并将食品安全国家标准向社会公布，广泛听取食品生产经营者、消费者、有关部门等方面的意见。食品安全国家标准应当经国务院卫生行政部门组织的食品安全国家标准审评委员会审查通过。

选择题

（一）单项选择题

1. A。产品缺陷造成人身、缺陷产品以外其他财产损失的，生产者应当承担赔偿责任。

2. A。根据《产品质量法》第 41 条第 2 款的规定，生产者能够证明有下列情形之一的，不承担赔偿责任：(1) 未将产品投入流通的；(2) 产品投入流通时，引起损害的缺陷尚不存在的；(3) 将产品投入流通时的科学技术水平尚不能发现缺陷的存在的。

3. B。《产品质量法》第 45 条规定，因产品存在缺陷造成损害要求赔偿的诉讼时效为 2 年。

4. C。根据《消费者权益保护法》第 42 条的规定，使用他人营业执照的违法经营者提供商品或者服务，损害消费者合法权益的，消费者可以向其要求赔偿，也可以向营业执照的持有人要求赔偿。

5. A。商场和经理的行为已经严重侵害了胡某的人身权，胡某享有检举、控告这种侵权行为的权利。

6. C。《消费者权益保护法》第 59 条规定，经营者对行政处罚决定不服的，可以提起行政诉讼。因而选项 C 正确。

7. C。《消费者权益保护法》第 15 条第 1 款规定，消费者享有对商品和服务以及保护消费者权益工作进行监督的权利。据此，消费者的监督权的行使不受消费行为的限制，只要发现经营者的不法行为，不论是否购买其商品，均可行使监督权。

8. B。本案中拼图玩具少了一片的质量问题，应认定为产品瑕疵，瑕疵产品属于违约责任，消费者应向销售者主张责任，与生产者无直接法律关系，故应排除 D 项。消费者是在展销会上购买此瑕疵产品。《消费者权益保护法》第 43 条规定："消费者在展销会、租赁柜台购买商品或者接受服务，其合法权益受到损害的，可以向销售者或者服务者要求赔偿。展销会结束或者柜台租赁期满后，也可以向展销会的举办者、柜台的出租者要求赔偿。展销会的举办者、柜台的出租者赔偿后，有权向销售者或者服务者追偿。"展销会举办期间，经营者仍在展销会上开展经营活动，消费者容易向其主张责任，由经营者承担责任有利于消费者维权。展销会举办者负有基本的审查和注意义务以确保其招募的经营者在展销会上销售的商品质量合格，并收集经营者的相关信息。如果，在展销会上售出的商品质量不合格，被发现时展销会已经结束，经营者不知所踪，消费者不容易向其主张责任。展销会的举办者也难逃失察之责，展销会结束后由展销会举办者承担"期后连带"的责任，承担责任后再向经营者追偿。本案中发生纠纷时，展销会尚未结束，应该排除展销会的举办者和柜台的出租者，消费者应向销售者斗星公司主张责任，所以排除 A、C 项。销售者斗星公司借营业执照实施销售活动。《消费者权益保护法》第 42 条规定："使用他人营业执照的违法经营者提供商品或者服务，损害消费者合法权益的，消费者可以向其要求赔偿，也可以向营业执照的持有人要求赔偿。"营业执照的持有人和借用人承担连带责任，故护卫舰公司作为营业执照的持有人应承担责任，B 项当选。

9. B。《食品安全法》第 136 条规定："食品经营者履行了本法规定的进货查验等义务，有充分证据证明其不知道所采购的食品不符合食品安全标准，并能如实说明其进货来源的，可以免予处罚，但应当依法没收其不符合食品安全标准的食品；造成人身、财产或者其他损害的，依法承担赔偿责任。"食品经营者对于食品的质量问题可证明"善意"的，只能被免除行政处罚，应当承担的民事责任不能被免除，A 项表达为"不承担责任"，错误。《食品安全法》第 148 条规定："消费者因不符合食品安全标准的食品受到损害的，可以向经营者要求赔偿损失，也可以向生产者要求赔偿损失。接到消费者赔偿要求的生产经营者，应当实行首负责任制，先行赔付，不得推诿；属于生产者责任的，经营者赔偿后有权向生产者追偿；属于经营者责任的，生产者赔偿后有权向经营者追偿。生产不符合食品安全标准的食品或者经营明知是不符合食品安全标准的食品，消费者除要求赔偿损失外，还可以向生产者或者经营者要求支付价款十倍或者损失三倍的赔偿金；增加赔偿的金额不足一千元的，为一千元。但是，食品的标签、说明书存在不影响食品安全且不会对消费者造成误导的瑕疵的除外。"食品质量不符合食品安全标准，消费者既可以向生产者索赔，也可以向经营者索赔，生产者和经营者实行首负责任制，C 项错误。如果仅仅是食品包装、说明书等有瑕疵，但不影响食品的安全且不会对消费者造成误导的，经营者不承担 10 倍价款的罚则，B 项正确。最高人民法院《关于审理食品药品纠纷案件适用法律若干问题的规定》第 3 条规定："因食品、药品质量问题发生纠纷，购买者向生产者、销售者主张权利，生产者、销售者以购买者明知食品、药品存在质量问题而仍然购买为由进行抗辩的，人民法院不予支持。”食品、药品关乎消费者生命健康，即使消费者“知假买假”，生产经营者也应承担相应责任，不得以消费者明知为由进行抗辩，D项错误。

10. A。“造成参加婚宴的所有宾客群体性中毒”说明发生了食品安全事故，疾控中心作为专业机构第一时间作出行动和响应，对现场进行卫生处理和流调，并向同级食品安全监督管理、卫生行政部门提交流行病学调查报告。对食品安全事故现场进行卫生处理，对食品安全事故有关的因素进行流行病学调查并出具流行病学调查报告属于疾控部门的职权，疾控中心应当向同级食品安全监督管理、卫生行政部门提交流行病学调查报告。所以A项正确，B、C、D三项的职权描述均错误。

11. C。本题涉及盗刷卡致使储户造成损害的法律关系。商业银行应当承担对储户存款的安全保障义务。银行为持卡人提供银行卡服务，应当确保该卡内的数据信息不被非法窃取并加以使用。并且，银行作为发卡行及相关技术、设备和操作平台的提供者，在其与用户的合同关系中明显占据优势地位，理应承担伪卡的识别义务。发卡行未能充分尽到对于本案中银行卡的交易安全保障义务，给持卡人造成了经济损失，应承担赔偿损失的法律责任。本案中，吴某没有任何泄密行为，银行应承担全部的赔偿责任，故A、B项错误，C项正确。D项，观察选项的表述形式，“只能”可以说是“死亡字眼”。根据前述分析确认，虽然盗刷卡者就其对吴某的侵权行为需要承担民事责任甚至刑事责任，但不能因此排除银行的责任，D项表述为“只能”由盗刷卡者承担责任错误，错误。

12. C。《食品安全法》第130条规定：“违反本法规定，集中交易市场的开办者、柜台出租者、展销会的举办者允许未依法取得许可的食品经营者进入市场销售食品，或者未履行检查、报告等义务的……使消费者的合法权益受到损害的，应当与食品经营者承担连带责任。”本题中，A公司作为展销会举办者应当与食品经营者B公司对消费者承担连带赔偿责任。因此，A、B项正确。《食品安全法》第140条第4款规定：“违反本法规定，食品安全监督管理等部门、食品检验机构、食品行业协会以广告或者其他形式向消费者推荐食品，消费者组织以收取费用或者其他牟取利益的方式向消费者推荐食品的，由有关主管部门没收违法所得，依法对直接负责的主管人员和其他直接责任人员给予记大过、降级或者撤职处分；情节严重的，给予开除处分。”因此，食品行业协会推荐不合格食品应承担行政责任而非对消费者的直接赔偿责任，C项错误。《食品安全法》第138条第3款规定：“食品检验机构出具虚假检验报告，使消费者的合法权益受到损害的，应当与食品生产经营者承担连带责任。”由此，D项正确。

13. A。《消费者权益保护法》第24条规定：“经营者提供的商品或者服务不符合质量要求的，消费者可以依照国家规定、当事人约定退货，或者要求经营者履行更换、修理等义务。没有国家规定和当事人约定的，消费者可以自收到商品之日起七日内退货；七日后符合法定解除合同条件的，消费者可以及时退货，不符合法定解除合同条件的，可以要求经营者履行更换、修理等义务。依照前款规定进行退货、更换、修理的，经营者应当承担运输等必要费用。”该法第25条规定：“经营者采用网络、电视、电话、邮购等方式销售商品，消费者有权自收到商品之日起七日内退货，且无需说明理由，但下列商品除外：（一）消费者定作的；（二）鲜活易腐的；（三）在线下载或者消费者拆封的音像制品、计算机软件等数字化商品；（四）交付的报纸、期刊……消费者退货的商品应当完好。经营者应当自收到退回商品之日起七日内返还消费者支付的商品价款。退回商品的运费由消费者承担；经营者和消费者另有约定的，按照约定。”本案中，CD属于已拆封的音像制品且无质量问题，不得退货；书籍存在质量问题，消费者有权退货且发生的运费应当由书店承担。对于因质量问题产生的退货，法律并未限定所支付的款项在一个月后才能返还。因此，A选项正确，B、C选项错误。对于D选项，《消费者权益保护法》第26条第2款及第3款规定：“经营者不得以格式条款、通知、声明、店堂告示等方式，作出排除或者限制消费者权利、减轻或者免除经营者责任、加重消费者责任等对消费者不公平、不合理的规定，不得利用格式条款并借助技术手段强制交易。格式条款、通知、声明、店堂告示等含有前款所列内容的，其内容无效。”本案中，书店“一经拆封，概不退货”的规定违反法律而不得作为不予退货的理由，故D选项错误。

（二）多项选择题

1. AC。消费者协会是消费者为维护自身利益组织起来的群众性社会组织，不是国家机关，因而不享有国家机关的行政职权，不能进行罚款；对于消费者与经营者有仲裁协议的，应向仲裁机构提请仲裁。消费者协会不能以自己的名义代替消费者进行诉讼。

2. ABC。该种火腿肠虽符合食品卫生标准，但显然并非“好味特级肠”，也达不到“好味特级肠”的标准，而以“好味特级肠”的包装及标贴出售，属于以假充真行为。

3. BD。《消费者权益保护法》第 24 条规定：经营者提供的商品或服务不符合质量要求的，消费者可依照国家规定、当事人约定退货，或者要求经营者履行更换、修理等义务。没有国家规定和当事人约定的，消费者可以自收到商品之日起 7 日内退货；7 日后符合法定解除合同条件的，消费者可以及时退货、不符合法定解除合同条件的，可以要求经营者履行更换、修理等义务。

4. ABD。春江饭店及甲的行为性质严重，其除应承担行政责任外，还应承担刑事责任。但关于罚款，应处违法销售产品货值金额 2 倍以下的罚款，而非违法所得的 5 倍的罚款。

5. ACD。《食品安全法》第 71 条规定：“食品和食品添加剂的标签、说明书，不得含有虚假内容，不得涉及疾病预防、治疗功能。生产经营者对其提供的标签、说明书的内容负责。食品和食品添加剂的标签、说明书应当清楚、明显，生产日期、保质期等事项应当显著标注，容易辨识。食品和食品添加剂与其标签、说明书的内容不符的，不得上市销售。”葡萄酒的标签应当清楚明确，不能含有虚假内容误导消费者，故 A 项正确。保质期是食品标签必须显著标注的项目，故 D 项正确。《食品安全法》第 125 条第 2 款规定：“生产经营的食品、食品添加剂的标签、说明书存在瑕疵但不影响食品安全且不会对消费者造成误导的，由县级以上人民政府食品安全监督管理部门责令改正；拒不改正的，处二千元以下罚款。”第 148 条第 2 款规定：“生产不符合食品安全标准的食品或者经营明知是不符合食品安全标准的食品，消费者除要求赔偿损失外，还可以向生产者或者经营者要求支付价款十倍或者损失三倍的赔偿金；增加赔偿的金额不足一千元的，为一千元。但是，食品的标签、说明书存在不影响食品安全且不会对消费者造成误导的瑕疵的除外。”本案中，葡萄酒标签虽有瑕疵但在合理误差范围内，不影响食品安全且不会对消费者造成误导，由食品安全监督管理部门责令改正，拒不改正的，处以罚款，但不承担 10 倍价款的惩罚性赔偿责任。所以 B 项错误，C 项正确。

6. CD。对于食品出现的质量问题，生产者承担召回的法定职责，“土特产超市”属于经营者，只有当食品的质量问题因经营者的原因造成时，才应由经营者承担召回职责，案情中没有体现出“经营者的原因”，故不能直接由经营者召回，A 选项错误。消费者因不符合食品安全标准的食品受到损害的，可以向经营者要求赔偿损失，也可以向生产者要求赔偿损失。消费者有“选择权”，食品的生产、经营者按照“首付责任制”承担责任，故土特产超市作为经营者无权以无过错为由拒绝赔偿。B 选项错误。食品不符合食品安全标准，消费者除可以要求退货并赔偿实际损失之外，还可要求惩罚性赔偿，金额为 10 倍价款或 3 倍损失，最低 1 000 元。本案中，曹某的损失为医疗费 5 000 元，如果选择主张 3 倍损失的惩罚性赔偿，则可以主张 1.5 万元，C 选项正确。生产经营者财产不足以同时承担民事赔偿责任和缴纳罚款、罚金时，先承担民事赔偿责任，这体现出“国家不与民争利”的特征，D 选项正确。

7. BD。最高人民法院《关于审理食品药品纠纷案件适用法律若干问题的规定》第 4 条规定：“食品、药品生产者、销售者提供给消费者的食品或者药品的赠品发生质量安全问题，造成消费者损害，消费者主张权利，生产者、销售者以消费者未对赠品支付对价为由进行免责抗辩的，人民法院不予支持。”食品、药品关乎消费者的健康，经营者的安保职责更大，无论是赠品还是正品，发生质量问题，经营者均应承担责任，A 项错误。《消费者权益保护法》第 40 条第 2 款规定：“消费者或者其他受害人因商品缺陷造成人身、财产损害的，可以向销售者要求赔偿，也可以向生产者要求赔偿。属于生产者责任的，销售者赔偿后，有权向生产者追偿。属于销售者责任的，生产者赔偿后，有权向销售者追偿。”食品质量不达标，造成了张奶奶的人身损害，应认定构成产品缺陷。缺陷产品责任属于侵权责任，生产者、经营者对被害人承担连带责任，B、D 项正确。超市作为缺陷奶粉的经营者，应对被侵权的张奶奶承担侵权赔偿责任。当然，张奶奶如果依据与超市建立的买卖合同，追究其交付的合同标的物不合格，承担违约责任，也未尝不可，但此主张是张奶奶可选择的方案之一，并非唯一的方案，所以C项表述为“只能”向超市主张违约责任是错误的。C项错误。

8. AC。《消费者权益保护法》第37条规定：“消费者协会履行下列公益性职责：（一）向消费者提供消费信息和咨询服务，提高消费者维护自身合法权益的能力，引导文明、健康、节约资源和保护环境的消费方式；（二）参与制定有关消费者权益的法律、法规、规章和强制性标准；（三）参与有关行政部门对商品和服务的监督、检查；（四）就有关消费者合法权益的问题，向有关部门反映、查询，提出建议；（五）受理消费者的投诉，并对投诉事项进行调查、调解；（六）投诉事项涉及商品和服务质量问题的，可以委托具备资格的鉴定人鉴定，鉴定人应当告知鉴定意见；（七）就损害消费者合法权益的行为，支持受损害的消费者提起诉讼或者依照本法提起诉讼；（八）对损害消费者合法权益的行为，通过大众传播媒介予以揭露、批评。各级人民政府对消费者协会履行职责应当予以必要的经费等支持。消费者协会应当认真履行保护消费者合法权益的职责，听取消费者的意见和建议，接受社会监督。依法成立的其他消费者组织依照法律、法规及其章程的规定，开展保护消费者合法权益的活动。”消费者协会作为公益性的社会团体，没有行政权力，不能作出行政处罚，所以D项的“警告、罚款”不合法。对于消费者个人的维权诉讼，消费者协会可以支持，不能代表其进行诉讼，B项错误。消费者协会作为一线的消费者组织，能够接触到消费者维权保障中的现实需求，所以能够参与制定有关消费者权益的法律、法规、规章和强制性标准，C项正确。《消费者权益保护法》第47条规定：“对侵害众多消费者合法权益的行为，中国消费者协会以及在省、自治区、直辖市设立的消费者协会，可以向人民法院提起诉讼。”动物园以身高作为评判未成年的唯一标准，对于身高在150cm以上但未成年的众多消费者的合法权益都有侵害，市消费者协会和省一级消费者协会有权提起公益诉讼，所以市消费者协会提请省消费者协会提起公益诉讼是合法的，A项正确。

9. BC。《消费者权益保护法》第25条规定：“经营者采用网络、电视、电话、邮购等方式销售商品，消费者有权自收到商品之日起七日内退货，且无需说明理由……消费者退货的商品应当完好。经营者应当自收到退回商品之日起七日内返还消费者支付的商品价款。退回商品的运费由消费者承担；经营者和消费者另有约定的，按照约定。”甲通过网络购物的方式购买电视机一台，无论电视机有无质量问题，均享受7天内无理由退货的权利。7天的期限自收到货物之日起开始计算。甲1月1日收到货，1月3日主张退货，符合7天的期限要求，故A项错误。本案中，产品检验报告显示电视机质量合格，但使用时出现了漏光的现象，电视机是否存在质量瑕疵需要进一步印证，但消费者依旧可以主张无理由退货。消费者主张无理由退货时，在买卖双方没有约定的情形下，应由消费者承担运费。故C项正确。《消费者权益保护法》第23条第3款规定：“经营者提供的机动车、计算机、电视机、电冰箱、空调器、洗衣机等耐用商品或者装饰装修等服务，消费者自接受商品或者服务之日起六个月内发现瑕疵，发生争议的，由经营者承担有关瑕疵的举证责任。”大宗耐用商品的技术门槛较高，短期内发现瑕疵，产品本身质量有问题的可能性较大，但消费者很难提供证明。为了消费者更好地维权，《消费者权益保护法》规定了电视机等大宗耐用商品于消费者接受之日起6个月内发现瑕疵，引发争议的，举证责任倒置，由经营者承担有关瑕疵的举证责任，故B项正确。《消费者权益保护法》第55条第2款规定：“经营者明知商品或者服务存在缺陷，仍然向消费者提供，造成消费者或者其他受害人死亡或者健康严重损害的，受害人有权要求经营者依照本法第四十九条、第五十一条等法律规定赔偿损失，并有权要求所受损失二倍以下的惩罚性赔偿。”只有当经营者有“明知”的过错，向消费者提供了缺陷商品，且引发消费者或其他受害人“死、伤、残”等严重后果时，才会承担2倍损失的惩罚性赔偿，本案中并没有产品缺陷的确认，也没有引发严重后果，不符合惩罚性赔偿的适用条件，故D项错误。

10. BC。最高人民法院《关于审理食品药品纠纷案件适用法律若干问题的规定》第4条规定：“食品、药品生产者、销售者提供给消费者的食品或者药品的赠品发生质量安全问题，造成消费者损害，消费者主张权利，生产者、销售者以消费者未对赠品支付对价为由进行免责抗辩的，人民法院不予支持。”食品、药品关乎消费者的健康，经营者的安保职责更大，无论是赠品还是正品，无论有无约定，发生质量问题，经营者均应承担责任，故A项错误，B项正确。《消费者权益保护法》第23条第3款规定："经营者提供的机动车、计算机、电视机、电冰箱、空调器、洗衣机等耐用商品或者装饰装修等服务，消费者自接受商品或者服务之日起六个月内发现瑕疵，发生争议的，由经营者承担有关瑕疵的举证责任。"大宗耐用商品的技术门槛较高，短期内发现瑕疵，产品本身质量有问题的可能性较大，但消费者很难提供证明，为了消费者更好地维权，《消费者权益保护法》规定了电视机等大宗耐用商品于消费者接受商品或服务之日起6个月内发现瑕疵，引发争议的，举证责任倒置，由经营者承担有关瑕疵的举证责任，故C项正确。《消费者权益保护法》第55条第2款规定："经营者明知商品或者服务存在缺陷，仍然向消费者提供，造成消费者或者其他受害人死亡或者健康严重损害的，受害人有权要求经营者依照本法第四十九条、第五十一条等法律规定赔偿损失，并有权要求所受损失二倍以下的惩罚性赔偿。"只有当经营者有"明知"的过错，向消费者提供了缺陷商品，且引发消费者或其他受害人"死、伤、残"等严重后果时，才会承担2倍损失的惩罚性赔偿，本案中冰箱不制冷最多认定构成商品质量瑕疵而不能认定构成缺陷，不符合惩罚性赔偿的适用条件，故D项错误。

11. AB。周某在好吃网外卖平台订餐，点了一份×××餐厅的餐点，价款50元。11:08短信提示外卖已送出，11:38短信告知订单因配送问题被取消，且50元餐费被退回。配送服务方应是好吃网平台，取消订单系因配送问题，好吃网应将其提供配送服务在履行上存在的不确定性的情况如实告知周某，对周某而言，其订单可能因配送原因被取消的情形属于影响其决定是否选择购买该项服务的重要因素。而好吃网并未将相关信息事先告知周某，应属于故意隐瞒影响交易的重要信息的行为，构成欺诈，应承担"退一罚三，最低500元"的惩罚性赔偿责任。A、B项，本案争议的关键问题有两个：(1) 好吃网提供的服务内容问题。好吃网提供的服务应包括两方面：一方面，作为网络交易平台提供者，其应提供网络经营场所、交易撮合、信息发布等服务。具体到本案，好吃网应保证交易平台正常运行，应将周某的订单信息及时、准确地提供给商家并及时告知周某订单的进展情况。另一方面，作为配送服务的提供者，其应将案涉订单餐品及时送达周某指定地点。(2) 好吃网在提供服务过程中是否存在欺诈行为的问题。好吃网的经营模式在客观上存在配送服务在履行上具有不确定性的情况，对于周某而言，其订单可能因配送原因被取消的情形属于影响其决定是否选择购买该项服务的重要因素。因此，好吃网应将其提供配送服务在履行上存在的不确定性的情况如实告知周某，而好吃网并未将相关信息事先告知周某，应属故意隐瞒影响交易的重要信息的行为，构成欺诈，应依法承担"退一罚三，最低500"的惩罚性赔偿，所以A、B两项正确。C项，好吃网如果承担因欺诈带来的惩罚性赔偿，法律设置的最低界线是500元，本案中的争议价款是50元，价款3倍为150元，不足500元，应按500元追究责任。故C项错误。D项，"取消订单"在法律层面指的是"合同解除"。本案中，取消订单系因好吃网的配送问题，故而对外责任应由好吃网承担，在好吃网进行赔偿后，如果查明是因商家原因导致的问题，好吃网可以事后向商家行使追偿权。但商家不用直接对周某承担赔偿责任。故D项错误。

12. CD。《食品安全法》第68条规定："食品经营者销售散装食品，应当在散装食品的容器、外包装上标明食品的名称、生产日期或者生产批号、保质期以及生产经营者名称、地址、联系方式等内容。"第148条规定："消费者因不符合食品安全标准的食品受到损害的，可以向经营者要求赔偿损失，也可以向生产者要求赔偿损失……生产不符合食品安全标准的食品或者经营明知是不符合食品安全标准的食品，消费者除要求赔偿损失外，还可以向生产者或者经营者要求支付价款十倍或者损失三倍的赔偿金；增加赔偿的金额不足一千元的，为一千元。但是，食品的标签、说明书存在不影响食品安全且不会对消费者造成误导的瑕疵的除外。"本案中，A经营部应当在其生产的散装食品即香肠外包装上标注必要信息但未标注，即便其证照齐全且食品质量没有问题，消费者仍有权主张10倍赔偿。因此，A、B选项错误，C选项正确。《消费者权益保护法》第25条规定："经营者采用网络、电视、电话、邮购等方式销售商品，消费者有权自收到商品之日起七日内退货，且无需说明理由，但下列商品除外：(一) 消费者定作的；(二) 鲜活易腐的；(三) 在线下载或者消费者拆封的音像制品、计算机软件等数字化商品；（四）交付的报纸、期刊。除前款所列商品外，其他根据商品性质并经消费者在购买时确认不宜退货的商品，不适用无理由退货……”案涉香肠系通过网络购买，且不属于法律规定的不可退货的例外情形，消费者有权在7日内主张退货退款。因此，D选项正确。

13. AC。《食品安全法》第131条第1款规定：“违反本法规定，网络食品交易第三方平台提供者未对入网食品经营者进行实名登记、审查许可证，或者未履行报告、停止提供网络交易平台服务等义务的，……使消费者的合法权益受到损害的，应当与食品经营者承担连带责任。”第131条第2款规定：“消费者通过网络食品交易第三方平台购买食品，其合法权益受到损害的，可以向入网食品经营者或者食品生产者要求赔偿。网络食品交易第三方平台提供者不能提供入网食品经营者的真实名称、地址和有效联系方式的，由网络食品交易第三方平台提供者赔偿……”本案中，消费者凯某有权向食品生产者圆源公司或者食品经营者陈某要求赔偿。因此，A、C选项正确。《食品安全法》第131条第2款规定：“消费者通过网络食品交易第三方平台购买食品，其合法权益受到损害的，可以向入网食品经营者或者食品生产者要求赔偿。网络食品交易第三方平台提供者不能提供入网食品经营者的真实名称、地址和有效联系方式的，由网络食品交易第三方平台提供者赔偿……”本案中，未提及好快迪直播平台不能提供入网食品经营者的真实名称、地址和有效联系方式的情形，并且一经举报，好快迪直播平台即关停了陈某的直播间，已经履行了相应义务，由此凯某不可向好快迪直播平台要求赔偿。因此，B、D项错误。

（三）不定项选择题

1. ACD。《消费者权益保护法》第45条第1款规定：消费者因经营者利用虚假广告或者其他虚假宣传方式提供商品或者服务，其合法权益受到损害的，可以向经营者要求赔偿。广告经营者、发布者发布虚假广告的，消费者可以请求行政主管部门予以惩处。广告经营者、发布者不能提供经营者的真实名称、地址和有效联系方式的，应当承担赔偿责任。

2. D。易碎产品包装质量必须符合相应要求，依照国家有关规定作出警示标志或者中文警示说明，标明储运注意事项。甲厂违反了这一义务，应由其承担损失。

3. ABCD。A项，经营者在官网销售翻新机，属于欺诈，李某有权依据民法典主张撤销合同，A项正确。B、D项，经营者提供的商品质量不合格，李某有权要求经营者采取补救措施，比如主张换货或者补偿差价，故B、D项正确。C项，经营者实施欺诈行为，李某除可主张退货之外，经营者应当按照消费者的要求增加赔偿其受到的损失，增加赔偿的金额为消费者购买商品的价款或者接受服务的费用的3倍；增加赔偿的金额不足500元的，为500元。故C项正确。

4. ACD。本案中，首先，保健品是关系消费者生命健康的重要商品，对各个环节的要求更严格；其次，LIRO胶原蛋白是国内W市生产，被宣传为美国原装进口，存在虚假宣传，一旦消费者因此虚假广告造成损害，参与到虚假广告各个环节中的角色需“沾边连带”，比如生产者甲公司、代言人乙以及作为发布平台的微博。关于推出买3套LIRO胶原蛋白送1箱牛奶的活动，对于经营者来说，赠送的食品与正品的保全保障职责是相同的，所以牛奶不符合食品安全标准，甲公司也需要承担责任。A、B项，保健品是关系消费者生命健康的重要商品，对其安保要求类比食品。所以LIRO胶原蛋白质量不合格，甲公司承担无过错赔偿责任；甲公司提供给消费者的赠品牛奶发生质量安全问题，甲公司不能以其为赠品来抗辩，而应该对此承担责任，所以A项正确、B项错误。C、D项，有关食品、药品、保健品等关系消费者生命健康的重要商品或服务，一旦出现虚假广告或虚假宣传，生产者、销售者、广告的制作者、发布者、推介者等各个环节的参与方均需“沾边连带”且适用无过错的归责原则。LIRO胶原蛋白原本是我国的W市生产，却被宣传为美国原装进口，存在虚假宣传，微博是虚假广告的发布者，明星乙是推介者，对于消费者的损害均需承担无过错连带责任，故C、D项正确。

5. A。A项，为了便于公众即时知悉并合法运用，省级以上人民政府食品安全监督管理部门应当及时公布注册或者备案的特殊医学用途配方食品目录，并对注册或者备案中获知的企业商业秘密予以保密。故A项表述正确。B项，特殊医学用途配方食品应当经国务院食品安全监督管理部门注册。B项中提交A省食品安全监督管理部门注册是错误的。C项，悦阳公司注册时，应当提交产品配方、生产工艺、标签、说明书以及表明产品安全性、营养充足性和特殊医学用途临床效果的材料。注册后应该严格按照注册的产品配方生产。擅自添加可能会造成不可预知的很严重的后果。未按照注册的产品配方、生产工艺等技术要求组织生产会被追究法律责任。C项中悦阳公司擅自添加益生菌是错误的。D项，保健品的标签、说明书应声明“本品不能替代药品”，但RED粉剂是特殊医学配方食品，不需要声明这一点，故D项错误。

6. B。C、D项，本案中的乳酸菌饮料符合我国食品安全标准，所以不应该承担10倍价款的处罚，故C、D项错误；A、B项，虽然乳酸菌饮料符合我国食品安全标准，但毕竟不符合其标签表明即生产经营者承诺的标准，甲依消费者权益保护法和民法典的规定，主张退货是应被支持的，所以A项错误，B项正确。

7. AB。《消费者权益保护法》第25条规定：“经营者采用网络、电视、电话、邮购等方式销售商品，消费者有权自收到商品之日起七日内退货，且无需说明理由，但下列商品除外：（一）消费者定作的；（二）鲜活易腐的；（三）在线下载或者消费者拆封的音像制品、计算机软件等数字化商品；（四）交付的报纸、期刊。除前款所列商品外，其他根据商品性质并经消费者在购买时确认不宜退货的商品，不适用无理由退货。消费者退货的商品应当完好。经营者应当自收到退回商品之日起七日内返还消费者支付的商品价款。退回商品的运费由消费者承担；经营者和消费者另有约定的，按照约定。”本题中，甲网购的衣服适用7天无理由退货，而丙购买的水果属于鲜活易腐的商品，不适用7天无理由退货。另外，消费者主张退货时应自行承担相关运费。因此，A项正确，C、D项错误。《消费者权益保护法》第23条第3款规定：“经营者提供的机动车、计算机、电视机、电冰箱、空调器、洗衣机等耐用商品或者装饰装修等服务，消费者自接受商品或者服务之日起六个月内发现瑕疵，发生争议的，由经营者承担有关瑕疵的举证责任。”本题中，消费者乙收到产品后5个月发现质量问题，应由经营者承担有关瑕疵的举证责任。因此，B项正确。

8. BCD。《食品安全法》第29条规定：“对地方特色食品，没有食品安全国家标准的，省、自治区、直辖市人民政府卫生行政部门可以制定并公布食品安全地方标准，报国务院卫生行政部门备案。食品安全国家标准制定后，该地方标准即行废止。”《食品安全法》第30条规定：“国家鼓励食品生产企业制定严于食品安全国家标准或者地方标准的企业标准，在本企业适用，并报省、自治区、直辖市人民政府卫生行政部门备案。”因此，B项正确。最高人民法院《关于审理食品药品纠纷案件适用法律若干问题的规定》第6条规定：“食品的生产者与销售者应当对于食品符合质量标准承担举证责任。认定食品是否安全，应当以国家标准为依据；对地方特色食品，没有国家标准的，应当以地方标准为依据。没有前述标准的，应当以食品安全法的相关规定为依据。”本案中，甲企业作为生产者应当对食品符合质量标准承担举证责任。没有国家标准的情况下，法院应当以地方标准为依据判定食品是否安全。因此，C、D项正确。

9. AB。A项：《消费者权益保护法》第44条第1款规定：“消费者通过网络交易平台购买商品或者接受服务，其合法权益受到损害的，可以向销售者或者服务者要求赔偿。网络交易平台提供者不能提供销售者或者服务者的真实名称、地址和有效联系方式的，消费者也可以向网络交易平台提供者要求赔偿……”本题中，因商家销售的商品存在质量瑕疵问题，平台应向消费者提供销售者的真实名称、地址等信息。因此，A项正确。

B项：《消费者权益保护法》第24条第1款规定：“经营者提供的商品或者服务不符合质量要求的，消费者可以依照国家规定、当事人约定退货，或者要求经营者履行更换、修理等义务。没有国家规定和当事人约定的，消费者可以自收到商品之日起七日内退货；七日后符合法定解除合同条件的，消费者可以及时退货，不符合法定解除合同条件的，可以要求经营者履行更换、修理等义务。”本题中，若因买家的过错导致商品质量出现问题，卖家不承担退货义务。因此，B项正确。

C项：《消费者权益保护法》第25条第1款、第2款规定：“经营者采用网络、电视、电话、邮购等方式销售商品，消费者有权自收到商品之日起七日内退货，且无需说明理由，但下列商品除外：（一）消费者定作的；（二）鲜活易腐的；（三）在线下载或者消费者拆封的音像制品、计算机软件等数字化商品；（四）交付的报纸、期刊。除前款所列商品外，其他根据商品性质并经消费者在购买时确认不宜退货的商品，不适用无理由退货。”本题中，小张购买的商品并非法定的不适用7天无理由退货的商品类型，商家对于店铺会员支持7天无理由退货的承诺实质上属于剥夺消费者合法权利的格式条款，应属无效。因此，C项错误。

D项：《消费者权益保护法》第23条第3款规定：“经营者提供的机动车、计算机、电视机、电冰箱、空调器、洗衣机等耐用商品或者装饰装修等服务，消费者自接受商品或者服务之日起六个月内发现瑕疵，发生争议的，由经营者承担有关瑕疵的举证责任。”本题中，耐用商品瑕疵检测的义务主体为经营者，而不是消费者，即应由商家负有检测义务而不是要求小张进行检测。因此，D项错误。

综上所述，本题答案为AB项。

10. ACD。A项：知情权是指知悉、获取信息的自由与权利。本题中，充电宝使用价格属于供应者必须提供的信息，而其要求用户同意“使用协议”后才可获取价格信息，会导致消费者无法充分了解产品信息，侵害了消费者的知情权。因此，A项正确。

B项：自主选择权是指消费者自主选择经营者、商品品种或服务方式；自主决定是否购买商品、接受服务；对商品或服务进行比较、鉴别和挑选。本题中，并未涉及挑选、对比、选择不同商品的内容，故不涉及该权利。因此，B项错误。

C项：公平交易权是指消费者有权获得质量保障、价格合理、计量正确等公平交易条件；有权拒绝经营者的强制交易行为。本题中，在消费者不同意使用其个人信息的情况下，充电宝公司仍向其投放广告的行为属于强迫消费者接受交易的内容，侵犯了消费者的公平交易权。因此，C项正确。

D项：本题中，消费者不同意使用其个人信息，但充电宝公司仍利用其信息进行广告投放，该行为侵犯了消费者的个人信息权。因此，D项正确。

综上所述，本题答案为A、C、D项。

简答题

1. 我国《消费者权益保护法》第2条规定了该法的调整范围：消费者为生活消费需要购买、使用商品或接受服务的，其权益受本法保护；本法未作规定的，受其他有关法律、法规保护。由此可见：第一，其调整主体是消费者、经营者和有关国家机关。消费者是消费者权益保护法的权利主体，因并未明确指出消费者是个人，所以，可理解为：消费者主要指个人，也包括购买生活消费品以满足本单位个人成员消费需要的组织。第二，其调整客体是生活消费资料而非生产资料（也不包括生产消费资料）。但《消费者权益保护法》第62条规定的“农民购买、使用直接用于农业生产的生产资料”，仍属该法的客体范围。第三，其调整的关系是消费者购买、使用商品或接受商品性服务的过程中发生的关系，既包括购买商品，也包括使用商品；既包括本人使用，也包括他人使用。因此，该法所保护的不只是与经营者发生合同关系的消费者，也包括没有合同关系的有关消费者和受到经营者的商品侵害的其他人。

调整对象与调整范围是一致的，但有区别。调整对象主要指该法所调整的社会关系。该法调整的是以消费者为中心所发生的一切关系。我国《消费者权益保护法》第3条规定：经营者为消费者提供其生产、销售的商品或者提供服务，应当遵守本法；本法未作规定的，应当遵守其他有关法律、法规。第5条规定：国家保护消费者的合法权益不受侵害。国家采取措施，保障消费者依法行使权利，维护消费者的合法权益。第6条规定：保护消费者的合法权益是全社会的共同责任。国家鼓励、支持一切组织和个人对损害消费者合法权益的行为进行社会监督。大众传播媒介应当做好维护消费者合法权益的宣传，对损害消费者合法权益的行为进行舆论监督。可见，该法主要调整以下几方面关系：

（1）消费者与经营者的关系。这是一种横向的经济关系。在正常情况下，这是消费者与经营者之间的买卖关系以及服务等合同关系。这种关系大多由合同法调整。在非正常情况下，即当出现了消费者问题时，则是一种由经营者对消费者承担义务和责任的关系。这些主要是由消费者权益保护法调整。此外，消费者权益保护法还调整由消费者、消费者组织对经营者的监督关系。

（2）国家与经营者的关系，即有关国家机关与经营者之间的关系。这是一种纵向的管理关系和监督关系，包括国家专业职能部门、行业管理部门与经营者之间因产品质量管理而在生产经营过程中所发生的管理关系和监督关系，也包括司法机关对经营者损害消费者权益时的制裁关系。

（3）国家与消费者的关系，主要是一种指导关系，其实质是一种服务关系。

（4）其他组织和个人对经营者的监督关系。一切组织和个人都可以成为这一监督主体，消费者权益保护组织和大众传媒应起到突出作用。

（参考资料：刘文华、史际春、徐孟洲主编：《经济法》，7版，北京，中国人民大学出版社，2024）

2.《消费者权益保护法》中所说的争议是指消费者与经营者之间因商品质量造成消费者人身、财产损失而引发的纠纷。争议的实质是经营者与消费者之间价值目标的不同和物质利益的冲突。《消费者权益保护法》第39条规定了解决争议的5种途径和方式，这5种方式的约束力和效力是依次增强的。

（1）与经营者协商和解。

协商和解是消费者与经营者在平等自愿的基础上，就有关争议进行协商，最终达成解决争议的方案。这是发生争议的初期最常采用的方式，具有方便、简捷、节约、及时等优点。消费者可直接与经营者协商解决，也可委托消费者协会或其他人为代理人，与经营者协商和解。

（2）请求消费者协会或者依法成立的其他调解组织调解。

调解是指在消费者与经营者之间，由消费者协会或者依法成立的其他调解组织作为第三方，就有关争议进行协调，双方达成协议，以解决争议的方式。消费者协会或者依法成立的其他调解组织是消费者运动由分散的自发的个人维护权利到自觉地、有组织地抗争的产物，是消费者在市场经济条件下维护自身利益而组织起来的群众性社会团体。在受理消费者投诉中，消费者协会或者依法成立的其他调解组织可作为中间调解人，在消费者与经营者之间进行调解。消费者协会并非消费者的代理人，应坚持自愿、合法原则依法公平调解。

（3）向有关行政部门申诉。

向有关行政部门申诉是指向市场监督管理机关、技术监督机关及各有关专业部门申诉。有关行政部门对消费者的申诉应作出接受、及时答复等处理。国家在保护消费者的体系中，处于最强者地位。国家对消费者权益保护的特点是：整体保护、系统保护、综合保护。《消费者权益保护法》要求各级政府加强领导、组织、协调、监督有关行政部门做好保护消费者合法权益的工作，加强监督，预防和制止危害消费者人身、财产安全的行为。有关行政部门对消费者的申诉及与经营者的争议，也可以依法进行调解；可以依法律规定和自己的职权，作出处理决定；对有违法行为的经营者，可依法作出行政处罚。

（4）根据仲裁协议提请仲裁。

消费者与经营者达成仲裁协议的，可以向仲裁机构提请仲裁。仲裁机构应当根据仲裁协议，依照法律的规定作出仲裁裁决。

（5）向人民法院提起诉讼。

这是消费者保护自己权利的最后一道屏障。如果运用以上手段都不能达到维护自己合法权益的目的，消费者可以向人民法院起诉，要求经营者承担赔偿责任。当然，提起诉讼并非法定的后置程序。消费者也可以不经其他程序而直接向法院提起诉讼。

（参考资料：刘文华、史际春、徐孟洲主编：《经济法》，7版，北京，中国人民大学出版社，2024）

3.保障安全权是消费者最基本的权利，它是消费者在购买、使用商品和接受服务时所享有的保障人身、财产安全不受侵害的权利。对消费者而言，其购买商品、使用商品和接受服务，就是为了个人或者家庭的日常生活的正常进行，在其为商品的所有、服务的提供付出代价后，对方当事人有义务提供合格的商品和服务，而不能使消费者在付出代价后反受到伤害。故在消费者方面，他们有权要求经营者提供的商品和服务符合保护人身、财产安全的要求。

保障安全权包括保障消费者的人身安全权和财产安全权。保障消费者的人身安全权又包括消费者的健康不受损害和生命安全有保障。在当前，食品、药物和现代日用商品是对消费者人身健康安全危害性较大的商品。因而，一方面，不仅消费者权益保护法可保护消费者的安全权，我国《产品质量法》《食品安全法》《药品管理法》等法律对这些方面的问题都有相关规定；另一方面，消费者有权要求经营者提供的商品和服务不侵害其财产安全。若生产者、经营者提供商品或服务造成了消费者其他财产的损失，则消费者有权要求赔偿。

关于人身健康和财产安全的标准如何确定，有主观标准和客观标准之分。客观标准即实践标准，即消费者在正常使用（无不当使用）的情况下有权期待的产品或服务不会引起人身、财产问题的安全性；主观标准是人们制定的标准，即产品或服务应该符合国家和有关部门制定的国家标准、行业标准，其中又分为强制性标准和实践性标准，此外还有企业标准。客观标准是主观标准的基础，在没有主观标准时，客观标准是一种补充。

消费者在购买、使用商品时，其合法权益受到损害的，可向销售者要求赔偿。因商品缺陷造成人身、财产损害的，可以向销售者要求赔偿，也可以向生产者要求赔偿。销售者和生产者都有义务履行对消费者的赔偿，向谁索赔由消费者决定。一般来说，生产者或经营者承担责任的方式有修理、重作、更换、赔偿损失等。

（参考资料：刘文华、史际春、徐孟洲主编：《经济法》，7版，北京，中国人民大学出版社，2024；杨紫烜主编：《经济法》，北京，北京大学出版社，2015）

4. 知悉真情权或称获取信息权、知情权、了解权，是消费者享有的知悉其购买、使用的商品或接受的服务的真实情况的权利。《消费者权益保护法》规定，消费者有权根据商品或服务的不同情况，要求经营者提供商品的价格、产地、生产者、用途、性能、规格、等级、主要成分、生产日期、有效期限、检验合格证明、使用方法说明书、售后服务，或者服务的内容、规格、费用等有关情况。

消费者的知悉权对消费者来说是十分必要的。消费者正确地消费要依赖于其对商品的有关真实情况进行了解。有些商品具有一定的危险性；有些商品、食品、药品虽然本身不具有危险性，但是与其他食物、药物混合后可能对消费者的健康产生副作用，甚至危及消费者的生命安全。因而，对消费者来说，商品或服务的消费方式及特殊的需求，对于充分发挥商品服务的效用，防止损害消费者安全事故的发生都是非常必要的。让消费者了解真实情况也是消费者正确判断、选择的前提。只有在充分了解商品的功能、效用、外观设计、等级、规格、主要成分、生产日期等有关情况的基础上，消费者才能对其花费一定数目的金钱去获得该商品或服务是否值得作出正确的判断，才能对此商品与同类的彼商品谁优谁劣作出正确的判断，从而作出令自己满意的选择。

知悉真情权是消费者与经营者交易时首先应行使的权利，也是经营者首先应履行的义务。经营者提供真实情况，实际上是对消费者的一种保证。这项权利行使和落实的情况，直接影响商品售出后消费者的其他权利的行使。相应地，经营者有告知消费者商品和服务的真实情况的义务。在商品和服务有危害消费者的人身或财产安全存在潜在危险时，除说明真实情况外，还应做好明确警示，说明正确使用方法，标明危害禁止方法。

（参考资料：刘文华、史际春、徐孟洲主编：《经济法》，7版，北京，中国人民大学出版社，2024）

5. 消费者权益保护法和产品质量法是一般法和特别法的关系。

（1）消费者保护的角度。《消费者权益保护法》是消费者保护领域的一般法，《产品质量法》强调产品质量领域的消费者保护，是特别法。产品质量直接关系到消费者的权益，明确生产者、销售者的义务和责任。加强对其生产、销售行为的监督，严厉打击制售假冒伪劣产品的行为，对保护消费者的合法权益具有十分重要的作用，从这个意义上说，《产品质量法》是一部保护消费者权益的重要法律。《消费者权益保护法》中消费者的保护范围要比《产品质量法》的更宽，这主要是因为《产品质量法》的产品，是指经过加工、制作用于销售的产品，初级农产品、未经加工的天然产品不适用《产品质量法》的规定，《消费者权益保护法》适用于“消费者为生活而消费需要购买，使用商品或者接受服务”，显然《产品质量法》中为生产消费购买商品的消费者不适用《消费者权益保护法》中的规定。

（2）经营者责任的角度。《产品质量法》就产品的生产者、销售者对产品质量的责任及义务，作了较全面的规定，这些规定同样适用于经营者向消费者提供生产、销售的商品时应当存在的义务。因此，《消费者权益保护法》对经营者的义务没有面面俱到的规定，只对其他法律没有规定的内容作出了规定，对于其他法律有规定的内容未作重复的规定，只规定经营者向消费者提供商品或者服务，应当依照《产品质量法》和其他法律、法规的规定履行义务。《消费者权益保护法》中经营者的民事责任规定在第48条：经营者提供商品或者服务不符合质量标准，应当承担民事责任，其他法另有规定的，依照规定。《产品质量法》对因产品质量引起的民事责任作了全面规定，包括责任种类、责任主体、归责原则、责任形式、损害赔偿范围、诉讼时效、争议的解决途径等，规定得更为全面具体。

综上，《消费者权益保护法》是保护消费者权益的一般法，《产品质量法》是调整产品质量监督管理关系和产品质量责任关系的法律，在涉及产品质量领域时，《消费者权益保护法》没有规定的，应当适用《产品质量法》的规定。

6. 消费者权益保护法禁止捆绑销售行为。根据《消费者权益保护法》第9条的规定，消费者享有自主选择商品或服务的权利。消费者有权自主选择提供商品或者服务的经营者，自主选择商品品种或者服务方式，自主决定购买或者不购买任何一种商品、接受或者不接受任何一项服务。消费者在自主选择商品或者服务时，有权进行比较、鉴别和挑选。消费者的自主权是消费者权利的核心，自主选择权便是消费者自主权直接、具体的体现。未经消费者同意，捆绑销售的行为涉及强买强卖，侵害了消费者的自主选择权，该种行为为《消费者权益保护法》所禁止。

7. 消费者权益保护法与电子商务法间存在以下联系。

第一，相同点：

(1) 立法目标上均包括保护消费者权益。《消费者权益保护法》第二章及第三章规定了消费者的权利及经营者的义务。《电子商务法》第六章规定的电子商务经营者主要责任涉及消费者权益保护。

(2) 手段上均包括较多强制性义务。《消费者权益保护法》在保障消费者知情权、安全权等方面对经营者施以强制性义务。同样地，《电子商务法》在用户信息保护等方面对商户施以强制性义务。

(3) 均归属于经济法部门。两部法律均属于为社会公共利益而对经济行为进行规制的法律，应归属于经济法范畴。

第二，不同点：

(1) 主要立法目标不同。根据《消费者权益保护法》第1条及《电子商务法》第1条的规定，前者的主要立法目标为保护消费者的权益，后者的主要立法目标为促进电子商务持续、健康发展。

(2) 保障方式不同。《消费者权益保护法》主要通过规定消费者权利及权利救济途径以保障消费者的主要权利；《电子商务法》保障方式更为丰富，不仅涉及电商经营者对消费者的义务，还规定了其他竞争者保护公平竞争的义务及国家应促进电商发展等问题。

案例分析题

1. 该酒店拒绝赔偿的理由在于酒店虽然为肖某提供了服务，但酒水是免费的，客户因此受到伤害，酒店不存在过错，理所当然也就不负赔偿责任。至于客户损害既成事实，是因为生产厂家提供的酒水存在瑕疵，厂家有过错，依据《民法典》所规定的过错责任，该损害应由酒水的生产厂家承担赔偿责任，而不是由无过错的酒店承担责任。然而，我国《消费者权益保护法》第40条第3款规定："消费者在接受服务时，其合法权益受到损害的，可以向服务者要求赔偿。"从本案来看，肖某接受新郎李某的宴请，到某花园大酒店去喝酒，事实上就与该酒店形成了一种服务合同关系。因此，该酒店作为服务一方的经营者就应当保证其提供的各种服务（不管是有偿还是无偿）都有利于消费者，而不能危害消费者的人身或财产的安全，否则就得承担赔偿责任。另外，酒水有瑕疵（酒水中有铁丝），从而造成本案肖某的损害，酒水的生产厂家有过错，同样要承担损害赔偿责任。作为消费者的肖某，他有权按照自己的意愿选择索赔对象，既然肖某选择酒店赔偿，酒店就得承担赔偿责任。当然，该酒店在对肖某作出赔偿后，依照过错责任原则可向酒水的生产厂家进行索赔，但这属于另一民事法律关系，酒店不能据此推卸责任。

2. 本案法律关系虽不复杂却具有典型意义。法院应当支持刘、张二人的诉讼请求，依法维护二人的合法权益。我国《消费者权益保护法》规定，消费者在购买、使用商品和接受服务时，享有人格尊严、民族风俗习惯得到尊重的权利。人格尊严受到尊重，不仅是消费者的一项权利，也是公民的一项基本的人身权利，应当受到法律的保护。本案中，某百货商场对刘、张二人强行搜身检查的行为违反了消费者权益保护法的规定，侵犯了消费者的人格尊严受尊重权，依法应当承担责任。

论述题与深度思考题

1. 消费者权利是指消费者为了满足生活消费的需要，依法为或不为一定行为以及要求经营者和其他有关主体为或不为一定行为的法律许可。消费者权利的基本性质是生存权、发展权和其他基本人权，是包含财产权、人身权等多种民事经济权利在内的综合权利。我国《消费者权益保护法》中明确规定消费者享有9项权利，即保障安全权，知悉真情权，自主选择权，公平交易权，获得赔偿权，成立团体权，获取相关知识权，人格尊严、民族风俗习惯受尊重权和个人信息保护权，监督权。

（1）保障安全权。《消费者权益保护法》第7条对此作出规定。它是消费者最基本的权利，是消费者在购买、使用商品和接受服务时所享有的保障人身、财产安全不受侵害的权利。它包括保障消费者的人身安全权和财产安全权。保障消费者的人身安全权又包括消费者的健康不受损害和生命安全有保障。消费者有权要求经营者提供的商品和服务符合保障人身、财产安全的标准。这一标准从客观方面来说，即消费者在正常使用的情况下有权期待产品或服务不会引起人身、财产安全性的问题；从主观方面来说，即产品或服务应该符合国家和有关部门制定的国家标准、行业标准。

（2）知悉真情权。《消费者权益保护法》第8条对此作出规定。知悉真情权或称获取信息权、知情权、了解权，是消费者享有的知悉其购买、使用的商品或接受的服务的真实情况的权利。《消费者权益保护法》规定，消费者有权根据商品或服务的不同情况，要求经营者提供商品的价格、产地、生产者、用途、性能、规格、等级、主要成分、生产日期、有效期限、检验合格证明、使用方法说明书、售后服务或者服务的内容、规格、费用等有关情况。消费者的知悉权对消费者来说是十分必要的。消费者正确地消费要依赖于其对商品的有关真实情况进行了解，才能对此商品与同类的彼商品谁优谁劣作出正确的判断，从而引导消费者作出让自己满意的选择。知悉真情权是消费者与经营者交易时首先应行使的权利，也是经营者首先应履行的义务。这项权利行使和落实的情况，直接影响商品售出后消费者的其他权利的行使。

（3）自主选择权。它是指消费者享有自主选择商品或者服务的权利。《消费者权益保护法》第9条第1款肯定了消费者的自主选择权，第2款进一步说明了自主选择权的内容和种类。它表现在三个方面：其一，消费者有权自主选择经营者；其二，消费者有权自主选择商品品种和服务方式；其三，消费者有权自主决定购买或不购买任何一种商品、接受或不接受任何一项服务。自主选择权是市场经济条件下合同自由原则在消费者保护领域中的具体体现，是确保消费者在消费生活中行为自由、生活自主的法律保障，也是消费者获得称心如意的商品和服务的基本保证。

（4）公平交易权。《消费者权益保护法》第10条第1款规定消费者享有公平交易的权利。消费者所享有的公平交易权主要体现在两方面：一是有权获得质量保障、价格合理、计量正确等公平交易条件。质量保障包括商品质量安全，商品质量能保证其应有的使用性能，符合经营者在商品上或商品包装上或产品说明中标示的产品标准。价格合理充分地体现了等价交换的原则。计量正确要求采用正确的法定计量单位、使用经检验合格的计量工具和计量的准确性。计量的准确性直接涉及消费者的经济利益。因此，经营者在提供商品或服务时，必须保证质量、价格合理、计量正确。二是消费者有权拒绝经营者的强制交易行为。

（5）获得赔偿权。《消费者权益保护法》第11条规定了获得赔偿权，即赔偿权、索赔权、求偿权。消费者因购买、使用商品或者接受服务受到人身、财产损害的，享有依法获得赔偿的权利。对于商品的购买者、商品的使用者、接受服务者以及在别人购买、使用商品或接受服务的过程中受到人身或财产损害的其他人而言，只要其人身、财产损害是因购买、使用商品或接受服务而引起的，都享有获得赔偿权，商品的生产者、销售者或服务提供者均要承担赔偿责任，而不论其是否有过错。若出于受害者自己的过错，如违反使用说明而造成的损害，则商品的制造者、销售者不承担责任。赔偿的种类包括财产损失赔偿和人身损害赔偿，人身损害赔偿又包括健康、生命损害赔偿和精神损害赔偿。

（6）成立团体权。《消费者权益保护法》第12条对此作出规定，消费者享有依法成立维护自身合法权益的社会组织的权利。在消费领域中，消费者与经营者相比，在经济上处于弱者的地位，从而导致两者之间的地位并不平等。这主要是因为：其一，消费者大多是分散的个人，经营者大多是有组织的法人，消费者在议价力量、承受能力等方面，无法与拥有雄厚经济实力的经营者相抗衡；其二，随着科学技术的发展，商品和服务日趋复杂化，交易方式日趋多样化，消费者越来越难以掌握商品和服务的有关知识，在很大程度上依靠经营者的介绍和说明，这就容易使消费者为虚假的广告、标签和说明书所欺骗。有鉴于此，赋予消费者以成立团体权，使消费者通过有组织的活动，维护自身合法权益，是非常必要的，也是国家鼓励全社会共同保护消费者合法权益的体现。

（7）获取相关知识权。《消费者权益保护法》第13条规定，消费者享有获得有关消费和消费者权益保护方面的知识的权利。包括：1）有关消费知识的获取权。包括：A. 关于消费商品和服务的基本知识；B. 关于消费市场和经营者的知识。2）有关消费者权益保护方面知识的获取权。包括：A. 知晓有关消费者权益保护的主要法律、法规；B. 知晓消费者应有的权利和经营者应有的义务；C. 了解有关保护消费者的国家机关和消费者组织；D. 了解保护消费者的各种途径和程序。获取知识方式有接受、自我教育，自我教育是基础。经营者不可无理地将责任推到消费者“无知”上。在社会化大生产条件下，消费者作为产品的使用者及服务的接受者，所面对的是不断更新、日益复杂的商品及服务。这就使消费者很难凭一般经验对商品服务价值作出正确的判断，对商品和服务进行安全、合理的消费。消费者受教育权作为一种权利，它首先意味着政府、社会应当努力保证消费者能够接受这种教育，除了督促经营者充分客观地披露有关商品、服务的信息，还必须通过各种制度和措施促进有关知识及时传播，保障消费者受教育的权利能够实现。

（8）人格尊严、民族风俗习惯受尊重权和个人信息保护权。《消费者权益保护法》第14条对此作出规定。它是指消费者在购买、使用商品和接受服务时，享有其人格尊严、民族风俗习惯得到尊重的权利。它包括两个方面：其一，人格尊严应受到尊重。人格尊严是公民人身权的重要组成部分，我国宪法上就对公民人格尊严不可侵犯作出了规定。因此，尊重消费者在生活消费活动中的人格尊严是消费者享有的最起码的权利，任何人都无权加以污辱和诽谤。公民的人格尊严权利包括姓名权、名誉权、荣誉权、肖像权等。其二，民族风俗习惯应得到尊重。对于侵犯消费者民族风俗习惯的行为，法律视情节轻重予以相应的制裁。同时，消费者享有个人信息被依法保护的权利。

（9）监督权。《消费者权益保护法》第15条第1款确认消费者有监督权，该条第2款是第1款的具体化。它是指对有关商品或服务的价格、质量、品种、供应量、供应方式、服务态度、侵权行为等问题以及消费者权益保护工作，向有关经营者或有关机构提出意见、建议或进行检举、控告的权利。监督的对象是经营者和有关国家机关及其工作人员。监督方式为检举、控告、批评、建议。

消费者权利是人的基本生存权。它体现为人为了生存，维持生命的基本生存需求；体现为生理、安全的需求；体现为对作为基本生活需要的商品和服务的需求。消费者通过交换，以商品和服务来满足这种需求，就意味着生存的实现，生命的持续就有了保障。它也是人的发展权。当人的生存需求得到满足或基本得到满足以后，产生的高层次的需求也通过购买来实现。从性质上说，消费者有权维护自己作为消费者个体的私权益，这体现出消费者权益有民事权利的属性。消费者也有权作为消费者群体的代表，维护消费者的公权益，这体现出消费者权利的经济法权利属性。《消费者权益保护法》对于消费者只规定了权利，对于经营者只规定了义务，体现了其作为经济法组成部分的保护弱势群体、平衡各方利益的理念。消费者的这9项权利是法定权利，生产者、经营者不得侵犯，否则会受到法律制裁。同时，还需要消费者提高自己的权利保护意识，国家有关机关、大众媒体、社会团体及个人都参与进来，维护消费者的合法权益。

（参考资料：刘文华、史际春、徐孟洲主编：《经济法》，7版，北京，中国人民大学出版社，2024；杨紫烜主编：《经济法》，北京，北京大学出版社、高等教育出版社，1999）

2. 根据《消费者权益保护法》第3条和《反不正当竞争法》第2条第3款的规定，经营者是以营利为目的，从事商品生产、销售和商业性服务的法人、其他经济组织和个人。经营者的义务主要是经营者与消费者之间的一种平等主体间的义务，即主要是一种民事义务和民事责任，但也包含经营者对国家、社会承担的义务。其包括以下几个方面：

（1）依法守信和恪守社会公德的义务。根据《消费者权益保护法》第16条的规定，经营者的依法守信和恪守社会公德义务包括三个方面的内容：一是经营者依法履行义务。经营者向消费者提供商品或者服务，应当依照消费者权益保护法以及产品质量法、合同法、侵权责任法、食品安全法、广告法等其他有关法律、法规履行义务。二是经营者依照与消费者的约定履行义务。经营者和消费者有约定的，应当按照约定履行义务，但双方的约定不得违背法律、法规的规定。三是经营者应当恪守社会公德，培育诚信的消费环境。经营者向消费者提供商品或者服务，应当恪守社会公德，诚信经营，保障消费者的合法权益；不得设定不公平、不合理的交易条件，不得强制交易。

（2）接受消费者监督的义务。根据《消费者权益保护法》第 17 条的规定，经营者应当听取消费者对其提供的商品或者服务的意见，接受消费者的监督。经营者接受消费者监督的方式，既包括听取消费者意见，也包括通过邀请消费者代表实地参观、组织座谈会等方式接受监督。

（3）保障人身和财产安全的义务。《消费者权益保护法》第 18 条、第 19 条对此作出规定。经营者应当保证其提供的商品或者服务符合保障人身、财产安全的要求。在商品可能危及人身、财产安全时，应说明真实情况、做好明确警示、说明正确使用方法、标明危害防止方法。在发现商品存在严重缺陷，即使正确使用仍有可能造成消费者人身、财产损害的情况下，应及时告知消费者并采取防止措施。

（4）提供真实、全面信息的义务。根据《消费者权益保护法》的规定，经营者提供真实、全面信息的义务，既指向有关商品和服务的信息，也指向有关经营主体的信息，此项义务主要包括：A. 经营者向消费者提供有关商品或者服务的质量、性能、用途、有效期限等信息，应当真实、全面，不得作虚假或者引人误解的宣传；经营者对消费者就其提供的商品或者服务的质量和使用方法等问题提出的询问，应当作出真实、明确的答复；经营者提供商品或者服务应当明码标价。B. 经营者应当标明其真实名称和标记。C. 采用网络、电视、电话、邮购等方式提供商品或者服务的经营者，以及提供证券、保险、银行等金融服务的经营者，应当向消费者提供经营地址、联系方式、商品或者服务的数量和质量、价款或者费用、履行期限和方式、安全注意事项和风险警示、售后服务、民事责任等信息。

（5）出具凭据和单据的义务。《消费者权益保护法》第 22 条对此作出规定。购货凭证或服务单据，一般指发票、保修单等。它们都属书面凭据，是经营者与消费者发生的购货合同关系的证明。经营者提供商品或者服务，应当按照国家有关规定或者商业惯例向消费者出具购货凭证或者服务单据；消费者索要购货凭证或者服务单据的，经营者必须出具。

（6）质量担保义务。《消费者权益保护法》第 23 条至第 25 条对此作出规定。经营者应当保证在正常使用商品或者接受服务的情况下，其提供的商品或者服务应当具有的质量、性能、用途和有效期限；应当保证其商品的实际质量状况与其以广告、实物样品等方式标明的质量状况相符，但消费者在购买该商品或者接受该服务前已经知道其存在瑕疵的除外。对于经营者提供的机动车、计算机、电视机、电冰箱、空调器、洗衣机等耐用商品，或者装饰装修等服务，消费者自接受商品或服务之日起 6 个月内发现瑕疵，发生争议，由经营者承担举证责任。若经营者提供商品或服务不符合质量要求，消费者可依据国家规定或当事人约定，要求经营者履行更换、修理等义务，如无规定或者约定，消费者可自收到商品之日起 7 日内退货。经营者采用网络、电视、电话、邮购等方式销售商品，消费者有权自收到之日起 7 日内退货，且无须说明理由，但消费者定作的，鲜活易腐的，在线下载或者消费者拆封的音像制品、计算机软件等数字化商品，以及交付的报纸、期刊等商品除外。

（7）格式条款义务。《消费者权益保护法》第 26 条对此作出规定。它要求经营者不能以单方意思表示的形式作出对消费者不公平、不合理的规定，不得以此来减免自己的责任和侵犯消费者的权益。经营者不得以格式合同、通知、声明、店堂告示等方式作出对消费者不公平、不合理的规定，或者减轻、免除其损害消费者合法权益所应当承担的民事责任。

（8）不得侵犯消费者人格尊严和人身自由的义务。《消费者权益保护法》第 27 条对此作出规定，与第 14 条规定的消费者的人格尊严受尊重权相对应，包括：A. 经营者不得对消费者进行侮辱、诽谤；B. 不得对消费者搜身、搜物；C. 不得侵犯消费者的人身自由。

（9）依法收集和使用消费者信息的义务。个人信息是以电子或者其他方式记录的与已识别或者可识别的自然人有关的各种信息，不包括匿名化处理后的信息。个人信息的处理包括个人信息的收集、存储、使用、加工、传输、提供、公开、删除等。《消费者权益保护法》第 29 条规定了经营者收集、使用消费者个人信息时应当履行的义务：A. 经营者收集、使用消费者个人信息，应当遵循合法、正当、必要的原则，明示收集、使用信息的目的、方式和范围，并经消费者同意。经营者收集、使用消费者个人信息，应当公开其收集、使用规则，不得违反法律、法规的规定和双方的约定收集、使用信息。B. 经营者及其工作人员对收集的消费者个人信息必须严格保密，不得泄露、出售或者非法向他人提供。经营者应当采取技术措施和其他必要措施，确保信息安全，防止消费者个人信息泄露、丢失。在发生或者可能发生信息泄露、丢失的情况时，应当立即采取补救措施。C. 经营者未经消费者同意或者请求，或者消费者明确表示拒绝的，不得向其发送商业性信息。

我国《消费者权益保护法》规定的经营者义务和消费者权利是基本对应的。经营者以营利为目的销售商品或服务，对自己的商品、服务的情况较为熟悉，相对于消费者而言处于较优势的地位，因而《消费者权益保护法》中对于经营者只规定了义务而没有规定权利。经营者在交易过程中应当遵守法定的义务，这些义务的遵守不仅使消费者的权利得到了保障，也使市场经济的正常秩序得到了保障。经营者违反义务将导致民事制裁、行政制裁，甚至刑事制裁。

（参考资料：刘文华、史际春、徐孟洲主编：《经济法》，7版，北京，中国人民大学出版社，2024；杨紫烜主编：《经济法》，北京，北京大学出版社，2015）

3. 我国《消费者权益保护法》第55条中规定，“经营者提供商品或者服务有欺诈行为的，应当按照消费者的要求增加赔偿其受到的损失，增加赔偿的金额为消费者购买商品的价款或者接受服务的费用的三倍”。这就是“四倍赔偿条款”。“王海现象”即利用这一条款，知假买假，四倍索赔的行为。这一行为在社会上引起了广泛的争议，争议的焦点主要有两点：第一，“王海”们是不是消费者？第二，“王海”现象是否能够适用“四倍赔偿条款”？

第一，“王海”们是不是消费者？依《消费者权益保护法》的规定，消费者为生活消费需要购买、使用商品或者接受服务，其权益受该法保护。那么，“王海”们是不是消费者也就引发很大争议。持否定意见者认为，知假买假者的目的不是获得商品的使用价值，而是利用“四倍赔偿条款”获利，因而他们不是消费者。持肯定意见者认为，对“消费者”应作宽泛理解，“王海”因购买商品或服务而成为消费者。消费者是同为抽象个体的一类人，其代表了与经营者相对应的一种社会角色。作为消费者，其购买商品的目的在于满足生活需要，从根本上来说，体现的是人的生存权，而《消费者权益保护法》所要保护的，即是这样一种基础性权利。知假买假者购买商品的目的不是基于其生存的满足而是营利，而营利已可归入人的发展权的范畴，与《消费者权益保护法》所要保护的不是一个层次上的权利。另外，消费者与经营者试图建立的是买卖合同关系，而买卖合同属转移财产所有权的合同，这就要求双方当事人应当具有转移财产所有权的意思。而“王海”们的做法显然不是取得该假冒伪劣商品的所有权，所以他们虽有购买的意思表示，但该意思表示因请求退赔而表明与消费者取得商品所有权的意思并不一致。因而，知假买假者不但不符合《消费者权益保护法》关于消费者的定义，也不符合立法的本意。

第二，“王海”现象因不符合对消费者倾斜保护的立法本意而不应适用“四倍赔偿条款”。《消费者权益保护法》规定“四倍赔偿条款”，目的在于对消费者进行倾斜性保护。消费者相对于经营者来说是弱势群体。他们保护自己的手段、识别商品的知识和手段、鉴别商品质量缺陷和追究责任原因如科学技术手段，消费者一般都是难以具有的。消费者个人的财力常不及经营者的“零头”，因此出现问题给消费者带来的损失和损害，常常是消费者及其家庭所难以承受的。《消费者权益保护法》之所以规定了经营者的四倍赔偿这一惩罚性条款，正是基于消费者相对于经营者处于弱势这一事实，这成为给予消费者专门立法倾斜保护的理论根据。然而，“王海”们故意买假后四倍索赔，表明他们与经营者具有相同的营利目的和大致相等的认识力与交涉力，而不是像消费者一样处于相对弱势。这样，就使四倍赔偿失去了其适用的法理基础。

由上可看出，“王海”现象不仅不符合《消费者权益保护法》关于消费者的规定，也不符合“四倍赔偿”的弱势保护的立法目的，因而对于知假买假者不应适用“四倍赔偿条款”①。

（参考资料：刘文华、史际春、徐孟洲主编：《经济法》，7版，北京，中国人民大学出版社，2024）

4.《消费者权益保护法》第1条即开宗明义地指

① 有学者从“王海现象”的社会效果等角度分析，认为对知假买假者应予四倍赔偿，“王海”属于消费者。事实上，这是一个存在广泛争议的问题，考生可以对其进行多角度的分析。就论述题而言，无论结论为何，只要言之成理即可。

出其立法宗旨："为保护消费者的合法权益，维护社会经济秩序，促进社会主义市场经济健康发展，制定本法。"具体而言，消费者权益保护法的立法宗旨包括以下内容。

（1）保护消费者合法权益。这是消费者权益保护法的中心宗旨。虽然其他有关立法在其立法宗旨中也提到保护消费者权益，但与它们不同，消费者权益保护法是将保护消费者合法权益作为首条和中心宗旨予以制定的。

（2）维护经济秩序。维护经济秩序与保护消费者合法权益紧密相连，是一个问题的两个方面：维护了消费者的权益，也就维护了社会经济秩序；维护了社会经济秩序，也必然加强了对消费者权益的保护。其区别在于：一个着重个人，另一个着重社会；一个着重微观，另一个着重宏观。

（3）促进社会主义市场经济发展。消费者权益保护问题从微观上看是一个个人侵权问题，从宏观上看却是一个经济健康发展的问题。保护了消费者合法权益，必然会促进社会主义市场经济健康发展。这表现在：

A. 保护消费者权益，实际上是对企业经营者的经济活动进行监督，制止其违法、违约行为，督促其改善经营管理、提高产品质量。这样，就会促进整个社会经济健康发展。

B. 保护好消费者的权益，必然会引导和刺激消费行为，反过来又促进生产发展。

C. 保护消费者权益加强了国家对经济生活的切实的管理和监督，加强了国家机关对人民、对社会的经济责任，从而促使国家机关更主动地协调和促进社会经济的发展。

在消费者权益保护法的立法宗旨中，应注意到它所反映的现代经济立法的新趋势和主要倾向，即"经济立法的社会化"。现代经济立法已不仅仅是以个人为本位，单纯地保护个人利益，而是将对个人利益的保护与社会整体利益联系起来，将两者协调结合起来。在当代社会，经济立法已从传统的"个人权利本位"提高到"社会责任本位"。这是现代经济立法的主流。

消费者权益保护法的原则是有关消费者权益保护法的立法、执法和法理研究的指导思想，也是消费者权益保护法立法宗旨集中化、具体化的体现。一般认为有以下原则。

（1）特别保护原则。

特别保护原则，即国家给予经济上处于弱者地位的消费者以特别保护的原则。消费者与经营者是相对应的，它们在法律地位上是平等的，在商品交易的地位中也是平等的，但在经济上是不平等的，消费者常常是弱者，表现在：A. 结构弱；B. 实力弱；C. 手段弱。

经济上的不平等是事实上的不平等，单靠传统法律的平等、公平、诚实信用等原则是解决不了的，必须以新的法律原则、方式和手段予以纠正和平衡，即通过消费者权益保护法予以特别的保护，如：1）在消费者权益保护法中，对消费者只规定权利，对经营者则只规定义务。消费者是权利方，经营者是义务方、责任方。权利与义务分离，以突出对权利主体（消费者）的保护。2）在归责原则上，采用严格责任原则、无过错责任原则，追究经营者的责任。3）采用举证责任倒置。4）一切组织和个人均可就消费者问题进行监督。

给消费者以特别保护，不会破坏法律平等的原则，不会影响经营者的平等、独立的法人地位，相反，这样才能实现真正的平等。

给消费者以特别保护，不会破坏权利、义务一致的原则，因为：消费者权益保护法给予消费者的权利，本来就是其应享有的权利，而不是什么"特权"；给予经营者的义务也本来就是其应承担的义务，并非"额外负担"。消费者权益保护法并不排斥他们各自依据其他法律、法规所享有的权利和所承担的义务。

当然，对消费者权益的特别保护要有一定的"度"，不可过度，不可超越我国国情。

（2）国家支持原则。

国家支持原则，即国家支持、援助消费者的原则。《消费者权益保护法》第5条中规定："国家保护消费者的合法权益不受侵害。国家采取措施，保障消费者依法行使权利，维护消费者的合法权益。"

国家对消费者的支持包括法律支持、行政支持、经济支持。

（3）社会监督原则。

《消费者权益保护法》第6条中规定："保护消费者的合法权益是全社会的共同责任。国家鼓励、支持一切组织和个人对损害消费者合法权益的行为进行社会监督。"对此条应理解为：1）不仅受害的消费者个人，而且所有个人和组织，均可对消费者问题进行揭发、控告。2）消费者组织对此负有更重的责任，大众媒体也负有不可推卸的责任。3）消费者组织以外的其他个人和组织就消费者问题进行社会监督，既是权利，也是责任。

（4）公平、信用原则。

《消费者权益保护法》第 4 条规定：“经营者与消费者进行交易，应当遵循自愿、平等、公平、诚实信用的原则。”这一原则主要是经营者在与消费者进行交易时，应当遵守的基本规则。消费者权益保护法不仅要解决这些原则遭到破坏时所发生的问题，更重要的是要求双方在法律规定的原则下进行正常的交易，尽量不发生或少发生消费者问题。“超前引导，防患于未然”是现代经济立法的又一发展趋势。

5.“反悔权”是消费者的权利。我国《消费者权益保护法》第 25 条规定：“经营者采用网络、电视、电话、邮购等方式销售商品，消费者有权自收到商品之日起七日内退货，且无需说明理由，但下列商品除外：（一）消费者定作的；（二）鲜活易腐的；（三）在线下载或者消费者拆封的音像制品、计算机软件等数字化商品；（四）交付的报纸、期刊。除前款所列商品外，其他根据商品性质并经消费者在购买时确认不宜退货的商品，不适用无理由退货。消费者退货的商品应当完好。经营者应当自收到退回商品之日起七日内返还消费者支付的商品价款。退回商品的运费由消费者承担；经营者和消费者另有约定的，按照约定。”该条规定了采用网络等途径销售商品的经营者接受消费者无理由退货的义务。将其规定在“经营者的义务”一章，理由如下：（1）我国《消费者权益保护法》中消费者的权利与经营者的义务是对应关系，经营者的作为、不作为义务对接的就是消费者权利。但法律条文贵在精简，为避免重复累赘，对消费者的“反悔权”仅在“经营者的义务”一章予以规定。（2）“权利可以放弃，义务必须履行”，规定在“经营者的义务”一章体现了对消费者权利的强制保护。若直接规定为消费者的权利，则经营者会采取引诱、胁迫、欺诈等方式迫使消费者放弃行使“反悔权”，不利于从实质意义上保护消费者的“反悔权”。若将“反悔权”规定为经营者的义务，则经营者必须履行接受消费者无理由退货的义务。（3）《消费者权益保护法》在范畴上属于经济法，需贯彻实质正义、社会本位的经济法理念，因此在技术操作上对消费者的权利实行倾斜性保护。将“反悔权”规定为经营者的义务正是这种倾斜性保护的体现。（4）就法条本身内容来看，该条保护的是通过网络等特殊途径购买商品的消费者。这类消费者在购物之前，往往无法接触商品，因而除经营者介绍之外，无从真正了解该商品。因此，相比较一般消费者，这类消费者的权利更值得保护，所以该权利是以对经营者课以义务的形式表现。

6. 消费者在竞争法和消费者权益保护法中的差异，具体可以从主体的含义、消费者标准、调整方法、消费者和经营者的关系状态、消费者在竞争法和消费者权益保护法中扮演的角色、消费者在竞争法和消费者权益保护法中的作用方面具体展开论述。

（1）主体的含义不同。当消费者作为受害者的形象出现，竞争法和消费者权益保护法发生竞合，竞合中的消费者采经济学上讨论的消费者剩余时的含义，其不一定是为生活消费的需要购买使用商品或者接受服务的人，而是还包括为生产目的的购买者。竞争法中的消费者包括购买者、潜在购买者、消费者、潜在消费者，否则就无法解释上游环节发生的拒绝交易、限定交易等行为被禁止的理由。消费者权益保护法中的消费者是为生活消费的需要而购买使用商品或者接受服务的人，竞争法中的消费者含义要宽于消费者权益保护法中的消费者含义。

（2）消费者标准不同。竞争法中的消费者标准内涵是一般消费者。消费者权益保护法中保护的消费者具有同一性，不分国籍、居住地或者认知状况。竞争法中的消费者则有类别的划分，至少分为一般消费者和特殊消费者两大类别。这是根据主体的认知能力进行的划分。特殊消费者是游离于一般消费者之外的两极主体：一类是专业人士——行家；另一类是没有认知能力的人，比如一个虚假的医疗广告，医生和患者对它的认知会截然不同，医生很容易揭穿广告的虚假本质，患者受急于治愈的心理作用，对夸张的广告内容往往信以为真。一般消费者是指在通常情况下购买商品时，施以其通常购买此种商品之注意程度的人。

（3）调整方法不同。调整方法上，竞争法以否定的方式进行调整，消费者权益保护法则以肯定的方式进行调整。否定性调整包括禁止性调整、限制性调整，“不得”“禁止”是标志性的表达，而消费者权益保护法则以“消费者享有……的权利”“可以”等语言模式进行表达。法律调整的否定方法多适用于某种具体行为偏离了价值观预设的情形，通过调整，以期恢复或者接近价值观所预设的状态。至于消费者权益保护法，则是以肯定式的调整方式全面为消费者创设权利。

（4）消费者和经营者的关系状态不同。消费者权益保护法强调实然进入状态，没有实际购买商品或者接受服务的不是消费者，其权益由他法进行保护，如缔约过失责任。如果经营者的行为侵害了消费者的利益，消费者能够以积极行动对抗经营者维护自己的权益。竞争法强调进入状态和拟制状态，具有高度的抽象性，其不具体指明甲、乙、丙、丁购买什么产品或者接受什么服务，往往充当场外主体的角色，如发生在上下游企业之间的拒绝交易或者生产企业之间的价格联盟，不直接关系到某个为生活目的的消费者的利益；再如，面对虚假广告，消费者没有误认误购也不损害其利益。所以拟制状态的消费者更超然，无须消费者行使选择权便达到了对抗经营者的效果。

（5）消费者在竞争法和消费者权益保护法中扮演的角色不同。社会学理论指出，任何一个人都不可能仅仅承担某一种社会角色。同样，消费者在竞争法和消费者权益保护法中也扮演着不同的角色。在竞争性关系中，消费者首先是受益者，消费者受益源于竞争发挥的积极作用——产品或者服务质量的提高、价格降低、产品的替代性增强。其次，消费者又是受害者，具有支配地位的企业强迫消费者接受不公平的条件，如搭售、不公平高价等行为。最后，消费者是当事人关系之外的第三者，要么是同盟者，要么是竞争者，要么是合作者。在消费者是同盟者和合作者的情况下，企业联合行为往往会影响消费者利益，比如价格联盟会导致消费者成本上升。竞争法并没有完全、同等地对待和吸纳竞争关系中消费者的三种身份。竞争法的否定性调整方式决定了在竞争法律关系上通过排除对消费者的危害——现实的危害或者危险来保护消费者，使消费者受益是立法者的思路和执法者的行动进路。因此，竞争法立足于“消费者—受害者”和“消费者—第三者”的双重身份，放弃受益者身份的规定，而消费者权益保护法中，消费者是以对立于经营者的受害者的形象出现的。

（6）消费者在竞争法和消费者权益保护法中的作用不同。消费者权益保护法中消费者是有主体性、个体性的，而竞争法中作为第三者的消费者是企业行为正当性的判断标准。消费者作为行为正当性的判断标准的基础是竞争法调整功能的预防性或者事前救济性。事前救济性不要求认定垄断或者不正当竞争行为有事实损害的消极后果，只要求有造成消极后果的危险。消费者权益保护法中消费者的主体性、个体性转化为竞争法中的客观性、整体性，这一转变是由经济关系的需求和权力介入经济关系的不同路径造成的，竞争关系的基本矛盾是经营者的竞争冲突，这种冲突靠经营者自身无法解决，需要政府介入，政府制定了诸多评价企业行为的标准，其中之一是消费者标准。

综上，竞争法中的消费者和消费者权益保护法中的消费者存在差异，使消费者在竞争法中既作为受害者，又充当场外主体的角色。从消费者权益保护法中消费者的主体性到竞争法中消费者的客观性，消费者身份的变化，体现了消费者在两部法律中不同的路径选择。

［参考资料：刘继峰：《竞争法中的消费者标准》，载《政法论坛》，2009（5），127～135页］

7. 垃圾信息主要是以接收主体不需要且不愿意接收的信息，是指有害性强度相对较低的商业性信息。

垃圾信息侵犯了消费者的自主选择权、保障安全权及个人信息权。

第一，垃圾信息侵犯消费者的自主选择权。《消费者权益保护法》第9条第1款肯定了消费者的自主选择权，第2款进一步说明了自主选择权的内容和种类。它表现在三个方面：其一，消费者有权自主选择经营者；其二，消费者有权自主选择商品品种和服务方式；其三，消费者有权自主决定购买或不购买任何一种商品、接受或不接受任何一项服务。自主选择权是市场经济条件下合同自由原则在消费者保护领域中的具体体现，是确保消费者在消费生活中行为自由、生活自主的法律保障，也是消费者获得称心如意的商品和服务的基本保证。垃圾信息强制消费者接收信息，不当干扰了消费者选择或不选择、购买或不购买某项商品或服务的主观意思，构成对消费者信息自主权的侵犯。

第二，垃圾信息侵犯消费者的保障安全权。《消费者权益保护法》第7条对此作出规定。它是消费者最基本的权利，是消费者在购买、使用商品和接受服务时所享有的保障人身、财产安全不受侵害的权利。它包括保障消费者的人身安全权和财产安全权。保障消费者的人身安全权又包括消费者的健康不受损害和生命安全有保障。消费者有权要求经营者提供的商品和服务符合保障人身、财产安全的标准。这一标准从客观方面来说，即消费者在正常使用的情况下有权期待产品或服务不会引起人身、财产问题的安全性；从主观方面来说，即产品或服务应该符合国家和有关部门制定的国家标准、行业标准。垃圾信息存在泄露个人信息至非法网站的可能性，不合理地降低消费者的财产安全；另外，垃圾信息侵犯消费者自主选择权致使其选择伪劣产品，不当提高消费者财产权及人身权受侵害的可能性。

第三，垃圾信息侵犯消费者的个人信息权。根据《消费者权益保护法》第 29 条，经营者收集、使用消费者个人信息，应当遵循合法、正当、必要的原则，明示收集、使用信息的目的、方式和范围，并经消费者同意。经营者收集、使用消费者个人信息，应当公开其收集、使用规则，不得违反法律、法规的规定和双方的约定收集、使用信息。经营者未经消费者同意或者请求，或者消费者明确表示拒绝的，不得向其发送商业性信息。经营者违背消费者意志向其发送垃圾信息的行为，违反个人信息使用的合法、正当、必要原则，构成对消费者个人信息权的侵犯。

综上，垃圾信息构成对消费者自主选择权、保障安全权及个人信息权的侵犯，应依据《消费者权益保护法》予以规制。

8. 网络平台分为网络社交平台和网络交易平台。网络交易平台分为两类：一类是自营型网络交易平台，平台提供者就是与消费者发生交易关系的经营者；另一类是第三方经营型网络交易平台，平台提供者自身不参与交易，只是提供技术服务以保证网上交易的顺利进行，这类平台也被称为中介型或者开放型网络交易平台。由于《消费者权益保护法》第 44 条规定的是第三方经营型网络交易平台的有关问题，关于网络交易平台的概念也限定在第三方经营型网络交易平台，故而，此处网络平台是指由第三方经营的为交易提供网络空间与技术服务的信息网络系统，平台提供者自身不参与交易，只是根据与买卖双方分别订立的协议提供技术服务，以保证网上交易的顺利进行。

根据《消费者权益保护法》第 44 条的规定，网络平台责任可分为单独责任及连带责任。

第一，单独责任。其一，单方允诺责任。网络交易平台提供者作出更有利于消费者的承诺的，应当履行承诺，未依照约定履行承诺的，网络交易平台应当对消费者承担违约责任。来自平台提供者对消费者的特别约定，系单方法律行为，一经作出，便约束平台提供者。其二，不真正连带责任。所谓不真正连带责任，是指数个债务人基于不同的发生原因而对同一债权人负有以同一给付为标的的数个债务，因一个债务人的履行而使全体债务均归于消灭，此时数个债务人间所负的责任即为不真正连带责任。消费者通过网络交易平台购买商品或者接受服务，其合法权益受到损害的，网络交易平台提供者不能提供销售者或者服务者的真实名称、地址和有效联系方式的，消费者可以向网络交易平台提供者要求赔偿。网络交易平台提供者赔偿后，有权向销售者或者服务者追偿。

第二，连带责任。连带责任属于共同责任，是指依据法律规定应当承担责任的数个义务人中任何一个义务人都应承担全部法律责任。网络交易平台提供者明知或者应知销售者或者服务者利用其平台侵害消费者合法权益，未采取必要措施的，依法与该销售者或者服务者承担连带责任。此处规定的是网络交易平台的过错侵权责任，其请求权基础是侵权请求权。

综上，网络交易平台应依法承担单独责任及连带责任，既能对消费者权益形成全周期保护，也能敦促网络平台落实法定义务，构建安全健康的网络交易环境。

［参考资料：张艳：《消保法网络交易平台提供者先行赔付责任规定适用中的问题研究》，载《法律适用》，2018（6），第 5～13 页］

第十五章　产品质量法律制度

知识逻辑图

- 产品质量法律制度
  - 概述
    - 产品和产品质量
      - 产品：经过加工、制作，用于销售的产品（建设工程除外）
      - 产品质量
        - 产品质量的概念
        - 产品质量问题
          - 产品缺陷：存在危及人身、财产安全的不合理危险
          - 危险产品瑕疵：不符合相关标准
    - 产品质量法的概念、性质和特点
    - 产品质量法的适用范围和调整对象
  - 产品质量的监督与管理
    - 产品质量管理体制：产品质量监管机构的设置及职权划分的制度
    - 产品质量管理制度
      - 认证制度
        - 企业质量体系认证
        - 产品质量认证
      - 生产许可证制度
    - 产品质量监督制度
      - 形式：企业监督、社会监督、国家监督
      - 途径
        - 产品抽查制度
        - 产品召回制度
  - 生产者的产品质量责任和义务（责任在此与义务同义，是积极意义上的责任）
    - 产品内在质量符合法定要求
    - 产品或者包装标志必须真实并符合要求
    - 特殊产品包装符合要求
    - 不得违反《产品质量法》的禁止性规定（《产品质量法》第 29～32 条）
  - 销售者的产品质量责任和义务
    - 销售者应当建立并执行进货检查验收制度，验明产品合格证明和其他标志
    - 销售者应当采取措施，保持所销售产品的质量
    - 销售者销售的产品的标志符合法定要求
    - 不得违反《产品质量法》的禁止性规定
  - 产品质量责任制度
    - 产品质量民事责任
      - 我国产品质量法中的归责原则：过错责任原则与无过错责任原则并存
      - 产品责任
        - 生产者的产品责任
        - 销售者的产品责任
        - 产品责任处理
        - 产品责任时效
          - 诉讼时效
          - 请求权时效：10 年（尚未超过明示的安全使用期的除外）
        - 严格责任在应用中的问题
    - 产品质量行政责任：行政责任的种类和责任形式
    - 产品质量刑事责任
      - 生产者、销售者的刑事责任
      - 国家工作人员的刑事责任
      - 其他刑事责任

名词解释与概念比较

1. 产品与产品质量（中国人民大学考研）

2. 产品质量认证制度与企业质量体系认证制度（中国人民大学、西南政法大学考研）

3. 产品瑕疵与产品缺陷（中国人民大学、北京大学考研）

4. 产品质量责任和产品责任（中国人民大学考研）

5. 产品抽查制度和产品召回制度（中国人民大学考研）

6. 标准化法（中国人民大学考研）

选择题

（一）单项选择题

1. 依照《产品质量法》的规定，下列何种产品属于该法所称的产品？（　　）（司考改编）

A. 芝麻油　　B. 大坝

C. 冰毒　　D. 电力

2. 售出的产品不具备产品应当具备的使用性能或者产品质量与其说明不符，（　　）应当负责修理、更换、退货，给购买产品的用户赔偿损失。

A. 生产者　　B. 供货者

C. 销售者　　D. 运输者

3. 李某从甲商场买了一瓶乙肉厂生产的熟食罐头，吃后中毒住院，花去住院费等共计 2 000 元。经查，该批罐头由甲商场委托丙运输公司运回，该运输公司未采取冷藏措施，致使罐头有一定程度的变质。运回后甲商场交由丁储存公司储存，丁公司也未采取冷藏措施，致使罐头进一步变质。本案中李某应向谁请求赔偿？（　　）。

A. 甲商场或丙运输公司

B. 甲商场或丁公司

C. 甲商场或乙肉厂

D. 丁公司或丙运输公司

4. 一日，张女士在家中做饭时高压锅突然爆炸，张女士被炸飞的锅盖击中头部，抢救无效死亡。后据质量检测专家鉴定，高压锅发生爆炸的直接原因是设计不尽合理，使用时造成排气孔堵塞而发生爆炸。本案中，可以以下列何种依据判定生产者承担责任？（　　）

A. 产品存在的缺陷

B. 产品买卖合同约定

C. 产品默示担保条件

D. 产品明示担保条件

5. 某厂开发一种新型节能炉具，先后制造出 10 件样品，后样品中有 6 件丢失。当年某户居民的燃气罐发生爆炸，查明原因是使用了某厂丢失的 6 件样品炉具中的一件，而该炉具存在重大缺陷。该户居民要求某厂赔偿损失，某厂不同意赔偿，下列理由中哪一个最能支持某厂立场？（　　）

A. 该炉具尚未投入流通

B. 该户居民如何得到炉具的事实不清

C. 该户居民偷盗样品，由此造成的损失应由其自负

D. 该户居民应向提供给其炉具的人索赔

6. 关于产品质量认证，以下表述正确的是（　　）。

A. 国家对特殊产品实行强制认证

B. 省级以上市场监督管理部门认可的认证机构才有权对产品质量进行认证

C. 产品经认证以后，必须经市场监督管理部门的许可企业方可在其产品或者其包装上使用认证标志

D. 国家参照国际先进的产品标准和技术要求，推行产品质量认证制度

7. 居民甲在某商场购得一台学习机，回家试用后发现该产品只有一种放音功能，遂向商场提出退货。商场答复：“该产品说明书未就其使用性能作明确说明，且产品本身无质量问题，所以顾客应向厂家索赔，商场概不负责。”对此，顾客应该怎么办？（　　）

A. 应该要求销售者给予退换

B. 只能向生产者要求退换

C. 可选择向销售者或生产者要求退换并给予赔偿

D. 因未当场认真检验商品，所以不能要求退换

8. 根据产品质量法的有关规定，某食品厂生产奶粉（袋装），该厂在奶粉的包装袋上应当标明（　　）。

A. 奶粉的生产日期

B. 奶粉的保质期，如 1 年

C. 奶粉的生产日期、保质期和失效日期，必须同时具备，缺一不可

D. 奶粉的生产日期和保质期或者失效日期

9. 产品存在缺陷造成人身、他人财产损失的，产品生产者可以免责的情况不包括（　　）。

A. 生产者能够证明自己无过错

B. 生产者能够证明未将产品投入流通

C. 生产者能够证明产品投入流通时，引起的损害的缺陷尚不存在

D. 生产者能够证明产品投入流通时的科学技术水平尚不能发现缺陷存在

10. 2022 年 1 月 20 日，王某购买了一箱啤酒放置自家客厅中，随喝随取，2 月 10 日，王某去取啤酒，仅剩的一瓶啤酒突然爆炸，造成王某一只眼睛失明。王某向人民法院提起产品侵权损害赔偿的诉讼时效为（　　）。

A. 2022 年 1 月 20 日至 2024 年 1 月 19 日

B. 2022 年 2 月 10 日至 2024 年 2 月 9 日

C. 2022 年 2 月 10 日至 2023 年 2 月 9 日

D. 2022 年 1 月 20 日至 2023 年 1 月 19 日

11. 陆某在一百货商场购买“幸福”牌电饭煲一台，遗忘在商场门口，被王某拾得。王某拿至家中使用时，因电饭煲漏电发生爆炸，致其面部灼伤。王某向商场索赔，商场以王某不当得利为由不予赔偿。对此事件，下列哪一项表述能够成立？（　　）（司考改编）

A. 王某的损害赔偿请求权应以与致损事件相关的法律规定为根据

B. 不法取得他人之物者应承担该物所致的损害

C. 由王某对自己无合法根据占有物品的行为承担损害后果，符合公平原则

D. 按照风险责任原则，陆某作为缺陷商品的购买者应为王某的损害承担责任

12. 因产品存在缺陷造成损害要求赔偿的请求权，在造成损害的缺陷产品交付最初消费者满（　　）年丧失。

A. 1 年　　B. 2 年

C. 4 年　　D. 10 年

13. 某酒厂用食用酒精兑制成白酒，使用本厂酿制的粮食白酒“幸福特曲”的包装及标贴向社会销售。该种勾兑制成的白酒理化、卫生指标符合标准，每瓶售价仅为“幸福特曲”的四分之一，销售状况甚好。对该厂的上述做法应如何定性？（　　）

A. 属于以假充真行为

B. 有关指标符合国家标准，不属以假充真行为

C. 与“幸福特曲”差价显著，不属以假充真行为

D. 国家允许生产代粮白酒，不属以假充真行为

14. 下列关于产品缺陷造成受害人死亡，侵害人应当赔偿的范围的表述，哪些是正确的？（　　）

A. 以丧葬费和抚恤金为限

B. 以医疗费、丧葬费为限

C. 以医疗费、丧葬费、死亡赔偿金、死者生前扶养的人必要的生活费为限

D. 医疗费、因误工减少的收入、丧葬费、抚恤金、死者生前扶养的人必要的生活费等费用

15. 可能危及人体健康和人身、财产安全的工业产品，在未制定国家标准、行业标准的情况下，必须符合（　　）要求。

A. 部门标准

B. 同等情况下其他类似行业的标准

C. 保障人体健康，人身、财产安全的要求

D. 技术监督管理部门的要求

16. 华星厂发运一批陶瓷器皿，以印有“营多牌方便面”的纸箱包装，在运输过程中，装卸工装卸时损坏若干件。该损失应由下列哪个部门承担？（　　）

A. 装卸工承担

B. 装卸工的雇主承担

C. 运输部门承担

D. 华星厂承担

17. 某厂生产了一种治疗腰肌劳损的频谱治疗仪并投放市场。消费者甲购买了一部，用后腰肌劳损症状减轻，但患上了偏头痛症。甲询问了使用这种治疗仪的其他用户，很多人都有类似的反应。甲向该厂要求索赔。该厂对此十分重视，专门找专家进行了鉴定，结论是：目前科学技术无法断定治疗仪与偏头痛之间的关系。以下哪种观点正确？（　　）

A. 本着公平原则，某厂应予适当赔偿

B. 因出现不良反应的用户众多，应将争议搁置，待科学技术发展到能够作出明确结论时再处理

C. 该治疗仪的功能是治疗腰肌劳损，该功能完全具备，其他副作用是治疗过程中不可避免的，该厂可不负责任

D. 由于治疗仪投入流通时的科学技术不能发现缺陷的存在，某厂不承担赔偿责任

18. 消费者王某购买了某一型号的燃气灶具，安装使用后没有出现问题。有一天，王某在中央电视台第二套节目发布的产品抽查结果中发现，其购买的该厂生产的这一型号的燃气灶具被国家质量监督管理部门

抽检确定为不合格产品。对此，王某和经营者依法要做的是（　　）。

A. 王某可以要求退货，经营者应当负责退货

B. 王某可以要求退货，但因其购买的产品未出现质量问题，经营者有权拒绝退货

C. 王某无权要求退货，因其购买的产品未出现质量问题

D. 王某无权要求退货，因其没有造成损害

19. 关于产品缺陷责任，下列哪一选项符合《产品质量法》的规定？（　　）（司考改编）

A. 基于产品缺陷的更换、退货等义务属于合同责任，产品缺陷致人损害的赔偿义务属于侵权责任

B. 产品缺陷责任的主体应当与受害者有合同关系

C. 产品缺陷责任一律适用过错责任原则

D. 产品质量缺陷责任一律适用举证责任倒置

20. 霍某在靓顺公司购得一辆汽车，使用半年后前去靓顺公司维护保养。工作人员告诉霍某该车气囊电脑存在故障，需要更换。霍某以为此为产品质量问题，要求靓顺公司免费更换，靓顺公司认为是霍某使用不当所致，要求其承担更换费用。经查，该车气囊电脑不符合产品说明所述质量。对此，下列哪一项是正确的？（　　）（司考改编）

A. 霍某有权请求靓顺公司承担违约责任

B. 霍某只能请求该车生产商承担免费更换责任

C. 霍某有权请求靓顺公司承担产品侵权责任

D. 靓顺公司和该车生产商应当连带承担产品侵权责任

21. 张三在寝室复习法考考试，隔壁寝室的学生李四、王五到张三寝室强烈要求张三打开电视观看世界杯，张三照办。由于质量问题，电视机突然爆炸，张三、李四和王五三人均受重伤。关于三人遭受的损害，下列哪一选项是正确的？（　　）

A. 张三可要求电视机的销售者承担赔偿责任

B. 张三可要求李四、王五承担损害赔偿责任

C. 张三、李四无权要求电视机的销售者承担赔偿责任

D. 张三、李四有权要求王五承担损害赔偿责任

22. 某年2月，小姜在长福4S店购买了一辆百福公司生产的汽车。4个月后，该车在小区安全停车位无端自燃被烧毁。小姜认为该车尚在保质期内，发生自燃说明该汽车存在质量缺陷，而百福公司出具的调查结果认为不排除外部火源导致起火的可能性，本次事故与产品质量无关。协商无果，小姜诉至法院，鉴定结果排除了该车起火点为外来火源，且百福公司未能举证证明该车不是因为自身原因而自燃，应承担举证不能的后果。法院依此认定该车存在质量缺陷，对此，下列说法正确的是（　　）。（法考改编）

A. 小姜只能要求长福公司赔偿

B. 百福公司向小姜赔偿后，有权向长福公司索赔

C. 若长福4S店能证明该车的质量缺陷不是其造成的可免责

D. 小姜若要求百福公司承担责任，需证明百福公司存在过错

（二）多项选择题

1. 下列关于产品责任的表述中哪些是正确的？（　　）（司考改编）

A. 缺陷产品的生产者应对因该产品造成的他人人身、财产损害承担无过错责任

B. 缺陷产品造成他人人身、财产损害的，该产品的销售者和生产者承担连带责任

C. 因缺陷产品造成损害要求赔偿的诉讼时效为1年

D. 销售者不能指明缺陷产品的生产者也不能指明其供货者的，应承担赔偿责任

2. 某医院给病人高某开的治疗湿疹的药物，使用后反而加重了病情。经检验，这批药因在医院库房存放过久已经变质。下列有关该案处理的表述中哪些是正确的？（　　）（司考改编）

A. 对医院应依据《产品质量法》进行处罚

B. 对医院应依据《药品管理法》进行处罚

C. 医院应赔偿给高某带来的损失

D. 药品生产者应承担赔偿责任

3. 下列哪些产品的包装不符合《产品质量法》的要求？（　　）（司考改编）

A. 某商场销售的“三星”彩电只有韩文和英文的说明书

B. 某厂生产的火腿肠没有标明厂址

C. 某厂生产的香烟上没有标明“吸烟有害身体健康”

D. 某厂生产的瓶装葡萄酒没有标明酒精度

4. 甲从国外低价购得一项未获当地政府批准销售的专利产品“近视治疗仪”。甲将产品样品和技术资料

提交给我国X市卫生局指定的医疗产品检验机构。该机构未做任何检验，按照甲书写的文稿出具了该产品的检验合格报告。随后，该市退休医师协会的秘书长乙又以该协会的名义出具了该产品的质量保证书。该产品投入市场后，连续造成多起青少年因使用该产品致眼睛严重受损的事件。现除要求追究甲的刑事责任外，受害者还可以采用哪些民事补救方法？（　　）（司考改编）

A. 要求甲承担损害赔偿责任

B. 要求该卫生局承担连带赔偿责任

C. 要求该检验机构承担连带赔偿责任

D. 要求该退休医师协会承担连带赔偿责任

5. 张某从甲商场购买一电热毯，电热毯为乙厂所产。使用中电热毯发生漏电，致使房间着火，烧毁价值5 000元的财产，张某本人也被烧伤致残。下列何种表述是正确的？（　　）（司考改编）

A. 甲商场和乙厂应对张某的损失承担连带责任

B. 张某因身体伤害要求赔偿的诉讼时效为1年

C. 张某可以向被告请求精神损害赔偿

D. 张某遭受的财产损失不属于产品责任，而属于违约责任

6. 下列选项中哪些属于生产者对产品质量的默示担保义务？（　　）

A. 保健食品所含主要成分及其含量应当与其产品说明所列标准相吻合

B. 电冰箱应当具备制冷的功能

C. 燃气热水器应当符合保障人身、财产安全的国家标准

D. 家具应当符合以实物样品表明的质量状况

7. 依据《产品质量法》的有关规定，生产者不能从事的行为包括（　　）。

A. 不得生产国家明令淘汰的产品

B. 不得伪造产地，或冒用他人的厂名、厂址

C. 不得伪造或者冒用认证标志等质量标志

D. 不得以不合格产品冒充合格产品

8. 某体育器材厂生产的拉力器，成品出厂前经检验员的严格检测，将有严重缺陷的产品存入废品库房。该库房的管理员从废品库房中私自拿了一件拉力器送给了朋友。其朋友在正常使用的情况下因产品缺陷导致断裂造成了严重损害。对该损害的处理，以下说法正确的是（　　）。

A. 体育器材厂对受害者的损害不承担任何责任，库房管理员承担责任

B. 体育器材厂承担主要责任，库房管理员承担次要责任

C. 体育器材厂和库房管理员承担连带责任

D. 体育器材厂如果能举出充分证据证明受害者的产品不是在市场上购买的就免责

9. 产品质量监督抽查制度是我国一项重要的产品质量宏观监督制度。某年7月国家质量技术监督总局对某著名企业A生产的产品进行了抽查检验。下列说法不符合《产品质量法》规定的是（　　）。

A. 同年9月，按照全省统一部署，某县质量技术监督局对A企业产品再次进行了抽查检验

B. 某县质量技术监督局对A企业产品抽查检验，并要求A企业交纳检验费用

C. 某县质量技术监督局抽查后，未将抽查检验结果告知A企业

D. A企业收到检验结果后第十天向县质量技术监督局申请复检，但县技术监督局回复说，A企业没有申请复检权利

10. A电动车公司（以下简称“A公司”）生产的电动车近期发生多起自燃事件，经调查发现是由于电池造成，致多起纠纷久久未解决。B电商平台（以下简称“B平台”）的自营业务出售该款电动车，在宣传时称：该车型电动车严格按照检查程序检查，没有质量问题。王某在B平台购买该电动车一台，使用不足一个月时，该电动车自燃烧毁，王某被烧伤造成残疾。下列有关说法正确的是？（　　）（法考改编）

A. 王某只能向A公司主张赔偿责任

B. A公司和B平台对王某按份承担赔偿责任

C. 王某可以向A公司主张赔偿残疾生活辅助器具费和残疾赔偿金

D. 市场监督管理局可以责令A公司召回该电动车

11. 孙某从某超市买回的跑步机在使用中出现故障并致其受伤。经查询得知，该型号跑步机数年前已被认定为不合格产品，超市从总经销商煌煌商贸公司依正规渠道进货。下列哪些选项是正确的？（　　）（司考改编）

A. 孙某有权向该跑步机生产商索赔

B. 孙某有权向煌煌商贸公司、超市索赔

C. 超市向孙某赔偿后，有权向该跑步机生产商

索赔

D. 超市向孙某赔偿后，有权向煌煌商贸公司索赔

12. 某家具店出售的衣柜，如未被恰当地固定到墙上，可能发生因柜子倾倒致人伤亡的危险。关于此事，下列哪些说法是正确的？（　　）（司考改编）

A. 该柜质量应符合产品安全性的要求

B. 该柜本身或其包装上应有警示标志或者中文警示说明

C. 质检部门对这种柜子进行抽查，可向该店收取检验费

D. 如该柜被召回，该店应承担购买者因召回支出的全部费用

（三）不定项选择题

1. 某商店正降价销售一批标有“处理品”字样的塑料桶，经检验，该批塑料桶有明显的擦痕，则该商店（　　）。

A. 违反明示担保

B. 违反默示担保

C. 负有产品瑕疵责任

D. 不负有产品质量责任

2. 某市甲、乙两厂均生产一种“记忆增强器”产品。甲厂产品的质量比乙厂产品的好得多，因而其市场占有率远远高于乙厂的。王某是甲厂技术人员。乙厂为提高本厂的市场占有率，付给王某一大笔“技术咨询费”，获取其提供的甲厂技术秘密。乙厂运用这些技术对自己的产品进行了改进。同时，乙厂在本市电视台发布广告，声称本厂生产的记忆增强器功效迅速、质量可靠，其他厂家生产的同类产品质量无保证，呼吁消费者当心。另外，乙厂还以高额回扣诱使本市几家大型商场的购货人员不再采购甲厂产品。本市消费者李某等人在使用乙厂产品一段时间后，不仅记忆力没有增强，反而出现了神经衰弱症状。李某等人在电视台的协助下，向乙厂反映了情况。乙厂随后发现，王某提供的甲厂技术资料缺少几项关键技术，致使乙厂产品存在质量缺陷。关于消费者李某等人的损害赔偿请求权，下列意见何者为正确？（　　）（司考改编）

A. 有权就其所受损失要求乙厂赔偿

B. 有权就其所受损失要求本市电视台赔偿

C. 有权就其所受损失要求销售乙厂产品的商场赔偿

D. 有权就其所受损失要求王某赔偿

3. 某县产品质量技术监督局经举报，对某厂生产不合格产品进行了查处。下列哪些说法不符合我国《产品质量法》的规定？（　　）

A. 要求某厂负责人说明其违法生产、销售的过程

B. 对某厂涉嫌违法生产、销售的场所实施现场检查

C. 查封、扣押了某厂产品，但没有根据证明某厂产品质量存在缺陷或其他严重质量问题

D. 查阅并复制了某厂有关违法生产不合格产品的合同、账簿，但某厂认为查阅、复制其合同、账簿的行为侵犯了某厂的商业秘密

4. 依据《产品质量法》规定，以下说法正确的是（　　）。

A. 市场监督管理部门不得向社会推荐生产者的产品

B. 市场监督管理部门不得以对产品进行监制、监销等方式参与产品经营活动

C. 产品质量检验机构不得与行政机关存在隶属关系

D. 产品质量认证机构不得与行政机关或其他国家机关存在其他利益关系

5. 下列有关因产品存在缺陷造成损害要求赔偿的请求权诉讼时效和除斥期间的说法，正确的是（　　）。

A. 要求赔偿的诉讼时效为 1 年，自当事人知道或应当知道其权益受到损害时起计算

B. 要求赔偿的诉讼时效为 2 年，自当事人知道或应当知道其权益受到损害时起计算

C. 损害赔偿请求权在造成损害的产品最初投入商品流通之日起满 10 年丧失，但尚未超过明示的安全使用期的除外

D. 损害赔偿请求权在造成损害的产品交付最初用户、消费者满 10 年丧失，但是尚未超过明示的安全使用期的除外

6. 下列关于生产者的默示担保义务的判断中，符合《产品质量法》的是（　　）。

A. 产品应当具备法律规定的应有的使用性能，此为默示担保义务

B. 默示担保义务是生产者必须满足的义务，不得以任何形式予以排除和限制

C. 某汽车广告宣传耗油量为每公里 5 升，若耗油量高于该数额，则违反了默示担保义务

D. 谎称国产电机为原装进口设备，违反了默示担保义务

7. 甲购买一多功能床，商家承诺三年退换，永久保修。三年后，因为床板塌陷导致睡在床上的甲受伤，甲要求厂家赔偿。对此，下列说法正确的是？（　　）。（法考改编）

A. 若鉴定机构无法认定缺陷，则不能主张存在缺陷

B. 因为没有国家标准，鉴定机构不能认定存在缺陷

C. 超过承诺的三年退换期后，甲不可退换多功能床

D. 若多功能床投入市场时引起床板塌陷的缺陷尚不存在，厂家不承担责任

简答题

1. 简述产品质量的监督抽查制度。（华东政法大学考研）

2. 简述《产品质量法》中对生产者的产品质量义务的规定。（中国人民大学考研）

3. 简述《产品质量法》中对销售者的产品质量义务的规定。

4. 简述《产品质量法》关于产品责任时效的规定。（中国人民大学考研）

5. 简述产品责任的处理。

6. 简述我国《产品质量法》规定的生产者的产品包装的责任与义务。（中国人民大学考研）

7. 简述缺陷产品的召回制度。（中国政法大学考研）

8. 简述产品质量认证与质量体系认证的区别。

案例分析题

1. 某年3月，原告赵某（甲方）在被告北京某卫生洁具公司（乙方）购买了一台丙公司（丙方）生产的华清牌电热水淋浴器。同年同月10日，甲方又购买了一台北京丁公司（丁方）生产的三水牌多功能漏电保护器。该月中旬，甲方在家中安装了该两件电器。4月4日晚，甲方在使用该淋浴器时，突被按键漏电击中，整个右手烧伤，送医院抢救，被截除小拇指。为此，甲方先与乙方交涉，要求赔偿。乙方称：责任应由生产者承担，乙方无过错，拒绝赔偿。甲方遂向法院起诉，状告乙方、丙方、丁方，要求维护消费者的权益，三方负连带责任，赔偿损失。

乙方辩称：本公司只负责该电热水淋浴器的销售，赔偿责任应由生产者承担，与销售者无关。

丙方辩称：本公司生产的产品符合国家标准，以往从未发生过产品责任事故，无证据证明生产者有过错而可以认定生产者应承担责任。丁方的漏电保护器可能是事故的主要原因。

丁方辩称：甲方违反有关说明书的警示说明，违反安装说明，擅自安装超大功率电器，致使漏电保护器失效酿成事故，但漏电保护器失灵亦不至于造成电器伤人，丙方的产品存在质量问题。

法院在调查中，经技术监督局对华清牌电热水淋浴器、三水牌多功能漏电保护器进行质量检验，鉴定意见认定：（1）华清牌电热水淋浴器的制造工艺存在缺陷，特定情况下淋浴器开关按键可能漏电；（2）三水牌多功能漏电保护器已被烧毁无法鉴定，但对同样商品检测没有发现质量问题；（3）甲方安装淋浴器与漏电保护器连接时未按丁方的说明书正确安装，以致使用时漏电保护器不能正常工作。

问题：

（1）乙方作为销售者是否应予赔偿？是否应承担责任？为什么？

（2）丙方作为生产者应承担什么责任？为什么？

（3）丁方是否要承担责任？为什么？

（4）甲方有无过错，对本案处理有何影响？

2. 20××年9月26日，兴隆广告公司为奖励职工王某对该公司作出的特殊贡献，以500元的价款从某商场购果汁机一台，作为奖品奖励给王某。王某收到后，又将该果汁机送给其表妹刘某。10月16日，刘某按照所附说明书使用果汁机榨果汁时，榨汁容器突然炸裂，刘某被飞出的碎片击中，并造成头部多处受伤。刘某家人发现后，当即将其送往医院，经医院治疗15天后，伤口基本痊愈，但面部留下三处永久性疤痕。治疗期间，共花去住院费、医药费、治疗费等7 300元。住院期间，刘某母亲一直请假在医院陪伴护理，其所在单位扣发半个月工资、奖金，共1 500元。经技术监督部门技术鉴定，造成事故的直接原因是榨汁容器使用材料不符合国家规定的标准。出院后，刘

某就其所受损害的赔偿问题多次与商场交涉，但商场认为，造成刘某损害的榨汁机不是由其生产的，并且，榨汁机并非由商场出售给刘某，因此，拒绝对刘某承担赔偿责任。（西南政法大学考研）

问题：

（1）商场拒绝向刘某承担赔偿责任的理由是否能够成立？为什么？

（2）刘某可以通过哪些途径寻求法律的保护？

（3）本案的最终责任者应当如何确定？

（4）按照法律规定，刘某可以就哪些损害主张赔偿？

论述题与深度思考题

1. 试论产品责任的归责原则。（武汉大学考研）

2. 经济法的理念是经济法及其适用的最高原理，试述我国的《产品质量法》中是如何诠释经济法理念的。

参考答案

名词解释与概念比较

1.

产品	产品质量
《产品质量法》所称产品是指经过加工、制作，用于销售的产品。我国产品质量法上所指产品排除了初级产品、未经加工的天然形成的物品，由建筑工程形成的房屋桥梁、其他建筑物等不动产，以及军工产品。《产品质量法》中的产品是商品经济社会中用作商品交换关系客体的，并且由有关国家法律予以明确界定的产品	产品质量是指产品符合人们需要的内在素质和外观形态的各种特性的综合状态。《产品质量法》中的产品质量是指由国家的法律、法规、质量标准等所确定的或由当事人的合同所约定的，有关产品适用、安全、外观等诸种特性的综合。国际标准化组织（ISO）规定的产品质量的定义是：产品能满足规定的或者潜在需要的特征和特性的总和。它具体是指产品的安全性、适用性、可靠性、维修性、有效性、经济性等质量指标，反映、代表了产品的质量状况

2.

产品质量认证制度	企业质量体系认证制度
产品质量认证制度是指由国务院产品质量监督管理部门或者由它授权的部门认可的认证机构，按照国际先进的产品标准和相关的技术要求，确认某一产品符合相应标准并颁发认证标志的活动。经认证合格，由认证机构颁发认证证书和认证标志。	企业质量体系认证制度是指国务院产品质量监督管理部门或者由它授权的部门认可的认证机构，依据国际通用的“质量管理和质量保证”系列标准进行独立评审，对符合条件的，颁发企业质量体系认证证书，从而证明该企业质量保证能力符合相应要求的活动。
企业可以在自己的产品或者其包装上使用认证标志。企业可以自愿申请认证，其认证对象是产品	企业可以自愿申请认证，其认证对象是企业，即企业的质量管理、质量保证能力的整体水平

3.

产品瑕疵	产品缺陷
广义上讲，是指产品不符合其应当具有的质量要求；狭义地说，是指产品质量不符合“应当具备的使用性能或应当符合明示的质量状况”的要求，但不存在危及人身、他人财产安全的不合理的危险，或者未丧失原有的使用价值	产品缺陷是指产品存在危及人身、他人财产安全的不合理的危险；产品有保障人体健康和人身、财产安全的国家标准、行业标准的，是指不符合该标准

瑕疵与缺陷都是产品质量问题，它们的区别在于：第一，在产品质量问题的严重程度上，一大一小、一轻一重。第二，于瑕疵，因尚未丧失产品原有的使用价值，用户、消费者已经知道的，可以自行决定是否接受；于缺陷，因存在不合格的危险，原则上不应接受。第三，向谁索赔：于瑕疵，直接向销售者要求赔偿；于缺陷，可以向销售者也可向生产者要求赔偿。第四，赔偿方式和标准：于瑕疵，由销售者依照法律规定或合同约定，负责修理、更换、退货乃至赔偿损失；于缺陷，以损害赔偿为原则。第五，诉讼时效：出售质量不合格的商品未声明的，诉讼时效期间为3年；因产品存在缺陷造成损害要求赔偿的，诉讼时效期间为2年。

4.

产品质量责任	产品责任
产品质量责任是指各种有关产品质量义务和责任的综合概念，是一种综合责任，是产品的生产者、销售者以及对产品质量负有直接责任的人员违反产品质量义务所应承担的各种形式的法律后果，包括民事责任、行政责任和刑事责任。其中承担的民事责任分为因产品瑕疵而发生的合同责任与因产品缺陷而发生的产品责任（一种特殊侵权责任）	产品责任又称产品侵权责任，是指因产品存在缺陷造成人身、缺陷产品以外的其他财产损害的，生产者、销售者应当承担的赔偿责任。产品责任包含在产品质量责任的概念之中，是一个已经特定化了的法律术语，即仅限于因产品缺陷导致受害人人身、他人财产损害而发生的特殊侵权责任

产品质量责任与产品责任既有联系又有区别。联系在于：产品质量责任包含产品责任，即产品侵权责任，二者是属概念与种概念的关系。区别在于：第一，责任发生原因不同。产品质量责任发生原因众多，有违反产品质量监督、管理法规的，有违反合同的，也有违反产品质量法造成人身、他人财产损害的。其民事责任的判定依据有默示担保、明示担保、产品缺陷，只要不符合三项依据之一，即应承担责任。产品责任仅有上述的一种发生原因，即产品缺陷导致人身、他人财产损害发生。第二，性质不同。产品质量责任是一种综合责任，包括民事责任、行政责任、刑事责任，而产品责任是其中的民事责任中的一种特殊侵权责任。第三，责任主体不同。产品质量责任主体包括产品生产、经营过程中所有应对产品质量问题负责的组织或个人，有生产者、设计者、原材料和零部件的供应者、销售者，还包括承运者、仓储者，以及他们的领导和直接责任人员。产品责任主体则只限于生产者、销售者。第四，责任发生阶段不同。产品质量责任可发生于产品生产运营过程中的任何环节上，即可能发生于产品的生产、运输、保管、使用、消费等任一环节，而产品责任只发生于产品销售后的消费、使用过程。

5.

产品抽查制度	产品召回制度
国家对产品质量实行以抽查为主要方式的监督检查制度，对于可能危及人体健康和人身、财产安全的产品，影响国计民生的重要工业产品，以及消费者、有关组织反映有质量问题的产品进行抽查，抽查的样品应当在市场上或者企业成品仓库内的待销产品中随机抽取。监督抽查工作由国务院产品质量监督部门规划和组织，县级以上地方产品质量监督部门在本行政区域内也可以组织监督抽查。监督抽查的产品不合格的，由实施监督抽查部门责令生产者或销售者改正；逾期不改正的，由省级政府产品质量监督部门予以公告，公告后复查仍不合格的，责令停业、限期整顿，整顿期满后经复查仍不合格的，吊销营业执照	产品召回制度是指生产者的原因造成某批次或者类别的不安全的缺陷产品，由生产者按照规定程序，通过换货、退货、补充或修正等方式，及时消除或减少产品安全危害的活动。产品召回制度是企业社会责任最直接、最切实的具体体现。这一制度在市场经济发达国家已经是一项普遍实行的制度，我国的产品召回制度正在形成和完善中

6. 标准化法的主要内容包括标准化机构的设置和权限，标准编制的对象和程序，标准化的纲要和计划，标准的应用范围，推广新标准的时间，贯彻标准化的制度、责任违反标准化规定时的处罚等。

选择题

（一）单项选择题

1. A。本题考查的是产品的概念。《产品质量法》第 2 条规定，产品是指经过加工、制作，用于销售的产品（不包括不动产）。建设工程不适用本法规定。因此选项 A 正确。

2. C。本题考查的是销售者的产品质量责任。《产品质量法》第 40 条第 1 款第 1 项规定，不具备产品应当具备的使用性能而事先未作说明的，销售者应当负责修理、更换、退货，给购买产品的消费者造成损失的，销售者应当赔偿。因此选项 C 正确。

3. C。《产品质量法》第 43 条规定：因产品存在缺陷造成人身、他人财产损害的，受害人可以向产品的生产者要求赔偿，也可以向产品的销售者要求赔偿。属于产品的生产者的责任，产品的销售者赔偿的，产品的销售者有权向产品的生产者追偿。属于产品的销售者的责任，产品的生产者赔偿的，产品的生产者有权向产品的销售者追偿。因此选项C正确。

4. A。本题考查的是产品缺陷导致的产品责任。根据《产品质量法》第41条的规定，产品存在缺陷造成人身、缺陷产品以外的其他财产损害，生产者应承担赔偿责任。故选项A正确。

5. A。《产品质量法》第41条规定，未将产品投入流通的，生产者不承担赔偿责任。因此选项A正确。

6. D。《产品质量法》第14条规定：国家参照国际先进的产品标准和技术要求，推行产品质量认证制度。企业根据自愿原则可以向国务院市场监督管理部门认可的或者国务院市场监督管理部门授权的部门认可的认证机构申请产品质量认证。经认证合格的，由认证机构颁发产品质量认证证书，准许企业在产品或者其包装上使用产品质量认证标志。因此选项D正确。

7. A。本题考查销售者的产品质量义务。依据《产品质量法》第40条的规定，只有A项是正确答案。

注意：只有在因产品存在缺陷造成人身、他人财产损害时，受害人才既可以向产品的生产者要求赔偿，也可以向产品的销售者要求赔偿。

8. D。本题考查的是产品标志的规定。根据《产品质量法》第27条第4项的规定，限期使用的产品，应当在显著位置清晰地标明生产日期和安全使用期或者失效日期。

9. A。本题考查的是产品责任的归责原则，即无过错责任原则。因此选项A错误，当选。

10. B。本题考查的是产品责任的诉讼时效。根据《民法典》第188条的规定，向人民法院请求保护民事权利的诉讼时效期间为3年。法律另有规定的，依照其规定。因此应适用《产品质量法》第45条的规定，也即，因产品存在缺陷造成损害要求赔偿的，诉讼时效期间为2年。

11. A。本题考查的是产品责任的归责原则。《产品质量法》第43条规定，产品存在缺陷造成人身、他人财产损害的，受害人可以向产品的生产者要求赔偿，也可向产品的销售者要求赔偿。因此选项B、C、D均错误。

12. D。本题考查的是产品责任的除斥期间。《产品质量法》第45条第2款规定，产品存在缺陷造成损害要求赔偿的请求权，在造成损害的缺陷产品交付最初消费者满10年丧失，但是尚未超过明示的安全使用期的除外。因此选项D正确。

13. A。所谓以假充真，是指生产者、销售者以牟取利润为目的，用他产品冒充此产品，进行欺骗性商业活动的违法行为。由此可见，本题所述之酒厂构成以假充真行为。选项B、C、D的理由并不能否定其行为的性质。

14. C。根据《产品质量法》第44条的规定，产品存在缺陷造成受害人人身伤害的，侵害人应当赔偿医疗费、治疗期间的护理费、因误工减少的收入等费用；造成残疾的，还应当支付残疾者生活自助具费、生活补助费、残疾赔偿金以及由其扶养的人所必需的生活费等费用；造成受害人死亡的，并应当支付丧葬费、死亡赔偿金以及由死者生前扶养的人所必需的生活费等费用。

15. C。根据《产品质量法》第13条的规定，可能危及人体健康和人身、财产安全的工业产品，必须符合保障人体健康和人身、财产安全的国家标准、行业标准；未制定国家标准、行业标准的，必须符合保障人体健康和人身、财产安全的要求。

16. D。本题考查的是生产者的产品质量义务。《产品质量法》第28条规定，易碎、易燃、易爆、有毒、有腐蚀性、有放射性等危险物品以及储运中不能倒置和其他有特殊要求的产品，其包装质量必须符合相应要求，依照国家有关规定作出警示标志或者中文警示说明，标明储运注意事项。华星厂的包装不符合该条规定，应承担责任。

17. D。《产品质量法》第41条规定，将产品投入流通时的科学技术水平尚不能发现缺陷的存在的，生产者不承担责任，因此选项D正确。

18. A。根据《产品质量法》第33条的规定，销售者应当建立并执行进货检查验收制度，验明产品合格证明和其他标识；并且按照该法第40条的规定，选项A正确。

19. A。因产品存在缺陷造成人身、他人财产损害的，受害人可以向产品的生产者要求赔偿，也可以向产品的销售者要求赔偿。这是产品缺陷产生的侵权责任，而缺陷产品本身基于合同违约（因产品购买）产生更换、退货等合同义务。产品缺陷责任的归责原则采取了二元归责原则，既适用无过错责任原则，也适用过错责任原则。

20. A。A选项正确：根据《产品质量法》第40条第1款，“售出的产品有下列情形之一的，销售者应当负责修理、更换、退货；给购买产品的消费者造成损失的，销售者应当赔偿损失：……（三）不符合以产品说明、实物样品等方式表明的质量状况的……”销售者靓顺公司应当承担“修理、更换、退货”的违约责任。B选项错误：承担违约责任的形式还包括“修理、退货”，并非仅限于“更换”一种形式。C、D选项错误：《产品质量法》第43条明确规定：“因产品存在缺陷造成人身、他人财产损害的，受害人可以向产品的生产者要求赔偿，也可以向产品的销售者要求赔偿。”本题中尚未出现“人身、他人财产损害”，故无须承担侵权责任。

21. A。本题是电视机质量问题引发的爆炸，导致重伤害，属于产品责任。A选项正确，受害人张三、李四、王五均可请求生产者或销售者赔偿。B选项错误；该题属于产品责任纠纷，李四、王五并非侵权人，二人不需要对张三承担责任。C选项明显错误。D选项错误，“张三、李四二人要求王五赔偿”逻辑不通。

22. C。《产品质量法》第43条规定：“因产品存在缺陷造成人身、他人财产损害的，受害人可以向产品的生产者要求赔偿，也可以向产品的销售者要求赔偿。属于产品的生产者的责任，产品的销售者赔偿的，产品的销售者有权向产品的生产者追偿。属于产品的销售者的责任，产品的生产者赔偿的，产品的生产者有权向产品的销售者追偿。”本题中，受害人小姜既可以向生产者百福公司请求赔偿，也有权向销售者长福4S店请求赔偿。因此，A项错误。本题未明确是销售者责任，故生产者无权向销售者长福4S店追偿。因此，B项错误。《产品质量法》第42条规定：“销售者不能指明缺陷产品的生产者也不能指明缺陷产品的供货者的，销售者应当承担赔偿责任。”本案中，销售者长福4S店如能证明该车质量缺陷与其无关即可免责。因此，C项正确。《产品质量法》第41条规定：“因产品存在缺陷造成人身、缺陷产品以外的其他财产（以下简称他人财产）损害的，生产者应当承担赔偿责任。”生产者百福公司承担无过错责任，消费者无须证明其存在过错。因此，D项错误。

（二）多项选择题

1. ABD。本题考查缺陷产品的产品责任。我国《产品质量法》对生产者、销售者的产品缺陷责任分别作了不同的规定：（1）第41条规定了生产者的严格责任，故A项的表述是正确的。（2）第42条规定了销售者的过错责任。过错是一种推定过错，销售者负有举证责任，否则不能被免除赔偿责任。因此，D项的表述是正确的。（3）第43条规定了产品的销售者和生产者承担连带责任，因此，B项是正确的。（4）第45条规定，因产品存在缺陷造成损害要求赔偿的诉讼时效期间为2年，自当事人知道或者应当知道其权益受到损害时起计算。因此，C项的表述是错误的。

2. BC。本题考查《产品质量法》与相关法规的关系以及缺陷产品的损害赔偿责任主体。虽然药品也适用《产品质量法》，但是有专门的《药品管理法》对其加以规定，依据特殊法优于一般法的法理，《药品管理法》的效力优于《产品质量法》的效力。对于变质的药品，《药品管理法》中有专门规定，因此，对医院的处罚应依据特殊法，B项正确。

《产品质量法》第35条规定，销售者不得销售国家明令淘汰并停止销售的产品和失效、变质的产品。第42条规定：由于销售者的过错使产品存在缺陷，造成人身、他人财产损害的，销售者应当承担赔偿责任。销售者不能指明缺陷产品的生产者也不能指明缺陷产品的供货者的，销售者应当承担赔偿责任。本题中该医院给病人的药物因在医院库房存放过久变质而加重了病人的病情，这显然是因为医院的过错而造成了对他人的人身损害，医院应承担赔偿损失的责任。至于生产者，根据《产品质量法》第41条第2款第2项因“生产者能够证明有下列情形之一的，不承担赔偿责任……（二）产品投入流通时，引起损害的缺陷尚不存在的”而免责。因此，C项正确，D项错误。

3. ABCD。本题考查产品的包装要求。根据《产品质量法》第27条的规定，A项中的彩电没有中文说明书是不符合包装要求的；B项中的火腿肠没有标明厂址是不符合包装要求的；C项中的香烟属于可能危及人身健康的产品，应当有警示标志或者中文警示说明；D项中的瓶装葡萄酒根据产品的特点和使用要求，需要标明所含主要成分的含量即酒精含量。

4. ACD。本题是关于产品侵权责任承担主体问题。《产品质量法》第57条规定：产品质量检验机构、认证机构出具的检验结果或者证明不实，造成损失的，应当承担相应的赔偿责任；造成重大损失的，撤销其检验资格、认证资格。产品质量认证机构违反本法第

21 条第 2 款的规定，对不符合认证标准而使用认证标志的产品，未依法要求其改正或者取消其使用认证标志资格的，对因产品不符合认证标准给消费者造成的损失，与产品的生产者、销售者承担连带责任；情节严重的，撤销其认证资格。另外，《产品质量法》第 58 条规定，社会团体、社会中介机构如果对不合格的产品质量作出承诺和保证，并造成消费者损失的，也构成连带赔偿责任的主体，与产品的生产者、销售者承担连带责任。据此，选项 A、C、D 正确。

5. AC。本题考查产品生产者、销售者的法律责任和民事侵权精神损害赔偿的范围。根据《产品质量法》第 43 条的规定，选项 A 正确。该法第 45 条第 1 款规定，因产品存在缺陷造成损害要求赔偿的诉讼时效期间为 2 年，因此选项 B 错误。最高人民法院《关于确定民事侵权精神损害赔偿责任若干问题的解释》第 1 条规定，因人身权益或者具有人身意义的特定物受到侵害，自然人或者其近亲属向人民法院提起诉讼请求精神损害赔偿的，人民法院应当依法予以受理。因此，张某可以向被告请求精神损害赔偿。

6. BCD。《产品质量法》第 26 条规定，生产者应当对其生产的产品质量负责。产品质量应当符合下列要求：(1) 不存在危及人身、财产安全的不合理的危险，有保障人体健康和人身、财产安全的国家标准、行业标准的，应当符合该标准；(2) 具备产品应当具备的使用性能，但是，对产品存在使用性能的瑕疵作出说明的除外；(3) 符合在产品或者其包装上注明采用的产品标准，符合以产品说明、实物样品等方式表明的质量状况。因此选项 B、C、D 正确，选项 A 属于明示担保。

7. ABCD。本题考查的是生产者的禁止性义务。根据《产品质量法》第 29～32 条的规定，选项 A、B、C、D 均正确。

8. AD。本题考查的是产品责任。选项 B、C 错误，因为《产品质量法》规定，生产者能够证明有下列情形之一的，不承担赔偿责任：未将产品投入流通的；产品投入流通时，引起损害的缺陷尚不存在的；将产品投入流通时的科学技术水平尚不能发现缺陷的存在的。

9. ABCD。本题考查产品质量监督抽查制度。《产品质量法》第 15 条规定：国家监督抽查的产品，地方不得另行重复抽查；上级监督抽查的产品，下级不得另行重复抽查。根据监督抽查的需要，可以对产品进行检验。检验抽取样品的数量不得超过检验的合理需要，并不得向被检查人收取检验费用。监督抽查所需检验费用按照国务院规定列支。生产者、销售者对抽查检验的结果有异议的，可以自收到检验结果之日起 15 日内向实施监督抽查的市场监督管理部门或者其上级市场监督管理部门申请复检，由受理复检的市场监督管理部门作出复检结论。因此，选项 A、B、C、D 均错误。

10. CD。本案中，A 电动车公司生产的电动车近期发生多起自燃事件，经调查发现是由于电池造成，致多起纠纷久久未解决。首先，电动车自燃应认定为产品缺陷，A 公司应召回并采取相应措施；其次，“多起纠纷未解决”表明 A 公司并没有积极处理这件事情，没有主动召回，A 公司可被责令召回。“B 平台的自营业务出售该款电动车，在宣传时称：该车型电动车严格按照检查程序检查，没有质量问题”，说明 B 平台是该电动车的销售者，对于电动车的缺陷致损，承担先行赔付的义务，且与生产者承担不真正连带责任。“该电动车自燃烧毁，王某被烧伤造成残疾”说明王某除可主张赔偿医疗费、护理费、交通费等合理费用之外，因造成了残疾，还可以主张残疾生活辅助器具费和残疾赔偿金。A 项，本案中的电动车因产品的质量问题造成了王某的人身损害，应认定该电动车为缺陷产品，就此缺陷产品造成的损害，王某可以向生产者主张赔偿责任，也可以向销售者主张赔偿责任。A 项将王某的索赔对象锁定在生产者 A 公司，过于片面，故 A 项错误。B 项，本案中缺陷产品电动车由 B 平台自营业务销售给王某，B 平台是经营者。消费者或者其他受害人因商品缺陷造成人身、财产损害的，可以向销售者要求赔偿，也可以向生产者要求赔偿。所以 B 平台与 A 公司对王某承担不真正连带责任，并非按份责任，故 B 项错误。C 项，消费者的权益被损害，可主张的赔偿范围包括：(1) 医疗费、护理费、交通费等为治疗和康复支出的合理费用，以及因误工减少的收入；(2) 造成残疾的，还应当赔偿残疾者生活辅助器具费和残疾赔偿金；(3) 造成死亡的，应当赔偿丧葬费和死亡赔偿金。王某因电动车自燃而残疾，有权主张残疾生活辅助器具费和残疾赔偿金，故 C 项正确。D 项，该电动车为缺陷产品，案情表明“多起纠纷久久未解决”，说明生产者未主动召回该电动车，市场监督管理机关有权责令其召回，故D项正确。

11. ABCD。本题考查缺陷产品造成人身财产损害的侵权责任。题干中明确“数年前已被认定为不合格产品”，说明产品有缺陷，是产品责任问题。“某超市”是直接销售者，“煌煌商贸公司”是总经销商，也是销售者；“跑步机生产商”是生产商。根据《产品质量法》第43条，在造成孙某受伤的情况下，受害人可以向产品的生产者要求赔偿，也可以向产品的销售者要求赔偿。属于产品生产者的责任，产品销售者赔偿后有权向生产者追偿；属于产品销售者的责任，产品生产者赔偿后有权向销售者追偿。因此选项A、B、C、D均正确。

12. AB。A选项正确：根据《产品质量法》第13条第1款的规定，“可能危及人体健康和人身、财产安全的工业产品，必须符合保障人体健康和人身、财产安全的国家标准、行业标准；未制定国家标准、行业标准的，必须符合保障人体健康和人身、财产安全的要求”。B选项正确：根据《产品质量法》第27条第1款的规定，“产品或者其包装上的标识必须真实，并符合下列要求：……（五）使用不当，容易造成产品本身损坏或者可能危及人身、财产安全的产品，应当有警示标志或者中文警示说明”。C选项错误：根据《产品质量法》第15条第3款的规定，“根据监督抽查的需要，可以对产品进行检验。检验抽取样品的数量不得超过检验的合理需要，并不得向被检查人收取检验费用。监督抽查所需检验费用按照国务院规定列支”。此处“收取检验费”错误。D选项错误：根据《消费者权益保护法》第19条，经营者应当承担消费者因商品被召回支出的必要费用，而非“全部费用”。

（三）不定项选择题

1. D。《产品质量法》第40条规定，售出的产品有下列情形之一的，销售者应当负责修理、更换、退货；给购买产品的消费者造成损失的，销售者应当赔偿损失：（1）不具备产品应当具备的使用性能而事先未作说明的；（2）不符合在产品或者其包装上注明采用的产品标准的；（3）不符合以产品说明、实物样品等方式表明的质量状况的。本题中“处理品”的字样已经明示了产品的瑕疵，消费者仍然选择购买，则商店不负产品质量责任。

2. AC。本题中，乙厂产品存在质量缺陷，给李某造成了损害，根据《产品质量法》第41条的规定，李某可以向生产者请求损害赔偿。该法第43条规定，因产品存在缺陷造成人身、他人财产损害的，受害人可以向产品的生产者要求赔偿，也可以向产品的销售者要求赔偿。属于产品的生产者的责任，产品的销售者赔偿的，产品的销售者有权向产品的生产者追偿。所以，李某也可以向商场请求赔偿。因此，本题答案为A、C两项。

3. C。本题考查的是产品质量监督部门的职权。《产品质量法》第18条规定，县级以上市场监督管理部门根据已经取得的违法嫌疑证据或者举报，对涉嫌违反本法规定的行为进行查处时，可以行使下列职权：（1）对当事人涉嫌从事违反本法的生产、销售活动的场所实施现场检查；（2）向当事人的法定代表人、主要负责人和其他有关人员调查、了解与涉嫌从事违反本法的生产、销售活动有关的情况；（3）查阅、复制当事人有关的合同、发票、账簿以及其他有关资料；（4）对有根据认为不符合保障人体健康和人身、财产安全的国家标准、行业标准的产品或者有其他严重质量问题的产品，以及直接用于生产、销售该项产品的原辅材料、包装物、生产工具，予以查封或者扣押。因此，只有选项C是错误的。

4. ABCD。《产品质量法》第20条规定，从事产品质量检验、认证的社会中介机构必须依法设立，不得与行政机关和其他国家机关存在隶属关系或者其他利益关系。第25条规定，市场监督管理部门或者其他国家机关以及产品质量检验机构不得向社会推荐生产者的产品；不得以对产品进行监制、监销等方式参与产品经营活动。因此，选项A、B、C、D均正确。

5. BD。根据《产品质量法》第45条的规定，选项B、D正确。

6. AB。默示担保义务，是指法律、法规对产品质量所作的强制性要求，即使当事人之间有合同的约定，也不能免除和限制这种义务。它要求生产、销售的产品应该具有安全性和普通公众期待的使用性能，因此是对产品内在质量的基本要求。因此选项A、B表述正确。明示担保义务，是指生产者、销售者以各种公开的方式，就产品质量向消费者所作的说明或者陈述。这些方式包括订立合同、体现于产品标识及说明书中、展示实物样品、做广告宣传等。一旦生产者、销售者以上述方式明确表示产品所依据和达到的质量标准，就产生了明示担保义务。如果产品质量不符合承诺的标识，必须承担相应的法律责任。因此选项 C 违反了“明示担保义务”。选项 D 为欺诈行为。

7. CD。A 项：《产品质量法》第 46 条规定：“本法所称缺陷，是指产品存在危及人身、他人财产安全的不合理的危险；产品有保障人体健康和人身、财产安全的国家标准、行业标准的，是指不符合该标准。”本题中，涉案产品是否存在产品缺陷不应仅仅依靠鉴定结论认定，如果根据查明的事实及证据能够认定产品存在危及人身、他人财产安全的不合理的危险，在缺乏鉴定结论的情况下，同样可以认定产品存在缺陷。因此，A 项错误。

B 项：《产品质量法》第 13 条第 1 款规定：“可能危及人体健康和人身、财产安全的工业产品，必须符合保障人体健康和人身、财产安全的国家标准、行业标准；未制定国家标准、行业标准的，必须符合保障人体健康和人身、财产安全的要求。”本题中，即使没有国家标准，也可能存在行业标准，即使没有国家标准和行业标准，产品质量也应满足“保障人体健康和人身安全”的一般标准，即人们有权期待产品的安全性。因此，B 项错误。

C 项：《产品质量法》第 40 条规定：“售出的产品有下列情形之一的，销售者应当负责修理、更换、退货……”据此，若产品出现质量问题，销售者应承担修理、更换、退货的责任，但究竟采取何种责任方式应视具体情形而定。本题中，甲使用该床已逾三年，已超过商家承诺的三年退换期，故甲无权主张退换，但仍有权要求商家进行修理以解决床的质量瑕疵问题。因此，C 项正确。

D 项：《产品质量法》第 41 条第 2 款规定：“生产者能够证明有下列情形之一的，不承担赔偿责任：……（二）产品投入流通时，引起损害的缺陷尚不存在的……”本题中，厂家可以以商品投入市场时缺陷不存在为由进行抗辩，主张不承担赔偿责任。因此，D 项正确。

综上所述，本题答案为 C、D 项。

简答题

1. 国家对产品质量实行以抽查为主要方式的监督检查制度，对于可能危及人体健康和人身、财产安全的产品，影响国计民生的重要工业产品以及消费者、有关组织反映有质量问题的产品，进行抽查。抽查的样品应当在市场上或者企业成品仓库内的待销产品中随机抽取。监督抽查工作由国务院市场监督管理部门规划和组织。县级以上地方市场监督管理部门在本行政区域内也可以组织监督抽查。法律对产品质量的监督检查另有规定的，依照有关法律的规定执行。国家监督抽查的产品，地方不得另行重复抽查；上级监督抽查的产品，下级不得另行重复抽查。根据监督抽查的需要，可以对产品进行检验。检验抽取样品的数量不得超过检验的合理需要，并不得向被检查人收取检验费用。监督抽查所需检验费用按照国务院规定列支。生产者、销售者对抽查检验的结果有异议的，可以自收到检验结果之日起 15 日内向实施监督抽查的部门或者其上级市场监督管理部门申请复检，由受理复检的产品质量监督部门作出复检结论。进行监督抽查的产品质量不合格的，由实施监督抽查的产品质量监督部门责令其生产者、销售者限期改正。逾期不改正的，由省级以上人民政府市场监督管理部门予以公告；公告后经复查仍不合格的，责令停业，限期整顿；整顿期满后经复查产品质量仍不合格的，吊销营业执照。

（参考资料：刘文华、史际春、徐孟洲主编：《经济法》，7 版，北京，中国人民大学出版社，2024）

2. 生产者的产品质量义务包括以下几个方面：

第一，保证产品内在质量符合法定要求。（1）不存在危及人身、财产安全的不合理危险，有保障人体健康和人身、财产安全的国家标准、行业标准的，应当符合该标准。（2）具备产品应具备的使用性能，但是对产品存在使用性能的瑕疵作出说明的除外。（3）符合在产品或者其包装上注明采用的产品标准，符合以产品说明、实物样品等方式表明的质量状况。

第二，产品或者包装上的标识必须真实并符合要求。（1）有产品质量检验合格证明。（2）有中文标明的产品名称、生产厂的厂名和厂址。（3）根据产品的特点和使用要求，需要标明产品规格、等级、所含主要成分的名称和含量的，应用中文予以标明；需要事先让消费者知晓的，应当在外包装上标明，或者预先向消费者提供有关资料。（4）限期使用的产品，应当在显著位置清晰地标明生产日期和安全使用期或者失效日期。（5）产品使用不当容易造成本身损坏或者可能危及人身、财产安全的产品，应当有警示标志或者中文警示说明。但并非所有产品的包装均须同时符合以上 5 项要求。裸装食品和其他根据产品的特点难以附加标识的裸装产品，可不附加产品标识。

第三，特殊产品包装符合要求。特殊产品是指易碎、易燃、易爆、有毒、有腐蚀性、有放射性等危险物品以及在储运中不能倒置和其他有特殊要求的产品。这些特殊产品的包装质量必须符合相应要求，有警示标志或中文警示说明，标明储运注意事项。

第四，不得违反《产品质量法》的禁止性规定。这些禁止性规定包括：（1）不得生产国家明令淘汰的产品。（2）不得伪造产地，不得伪造或者冒用他人的厂名和厂址。（3）不得伪造或者冒用认证标志等质量标志。（4）不得掺杂、掺假，不得以假充真、以次充好，不得以不合格产品冒充合格产品。

（参考资料：刘文华、史际春、徐孟洲主编：《经济法》，7 版，北京，中国人民大学出版社，2024）

3. 销售者的产品质量义务主要包括：（1）销售者应当建立并执行进货检查验收制度，验明产品合格证明和其他标识。（2）销售者应当采取措施，保持销售产品质量。销售者进货后应对保持产品质量负责。（3）销售者销售的产品的标志符合法定要求。销售者在销售产品时，应保证产品标识符合产品质量法对产品标识的要求。（4）不得违反《产品质量法》的禁止性规定。销售者不得销售国家明令淘汰并停止销售的产品和失效、变质的产品；不得伪造产地，不得伪造或者冒用他人的厂名、厂址；不得伪造或者冒用认证标志等质量标志；不得掺杂、掺假，不得以假充真、以次充好，不得以不合格产品冒充合格产品。

（参考资料：刘文华、史际春、徐孟洲主编：《经济法》，7 版，北京，中国人民大学出版社，2024）

4. 我国《产品质量法》关于产品责任时效的规定包括：

第一，诉讼时效。《产品质量法》第 45 条第 1 款规定了产品责任的诉讼时效为 2 年，自当事人知道或应当知道其权益受到损害时起计算。因此，超过 2 年的，受害人即丧失胜诉权。《民法典》第 188 条第 1 款规定："向人民法院请求保护民事权利的诉讼时效期间为三年。法律另有规定的，依照其规定。"《产品质量法》第 45 条的规定与之不矛盾，因为该第 45 条规定的是因产品缺陷造成损害的特殊侵权诉讼。

第二，请求权时效。《产品质量法》第 45 条第 2 款规定了要求赔偿的请求权期限为 10 年，但是，未超过明示的安全使用期的除外。

（参考资料：刘文华、史际春、徐孟洲主编：《经济法》，7 版，北京，中国人民大学出版社，2024）

5. 产品责任处理即对已发生的产品责任的追究程序和具体责任形式。

第一，产品责任追究程序。《产品质量法》第 43 条明确规定：因产品存在缺陷造成人身、他人财产损害的，受害人可以向产品的生产者要求赔偿，也可以向产品的销售者要求赔偿。此条与《消费者权益保护法》第 40 条第 2 款的规定一致。生产者、销售者履行赔偿责任后，其相互之间的责任追究问题，实行过错原则，非过错方可以向过错方追偿。

第二，责任形式。一是人身伤害责任。《产品质量法》第 44 条第 1 款规定："因产品存在缺陷造成受害人人身伤害的，侵害人应当赔偿医疗费、治疗期间的护理费、因误工减少的收入等费用；造成残疾的，还应当支付残疾者生活自助具费、生活补助费、残疾赔偿金以及由其扶养的人所必需的生活费等费用；造成受害人死亡的，并应当支付丧葬费、死亡赔偿金以及由死者生前扶养的人所必需的生活费等费用。"二是财产责任。该条第 2 款规定："因产品存在缺陷造成受害人财产损失的，侵害人应当恢复原状或者折价赔偿。受害人因此遭受其他重大损失的，侵害人应当赔偿损失。"

（参考资料：刘文华、史际春、徐孟洲主编：《经济法》，7 版，北京，中国人民大学出版社，2024）

6. 我国《产品质量法》第 27 条规定，产品或者其包装上的标识必须真实，并符合下列要求：（1）有产品质量检验合格证明；（2）有中文标明的产品名称、生产厂厂名和厂址；（3）根据产品的特点和使用要求，需要标明产品规格、等级、所含主要成分的名称和含量的，用中文相应予以标明；需要事先让消费者知晓的，应当在外包装上标明，或者预先向消费者提供有关资料；（4）限期使用的产品，应当在显著位置清晰地标明生产日期和安全使用期或者失效日期；（5）使用不当，容易造成产品本身损坏或者可能危及人身、财产安全的产品，应当有警示标志或者中文警示说明。裸装的食品和其他根据产品的特点难以附加标识的裸装产品，可以不附加产品标识。

此外，《产品质量法》第 28 条还规定，易碎、易燃、易爆、有毒、有腐蚀性、有放射性等危险物品以及储运中不能倒置和其他有特殊要求的产品，其包装质量必须符合相应要求，依照国家有关规定作出警示标志或者中文警示说明，标明储运注意事项。

7. 产品存在缺陷是召回的前提。根据《产品质量法》第 46 条的规定，“缺陷”是指产品存在危及人身、他人财产安全的不合理的危险；产品有保障人体健康和人身、财产安全的国家标准、行业标准的，是指不符合该标准。

召回制度是指产品的生产商、进口商或经营者在得知其生产、进口或经销的产品存在可能危害消费者人身、财产安全时，依法向有关部门报告，及时通知消费者，并从市场和消费者手中回收有问题产品，予以更换、赔偿的积极有效的补救，以消除缺陷产品的危害风险的制度。其具有保护消费者人身权及财产权、维护社会公共利益的意义。

8. 产品质量认证与质量体系认证的区别表现在以下方面：

(1) 认证对象不同。产品质量认证的对象是批量生产的定型产品；质量体系认证的对象是企业的质量体系，是企业质量体系中影响持续按需方的要求提出产品或服务的能力和某些要素。

(2) 证明的方式不同。产品质量的认证的证明方式是产品认证证书及产品认证标志，证书和标志证明产品质量符合产品标准；质量体系认证的证明方式是质量体系认证证书和体系认证标记，证书和标记只证明该企业的质量体系符合某一质量保证标准，不证明该企业生产的任何产品符合产品标准。

(3) 证明的使用的区别。产品质量认证证书不能用于产品，标志可用于获准认证的产品上；质量体系认证证书和标记都不能在产品上使用。

(4) 实施质量体系审核的依据不同。产品质量认证一般按 GB/T 19002—ISO 9002 检查体系；质量体系认证依据审核企业要求，可能是 GB/T 19001—ISO 9001、GB/T 19002—ISO 9002、GB/T 19003—ISO 9003 其中之一。

(5) 申请企业类型不同。要求申请产品质量认证的企业是生产特定的产品型企业；申请质量体系认证的企业可以是生产、安装型企业，可以是设计开发、制造、安装服务型企业，也可以是出厂检查和检验型企业。

案例分析题

1. (1)《产品质量法》第 43 条规定，产品存在缺陷造成人身、他人财产损害的，受害人可以向产品的生产者要求赔偿，也可以向产品的销售者要求赔偿。乙方作为销售者，虽无过错，但也应先行对受害者进行赔偿。因该产品的缺陷属于产品生产者的责任，乙方赔偿后，有权向作为生产者的丙方进行追偿。

(2) 丙方生产的产品存在着危及人身安全的不合理危险，并且已造成了使用者的人身损害。《产品质量法》第 41 条规定，因产品存在缺陷造成人身、他人财产损害的，生产者应当承担赔偿责任。产品责任的构成只需认定：产品缺陷存在、损害事实以及产品缺陷与损害事实之间存在因果关系，即应承担赔偿责任，而不论生产者有无过错。

(3) 丁方生产的漏电保护器无质量缺陷，与造成受害人损害无关，因此丁方不承担责任。

(4) 甲方在安装漏电保护器时，违反安装说明，致使漏电保护器失效。但漏电保护器失灵也不至于造成电器伤人。甲方的过错可适当减轻乙方的责任。

2. (1) 商场拒绝刘某承担赔偿责任的理由不能成立。因为《产品质量法》第 43 条规定，因产品存在缺陷造成人身、他人财产损害的，受害人可以向产品的生产者要求赔偿，也可以向产品的销售者要求赔偿。商场对所售产品的产品质量责任应当承担赔偿责任，商品的使用者应享有与商品购买者相同的权利。

(2) 根据《产品质量法》第 47 条的规定，因产品质量发生民事纠纷时，当事人可以通过协商或者调解解决。当事人不愿通过协商、调解解决或者协商、调解不成的，可以根据当事人各方的协议向仲裁机构申请仲裁；当事人各方没有达成仲裁协议或者仲裁协议无效的，可以直接向人民法院起诉。刘某可以协商、调解，在有仲裁条款的情况下申请仲裁，也可以在诉讼时效之内向法院提起诉讼。

(3)《产品质量法》第 43 条规定：属于产品的生产者的责任，产品的销售者赔偿的，产品的销售者有权向产品的生产者追偿。属于产品的销售者的责任，产品的生产者赔偿的，产品的生产者有权向产品的销售者追偿。因此，本案的最终责任承担者是榨汁机的生产者。

(4)《产品质量法》第 44 条规定，因产品存在缺陷造成受害人人身伤害的，侵害人应当赔偿医疗费、治疗期间的护理费、因误工减少的收入等费用。因此，刘某可以主张的赔偿包括住院费、医药费、治疗费等7 300元，误工费1 500元以及护理费。

论述题与深度思考题

1. 产品责任的归责原则是指据以确定产品的生产者和销售者承担产品责任的基本准则。我国《产品质量法》采取了产品责任的二元归责原则，既适用无过错责任原则，也适用过错责任原则，但以无过错责任原则为主导。不同的责任主体承担不同种类的赔偿责任，采用了多种归责方法。

第一，无过错责任原则的适用。在我国《产品质量法》中，无过错责任原则适用于下列情形：（1）生产者和销售者的直接责任（表面责任）。无论是缺陷产品的生产者还是销售者，对直接责任（表面责任）的承担均适用无过错责任原则，即只要因使用、消费缺陷产品而受到损害的受害人向该产品的生产者、销售者主张赔偿，生产者与销售者不得以无过错主张免责，受害人也无须证明对方的过错。即使是无过错的销售者，也应首先承担直接责任。（2）生产者的最终责任（实质责任）。无过错的销售者向受害者承担直接责任（表面责任）之后，得向生产者追偿，由生产者承担最终责任。销售者只需证明缺陷、损害以及二者之间的因果关系，而无须证明生产者的过错。因此，生产者的最终责任属于无过错责任。如果受害者直接向生产者主张赔偿，于大多数情形，生产者在承担直接责任的同时亦即承担了最终责任，这时也适用无过错责任原则。

凡适用无过错责任作为侵权行为的归责原则，法律一般都规定相应的免责条件。如果侵害人以法定的免责条件进行抗辩，应当举证：（1）法定免责条件之存在；（2）免责条件适用于该案。我国《产品质量法》规定："生产者能够证明有下列情形之一的，不承担赔偿责任：（一）未将产品投入流通的；（二）产品投入流通时，引起损害的缺陷尚不存在的；（三）将产品投入流通时的科学技术水平尚不能发现缺陷的存在的。"

除我国《产品质量法》规定的上述三个免责条件外，还有一些其他免责条件，包括：（1）被告未从事此产品的生产、销售或其他经营活动；（2）受害人的过错，包括误用、滥用、过度使用或不听警示进行改装、拆卸等。

第二，过错责任原则的适用。在我国《产品质量法》中，过错责任原则适用于下列情形：（1）销售者的最终责任。由于销售者的过错使产品存在缺陷的，销售者应承担最终责任。于此情形，如果销售者承担了直接责任，则不得再向生产者追偿；如果生产者承担了直接责任，则生产者可通过证明缺陷是销售者的过错所致，而向销售者追偿。但是，销售者不能指明缺陷产品的生产者，也不能指明缺陷产品的供货者的，销售者即被视为生产者，其对最终责任之承担由适用过错责任原则转化为适用无过错责任原则。（2）运输者、仓储者及中间供货人的最终责任。运输者、仓储者以及介于生产者与销售者之间的中间供货人不是直接责任的承担者，但如果产品的缺陷是因其过错所致，则生产者或销售者在承担了无过错的直接责任之后，可向有过错的运输者、仓储者或中间供货人追偿。运输者、仓储者及中间供货人对这种最终责任之承担所适用的归责原则是过错责任原则。在具体诉讼中，可以另案处理，也可以将他们列为第三人一并处理。

实行无过错责任原则与过错责任原则并存模式，有助于协调、平衡经营者与用户、消费者的关系；既能充分保障受害人的权益，又不致影响经济、科技的发展和产品创新。

（参考资料：刘文华、史际春、徐孟洲主编：《经济法》，7版，北京，中国人民大学出版社，2024；史际春主编：《经济法》，北京，中国人民大学出版社，2015）

2. 经济法的理念是经济社会化条件下的实质公平正义，其核心内容是社会整体经济利益的实现，表现为经济法是公私交融、社会本位法，是平衡协调、综合调整法。政府质量管理是政府通过立法、行政和司法对质量进行引导、管理、监督和控制的活动。完善产品质量立法、提高产品质量是提高社会经济效益的必然要求，是对处于弱势地位的消费者等的质量权益进行保护的必然要求。我国的社会主义市场经济是政府宏观调控下的市场经济，产品质量事关国家经济、百姓生活。产品质量问题制约着我国经济的发展，已不单纯是一个保护消费者利益的问题，政府的引导和监督成为必要。因此我国对产品质量的法律调整采用的是经济法调整模式而非传统的民法模式，即依靠政府的行政权力，综合运用民事、行政、刑事的调整方法，尤其是依靠政府的监督和行政处罚来规范生产者、销售者的行为。《产品质量法》是经济法理念的全面运用与体现，《产品质量法》诠释了经济法的社会整体经济利益最大化理念，体现了公私交融、社会本位、综合调整的经济法本质。

首先，《产品质量法》的立法体例是经济法理念的反映。关于产品质量的立法通常包括两大内容：产品责任法和产品质量管理法。前者是以产品和产品缺陷为基础建立起来的特殊侵权法，后者是以产品和产品质量为基础建立起来的国家管理经济和市场之法，二者的立法目的、立法内容、调整方式、法律执行均有较大区别。大多数国家及有关国际组织均未将二者规定在同一法律文件之中。我国《产品质量法》既规定了政府及具体主管机关的监督职责，又规定了检验、认证等社会中介机构的法律义务；既规定了政府行使质量监督的权力范围，又对政府行使监督权力的方式、程序作出了规范，并规定了政府的法律责任以及防止政府权力滥用的措施；既规定了生产者、销售者的产品质量义务又规定了产品损害赔偿责任，规定的生产者、销售者的义务中既有积极义务又有消极义务的产品损害赔偿责任既规定了产品责任——产品缺陷损害赔偿责任，又规定了产品瑕疵担保责任和销售者的一般侵权责任（过错致产品缺陷造成损害的侵权责任）；既规定了产品损害赔偿责任，又规定了生产者、销售者以及政府的行政责任和刑事责任（罚则）。

《产品质量法》规定了生产者、销售者的义务与责任，行政机关的监督职责与法律责任，社会中介机构的设立及运作；既确认和规范了政府对市场主体的质量监督权力，又对市场主体具体的产品质量权利、义务和责任作出规范，并综合运用民事、行政、刑事的手段调整政府和企业的行为。相比于国外单纯规定缺陷产品侵权责任的产品责任法，我国的产品质量法在内容上的这种公法和私法的融合，是经济法综合运用各种调整手段规范政府和市场主体的行为，国家介入经济生活，以维护社会整体利益之理念的反映。设定行政机关产品质量监督权力和建立产品质量监督制度是该法的重要内容和特色所在，如企业质量体系认证，产品质量认证制度，抽查、检验的产品质量监督检查制度，产品质量监督部门丰富的行政执法手段，等等，都是经济法理念的体现和运用。《产品质量法》将产品责任和对产品质量的监督管理融为一体。

其次，《产品质量法》由单一的产品责任走向综合的产品质量责任。我国的“产品质量责任”在内容上包括产品质量民事责任、产品质量行政责任、产品质量刑事责任，其中，产品质量民事责任既包括产品缺陷损害赔偿责任，又包括产品瑕疵担保责任和销售者的一般侵权责任。我国产品质量法关于产品质量责任的规定体现了立法者这样的考虑：尽管经营者之间的竞争和市场主体主张损害赔偿的方式是促进产品质量提高的重要方式，但在中国目前的条件下，仅仅依靠市场竞争和消费者的监督，尚无法完全解决产品质量问题，必须借助行政权力和行政制裁来督促经营者的产品质量行为。同时，这种产品质量责任的规定也是经济法综合运用各种手段调整市场主体行为的调整方式的体现，是由《产品质量法》的立法体例所决定的，是政府对产品质量的介入和干预在法律上的表现，反映了对产品质量的法律调控由单纯的民法调整向调整手段更为丰富的经济法调整的另一种趋势。

最后，产品质量的监督和法律制裁体现了政府权力对产品质量的介入与强化。政府对产品质量的监督，体现了国家对市场的干预。政府在尊重生产者、销售者自主经营的前提下，从保护消费者的利益、提高一国产品质量水平、维护社会整体利益的角度出发，对生产者、销售者的产品质量行为进行监督，表现在法律上则为我国的《产品质量法》并非一般的民事法，而是包含更多的经济法制度并体现经济法的特征。《产品质量法》在产品质量的监督和罚则的规定中进一步明确了各级政府在产品质量工作中的职责，建立了企业产品质量约束机制，加强了行政执法机关的执法手段，特别是对生产、销售违法行为加大了法律制裁的力度。此外，在对产品质量监督部门以及产品质量检验机构、认证机构等社会中介机构赋予质量监督、质量评价等权力的同时，增加了承担相应法律责任和防止滥用权力的规定。政府对产品质量的介入和干预在《产品质量法》中表现得淋漓尽致，立法者的意图是通过强化质量监督部门的行政职权来促进产品质量的提高。政府的干预和介入成为《产品质量法》立法主要的指导思想，产品质量的监督管理和产品质量的行政制裁成为我国的《产品质量法》的重要内容。在我国，产品质量立法由于其上述特性，更多体现的是经济法的理念和特征，故就其部门法属性而言，整体上应属经济法。

［参考资料：刘文华、史际春、徐孟洲主编：《经济法》，7版，北京，中国人民大学出版社，2024；徐孟洲、谢增毅：《一部颇具经济法理念的产品质量法——兼评我国〈产品质量法〉的修改》，载《法学家》，2001（5）］

第十六章　价格法

知识逻辑图

- 价格法
  - 价格和价格法
    - 价格的概念：价格法规定的价格包括商品价格和服务价格
    - 价格关系的概念：与价格的制定、运行和调控、监督、检查有关的各种关系
    - 价格体系：各种价格形式（种类）按一定序列排列组合的统一体
    - 价格法的作用
      - 用法律形式促进价格合理形成
      - 规范价格行为
      - 发挥价格合理配置资源的功能
      - 促进价格总水平调控目标的实现
      - 干预市场价格的急剧波动
      - 保护经营者和消费者的合法权益
  - 经营者的价格行为
    - 经营者定价的原则与基本依据
    - 经营者的价格权利：自主定价权、政府指导价幅度内的定价权、新产品试销定价权、检举控告权
    - 经营者的价格义务：合理定价、诚实定价、依法定价、明码标价、不为不正当价格行为、接受管理监督的义务
  - 政府的定价行为
    - 政府定价范围
      - 与国民经济发展和人民生活关系重大的极少数商品的价格
      - 资源稀缺的少数商品的价格
      - 自然垄断经营的商品的价格
      - 重要的公用事业的价格
      - 重要的公益性服务的价格
    - 定价目录制定权
    - 政府定价依据：社会平均成本、市场供求状况、国民经济与社会发展要求、社会承受能力等
    - 政府定价的程序
  - 价格的总水平调控和监督检查
    - 价格总水平调控
      - 目标
      - 主要制度
        - 储备调控制度
        - 价格监测制度
        - 价格保护制度
        - 价格波动时的干预制度
    - 价格监督管理
      - 价格主管部门的监督检查
      - 社会监督
  - 违反价格法的法律责任
    - 经营者的法律责任
    - 行业协会的法律责任
    - 国家机关及其工作人员的法律责任

名词解释与概念比较

1. 价格
2. 价格关系
3. 价格体系
4. 政府定价目录
5. 农产品收购保护价
6. 价格监督检查
7. 政府指导价（中国人民大学考研）
8. 市场调节价
9. 政府定价
10. 低价倾销行为
11. 政府价格决策听证（中国人民大学保研）

选择题

（一）单项选择题

我国《价格法》规定的价格机制是（　　）。

A. 市场调节价

B. 政府指导价

C. 政府定价

D. 宏观经济调控下主要由市场形成价格

（二）多项选择题

1. 我国《价格法》规定的“价格”包括（　　）。

A. 商品价格　　B. 服务价格

C. 行政机关收费　　D. 期货价格

2. 实行政府指导价或政府定价的范围包括（　　）。

A. 与国民经济发展和人民生活关系重大的极少数商品价格

B. 资源稀缺的少数商品价格

C. 自然垄断经营的商品价格

D. 重要的公用事业价格和重要的公益性服务价格

3. 下列政府指导价、政府定价应当适用价格听证会的有（　　）。

A. 关系群众切身利益的公用事业价格

B. 公益性服务价格

C. 自然垄断经营的商品价格

D. 资源稀缺的少数商品价格

（三）不定项选择题

1. 我国《价格法》规定的价格形式有（　　）。

A. 市场调节价　　B. 政府指导价

C. 政府定价　　D. 掠夺性定价

2. 当重要商品和服务价格显著上涨或者市场价格总水平出现剧烈波动时，政府可以（　　）。

A. 发放价格补贴　　B. 采取紧急干预措施

C. 召开价格听证会　　D. 寻求中央援助

简答题

1. 简述我国《价格法》的作用。（中国人民大学考研）
2. 简述我国《价格法》规定的价格形式。
3. 简述经营者的价格权利与价格义务。
4. 我国《价格法》如何保护消费者的合法权益？
5. 政府定价的范围。（中国人民大学考研）

参考答案

名词解释与概念比较

1. 在市场经济条件下，价值规律起着主要作用，价值是价格的基础，价格是价值的货币表现，价值决定价格，但是价格并不一定时时等于价值，而是围绕价值上下波动。我国《价格法》所称的价格包括商品价格和服务价格。所谓商品价格是指各类有形产品和无形资产的价格；所谓服务价格是指各类有偿服务的收费。此外，某些商品和服务具有特殊性，不属于《价格法》规定的价格。这主要指两种情况：一种是国家行政机关的收费，其具体管理办法由国务院另行制定；另一种是利率、汇率、保险费率、证券及期货价格，适用有关法律、行政法规的规定，而不适用《价格法》。

2. 价格关系是指与价格的制定、运行和调控、监督检查有关的各种社会关系的总称，它是价格法的调整对象。具体来说，价格关系主要包括以下几种关系：一是价格的制定关系，二是价格的运行关系，三是国家调控价格总水平的关系，四是各级价格主管部门以及广大消费者对价格的监督检查关系。

3. 价格体系是指价格的种类和各种价格形式之间的相互关系的总称。价格体系可以根据不同的标准进行分类。按照国民经济部门分类的价格体系包括工业品价格、农业品价格、交通运输价格、邮政电讯价格、建筑产品价格、服务价格等；按照商品的流通过程和环节分类的价格体系包括工业品出厂价格、农产品收购价格、批发价、零售价、地区差价、季节差价等；按照宏观经济调控进行分类的价格体系包括市场调节价、政府指导价以及政府定价等。

4. 政府定价目录是指由价格主管部门制定的政府指导价和政府定价的依据，它规定了政府指导价和政府定价的定价权限与具体适用范围。政府定价目录可以分为中央定价目录和地方定价目录。中央定价目录由国务院价格主管部门制定、修订，报国务院批准后公布；地方定价目录由省、自治区、直辖市人民政府价格主管部门按照中央定价目录规定的定价权限和具体适用范围制定，经本级人民政府审核同意，报国务院价格主管部门审定后公布。

5. 农产品收购保护价是指在粮食等重要农产品的市场购买价格过低时，政府可以在收购中实行保护价格，并采取相应的经济措施保证其实现。对农产品实行收购保护价，是国家调控价格总水平的一个重要措施。其目的是防止农产品价格的暴落，稳定价格总水平，从而实现宏观经济政策目标。

6. 价格监督检查包括价格监督和价格检查。价格监督包含国家监督和社会监督，其主要任务是对价格的合法性和执行价格中的问题进行监督；国家设立专门机构负责价格监督检查工作，消费者、企业职工、新闻媒体等也有权进行价格监督。价格检查一般是指县级以上各级人民政府价格主管部门，依法对价格活动进行检查，并依照《价格法》的规定对价格违法行为实施行政处罚。

7. 政府指导价，是指依照价格法的规定，由政府价格主管部门或者其他有关部门按照价格权限和范围制度，规定基准价及其浮动幅度以指导经营者的价格。这是兼具计划调节与市场调节功能的价格。经营者在其范围和幅度内制定价格，使之接受政府的指导，不可有所突破，以利于社会经济整体的稳定与发展；它在一定范围给企业以机动余地和自主权利，但在一定程度上对企业有所约束，体现了经济法“经济集中与经济民主对立统一原则”的要求。此种价格仅限于关系国计民生的比较重大的、重要的产品和服务。

8. 市场调节价，是指经营者自主制定、通过市场竞争形成的价格。此种价格是市场经济的基本价格形式，在价格体系中占主导地位。它能够及时、灵敏地反映市场的供求变化和竞争态势。它是实施、实现市场基础型调节的主要手段与机制力量。它既可以给经营者以动力，又必然给经营者以压力。它能充分体现市场的民主和自由，使企业壮大、市场发展。当然，它并非完美无缺的价格形式。由于其参与者个体利益的驱动，它必然也有很大的自发性、盲目性、波动性和滞后性。它既能使人一夜暴富，也能使人一下子倾家荡产，所以也可能毁坏企业、破坏市场。市场调节价适用于绝大多数产品、行业，特别适用于品种繁多、生产周期短、供求能自己平衡的产品和服务。有关国计民生的重要产品和服务应慎用之。

9. 政府定价，是指政府依照价格法的规定，由政府价格主管部门或者其他有关部门按照定价权限和范围制定的、经营者必须执行、不得变动的价格。实行此种价格的产品应是关系国计民生、供求关系弹性小、容易掌握其规律的少数产品和服务，如重要交通运输价格、能源价格。它属于指令性价格，直接体现国家调节的机能，但在实施时也必须遵守价值规律、尊重企业利益。实行此种价格形式在一定程度上限制了企业的自由，但这是社会整体利益的需要，从根本上和长远上说，也是符合企业、经营者本身的利益的。

10. 低价倾销行为，是经营者为排挤竞争对手或独占市场，以低于成本的价格倾销商品。上述成本是指生产成本、经营成本。“以低于成本的价格倾销商品的行为”，包括生产企业销售商品的出厂价格低于其生产成本，或经销企业的销售价格低于其进货成本；也包括采用不正当手段和方式使生产企业实际出厂价格低于其生产成本，或经销企业实际销售价格低于其进货成本。低价倾销行为由价格主管部门认定：跨省区的，由国务院价格主管部门认定；属于省及省以下区域性的，由省级人民政府价格主管部门认定。任何单位和个人均有权向政府价格主管部门举报低价倾销行为。

11. 政府价格决策听证，是指制定或调整实行政府指导价或者政府定价的重要商品和服务价格前，由政府价格主管部门组织社会有关方面，对制定价格的必要性、可行性进行论证。实行价格决策听证，是提高政府价格决策的科学性和透明度、促进政府价格决策的民主化和规范化的必要举措。凡制定或调整列入价格听证目录及政府价格主管部门认为需要听证的商品和服务的价格，都应当按照有关规定举行价格听证。实行价格听证应当遵守的原则有：第一，保护经营者、消费者权益的原则；第二，公正和公开的原则；第三，公平和效率兼顾的原则；第四，程序正当原则；第五，自我监督和自我纠正相结合的原则。

选择题

（一）单项选择题

D。本题考查的是我国的价格机制问题。价格机制是指价格的形成和发挥作用的机制。在改革开放以前，由于长期忽视价值规律的作用和其他一些历史原因，我国的价格形成机制非常混乱，不少商品的价格既不反映价值也不反映供求关系。改革开放以后，我国逐步建立了社会主义市场经济体制，逐渐认识到价格主要是由市场竞争形成的，因此，逐步放开了对大多数商品和服务的价格管制，只对极少数商品和服务的价格实行政府干预。在这一背景下，我国《价格法》规定，我国实行并逐步完善宏观经济调控下主要由市场形成价格的机制。因此，选项D为正确答案。

（二）多项选择题

1. AB。本题考查的是《价格法》界定的“价格”的含义。我国《价格法》第2条规定，本法所称价格包括商品价格和服务价格，商品价格是指各类有形产品和无形资产的价格，服务价格是指各类有偿服务的收费。因此，A项和B项为正确答案。同时，《价格法》第47条第1款规定，国家行政机关的收费具体管理办法由国务院另行制定；第2款规定，利率、汇率、保险费率、证券以及期货价格，适用有关法律、行政法规的规定，不适用本法。因此，C项和D项不选。

2. ABCD。本题考查的是我国政府指导价和政府定价的适用范围。我国《价格法》第18条规定，下列商品和服务价格，政府在必要时可以实行政府指导价或者政府定价：（1）与国民经济发展和人民生活关系重大的极少数商品价格；（2）资源稀缺的少数商品价格；（3）自然垄断经营的商品价格；（4）重要的公用事业价格；（5）重要的公益性服务价格。因此，本题全部选项均为正确。

3. ABC。本题考查的是价格听证会的适用情形。我国《价格法》第23条规定，制定关系群众切身利益的公用事业价格、公益性服务价格、自然垄断经营的商品价格等政府指导价、政府定价，应当建立听证会制度。因此，本题应当选择ABC。

（三）不定项选择题

1. ABC。本题考查的是我国《价格法》对价格形式的规定。《价格法》第3条规定，我国大多数商品和服务价格实行市场调节价，极少数商品和服务价格实行政府指导价或政府定价。因此，我国的价格形式有三种，即市场调节价、政府指导价和政府定价。市场调节价是指由经营者自主制定，通过市场竞争形成的价格；政府指导价是指由政府价格主管部门或者其他有关部门，按照定价权限和范围规定基准价及其浮动幅度，指导经营者制定的价格；政府定价是指由政府价格主管部门或其他有关部门，按照定价权限和范围制定的价格。因此，A、B、C项为正确选项。

掠夺性定价是竞争法中的概念，它是指拥有市场支配地位的企业为了排挤竞争对手而故意以明显不合理的低价格销售商品的行为。掠夺性定价是各国反垄断法的重要规制对象。一般认为，掠夺性定价的构成要件有：行为主体具有市场支配地位；主观上具有排挤竞争对手的直接意图；客观上实施了不合理的低价销售，对相关市场竞争造成了损害。由此可见，掠夺性定价是反垄断法中的重要内容，它本质上是一种违反法律和市场竞争规则的行为，与价格法规定的价格形式有着本质上的区别，因此，选项D不正确。

2. B。根据《价格法》第30条的规定，当重要商品和服务价格显著上涨或者有可能显著上涨时，国务院和省、自治区、直辖市人民政府可以对部分价格采取限定差价率或者利润率、规定限价、实行提价申报制度和调价备案制度等干预措施。省、自治区、直辖市人民政府采取前述干预措施，应当报国务院备案。故B选项正确。A选项错误：发放价格补贴实质是对经营者或消费者所受经济利益损失的补偿。C选项错误：价格听证会是政府在作出价格决策时应当听取相关意见的形式。法律未规定向中央寻求援助的救济方式，故D选项错误。

简答题

1. 我国《价格法》的根本作用是用法律形式促进价格合理形成，维系市场机制正常运行，为市场优化资源配置创造公平竞争的环境。具体来说，《价格法》的作用包括以下几个方面的：

第一，用法律形式促进价格合理形成。随着社会主义市场经济的建立和完善，国家实行并逐步完善宏观经济调控下主要由市场形成价格的机制，高度集中、僵化的价格管理体制被打破，以市场调节价为主的价格机制已经形成。在促进合理的价格体系和价格模式的形成方面，《价格法》起着极其重要的作用。

第二，规范价格行为，发挥价格合理配置资源的功能。《价格法》明确规定了经营者的价格行为和政府的定价行为，这对于政府不得用行政手段来干预经营者的价格行为起着重要的作用。由于价格由经营者自主制定，它能够充分反映市场竞争的情况，也就能够充分发挥价格合理配置资源的功能，从而进一步起到推动我国社会主义市场经济健康发展的作用。

第三，稳定市场价格总水平。《价格法》用专章规定了以宏观调控的手段稳定市场价格总水平，并明确规定稳定市场价格总水平是国家重要的宏观调控目标。国家将市场价格总水平的调控目标列入国民经济和社会发展规划，并采取了一系列经济、法律、行政的措施保证价格总水平的基本稳定，这对于加强和改善宏观经济调控、维护社会经济秩序起着重要的作用。

第四，保护经营者和消费者的合法权益。保护消费者的价格权益是《价格法》的立法宗旨之一。《价格法》严禁损害消费者利益的各种不正当价格行为，明确规定经营者因价格违法行为给消费者造成损失的，应当负赔偿责任；同时它还赋予消费者参与政府定价的权利，明确消费者有权对各种价格活动进行监督、对价格违法行为进行举报，并受到有关部门的保护。所以，《价格法》的制定和颁布对于保障经营者和广大消费者的合法权益起着积极的作用。

2. 根据我国《价格法》第 3 条的规定，我国的主要价格形式有市场调节价、政府指导价和政府定价。市场调节价是指由经营者自主制定，通过市场竞争形成的价格。政府指导价是指由政府价格主管部门或者其他有关部门，按照定价权限和范围规定基准价及其浮动幅度，指导经营者制定的价格。政府定价是指由政府价格主管部门或其他有关部门，按照定价权限和范围制定的价格。

这三种价格形式的主要差别在于制定者、制定依据和适用对象不同。（具体参见下表）

价格形式	市场调节价	政府指导价	政府定价
概念	市场调节价是指由经营者自主制定，通过市场竞争形成的价格	政府指导价是指由政府价格主管部门或者其他有关部门，按照定价权限和范围规定基准价及其浮动幅度，指导经营者制定的价格	政府定价是指由政府价格主管部门或其他有关部门，按照定价权限和范围制定的价格
制定者	经营者是指从事生产、经营商品或者提供有偿服务的法人、其他组织和个人	政府价格主管部门或者其他有关部门	政府价格主管部门或者其他有关部门
制定依据	公平、合法和诚实信用的原则，生产经营成本和市场供求状况	政府定价目录，包括中央和地方的定价目录	政府定价目录，包括中央和地方的定价目录
适用对象	大多数商品和服务	极少数商品和服务的价格，主要包括：与国民经济发展和人民生活关系重大的极少数商品价格；资源稀缺的少数商品价格；自然垄断经营的商品价格；重要的公用事业价格；重要的公益性服务价格	极少数商品和服务的价格，主要包括：与国民经济发展和人民生活关系重大的极少数商品价格；资源稀缺的少数商品价格；自然垄断经营的商品价格；重要的公用事业价格；重要的公益性服务价格

3. 经营者享有的价格权利包括：第一，自主制定市场调节价。这是市场经济的必然要求，也是使市场主体真正成为自主经营、自负盈亏的商品经营者的需要。经营者应当遵循公平、合法和诚实信用原则，根据生产经营成本和市场供求状况来自主制定商品和服务价格。第二，在政府指导价规定的幅度内制定价格。经营者有权按照中央和地方定价目录，根据有关商品

或服务的社会平均成本的变化和市场供求情况，灵活地确定商品或服务价格。第三，制定属于政府指导价、政府定价产品范围内的新产品的试销价格，特定产品除外。第四，检举、控告侵犯其依法自主定价权利的行为。

经营者承担的价格义务包括：第一，经营者应当遵守法律、法规，执行依法制定的政府指导价、政府定价和依法采取的价格干预措施与紧急措施。第二，经营者应当按照政府价格主管部门的规定，明码标价，注明商品的名称、产地、规格、等级、计量单位、价格等有关情况。第三，经营者不得在标价之外加价出售，不得收取未标明的费用。第四，经营者不得从事不正当的价格行为：（1）互相串通，操纵市场价格，损害其他经营者和消费者的合法权益；（2）除依法降价处理鲜活商品、季节性商品、积压商品外，为了排挤竞争对手或独占市场，以低于成本的价格倾销，扰乱正常的生产经营秩序，损害国家利益或者其他经营者的合法权益；（3）捏造、散布涨价信息，哄抬价格，推动商品价格过高上涨；（4）利用虚假的或者引人误解的价格手段，诱骗消费者或者其他经营者与其进行交易；（5）提供相同商品或服务，对具有同等交易条件的其他经营者实行价格歧视；（6）采取抬高等级或压低等级等手段收购、销售商品或提供服务，变相提高或压低价格；（7）违反法律、法规的规定谋取暴利；（8）法律、法规禁止的其他不正当价格行为。

4. 随着市场经济的发展，消费者的合法权益保护逐步受到关注。我国也颁布了专门保护消费者合法权益的法律——《消费者权益保护法》。但是，消费者权益保护问题不是这一部法律就能够解决的，它也需要多种法律的相互配合。在价格法律制度领域，不论是经营者的定价行为还是政府定价，都直接涉及保护消费者的价格权益问题。因此，保护消费者的价格权益，就成为价格法的主要立法宗旨之一。我国《价格法》在对价格领域的基本制度作出规定的同时，也采取了一系列的措施来保护消费者的价格权益，主要体现为：

第一，《价格法》严格禁止价格欺诈、价格歧视、价格垄断以及变相涨价、乱涨价等损害消费者利益的各种不正当价格行为，并明确规定经营者因价格违法行为给消费者造成损害的，应当依法承担赔偿责任。

第二，《价格法》赋予消费者参与政府定价的权利，要求政府在制定关系人民群众切身利益的公用事业价格、公益性服务价格以及自然垄断经营的商品价格时，不但要听取经营者的意见，更要通过听证会制度听取消费者的意见。政府指导价和政府定价制定后，应当向消费者公布，消费者可以对政府指导价、政府定价提出调整建议。

第三，《价格法》明确规定消费者有权对各种价格活动进行监督，有权对价格违法行为进行举报，并受价格部门的保护。

5. 政府指导价是指依照《价格法》的规定，由政府价格主管部门或者其他有关部门按照价格权限和范围制度，规定基准价及其浮动幅度以指导经营者的价格。基于社会整体利益、长远利益的需要，一些关系国计民生的商品和服务的价格由国家调控，实行政府定价、政府指导价。

政府定价的范围包括：（1）与国民经济发展和人民生活关系重大的极少数商品价格；（2）资源稀缺的少数商品价格；（3）自然垄断经营商品的价格；（4）重要的公用事业价格；（5）重要的公益性服务价格。

第十七章　会计、审计法律制度

知识逻辑图

- 会计、审计法律制度
  - 会计法律制度
    - 会计法的调整对象
      - 会计
      - 会计关系——会计关系的特征
    - 会计法的适用范围
    - 会计法确定的会计原则
      - 真实、完整性原则
      - 合法性原则
      - 统一领导、分级管理原则
      - 制度统一性原则
    - 会计法的基本内容
      - 会计核算
        - 会计核算的概念
        - 会计核算的内容
        - 会计年度和记账本位币
        - 会计核算的基本要求
        - 建立会计档案制度
      - 会计监督
        - 会计监督概述
        - 会计监督体系
          - 单位内部会计监督
          - 政府部门会计监督
          - 社会会计监督
      - 会计机构和会计人员：职权
        - 会计监督权
        - 获得奖励权利
        - 名誉和职务级别恢复权
      - 法律责任
        - 违反会计核算基本要求的法律责任
        - 制作虚假会计资料、隐匿或者销毁会计资料的法律责任
        - 强令会计机构及人员制作虚假会计资料的法律责任
        - 单位负责人打击报复会计人员的法律责任
        - 政府部门及其工作人员的法律责任

- 会计、审计法律制度
  - 审计法律制度
    - 审计和审计法的概念
      - 审计：一项具有独立性的经济监督活动
        - 三个特征
        - 分类
          - 国家审计（政府审计）
          - 社会审计
          - 内部审计
      - 审计关系
    - 审计监督制度
      - 审计机关和审计人员
      - 审计机关审计监督的对象
      - 审计机关的职责
      - 审计机关的权限
      - 审计程序
    - 内部审计和社会审计
      - 内部审计
        - 概念：由部门或单位内部相对独立的审计机构和人员进行
        - 内部审计机构
        - 内部审计机构和审计人员的职权
      - 社会审计
        - 概念：由社会审计组织进行
        - 社会审计组织和人员
        - 社会审计组织和人员的业务范围和职权
    - 违反审计法的法律责任

名词解释与概念比较

1. 会计与审计（中国人民大学保研）
2. 会计法与审计法
3. 会计监督与审计监督（中国人民大学考研）
4. 国家审计、内部审计与社会审计（中国人民大学考研）
5. 会计核算
6. 会计关系

选择题

（一）单项选择题

1. 下列项目中，我国《会计法》中未作规定的是（　　）。

A. 采用借贷记账法

B. 记账本位币

C. 会计年度

D. 会计核算对象和内容

2. 我国《会计法》明确规定，会计机构内部应当建立什么制度？（　　）

A. 稽核制度　　B. 审计制度

C. 管理制度　　D. 监督制度

3. 某单位会计甲在审查业务员乙交来的一张购买原材料的发票时，发现该发票在产品及规格等栏目中所填内容与实际采购情况有较大差异。甲、乙二人到仓库进行核对后，由乙在发票上进行更正并写了书面说明，甲将这张发票和乙的书面说明一起作为原始凭证入账。下列关于此事的说法哪一个是错误的？（　　）（司考改编）

A. 甲应将发票连同乙的书面说明交单位负责人审查签字后才能入账

B. 甲有权拒绝接受这张发票，并向单位负责人报告

C. 乙无权对原始凭证记载的内容加以更改

D. 乙应将这张发票拿回出票单位要求重开或更正

4. 某公司的会计人员甲伪造会计账簿，情节轻微且尚不构成犯罪，根据《会计法》的规定，甲的违法行为的法律后果是（　　）。

A. 处以 10 万元以上 50 万元以下的罚款，并吊销会计从业资格证书

B. 处以 5 万元以上 10 万元以下的罚款，并吊销会

计从业资格证书

C. 予以警告，并处以 5 万元以上 10 万元以下的罚款

D. 予以警告，处以 2 000 元以上 2 万元以下的罚款

5. 根据《会计法》的规定，一般会计人员因调动工作或者离职办理交接手续时，负责监交的人员应当是（　　）。

A. 其他会计人员

B. 会计机构负责人

C. 单位负责人

D. 财政部门派出人员

6. 根据《会计法》的规定，作为会计监督的手段，会计机构、会计人员对记载不准确、不完整的原始凭证，有权作出什么样的决定？（　　）

A. 不予受理

B. 予以退回，要求更正、补充

C. 予以纠正和制止

D. 向单位领导出具书面意见，要求处理

7. 根据我国《会计法》的规定，我国会计年度的期间为（　　）。

A. 公历 1 月 1 日起至 12 月 31 日止

B. 农历 1 月 1 日起至 12 月 31 日止

C. 公历 4 月 1 日起至次年 3 月 31 日止

D. 农历 10 月 1 日起至次年 9 月 30 日止

8. 某市财政局对该市技术监督局进行财务会计检查时，发现该局存在编制虚假财务报告的情况，没有违法所得。根据《会计法》的有关规定，如果上述行为不构成犯罪，财政局可对技术监督局处以罚款。该罚款的数额范围是（　　）。

A. 3 000 元以上 5 万元以下

B. 5 000 元以上 5 万元以下

C. 20 万元以上 200 万元以下

D. 50 万元以上 500 万元以下

9. 对有些会计核算和会计监督有特殊要求的行业，允许国务院有关部门依照《会计法》和国家统一的会计制度制定具体办法或者补充规定，但必须报经国务院财政部门（　　）。

A. 审核批准　　B. 备案

C. 审核批准并备案　　D. 讨论

10. 下列关于《会计法》相关规定的表述哪项是正确的？（　　）

A. 会计机构、会计人员发现会计账簿记录与实物、款项及有关资料不相符的，应当立即向单位负责人报告，请求查明原因，作出处理

B. 单位内部的会计事务管理关系不属《会计法》调整，依单位规章制度执行

C. 单位负责人对本单位会计工作的真实性负责，会计人员对会计资料的真实性负责

D. 在依法设置的会计账簿之外，另设会计账簿的行为是违法行为

11. 各单位内部会计监督制度要求，有关人员与经济业务事项和会计事项的审批人员、经办人员、财物保管人员的职责权限应当明确，并相互分离、相互制约。该有关人员是指（　　）。

A. 会计人员　　B. 记账人员

C. 审计人员　　D. 审核人员

12. 我国地方审计机关是省、自治区、直辖市、设区的市、自治州、县、自治县、不设区的市、市辖区的人民政府的审计机关，实行（　　）。

A. 单一领导体制　　B. 双重领导体制

C. 多重领导体制　　D. 独立型模式

13. 根据《审计法》的规定，下列关于财政收支审计工作报告制度的表述，哪项是不正确的？（　　）

A. 国务院和县级以上地方人民政府应当每年向本级人民代表大会常务委员会提出审计工作报告。

B. 审计工作报告应当重点报告对资金用途的审计情况

C. 人民代表大会常务委员会必要时可以对审计工作报告作出决议

D. 国务院和县级以上地方人民政府应当将审计工作报告中指出的问题的纠正情况和处理结果向本级人民代表大会常务委员会报告

14. 根据《审计法》的规定，下列关于审计机构和审计人员的表述哪项是正确的？（　　）

A. 审计机关履行职责所必需的经费，应当列入财政预算予以保证

B. 审计机关根据工作需要，经本级人民政府批准，可以在其审计管辖范围内派出审计特派员

C. 审计人员办理审计事项，与审计事项有利害关系的，应当回避

D. 审计机关负责人依照法定程序任免，审计机关负责人没有违法失职或者其他不符合任职条件的情况的，不得随意撤换。地方各级审计机关负责人的任免，应当事先征求本级人民政府的意见

15. 以下关于内部审计、社会审计的表述不准确的是（　　）。

A. 被审计单位应当加强对内部审计工作的领导，按照国家有关规定建立健全内部审计制度

B. 审计机关应当对被审计单位的内外审计工作进行业务指导和监督

C. 社会审计的主体是注册会计师，独立性、有偿性和服务对象的社会性是社会审计的基本特征

D. 社会审计机构审计的单位依法属于被审计单位的，审计机关按照国务院的规定，有权对该社会审计机构出具的相关审计报告进行核查

16. 下列关于审计机关审计权限的描述，哪项是正确的？（　　）

A. 审计机关进行审计时，有权就审计事项的有关问题向有关单位和个人进行调查，在取得本级人民政府批准后有权取得有关证明材料

B. 审计机关经上一级人民政府审计机关负责人批准，有权查询被审计单位在金融机构的账户

C. 审计机关有证据证明被审计单位违反国家规定将公款转入其他单位、个人在金融机构账户的，经县级以上人民政府审计机关主要负责人批准，有权查询有关单位、个人在金融机构与审计事项相关的存款

D. 审计机关进行审计时，被审计单位不得转移、隐匿、篡改、毁弃财务、会计资料以及与财政收支、财务收支有关的业务、管理等资料，不得转移、隐匿、故意毁损所持有的违反国家规定取得的资产

17. 下列关于审计程序的叙述不正确的是（　　）。

A. 审计机关根据经批准的审计项目计划确定的审计事项组成审计组，并应当在实施审计 3 日前，向被审计单位送达审计通知书

B. 遇有特殊情况，经上一级人民政府批准，审计机关可以直接持审计通知书实施审计

C. 审计人员通过审查财务、会计资料，查阅与审计事项有关的文件、资料，检查现金、实物、有价证券和信息系统，向有关单位和个人调查等方式进行审计，并取得证明材料

D. 向有关单位和个人进行调查时，审计人员应当不少于 2 人，并出示其工作证件和审计通知书副本

18. 某市审计局 2023 年 6 月 20 日开会决定对该市国有事业单位 A 进行审计，该审计局的下列审计活动中，哪项不符合关于审计程序的法律规定？（　　）

A. 经本级人民政府批准，审计组 6 月 25 日直接持审计通知书实施审计

B. 审计组的审计报告报送审计机关前，征求事业单位 A 的意见

C. 事业单位 A 于 8 月 25 日接到审计组的审计报告，9 月 8 日将其书面意见送交审计组

D. 审计组将被审计对象的书面意见一并报送审计机关。审计机关按照审计署规定的程序对审计组的审计报告进行审议，并对被审计单位对审计组的审计报告出具的意见一并研究后，提出审计机关的审计报告

19. 下列关于审计决定作出的叙述，哪项是正确的？（　　）

A. 对违反国家规定的财政收支、财务收支行为，依法应当给予处理、处罚的，应当作出审计决定，报请有关主管机关进行处理、处罚

B. 审计机关应当仅将审计机关的审计决定送达被审计单位和有关主管机关、单位

C. 审计决定自送达之次日起生效

D. 上级审计机关认为下级审计机关作出的审计决定违反国家有关规定的，可以责成下级审计机关予以变更或者撤销，必要时也可以直接作出变更或者撤销的决定

20. 下列关于违反《审计法》的法律责任的表述不正确的是（　　）。

A. 被审计单位违反本法规定，转移、隐匿、篡改、毁弃财务、会计资料以及与财政收支、财务收支有关的业务、管理等资料，或者转移、隐匿、故意毁损所持有的违反国家规定取得的资产，审计机关认为对直接负责的主管人员和其他直接责任人员依法应当给予处分的，应当向被审计单位提出处理建议，或者移送监察机关和有关主管机关、单位处理，有关机关、单

位应当将处理结果书面告知审计机关；构成犯罪的，依法追究刑事责任

B. 审计机关依法责令被审计单位上缴应当上缴的款项，被审计单位拒不执行的，审计机关应当予以扣缴或者采取其他处理措施，并将结果书面通知审计机关

C. 被审计单位的财政收支、财务收支违反国家规定，审计机关认为对直接负责的主管人员和其他直接责任人员依法应当给予处分的，应当向被审计单位提出处理建议，或者移送监察机关和有关主管机关、单位处理，有关机关、单位应当将处理结果书面告知审计机关

D. 被审计单位违反本法规定，拒绝、拖延提供与审计事项有关的资料的，或者提供的资料不真实、不完整的，或者拒绝、阻碍检查、调查、核实有关情况的，由审计机关责令改正，可以通报批评，给予警告；拒不改正的，依法追究法律责任

21. 下列审计活动中，符合审计程序的法律规定的是（　　）。

A. 对较小企业单位的审计采取独任审机制，即由一个审计人员单独进行

B. 实施审计前未向被审计单位的上级主管部门通报情况

C. 实施审计 3 日前未向被审计单位送达审计通知书

D. 审计人员进行调查时，未出示审计人员的工作证件和审计通知书副本

22. 某县开展扶贫资金专项调查，对申请财政贴息贷款的企业进行核查。审计中发现某企业申请了数百万元贴息贷款，但其生产规模并不需要那么多，遂要求当地农业银行、扶贫办和该企业提供贷款记录。对此，下列哪一说法是正确的？（　　）（司考改编）

A. 只有审计署才能对当地农业银行的财政收支情况进行审计监督

B. 只有经银监机构同意，该县审计局才能对当地农业银行的财务收支进行审计监督

C. 该县审计局对当地扶贫办的财务收支，有权进行审计监督。

D. 申请财政贴息的该企业并非国有企业，故该县审计局无权对其进行审计调查

（二）多项选择题

1. 会计法确定的会计原则是指导会计活动，对会计核算、会计监督等活动的基本要求，我国《会计法》总则中规定的会计的原则有（　　）。

A. 合法性原则

B. 统一领导分级管理原则

C. 制度统一性原则

D. 会计核算的合理性原则

2. 根据我国《会计法》的规定，下列经济业务事项中，应当办理会计手续，进行会计核算的有（　　）。

A. 资产的增减和使用

B. 负债的增减

C. 收入、支出、费用、成本的增减

D. 财务成果的计算和处理

3. 财政部门对各单位会计工作的监督，下列选项符合规定的有（　　）。

A. 监督各单位是否依法设置会计账簿

B. 监督从事会计工作的人员是否具备从业资格

C. 对监督单位正在进行的违反国家规定的财政收支、财务收支行为，予以制止

D. 对原始凭证进行审核

4. 会计档案是指（　　）等会计核算资料，它是记录和反映经济业务的重要史料和证据，应当依法妥善保管。

A. 会计管理文件

B. 会计凭证

C. 会计账簿

D. 会计报表

5. 公司、企业必须根据实际发生的经济业务事项，按照国家统一的会计制度的规定确认、计量和记录资产、负债、所有者权益、收入、费用、成本和利润。公司、企业进行会计核算不得有下列行为（　　）。

A. 随意改变资产、负债、净资产（所有者权益）的确认标准或者计量方法，虚列、多列、不列或者少列资产、负债、净资产（所有者权益）

B. 虚列或者隐瞒收入，推迟或者提前确认收入

C. 随意改变费用、成本的确认标准或者计量方法，虚列、多列、不列或者少列费用、成本

D. 随意调整利润的计算、分配方法，编造虚假利润或者隐瞒利润

6. 审计机关依法对财政收支或者财务收支的（　　），

进行审计监督。

A. 合法　　B. 效益

C. 真实　　D. 损益

7. 某县审计局4月20日开会决定对该县国有企业A进行审计，22日该审计局的一名审计人员先期到达A企业进行审计，审计过程中发现A企业与该县另一企业B之间的一笔购销木材合同存在疑点，遂决定到B企业进行调查。4月29日，该审计局的两名审计人员来到B企业，并向B企业的负责人口头说明了自己的身份，要求其提供与A企业木材购销合同的相关情况。该审计局的上述审计活动中，哪些不符合关于审计程序的法律规定？（　　）（司考改编）

A. 实施审计前未组成审计组

B. 实施审计前未向被审计单位的上级主管部门通报情况

C. 实施审计3日前未向被审计单位送达审计通知书

D. 审计人员进行调查时，未出示审计人员的工作证件和审计通知书副本

8. 根据《审计法》，以下哪些内容构成审计监督的对象？（　　）

A. 北京大学将100万元拨款投资于建筑职工宿舍

B. 新疆维吾尔自治区民政厅向某受灾地区拨款100万元

C. 中国工商银行总行购入一辆豪华进口轿车，花去200万元

D. 诺基亚公司为产品宣传投资广告费300万元

9. 审计机关进行审计时，有权检查被审计单位的（　　）以及与财政收支、财务收支有关的业务、管理等资料和资产，有权检查被审计单位信息系统的安全性、可靠性、经济性，被审计单位不得拒绝。

A. 财务资料

B. 会计资料

C. 财务收支计划

D. 财务会计报告

10. 对本级各部门（含直属单位）和下级政府违反预算的行为或者其他违反国家规定的财政收支行为，审计机关、人民政府或者有关主管机关、单位在法定职权范围内，依照法律、行政法规的规定，区别情况采取下列处理措施：（　　）。

A. 责令限期缴纳应当上缴的款项

B. 责令限期退还被侵占的国有资产

C. 责令限期退还违法所得

D. 责令按照国家统一的财务、会计制度的有关规定进行处理

11. 下列哪些属于审计机关的审计监督范围？（　　）（司考改编）

A. 国家的事业组织和使用财政资金的其他事业组织的财务支出

B. 国有金融机构和国有企业的资产、负债、损益

C. 政府投资的建设项目的财务收支

D. 国际组织贷款项目的财务收支

12. 根据审计法的规定，审计机关有权对下列哪些行为进行监督？（　　）

A. 国有资源、国有资产

B. 社会保障基金、社会捐赠资金等的财务收支

C. 国家的事业组织财务收支

D. 各项大型建设项目的预算的执行情况和决算

13. 某县污水处理厂系扶贫项目，由地方财政投资数千万元，某公司负责建设。关于此项目的审计监督，下列哪些说法是正确的？（　　）（司考改编）

A. 审计机关对该项目的预算执行情况和决算，进行审计监督

B. 审计机关经银保监局局长批准，可冻结该项目在银行的存款

C. 审计组应在向审计机关报送审计报告后，向该公司征求对该报告的意见

D. 审计机关对该项目作出审计决定，而上级审计机关认为其违反国家规定的，可直接作出变更或撤销的决定

14. M省为了控制用电量，规定银行给发电厂的贷款比例不能超过5%。但甲国有银行给M省K市某发电厂的贷款比例是6%，给M省L市某发电厂的贷款比例是30%。因有人匿名举报此事，银行内部开始进行审计工作，并在确认此事属实后报告给有关审计机关。但K市和L市的审计机关对审计管辖范围产生了争议。对此，下列说法正确的有（　　）。（法考改编）

A. 应由K市和L市审计机关协商确定管辖

B. 应由M省审计机关决定本案管辖

C. 审计机关可以对甲银行的内部审计工作进行业务上的指导和监督

D. 审计机关由本级政府领导，并向本级政府报告

甲银行的审计调查结果

（三）不定项选择题

1. 根据我国《会计法》的规定，下列行为中，属于违法会计行为的有（　　）。

A. 未按照规定保管会计资料，致使会计资料毁损、灭失的行为

B. 未按照规定建立并实施单位内部会计监督制度的行为

C. 向不同的会计资料使用者提供的财务会计报告编制依据不一致的行为

D. 任用不具有会计从业资格的人员从事会计工作的行为

2. 根据我国《会计法》的规定，对外报送的会计报表必须由单位有关负责人签名或者盖章，以明确责任。下列各项中，属于应当在会计报表上签名或者盖章的有关负责人有（　　）。

A. 会计员

B. 内部审计机构负责人

C. 会计机构负责人

D. 单位负责人

3. 根据我国《会计法》的规定，单位内部会计监督的主体是指（　　）。

A. 财政、审计、税务机关

B. 注册会计师及会计师事务所

C. 本单位的会计机构和会计人员

D. 本单位的内部审计机构及其人员

4. 省审计厅对省级预算执行情况和其他财政收支情况进行审计监督，向（　　）提出审计结果报告。

A. 审计署

B. 省政府

C. 省人大

D. 省人大常委会

5. 以下关于审计管辖范围的表述，哪项是不正确的？（　　）

A. 审计机关根据被审计单位的财政、财务隶属关系确定审计管辖范围

B. 审计机关根据国有资产监督管理关系确定审计管辖的范围

C. 审计机关之间对审计管辖范围有争议的，报请审计署确定

D. 上级审计机关可以将其审计管辖范围内的所有审计事项，授权下级审计机关进行审计；上级审计机关对下级审计机关审计管辖范围内的重大审计事项，可以直接进行审计

6. 审计机关有权直接采取以下措施：（　　）。

A. 查封资产　　B. 封存账册和资产

C. 查询存款　　D. 冻结账户

7. 国家实行审计监督制度。为加强国家的审计监督，全国人大常委会于 1994 年通过了《审计法》，并于 2021 年进行了修正。关于审计监督制度，下列哪些理解是正确的？（　　）（司考改编）

A.《审计法》的制定与执行是在实施宪法的相关规定

B. 地方各级审计机关对本级人大常委会和上一级审计机关负责

C. 国务院各部门和地方各级政府的财政收支应当依法接受审计监督

D. 国有的金融机构和企业事业组织的财务收支应当依法接受审计监督

8. 曙光公司是提供燃气的国有企业，审计机关对审计曙光公司进行审计时，有证据证明曙光公司将用户缴纳的燃气费以职工马某的名义另行存储，并篡改会计账簿。为防止用户资金流失，审计机关认为有必要采取相应措施。关于审计机关可采取的措施，下列哪些选项是正确的？（　　）（法考改编）

A. 冻结燃气公司和员工马某涉嫌转移的银行账户

B. 查询曙光公司以马某名义在银行的存款

C. 封存曙光公司会计账簿

D. 查询曙光公司银行账户

简答题

1. 简述会计监督法律制度的基本内容。

2. 简述 2021 年修正的《审计法》关于审计机关职责的规定。

3. 简述 2021 年修正的《审计法》关于审计机关权限的规定。

案例分析题

2024 年 9 月，刚刚通过考试取得会计从业资格证书的李某，被公司从办公室调到财务科担任出纳，公

司原出纳张某调到销售科。李某与张某在办理会计工作交接手续后，因会计科科长在外地出差，遂指定财务科一名会计负责监交工作。在办理交接过程中，李某发现存在“白条顶库”问题，随即电话向会计科科长汇报，会计科科长指示李某先办理完交接手续，并责成李某接管出纳工作后，再对“白条顶库”问题逐个查清处理。随后，李某、张某及监交人在移交清册上签字并盖章。12 月，李某在办理报销工作中，发现采购科送来报销的 3 张由购货方开具的发票有更改现象：其中 2 张发票分别更改了数量和用途，另外 1 张发票更改了金额；该 3 张发票的更改处均盖有出具单位的业务印章。尽管李某一开始犹豫了一下，但考虑到 3 张发票已经公司总经理、财务科科长签字同意，最后均予以报销。（改编自北京市会计从业《财经法规与职业道德》试题）

请根据会计法律制度的有关规定，回答下列问题：

（1）李某与张某办理会计工作交接中是否有不符合规定之处？简要说明理由。

（2）李某对 3 张更改的发票予以报销的做法是否符合规定？应如何处理？

参考答案

名词解释与概念比较

1.

会计	审计
会计是以货币作为统一尺度，以各种凭证为依据，按照法定程序，通过专门的会计技术方法，对一切国家机关、社会团体、企业和事业单位、其他组织（统称单位）的经济活动和财务收支情况进行全面、系统、真实、完整、连续的记录、计算、分析、总结，以取得合法、合理、最佳宏观和微观经济效益为目的，并对它们进行经济管理和经济监督的一种经济活动	审计是独立于被审计的机构和人员，对被审计单位的财政、财务收支及有关的经济活动的真实、合法和效益进行审查、评价的一种监督活动。审计既是经济监督的一种形式，又是经济监督的一种方法

2.

会计法	审计法
会计法是调整会计关系的法律规范的总称。会计关系是指国家在管理会计工作过程中，会计机构、会计人员在办理会计事务过程中所发生的经济关系。会计法作为国家管理经济活动的一种法律手段，它属于经济监督法的范畴，是现代国家进行经济管理时所运用的法律的重要组成部分，是实现经济管理职能的法律。它对于加强宏观调控和改善微观经营，提高国民经济管理水平和企事业单位的经营素质，提高经济效益和社会效益都是很重要的	审计法是调整审计关系的法律规范的总称。所谓审计关系，是指审计机构和审计人员运用正确的方法，在对被审计单位的预算和财政收支、财务收支状况及其记录进行审核、评价等活动过程中所发生的一种经济监督关系。审计法有广义和狭义之分，狭义的审计法仅指调整国家审计关系的法，广义的审计法则指调整包括国家审计、民间审计、内部审计在内的各种审计关系的法

3.

会计监督	审计监督
会计监督是指会计机构和会计人员按照法律的规定，通过会计手续对经济活动的合法性、合理性和有效性进行的一种监督。通过会计监督可以防止和消除会计核算中的差错、遗漏，保证会计数字的真实、准确和完整；可以随时发现财务收支和资金运用中的成果、经验，保证资金合理、有效地运用；还可以防止各种违反制度规定的财务收支；等等	审计监督是指审计机关和审计人员依照法律规定的职权和程序，通过检查会计账目等，对被审计单位财政收支的真实、合法、效益进行经济监督的一种制度。审计监督法律制度包括下列内容：审计机关和审计人员、审计监督的对象、审计机关的职责、审计机关的权限、审计程序

4.

国家审计	内部审计	社会审计
国外通常称之为政府审计，是指由专门设立的国家审计机关依法对公共资金的运用状况进行的审计。该类审计多具有法定性、强制性，目的是实施国家的经济或财政监督	内部审计是指由部门或单位内部相对独立的审计机构和审计人员对本部门或本单位的财政收支、财务收支、经营管理活动及其经济效益进行审核和评价，查明真实性、正确性、合法性和有效性，提出意见和建议的一种专职经济监督活动。该类审计原则上应由市场及社会主体自定，但我国的在一定范围内为法定，其在相当程度上作为国家审计的延伸，目的在于进行经济监督和经济评价，以纠错防弊，改善管理经营	社会审计是指社会审计组织依法独立承办审计查证和咨询服务的审计监督活动。它是受国家审计机关或部门、单位的委托所进行的审计工作。社会审计的目的主要是经济鉴证和协助投资经营决策，也是加强公司等法人治理和税收、证券监督等政府管理监督的重要手段。社会审计活动本身具有社会自治或行业自律性质

5. 会计核算是指通过会计形式，根据财政、财务制度对资金和物资的收支进行审核和计算的全部活动。它是会计工作的一种基本职能。

6. 会计关系，是指会计机构、会计人员在办理会计事务过程中，国家在管理会计工作过程中所发生的经济关系。其特点为：(1) 以货币为计量单位，作为统一衡量和计量尺度；(2) 有一套专门的核算、分析、检查和监督方法；(3) 根据会计凭证，按照规定程序，全面、系统、真实、准确地连续记录和反映经济活动与财务收支情况。

选择题

(一) 单项选择题

1. A。本题从一个宏观角度考查考生对于会计法的整体把握能力。《会计法》规定了选项 B 的内容，我国会计记账本位币为人民币；《会计法》也规定了选项 C 的内容，会计年度自公历 1 月 1 日起至 12 月 31 日止；《会计法》还规定了选项 D 的内容，可详见该法第 10 条。本题参见《会计法》第 10 条、第 11 条、第 12 条。

2. A。本题考查会计机构内部的稽核制度。内部稽核制度指各单位会计机构指定专职或者兼职的会计人员，负责对本单位的会计凭证、会计账簿、财务会计报告和其他会计资料，依法进行审核的制度。本题参考《会计法》第 35 条。

3. A。本题考查的是《会计法》对原始凭证的要求。《会计法》第 14 条规定：会计凭证包括原始凭证和记账凭证。办理本法第 10 条所列的经济业务事项，必须填制或者取得原始凭证并及时送交会计机构。会计机构、会计人员必须按照国家统一的会计制度的规定对原始凭证进行审核，对不真实、不合法的原始凭证有权不予接受，并向单位负责人报告；对记载不准确、不完整的原始凭证予以退回，并要求按照国家统一的会计制度的规定更正、补充。原始凭证记载的各项内容均不得涂改；原始凭证有错误的，应当由出具单位重开或者更正，更正处应当加盖出具单位印章。原始凭证金额有错误的，应当由出具单位重开，不得在原始凭证上更正。本题中购买原材料的发票属于原始凭证，而原始凭证有错误的，应当由出具单位重开或者更正，乙无权对原始凭证记载的内容加以更改，也不能将发票连同说明交单位负责人审查签字后就入账。因此，选项 C、D 是对的，选项 A 是错的。会计机构、会计人员对不真实、不合法的原始凭证有权不予接受，即可以拒绝并向单位负责人报告，因此选项 B 是对的。

4. A。本题考查的是违反《会计法》的法律责任。《会计法》第 41 条规定：伪造、变造会计凭证、会计账簿，编制虚假财务会计报告，隐匿或者故意销毁依法应当保存的会计凭证、会计账簿、财务会计报告的，由县级以上人民政府财政部门责令限期改正，给予警告、通报批评，没收违法所得，违法所得 20 万元以上的，对单位可以并处违法所得 1 倍以上 10 倍以下的罚款，没有违法所得或者违法所得不足 20 万元的，可以并处 20 万元以上 200 万元以下的罚款；对其直接负责的主管人员和其他直接责任人员可以处 10 万元以上 50 万元以下的罚款，情节严重的，可以处 50 万元以上 200 万元以下的罚款；属于公职人员的，还应当依法给予处分；其中的会计人员，5 年内不得从事会计工作；构成犯罪的，依法追究刑事责任。故 A 选项正确。

5. B。本题考查的是《会计法》中关于会计人员的规定。《会计法》第 39 条规定：会计人员调动工作或者离职，必须与接管人员办清交接手续。一般会计人员办理交接手续，由会计机构负责人（会计主管人员）监交；会计机构负责人（会计主管人员）办理交接手续，由单位负责人监交，必要时主管单位可以派人会同监交。

6. B。本题考查的是会计人员的权利/职责。《会计法》第 14 条第 3 款规定，会计机构、会计人员必须按照国家统一的会计制度的规定对原始凭证进行审核，对不真实、不合法的原始凭证有权不予接受，并向单位负责人报告；对记载不准确、不完整的原始凭证予以退回，并要求按照国家统一的会计制度的规定更正、补充。

7. A。本题考查的是会计年度的规定。根据《会计法》第 11 条的规定，会计年度自公历 1 月 1 日起至 12 月 31 日止。

8. C。本题考查的是会计单位、会计人员、主管人员和直接责任人员违反《会计法》的责任。本题应注意分清对单位的处罚与对直接责任人的处罚标准不同。《会计法》第 41 条规定：伪造、变造会计凭证、会计账簿，编制虚假财务会计报告，隐匿或者故意销毁依法应当保存的会计凭证、会计账簿、财务会计报告的，由县级以上人民政府财政部门责令限期改正，给予警告、通报批评，没收违法所得，违法所得 20 万元以上的，对单位可以并处违法所得 1 倍以上 10 倍以下的罚款，没有违法所得或者违法所得不足 20 万元的，可以并处 20 万元以上 200 万元以下的罚款；对其直接负责的主管人员和其他直接责任人员可以处 10 万元以上 50 万元以下的罚款，情节严重的，可以处 50 万元以上 200 万元以下的罚款；属于公职人员的，还应当依法给予处分；其中的会计人员，5 年内不得从事会计工作；构成犯罪的，依法追究刑事责任。故 C 选项正确。

9. A。本题考查的是对《会计法》基本原则中法制统一性的理解。《会计法》第 8 条规定：国家实行统一的会计制度。国家统一的会计制度由国务院财政部门根据本法制定并公布。国务院有关部门可以依照本法和国家统一的会计制度制定对会计核算和会计监督有特殊要求的行业实施国家统一的会计制度的具体办法或者补充规定，报国务院财政部门审核批准。

10. D。本题综合考查了《会计法》的相关规定。选项 A 错误，因为会计机构、会计人员发现会计账簿记录与实物、款项及有关资料不相符的，按照国家统一的会计制度的规定有权自行处理的，应当及时处理；无权处理的，应当立即向单位负责人报告，请求查明原因，作出处理。选项 B 错误，因单位内部的会计事务管理关系是会计法的调整范围；选项 C 错误，因根据《会计法》的规定，单位负责人既要对本单位的会计工作担负责任，同时还要对本单位保存和提供的会计资料的真实性、完整性负担责任。

11. B。本题考查的是单位内部的会计监督制度。根据《会计法》，各单位应当建立、健全本单位内部会计监督制度，并将其纳入本单位内部控制制度。单位内部会计监督制度应当符合下列要求：记账人员与经济业务事项和会计事项的审批人员、经办人员、财物保管人员的职责权限应当明确，并相互分离、相互制约；重大对外投资、资产处置、资金调度和其他重要经济业务事项的决策和执行的相互监督、相互制约程序应当明确；财产清查的范围、期限和组织程序应当明确；对会计资料定期进行内部审计的办法和程序应当明确；国务院财政部门规定的其他要求。故 B 选项正确。

12. B。本题考查的是我国审计体制。我国审计体制是归属于政府的行政型模式，审计机关负责人向本级人民政府行政首长和上一级审计机关负责并报告工作。《审计法》规定，地方审计机关分别在省长、自治区主席、市长、州长、县长、区长和上一级审计机关的领导下，负责本行政区域内的审计工作。地方各级审计机关对本级人民政府和上一级审计机关负责并报告工作，审计业务以上级审计机关领导为主。

13. B。本题考查的是财政收支审计工作报告制度。《审计法》第 4 条规定，审计工作报告应当重点报告对预算执行及其绩效的审计情况。因此选项 B 的表述不准确。

14. A。本题考查的是审计机构和审计人员的有关规定。选项 A 正确，审计机关履行职责所必需的经费，应当列入预算予以保证。选项 B 不正确，因 2006 年修正的《审计法》为适应审计派出机构形式变化，将“审计特派员”改为“派出机构”且 2021 年修正的《审计法》延续该表述。选项 C 不正确，因审计人员办理审计事项，与被审计单位或者审计事项有利害关系的，应当回避。选项 D 不正确，因地方各级审计机关负责人的任免，应当事先征求上一级审计机关的意见。

15. B。本题考查的是单位内部审计和社会审计的相关规定。《审计法》第 32 条第 2 款规定，审计机关应当对被审计单位的内部审计工作进行业务指导和监督。因此选项 B 表述不准确。

16. C。本题考查的是审计机关的权限。《审计法》第 37、38 条中规定：审计机关进行审计时，有权就审计事项的有关问题向有关单位和个人进行调查，并取得有关证明材料。有关单位和个人应当支持、协助审计机关工作，如实向审计机关反映情况，提供有关证明材料。审计机关经县级以上人民政府审计机关负责人批准，有权查询被审计单位在金融机构的账户。审计机关有证据证明被审计单位违反国家规定将公款转入其他单位、个人在金融机构账户的，经县级以上人民政府审计机关主要负责人批准，有权查询有关单位、个人在金融机构与审计事项相关的存款。审计机关进行审计时，被审计单位不得转移、隐匿、篡改、毁弃财务、会计资料以及与财政收支、财务收支有关的业务、管理等资料，不得转移、隐匿、故意毁损所持有的违反国家规定取得的资产。审计机关对被审计单位违反前款规定的行为，有权予以制止；必要时，经县级以上人民政府审计机关负责人批准，有权封存有关资料和违反国家规定取得的资产；对其中在金融机构的有关存款需要予以冻结的，应当向人民法院提出申请。故C选项正确，A、B、D选项错误。

17. B。本题考查的是审计程序的相关规定。《审计法》第42、43条规定：审计机关根据经批准的审计项目计划确定的审计事项组成审计组，并应当在实施审计3日前，向被审计单位送达审计通知书；遇有特殊情况，经县级以上人民政府审计机关负责人批准，可以直接持审计通知书实施审计。被审计单位应当配合审计机关的工作，并提供必要的工作条件。审计机关应当提高审计工作效率。审计人员通过审查财务、会计资料，查阅与审计事项有关的文件、资料，检查现金、实物、有价证券和信息系统，向有关单位和个人调查等方式进行审计，并取得证明材料。向有关单位和个人进行调查时，审计人员应当不少于2人，并出示其工作证件和审计通知书副本。因此选项B错误。

18. C。本题考查的是审计程序的相关规定。《审计法》第42、44、45条中规定：审计机关根据经批准的审计项目计划确定的审计事项组成审计组，并应当在实施审计3日前，向被审计单位送达审计通知书；遇有特殊情况，经县级以上人民政府审计机关负责人批准，可以直接持审计通知书实施审计。审计组对审计事项实施审计后，应当向审计机关提出审计组的审计报告。审计组的审计报告报送审计机关前，应当征求被审计单位的意见。被审计单位应当自接到审计组的审计报告之日起10日内，将其书面意见送交审计组。审计组应当将被审计单位的书面意见一并报送审计机关。审计机关按照审计署规定的程序对审计组的审计报告进行审议，并对被审计单位对审计组的审计报告提出的意见一并研究后，出具审计机关的审计报告。因此选项C错误。

19. D。本题考查的是审计程序。《审计法》第45条规定：审计机关按照审计署规定的程序对审计组的审计报告进行审议，并对被审计单位对审计组的审计报告提出的意见一并研究后，出具审计机关的审计报告。对违反国家规定的财政收支、财务收支行为，依法应当给予处理、处罚的，审计机关在法定职权范围内作出审计决定；需要移送有关主管机关、单位处理、处罚的，审计机关应当依法移送。因此选项A错误。审计机关应当将审计机关的审计报告和审计决定送达被审计单位和有关主管机关、单位，并报上一级审计机关。审计决定自送达之日起生效。因此选项B、C错误。根据《审计法》第46条的规定，选项D正确。

20. B。本题考查的是违反审计法的法律责任。选项B错误，因为《审计法》第51条中规定，审计机关依法责令被审计单位缴纳应当上缴的款项，被审计单位拒不执行的，审计机关应当通报有关主管机关、单位，有关主管机关、单位应当依照有关法律、行政法规的规定予以扣缴或者采取其他处理措施，并将处理结果书面告知审计机关。根据《审计法》第48条、第54条和第47条的规定，选项ACD正确。

21. B。本题考查的是审计程序，强调对法律条文的熟练，属于记忆类试题。审计程序参见《审计法》第42条，即“审计机关根据经批准的审计项目计划确定的审计事项组成审计组，并应当在实施审计三日前，向被审计单位送达审计通知书；遇有特殊情况，经县级以上人民政府审计机关负责人批准，可以直接持审计通知书实施审计。被审计单位应当配合审计机关的工作，并提供必要的工作条件。审计机关应当提高审计工作效率。”以及第43条，即“审计人员通过审查财务、会计资料，查阅与审计事项有关的文件、资料，检查现金、实物、有价证券和信息系统，向有关单位和个人调查等方式进行审计，并取得证明材料。向有关单位和个人进行调查时，审计人员应当不少于二人，并出示其工作证件和审计通知书副本”。本题B选项“向被审计单位的上级主管部门通报情况”违背我国独立审计原则，即审计机关依照法律规定独立行使审计监督权，不受其他行政机关社会团体和个人的干涉。见《审计法》第9条的规定，即“地方各级审计机关对本级人民政府和上一级审计机关负责并报告工作，审计业务以上级审计机关领导为主”。因此应选B选项。

22. C。A选项错误，根据《审计法》第20条，审计署对中央银行的财务收支进行审计监督。我国中央银行是“中国人民银行”，本题中“当地农业银行”的审计，由当地审计机关进行审计即可。B选项错误，根据《审计法》第5条，我国采取审计独立原则，审计机关依照法律规定独立行使审计监督权，不受其他行政机关、社会团体和个人的干涉；另外，《审计法》第21条规定，“审计机关对国家的事业组织和使用财政资金的其他事业组织的财务收支，进行审计监督”。C选项正确，根据《审计法》第37条第2款，“审计机关经县级以上人民政府审计机关负责人批准，有权查询被审计单位在金融机构的账户”，该法条仅规定要经过“负责人”批准，并非区分“正副职”。D选项错误，根据《审计法》第29条，“审计机关有权对与国家财政收支有关的特定事项，向有关地方、部门、单位进行专项审计调查，并向本级人民政府和上一级审计机关报告审计调查结果”，所以该企业虽然并非国有企业，但该企业申请财政贴息贷款，属于“与国家财政收支有关的特定事项”，审计机关可以进行专项审计调查。

（二）多项选择题

1. ABC。本题考查的是《会计法》的基本原则。根据《会计法》的规定，选项A、B、C正确。

2. ABCD。本题考核的是会计核算的基本内容。会计核算的内容包括一个实行独立核算的单位在生产经营或者执行业务过程中所发生的一切可以用货币计价反映的经济活动。《会计法》规定，各单位应当对下列经济业务事项办理会计手续，进行会计核算：资产的增减和使用；负债的增减；净资产（所有者权益）的增减；收入、支出、费用、成本的增减；财务成果的计算和处理；需要办理会计手续、进行会计核算的其他事项。

3. ABD。本题考查的是外部会计监督。《会计法》第30条规定，财政部门对各单位的下列情况实施监督：（1）是否依法设置会计账簿；（2）会计凭证、会计账簿、财务会计报告和其他会计资料是否真实、完整；（3）会计核算是否符合本法和国家统一的会计制度的规定；（4）从事会计工作的人员是否具备专业能力、遵守职业道德。在对前款第2项所列事项实施监督，发现重大违法嫌疑时，国务院财政部门及其派出机构可以向与被监督单位有经济业务往来的单位和被监督单位开立账户的金融机构查询有关情况，有关单位和金融机构应当给予支持。而选项C是审计机关行使的职权之一。

4. BCD。本题考查的是会计档案制度。《会计法》第23条规定：各单位对会计凭证、会计账簿、财务会计报告和其他会计资料应当建立档案，妥善保管。会计档案的保管期限、销毁、安全保护等具体管理办法，由国务院财政部门会同有关部门制定。

5. ABCD。本题考查的是《会计法》中关于公司、企业会计核算的特别规定。根据《会计法》第24条的规定，选项ABCD均正确。

6. ABC。本题考查的是对审计监督的理解。《审计法》第2条第4款规定，审计机关对前款所列财政收支或者财务收支的真实、合法和效益，依法进行审计监督。

7. ACD。本题考查的是审计程序。我国实行审计监督制度，国务院各部门和地方各级人民政府及其各部门的财政收支，国有的金融机构和企业事业组织的财务收支，以及其他依法应当接受审计的财政收支、财务收支，都要接受审计监督。但是，审计机关在进行审计之前、在审计过程中都必须遵循一定的程序，以保证审计过程的公平和公正。《审计法》第42、43条中规定：审计机关根据经批准的审计项目计划确定的审计事项组成审计组，并应当在实施审计3日前，向被审计单位送达审计通知书。被审计单位应当配合审计机关的工作，并提供必要的工作条件。审计人员通过审查财务、会计资料，查阅与审计事项有关的文件、资料，检查现金、实物、有价证券和信息系统，向有关单位和个人调查等方式进行审计，并取得证明材料。向有关单位和个人进行调查时，审计人员应当不少于2人，并出示其工作证件和审计通知书副本。本题中所述的审计机关的行为中，A、C、D三项内容违背了上述规定，故应选。而B项与我国审计原则，即审计机关依照法律规定独立行使审计监督权，不受其他行政机关、社会团体和个人的干涉的规定矛盾，因而是错误选项。

8. ABC。本题考查的是审计法的调整对象。《审计法》第2条中规定，国务院各部门和地方各级人民政府及其各部门的财政收支，国有的金融机构和企业事业组织的财务收支，以及其他依照本法规定应当接受审计的财政收支、财务收支，依照本法规定接受审计监督。北京大学属于国有的事业单位，民政厅属于国家机关，工商银行属于国有金融机构，因此均应当接受审计监督。诺基亚公司属于外国企业，因此不属于审计监督的对象。

9. AB。本题考查的是审计机关的审计权限。《审计法》第36条规定，审计机关进行审计时，有权检查被审计单位的财务、会计资料以及与财政收支、财务收支有关的业务、管理等资料和资产，有权检查被审计单位信息系统的安全性、可靠性、经济性，被审计单位不得拒绝。

10. ABCD。本题考查的是本级各部门（含直属单位）和下级政府违反预算的行为或其他违反国家规定的财政收支行为的法律责任。根据《审计法》第 49 条的规定，选项 A、B、C、D 均正确。

11. ABD。本题考查的是针对监督对象的不同，审计机关的监督范围是不一样的。《审计法》第 20 条规定："审计署对中央银行的财务收支，进行审计监督。"第 21 条规定："审计机关对国家的事业组织和使用财政资金的其他事业组织的财务收支，进行审计监督。"因此 A、B 项当选。《审计法》第 23 条规定："审计机关对政府投资和以政府投资为主的建设项目的预算执行情况和决算，对其他关系国家利益和公共利益的重大公共工程项目的资金管理使用和建设运营情况，进行审计监督。"C 项错在"财务收支"上，应当为"预算执行情况和决算"，因此不选。《审计法》第 25 条规定："审计机关对国际组织和外国政府援助、贷款项目的财务收支，进行审计监督。"因此 D 项正确。

12. AC。本题考查审计机关的职责。A 项正确。《审计法》第 24 条第 1 款规定："审计机关对国有资源、国有资产，进行审计监督。"B 项错误。《审计法》第 24 条第 2 款规定："审计机关对政府部门管理的和其他单位受政府委托管理的社会保险基金、全国社会保障基金、社会捐赠资金以及其他公共资金的财务收支，进行审计监督。"所以，审计机关仅是对"政府部门管理的和其他单位受政府委托管理的……"进行监管。C 项正确。《审计法》第 21 条规定："审计机关对国家的事业组织和使用财政资金的其他事业组织的财务收支，进行审计监督。"D 项错误。《审计法》第 23 条："审计机关对政府投资和以政府投资为主的建设项目的预算执行情况和决算，对其他关系国家利益和公共利益的重大公共工程项目的资金管理使用和建设运营情况，进行审计监督。"因此，并非所有大型建设项目都被纳入审计机关的职责范围之内。

13. AD。A 选项正确，根据《审计法》第 23 条，审计机关对政府投资和以政府投资为主的建设项目的预算执行情况和决算，对其他关系国家利益和公共利益的重大公共工程项目的资金管理使用和建设运营情况，进行审计监督。B 选项错误，根据《审计法》第 38 条第 2 款，审计机关需要冻结资金的，应当向法院提出申请，而非银保监局局长。C 选项错误，根据《审计法》第 44 条，审计组对审计事项实施审计后，应当向审计机关提出审计组的审计报告。审计组的审计报告报送审计机关前，应当征求被审计单位的意见。所以征求被审计单位意见应当在审计报告报送之前。D 选项正确，根据《审计法》第 46 条，上级审计机关认为下级审计机关作出的审计决定违反国家有关规定的，可以责成下级审计机关予以变更或者撤销，必要时也可以直接作出变更或者撤销的决定。

14. BC。根据《审计法》第 31 条第 2 款的规定："审计机关之间对审计管辖范围有争议的，由其共同的上级审计机关确定。"本案中，应由 K 市和 L 市的审计机关的共同上级审计机关即 M 省审计机关决定管辖。由此，A 选项错误，B 选项正确。根据《审计法》第 32 条第 2 款的规定："审计机关应当对被审计单位的内部审计工作进行业务指导和监督。"由此，C 选项正确。根据《审计法》第 9 条的规定："地方各级审计机关对本级人民政府和上一级审计机关负责并报告工作，审计业务以上级审计机关领导为主。"本案中，审计机关由本级人民政府和上一级审计机关领导，应当向本级人民政府和上一级审计机关报告甲银行的审计调查结果。由此，D 选项错误。

（三）不定项选择题

1. ABCD。本题考查的是违法会计行为。《会计法》第 40 条规定，不依法设置会计账簿的；私设会计账簿的；未按照规定填制、取得原始凭证或者填制、取得的原始凭证不符合规定的；以未经审核的会计凭证为依据登记会计账簿或者登记会计账簿不符合规定的；随意变更会计处理方法的；向不同的会计资料使用者提供的财务会计报告编制依据不一致的；未按照规定使用会计记录文字或者记账本位币的；未按照规定保管会计资料，致使会计资料毁损、灭失的；未按照规定建立并实施单位内部会计监督制度或者拒绝依法实施的监督或者不如实提供有关会计资料及有关情况的；任用会计人员不符合本法规定的，均属于违法会计行为。

2. CD。《会计法》第 21 条规定，财务会计报告应当由单位负责人和主管会计工作的负责人、会计机构负责人（会计主管人员）签名并盖章；设置总会计师的单位，还须由总会计师签名并盖章。单位负责人应当保证财务会计报告真实、完整。

3. C。本题考查的是单位内部会计监督。依照会计法的规定，本单位的会计机构和会计人员是会计监督的主体。

4. AB。本题考查的是审计结果报告制度。《审计法》规定，地方各级审计机关分别在省长、自治区主席、市长、州长、县长、区长和上一级审计机关的领导下，对本级预算执行情况和其他财政收支情况进行审计监督，向本级人民政府和上一级审计机关提出审计结果报告。

5. CD。本题考查的是审计管辖范围。《审计法》第31条规定：审计机关根据被审计单位的财政、财务隶属关系或者国有资源、国有资产监督管理关系，确定审计管辖范围。审计机关之间对审计管辖范围有争议的，由其共同的上级审计机关确定。上级审计机关对其审计管辖范围内的审计事项，可以授权下级审计机关进行审计，但本法第18条至第20条规定的审计事项不得进行授权。因此选项A、B正确，选项C、D错误。

6. ABC。本题考查的是审计机关的权限。《审计法》第37、38条中规定：审计机关有证据证明被审计单位违反国家规定将公款转入其他单位、个人在金融机构账户的，经县级以上人民政府审计机关主要负责人批准，有权查询有关单位、个人在金融机构与审计事项相关的存款。必要时，经县级以上人民政府审计机关负责人批准，有权封存有关资料和违反国家规定取得的资产；对其中在金融机构的有关存款需要予以冻结的，应当向人民法院提出申请。

7. ACD。A选项正确，根据《宪法》的规定，《审计法》的制定与执行以《宪法》为依据。B选项错误，根据《审计法》第9条，地方各级审计机关对本级人民政府和上一级审计机关负责，而非向本级人大常委会负责。C、D选项正确，根据《审计法》第2条第3款，国务院各部门和地方各级人民政府及其各部门的财政收支，国有的金融机构和企业事业组织的财务收支，以及其他依照本法规定应当接受审计的财政收支、财务收支，依照本法规定接受审计监督。

8. BCD。本题考查审计机关的权限。《审计法》第37条第3款规定：“审计机关有证据证明被审计单位违反国家规定将公款转入其他单位、个人在金融机构账户的，经县级以上人民政府审计机关主要负责人批准，有权查询有关单位、个人在金融机构与审计事项相关的存款。”本题中对于曙光公司公款私存的行为，审计机关经县级以上人民政府审计机关主要负责人批准有权查询曙光公司以马某名义在银行的存款，故B项正确。《审计法》第37条第2款规定：“审计机关经县级以上人民政府审计机关负责人批准，有权查询被审计单位在金融机构的账户。”第38条第1款、第2款规定：“审计机关进行审计时，被审计单位不得转移、隐匿、篡改、毁弃财务、会计资料以及与财政收支、财务收支有关的业务、管理等资料，不得转移、隐匿、故意毁损所持有的违反国家规定取得的资产。审计机关对被审计单位违反前款规定的行为，有权予以制止；必要时，经县级以上人民政府审计机关负责人批准，有权封存有关资料和违反国家规定取得的资产；对其中在金融机构的有关存款需要予以冻结的，应当向人民法院提出申请。”鉴于曙光公司公款私存且篡改会计账簿的行为，审计机关经县级以上人民政府审计机关主要负责人批准有权查询曙光公司的银行账户，有必要时可以封存相关资料，故C、D项正确。对其中在金融机构的有关存款需要予以冻结的，应当向人民法院提出申请，并不能直接冻结，故A项错误。综上，本题正确答案为B、C、D。

简答题

1. 会计监督是指会计机构和会计人员依照法律的规定，通过会计手续对经济活动的合法性、合理性和有效性进行的一种监督。我国《会计法》第三章作了专章规定，此外，还颁布了一系列条例规范，如《财政部门实施会计监督办法》、《会计基础工作规范》（2019年修改）。对监督体系也作了重大改革，由过去的片面强调单一的单位内部会计监督，改变为由内部会计监督、国家会计监督和社会会计监督三位一体的会计监督体制，将内部监督与外部监督（国家监督与社会监督）有机地结合起来。

（1）单位内部会计监督。单位内部会计监督是指各单位的会计机构、会计人员依照《会计法》和其他法规、规范，通过会计手续，对本单位的经济活动的合法性、合理性进行监督。因此，单位内部会计监督的主体就是各单位的会计机构和会计人员，他们有会计监督权。单位内部会计监督的对象就是各单位的经济业务活动。《会计法》规定，各单位应当建立、健全本单位内部会计监督制度，其基本要求是：1）记账人员与经济业务事项和会计事项的审批人员、经办人员、财物保管人员的职责权限应当明确，并相互分离、相互制约。2）重大对外投资、资产处置、资金调度和其他重要经济业务事项的决策和执行的相互监督、相互制约程序应当明确。3）财产清查的范围、期限和组织程序应当明确。4）对会计资料定期进行内部审计的办法和程序应当明确。5）国务院财政部门规定的其他要求。会计机构和会计人员发现不符后，按照国家统一的会计制度有权自行处理的，应当及时处理；无权处理的，应当立即向单位负责人报告，请求查明原因，作出处理。

（2）国家会计监督。会计工作的国家监督是指财政部门等国家机关代表国家对各单位及相关人员的会计行为实施监督、检查和违法制裁，属外部会计监督。财政部门对各单位的下列情况实施监督：1）是否依法设置会计账簿；2）会计凭证、会计账簿、财务会计报表和其他会计资料是否真实、完整；3）会计核算是否符合《会计法》和国家统一的会计制度的规定；4）从事会计工作人员是否具备专业能力、遵守职业道德。财政、审计、税务、金融管理等部门也有权依照法律、行政法规规定的职责，对有关单位的会计资料实施监督检查。

（3）社会会计监督。会计工作的社会监督，主要指两个方面：1）注册会计师及其所在的会计师事务所依法对受托单位的经济活动进行审计、鉴证活动；2）任何单位和个人对违反《会计法》和国家同意的会计制度行为，都可检举。

（参考资料：刘文华、史际春、徐孟洲主编：《经济法》，7版，北京，中国人民大学出版社，2024）

2.2021年《审计法》关于审计机关职责的规定主要有：

（1）审计机关对本级各部门（含直属单位）和下级政府预算的执行情况和决算以及其他财政收支情况，进行审计监督。审计署在国务院总理领导下，对中央预算执行情况、决算草案以及其他财政收支情况进行审计监督，向国务院总理提出审计结果报告。地方各级审计机关分别在省长、自治区主席、市长、州长、县长、区长和上一级审计机关的领导下，对本级预算执行情况、决算草案以及其他财政收支情况进行审计监督，向本级人民政府和上一级审计机关提出审计结果报告。

（2）审计署对中央银行的财务收支，进行审计监督。审计机关对国有资源、国有资产，进行审计监督。

（3）审计机关对国家的事业组织和使用财政资金的其他事业组织的财务收支，进行审计监督。

（4）审计机关对国有企业、国有金融机构和国有资本占控股地位或者主导地位的企业、金融机构的资产、负债、损益以及其他财务收支情况，进行审计监督。遇有涉及国家财政金融重大利益情形，为维护国家经济安全，经国务院批准，审计署可以对前款规定以外的金融机构进行专项审计调查或者审计。

（5）审计机关对政府投资和以政府投资为主的建设项目的预算执行情况和决算，对其他关系国家利益和公共利益的重大公共工程项目的资金管理使用和建设运营情况，进行审计监督。

（6）审计机关对政府部门管理的和其他单位受政府委托管理的社会保险基金、全国社会保障基金、社会捐赠资金以及其他公共资金的财务收支，进行审计监督。

（7）审计机关对国际组织和外国政府援助、贷款项目的财务收支，进行审计监督。

（8）根据经批准的审计项目计划安排，审计机关可以对被审计单位贯彻落实国家重大经济社会政策措施情况进行审计监督。

（9）其他法律、行政法规规定应当由审计机关进行审计的事项。

（参考资料：刘文华、史际春、徐孟洲主编：《经济法》，7版，北京，中国人民大学出版社，2024；《审计法》）

3. 为了保证审计机关履行审计监督的职责，及时制止和纠正违反国家规定的财政收支、财务收支制度的行为，维护国家的财政经济秩序，2021年《审计法》赋予审计机关以下权限：

（1）要求报送资料权。审计机关有权要求被审计单位按照审计机关的规定提供财务、会计资料以及与财政收支、财务收支有关的业务、管理等资料，包括电子数据和有关文档。被审计单位不得拒绝、拖延、谎报。被审计单位负责人应当对本单位提供资料的及时性、真实性和完整性负责。审计机关对取得的电子数据等资料进行综合分析，需要向被审计单位核实有关情况的，被审计单位应当予以配合。

（2）检查权。审计机关进行审计时，有权检查被审计单位的财务、会计资料以及与财政收支、财务收支有关的业务、管理等资料和资产，有权检查被审计单位信息系统的安全性、可靠性、经济性，被审计单位不得拒绝。

（3）调查权。审计机关进行审计时，有权就审计事项的有关问题向有关单位和个人进行调查，并取得有关证明材料。有关单位和个人应当支持、协助审计机关工作，如实向审计机关反映情况，提供有关证明材料。审计机关经县级以上人民政府审计机关负责人批准，有权查询被审计单位在金融机构的账户。审计机关有证据证明被审计单位违反国家规定将公款转入其他单位、个人在金融机构账户的，经县级以上人民政府审计机关主要负责人批准，有权查询有关单位、个人在金融机构与审计事项相关的存款。

（4）现行违法行为制止权。审计机关进行审计时，被审计单位不得转移、隐匿、篡改、毁弃财务、会计资料以及与财政收支、财务收支有关的业务、管理等资料，不得转移、隐匿、故意毁损所持有的违反国家规定取得的资产。审计机关对被审计单位违反前述规定的行为，有权予以制止；必要时，经县级以上人民政府审计机关负责人批准，有权封存有关资料和违反国家规定取得的资产；对其中在金融机构的有关存款需要予以冻结的，应当向人民法院提出申请。审计机关对被审计单位正在进行的违反国家规定的财政收支、财务收支行为，有权予以制止；制止无效的，经县级以上人民政府审计机关负责人批准，通知财政部门和有关主管机关、单位暂停拨付与违反国家规定的财政收支、财务收支行为直接有关的款项，已经拨付的，暂停使用。

（5）建议纠正权。审计机关认为被审计单位所执行的上级主管机关、单位有关财政收支、财务收支的规定与法律、行政法规相抵触的，应当建议有关主管机关、单位纠正；有关主管机关、单位不予纠正的，审计机关应当提请有权处理的机关、单位依法处理。

（6）通报和公布权。审计机关通报或者公布审计结果，应当保守国家秘密、工作秘密、商业秘密、个人隐私和个人信息，遵守法律、行政法规和国务院的有关规定。

（7）提请协助权。审计机关履行审计监督职责，可以提请公安、财政、自然资源、生态环境、海关、税务、市场监督管理等机关予以协助。

（参考资料：刘文华、史际春、徐孟洲主编：《经济法》，7版，北京，中国人民大学出版社，2024；《审计法》）

案例分析题

（1）根据《会计法》第39条的规定，李某与张某办理会计工作交接中有不符合规定之处。首先，监交人不符合规定。《会计法》规定，一般会计人员办理交接手续，由会计机构负责人（会计主管人员）监交。其次，对交接中发现的“白条顶库”问题处理不正确。接替人员发现“白条顶库”现象时，移交人员应在规定期限内负责查清处理。

（2）《会计法》第14条第4款规定，原始凭证记载的各项内容均不得涂改；原始凭证有错误的，应当由出具单位重开或者更正，更正处应当加盖出具单位印章。原始凭证金额有错误的，应当由出具单位重开，不得在原始凭证上更正。据此，李某对2张虽分别更改了数量和用途但已由原出具单位更正过的发票可以报销，但对另外1张更改了金额的发票应予以退回，要求采购人员到原始凭证出具单位重新开具。

第十八章　特别市场规制制度

知识逻辑图

- 特别市场规制制度
  - 特别市场规制基本原理
    - 特别市场的概念
    - 特别市场规制制度的定位
    - 特别市场规制制度的认定依据以及主要类型
  - 信贷市场规制制度
    - 信贷市场的概念
    - 信贷市场规制制度的宗旨与原则
    - 信贷市场规制体制与准入规则
  - 证券市场规制制度
    - 证券市场的概念及性质
    - 证券市场规制的主要制度
      - 证券发行规制制度
      - 证券上市规制制度
      - 证券交易规制制度
      - 上市收购制度
      - 信息披露制度
      - 证券监管制度
  - 保险市场规制制度
    - 保险市场的概念
    - 保险市场规制的主要制度
      - 保险市场准入规制
      - 保险组织规制
      - 保险经营规制
      - 不正当竞争及损害客户利益行为的规制
  - 房地产市场规制制度
    - 房地产市场的概念及性质
    - 房地产市场规制的主要制度
      - 土地开发市场规制
      - 房地产交易市场规制
      - 房地产中介服务市场规制
  - 能源市场规制制度
    - 能源市场的概念及性质
    - 能源市场规制的主要制度
      - 能源安全与能源储备制度
      - 能源市场准入制度
      - 能源开发的统一规划和有限开发利用制度
      - 能源企业的安全环保制度
      - 能源定价管制制度
      - 垄断和不正当竞争行为的规制

名词解释与概念比较

1. 证券投资基金
2. 证券交易所（南京大学考研）
3. 证券交易（河北大学考研）
4. 证券信息持续公开制度
5. 存款保险（武汉大学考研）
6. 节约能源法（南开大学考研）

选择题

（一）单项选择题

1. 下列关于内幕信息知情人的说法，错误的是（　　）。

A. 由于法定职责对证券发行、交易进行管理的人员属于内幕信息知情人

B. 一般情况下，上市公司实际控制人的高级管理人员不属于内幕信息知情人

C. 一般情况下，持有公司股份比例不到5%的股东不属于内幕信息知情人

D. 由于所任公司职务可以获取公司有关内幕信息的人员属于内幕信息知情人

2. 下列选项中，（　　）属于《证券法》对证券公司承销或者销售擅自公开发行或变相公开发行的证券的处罚措施。

A. 没收违法所得，并处以违法所得2倍以上5倍以下的罚款

B. 给投资者造成损失的，应当与发行人承担按份额赔偿责任

C. 对直接负责的主管人员和其他直接责任人给予警告并撤销任职或证券从业资格

D. 对直接负责的主管人员和其他直接责任人处以3万元以上10万元以下的罚款

3. 张三为中天公司调试某设备，双方约定，如果因张三的原因造成损失，张三只需要承担10%的赔偿责任。后来，中天公司为该设备投保损失险，未将与张三的约定告知保险公司，保险公司也未询问针对此设备有无免责约定。不久，张三在调试设备时因擅自修改设备参数，造成火灾，中天公司损失10万元。下列说法正确的是（　　）。（法考改编）

A. 保险公司向中天公司赔偿后，可向张三追偿1万元

B. 保险公司向中天公司赔偿后，可向张三追偿10万元

C. 保险公司主张代位求偿的管辖法院，依保险合同关系确定

D. 如果保险公司已经向中天公司赔偿，可向其主张返还赔偿金

4. 甲为自己投保一份以死亡为给付保险金条件的人身保险合同，在体检时发现自己患有不能承保的慢性疾病，保险公司业务员乙知情后仍然想办法为甲办理了该保险并收取了保费，受益人栏目中注明“法定”，未约定受益的顺序和份额。一年后，甲发病身亡，下列说法正确的有（　　）。（法考改编）

A. 受益人约定为“法定”，该受益人的指定无效

B. 保险赔偿金由甲的妻子和儿子平均分配

C. 甲未履行如实告知的义务，保险公司可以解除合同

D. 保险公司无须给付保险赔偿金

5. 杨某为全家人投保了人身保险，同时也为全部家庭财产投保了财产险。在两份保险合同的存续期间，保险公司在下列哪项情况下不享有解除保险合同的权利？（　　）（法考改编）

A. 杨某全家的人身保险合同中都是约定采用分期交纳保险费的方式，但是杨某在支付首期保险费后已超过合同约定的期限2年半未缴纳第2期的保险费的

B. 杨某的房屋在保险合同成立后，由于周边环境的改变，出现危险程度显著增加的情形

C. 财产保险中保险事故发生后杨某不积极进行施救的

D. 人身保险中杨某为其母亲申报的年龄不真实，合同成立3个月后保险公司发现被保险人杨某的母亲的真实年龄不符合合同约定的年龄限制

6. 姜某的私家车投保商业车险，年保险费为3 000元。姜某发现当“网约车”司机收入不错，便用手机软件接单载客，后辞职，专门跑“网约车”。某晚，姜某载客途中与他人相撞，造成车损10万元。姜某向保险公司索赔，保险公司调查后拒赔。关于本案，下列哪一选项是正确的？（　　）（法考改编）

A. 保险合同无效

B. 姜某有权主张约定的保险金

C. 保险公司不承担赔偿保险金的责任

D. 保险公司有权解除保险合同并不退还保险费

7. 杨某为其妻王某购买了某款人身保险，该保险除可获得分红外，还约定若王某意外死亡，则保险公司应当支付保险金 20 万元。关于该保险合同，下列哪一说法是正确的？（　　）（法考改编）

A. 若合同成立 2 年后王某自杀，则保险公司不支付保险金

B. 王某可让杨某代其在被保险人同意处签字

C. 经王某口头同意，杨某即可将该保险单质押

D. 若王某现为无民事行为能力人，则无须经其同意该保险合同即有效

8. 房地产经纪机构向委托人报告订立房地产交易合同的机会或者提供订立房地产交易合同的媒介服务，处于中间人的地位，此时对应的法律关系是（　　）。

A. 委托关系　　B. 居间关系

C. 代理关系　　D. 合作关系

9. 甲给妻子乙购买人身保险，约定若妻子 60 岁前死亡，保险公司需赔偿 200 万元，受益人为妻子的母亲丙。2020 年 12 月 10 日，丙不幸离世。2021 年 1 月 10 日，甲、乙的孩子丁出生。2021 年 3 月 10 日，乙因车祸离世，当时只有 40 岁。三个月后，甲将受益人改成自己。对此，下列说法正确的是（　　）。（法考改编）

A. 由丙的法定继承人领取保险金

B. 由乙的法定继承人领取保险金

C. 甲可以以自己为受益人主张赔偿金

D. 丁是受益人

（二）多项选择题

1. 根据《证券法》，关于发行人、上市公司公告的招股说明书、财务会计报告等信息披露资料，有虚假记载、误导性陈述或者重大遗漏，致使投资者在证券交易中遭受损失的责任承担，下列说法正确的是（　　）。

A. 发行人、上市公司应承担赔偿责任

B. 证券服务机构与发行人、上市公司承担按份赔偿责任

C. 发行人、上市公司的控股股东承担过错责任

D. 保荐人、承销的证券公司承担过错推定责任

2. 下列尚未公开的信息中，（　　）属于内幕信息。

A. 上市公司订立可使其全年销售收入大幅增长的销售合同

B. 持有公司 3% 股份的股东，其持有股份发生微小变动

C. 上市公司发生重大损失

D. 上市公司作出与另一公司合并的决定，且合并后将取得在行业内的垄断地位

3. 单独或者通过合谋，利用（　　）联合或者连续买卖，操纵证券交易价格或者证券交易量是《证券法》明确列示的操纵证券市场的手段。

A. 资金优势　　B. 持股优势

C. 信息优势　　D. 地理优势

4. 下列行为中，构成操纵证券、期货市场行为的是（　　）。

A. 甲与乙合谋利用资金优势连续买卖，操纵证券交易价格

B. 甲与乙相互串通，以事先约定的时间、价格和方式相互进行证券交易，影响证券交易价格

C. 甲以自己为交易对象，进行不转移所有权的自买自卖，影响证券交易价格

D. 甲系证券公司工作人员，利用因职务便利获取的内幕信息，从事与该信息相关的证券活动

5. 甲公司投保了财产损失险的厂房被烧毁，甲公司伪造证明，夸大此次火灾的损失，向保险公司索赔 100 万元。保险公司为查清此事，花费 5 万元。关于保险公司的权责，下列哪些选项是正确的？（　　）（法考改编）

A. 应当向甲公司给付约定的保险金

B. 有权向甲公司主张 5 万元花费损失

C. 有权拒绝向甲公司给付保险金

D. 有权解除与甲公司的保险合同

6. 潘某请好友刘某观赏自己收藏的一件古玩，不料刘某一时大意致其落地摔毁。后得知，潘某已在甲保险公司就该古玩投保了不足额财产险。关于本案，下列哪些表述是正确的？（　　）（法考改编）

A. 潘某可请求甲公司赔偿全部损失

B. 若刘某已对潘某进行全部赔偿，则甲公司可拒绝向潘某支付保险赔偿金

C. 甲公司对潘某赔偿保险金后，在向刘某行使保险代位求偿权时，既可以自己的名义，也可以潘某的名义

D. 若甲公司支付的保险金不足以弥补潘某的全部损失，则就未取得赔偿的部分，潘某对刘某仍

有赔偿请求权

7. 根据最高人民法院《关于适用〈中华人民共和国保险法〉若干问题的解释（四）》，下列说法正确的是（　　）。（法考改编）

A. 保险人已向投保人履行了保险法规定的提示和明确说明义务，保险标的受让人以保险标的转让后保险人未向其提示或者明确说明为由，主张免除保险人责任的条款不生效的，人民法院不予支持

B. 保险人已向投保人履行了保险法规定的提示和明确说明义务，保险标的受让人以保险标的转让后保险人未向其提示或者明确说明为由，主张免除保险人责任的条款不生效的，人民法院应予支持

C. 被保险人死亡，继承保险标的的当事人主张承继被保险人的权利和义务的，人民法院应予支持

D. 被保险人死亡，继承保险标的的当事人主张承继被保险人的权利和义务的，人民法院不予支持

（三）不定项选择题

1. 老王给妻子投保了金额为 20 万元的人身保险，受益人是 20 岁的儿子小王，保险期限为 5 年。后来老王做生意需要钱，遂准备将此保险合同退保，妻子和儿子都不同意。下列说法正确的是（　　）。（法考改编）

A. 老王有权解除该保险合同

B. 妻子不同意退保，老王不能解除此保险合同

C. 儿子不同意退保，老王不能解除此保险合同

D. 如果妻子向老王支付了相当于保单现金价值的款项，并通知了保险公司，此合同不能解除

2. 齐某给自己家的冰箱投了全额火灾险，某日邻居常某不慎将其冰箱焚毁。对于本案，以下说法正确的是（　　）。（法考改编）

A. 齐某如果放弃对常某的赔偿请求，保险公司可以对齐某拒绝赔偿

B. 齐某如果向保险公司索赔后放弃对常某的赔偿请求，该弃权无效

C. 如果齐某投的是不足额保险，那么他向保险公司索赔后可以就未获得赔偿的部分向常某再索赔

D. 如果常某是齐某的家庭成员，则保险公司对齐某赔偿后不能对常某进行追偿

3. 甲花 50 万元买了辆高档摩托车，并投保了同等金额的财产损失险。后甲对摩托车进行改装升级，花费 2 万元，改装后摩托车速度比之前大大提升。改装之事，甲并未通知保险公司。某日，甲驾驶改装后的摩托车遭遇车祸，导致摩托车全损。经交警认定属于其他车辆全责。对此，下列说法正确的是（　　）。（法考改编）

A. 保险公司不承担赔偿责任

B. 保险公司有权解除合同，但应当退还全部保费

C. 保险公司应当赔偿 50 万元的损失

D. 保险公司应当赔偿 52 万元的损失

简答题

1. 如何理解特别市场规制法律制度和一般市场规制法律制度之间的关系？

2. 信贷市场规制法律制度的价值功能有哪些？

3. 证券法及其适用范围。（浙江大学考研；中央财经大学考研）

论述题与深度思考题

结合我国《证券法》的规定，论述公开原则。（中国政法大学考研）

参考答案

名词解释与概念比较

1. 证券投资基金是指一种由众多不确定的投资者将不同的出资份额交给专业投资机构，由专业机构汇集起来并投资于股票或债券等有价证券，所得的收益由投资者按出资份额分享的投资工具。证券投资基金的特征包括：（1）须集合分散资金用于投资，其集资的方式主要是向投资者发行“基金券”，也称股票或受益凭证，从而将分散的小额资金汇集为一个较大的基金加以投资运用。（2）利用信托关系组织证券投资。（3）证券投资基金只能投资于股票或债券等有价证券。（4）证券投资收益须依法分配给投资人。

2. 证券交易所是依据国家有关法律设立的，为证券集中交易提供场所和设施，组织和监督证券交易，

实行自律管理的法人。证券交易所既不直接买卖证券，也不决定证券价格，而只为买卖证券的当事人提供场所和各种必要的条件及服务。

3. 证券交易又称证券买卖，是指已经发行的证券在不同的投资者之间有偿转让的行为。证券交易当事人依法买卖的证券，必须是依法发行并交付的证券；法律对其转让期限有限制性规定的，在规定的期限内不得买卖；受法律禁止的人员在法定期间内不得买卖股票；公司大股东买卖股票要受到限制；证券交易须以法定的方式进行。

4. 证券信息持续公开制度是证券市场公开原则的具体体现，它要求证券发行人及其他义务人在证券发行、上市时以及上市后，应将与证券发行、上市以及上市后有关的一切情况真实、准确、完整、及时地向社会公开，任何投资者都有权通过合法途径获得有关的资料，以供其作出投资判断。实现证券信息持续公开制度，旨在保护投资者的利益，强化对发行人和上市公司的社会监督，有效地防止证券欺诈行为。

5. 存款保险作为一种金融保障制度，是指由符合条件的各类存款性金融机构集中起来建立一个保险机构。其基本特征有关系的有偿性和互助性、时期的有限性、结果的损益性、机构的垄断性。

6. 节约能源法，是指调整人们在利用能源以及从事相关活动中，为实现节约能源所发生的各种经济关系的法律规范的总称。其调整对象主要包括以下几个方面：(1) 节能管理关系。(2) 其他经济关系。

选择题

（一）单项选择题

1. B。根据《证券法》，证券交易内幕信息知情人包括：(1) 发行人及其董事、监事、高级管理人员。(2) 持有公司5%以上股份的股东及其董事、监事、高级管理人员，公司的实际控制人及其董事、监事、高级管理人员。因此，B选项错误，C选项正确。(3) 发行人控股或者实际控制的公司及其董事、监事、高级管理人员。(4) 由于所任公司职务或者因与公司业务往来可以获取公司有关内幕信息的人员。(5) 上市公司收购人或者重大资产交易方及其控股股东、实际控制人、董事、监事和高级管理人员。(6) 因职务、工作可以获取内幕信息的证券交易场所、证券公司、证券登记结算机构、证券服务机构的有关人员。因此，D选项正确。(7) 因职责、工作可以获取内幕信息的证券监督管理机构工作人员。(8) 因法定职责对证券的发行、交易或者对上市公司及其收购、重大资产交易进行管理可以获取内幕信息的有关主管部门、监管机构的工作人员。因此，A选项正确。(9) 国务院证券监督管理机构规定的可以获取内幕信息的其他人员。

2. C。《证券法》第183条规定，证券公司承销或者销售擅自公开发行或者变相公开发行的证券的，责令停止承销或者销售，没收违法所得，并处以违法所得1倍以上10倍以下的罚款。因此，A选项错误。没有违法所得或者违法所得不足100万元的，处以100万元以上1 000万元以下的罚款。情节严重的，并处暂停或者撤销相关业务许可。给投资者造成损失的，应当与发行人承担连带赔偿责任。因此，B选项错误。对直接负责的主管人员和其他直接责任人员给予警告，并处以50万元以上500万元以下的罚款。因此，C选项正确，D选项错误。

3. A。A、B两项，最高人民法院《关于适用〈中华人民共和国保险法〉若干问题的解释（四）》［以下简称《保险法司法解释（四）》］第9条规定，在保险人以第三者为被告提起的代位求偿权之诉中，第三者以被保险人在保险合同订立前已放弃对其请求赔偿的权利为由进行抗辩，人民法院认定上述放弃行为合法有效，保险人就相应部分主张行使代位求偿权的，人民法院不予支持。保险合同订立时，保险人就是否存在上述放弃情形提出询问，投保人未如实告知，导致保险人不能代位行使请求赔偿的权利，保险人请求返还相应保险金的，人民法院应予支持，但保险人知道或者应当知道上述情形仍同意承保的除外。本案中，中天公司在投保前对作为投保标的的机器设备豁免了张三90%的赔偿责任，该放弃合法有效，故张三只承担10%的赔偿责任，在保险公司赔偿后，向张三追偿，也只能追偿10%的赔偿责任。C项，《保险法司法解释（四）》第12条规定，保险人以造成保险事故的第三者为被告提起代位求偿权之诉的，以被保险人与第三者之间的法律关系确定管辖法院。代位求偿诉讼的双方当事人是保险公司和第三者，保险公司的权利承继自被保险人，所以诉讼争议原本是被保险人和第三者之间的关系，应按照被保险人和第三者之间的关系确定管辖法院。D项，投保人告知的义务限于保险公司询问的范围和内容。保险公司在投保时未就免责事宜询问，中天公司没有告知的责任，所以不存在保险公司“被骗”的情形，保险公司不能主张中天公司返还已经支付的保险赔偿金。

4.B。A、B两项，最高人民法院《关于适用〈中华人民共和国保险法〉若干问题的解释（三）》第9条规定，投保人指定受益人未经被保险人同意的，人民法院应认定指定行为无效。当事人对保险合同约定的受益人存在争议，除投保人、被保险人在保险合同之外另有约定外，按以下情形分别处理：（1）受益人约定为“法定”或者“法定继承人”的，以民法典规定的法定继承人为受益人。（2）受益人仅约定为身份关系，投保人与被保险人为同一主体时，根据保险事故发生时与被保险人的身份关系确定受益人；投保人与被保险人为不同主体时，根据保险合同成立时与被保险人的身份关系确定受益人。（3）约定的受益人包括姓名和身份关系，保险事故发生时身份关系发生变化的，认定为未指定受益人。因此，受益人约定为“法定”并非无效，而是按照《民法典》规定的法定继承人锁定为受益人，受益顺序和份额没有约定时，各受益人平均受益，因此由甲的妻子和儿子平均分配。C、D两项，《保险法》第16条第6款规定，保险人在合同订立时已经知道投保人未如实告知的情况的，保险人不得解除合同；发生保险事故的，保险人应当承担赔偿或者给付保险金的责任。保险公司业务员乙属于保险公司代理人，甲隐瞒病情的事宜，乙知情等同于保险公司知情，发生保险事故时保险公司不能主张甲未如实告知而解除合同或不予赔偿，而是应依合同约定给付赔偿金。

5.C。A项，《保险法》第37条第1款规定，合同效力依照本法第36条规定中止的，经保险人与投保人协商并达成协议，在投保人补交保险费后，合同效力恢复。但是，自合同效力中止之日起满2年双方未达成协议的，保险人有权解除合同。B项，《保险法》第52条第1款规定，在合同有效期内，保险标的的危险程度显著增加的，被保险人应当按照合同约定及时通知保险人，保险人可以按照合同约定增加保险费或者解除合同。保险人解除合同的，应当将已收取的保险费，按照合同约定扣除自保险责任开始之日起至合同解除之日止应收的部分后，退还投保人。C项，《保险法》第57条规定，保险事故发生时，被保险人有责任尽力采取必要的措施防止或者减少损失。保险事故发生后，被保险人为防止或者减少保险标的的损失所支付的必要的、合理的费用，由保险人承担；保险人所承担的费用数额在保险标的损失赔偿金额以外另行计算，最高不超过保险金额的数额。可见，法律虽然要求保险事故发生时被保险人尽力采取必要的措施防止或者减少损失，但是在这种情况下并未给予保险人解除合同的权利。D项，《保险法》第32条第1款规定，投保人申报的被保险人年龄不真实，并且其真实年龄不符合合同约定的年龄限制的，保险人可以解除合同，并按照合同约定退还保险单的现金价值。保险人行使合同解除权，适用本法第16条第3款、第6款的规定。

6.C。A、D两项，《保险法》第52条第1款规定，在合同有效期内，保险标的的危险程度显著增加的，被保险人应当按照合同约定及时通知保险人，保险人可以按照合同约定增加保险费或者解除合同。保险人解除合同的，应当将已收取的保险费，按照合同约定扣除自保险责任开始之日起至合同解除之日止应收的部分后，退还投保人。据此，被保险人违反了保险标的危险程度增加的通知义务，保险公司有权解除合同，但不影响保险合同的效力。保险公司解除保险合同时，应当将超过保险合同期限部分的保险费退还给投保人。B、C两项，《保险法》第52条第2款规定，被保险人未履行前款规定的通知义务的，因保险标的的危险程度显著增加而发生的保险事故，保险人不承担赔偿保险金的责任。本题中，姜某未履行通知义务，由此而发生的保险事故，保险公司不承担赔偿保险金的责任。

7.B。A项，《保险法》第44条第1款规定，以被保险人死亡为给付保险金条件的合同，自合同成立或者合同效力恢复之日起2年内，被保险人自杀的，保险人不承担给付保险金的责任，但被保险人自杀时为无民事行为能力人的除外。本题中，如果王某在合同成立2年后自杀，保险公司应当支付保险金。B项，《保险法》第34条第1款规定，以死亡为给付保险金条件的合同，未经被保险人同意并认可保险金额的，合同无效。此处强调的“同意并认可保险金额”，被保险人既可以自己签字，也可以授权他人签字。C项，《保险法》第34条第2款规定，按照以死亡为给付保险金条件的合同所签发的保险单，未经被保险人书面同意，不得转让或者质押。D项，《保险法》第34条第3款规定，父母为其未成年子女投保的人身保险，不受本条第1款规定限制。据此，死亡保险必须经过被保险人同意只有父母为未成年人子女购买保险这一项例外情形，投保人为配偶购买死亡保险仍然要经过被保险人的同意。

8. B。房地产居间，是指房地产经纪机构向委托人报告订立房地产交易合同的机会或提供订立房地产交易合同的媒介服务，并向委托人收取服务费用的行为。在房地产居间过程中，房地产经纪机构虽与委托人存在委托关系，但是处于中间人地位。无论何种居间活动，房地产经纪机构都不是委托人的代理人或交易当事人一方。

9. B。《保险法》第42条第1款规定："被保险人死亡后，有下列情形之一的，保险金作为被保险人的遗产，由保险人……履行给付保险金的义务：……（二）受益人先于被保险人死亡，没有其他受益人的；……"本题中，原定受益人丙先于乙死亡，且没有其他受益人，故在乙去世后，保险金应作为乙的遗产，由乙的法定继承人继承。因此，A项错误，B项正确，D项错误。《保险法》第41条第2款规定："投保人变更受益人时须经被保险人同意。"本题中，甲在乙去世后变更受益人，显然无法经过被保险人乙的同意，所以变更无效，其不能以此为由主张自己是受益人进而领取赔偿金。因此，C项错误。

综上所述，本题答案为B项。

（二）多项选择题

1. ACD。依据《证券法》第85条规定，信息披露义务人未按照规定披露信息，或者公告的证券发行文件、定期报告、临时报告及其他信息披露资料存在虚假记载、误导性陈述或者重大遗漏，致使投资者在证券交易中遭受损失的，信息披露义务人应当承担赔偿责任；发行人的控股股东、实际控制人、董事、监事、高级管理人员和其他直接责任人员以及保荐人、承销的证券公司及其直接责任人员，应当与发行人承担连带赔偿责任，但是能够证明自己没有过错的除外。

2. ACD。内幕信息，是指证券交易活动中，涉及发行人的经营、财务或者对该发行人证券的市场价格有重大影响的尚未公开的信息。B项，在尚未公开的信息中，持有公司5%以上股份的股东或者实际控制人，其持有股份或者控制公司的情况发生较大变化的信息属于内幕消息。

3. ABC。根据《证券法》第55条的规定，禁止任何人以下列手段操纵证券市场，影响或者意图影响证券交易价格或者证券交易量：（1）单独或者通过合谋，集中资金优势、持股优势或者利用信息优势联合或者连续买卖。因此，A、B、C选项正确。（2）与他人串通，以事先约定的时间、价格和方式相互进行证券交易。（3）在自己实际控制的账户之间进行证券交易。（4）不以成交为目的，频繁或者大量申报并撤销申报。（5）利用虚假或者不确定的重大信息，诱导投资者进行证券交易。（6）对证券、发行人公开作出评价、预测或者投资建议，并进行反向证券交易。（7）利用在其他相关市场的活动操纵证券市场。（8）操纵证券市场的其他手段。

4. ABC。D项，利用因职务便利获取的内幕信息从事相关的证券活动属于内幕交易行为。

5. AB。A、C两项，《保险法》第27条第3款规定，保险事故发生后，投保人、被保险人或者受益人以伪造、变造的有关证明、资料或者其他证据，编造虚假的事故原因或者夸大损失程度的，保险人对其虚报的部分不承担赔偿或者给付保险金的责任。据此，在投保人等夸大损失的情形，保险人对于夸大的部分不支付保险金，对于实际损失则需要按照约定支付保险金。B项，《保险法》第27条第4款规定，投保人、被保险人或者受益人有前三款规定行为之一，致使保险人支付保险金或者支出费用的，应当退回或者赔偿。D项，《保险法》第16条中规定，订立保险合同，保险人就保险标的或者被保险人的有关情况提出询问的，投保人应当如实告知。投保人故意或者因重大过失未履行前款规定的如实告知义务，足以影响保险人决定是否同意承保或者提高保险费率的，保险人有权解除合同。《保险法》第27条中规定，未发生保险事故，被保险人或者受益人谎称发生了保险事故，向保险人提出赔偿或者给付保险金请求的，保险人有权解除合同，并不退还保险费。《保险法》第32条中规定，投保人申报的被保险人年龄不真实，并且其真实年龄不符合合同约定的年龄限制的，保险人可以解除合同，并按照合同约定退还保险单的现金价值。保险人行使合同解除权，适用本法第16条第3款、第6款的规定。据此，投保人夸大保险损失并非解除保险合同的事由。

6. BD。A项，不足额保险合同，是指保险金额低于保险价值的合同。另据《保险法》第55条第4款的规定，保险金额低于保险价值的，除合同另有约定外，保险人按照保险金额与保险价值的比例承担赔偿保险金的责任。本题中，潘某就自己的古玩所投保险为不足额保险，甲保险公司只需按照保险金额与保险价值的比例赔偿潘某的部分损失，而不需要赔偿潘某的全部损失。B项，《保险法》第60条第2款中规定，保险事故发生后，被保险人已经从第三者取得损害赔偿的，保险人赔偿保险金时，可以相应扣减被保险人从第三者已取得的赔偿金额。如果刘某已经对潘某进行了全部赔偿，则保险公司可以拒绝向潘某支付保险金。C项，《保险法》第60条第1款规定，因第三者对保险标的的损害而造成保险事故的，保险人自向被保险人赔偿保险金之日起，在赔偿金额范围内代位行使被保险人对第三者请求赔偿的权利。最高人民法院《关于适用〈中华人民共和国保险法〉若干问题的解释（二）》第16条第1款规定，保险人应以自己的名义行使保险代位求偿权。甲公司只能以自己的名义行使代位求偿权。D项，《保险法》第60条第3款规定，保险人依照本条第1款规定行使代位请求赔偿的权利，不影响被保险人就未取得赔偿的部分向第三者请求赔偿的权利。甲公司支付的保险金不足以弥补潘某的全部损失，则就未取得赔偿的部分，潘某对刘某仍有赔偿请求权。

7. AC。A、B两项，《保险法司法解释（四）》第2条规定，保险人已向投保人履行了保险法规定的提示和明确说明义务，保险标的受让人以保险标的转让后保险人未向其提示或者明确说明为由，主张免除保险人责任的条款不成为合同内容的，人民法院不予支持。C、D两项，《保险法司法解释（四）》第3条规定，被保险人死亡，继承保险标的的当事人主张承继被保险人的权利和义务的，人民法院应予支持。

（三）不定项选择题

1. AD。《保险法司法解释（三）》第17条规定，投保人解除保险合同，当事人以其解除合同未经被保险人或者受益人同意为由主张解除行为无效的，人民法院不予支持，但被保险人或者受益人已向投保人支付相当于保险单现金价值的款项并通知保险人的除外。保险合同的双方当事人是投保人和保险公司，基于自愿原则，投保人享有解除合同的法定权利，被保险人或受益人仅为保险合同的关系人，无法阻止当事人解除合同，但人身保险合同对被保险人或受益人意义很大，如果被保险人或受益人已经向投保人支付了相当于保单现金价值的款项并通知了保险公司，则保全了投保人想解除保险合同的经济利益，为了交易秩序的稳定及对被保险人或受益人的权益保障，此时保险合同不解除。

2. ABC。A、B两项，《保险法》第61条规定，保险事故发生后，保险人未赔偿保险金之前，被保险人放弃对第三者请求赔偿的权利的，保险人不承担赔偿保险金的责任。保险人向被保险人赔偿保险金后，被保险人未经保险人同意放弃对第三者请求赔偿的权利的，该行为无效。本题中，齐某如果放弃对常某的赔偿请求，保险公司可以对齐某拒绝赔偿；齐某如果向保险公司索赔后放弃对常某的赔偿请求，该弃权无效。C、D两项，《保险法》第62条规定，除被保险人的家庭成员或者其组成人员故意造成本法第60条第1款规定的保险事故外，保险人不得对被保险人的家庭成员或者其组成人员行使代位请求赔偿的权利。因此C项符合代位求偿的原理。D项说法过于绝对，如果常某故意损毁冰箱，则保险公司赔偿以后有权利向其追偿。

3. C。《保险法》第52条规定："在合同有效期内，保险标的的危险程度显著增加的，被保险人应当按照合同约定及时通知保险人，保险人可以按照合同约定增加保险费或者解除合同。保险人解除合同的，应当将已收取的保险费，按照合同约定扣除自保险责任开始之日起至合同解除之日止应收的部分后，退还投保人。被保险人未履行前款规定的通知义务的，因保险标的的危险程度显著增加而发生的保险事故，保险人不承担赔偿保险金的责任。"《保险法解释（四）》第4条规定："人民法院认定保险标的是否构成保险法第四十九条、第五十二条规定的'危险程度显著增加'时，应当综合考虑以下因素：（一）保险标的用途的改变；（二）保险标的使用范围的改变；（三）保险标的所处环境的变化；（四）保险标的因改装等原因引起的变化；（五）保险标的使用人或者管理人的改变；（六）危险程度增加持续的时间；（七）其他可能导致危险程度显著增加的因素。保险标的危险程度虽然增加，但增加的危险属于保险合同订立时保险人预见或者应当预见的保险合同承保范围的，不构成危险程度显著增加。"本题中，甲的改装行为会使摩托车危险程度显著增加，对此，甲应当及时通知保险公司，保险公司有权解除保险合同，但需返还剩余（而非全部）保费。因此，B项错误。甲未履行通知义务，但本案中交通事故并非因为摩托车改装提速导致，而是由于其他车辆全责，因此保险公司仍然需要承担赔偿责任，A项错误。

《保险法》第55条规定："投保人和保险人约定保险标的的保险价值并在合同中载明的，保险标的发生损失时，以约定的保险价值为赔偿计算标准。投保人和保险人未约定保险标的的保险价值的，保险标的发生损失时，以保险事故发生时保险标的的实际价值为赔偿计算标准。保险金额不得超过保险价值。超过保险价值的，超过部分无效，保险人应当退还相应的保险费。保险金额低于保险价值的，除合同另有约定外，保险人按照保险金额与保险价值的比例承担赔偿保险金的责任。"本题中，保险公司应当按照合同约定的保险价值50万元赔偿投保人。因此，C项正确，D项错误。

综上所述，本题答案为C项。

简答题

1. 特别市场规制法律制度是与特别市场的特点密切结合并体现其个性的市场规制法律制度。

第一，特别市场规制法律制度属于市场规制法律制度。特别市场规制法律制度，仍然是市场规制法律制度体系的一部分，而且是融合在各类市场规制法律制度之中的。

第二，特别市场规制法律制度是市场规制法律制度在特殊市场中的体现。一般市场规制是对各种市场普遍性进行规制概括，而特别市场规制制度则是在一般规制的基础上，针对特别市场所作出的特别性制度安排。它与一般规制制度之间体现的是特殊与一般、个性与共性的关系。

第三，特别市场规制法律制度是丰富和发展市场规制法律制度的主要领域。对某些市场之所以予以特别规制，既有其市场交易的标的重要、影响面大等因素，也与作为共性的市场规制法律制度在规制特殊市场时的制度供给不足有关。特别市场规制制度承担着解决相关制度供给不足的重任。市场规制制度与特殊市场的特点结合的过程，既是市场规制制度具体化的过程，也是丰富和发展市场规制制度的过程。

（参考资料：《经济法学》编写组编：《经济法学》，3版，北京，高等教育出版社，2022）

2. 信贷市场规制法律制度的价值功能有：

（1）保持币值稳定。

货币固定地充当一般等价物，需要保持价值的相对稳定。根据马克思的货币理论，一定时期的货币社会需求是相对稳定的，货币的流通和商品流通存在着相对立的关系，若货币流通脱离了正常的轨道，商品流通就会受到破坏性影响。因此，无论是货币的发行还是货币的流通均需要被纳入国家的规制范围之中，以防止由于币值不稳而带来整个社会的动荡。

（2）维护金融安全。

金融是国家重要的核心竞争力，金融安全是国家安全的重要组成部分，金融制度是经济社会发展中重要的基础性制度。以货币流通和资金融通为代表的信贷市场具有脆弱性、信息不对称性、风险传递性的特点，极易引发严重的金融危机，甚至造成社会恐慌。为此，党的十九大报告提出"守住不发生系统性金融风险的底线"，并将防范化解重大金融风险作为三大攻坚战之首。防范化解金融风险，事关国家安全、发展全局和人民财产安全，是实现高质量发展必须跨越的重大关口。必须正确处理安全和发展的关系，树立正确的金融安全观，把防控金融风险放到重要位置，牢牢守住不发生系统性风险这个底线，采取有效措施加强金融监管，防范和化解金融风险，维护金融安全和稳定。

（3）保持有效竞争和维护金融秩序。

金融领域存在着规模经济，从事货币信用经营的金融机构规模越大、分支机构分布越广，就越有可能为客户提供便捷和多元化的金融服务，吸引更多的客户，从而增加其他机构进入市场的难度。竞争减少，必然引发服务质量不高等一系列问题，需要政府通过市场规制予以矫正。

（4）促进社会公平。

货币资金作为一种金融资源，既是一种稀缺性资源，又是一种配置资源的资源。金融资源的公平高效配置是实现社会和谐和健康发展的重要条件。信贷市场在配置和调整金融资源过程中发挥着非常重要的作用，但同样会存在机制失灵和配置不公等问题，加强信贷市场规制有助于解决上述问题，从而提升整体的社会福利水平。

（参考资料：《经济法学》编写组编：《经济法学》，380～381页，3版，北京，高等教育出版社，2022）

3. 证券法及其适用范围具体内容如下：

(1) 证券法的含义。

证券法是调整证券发行、交易、监管等法律关系的法律规范的总称。我国现行的证券法是1998年12月29日由第九届全国人大常委会第六次会议通过的《证券法》。经多次修订，2019年修订后的《证券法》分14章，共226条，对证券法的原则、证券发行、证券交易、上市公司收购、证券交易所、证券公司、证券登记结算机构、证券服务机构、证券业协会、证券监督管理机构、法律责任等作了规定。

(2) 证券法的适用范围。

《证券法》的制定和实施，标志着我国的证券法制建设进入了一个新阶段。目前，我国已制定颁发了一系列规范股票、债券、基金的发行与交易行为，以及规范证券交易所、证券公司、证券服务机构、基金管理公司等市场主体的法规和规章，形成了以《公司法》《证券法》为核心的比较完整的证券法律法规体系。经修订的《证券法》对其适用范围进行了扩大，将政府债券、证券投资基金份额以及权证、股指期货期权等证券衍生品种也纳入了该法的适用范围。《证券法》第2条规定，在中华人民共和国境内，股票、公司债券、存托凭证和国务院依法认定的其他证券的发行和交易，适用本法；本法未规定的，适用《公司法》和其他法律、行政法规的规定。政府债券、证券投资基金份额的上市交易，适用本法；其他法律、行政法规另有规定的，适用其规定。资产支持证券、资产管理产品发行、交易的管理办法，由国务院依照本法的原则规定。在中华人民共和国境外的证券发行和交易活动，扰乱中华人民共和国境内市场秩序，损害境内投资者合法权益的，依照本法有关规定处理并追究法律责任。

论述题与深度思考题

公开原则是证券法规则的核心和精髓所在。美国法官布兰迪斯的名言——“阳光是最好的防腐剂，街灯是最好的夜警”，形象地说明了公开对于证券市场的重要性。充分的信息是投资者作出投资选择的前提，一个信息不公开或者不充分公开的市场也极易因利益冲突而引发欺诈，这将直接导致市场的无序、混乱甚至崩溃。具体而言，公开原则有三层含义：证券发行要公开；证券交易要公开；与证券发行和交易的信息要公开。在证券法上，公开原则通常包括两个方面的内容，即证券信息的初期披露和持续披露。

(1) 信息的初期披露。

信息的初期披露，是指证券发行人在首次发行证券时应完全披露公司以及与发行证券有关的所有信息与情况，这是证券发行人的基本法律义务。我国证券法规定，发行股票或债券，应当公告招股说明书、公司债券募集办法。发行新股或者公司债券的，还应当公告财务会计报告。公司公告的股票或者公司债券的发行和上市文件，必须真实、准确、完整，不得有虚假记载、误导性陈述或者重大遗漏。公开原则要求上市公司所公开的信息达到以下标准：

1) 真实性。上市公司公开的企业财务内容必须准确、真实，不得有虚假不实记载。

2) 完整性。所有与证券发行有关的信息资料应尽可能详细地公开，不得故意隐瞒、遗漏。

3) 及时性。上市公司的有关信息应以最快的速度传达到接受者，不得故意拖延。

4) 易解性。公开信息内容的表述应通俗简明，易被大众理解，不得使用深奥或容易引起的字句。

5) 易得性。上市公司应采用使公众最能详尽地获得信息的传播方式向公众发布重要的信息。

(2) 信息的持续披露。

信息的持续披露，是指在证券发行后，发行人应定期对公众提供经营和财务状况信息，以及不定期公告可能影响公司经营活动的重大事项，包括公司业务及财务状况，未来前景，合并或接管事项，同供应商、客商及其他有关人员交往的情况，以及有关公司内部人员拥有或代表公司控制的公司证券所有权的重大变化情况等。我国证券法对股票上市公司披露上市公告书、年度报告、中期报告及与公司和股权有关的重大事项的报告作出了较为详尽的公开要求，并规定了作不真实说明和遗漏重大信息的法律责任。

另外，信息公开还表现为对发行人和上市公司以外的其他市场主体要求的公开义务，包括对证券监督管理机构、证券公司、投资顾问，以及证券交易所规定的公开义务。

信息公开作为证券市场的一项基本原则，还可以扩展为法律与政策的公开、市场管理与司法活动的公开。对一个稳定和理性的证券市场来说，必须保持市场高度的透明。只有这样，才能有效地减少和防止内幕交易、操纵市场、欺诈、腐败等违法违规行为的发生。正是通过公开原则和信息公开制度，证券市场的投资者才能够获得发行人的有关信息，及时地进行理性决策，从而构建起良好的市场秩序。

第十九章　宏观调控法原理

知识逻辑图

- 宏观调控法原理
  - 宏观调控的含义：政府为实现社会总需求与社会总供给之间的平衡，保证国民经济持续、稳定、协调发展，而运用经济、法律和行政的手段对社会经济运行进行的调节与控制
  - 宏观调控法的概念：调整在国家对宏观经济运行实施规划、调节和控制过程中发生社会关系的法律规范的总称
  - 宏观调控法的调整对象
    - 国家发展规划调控关系
    - 财税调控关系
    - 金融调控关系
    - 产业政策调控关系
    - 投资调控关系
    - 储备调控关系
    - 价格调控关系
    - 对外经贸调控关系
  - 宏观调控法的原则
    - 促进总量平衡与结构优化原则
    - 调控法定原则
    - 宏观调控科学适度原则
    - 注重调控效益原则
  - 宏观调控法的调整方法
    - 概念和分类
    - 以宏观经济政策涉及的业务范围为基础确立的调整方法
      - 财政调控方法
      - 货币金融调控方法
      - 产业政策调控方法
      - 价格调控方法
      - 对外经济贸易措施调控方法
    - 以对经济行为影响的力度与方式为基础确立的调整方法
      - 利益诱导方法
      - 发展规划或计划指导方法
      - 强行控制方法
      - 宏观调控方式的创新成果
  - 宏观调控法产生和发展的必然性
    - 社会化大生产的需要
    - 市场经济发展的要求
    - 国家经济管理职能转变的需要
  - 宏观调控法在市场经济中的作用
    - 通过规定一系列宏观调控措施促进市场总需求和总供给平衡
    - 促进市场经济的完善
    - 协调市场经济的发展
    - 为国家或政府对市场经济进行宏观管理提供法律依据，规范和约束调控主体的调控行为
  - 宏观调控法的体系：国民经济与社会发展规划法、财政法、税法、中央银行法、产业政策法、政府投资法、经济稳定增长法和对外经济贸易法等

- 宏观调控法原理
  - 宏观调控权及其配置
    - 宏观调控权的概念
    - 宏观调控权的纵向配置：宏观调控权在中央和地方之间的划分
    - 宏观调控权的横向配置：宏观调控权在中央政府各宏观管理部门之间的配置
  - 宏观调控法对金融的导向、规范与保障
    - 通过中央银行法确立货币政策导向
    - 规范与保障货币政策实现的金融法制度
      - 存款准备金制度
      - 基准利率制度
      - 再贴现制度
      - 再贷款制度
      - 公开市场操作制度
      - 金融宏观审慎管理制度
  - 宏观调控法对财政的导向、规范与保障
    - 通过财政法实施财政政策导向
    - 运用财政法制度发挥财政的调控经济职能
  - 宏观调控法对发展规划的导向、规范与保障
    - 通过发展规划法实施规划政策导向
    - 运用发展规划法发挥发展规划的调控经济职能
  - 宏观调控法对产业政策的导向、规范与保障
    - 通过产业政策法实施产业政策导向
    - 运用产业政策法发挥产业政策的宏观经济调控功能
      - 产业结构政策法律制度
      - 产业组织政策法律制度
      - 产业技术政策法律制度
      - 产业布局政策法律制度
  - 宏观调控综合协调制度
    - 综合协调的必要性
      - 发展规划与货币政策、财政政策需要相互协调
      - 产业政策的实现也需要财政和货币政策的支持
      - 财政政策和货币政策之间也需要相互配合
      - 依法治国方略中的权力监督制衡理念以及宏观调控权行使的外部性也要求建立宏观调控综合协调制度
    - 我国宏观调控综合协调的现状及法律调整
    - 国外相关立法实践
      - 德国的宏观调控综合协调制度
      - 美国的宏观调控综合协调制度
    - 建立我国的宏观调控综合协调法律制度

名词解释与概念比较

1. 宏观调控
2. 宏观调控法
3. 促进总量平衡与结构优化原则
4. 宏观调控综合协调制度
5. 宏观调控权
6. 再贴现
7. 公开市场操作
8. 财政政策

选择题

不定项选择题

1. 以下关系中，属于宏观调控关系的是（　　）。

A. 政府对产品质量的监督管理关系

B. 国民经济和社会发展计划的制订和实施关系

C. 中国证券监督管理委员会对证券市场的监督管理关系

D. 财政税收和货币信贷政策制定和实施中发生的

经济关系

2. 宏观经济调控的主要主体是（　　）。

A. 国家　　B. 企业

C. 行业协会　　D. 消费者

3. 以下选项属于政府进行宏观调控目的的是（　　）。

A. 经济总量的基本平衡

B. 促进经济结构的优化

C. 引导国民经济持续、快速、健康地发展

D. 推动社会全面进步

4. 我国宏观调控法的基本原则有（　　）。

A. 促进总量平衡与结构优化原则

B. 调控法定原则

C. 宏观调控科学适度原则

D. 注重调控效益原则

5. 以下对宏观调控法的描述正确的是（　　）。

A. 主要通过设立市场主体交易行为规范来影响其行为

B. 建立“政府指导企业”的直接干预市场的法律机制

C. 主要通过经济政策来改变市场交易环境，并通过交易环境的改变来影响市场主体的交易行为选择

D. “国家调控市场，市场引导企业”的间接干预市场方式

6. 宏观调控的基本手段在原则上应以（　　）为主。

A. 经济手段　　B. 法律手段

C. 间接计划手段　　D. 行政性手段

7. 以下属于宏观调控法的调整对象的是（　　）。

A. 财税调控关系

B. 金融调控关系

C. 国家发展规划调控关系

D. 反不正当竞争关系

8. 以下法律属于宏观调控法体系的是（　　）。

A. 公司法和企业法

B. 财政法和税法

C. 金融稳定法和固定资产投资法

D. 对外经济贸易法

9. 以下哪些是宏观经济调控关系的特点？（　　）

A. 都具有经济活动的内容

B. 体现着国家干预经济生活的特征

C. 国家或国家授权的机关始终是这几类经济关系中的一方主体

D. 已经被纳入国家经济法律体系的轨道

10. 产业布局法主要调整以下哪些主要产业关系？（　　）

A. 产业结构　　B. 产业组织形式

C. 产业区域布局　　D. 产业优惠措施

11. 宏观调控法的政府调控适度原则包含哪些层意思？（　　）

A. 干预不得过度

B. 政府干预不得冲击和削弱市场机制作用的发挥，而是应促进和保护市场调节功能的充分发挥

C. 政府干预必须尊重客观经济规律，依法进行干预

D. 政府一般不得直接干预经济组织的生产经营活动

12. 以对经济行为影响的力度与方式为基础的宏观调控法的调整方法主要包括以下哪些种？（　　）

A. 利益诱导方法　　B. 计划指导方法

C. 强行控制方法　　D. 监督

13. 强行控制作为一种宏观经济调控法的调整方法，其内涵是：政府依照一定的规则对经济主体的行为进行某种限制或禁止。这里包含的意思，是指（　　）。

A. 施行这种方法的只限于政府或政府授权的机关

B. 必须依照事先制定的规则，这种规则可以是法律、法规，也可以是政府的规章

C. 强行控制就是检查、考察宏观经济行为是否符合既定的宏观调控目标

D. 强行控制的目的是限制与宏观经济调控目标相背离的行为和损害宏观经济整体效益的行为

14. 宏观经济调控的主要经济手段包括（　　）。

A. 外汇　　B. 金融

C. 货币　　D. 财政

15. 产业政策包括以下哪些政策？（　　）

A. 产业组织政策　　B. 产业结构政策

C. 产业技术政策　　D. 产业布局政策

16. 我国的宏观经济管理部门主要由以下哪些部门组成？（　　）

A. 国家发展和改革委员会

B. 国家市场监督管理总局

C. 农业农村部

D. 财政部

简答题

1. 简述宏观经济调控的特点。（中国政法大学考研；西南政法大学考研）

2. 简述经济法调整宏观经济关系的客观必然性。（中国政法大学考研）

3. 简述宏观调控法在市场经济中的作用。

4. 简述宏观调控法的原则。

5. 简述宏观调控法的体系。（北京大学考研）

6. 简述财政的调控经济职能的实现方式。

7. 简述宏观调控制度中金融法发挥作用的机理。（中国政法大学保研）

8. 简述基准利率在宏观调控中发挥作用的原理。（中国政法大学考研）

案例分析题

材料：利用专项债等支持盘活存量闲置土地、支持收购存量房，将"金融 16 条"和经营性物业贷款等政策适用期限延长到 2026 年年底，全国层面商业性个人住房贷款最低首付比例统一至 15%……政策逐渐落地，积极促进房地产市场止跌回稳。截至 2024 年 10 月 31 日，"白名单"项目贷款审批通过金额超 3 万亿元。1 月至 10 月，新建商品房销售面积和销售额同比降幅比 1 月至 9 月分别收窄 1.3 和 1.8 个百分点，市场活跃度提升。

问题：

（1）上述材料怎样体现了宏观调控法律关系？

（2）谈一谈怎样对宏观调控权予以规制？

论述题与深度思考题

1. 试论我国宏观调控法的调整对象。

2. 论市场障碍排除法、国家投资经营法、国家宏观调控法之间的关系。（武汉大学考研）

3. 论宏观调控法对可持续发展的保障。

4. 从宏观调控的角度，试述税收中性与税收调控的关系。（中国政法大学考研）

5. 论宏观调控综合协调制度的必要性。

参考答案

名词解释与概念比较

1. 所谓宏观调控，是指国家为实现社会总需求与社会总供给之间的平衡，保证国民经济持续、稳定、协调和健康发展，运用经济、法律和行政的手段对国家社会经济整体的运行进行的调节与控制。宏观调控的主导一方是国家，其基本目标是总供给与总需求的均衡即宏观调控强调总量的均衡，而不是微观经济单位或局部地区、部门的局部均衡。宏观调控行为必须依法律明确规定进行。

2. 所谓宏观调控法，是指调整在国家对宏观经济运行实施规划、调节和控制过程中发生的社会关系的法律规范的总称。它是经济法体系中的重要子部门法，是国家管理宏观经济的主要法律手段之一。宏观调控法的调整对象是在国家对国民经济和社会发展运行进行规划、调节和控制过程中所发生的宏观经济调控关系，简称为宏观调控关系。它涉及现实社会中的国民经济整体利益、社会公共利益和国家根本与长远利益，其内容十分广泛。

3. 促进总量平衡与结构优化原则是宏观调控法的基本原则。宏观调控的主要目标，就是要保持经济总量的基本平衡和经济结构的优化。所谓经济总量的平衡，就是社会总供给与社会总需求的价值总量的平衡，是社会经济运行保持协调状态的前提条件。经济结构是指国民经济诸组成要素相互联系、相互作用的内在形式和方式。经济总量的平衡是经济结构赖以实现的基础，经济结构优化是宏观经济调控目标的实质内容。宏观调控法必须确认平衡与优化原则。

4. 宏观调控综合协调制度主要是提供不同经济调控部门之间的政策、措施、协调的程序和方式，形成稳定的协调机制，避免宏观调控部门各自为政，以提高宏观调控决策的效率；同时也可提供一种解决不同部门争议的途径，在不同部门之间形成一定的制约和监督，避免宏观经济政策彼此之间的相互冲突和抵消削弱宏观调控的功能、影响宏观调控目标的实现。

5. 宏观调控权是指国家机构为确保社会总需求与社会总供给之间的平衡，实现国民经济持续、稳定、协调可持续发展的目标，运用经济、法律和行政的手段对社会经济运行进行调节与控制的法定职权。宏观调控权是国家权力在经济管理领域的具体化，是国家权力的组成部分。从根本上说，宏观调控权是国家机构（如中央人民政府）代表人民行使的一项管理经济与社会事务的权力。宏观调控权作为一种权力，必须对其进行有效配置，使各类宏观调控主体的权力明晰、职责明确，这样才能更好地解决集权与分权等问题，才能更有效地进行宏观调控。

6. 再贴现，是商业银行及其他金融机构以买入的未到期的贴现票据向中央银行办理的再次贴现。再贴现是商业银行及其他金融机构与中央银行之间的票据买卖和资金让渡的过程，是商业银行及其他金融机构向中央银行融通资金的重要方式。

再贴现是中央银行执行货币政策的重要工具之一。中央银行根据市场的资金供求状况，调整再贴现率，影响商业银行及其他金融机构借入资金的成本，刺激或抑制资金需求，从而调节货币供应量。调整贴现率还能及时将货币政策的意图传递给社会，引导人们的投资、消费行为，推动货币政策目标的实现。

7. 公开市场操作，是指中央银行为实现货币政策目标而在金融市场上买进或卖出有价证券的行为。中央银行能根据金融市场的变换，主动买进或卖出有价证券或外汇，以达到增加或减少货币供应量的目的。同时，中央银行买卖国债，可以影响国债供求、影响国债利率，从而间接影响商业银行利率。目前，公开市场操作制度已经成为中央银行调节商业银行流动性的主要手段。

8. 财政政策，是国家宏观调控的一个重大经济政策。财政政策包括财政支出政策和财政收入政策。财政收入主要来源于税收，所以财政收入政策主要指税收政策。国家将扩张性或紧缩性财政政策用于经济运行，发挥着某种自动抑制社会总需求过分扩张或收缩、促进社会经济稳定的基本功能。财政政策的推行需要法律的强制力，同时财政政策只有上升为法律才能保证其稳定性和制定过程的集思广益、富有理性，才能体现客观经济规律的要求；而且财政政策的导向必须通过法律来确立和实施。财政关系虽然也是一种财产关系，但其不适用民法所确认的市场交换规则，所以必须由财政法调整。

选择题

不定项选择题

1. BD。宏观调控法的调整对象是在国家对国民经济和社会发展运行进行规划、调节和控制过程中所发生的宏观经济调控关系，简称宏观调控关系。宏观调控的目标是社会总供给和总需求的平衡，这是总量的均衡，而不是微观经济单位或局部地区、部门的局部均衡。A项属于产品质量法调整的对象，产品质量法属于市场规制法。C项属于证券法调整的对象，对证券市场的监管是对一个部门的微观监管，不属于宏观调控法的调整范围。

2. A。宏观调控主要是对国民经济总量的调控，它必然要求国家或政府根据国民经济协调发展和均衡增长的要求，对国民经济总量运行进行调控，以使总供给与总需求趋于基本平衡，有效地实现发展和增长目标。因为唯有国家或政府才能代表着整个社会的利益，才有可能反映总量运行的经济要求，并制定克服总量失衡的宏观经济政策、制度及相应措施。

3. ABCD。所谓宏观调控，是指政府为实现社会总需求与社会总供给之间的平衡，保证国民经济持续、稳定、协调增长，而运用经济、法律和行政的手段对社会经济运行的调节与控制。社会总需求与社会总供给之间的平衡，保证了国民经济持续、稳定、协调增长，必定也会推动社会全面进步。

4. ABCD。宏观调控法的原则是在宏观经济法的制定、执行以及主体参加宏观调控下的具体经济活动中所必须遵循的基本准则，是各项宏观经济法律制度和全部规范的总的指导思想。[①] 我国宏观调控法的基本原则是国家宏观调控政策的集中反映，是宏观调控法的本质特征和基本精神的体现，同时也是宏观调控法区别于市场规制法等其他经济法制度的显著的标志。题中四个选项即为宏观调控法的基本原则。

5. CD。宏观调控的手段在原则上应以间接手段为主，通过经济利益的诱导而不是通过对企业行为的直接调整来影响企业的经济行为。A项是政府直接规范

① 参见刘文华、史际春、徐孟洲主编：《经济法》，7版，北京，中国人民大学出版社，2024。

企业等市场主体的行为，不是宏观调控法的调整方法。B项是直接干预手段，也不是宏观调控法的调整方法。

6. ABC。在市场经济条件下，宏观调控手段在原则上应以经济手段、法律手段等间接的手段为主，行政手段等直接的手段只能限定在必要的范围之内，根据国民经济运行的失衡状况有针对性地采用。

7. ABC。宏观调控法的调整对象是宏观经济调控关系，它主要包括：（1）国家发展规划调控关系；（2）财税调控关系；（3）金融调控关系；（4）产业政策调控关系；（5）投资调控关系；（6）储备调控关系；（7）价格调控关系；（8）对外经贸调控关系。（注意：反不正当竞争关系是市场规制法调整的对象。）

8. BCD。根据宏观调控法的调整对象及相关定义，宏观调控法的基本内容或体系包括以下一些法律制度：发展规划法、财政法、税法、中央银行法、金融稳定法、产业政策法、政府投资法和对外经济贸易法等。

9. ABCD。题中四个选项正是宏观经济调控关系的四大特征。当然，宏观经济调控关系还有其他特征，但是上述四项是最基本的。

10. ABC。国家通过对产业结构、产业组织形式和产业区域布局的规划和安排，达到对经济建设的总体的合理的布局，是宏观调控的目标之一。因此，应当将产业调控关系纳入宏观调控法的调整范围。

11. BCD。干预不得过度是政府调控适度的换种说法而已，而不是有限干预的内涵。B、C、D项正是有限干预的三层内涵。

12. ABC。宏观调控法的调整方法可以分为两大类，以对经济行为影响的力度和方式为基础，可分为利益诱导方法、计划指导方法、强行控制方法。

13. ABD。检查、考察宏观经济行为是否符合既定的宏观调控目标是监督的方法。强行控制的内涵就是题目中A、B、D选项所讲的内容。

14. ABCD。国家规划、金融、财政、产业、投资政策是宏观调控的主要经济手段。规划与财政政策、金融政策需要相互协调。产业政策的实现也需要财政政策和货币政策的支持。财政政策和货币政策之间也需要相互配合。

15. ABCD。产业政策包括产业组织政策、产业结构政策、产业技术政策、产业布局政策。产业政策是国家宏观调控的重大经济政策。产业政策是国家或政府为实现特定的经济、社会目的而对产业的形成和发展实施的经济干预，这种干预包括对产业的规划、调整、保护、扶持、限制等。产业政策体现国家意志，追求社会公共利益，直接目的在于充当贯彻国家经济发展战略的工具，弥补市场失灵的缺陷，履行国家经济职能，保证产业合理、有序、高效地发展。

16. AD。国家市场监督管理总局主要管理市场秩序，而农业农村部主要管理农业。它们都局限于某一经济部门或某一领域，而不是对经济的全局进行管理。国家发展和改革委员会的职责是：（1）拟订并组织实施国民经济和社会发展战略、中长期规划和年度计划；提出国民经济发展和优化重大经济结构的目标和政策；提出运用各种经济手段和政策的建议。（2）研究分析国内外经济形势和发展情况，进行宏观经济的预测、预警；研究涉及国家经济安全的重要问题，提出宏观调控政策建议，综合协调经济社会发展；负责日常经济运行的调节，组织解决经济运行中的有关重大问题；等等。财政部的职责是：（1）拟定和执行财政、税收的发展战略、方针政策、中长期规划、改革方案及其他有关政策；参与制定各项宏观经济政策；提出运用财税政策实施宏观调控和综合平衡社会财力的建议。（2）编制年度中央预决算草案并组织执行；受国务院委托，向全国人民代表大会报告中央、地方预算及其执行情况，向全国人大常委会报告决算；管理中央各项财政收入，管理中央预算外资金和财政专户；管理有关政府性基金；等等。它们都是宏观经济管理部门。我国的宏观经济管理部门主要还有中国人民银行、商务部和国务院国有资产监督管理委员会等。

简答题

1. 宏观经济调控，是指政府为实现社会总需求与社会总供给之间的平衡，保证国民经济持续、稳定、协调和健康发展，运用经济、法律和行政的手段对国家社会经济整体的运行进行的调节和控制。

宏观经济调控具有以下特征：

第一，宏观调控的主导一方是国家。宏观调控，主要是对国民经济总量的调控，它必然要求国家根据国民经济协调发展和均衡增长的需要，在市场经济运行的基础上，综合运用经济、法律和行政的手段，对国民经济总量的运行进行调控，以使总供给与总需求趋于基本平衡，有效地实现发展和增长目标。因为唯有国家（具体由国家最高权力机关和中央政府等来承担），才有可能反映总量运行的经济要求，并制定克服总量失衡的宏观经济政策、法律制度及相应措施。我们不能把国家宏观调控等同于政府调控。虽然中央人民政府作为对国家宏观经济进行调控的实施主体，发挥着重大作用，但政府调控一般仅限于中央行政机关的调控行为，而不能包括国家最高权力机关通过经济立法、审查批准和监督等方式对宏观经济的调控。中央人民政府的宏观调控行为，是政府根据宪法和法律授权实现国家经济职能的行政行为，因为它是最高权力机关的执行机关，是最高国家执行机关。

第二，宏观调控的基本目标是总供给与总需求的均衡。宏观调控强调总量的均衡，而不是微观经济单位或局部地区、部门的局部均衡。然而，为实现总量均衡目标，必须通过加强经济立法、完善宏观调控手段，在使微观经济的市场主体以及局部地区和部门，在市场经济活动中追求微观经济、局部利益目标的同时，使分散的市场行为在总体上符合总量均衡的要求。

第三，宏观调控作为国家对整个国民经济的总量所进行的调控，其调控手段必然是综合性的。这是宏观调控的职能及目标的客观要求。当然，在市场经济条件下，宏观调控的手段在原则上应以间接手段为主，直接手段只能限定在必要的范围之内，并根据国民经济运行的失衡状况有针对性地采用。国家宏观调控的手段包括财政税收、货币、外汇、投资和价格等经济手段，以经济立法为主的法律手段，以及直接关停并转、限购限价、冻结等必要的行政手段。

第四，宏观调控行为必须依法律明确规定进行，即调控行为的法定性。为全面建设法治国家，全面推进国家各方面工作法治化，政府应当在法律所规定的权力、程序范围内实施宏观调控行为，依法运用发展规划、财政税收、货币金融等手段调节、控制宏观经济运行，使国民经济总体活动朝着所预期的平衡、协调和有序方向发展。因此，国家要加强经济立法，促进宏观调控行为的法治化。

（参考资料：刘文华、史际春、徐孟洲主编：《经济法》，7版，北京，中国人民大学出版社，2024）

2. 宏观调控经济关系是指政府为实现社会总需求与社会总供给之间的平衡，保证国民经济持续、稳定、协调增长，而运用经济、法律、行政手段对社会经济运行进行调节和控制中发生的社会关系。宏观经济关系由经济法调整具有客观必然性，这是由以下几个原因决定的：

第一，宏观调控法是社会化大生产的需要。人类社会物质资料生产的历史表明，随着社会生产力的发展和以此为基础而产生的社会分工的发展，社会生产逐渐由一般的简单协作发展到与社会分工相联系的较高级的复杂协作，继而发展到系统的社会化大生产。在这种大生产条件下，要保证社会经济正常运行，保持社会再生产的合理比例和基本平衡，避免或者减少大的波动，客观上就需要对经济活动进行管理。为了使社会化大生产的管理和调控能规范有序地进行，一方面需要公司法、企业法、合同法等调整微观经济活动的经济法律制度，另一方面需要体现国家对宏观经济行为进行引导、调控的宏观调控法律制度，以协调和管理社会再生产各环节之间的经济活动，使之服务于实现宏观经济效益的统一目标。

第二，宏观调控法是市场经济发展的要求。实行市场经济体制，强化市场机制的作用，有利于解放和发展生产力。但同时我们也要认识到市场有其自身的弱点和消极作用：首先，市场机制本身不仅不能解决社会公正问题，有时还会对社会公正造成严重的损害，激发社会矛盾；其次，市场机制无法承担公共职能；再次，市场经济的调节作用具有一定的盲目性、滞后性和惯性；最后，市场竞争还会造成垄断、不正当竞争等其他的市场失灵现象。为了防止市场失灵，避免周期性经济危机，对于上述种种弊端，如果不采取一些宏观调控的措施加以防止和纠正，则非但市场自身无法有效地发挥作用，而且会给整个国民经济带来严重的后果。政府对市场经济的运行施加宏观调控措施，是保证国民经济持续、快速、健康发展的前提条件。既然市场经济就是法治经济，则规范市场主体的行为、维护市场秩序、实施宏观调控方面的法律是必不可少的。因此，许多现代市场经济发达的国家都制定了经济稳定增长法、预算法、税法、中央银行法等宏观调控法律制度，以保障市场经济的健康发展。我国《宪法》规定："国家实行社会主义市场经济。国家加强经济立法，完善宏观调控。"因此，加强宏观经济立法是建立和完善中国特色社会主义市场经济的应有之义。

第三，宏观调控法是国家经济管理职能转变的需要。随着经济的发展和经济关系的复杂化，国家经济管理职能越来越重要。20世纪以来，各国都以不同方式在不同程度上改变了不介入经济生活的做法，更多地注意发挥“有形之手”（国家干预）的调节作用。宏观调控是国家或政府最主要的经济职能，这种经济职能作用的发挥需要一定的法律保障，如税收杠杆作用的发挥离不开税法的强制力。国家经济管理职能需要借助法律形式，因而宏观调控法应运而生。无论哪个国家的宏观调控法，都集中体现了国家履行经济职能的要求。

（参考资料：刘文华、史际春、徐孟洲主编：《经济法》，7版，北京，中国人民大学出版社，2024）

3. 市场经济需要宏观调控，宏观调控需要法律化，需要法律的保障。宏观调控法在市场经济中的作用有下面几点：

第一，通过规定一系列宏观调控措施促进市场总需求和总供给的平衡。这是总量的均衡，而不是微观经济单位或局部地区、部门的局部均衡。然而，为实现总量均衡目标，必须通过法律的手段和制度方式，使微观经济单位以及局部地区和部门，在市场经济活动中根据竞争原则，追求微观经济目标，或者说分散的市场行为在宏观调控下最终集合成总量均衡的趋势。

第二，促进市场经济的完善。现代市场经济从建立到完善的全过程，几乎每前进一步、每一环节的变化和发展，都离不开宏观调控法的促进。这里所讲的“促进”，既包括宏观调控法为市场经济的发展创造条件、提供机遇，又包括政府认识和利用市场经济规律，促进其发展与完善，还包括规定政府职能的转变，促进其更好地为市场经济服务。

第三，协调市场经济的发展。通过发展规划法、产业政策法和政府投资法调整产品结构，引导资金的投资流向，优化资源配置，协调各产业部门的关系，调整不同产业部门之间的矛盾，促进它们共同协调发展。政府的产业政策和投资行为，按照宏观调控法的要求，除了服务于宏观调控需要，还必须考虑市场机制作用能够充分发挥作用的问题。

第四，为国家或政府对市场经济进行宏观管理提供法律依据，规范和约束政府管理市场的行为。通过立法明确进行宏观调控的不同国家职能机构的法律地位、职能范围、调控方式和程序，既使其具有权威性、强制性，又避免主观性、随意性等滥用权力破坏市场机制的行为出现，建立必要的监督制约机制，从而防止政府过度干预而酿成“政府失败”的恶果。

（参考资料：刘文华、史际春、徐孟洲主编：《经济法》，7版，北京，中国人民大学出版社，2024）

4. 宏观调控法的原则是在宏观经济法的制定、执行以及主体参加宏观调控下的具体经济活动中所必须遵循的基本准则，是各项宏观经济法律制度和全部规范的总的指导思想。我国宏观调控法的原则有以下几项：

（1）促进总量平衡与结构优化原则。

宏观调控的主要目标，就是要保持经济总量的基本平衡和经济结构的优化。所谓经济总量的平衡，就是社会总供给与社会总需求的价值总量的平衡，是社会经济运行保持协调状态的前提条件。经济结构是指国民经济诸组成要素相互联系、相互作用的内在形式和方式。宏观调控法必须确认平衡与优化原则，从而调动宏观调控法的一切调整手段，发挥宏观调控法各项法律制度的功能，促进经济总量的基本平衡和经济结构的优化。

（2）调控法定原则。

政府进行宏观调控行为必然涉及资源的配置与利益的调节，尤其是财政、税收、中央银行和物价部门的调控行为直接涉及生产经营者和公民的财产权益。调控法定原则的要求是，将宏观调控主体、行为、方式和程序纳入法治轨道：有权实施行为的调控主体资格必须法定；各类不同宏观调控主体所享有的宏观调控权力法定；实施宏观调控的方式和程序也必须法定，严格约束宏观调控主体在法律赋予的调控权限范围内活动，禁止假借调控之名，侵害受调控主体的权益，以保障宏观经济健康运行和市场经济秩序良好。

（3）宏观调控科学适度原则。

在现代市场经济中，脱离国家宏观调控或国家干预的所谓“纯粹”市场经济，早已不复存在。有宏观调控的竞争性市场经济逐步替代了昔日的自由放任、反对国家干预的自由市场经济。所谓宏观调控科学适度原则，其内涵有三层意思：一是宏观调控主体实施宏观调控必须符合市场经济规律，即讲究科学性，不得冲击和削弱市场机制作用的发挥，而是应当促进和保护市场机制调节功能的充分发挥；二是实施宏观调控必须遵守宏观调控法律，依法进行调控；三是国家实施宏观调控一般采取间接手段，减少对直接调控手段的使用。

（4）注重调控效益原则。

对宏观经济的调控所涉及的经济利益是全局性的

利益，如生产者全体的利益、消费者全体的利益、国家利益或社会公共利益。国家宏观调控行为，应以注重全局性整体性利益、提高经济运行的宏观效率、促进国民经济持续增长为目标。宏观调控法更侧重于提高经济运行的宏观效率和增进国家整体利益。强调并坚持调控效益原则，有助于规范国家宏观调控行为、有效引导市场主体的经营行为，有助于节约经济资源、优化调控行为。宏观调控法通过调整宏观调控关系，激励、促进和保护宏观经济效益的提高。为实现这一目的，必须确定注重调控效益为宏观调控法的基本原则。

（参考资料：刘文华、史际春、徐孟洲主编：《经济法》，7版，北京，中国人民大学出版社，2024）

5. 根据宏观调控法的调整对象及其特征，宏观调控法可界定为调整宏观调控关系的法律规范的总称，它是经济法体系中的重要子部门法，是国家管理宏观经济的主要法律手段之一。根据宏观调控法的调整对象及上述定义，宏观调控法的基本内容或体系包括以下一些法律制度：国民经济与社会发展规划法、财政法、税法、中央银行法、产业政策法、政府投资法、经济稳定增长法和对外经济贸易法等。

6. 财政的调控经济职能，是指通过实施特定的财政政策，促进较高的就业水平、物价稳定和经济增长等目标的实现。根据社会主义市场经济的内在要求，我国的财政职能包括资源配置职能、收入分配职能、调控经济职能和监督管理职能四个方面。财政的调控经济职能的实现方式有四种：

（1）在经济发展的不同时期，分别采取不同的财政政策，实现社会总供给和总需求的基本平衡。当经济下滑的时候，社会总需求不足，失业增加，这时政府应采取扩张性的财政政策，增加财政支出，同时减少税收，以便刺激总需求的扩大，消灭失业现象；当经济膨胀的时候，社会总需求过度，或引起通货膨胀，这时政府应采取紧缩性财政政策，减少财政支出，同时增加税收，以便抑制总需求，消灭通货膨胀。

（2）通过发挥累进的个人所得税等制度的“内在稳定器”作用，帮助社会来稳定经济活动。如累进的个人所得税使税收在经济萧条时趋于下降，从而有利于经济的复苏；在通货膨胀期趋于上升，从而有利于经济的降温，这是保证经济健康运行、减轻经济周期性波动的一个重要因素。失业救济金制度也有这样的功能：人们被解雇后开始领取失业补助金；当他们重新找到工作时，失业补助金停止支付，从而有利于经济的稳定。

（3）通过财政投资和补贴等，加快农业、能源、交融运输、邮电通信等公共设施和进出产业的发展，为经济发展提供良好的基础和环境。

（4）逐步增加治理污染、生态保护以及文教、卫生等方面的支出，促进经济和社会的可持续发展。

（参考资料：刘文华、史际春、徐孟洲主编：《经济法》，7版，北京，中国人民大学出版社，2024）

7. 金融调控是国家宏观经济调控中的一个重要组成部分。金融调控职能主要是由中央银行来履行。中央银行通过货币政策调控货币总量及其结构，通过保持货币供求总量和结构的平衡来促进社会总需求与总供给的均衡。金融调控法是国家调整金融调控关系的法律规范的总称，它的表现形式主要是中央银行法律等。宏观调控法主要通过实施金融调控法，对金融起导向、规范与保障作用。

第一，通过中央银行法确立货币政策导向。宏观调控法通过实施《中国人民银行法》可以保证国家货币政策的正确制定和执行，发挥中央银行宏观调控体系作用，维护金融稳定。货币政策是一种宏观经济政策，制定和执行国家货币政策是中央银行的基本职责。货币政策是中央银行为实现特定的经济目标所采取的各种控制和调节货币供应量或信用量，进而影响宏观经济的方针、政策和措施，其实质上是通过调节社会总供给和总需求来处理货币稳定与经济增长的关系。中央银行的货币政策所要达到的最终目标一般来说有四个，即稳定物价、充分就业、经济增长和国际收支平衡。

第二，规范与保障货币政策实现的金融法制度。金融是宏观调控的主要手段之一，国家通过金融手段对经济进行宏观管理主要是借助货币政策实现的。具体来说，货币政策工具主要包括存款准备金制度、基准利率制度、再贴现制度、再贷款制度、公开市场操作制度以及金融宏观审慎管理制度等。

（参考资料：刘文华、史际春、徐孟洲主编：《经济法》，7版，北京，中国人民大学出版社，2024）

8. 基准利率是金融市场上具有普遍参照作用的利率，其他利率水平或金融资产价格均可根据这一基准利率水平来确定。基准利率制度是中央银行的一项重要货币政策工具。当中央银行提高基准利率时，商业银行等金融机构筹措资金的成本增加，对中央银行的贷款需求降低，商业银行等金融机构就会到资金市场去寻求贷款。由于商业银行等金融机构筹措资金的成本加大，因而其对外贷款的利率必然提高，相应地，其客户的贷款数额就会减少。这样，社会货币供应量就会减少。相反，当中央银行降低基准利率时，商业银行等金融机构的贷款利率也会随之降低，贷款数额加大，货币供应量会相应增加。因此，基准利率直接影响金融机构存贷款活动的开展，进而影响整个社会的信贷总量。中央银行通过提高或降低基准利率中的贷款利率，可限制或扩张社会信贷规模。在我国，目前是以中国人民银行对国家专业银行和其他金融机构规定的存贷款利率为基准利率。

（参考资料：刘文华、史际春、徐孟洲主编：《经济法》，7 版，北京，中国人民大学出版社，2024）

案例分析题

（1）材料中，通过宏观调控政策的实施，引导金融机构满足房地产项目的合理融资需求，推动项目建成完工和交付，切实保障广大购房人的合法权益，起到了对房地产产业止跌回稳、维护市场经济秩序的作用。政府对房地产市场所采取的宏观调控方法，既是一种产业政策调控方法，也是一种强制控制方法。产业政策是国家或政府为实现特定的经济、社会目的而对产业的形成和发展实施的经济干预，这种干预包括对产业的规划、调整、保护、扶持、限制等。产业政策体现国家意志，追求社会公共利益，直接目的在于充当贯彻国家经济发展战略的工具，弥补市场失灵的缺陷，履行国家经济职能，保证产业合理有序、高效地发展。所以，材料体现了产业调控法律关系。

（2）宏观调控权是一项独立的、新型的国家权力，它的产生部分是为了解决“市场失灵”问题。但是，我们也要注意到，由于“市场失灵”问题的存在，政府才介入经济调整过程，而政府的调控也可能会出现“政府失灵”的问题。所以，宏观调控权的规范行使是非常重要的一个问题。宏观调控权作为一种权力，必须对其进行有效配置，使各类宏观调控主体的权力明晰、职责明确。这样才能更好地解决集权与分权等问题，才能更有效地进行宏观调控。若调控主体的权力配置出现问题，则会直接影响国家利益和社会公共利益，其负面影响无疑是非常巨大的。

我国实行社会主义市场经济，要转变政府管理经济的职能，建立以间接手段为主的宏观调控体系，同时对直接调控手段予以诸多规制。在宏观调控权的配置上，要在纵横两方面解决，而不能失之偏颇。同时，也要注意宏观调控综合协调的必要性，建立宏观调控综合协调制度。

论述题与深度思考题

1. 所谓宏观调控法，是指调整宏观调控关系的法律规范的总称。它是经济法体系中的重要子部门法，是国家管理宏观经济的主要法律手段之一。宏观调控法的调整对象是宏观调控关系，它是国家对国民经济和社会发展运行进行规划、调节和控制过程中发生的宏观经济调控关系，它涉及现实社会中的国民经济整体利益、社会公共利益和国家根本与长远利益。宏观调控关系内容十分广泛，主要包括以下几类：

（1）国家发展规划调控关系。在社会主义市场经济条件下，经济运行要以市场为基础，发挥市场机制的决定性作用，但这并不排斥政府规划的调控作用。党的二十大报告指出：“健全宏观经济治理体系，发挥国家发展规划的战略导向作用，加强财政政策和货币政策协调配合，着力扩大内需，增强消费对经济发展的基础性作用和投资对优化供给结构的关键作用。”因此，国家发展规划是宏观经济治理调控体系的组成部分。宏观调控法应当调整好国家发展规划关系。所谓国家发展规划关系，是指国家发展规划或计划在其编制、审批、下达、执行、调整、检查和监督各个环节中发生的社会关系，表现为两大类：一类是发展规划实体关系，另一类是发展规划程序关系。

（2）财税调控关系。财政作为一种以国家为主体的在全社会范围内的集中性分配活动，同社会再生产有着密切的联系。随着社会经济的发展，财政已从只是单纯的组织收入以满足政府活动的需要，发展为对国民经济运行实行调控的有力手段。政府运用财税调控手段，其中包括预算支出结构的安排、税率的高低调整、税收优惠政策、国家信用、财政补贴等，运用这些手段能够更好地实现宏观经济调控的目标。财税调控关系是一种以国家权力为依托的、对社会产品和国民收入进行分配和再分配所产生的特殊分配关系。它是宏观调控法的调整对象之一。

（3）金融调控关系。在金融调控过程中对有关金融变量实施调节和控制而产生的金融管理关系，是金融调控关系。国家为加强和改善政府宏观调控，设立中央金融委员会，强化人民银行宏观审慎管理和系统性风险防范职责。由此可见，由货币政策和宏观审慎政策双驱动所产生的金融调控关系，是宏观调控法的调整对象之一。

（4）产业政策调控关系。国家通过对产业结构、产业组织形式和产业区域布局的规划和安排，达到对经济建设的总体的合理的布局，这是宏观调控的目标之一。因此，应当将产业调控关系纳入宏观调控法的调整范围。

（5）投资调控关系。固定资产投资膨胀，是造成国民收入超分配的重要原因。要保持经济总量的基本平衡和国民经济的协调发展，必须合理安排固定资产的投资规模，同时不影响国家重大建设项目的安排。因此，对投资调控关系的调整，也是宏观调控法的任务。

（6）储备调控关系。国家为了实现总需求与总供给均衡的宏观调控目标，需要在特殊领域实施战略性物资储备制度，如中国粮食储备制度、棉花储备制度、外汇储备制度、土地储备制度、石油储备制度等。战略物资储备制度中存在的储备功能定位、储备规模标准控制以及参与主体等问题，既是宏观调控的重要内容，也是宏观调控法必须解决的法律问题。因此，战略物资储备制度也应当是宏观调控法的调整范围。

（7）价格调控关系。“价格总水平调控”是价格法的主要内容，稳定市场价格总水平是国家重要的宏观经济政策目标。国家根据国民经济发展的需要和社会承受能力，确定市场价格总水平调控目标，列入国民经济和社会发展计划，并综合运用货币、财政、投资、进出口等方面的政策和措施予以实现。政府建立重要商品储备制度，建立重要商品和服务价格监测制度，建立重要农产品收购最低保护价格制度。当市场价格总水平出现剧烈波动等异常状态时，国务院可以在全国或者部分区域内采取临时集中定价权限、部分或者全面冻结价格的紧急措施。

（8）对外经贸调控关系。国家宏观调控目标一般包括总量平衡、结构优化、就业充分和国际收支平衡四个方面。对外经济贸易活动与国际收支关系密切，外贸顺差或逆差都直接影响一国的国际收支平衡，进而影响宏观调控目标的实现。因此，为保持对外经济贸易活动的健康发展、保持国际收支平衡、维护国家经济安全，国家需要对对外经济贸易活动进行必要的宏观调控和监管。因此，经由国家宏观调控措施的作用而产生的对外经济贸易关系，应当由宏观调控法调整。

根据我们对宏观调控法的调整对象及特征的分析，宏观调控法是指调整宏观调控关系的法律规范的总称。根据宏观调控法的调整对象和定义，我国宏观调控法的基本内容或体系包括以下主要法律制度：国民经济与社会发展法、财政法、税法、金融法、产业结构与布局规划法、固定资产投资法、经济稳定增长法和对外经济贸易法等法律制度等。

（参考资料：刘文华、史际春、徐孟洲主编：《经济法》，7 版，北京，中国人民大学出版社，2024）

2. 市场障碍排除法、国家投资经营法和国家宏观调控法是经济法的三个基本法律构成。其中，市场障碍排除法是调整国家对市场进行规制过程中发生的社会关系的法律规范的总称。市场障碍排除法的目的在于排除市场运行障碍，维护和促进充分公平的竞争，以让市场机制充分发挥其调节经济的作用。国家通过此种方式达到最后调节市场经济的作用。国家投资经营法是规范国家投资经营行为，调整在国家投资经营过程中有关各方主体间社会关系的法律规范的总称，主要包括国家投资法和国有企业法。国家宏观调控法是调整国家对社会经济关系宏观调控中发生的各种社会关系的法律规范的总称。宏观调控法的功能和任务是规范国家宏观调控中各方有关主体的行为，维护宏观调控秩序，保障国家宏观调控顺利进行和目标实现。

（1）三个基本法律构成具有共同的法律属性和特征。这三方面的法律，都是国家调节社会经济之法，是国家三种调节方式（调节活动）的法律规范。现代国家调整经济分别采取市场规制、国家直接参与投资及对社会经济引导、促进和调控这三种基本方式。法律通过对以上三个方面国家经济调节关系的调整，实现经济法统一的基本功能，完成经济法的基本任务。

（2）三个基本法律构成在其调整领域和所担当的任务上分工协作，从不同侧面共同执行国家经济调节使命。在采用强制干预、参与和引导促进三种调节方式时，国家相较于社会经济所处的方位不同：强制干预时国家居于社会经济之上，参与时国家跻身其中，引导促进时国家处于其外。三种调节方式的不同，决定了三个基本法律构成的分工和作用点不同：市场规制法是在市场竞争领域，保障国家以强制干预方式排除垄断和不正当竞争行为对自由竞争的妨害，促进社会经济本身固有的调节机制即市场机制充分发挥作用。国家投资经营法是在国家投资经营领域，规范和保障国家以财力直接投入运营，以调节社会经济结构和运行。国家宏观调控法则表现为国家对社会经济活动予以指导、鼓励、帮助和提供服务。三方面法律互相配合、综合运用，有时在立法内容上有所交叉，无论在反垄断领域或者在国家投资经营领域，都涉及国家计划、经济政策和各种经济杠杆及其他调节手段的运用，宏观调控也必然涉及其他两个领域，并往往把其他两个领域纳入其统一计划和视野予以统筹规划。

(3) 三个基本法律构成在不同国家的不同时期，立法状况和发达程度不同，在经济法中所处的地位不同，经济法体系的核心也是发展变化的。反垄断法是现代经济法最早出现的法律，在西方国家长期居于各国经济法体系的核心。在社会主义国家，最为发达并长期居于核心的是国家投资经营法。如今，各国越来越重视对社会经济实行宏观引导控制，宏观调控法在经济法体系中的地位正在上升。

(参考资料：漆多俊：《经济法基础理论》，北京，法律出版社，2017)

3. 按照可持续发展理论，人口、经济和环境是可持续发展中最重要的因素，要实现人口、经济和环境的可持续发展，必须加强政府的宏观调控。经济法中的宏观调控法律制度与可持续发展关系密切，促进可持续发展是宏观调控法的目标之一。

第一，通过宏观调控法协调可持续发展中各种比例关系。社会化大生产客观上要求国民经济各部门、各地区、各企业和再生产各环节之间保持一定的比例关系，而这些比例关系又受到人口、经济、社会、环境、资源等因素的影响。如人口再生产与物质资料再生产的协调关系受到经济增长、人口增长的影响；企业的再生产受到资源配置方式的制约；经济增长和人口增长又会破坏生态环境，造成资源的浪费，而资源短缺又会制约经济发展；收入分配不公会扩大社会的贫富差距，从而影响社会稳定与经济的持续发展。因此，通过宏观调控法如资源法、环境法、计划生育法等，运用政府的“有形之手”，才能保持这种比例关系，才能实现可持续发展的战略目标。

第二，通过宏观调控法弥补经济发展中市场机制的缺陷。尽管市场在资源配置中起着基础作用，在调节经济运行、管理经济活动中起着其他调节手段不可替代的作用，但是，由市场这只“看不见的手”进行自发调节，存在“市场失灵”问题。市场机制的自发调节必然出现周期性的经济波动和经济危机，影响经济的持续、稳定增长；并会导致资源浪费，带来环境恶化；同时也会产生地区发展不平衡，造成社会贫富两极分化；等等。因此，要克服市场在实现社会、经济的可持续发展中的弱点和消极方面，必须发挥政府“看得见的手”的作用，完善资源法、环境法和税法，通过开征资源税促进资源的合理利用与节约。通过开征环境税、防治污染税，保护环境，实现可持续发展。

第三，通过宏观调控法协调好可持续发展中的各种经济利益关系。国民经济的发展是建立在各种经济利益关系协调的基础之上的。宏观调控法就是要协调各种经济利益之间的关系，以促进国民经济的持续发展，从而为社会经济总体可持续发展奠定坚实的基础。社会经济发展过程中的主要经济利益关系有社会整体利益、长远利益与局部利益、眼前利益的关系，国家、企业、个人三者利益之间的关系，国民经济各部门之间的关系，各地区之间的关系，等等。通过产业调整法、预算法、投资法、税法、银行法等法律协调好社会经济发展中各方面的经济利益关系，才能充分调动各类市场主体的积极性，促进市场经济的发展。如果宏观调控不到位或不能有效地协调好各种经济利益关系，那么，宏观经济就很难获得持续、稳定和协调的发展，从而也就不可能有社会总体的可持续发展。

第四，宏观调控法有助于保障实现可持续发展的战略目标。宏观调控目标与可持续发展战略的要求基本上是一致的。宏观调控的基本目标是保持社会总供给与社会总需求的平衡，主要目标是实现经济适度增长、充分就业、资源优化配置、国际收支平衡以及社会收入公平分配，实现财政、信贷、外汇与物资的综合平衡。由于经济增长是可持续发展的基础，宏观调控法能保证经济发展，从而为可持续发展奠定基础，因而，宏观调控法的目的就是要保障经济增长、充分就业、币值稳定、资源优化配置、社会收入分配公平等目标的实现，从而有助于可持续发展战略目标的实现。

从宏观调控法和可持续发展的关系来看，实现社会经济的可持续发展，离不开政府的宏观调控，更离不开宏观调控法律保障。新中国成立以来，之所以曾出现“有增长而无发展，有发展而不能持续”的情况，是因为缺乏政府有效的宏观调控，更缺乏完善的宏观调控法。可持续发展思想理论成果的出现，必将进一步丰富宏观调控法的理论和体系，进而促进经济法的发展。同时，完善的宏观调控法也保障了可持续发展目标的实现。

［参考资料：江合宁：《可持续发展与经济法的关系》，载《经济法学、劳动法学（人大复印）》，2000（3）］

4. 宏观调控是指政府从社会公共利益出发，为了实现宏观经济变量的基本平衡和经济结构的优化，引导国民经济持续、健康、协调发展，对国民经济进行的总体调节和控制。宏观调控必须依法进行，宏观调控法是对宏观调控关系进行规范的法律。税法是宏观调控法中的重要组成部分，税法中税收中性与税收调控的关系集中表现了宏观调控的原则和理念。宏观调控应以宏观经济为目标，遵循依法调控和适度调控的原则进行。

税收中性理论是近代西方税收理论中的一种。该理论认为，政府征税应尽量减少对经济的不正当干扰，避免产生效率损失，而要达到这样一种境界，就要求税收保持中性。税收调控理论则认为，国家应通过税收手段对经济发展进行调节。税收中性与税收宏观调控的关系是一种对立统一关系，其对立性表现在对经济行为干预与不干预的矛盾上；其统一性则表现为两者可以在经济领域内相互协调、双管齐下，以尽量达到经济效率最大化，并尽量做到公平与效率的均衡。税收中性强调的是减少税收制度对经济的干预，减少效率损失，而税收宏观调控不可避免地会对市场行为主体产生“税收导向”，这是一对矛盾。但是，税收中性与税收调控又存在统一的一面。从税收中性与税收调节统一性观点出发，税收中性与税收调控的关系是：税收中性是相对的，不是绝对的，倡导税收中性只是尽可能地减少税收对经济的干扰作用“度”，尽量压低因征税而使纳税人或社会承受的额外负担“量”，但这并不排除通过税收调控来增加额外收益和公平财富分配；同时，税收调控通过干预经济实现特定的经济和社会目标，虽然是对税收中性的有意识地偏离，但并不是对税收中性原则的否定，也并不意味着税收中性原则在税制设计、改革及其评价方面失去意义。

两者关系的重心选择主要取决于一个国家在一定时期内的市场运行具体情况。当市场运行较多地符合于完全竞争性市场的主要条件时，税收应当更多地保持中性，以便让市场本身所固有的资源优化配置功能更充分地发挥出来；当市场运行状况不具备完全竞争的主要条件时，必须运用非中性的税收去加以矫正，以便使市场优化资源配置的功能在税收手段的配合下，得到正常有益的发挥。在市场经济体制下，在市场能够有效发挥作用的领域，税收应尽量保持中性；在市场失灵的领域，则需要税收进行调控。

综上所述，税收中性和税收调控的关系表现为以下几点：

第一，中性税收理论的提出是以自由竞争的市场经济为背景的，其确切含义应该是指国家在课税时，除了使纳税人负担税收，不能因课税而扭曲市场经济条件下资源的有效配置，因而其要旨是从保证经济增长与发展的角度考虑税收与经济效率之间的相互关系，做到既要课税又要使社会资源得以有效利用。

第二，中性税收政策与税收调控政策的实施是有条件的。在市场机制能够充分发挥其作用的前提下，税收中性化有利于市场机制在资源配置方面基础性作用的发挥，从而有利于提高社会的经济效率。但是，在存在市场失灵的领域内，税收的非中性化能够矫正和弥补市场缺陷，从而促进经济效率的提高。从这一意义上讲，税收中性原则与税收调控两者并不矛盾，两者各有存在的空间，即它可以统一于市场经济运行的全过程。

第三，税收中性原则为我们较为准确地确定税收调控的区间提供了依据。在市场经济条件下，税收调控功能的发挥必须以税收中性原则为上限、以弥补市场缺陷为下限，政府应该在这一区间范围内不断调整税收杠杆的支点，调控不足或调控过头都会产生不利的影响。

第四，一国的税收政策，是偏向税收中性还是偏向税收调控，也就是说，税收中性与税收调控各自的分量应有多大，取决于一国不同时期所面临的政治、经济环境形势。

（参考资料：黄国锋等：《深化税制改革必须重视

税收中性与税收调控的结合》，2001 年全国省会城市税收经济研讨会论文）

5. 国家规划、金融、财政、产业、投资政策是宏观调控的主要经济手段，各种手段各自的特点和属性决定了我国建立宏观调控综合协调制度的必要性和重要性。单一的宏观经济政策或者调控手段因其自身的特点和局限性是无法实现宏观调控目标的，宏观调控的综合协调是国民经济本身的内在要求和客观需要。只有这样，才能保证宏观经济目标的实现和防止宏观调控部门滥用或者弃用宏观调控权，最大限度地实现宏观调控的预期目标。

第一，发展规划与货币政策、财政政策需要相互协调。在现代市场经济体制下，国家的经济发展规划通常都是指导性的而没有法律的强制力（尽管规划必须经过立法机关批准），其主要的作用在于为市场主体提供一种经济信息，引导企业作出符合国家发展规划的决策和行为；对市场主体并不具有直接的强制约束力。国民经济和社会发展规划通常都指明了财政政策和货币政策的目标与方向，是财政政策和货币政策制定、调整的依据，规划的实现也要依靠财政、货币政策。这是发展规划和财政、货币政策必须协调的依据。

第二，产业政策的实现也需要财政、货币政策的支持。国家财政的投资规模和投资结构、税收政策、财政补贴、财政的转移支付等都会影响到投资、产业政策。中央银行确定的信贷规模以及指导商业银行的贷款资金流向，都会对产业政策产生影响。因此，国家投资、产业政策的成功实现，必须依靠财政政策和货币政策。投资、产业政策的制定部门必须与财政、货币宏观调控部门协商，取得支持。财政政策和货币政策的制定和实施，也要符合国家计划和独立的投资法与产业政策立法所确定的产业政策。

第三，财政政策和货币政策之间也需要相互配合。理由有三点：一是各自调节范围的不同要求二者协调、配合。财政政策对社会总需求的影响主要是通过税收增减、发行国债、调整支出规模和结构来实现的，其主要在分配领域实施调节。货币政策对社会总需求的影响主要是通过影响流通中的货币量来实现的，其调节行为主要发生在流通领域。二者的调节都有一定的局限性，因此必须相互配合。二是各自的侧重点不同要求二者协调、配合。财政政策与货币政策都对总量和结构进行调节，但在资源配置和经济结构上，财政政策比货币政策更强调资源配置的优化和经济结构的调整，具有结构特征。而货币政策的重点是调节社会需求总量，具有总量特征。三是各自的时滞性不同要求二者协调、配合。财政政策的制定需要通过立法机关，并交有关执行机关执行，决策程序复杂，但一旦实施，将直接影响社会的有效需求。货币政策一般由中央银行制定和实施，决策程序简单，但其对社会总需求的影响是间接的。财政政策和货币政策是宏观调控中的两大支柱，很多国家都非常重视二者之间的配合和制约，如德国和美国都在法律中确立了二者的协调制度。

第四，依法治国方略中的权力监督制衡理念以及宏观调控权行使的外部性也要求建立宏观调控综合协调制度。依法治国的核心理念就是依法限制政府权力的行使，政府权力应当受到监督和制约。宏观调控领域也不例外。宏观调控部门拥有巨大的宏观调控权，宏观调控权作为国家的一项重要权力，其行使过程中产生的外部性，其对经济的影响、对市场主体和普通民众的影响，都是人所共知的。建立综合协调制度有利于在不同的宏观调控部门之间形成一种监督，防止宏观调控各部门滥用权力而不受制约。这样才能保证政策的制定和实施从国家的最高利益出发，而不致为了维护一己私利、部门利益，置国家经济大局和百姓经济利益于不顾。

（参考资料：刘文华、史际春、徐孟洲主编：《经济法》，7 版，北京，中国人民大学出版社，2024；刘溶沧、赵志耘主编：《中国财政理论前沿》，北京，社会科学文献出版社，1999）

第二十章　发展规划法

知识逻辑图

- 发展规划法
  - 发展规划法的基本原理
    - 规划和发展规划的概念
      - 规划：未来行为的方案
      - 发展规划：由国家权力机关批准实施的经济和社会发展规划
    - 发展规划法的概念：确认国家发展规划管理机关、经营者和其他单位在发展规划体系中的法律地位，并调整它们之间在制定和实施国民经济与社会发展规划过程中发生的社会关系的法律规范总称
    - 发展规划法的渊源：宪法中有关发展规划的规范、发展规划法律、发展规划行政法规、地方发展规划法规等形式
    - 发展规划与宏观调控
    - 发展规划调控权的分配
      - 纵向分配
      - 横向分配
    - 发展规划法的实体法和程序法
  - 我国发展规划编制、审批与实施制度
    - 发展规划的编制
    - 发展规划的审批
    - 发展规划的实施
  - 发展规划法的相关制度
    - 产业政策法制度
      - 产业政策的概念
      - 产业政策的体系
      - 产业调控法
    - 政府投资调控法律制度
      - 投资与发展规划
      - 政府投资调控法律制度概述
    - 区域规划法律制度
      - 区域规划的概念
      - 我国区域规划概述
      - 我国区域规划法律规定

名词解释与概念比较

1. 发展规划
2. 发展规划法
3. 发展规划权
4. 产业政策

简答题

1. 发展规划法的功能与作用
2. 发展规划法的渊源
3. 发展规划与宏观调控

4. 发展规划法的实体法和程序法

参考答案

名词解释与概念比较

1. 发展规划是规划体系中的一个种类。经济法中所称发展规划一般指依法制定，由国家权力机关批准实施的国民经济和社会发展规划（简称“发展规划”），包括国民经济和社会发展总体规划中的中长期规划，也含国民经济和社会发展年度计划等。规划或计划本身是一种理性的体现，无论是个人还是组织，行动之前都离不开周密的规划。对于国家和政府来说，发展规划对于经济和社会发展、进步的重要性更为突出和明显。国家通过发展规划的运用，制定经济和社会发展战略，部署、规划、安排和调控国民经济运行、社会事业发展和生态文明建设，这是更好发挥政府作用的体现。一般而言，发展规划的定义包含以下几个方面：（1）发展规划都是事前拟定的，与未来有关，即使发展规划在实施过程中根据现实情况有所变动，其目的依然是面向未来的行动目标；（2）发展规划包含了实施发展规划的行动和步骤，因此必然与行动有关；（3）发展规划的制定、实施都应以掌握真实信息为基础，没有确实可靠的信息，发展规划的制定、实行和修订肯定是盲目的，在实践中会造成难以估量的不良后果；（4）发展规划的制定需依法定程序作出，其实施需要法律加以保障。

2. 发展规划法是确认国家发展规划管理机关、发展规划执行者和其他单位在发展规划体系中的法律地位，并调整它们之间在制定和实施国民经济和社会发展规划过程中发生的社会关系的法律规范总称。在国民经济和社会发展规划的编制、审批、下达、执行、调整、检查和监督各个环节中，必然有国家机关、经营者和其他单位等主体参加，它们之间因发展规划行为而形成的社会关系，统称为发展规划关系，是发展规划法的调整对象。发展规划法，简言之，是调整国民经济和社会发展规划关系的法律规范的总称。

3. 发展规划权是发展规划法确认和保护的一种宏观调控权。发展规划权是各发展规划主体所享有和行使的权利（力），具体应包括对国民经济总量平衡、结构优化、内外贸易以及社会发展目标等方面进行发展规划的权利（力）。发展规划权的分配有横向和纵向两种配置方式。发展规划权的横向配置，解决的是发展规划的制定、审批、调整、实施和监督等权力的分配，以及中央政府各部门之间发展规划调控权力的分配问题。

4. 产业政策是指一个国家或地区为实现其一定时期的经济和社会发展目标，而制定的发展或限制相应产业的目标以及保障这些目标实现的各项政策所组成的规范体系。产业政策一般以各产业为直接对象，保护和扶植某些产业，调整和整顿产业组织，其目的是改善资源配置，实现经济稳定与增长，增强国际竞争力，改善与保护生态环境等。产业政策是市场经济条件下政府宏观经济调控政策的重要方面。

简答题

1. 发展规划法的功能与作用主要体现在以下几个方面：（1）发展规划法规范政府的发展规划行为，防止和克服发展规划过程中的政府失灵现象。政府作为发展规划的主要制定者或决策者起着关键性作用，它自身的缺陷是导致发展规划过程中政府失灵的最主要原因。发展规划法通过授权和限权，对政府的发展规划行为进行限制，防止其在发展规划制定过程中滥用权力，进而克服发展规划过程中的政府失灵现象。（2）明确发展规划参与者的法律责任。首先，可以明确政府的主体责任，通过对发展规划主体的权力和职责的设定，限制政府在发展规划过程中的权力扩张，避免因不尽职责而造成执行低效率。其次，明确政府要接受人大监督，可以减少或避免政府在制定和实施发展规划工作的失误。最后，对于发展规划确定的约束性指标以及重大工程、重大项目、重大政策和重要改革任务，也要明确责任主体、实施进度要求，确保如期完成，以提高发展规划的法律约束力。（3）通过规定发展规划制定和实施的法定程序与保障措施，增强透明度和协调力，促进科学制定发展规划，以合理配置公共资源，广泛动员全社会力量，共同推动发展规划的顺利实施。

2. 发展规划法的法律渊源和其他部门经济法一样，都包含了宪法中有关发展规划的规范、发展规划法律、发展规划行政法规、发展规划地方性法规等形式。我国在改革开放前，曾出台了一系列与发展规划有关的法律、法规和规章等规范性文件，其中包括 1952 年 1 月出台的《国民经济计划编制暂行办法》，1953 年 8 月开始试行的《关于编制国民经济年度计划暂行办法》，1955 年 10 月公布的《国家计划委员会暂行工作条例》，1956 年 2 月公布的《地方各级人民委员会计划委员会暂行组织通则》，1958 年 9 月公布的《关于改进计划管理体制的规定》，1960 年 1 月出台的《关于加强综合财政计划工作的决定》。改革开放前，我国经济体制仍为计划经济体制，并没有真正的市场经济，建立在市场机制与国家调控机制耦合之上的经济法在此时并没有出现。发展规划法是经济法的子部门法，在经济法出现之前，我国也没有真正意义上的发展规划法，此时与发展规划有关的法律、法规和规章应属于行政法。改革开放后，我国出台了《关于改进计划体制工作的若干暂行规定》（1984 年 10 月）、《关于大型工业联营企业在国家计划中实行单列的暂行规定》（1987 年 3 月）、国务院《关于加强国民经济和社会发展规划编制工作的若干意见》（国发［2005］33 号）、中共中央、国务院《关于统一规划体系更好发挥国家发展规划战略导向作用的意见》（中发［2018］44 号）等规范性文件。党的十八大以来，我国加快了重点领域的立法，特别是 2021 年公布的《国民经济和社会发展第十四个五年规划和 2035 年远景目标纲要》强调指出，要“加快出台发展规划法，强化规划编制实施的法治保障”。可以预见，我国的发展规划立法工作将进入一个新的阶段。

3. 发展规划具有一定弥补市场调节机制缺陷，以及调节市场主体与国家之间利益分配的作用。

发展规划调控是宏观调控的下位概念。经济学上的“宏观”，是指国民经济中的总量，包括总供给、总需求以及总价格、总就业量等。宏观调控，简言之即为国家运用经济政策和杠杆对这些总量进行调节，促进总需求和总供给的基本平衡，以实现经济的平稳增长。发展规划调控就是用编制、实施和评估发展规划的方法对宏观经济活动运行的调节与控制。在社会主义市场经济建设初期，发展规划调控的意义在于其对社会化大生产的保障。此时的发展规划调控要建立在公有制基础上，并要兼顾市场经济的基本规律。随着改革开放的深化，人们对发展规划调控的定义也逐渐放宽，变为“发展规划调控是社会按照预先确定的目标，运用各种力量和形式调节国民经济的运行过程”。在这一界定下，无论发展规划调控以何种方式实现，只要是由社会按照事先确定的原则和目标进行的，就属于宏观调控的一种手段。发展规划调控的主要形式有指令性发展规划和指导性发展规划。发展规划调控的对象主要是国民经济中各种重大的比例关系和总需求与总供给。

发展规划的调控有以下特点：（1）战略性；（2）宏观性；（3）指导性；（4）政策性。

4. 发展规划的调控方式是通过发展规划实体法对发展规划的机构及其职责、内容、形式以及指标体系进行规定；发展规划法还通过程序法来对发展规划的制定、审批、调整和监督进行规范，在实现程序正义的同时，达到调控目的。

发展规划法可以通过实体法律规范对发展规划机构的法律地位和职责、发展规划的内容、发展规划的形式、发展规划的指标体系作出规定。发展规划机构包括发展规划的制定、审批和管理机构，我国发展规划制定和实施机关为各级政府，发展规划审批和监督机关为各级人大及其常委会。发展规划的内容包括发展规划发展目标以及为实现该目标所采取的各项政策措施。发展规划有多种形式，我国的发展规划一般按时限分为中长期发展规划和短期规划，按内容分为国家发展规划、空间规划、专项规划、区域规划。发展规划指标是发展规划内容、目标和任务的量化结果，是对国家未来经济和社会发展的方向、目标、规模、速度、结构、比例、效益以及效率等总体性活动的特征和状况的数量界定。

发展规划程序法就是调整围绕编制、审批、实施和监督展开而产生的规划或计划程序关系的法律规范的总称。目前我国“发展规划法”还未出台，对发展规划或计划程序的规定散见于《宪法》《立法法》《国务院组织法》《地方各级人民代表大会和地方各级人民政府组织法》，以及国务院制定的相关行政法规、国家发展和改革委员会制定的部门规章中。

第二十一章　财政法

知识逻辑图

- 财政法
  - 概述
    - 财政法的概念
    - 财政法在市场经济法律体系中的地位
    - 财政法的基本内容和体系（财政法总则、预算法、财政收入法、财政支出法、财政监督管理法、财政法律责任与救济法律制度）
    - 财政管理体制
  - 财政法分论中的几个制度
    - 预算法
      - 预算法的调整对象
        - 预算
          - 单位预算
          - 国家预算
        - 预算关系
      - 预算管理职权
        - 概念
        - 特征（六个）
        - 分类
          - 中央预算权
          - 地方预算权
      - 法定预算收支范围
      - 预算活动
        - 预算编制
          - 编制的原则要求
          - 编制的方法和程序
        - 预算审查和批准
        - 预算的执行和调整
        - 决算
      - 对预算、决算的监督，违反《预算法》的法律责任
    - 国债法
      - 国债
        - 概念
        - 形式特征：自愿性、有偿性、灵活性
      - 国债法的概念和中国国债立法的发展
      - 国债发行制度
      - 国债转让制度
      - 国债偿还制度
      - 国债管理制度
    - 政府采购法
      - 概述
        - 政府采购与政府采购法的概念
        - 国内外政府采购立法沿革
        - 立法宗旨
        - 基本原则
      - 政府采购当事人
        - 采购人
        - 采购代理机构
        - 供应商
      - 政府采购的方式
        - 公开招标
        - 邀请招标
        - 竞争性谈判
        - 单一来源采购
        - 询价
      - 政府采购的程序
        - 一般采购程序
        - 特殊采购程序
      - 政府采购争议的解决
        - 询问
        - 质疑
        - 投诉
        - 行政复议或者行政诉讼

名词解释与概念比较

1. 财政与财政法
2. 财政关系和财政法律关系
3. 预算与预算法（中国人民大学考研）
4. 单式预算与复式预算（中国人民大学考研）
5. 预算编制、预算调整与预算执行（中国人民大学考研）
6. 国债与国家信用（武汉大学考研）
7. 国债发行与国债转让（中国人民大学考研）
8. 单位预算和国家预算
9. 增量预算和零基预算
10. 国有资本经营预算（中国人民大学考研）
11. 政府采购（中国人民大学考研）

选择题

（一）单项选择题

1. 从部门法的角度来看，下列关于财政法的表述中，正确的是哪一个？（　　）

A. 财政法是调整财政法律关系的法律
B. 财政法是调整财政关系的法律
C. 财政法是调整财政分配和财政管理活动中形成的财政关系的法律规范的总称
D. 财政法调整一切财政关系

2. 在社会主义市场经济体制下，以下选项中不体现财政的主要职能的是（　　）。

A. 资源配置
B. 经济稳定
C. 收入分配
D. 进行以国家为主体的、对包括生产资料和生活资料在内的一切社会资源的分配

3. 以预算的级次为标准，可以把预算分为哪些种类？（　　）

A. 单式预算和复式预算
B. 中央预算和地方预算
C. 增量预算和零基预算
D. 投入预算、绩效预算和计划项目预算

4. 新中国成立后的第一部预算法规是（　　）。

A.《国家预算管理条例》
B.《预算法》
C.《预算规则》
D.《预算决算暂行条例》

5. 下列对预算编制要求表述不正确的是（　　）。

A. 各级预算应当参考上一年预算执行情况、有关支出绩效评价结果和本年度收支预测，按照规定程序征求有关方面意见后，进行编制
B. 各级一般公共预算支出的编制，应当统筹兼顾，在保证基本公共服务合理需要的前提下，优先安排国家确定的重点支出
C. 除法律和国务院另有规定外，地方政府不得发行地方政府债券
D. 各级预算收入的编制，应当与经济社会发展水平相适应，与财政政策相衔接

6. 预算草案需要经过特定的机构批准生效，才能成为正式的国家预算，并具有法律约束力，而且非经法定程序，不得变更。根据我国《预算法》的规定，下列哪个机构负责审查和批准中央预算？（　　）

A. 全国人民代表大会
B. 全国人民代表大会常务委员会
C. 国务院
D. 财政部

7. 县级以上地方各级政府对下一级政府依《预算法》有关规定报送备案的预算，认为有同法律、行政法规相抵触或者有其他不适当之处，需要撤销批准预算决议的，应当提请哪个机关审议决定？（　　）

A. 上一级人民政府
B. 上一级人民代表大会
C. 本级人民代表大会
D. 本级人民代表大会常务委员会

8. 决算是按照年度预算执行最终结果所编造的全年度（　　）。

A. 会计报告　　B. 财政报告
C. 决算报告　　D. 审计报告

9. 国债是以国家财政为债务人，以国家财政承担还本付息为前提条件，通过借款或发行有价证券等方式向社会筹集资金的（　　）。

A. 借款行为　　B. 集资行为
C. 信用行为　　D. 担保行为

10. 一般而言，中期国债（公债）是指多长时间以内还本付息的国债？（　　）

A. 1年以上10年以下

B. 2年以上10年以下

C. 1年以上15年以下

D. 2年以上15年以下

11. 采购人使用国际组织和外国政府贷款进行的政府采购，贷款方、资金提供方与中方达成的协议对采购的具体条件另有规定，且与《政府采购法》相冲突的，对此种情况的适用，法律是如何规定的？（　　）

A. 必须适用《政府采购法》的规定

B. 必须适用协议的规定

C. 可以适用协议的规定

D. 对此法律无明确规定

12. 采购人的范围不包括下面哪一项？（　　）

A. 各级国家机关

B. 医院

C. 各民主党派

D. 某大型国有独资公司

13. 政府采购的当事人包括（　　）。

A. 采购人

B. 采购人与供应商

C. 采购人与投标人

D. 采购人与供应商和采购代理机构

14.（　　）是负责政府采购监督管理的部门，依法履行对政府采购活动的监督管理活动。

A. 各级人民政府

B. 各级人民政府的财政部门

C. 各级人民政府的监察部门

D. 检察部门

15. 属于集中采购目录以内的政府采购项目，一般必须通过政府采购中心代理，如单位有特殊要求，要自行采购，必须经过哪级机关批准？（　　）

A. 设区的市、州以上人民政府

B. 省级以上人民政府

C. 设区的市、州以上人民政府所设的集中采购机构

D. 省级以上人民政府所设的集中采购机构

16. 是否采用公开招标方式进行政府采购的标准是什么？（　　）

A. 采购的商品种类

B. 一定的数额标准

C. 进行采购的主体

D. 是否采用公开招标方式由采购主体自行决定

17. 供应商在政府采购中，采用不正当手段诋毁、排挤其他供应商的，应当承担一定的法律责任。下列哪一项不是其应当承担的法律责任？（　　）

A. 处以采购金额千分之一以上千分之十以下的罚款

B. 列入不良记录名单

C. 1至3年内不得参加政府采购活动

D. 有违法所得的，并处没收违法所得

（二）多项选择题

1. 当前我国财政立法中，以下哪些部分已经有了狭义法律的规定？（　　）

A. 预算法　　B. 政府采购法

C. 财政投资法　　D. 财政转移支付法

2. 预算权的主体是特定的，下列哪些是享有预算管理职权的主体？（　　）

A. 社会团体

B. 公民个人

C. 列入部门预算的国家机关

D. 国家权力机关

E. 国家行政机关

3. 关于预算，下列哪些说法是错误的？（　　）

A. 全国人大及其常委会对中央和地方预算、决算进行监督，县级以上地方各级人大及其常委会对本级和下级政府预算、决算进行监督

B. 县级以上地方各级政府预算的调整方案必须提请上一级人民代表大会常务委员会审查和批准

C. 各级政府应当在每一预算年度内至少二次向本级人大或者其常委会作预算执行情况的报告

D. 各级政府财政部门负责监督检查本级各部门及其各单位预算的执行，并向本级政府和上一级政府财政部门报告预算执行情况

4. 下列哪些属于国务院财政部门的预算管理职权？（　　）

A. 决定中央预算预备费的动用

B. 具体编制中央预算、决算草案

C. 具体组织中央和地方预算的执行

D. 监督中央各部门和地方政府的预算执行

E. 定期向国务院报告中央和地方预算的执行情况

5. 国债作为财政收入的特定形式，与税收等其他财政收入形式相比较具有以下几点形式特征：（　　）。

A. 稳定性　　B. 有偿性

C. 自愿性　　D. 管理性

6. 我国政府采购实行集中采购和分散采购相结合。关于集中采购，下列哪些说法是正确的？（　　）

A. 集中采购的范围由省级以上人民政府公布的集中采购目录确定

B. 属于中央预算的政府采购项目，其集中采购目录由国务院确定并公布

C. 属于地方预算的政府采购项目，其集中采购目录可以由省级人民政府授权的机构确定并公布

D. 纳入集中采购目录的政府采购项目，应当实行集中采购

7. 政府采购合同在履行中，采购人需要追加与合同标的相同的货物、工程或服务的，法律允许采购人与供应商签订补充合同，但对其也作了一定的限定。这些限定主要有哪些？（　　）

A. 不能改变原合同的其他条款

B. 补充合同的金额不得超过原合同采购金额的20%

C. 补充合同的金额不得超过原合同采购金额的10%

D. 需经过同级政府采购监督管理部门批准

8. 符合下列哪些情形之一的货物或者服务，可以采取竞争性谈判方式采购？（　　）

A. 具有特殊性，只能从有限范围的供应商处采购的

B. 技术复杂或者性质特殊，不能确定详细规格或者具体要求的

C. 不能事先计算出价格总额的

D. 发生了不可预见的紧急情况不能从其他供应商处采购的

（三）不定项选择题

1. 预算法是关于国家的（　　）的法律规范的总称。

A. 宏观调控　　B. 预算收入

C. 预算支出　　D. 预算管理

2. 根据我国《预算法》的规定，下列关于预算收支的表述正确的是（　　）。

A. 各项税收收入、行政事业性收费收入、国有资源（资产）有偿使用收入属于法定预算收入

B. 法定预算支出包括：一般公共服务支出，外交、公共安全、农业、环境保护支出，教育、科技、文化、卫生、体育支出，社会保障及就业支出和其他支出，但是不包括国防支出

C. 上级政府不得在预算之外调用下级政府预算的资金，下级政府不得挤占或者截留属于上级政府预算的资金

D. 中央预算与地方预算有关收入和支出项目的划分具体办法，由国务院提出草案，报全国人民代表大会常务委员会批准

3. 国债发行方式主要包括（　　）。

A. 承购包销、代销　　B. 公开招标

C. 公开拍卖　　D. 直接公募发行

4. 下列采购活动不适用《政府采购法》的有哪些？（　　）

A. 军队进行的军事采购

B. 政府在“非典”期间紧急采购医药物品

C. 香港政府采购办公用品

D. 涉及国家安全和秘密的采购

5. 下列哪些情形不符合有关政府采购的法律规定？（　　）（司考改编）

A. 某市市场监督管理局在招标采购中，因符合技术要求的供应商只有两家而废标

B. 某市某区人民政府设立集中采购机构

C. 某区卫生局在政府采购中要求供应商提供有关资质证明

D. 某县人民政府因需购置一批办公电脑而采用单一来源方式

简答题

1. 简述财政法的体系构成。

2. 简述预算管理职权的概念及法律特征。（中国人民大学考研）

3. 简述财政转移支付的概念和特征。（武汉大学考研）

4. 简述政府采购的概念、特点及所应遵循的原则。（武汉大学考研；中国人民大学考研）

5. 简述《预算法》第12条“各级预算应当遵循统筹兼顾、勤俭节约、量力而行、讲求绩效和收支平衡的原则”。（中国人民大学考研）

论述题与深度思考题

1. 为什么政府采购法属于经济法体系的组成部分？（中国人民大学考研）

2. 财政法的基本原则是贯穿于财政法制和财政活动的基本原则，是财政法本质特征的外显。试论我国财政法应当遵循的公平原则。[①]

3. 财政税收法中，预算法所规定的预算编制有哪些基本原则？（北京大学考研）

4. 自1995年《预算法》生效实施以来，我国深化财政预算管理体制改革、完善人大对政府预算全方位审查监督制度的步伐一直未曾停歇。党的十八届三中全会通过的中共中央《关于全面深化改革若干重大问题的决定》明确提出“改进预算管理制度”“加强人大预算决算审查监督……职能”的要求，这为我国加快推进全口径预算、决算改革奠定了目标与方向。我国现行《预算法》在哪些方面完善了人大对政府预算的审查监督制度？[②]

参考答案

名词解释与概念比较

1.

财政[③]	财政法
财政，也叫国家财政。是以国家为主体，通过政府的收支活动，集中一部分社会资源，用于履行政府职能和满足社会公共需要的经济活动，指的是国家（或政府）的收支活动或分配行为。它是经济系统的一个重要组成部分，对整个社会经济的运行有着极其重要的影响。 关于财政的本质主要有国家财政说和公共财政说两种：前者认为财政的目的是满足国家统治及职能的需要，是国家统治的工具；后者认为财政的目的是满足社会公共利益的需要，是满足公共欲望的手段。财政的本质实际上与国家的本质紧密联系在一起。这两种学说并不矛盾，在当代民主、法治和社会化条件下，财政必然要以满足社会公共利益需要为要义，而这恰恰是现代国家统治及职能之所在	财政法是指调整财政分配和财政管理活动中形成的财政关系的法律规范的总称。财政法是国家实现其经济职能和社会公共职能的重要工具。我国的财政法是建立在社会主义经济基础之上的，反映了社会主义财政分配关系和要求的法律形式

① 财政法的基本原则的每一项内容都有丰富的内涵，均可单独设题。按照史际春主编的《经济法》（中国人民大学出版社2005年出版）一书中的观点：财政法应当遵循的基本原则包括财政公平原则、效益原则、平衡原则，以及财政法治原则。按照刘剑文主编的《财税法学》一书中的观点，财政法的基本原则包括财政民主主义、财政法定主义、财政健全主义和财政平等主义。财政民主主义着眼于财政的民主基础，财政法定主义着眼于财政的法律形式，财政健全主义着眼于财政的安全稳健，财政平等主义着眼于财政的公平合理。

② 2018年12月29日第十三届全国人大常委会第七次会议通过了《关于修改〈中华人民共和国产品质量法〉等五部法律的决定》，对《预算法》进行了二次修正，将第88条中的“监督检查本级各部门及其所属各单位预算的编制、执行”修改为“监督本级各部门及其所属各单位预算管理有关工作”。

③ 史际春主编的《经济法》中的表述为：是指国家为满足其职能需要而无偿地参与部分社会产品的收支与分配活动。财政的基本特征是国家主体性、强制性、无偿性和非营利性。

2.

财政关系	财政法律关系
财政关系是国家为了实现其职能，凭借政治权力参与部分社会产品和国民收入的分配、再分配而形成的一种特殊分配关系。这种特殊分配关系，是以国家为主导的一方的分配关系，它包括国家与各级政府之间的财政分配关系。财政关系是财政法的调整对象，这些社会关系主要包括财政收支划分关系、财政收支关系、财政管理关系和财政监督关系	财政法律关系是指在财政法及相关法律规范调整国家财政关系的过程中所形成的各方主体之间的权力、权利、责任和义务关系

3.

预算	预算法
预算是经法定程序批准的国家各级人民政府和实行预算管理的各部门、各单位在一定期间内的财政或财务收支计划。预算是政府组织分配财政资金的重要工具，也是宏观调控的重要工具。由此可见预算对于政府活动的重要性。用于规范政府宏观调控的预算法，自然也就成为财政法体系中最重要的一环	预算法是调整预算关系的法律规范的总称，是财政法的重要组成部分。所谓预算关系，是指在国家预算收入、支出和进行预算管理过程中产生的经济关系。我国预算法是社会主义的预算法。预算关系是指在国家预算收入、支出和进行预算管理过程中产生的经济关系，包括预算管理体制关系、预算管理程序关系和预算实体关系。预算法可分为实质上的预算法和形式上的预算法。实质上的预算法是指调整预算关系的法律规范的总称，是财政法的主要组成部分。形式上的预算法是指预算法律规范借以表现的外在形式，即《预算法》本身

4.

单式预算	复式预算
单式预算是将国家全部财政收支汇集编入一个总预算之内，形成一个收支项目安排对照表。单式预算具有结构简单、可简明反映财政收支全貌、编制方便等特点，但它不能明确反映财政各项收支的性质、财政赤字的形成原因以及解决财政赤字的资金来源，也不便于进行年度间和部门间的比较	复式预算是在单式预算的基础上发展、演变而成的，复式预算是将国家预算年度内的全部财政收支按收入来源和支出的性质，分别编制两个或两个以上的预算，从而形成多个收支对照表。复式预算一般分为经常预算和资本预算（投资预算或建设预算）。这种预算形式对总体情况的反映功能比较弱，但能明确揭示财政收支的分类实况，反映出财政收支的结构和经济建设项目的效益，较为接近商业会计原则。在制订长期计划时，资本预算能够对长期公共投资进行较为有效的管理。我国自 1992 年开始实行复式预算。复式预算是典型的效益型预算，和经济法的效益价值取向是一致的

5.

预算编制	预算调整	预算执行
预算编制是指各级政府、各部门、各预算单位制订筹集和分配预算资金年度计划的预算活动，是预算法必须规范的主要内容	预算调整是指经全国人民代表大会批准的中央预算和经地方各级人民代表大会批准的本级预算，在执行中因特殊情况需要增加支出或者减少收入，使原批准的收支平衡的预算的总支出超过总收入，或者使原批准的预算中举借债务的数额增加的部分变更。预算调整是一种正常的预算活动，但是必须依法进行。预算执行中，因上级政府返还或者给予补助而引起的预算收支变化，不属于预算调整	预算执行是指各级政府、各部门、各预算单位在组织实施经本级权力机关批准的本级预算中的筹措预算收入、拨付预算支出等活动的总称。各级预算由本级政府组织执行

6.

国债	国家信用
国债又称国家公债，是国家以其信用为基础，按照债的一般原则，通过向社会筹集资金所形成的债务关系。在这种债务关系中，国家作为债务人，根据还本付息的信用原则，通过在国内外发行债券或向外国政府、金融机构借款的方式筹集财政资金，取得财政收入。以筹措和发行的地域为标准，国债可分为内债和外债。所谓内债，是指国家在本国的借款和发行的债券。所谓外债，是指国家向其他国家政府、银行、	国家信用也可称为政府信用或财政信用，通常由中央政府信用和地方政府信用组成。国家信用是指政府依据信用原则进行的财政活动，它包括两个方面：一是政府作为信用关系的债务人而进行的公债活动；二是政府作为债权人所进行的财政资金有偿运用的活动。因此，公债只是国家信用活动中的一部分。但无论从国家信用的产生来看，还是从现代各国的国家信用的实践活动来看，国家信用活动的绝大部分内容都表现为公债活动，

续表

国债	国家信用
国际金融组织的借款。在当代，国债已构成重要的财政收入形式，成为财政政策的重要手段和国家宏观调控的重要工具	因此，人们有时就以国家信用来指称公债活动

7.

国债发行	国债转让
国债发行，是指国家通过一定的渠道和方式将国家债券转移到最初的投资者手中的行为，是国债产生的主要形态。国家确定每年需要发行的债券种类、数额和期限后，由财政部代表中央政府发行。国债的发行对象主要是居民个人、个体工商户、企事业单位、机关、社会团体和其他组织等。国债的发行方式主要有承购包销、代销、公开招标、公开拍卖和直接公募发行等	在国债到期前，持有者不能要求债务人清偿自己的债权，因此，在国债到期前需要资金时，持有者可以在证券市场上向第三者出售、转让。转让完成后，债券的所有权发生转移。国债的转让属于国债法律关系主体的变更，国债的转让应当在国家批准的交易场所办理

8.

单位预算	国家预算
单位预算是指实行预算管理的国家机关、社会团体、全民所有制事业单位的经费预算和全民所有制企业的财务收支计划与预算有关的部分	国家预算是指国家基本的财政收支计划，是国民经济计划的重要组成部分

9.

增量预算	零基预算
增量预算是指新的财政年度的收支计划指标以上年度指标执行数为基础，并考虑本年度的实际情况之后调整确定的预算	零基预算是指财政收支计划指标的确定，只以当时社会经济发展的实际为依据，不考虑以前的财政收支状况。但零基预算还未成为编制预算的一般方法，通常只用于具体收支项目。世界各国的预算编制，无论是单式预算还是复式预算，主要都采用增量预算的方法

10. 国有资本经营预算是对国有资本收益作出支出安排的收支预算，应当按照收支平衡的原则编制，不列赤字，并安排资金调入一般公共预算。国有资本经营预算由收入预算和支出预算构成，收入预算是指国家按年度和规定比例向企业收取国有资本收益的收缴计划；支出预算是指国家根据国有资本经营预算收入规模和国民经济发展需要制订的支出计划，国有资本收益主要用于国有经济布局和结构调整、补偿国有企业改革成本、提高国有企业核心竞争力等方面，其盈余甚至可以用于弥补政府公共预算和社会保障预算之不足。

（参考资料：刘剑文：《财税法学》，北京，高等教育出版社，2021）

11. 我国政府采购是指各级国家机关、事业单位和团体组织，使用财政性资金采购依法制定的集中采购目录以内的或者采购限额标准以上的货物、工程和服务的行为。采购是指以合同方式有偿取得货物、工程和服务的行为。政府采购主要具有以下特点：一是采购主体的特定性。政府采购主体一般为各级政府及其职能部门，我国主要为国家机关、事业单位和团体组织。二是采购资金的公共性。政府采购的资金主要来源于政府财政资金，即政府通过征收税费、基金等渠道筹集的财政资金。三是采购程序的法定性。政府采购的各个环节和步骤都必须依照法定的程序进行，有严格的限定性。四是采购目的的公益性。政府采购不是为了营利，而是为了实现政府职能和社会公共利益。

选择题

（一）单项选择题

1. C。本题考查对财政法概念的理解。财政法是调整财政法律关系的法律规范的总称。这里强调财政法是一个集合性的概念，这些调整财政法律关系的规范是由财政法律、行政法规、行政规章、地方性法规和地方性行政规章等组成的规范群。选项 A、B 只是提到了法律这一种形式，因此表述不准确。选项 D 的表述为“一切财政关系”，而非“财政法律关系”，然财政关系既可以包括经济关系、政治关系，还可以包括法律关系，因此表述也不准确。

2. D。本题考查对财政概念及其职能的理解。财政职能是指财政负担的任务和职责，是财政在现实社会中实际发挥的作用。财政的职能在不同的历史时期、不同的经济体制、经济形态下是不同的。在我国现行社会主义市场经济体制下，除满足政权运转这个任何国家财政共同的职能以外，财政的主要职能包括三项：第一是资源配置职能，第二是收入分配职能，第三是保持经济稳定的职能。上述三项职能是财政的主要职能，而D项的表述反映了我国处于计划经济时期的财政职能，这种表述放在当时的社会环境下看待自然是符合当时经济发展要求的，但是时代已经改变，在社会主义市场经济体制下，市场在社会经济生活中处于中心地位，国家财政已经不可能成为社会生产和生活的唯一中心，只能在有限的范围内通过适当的手段发挥一定程度的影响，因此D项将其表述为“一切社会资源的分配”是不符合现实的。严格来讲，按照现代公共财政的理论，市场经济体制下的财政发挥资源配置的职能也只是在市场机制不能正常发挥作用的领域实现的，这与计划经济时期财政职能的“无所不包”非常不同。

3. B。本题考查对预算的分类中以政府“级次”作为区分标准的预算的分类。我国《预算法》规定，国家实行一级政府一级预算，设立中央，省、自治区、直辖市，设区的市、自治州，县、自治县、不设区的市、市辖区，乡、民族乡、镇五级预算。一般将省以下各级地方政府的预算统称为“地方预算”，因此对于按照级次对预算种类的划分，应当选B项。其他选项中，A项以国家预算编制形式差别为依据，C项是按照国家预算内容上的差别进行的分类，D项则主要是从预算编制中是否考虑“成本与效率”的角度进行预算编制。

4. D。本题考查新中国成立以来我国财政预算立法实践的相关知识。我国预算立法实践中比较重要的法规按时间顺序主要有以下几个：1951年8月19日中央人民政府政务院公布了《预算决算暂行条例》，这是新中国成立后的第一个预算管理法规。1991年10月21日国务院发布了《国家预算管理条例》，这个条例反映了我国财政体制改革的成果。为了适应社会主义市场经济体制的发展和财政改革的需要，1994年3月22日全国人大通过了《预算法》。2014年8月31日，第十二届全国人大常委会第十次会议通过《关于修改〈中华人民共和国预算法〉的决定》，广受关注的《预算法》迎来新生。2018年12月29日《预算法》进行了第二次修订。由此可见，本题应选择D项。C项为迷惑项，不存在对应的立法。

5. C。本题考查的是预算编制的原则要求。根据《预算法》第四章的规定，预算编制原则包括：(1) 按照复式预算方法编制。(2) 实行量入为出、收支平衡的原则。《预算法》要求地方各级预算除该法另有规定外，不列赤字。中央一般公共预算必需的部分资金，可以通过举借国内和国外债务等方式筹措，举借债务应当控制适当的规模、保持合理的结构。(3) 各级预算收入的编制，应当与经济社会发展水平相适应、与财政政策相衔接。各级政府、各部门、各单位应当依照《预算法》规定，将所有政府收入全部列入预算，不得隐瞒、少列。(4) 各级预算支出的编制，应当贯彻勤俭节约的原则，严格控制各部门、各单位的机关运行经费和楼堂馆所等基本建设支出。(5) 各级一般公共预算支出的编制，应当统筹兼顾，在保证基本公共服务合理需要的前提下，优先安排国家确定的重点支出。(6) 各级一般公共预算按照国务院的规定可以设置预算周转金，用于本级政府调剂预算年度内季节性收支差额。各级政府上一年预算的结转资金，应当在下一年用于结转项目的支出；连续两年未用完的结转资金，应当作为结余资金管理。

选项C的表述是旧《预算法》的规定，2018年修订后的《预算法》增加了允许地方政府举借债务的规定，并在举债主体、资金用途、举债规模、举债方式和风险管控方面作了相关规定。准确表述见《预算法》第35条第2、4款的规定：经国务院批准的省、自治区、直辖市的预算中必需的建设投资的部分资金，可以在国务院确定的限额内，通过发行地方政府债券举借债务的方式筹措。举借债务的规模，由国务院报全国人大或者全国人大常委会批准。省、自治区、直辖市依照国务院下达的限额举借的债务，列入本级预算调整方案，报本级人大常委会批准。举借的债务应当有偿还计划和稳定的偿还资金来源，只能用于公益性资本支出，不得用于经常性支出。除法律另有规定外，地方政府及其所属部门不得为任何单位和个人的债务以任何方式提供担保。

6. A。本题考查预算管理职权中各有关部门的职权的具体内容。《预算法》第20条第1款规定，全国人民代表大会审查中央和地方预算草案及中央和地方预算执行情况的报告；批准中央预算和中央预算执行情况的报告。由此可见，中央预算的审查批准机关为全国人民代表大会，答案应当是A项。选项B中的全国人民代表大会常务委员会也具有一定的预算职权，《预算法》第20条第2款规定：全国人民代表大会常务委员会监督中央和地方预算的执行；审查和批准中央预算的调整方案；审查和批准中央决算；撤销国务院制定的同宪法、法律相抵触的关于预算、决算的行政法规、决定和命令；撤销省、自治区、直辖市人民代表大会及其常务委员会制定的同宪法、法律和行政法规相抵触的关于预算、决算的地方性法规和决议。由此可见，全国人民代表大会和全国人民代表大会常务委员会的预算职权是有区别的。选项C和选项D不是预算的审查和批准机关，其主要承担的是预算编制、执行以及执行中的监督职能，这点在《预算法》中也有明确规定，可以参见《预算法》第二、四、六、七章等。

7. D。本题考查上级政府在发现下级政府已获通过的预算决议违法或有不适当情形时的处理程序。《预算法》第51条规定，国务院和县级以上地方各级政府对下一级政府依照本法第50条规定报送备案的预算，认为有同法律、行政法规相抵触或者有其他不适当之处，需要撤销批准预算的决议的，应当提请本级人民代表大会常务委员会审议决定。在预算活动中，根据《预算法》的规定，各级政府具有独立的预算编制权力，下级政府的预算决议是由其本级人民代表大会批准的，上级政府作为下级政府的行政领导部门对下级预算决议没有审查、批准的权力，因此也自然不具有撤销的权力。上级政府如果认为下级政府已获通过的预算决议违法或不适当，只能依据《预算法》第21条的规定，向有权监督部门——县级以上地方各级人民代表大会常务委员会——申请撤销下一级人民代表大会及其常务委员会关于预算、决算的不适当的决定、命令和决议。因此本题正确选项为D。选项A是上级行政机关，不具有撤销下级政府预算的职权。选项B也不正确，按照《预算法》的有关规定，本级人民代表大会有权改变或者撤销本级人民代表大会常务委员会关于预算、决算的不适当的决议；同时《预算法》规定，对于下级人大批准的下级政府预算的撤销权由本级人大常委会行使，而不是由上级人民代表大会或者本级人民代表大会行使。选项C中的本级人民代表大会情形同上，也不是正确选项。

8. A。本题考查对决算概念的理解。简单地说，决算是指对年度预算收支执行结果的会计报告，是预算执行的总结，是国家管理预算活动的最后一道程序。决算的内容主要有年度财政收支情况报表和决算说明两部分，后者主要说明：（1）收支平衡状况及发生不平衡的原因；（2）预算变动；（3）一年来贯彻执行政策和制度的情况等。各级财政机关编制财政决算草案，由各级人民代表大会审查批准。我国财政决算按照统一的决算体系逐级汇编而成，包括中央决算和地方决算，各省、市、自治区总决算汇总后形成地方总决算，各级政府的决算需要经过本级人大常委会审查和批准。选项B过于宽泛，没有体现出决算的性质。选项C属于循环解释，也不正确。选项D中所指的审计报告，是我国各级审计机关根据《审计法》的规定，对本级政府预算执行情况进行审计监督的一种法定书面情况的反映：根据《审计法》的规定，地方政府应当每年向本级人大常委会提出审计机关对预算执行和其他财政收支的审计工作报告，因此其主要是从财政监督的角度出发的，而不同于财政决算主要反映的是财政预算的执行情况。

9. A。本题考查对国债概念的理解。国债是中央政府举借的债务，具体来说，它是指中央政府通过在国内外发行债券的方法，筹集一部分财政资金，以满足其行使职能的需要。国债作为财政收入的特定形式，与税收等其他财政收入形式相比较，在本质上是一种债务行为，具有自愿性、有偿性，其用途具有特定性，即实现国家职能的用度。因此本题应当选A项。选项B中所指的集资行为不是一个精确的概念，只是反映资金收集的状况，一般意义上的集资行为与国债行为在职能、方式、程序和目的上有很大的区别：国债是一种专门实现国家财政职能的集资活动，集资行为在我国有着严格的限定。根据有关法律、法规的规定，除国家统一筹措国债和出资人依法共同出资组建各类企业、公司外，禁止国家机关、事业单位向内部职工或者向社会公众进行有偿集资活动；禁止社会团体举办还本付股息或者支付股息、红利的有偿集资活动。由此可见，集资不能精确反映国债行为的性质和特征。选项C中的信用行为，是指按照信用原则筹集和运用财政资金的一种经济行为。信用行为具有双重属性：首先，它可以是指国家以债务人或者债权人的身份，直接为满足国家职能需要筹集资金或者放贷财政资金的行为；其次，信用行为又是社会信用体系的一个组成部分，具有信用形式的一般特征，是一种社会资金的余缺调剂，因此这同国债的借款行为在内涵上具有不同的特点，可以说信用行为的概念包含了国债这种单纯的借款行为。《民法典》规定，债权人在借贷、买卖等民事活动中，为保障实现其债权，需要担保的，可以依照本法和其他法律的规定设立担保物权。

10. A。本题考查对国债期限分类的了解。从国债偿还期限来看，国债可以划分为短期国债、中期国债和长期国债。短期国债一般是指偿还期限在 1 年或者 1 年以内的公债，主旨是弥补当年财政赤字，或者解决临时资金周转不灵问题；中期国债是指偿还期限在 1 年至 10 年的公债，主要目的是弥补财政赤字或者筹集经济建设资金；长期公债是指偿还期限在 10 年以上的公债，一般预先确定利率逐年支付利息，主要是为了筹集经济建设资金。

11. C。本题考查的是《政府采购法》的适用。《政府采购法》第 84 条规定，使用国际组织和外国政府贷款进行的政府采购，贷款方、资金提供方与中方达成的协议对采购的具体条件另有规定的，可以适用其规定，但不得损害国家利益和社会公共利益。因此选项 C 正确。

12. D。本题考查的是政府采购人的范围。《政府采购法》第 15 条规定，采购人是指依法进行政府采购的国家机关、事业单位、团体组织。因此，本题选项 D 之国有独资企业不属于政府采购人的范畴。

13. D。《政府采购法》第 14 条规定，政府采购当事人是指在政府采购活动中享有权利和承担义务的各类主体，包括采购人、供应商和采购代理机构等。因此本题应选 D 项。

14. B。《政府采购法》第 13 条规定，各级人民政府财政部门是负责政府采购监督管理的部门，依法履行对政府采购活动的监督管理职责。因此本题选 B 项。

15. B。《政府采购法》第 18 条规定：采购人采购纳入集中采购目录的政府采购项目，必须委托集中采购机构代理采购；采购未纳入集中采购目录的政府采购项目，可以自行采购，也可以委托集中采购机构在委托的范围内代理采购。纳入集中采购目录属于通用的政府采购项目的，应当委托集中采购机构代理采购；属于本部门、本系统有特殊要求的项目的，应当实行部门集中采购；属于本单位有特殊要求的项目的，经省级以上人民政府批准，可以自行采购。因此本题应当选 B 项。

16. B。《政府采购法》第 26 条第 2 款规定，公开招标应作为政府采购的主要采购方式。《政府采购法》第 27 条对公开招标的范围和具体数额的确定和管理方式作出了规定，即采购人采购货物或者服务应当采用公开招标方式的，其具体数额标准，属于中央预算的政府采购项目的，由国务院规定；属于地方预算的政府采购项目的，由省、自治区、直辖市人民政府规定；因特殊情况需要采用公开招标以外的采购方式的，需要在采购活动开始前获得设区的市、自治州以上人民政府采购监督管理部门的批准。由此可见该法条的含义为：（1）数额标准是界定是否采用公开招标方式的界线，此标准是强制性的，凡达到公开招标数额标准的货物和服务采购，都必须采取公开招标方式。（2）公开招标数额标准适用于集中采购项目，也适用于集中采购以外、限额标准以上的政府采购项目。（3）公开招标数额标准，按照预算管理体制确定，属于中央预算的政府采购项目由国务院规定，属于地方预算的政府采购项目由省级人民政府规定。（4）达到数额标准的政府采购项目，因特殊情况需要采用公开招标以外的采购方式的，应当在采购活动开始前获得设区的市、自治州以上人民政府采购监督管理部门的批准。因此本题选项为 B。

17. A。本题考查的是违反《政府采购法》的法律责任问题。按照《政府采购法》第 77 条的规定，应处以采购金额千分之五以上千分之十以下的罚款，因此，选项 A 不正确。

（二）多项选择题

1. AB。我国现有狭义的财政立法主要有《预算法》和《政府采购法》。

2. CDE。预算管理职权的主体只能是国家权力机关、国家行政机关和列入部门预算的单位。非预算单位和公民个人不享有预算权。根据《预算法》第 20 条至第 26 条的有关规定，各级国家权力机关具有相应的审查预算草案、预算执行情况报告，依法改变或者撤销关于预算、决算的不适当的决议，依法撤销同宪法、法律相抵触的关于预算、决算的行政法规、决定和命令的权力。国家各级行政部门负有相应的编制预算、决算草案的职责，并且负责预算的执行和执行中的监督。各列入预算部门的国家机关负有编制本部门预算、决算草案，组织和监督本部门预算的执行，定期向本级政府财政部门报告预算的执行情况的职责。因此选项C、D、E正确。

3. BC。《预算法》第69条第7款中规定："县级以上地方各级预算的调整方案应当提请本级人民代表大会常务委员会审查和批准；乡、民族乡、镇预算的调整方案应当提请本级人民代表大会审查和批准。"第83条中规定："全国人民代表大会及其常务委员会对中央和地方预算、决算进行监督。县级以上地方各级人民代表大会及其常务委员会对本级和下级预算、决算进行监督。"第86条规定："国务院和县级以上地方各级政府应当在每年六月至九月期间向本级人民代表大会常务委员会报告预算执行情况。"第88条规定："各级政府财政部门负责监督本级各部门及其所属各单位预算管理有关工作，并向本级政府和上一级政府财政部门报告预算执行情况。"根据法律规定，B、C项表述不准确。

4. BCE。《预算法》第25条规定，国务院财政部门具体编制中央预算、决算草案；具体组织中央和地方预算的执行；提出中央预算预备费动用方案；具体编制中央预算的调整方案；定期向国务院报告中央和地方预算的执行情况。因此本题正确选项为B、C、E。选项A和选项D为《预算法》在第23条中明确规定的由国务院行使的职权。

5. BCD。本题答案为选项B、C、D。有偿性是指通过国债方式筹集的财政资金，政府必须按期偿还。自愿性是指国债的发行或认购应建立在认购者自愿承购的基础上，这点不同于税收所具有的强制性。管理性是指，对中央一般公共预算中举借的债务实行余额管理；对省、自治区、直辖市的地方政府举债进行严格的限额管理。我国国债发行、兑付等各项管理都建立了较好的制度体系，管理公开、公正、规范、透明。

6. ABCD。本题考查的是集中采购的规定。根据《政府采购法》第7条的规定，政府采购实行集中采购和分散采购相结合。集中采购的范围由省级以上人民政府公布的集中采购目录确定。属于中央预算的政府采购项目，其集中采购目录由国务院确定并公布；属于地方预算的政府采购项目，其集中采购目录由省、自治区、直辖市人民政府或者其授权的机构确定并公布。纳入集中采购目录的政府采购项目，应当实行集中采购。选项A、B、C、D均正确。

7. AC。本题考查的是政府采购合同的变更。《政府采购法》第49条规定，政府采购合同履行中，采购人需追加与合同标的相同的货物、工程或者服务的，在不改变合同其他条款的前提下，可以与供应商协商签订补充合同，但所有补充合同的采购金额不得超过原合同采购金额的10%。

8. BC。本题考查的是政府采购的方式。政府采购采用以下方式：(1) 公开招标；(2) 邀请招标；(3) 竞争性谈判；(4) 单一来源采购；(5) 询价；(6) 国务院政府采购监督管理部门认定的其他采购方式。《政府采购法》第30条规定，符合下列情形之一的货物或者服务，可以依照本法采用竞争性谈判方式采购：(1) 招标后没有供应商投标或者没有合格标的或者重新招标未能成立的；(2) 技术复杂或者性质特殊，不能确定详细规格或者具体要求的；(3) 采用招标所需时间不能满足用户紧急需要的；(4) 不能事先计算出价格总额的。因此应选B、C项。选项A、D符合单一来源方式的采购方式。

（三）不定项选择题

1. BCD。根据学界关于预算法定义的通说，一般都认为预算法是调整预算关系的法律规范的总称，是财政法的重要组成部分。预算关系包括国家预算收入、预算支出和进行预算管理过程中产生的经济关系。因此应选B、C、D项。A项提到的宏观调控是从预算的经济职能方面所作的概括，作为法的定义不够恰当。

2. AC。本题考查的是预算收支范围，它是国家财力在中央与地方之间进行分配的具体形式。预算由预算收入和预算支出组成，我国现行《预算法》第三章规定了法定预算收支范围，不得随意改变。《预算法》第27条第1款规定："一般公共预算收入包括各项税收收入、行政事业性收费收入、国有资源（资产）有偿使用收入、转移性收入和其他收入。"因此选项A正确。同样根据第27条，国防支出也属于法定的一般公共预算支出。因此选项B错误。《预算法》第30条规定："上级政府不得在预算之外调用下级政府预算的资金。下级政府不得挤占或者截留属于上级政府预算的资金。"因此选项C正确。《预算法》第29条规定："中央预算与地方预算有关收入和支出项目的划分、地方向中央上解收入、中央对地方税收返还或者转移支付的具体办法，由国务院规定，报全国人民代表大会常务委员会备案。"因此选项D错误，其应当是由国务院规定，报全国人大常委会备案。

3. ABCD。本题考查的是国债发行方式。其中，承购包销是指银行及其他中介机构承担购买全部国债券的发行任务和发行风险，然后再通过各自的销售网点转售的方式；代销方式是指利用代销者如银行、证券公司等金融机构的网点，委托其代为向社会公众出售国债的方式，代销者不承担发行的风险和责任；公开招标方式是指由中央财政提出含有国债发行条件和所需费用的标的，然后直接向大宗机构投资者发标；公开拍卖方式是指在拍卖市场上，按照例行的经营性拍卖方式和程序，由发行主体或委托中介银行公开向投资者拍卖国债的方式；直接公募发行方式，是指作为国债发行主体的中央财政机关自己办理发行手续，直接向认购者推销其所发行的国债，无须中介机构介入的方式。

4. ABCD。根据《政府采购法》第 84、85、86 条，以下几类采购适用其他特别规定：使用国际组织和外国政府贷款进行的政府采购，贷款方、资金提供方与中方达成的协议另有规定的；对因严重自然灾害和其他不可抗力事件所实施的紧急采购；涉及国家安全和秘密的采购；军事采购。根据《政府采购法》第 2 条，在中华人民共和国境内进行的政府采购适用本法。故选项 C 不适用《政府采购法》。

5. BD。《政府采购法》第 36、37 条规定：在招标采购中，出现下列情形之一的，应予废标：符合专业条件的供应商或者对招标文件作实质响应的供应商不足三家的；出现影响采购公正的违法、违规行为的；投标人的报价均超过了采购预算，采购人不能支付的；因重大变故，采购任务取消的。废标后，采购人应当将废标理由通知所有投标人。废标后，除采购任务取消情形外，应当重新组织招标；需要采取其他方式采购的，应当在采购活动开始前获得设区的市、自治州以上人民政府采购监督管理部门或者政府有关部门批准。因此选项 A 适用该法。《政府采购法》第 16 条第 1 款规定，集中采购机构为采购代理机构。设区的市、自治州以上人民政府根据本级政府采购项目组织集中采购的需要设立集中采购机构。因此选项 B 不适用该法。《政府采购法》第 31 条规定，符合下列情形之一的货物或者服务，可以依照本法采用单一来源方式采购：只能从唯一供应商处采购的；发生了不可预见的紧急情况不能从其他供应商处采购的；必须保证原有采购项目一致性或者服务配套的要求，需要继续从原供应商处添购，且添购资金总额不超过原合同采购金额 10%的。因此选项 D 不适用该法，其情况不符合单一来源方式采购的条件。

简答题

1. 财政法的体系在根本上是由财政法调整对象的体系所决定的。财政法的调整对象是财政关系，财政关系是在国家的财政活动中所发生的各种关系。

财政法是我国经济法体系的重要组成部分，它的基本内容一般包括以下几个方面：

（1）财政法总则。

这是财政法的最基本的行为准则。总则要规定财政法的宗旨、任务、基本原则和适用范围，还要规定财政法主体的法律地位、财政管理体制等。

（2）预算法。

国家预算反映国家的基本财政分配关系。国家预算法在整个财政法体系中处于关键地位，是调整国家基本财政分配关系的法律准则。它要规定国家预算的原则、体制、管理职权、预算收支范围、预算编制、预算执行和监督、预算调整、决算等内容。

（3）财政收入法。

国家财政收入主要是指税收收入，此外，还包括各种非税收入，例如规费收入、国债收入等。因此，税法和非税收入法、国债法共同构成了财政收入法的内容。

（4）财政支出法。

国家财政支出主要包括公共财政支出、资本性支出、社会保障支出、财政转移支付等范围，调整这些财政支出行为的法律规范即构成财政支出法的内容。

（5）财政监督管理法。

财政监督管理法调整国家对各类财政活动进行监督和制约的过程中发生的社会关系，是财政法的基本内容之一，主要包括税收征收管理法、国库法、政府采购法、国有资产管理法等内容。

（6）财政法律责任与救济法律制度。

财政法律责任与救济法律制度是由财政法所规定的，财政法主体从事各种财政活动中所产生的法律责任，以及相应的权利受到损害时所适用的救济制度，例如财政违法行为处罚办法等。

（参考资料：刘文华、史际春、徐孟洲主编：《经

济法》，7版，北京，中国人民大学出版社，2024）

2. 预算管理职权即预算权，是指确定和支配国家预算的权利以及对国家预算的编制、审查、批准、执行、调整、监督权利的总称。按照主体层次的不同，预算权可以分为中央预算权和地方预算权两类。预算管理职权具有以下法律特征：（1）预算权发生于国家预算收支管理领域，体现国家的财政分配关系，是国家财政权的主要组成部分。（2）预算权的主体只能是国家权力机关、国家行政机关和列入部门预算的单位。非预算单位和公民个人不享有预算权。（3）预算权是一种经济权力，而不是一种纯粹的行政权，它具有经济内容。（4）预算权的确定具有严格的法律规定性，不能由当事人约定。（5）预算权与预算年度紧密相连，具有严格的周期性。如我国预算年度自公历1月1日起，至12月31日止。（6）预算权所体现的利益归于国家，归于全体人民。

（参考资料：刘文华、史际春、徐孟洲主编：《经济法》，7版，北京，中国人民大学出版社，2024）

3. 财政转移支付是指国家为了特定的法律和政策目标，依据严格的法律权限和法定程序，将国家财政资金在政府之间进行再分配的活动。这种活动不以取得商品和劳务作为补偿，体现为资金与实物的流动。这是狭义的财政转移支付，也称政府间财政转移支付。广义上还包括各级财政对企业和居民的转移支付，即财政补贴。政府间财政转移支付形式一般有三种：一是中央政府将其预算收入的一部分向下转移给地方政府，二是地方政府将其预算收入的一部分向上转移给中央政府，三是同级政府之间一部分预算收入的相互转移。凡是相邻两级政府间的上级政府对下级政府的财力转移是狭义上理解的转移支付。在我国，从1994年分税制财政管理体制改革基础上确立的财政转移支付制度，是一种从狭义上理解的财政转移支付。

为进一步规范和完善转移支付制度，《预算法》关于财政转移支付增加了若干规定，包括以下内容。第16条规定："国家实行财政转移支付制度。财政转移支付应当规范、公平、公开，以推进地区间基本公共服务均等化为主要目标。财政转移支付包括中央对地方的转移支付和地方上级政府对下级政府的转移支付，以为均衡地区间基本财力、由下级政府统筹安排使用的一般性转移支付为主体。按照法律、行政法规和国务院的规定可以设立专项转移支付，用于办理特定事项。建立健全专项转移支付定期评估和退出机制。市场竞争机制能够有效调节的事项不得设立专项转移支付。上级政府在安排专项转移支付时，不得要求下级政府承担配套资金。但是，按照国务院的规定应当由上下级政府共同承担的事项除外。"第38条规定："一般性转移支付应当按照国务院规定的基本标准和计算方法编制。专项转移支付应当分地区、分项目编制。县级以上各级政府应当将对下级政府的转移支付预计数提前下达下级政府。地方各级政府应当将上级政府提前下达的转移支付预计数编入本级预算。"这将有利于优化转移支付结构，提高转移支付资金分配的科学性、公平性和公开性；有利于减少中央部门对地方事权的不适当干预；也有利于地方统筹安排预算，提高地方预算编报的完整性。

财政转移支付具有以下特征：（1）政策工具性。财政转移支付是政府为了实现政策目标而运用转移支付手段介入社会和经济生活；不同时期的转移支付目标、方式和程度都具有政策性。（2）法定性。转移支付必须以法治为保障，转移支付是一种政府行为，必须服从全体人民的意志，依法行政。（3）财政资金转移的无偿性。在转移支付中资金的纵向或横向转移都是无偿的。（4）事权与财权转移的对称性。财政支出属于政府事权，要求相应的财权，两者应基本对称，上级政府转给下级政府的财权不宜过多或过少，以充分发挥宏观调控的作用，避免财政分配的不公。（5）转移内容的公开性。转移支付的财权、事权的界定，收支因素的考核以及转移支付的方式、方法、数量和操作等各个环节，不但要求法定性和公正性，而且要求公开性。

（参考资料：刘剑文：《财税法学》，北京，高等教育出版社，2021）

4. 所谓政府采购，在一般意义上是指政府对于维持政府正常运转所需物品的采买与购置。依据我国现行政府采购法的规定，政府采购是指各级国家机关、事业单位和团体组织，使用财政性资金采购依法制定的集中采购目录以内的或者采购限额标准以上的货物、工程和服务的行为。政府采购主要具有以下特点：一是采购主体的特定性。政府采购主体一般为各级政府及其职能部门，我国主要为国家机关、事业单位和团体组织。二是采购资金的公共性。政府采购的资金主要源于政府财政资金，即政府通过征收税费、基金等渠道筹集的财政资金。三是采购程序的法定性。政府采购的各个环节和步骤都必须依照法定的程序进行，有严格的限定性。四是采购目的的公益性。政府采购不是为了营利，而是为了实现政府职能和社会公共利益。

我国《政府采购法》第3条规定："政府采购应当遵循公开透明原则、公平竞争原则、公正原则和诚实信用原则。"由此可见，我国政府采购法主要确立了以下几项原则：

（1）公开透明原则。政府采购被称为"阳光下的交易"，政府采购的法律、政策、程序、采购信息和采购活动对社会公开，供应商还可以对有关活动和程序进行质疑和投诉。公开原则可以从三个方面予以界定：一是公开的内容，二是公开的标准，三是公开的途径。

（2）公平竞争原则，是指应当给予潜在的供应商或承包商以同等的机会和权利，不得有任何歧视性的行为；同时，在政府采购合同中，应当保证合同相对方权利的实现。

（3）公正原则。公正原则是指政府一方平等地对待各个可能的交易对手，严格地依照法定的条件和程序作出决定。据此，未获得合同的竞争者和公众有权要求政府对其决定公开作出说明。保证这一原则被真正贯彻的具体制度包括回避制度、推广格式合同、标准化制度、听证制度等。公正原则的内涵还应当包括政府采购应当有助于实现国家的经济和社会发展政策目标，包括保护环境、扶持欠发达地区和民族地区、促进中小企业发展等，即政府采购应兼顾社会目标，促进社会公正。

（4）诚实信用原则要求政府采购当事人在政府采购活动中，本着诚实、守信的态度履行各自的权利和义务，讲究信用，兑现承诺，不得散布虚假信息，不得有欺诈、串通、隐瞒等行为。不仅如此，政府采购部门还应当在采购时尽心尽力，寻找适当的供货商，采购价廉物美的货物、工程和服务，目的是使财政性资金用得其所。这也是财政支出中"用之于民"原则的必然要求。

（参考资料：刘文华、史际春、徐孟洲主编：《经济法》，7版，北京，中国人民大学出版社，2024）

5. 预算原则，是指在预算的编制、批准、执行和监督过程中必须遵循的基本准则。我国《预算法》第12条规定，各级预算应当遵循统筹兼顾、勤俭节约、量力而行、讲求绩效和收支平衡的原则。

预算原则是整个预算过程的重要依据，指导着预算的编制、审批、执行、调整、决算等各个环节的顺利进行。在以往的立法和实践中，只是单纯地强调预算的收支平衡原则，而忽略了预算的其他要求。同时，有些原则原来只是作为预算过程中某个环节的具体要求，而不是作为整个预算过程各环节应遵守的原则，为了进一步完善预算全过程、提高预算的科学性，修订后的《预算法》将这些内容前移到总则中，规定为预算的基本原则，以规范整个预算全过程。

（1）统筹兼顾，是指预算的整个过程应当体现综合预算的思想，必须兼顾不同群体之间、各个地区之间的公共需求，统筹经济、社会、政治、环保等多方面的需求，以有限的财政资源实现社会公共利益的最大化。

（2）勤俭节约，是指预算的过程应当突出厉行节约，严格控制一般性支出、降低行政运行成本，反对铺张浪费、贪污腐败，实现预算支出最小化，从而最大限度地提高财政资金的使用效率。

（3）量力而行，是指预算的编制和执行必须与政府的财政收入相匹配，以政府的财力为基础安排预算，做到兼顾量入为出和"一要吃饭，二要建设"的原则。

（4）讲求绩效，是指预算的过程应当以结果为导向，提高财政资金的使用效率，强调支出的产出效率和质量评价。讲求绩效要求将优先的财政资金安排在销量最高的公共项目上，最大限度地增加社会公共福利。

（5）收支平衡，是指预算的过程应当确保政府的支出维持在收入的范围内，从而达到预算收入与预算支出在总量上基本相等、结构上合理协调的结果。

论述题与深度思考题

1. 政府采购法是调整在政府采购过程中形成的社会关系的法律规范的总称。它通过对政府采购行为的规制，促进各级国家机关有效行使权能、加强财政支出管理，发挥财政在国民经济发展中的宏观调控作用。政府采购是各级国家机关、事业单位和团体组织，使用财政性资金采购依法制定的集中采购目录以内的或者采购限额标准以上的货物、工程和服务的行为。

政府采购具有以下特点：一是采购主体的特定性。

政府采购主体一般为各级政府及其职能部门，我国主要为国家机关、事业单位和团体组织。二是采购资金的公共性。政府采购的资金主要来源于政府财政资金，即政府通过征收税费、基金等渠道筹集的财政资金。三是采购程序的法定性。政府采购的各个环节都必须按照法定程序进行，有严格的限定性。四是采购目的的公益性。政府采购不是为了营利，而是为了实现政府职能和社会公共利益。基于政府采购的上述特点，从以下角度对政府采购法的体系归属进行分析。

(1) 从政府采购法的调整对象来看，政府采购法属于经济法的范畴。政府采购过程中所形成的社会关系是直接体现国家意志而具有组织管理性的流转和协作关系，属于经济法的调整范围。政府依一定程序订立采购合同，是国家通过政府机构或者委托代理人直接参与经济活动。这种合同关系体现了国家的政策意志，如实现财政资金使用效益的最大化、促进中小企业发展等。从另一角度分析，政府采购法的调整对象在本质上也与经济法所调整的维护公平竞争关系相一致：政府采购中任何单位和个人不得采用任何方式，阻挠和限制供应商自由进入本地区和本行业的政府采购市场。政府采购的信息应当及时向社会公开发布，采购人不得以不合理的条件对供应商实行差别待遇或者歧视待遇。政府采购法所调整的政府采购关系还是经济法所调整的公共经济管理关系：政府采购制度是公共财政的重要组成部分，是加强财政支出管理的一项有效措施。政府采购作为一种与市场机制兼容的间接调控方式，有助于实现总量调控、结构调整、稳定物价等一系列政府所追求的调控目标。

(2) 政府采购法的立法宗旨与经济法的理念相契合。政府采购法的立法宗旨是规范政府采购行为，提高政府采购资金的使用效益，维护国家利益和社会公共利益，保护政府采购当事人的合法权益，促进廉政建设。经济法的理念的核心是社会整体经济利益的实现，表现为经济法是公私交融、社会本位法，是平衡协调、综合调整法。政府采购法以社会公共利益为本位，追求社会整体经济利益的最大化，维护市场竞争秩序，保护所有市场竞争者和消费者的利益。具体表现为：1) 通过依法进行的政府采购，实现对经济的宏观调控，实现社会整体经济利益的最大化。政府是国内最大的消费者，政府根据宏观经济冷热程度及发展态势，在可利用的弹性区间内适时、适量地安排政府采购。政府采购客观上对于不同的产品和行业具有一定的选择余地，将政府采购政策与环境保护政策、就业政策、产业政策、国家安全目标等相结合，通过各种有目的的、导向性的、示范性的采购，来实现社会整体利益最大化。2) 政府采购制度是财政监督机制的有机组成部分，是财政分配职能的延伸，是对财政支出的使用进行监督和管理。实行政府采购制度，政府不仅可以凭借其购买批量大而获得的价格优势降低成本，而且可以通过依托于法制的公开招标方式使采购活动在公开、公正、平等竞争的透明环境中运作，并且有财政、审计、供应商、社会公众等全方位的参与和监督，能有效制止幕后交易、权钱交易、暗箱操作等腐败现象。

(3) 政府采购合同属于经济合同。经济合同是指合同一方是政府或者由政府或法律授权的机构，或者一方或双方就合同的订立、合同的条件及其实现对政府负有义务，直接体现政府意志表达出来的公共政策要求或其他公共要求，具有经济目的或经济内容的合同。政府采购合同体现了经济合同的特征：需要采购的政府部门通过集中采购机构来订立合同，体现了经济合同订立主体的特殊性。政府采购合同具有经济合同的经济性或商事性特点，政府采购合同的媒介是物质利益关系，而非政府行政关系，本质上属于政府商事合同，尽管政府在合同中起主导作用，但经济性或商事性也要求其遵循市场规律和合同的平等要求，如对价和承诺、违约救济和赔偿等。政府在政府采购合同订立中运用促进竞争等构造买方市场的手段，来取得事实上的优势或主导地位；政府基于公共政策或公共利益，要求在合同中加入保证政府主导性的权利，使权力和权利不再清晰可辨，如《政府采购法》第50条的规定。政府采购的目标是多元的，政府采购合同的订立要实现政策目标之间的平衡。

(4) 政府采购法具有经济法的特征，包括当事人身份和角色的特定性，即：采购人的特定性；内容的经济性、专业性；法益的复合性；政府采购合同订立的行政主导性和政策性；综合性。

(5) 从政府采购法的主要内容来看，政府采购法属于经济法范畴。政府采购法的规范表现在两个方面：一是对政府采购这种直接参与经济活动的行为进行规制，二是在政府进入市场从事采购活动后对市场公平竞争秩序的维护。这些是经济法的任务。法律对政府采购方规定更多的是义务，如对采购人、采购方式、采购程序、采购合同都有严格的规定。在法律责任中对采购人、采购代理机构、监督管理部门规定了包括行政责任、刑事责任、民事责任和个人处罚四类责任。此外，政府采购法还规定了严格的监督检查程序。

（参考资料：刘文华、史际春、徐孟洲主编：《经济法》，7 版，北京，中国人民大学出版社，2024；史际春主编：《经济法》，北京，中国人民大学出版社，2005；刘剑文：《财税法学》，4 版，北京，高等教育出版社，2021）

2. 财政法的基本原则，是指财政法中体现法的根本精神，对财政立法、执法、司法、守法、监督等具有一般指导意义和普遍约束力的基础性法律规范。

财政活动和财政法需要遵循公平原则，要兼顾纵向公平和横向公平、形式公平与实质公平。纵向公平是指具有不同社会地位和经济实力的主体之间的具有一定差异的平等；横向公平是指具有相同社会地位和经济实力的主体之间的没有差异的平等；形式公平是指对任何一个合格的主体而言，其获得资源的机会是均等的；实质公平是指对于任何一个社会主体，无论其能力和努力程度有什么差异，最终结果应该是一定限度内的均等。税收根据负担能力而课征，社会救济根据需要程度而开支，等等，实际上都是一种有差别的平等，是实质公平的体现。公平原则是宪法平等原则在财政法领域的延伸。从法学的角度来看，财政公平包含着对正义的价值追求，在制度上则主要体现为一种平等的对待，它既包括财政收入方面义务人的平等牺牲，也包括财政开支方面权利人的平等受益，还包括在财政程序方面的同等条件同等处理，等等。

财政法所追求的公平，既包括起点的公平，也包括过程的公平，无论在实体法上还是在程序法上都可以表现为一种平等的对待。也正因为如此，在财政法的不同领域其要求会有所不同，例如：（1）在政治程序方面，人民享有平等的参与权。人民参与的途径是通过政治选举的代议制机构，行使立法权、财政审查批准权和财政监督权。（2）在税收方面，公平主要体现为量能课税，即根据纳税人税负能力的大小设计税制。（3）在费用征收方面，公平主要体现在受益的关联度上。如规费应当体现一种直接受益性，不能要求没有享受公共服务的个体缴纳；又如建设基金应当根据工程的受益面合理确定义务人的范围，受益程度不同的人，缴费的标准也应该有所不同。（4）在地区间财政关系方面，财政法应该保证最低限度的财政均衡。如除了中央政府通过转移支付增加财政困难地区的财政供给能力，还可以设计一种地区间横向财政均衡的模式，由富裕地区按照一定的标准向贫困地区进行财政援助。（5）在社会阶层间的财政关系方面，应该保障每一个群体同等的机会和待遇，不能出现制度性歧视。如我国目前的城乡差距很大程度上即与财政支出的不平衡有关，因此应该通过一定的财政法律措施予以反向调节，以促进城乡的机会均等。（6）在财政支出的标准方面，除了公务所需或无法逾越的客观困难，相同的情况应当相同处理，不能因人为原因导致受体之间的差异过大。为此，预算编制过程中部门间行政管理费用贫富不均的现象必须加以改变。（7）在最低人权的保护方面，财政应当保障每一个公民的生存权、受教育权等基本人权，为社会弱者提供力所能及的帮助和救济。如最低生活保障制度的实施范围不仅限于城市，农村同样应该普遍推行。如果本级财政缺乏足够的支付能力，上级财政应当通过转移支付予以足额补充。（8）在财政集中采购方面，必须通过公开透明的标准和程序，保障每一个适格供应商中标机会的平等。（9）在财政行政程序方面，财政机关有义务平等对待每一个财政相对人。（10）在财政司法程序方面，考虑到财政部门的特殊性，法律必须为其设定较重的证明责任，财政相对人只需证明财政行为的发生，而财政部门必须证明该行为的合法性。

我国财政法所追求的是一种与市场经济良性互动的民主和法治状态，公平原则是必然要求。我国正处在社会转型期，财政公平原则的确立和有效发挥作用，有助于从制度上缩小城乡之间、地区之间、贫富之间的各种不合理的差距，创造一种平等、和谐的社会环境。但不可否认的是，除了财政收入征收方面的具体制度设计，我国财政不平等现象的重要根源仍然在于财政支出结构的不合理。因此，财政法应当遵循公平原则，更多地从经济发展、人权保障和社会公平的角度，进一步完善财政支出的方向、标准和程序等方面的制度。

（参考资料：刘文华、史际春、徐孟洲主编：《经济法》，7 版，北京，中国人民大学出版社，2024；史际春主编：《经济法》，北京，中国人民大学出版社，2005；刘剑文：《财税法学》，4 版，北京，高等教育出

版社，2021）

3. 按照我国《预算法》的规定，预算编制必须遵循以下基本原则：

（1）复式预算原则。复式预算相对于单式预算而言，指的是通过把预算年度内的全部财政收支，按收入来源和支出性质不同，分别编制两个或两个以上的预算，即国家财政收支计划通过两个或两个以上的计划表格来反映。《预算法》第5条规定：“预算包括一般公共预算、政府性基金预算、国有资本经营预算、社会保险基金预算。一般公共预算、政府性基金预算、国有资本经营预算、社会保险基金预算应当保持完整、独立。政府性基金预算、国有资本经营预算、社会保险基金预算应当与一般公共预算相衔接。”《预算法》第6～11条介绍了这些预算种类。这些条文说明我国在预算编制方法上，实行的是复式预算原则。

（2）量入为出、不列赤字原则。我国《预算法》第34条规定：“中央一般公共预算中必需的部分资金，可以通过举借国内和国外债务等方式筹措，举借债务应当控制适当的规模，保持合理的结构。对中央一般公共预算中举借的债务实行余额管理，余额的规模不得超过全国人民代表大会批准的限额。国务院财政部门具体负责对中央政府债务的统一管理。”此外，第35条第1款还规定：“地方各级预算按照量入为出、收支平衡的原则编制，除本法另有规定外，不列赤字。”其中引人注目的是2014年修正的《预算法》新增了允许地方政府发行地方政府债券举借债务的规定，经国务院批准的省、自治区、直辖市的预算中必需的建设投资的部分资金，可以在国务院确定的限额内，通过发行地方政府债券举借债务的方式筹措。举借债务的规模，由国务院报全国人民代表大会或者全国人民代表大会常务委员会批准。省、自治区、直辖市依照国务院下达的限额举借的债务，列入本级预算调整方案，报本级人民代表大会常务委员会批准。举借的债务应当有偿还计划和稳定的偿还资金来源，只能用于公益性资本支出，不得用于经常性支出。除此之外，地方政府及其所属部门不得以任何方式举借债务。除法律另有规定外，地方政府及其所属部门不得为任何单位和个人的债务以任何方式提供担保。国务院建立地方政府债务风险评估和预警机制、应急处置机制以及责任追究制度。地方政府债务余额实行限额管理。国务院财政部门对地方政府债务实施监督。

（3）真实适度原则。这一原则主要是针对预算收入的编制而言的，它要求预算的编制必须真实、符合客观实际情况，必须与经济发展水平相适应。为此，我国《预算法》第36条规定：“各级预算收入的编制，应当与经济社会发展水平相适应，与财政政策相衔接。各级政府、各部门、各单位应当依照本法规定，将所有政府收入全部列入预算，不得隐瞒、少列。”

（4）节约统筹原则。这一原则主要是针对预算支出的编制而言的，它要求预算的编制应当厉行节约、统筹兼顾。各级预算支出应当依照预算法的规定，按其功能和经济性质分类编制。各级预算支出的编制，应当贯彻勤俭节约的原则，严格控制各部门、各单位的机关运行经费和楼堂馆所等基本建设支出。各级一般公共预算支出的编制，应当统筹兼顾，在保证基本公共服务合理需要的前提下，优先安排国家确定的重点支出。中央预算和有关地方预算中应当安排必要的资金，用于扶助革命老区、民族地区、边疆地区、贫困地区发展经济、社会建设事业。

4. 2014年8月31日，实施将届二十载、启动修订也已逾十年的《预算法》修正案终于获得第十二届全国人大常委会第十次会议以高票审议通过，并自2015年1月1日起施行。至此，作为党的十八届三中全会决定中确立的财税改革三大任务之一、作为财政法律制度核心的预算法制度改革，终于率先破茧，迈出了走向现代公共财政、法治财政的可喜的难得的一步。2018年《预算法》进行了第二次修正。我国现行的《预算法》确立了预算的全面性、完整性原则，加强了人大对政府预算的审查监督职权，主要表现在以下方面。

（1）规定了“预算全面性完整性原则”，着力将政府全部收支都纳入预算、置于人大审查监督之下。现行《预算法》不仅在第1条立法宗旨中明确规定要“建立健全全面规范、公开透明的预算制度”，而且在第4条规定“预算由预算收入和预算支出组成。政府的全部收入和支出都应当纳入预算”。第5条规定：“预算包括一般公共预算、政府性基金预算、国有资本经营预算、社会保险基金预算。一般公共预算、政府性基金预算、国有资本经营预算、社会保险基金预算应当保持完整、独立。政府性基金预算、国有资本经营预算、社会保险基金预算应当与一般公共预算相衔接。”上述条文确立了我国预算管理完整性原则和全口径政府预算体系，从法律规定上消除了政府财政资金预算内资金和预算外资金的区分，为将全部政府收支纳入预算、置于人大审查监督之下奠定了坚实的法律制度基础。

（2）我国现行《预算法》的明确规定，强化了人大及其常委会对预算编制、执行、调整和决算的全过程监督。其中第 2 条明确规定“预算、决算的编制、审查、批准、监督，以及预算的执行和调整，依照本法规定执行”，即强调一切预决算行为应依全国人民代表大会制定、全国人大常委会修订的《预算法》的规定执行，而且在有关预算编制、执行、调整及决算、监督等《预算法》各章中均增加或调整了一些规定，以体现各级人大对预算管理全过程、全方位的监督，突出表现在：

1）预算编制。针对一般公共预算外的三本预算管理相对薄弱、缺乏立法监督的状况，我国现行《预算法》通过第 14、15、16 条，以强化对政府性基金预算、国有资本经营预算、社会保险基金预算这三本预算编制的规范和约束。此外，第 32 条第 1、2、3 款，第 36 条，第 37 条，第 38 条第 2、3 款也对预算收支编制的依据、方法及严格控制、重点安排的预算支出等问题进行了相对明确、细化的规定，强化了人大立法对预算编制的规范和约束。

2）预算审查和批准。我国现行《预算法》第 46 条规定，“报送各级人民代表大会审查和批准的预算草案应当细化。本级一般公共预算支出，按其功能分类应当编列到项；按其经济性质分类，基本支出应当编列到款。本级政府性基金预算、国有资本经营预算、社会保险基金预算支出，按其功能分类应当编列到项”。第 47 条规定，政府各级在人大举行会议时，不仅要向大会作预算草案报告，而且要作预算执行情况的报告。同时，第 48 条对各级人民代表大会对预算草案及其报告、预算执行情况的报告重点审查的内容也作了全面规定。这些规定，对于加强各级人大对政府预算的实质性审查，保证预算的完整、合法、真实、可行、效益，具有非常重要的意义。

3）预算执行和执行过程中的预算调整。针对“预算草案批准前支出安排”中存在的执行依据空当、现行规定过于抽象问题，我国现行《预算法》第 55 条、第 56 条、第 60 条、第 61 条、第 66 条、第 67 条、第 68 条、第 69 条、第 70 条第 1 款等，在关于预算收入的征收，国库管理，预算年度执行中的超收、结余资金、短收的处理，预算调整等方面进行了详细规定，这对于规范政府预算执行、强化预算约束、增加预算刚性、严肃预算法纪意义十分深远。

4）决算审查。我国现行《预算法》要求编制决算草案应做到“收支真实”——“决算草案应当与预算相对应，按预算数、调整预算数、决算数分别列出。一般公共预算支出应当按其功能分类编列到项，按其经济性质分类编列到款”（第 75 条）；明确规定对决算草案应重点审查的内容和结合审计工作报告审查决算草案（第 79 条）等。这些规定对于客观、全面、真实地揭示和反映预算执行情况及其效果，发现和解决预算编制、执行中存在的问题作用重大。

（3）各级人大对政府预决算草案的实质审查能力得到加强。为了克服我国各级人大会期短，人大代表又多为兼职、预决算审查能力不强等方面的问题，保证各级人大对预决算审查监督职权的落实，我国现行《预算法》规定了人大及其常委会有关专门机构、工作机构对政府预决算初步审查的操作性规定，使其开展的审查有法可依、有法律的明确授权。如第 22 条明确了各级人大有关专门委员会、人大常委会有关工作机构有权对预算草案初步方案及上一年预算执行情况、预算调整初步方案和决算草案进行初步审查，提出初步审查意见，要求政府财政部门研究处理并反馈意见；并在第 44 条、第 69 条、第 78 条等条文中，分别明确规定各级政府财政部门向人大或者人大常委会相关专门机构、工作机构报送预算草案初步方案、预算调整初步方案和决算草案等的时间，尤其将财政部向全国人大财经委报送预算草案初步方案的时间由提前一个月修改为提前 45 天，使各级人大及其常委会对政府预决算的审查监督职权得到了相对具体的落实，使各级人大对政府预算进行实质性审查迈出了很有意义的一步。

（4）细化、明确了预算违法行为的种类，强化预算法律责任追究。我国现行《预算法》明确规定了预算违法行为的种类（总体上涵盖了财政预算收支活动的各个层面），同时相应细化了预算违法行为的行政责任种类，规定了严重预算违法行为构成犯罪的应依法追究刑事责任。这种由国家权力机关立法来明确规定预算违法行为种类及其相应法律责任的做法，与原来主要依赖《财政违法行为处罚处分条例》等低位阶行政法规、部门规章相比，其权威性、严肃性、可预测性都大为提高，有利于《预算法》的规定在预算实践中贯彻落实，切实加强权力机关意志对预算行为的规范和约束。

[参考资料：朱大旗：《新预算法：着力加强人大对政府预算全方位的审查监督》，载《财经法学》，2015 (6)；刘剑文：《预算的实质是要控制政府的行为》，载《法学》，2011 (11)；朱大旗：《预算法修订应特别关注五大问题》，载《法治周末》，2010-04-08；朱大旗、何遐祥：《预算法律责任探析》，载《法学家》，2008 (5)；史际春主编：《经济法》，北京，中国人民大学出版社，2005；刘文华、史际春、徐孟洲主编：《经济法》，7版，北京，中国人民大学出版社，2024]

第二十二章　税　法

知识逻辑图

- 税法
  - 税法构成要素
    - 税收主体
      - 征税主体：代表国家行使税收管理权的各级征税机关
      - 纳税主体：负有纳税义务或代扣代缴、代收代缴税款义务的居民和非居民
    - 课税客体（征税对象）：税法确定的产生纳税义务的标的或依据，包括物和行为
    - 税率
      - 累进税率
        - 超额累进税率
        - 超率累进税率
      - 比例税率：增值税等
      - 定额税率：城镇土地使用税等
    - 纳税环节：在商品生产和流转过程中应当交纳税款的环节
    - 纳税期限：纳税单位和个人缴纳税款的期限
    - 纳税地点：纳税人申报、缴纳税款的场所
    - 税收优惠：减税、免税、退税、投资抵免、快速折旧、亏损结转抵补和延期纳税等
    - 违法处理：税法规定的纳税人和征税工作人员违反税法规范应当承担的法律后果，是对纳税人和征税工作人员违反税法的行为采取的惩罚措施
    - 税权与纳税人的权利
      - 税权（课税权）：是指由宪法和法律赋予政府开征、停征、减税、免税、退税、补税等调整、管理税收以及管理税收事务的权力的总称
      - 纳税人的权利：纳税人在税收法律关系中所享有的权利，包括实体法和程序法方面的权利
  - 企业所得税法
    - 企业所得税：国家对企业或者其他组织获取的生产经营所得和其他所得开征的一种税
    - 主要法律规范：《企业所得税法》《企业所得税法实施条例》
    - 纳税人（根据登记注册地、实际管理机构地相结合标准）
      - 居民企业——无限纳税义务
      - 非居民企业——有限纳税义务

- 税法
  - 企业所得税法
    - 征税对象和计税依据
      - 收入总额（货币形式、非货币形式）
        - 销售货物收入
        - 提供劳务收入
        - 转让财产收入
        - 股息、红利等权益性投资收益
        - 利息收入
        - 租金收入
        - 特许权使用费收入
        - 接受捐赠收入
        - 其他收入
      - 不征税收入（≠免税收入）
        - 财政拨款
        - 依法收取并纳入财政管理的行政事业性收费、政府性基金
        - 国务院规定的其他不征税收入
      - 免税收入：属于企业的应税所得，但国家为了实现某些经济和社会目标，在特定时期或对特定项目给予税收优惠照顾而免予征收企业所得税的收入
      - 准予扣除的项目
        - 成本、费用、税金、损失和其他支出
        - 工资薪金支出
        - 为职工缴纳的基本社会保险费和住房公积金
        - 特殊工种保险费
        - 合理的不需要资本化的借款费用
        - 利息支出
        - 汇兑损失
        - 福利费支出、工会经费支出、职工教育经费支出、业务招待费支出、广告费和业务宣传费支出
        - 环境保护、生态恢复等方面的专项资金
        - 财产保险费
        - 租入固定资产支付的租赁费
        - 劳动保护支出
        - 非居民企业总机构分摊的费用
        - 公益性捐赠支出
      - 不得扣除的项目
        - 支付的股息、红利等
        - 企业所得税税款
        - 税收滞纳金
        - 罚金、罚款和被没收财物的损失
        - 非公益性的捐赠以及超过扣除标准的公益性捐赠
        - 赞助支出
        - 未经核定的准备金支出
        - 与取得收入无关的其他支出

- 税法
  - 企业所得税法
    - 征税对象和计税依据
      - 资产的税务处理
        - 固定资产
        - 无形资产
        - 长期待摊费用
        - 投资资产
        - 存货
      - 应纳税所得额的计算公式
        - 应纳税所得额＝收入总额－（不征税收入＋免税收入＋准予扣除的项目＋允许弥补的以前年度亏损）
      - 非居民企业的应纳税所得额计算
    - 税率
      - 普通税率
        - 一般：25%
        - 特殊：20%→10%
      - 优惠税率
        - 小型微利企业：20%
        - 高新技术企业：15%
    - 应纳税额
      - 计算方法：应纳税额＝应纳税所得额×适用税率－减免税额－抵免税额
      - 抵免规定：抵免限额＝中国境内、境外所得依照企业所得税法及其实施条例计算的应纳税总额×来源于某国（地区）的应纳税所得额÷中国境内、境外应纳税所得总额
    - 税收优惠（以产业优惠为主，以区域优惠为辅）
      - 免税收入
      - 税收减免
      - 加计扣除支出、减计收入
      - 过渡性税收优惠
      - 专项优惠政策
      - 其他税收优惠
    - 企业所得税的纳税时间、地点和期限
    - 源泉扣缴：以所得支付者为扣缴义务人，在每次向纳税人支付有关所得款项时，代为扣缴税款的做法
    - 特别纳税调整
      - 独立交易原则
      - 预约定价安排
      - 获取关联交易资料
      - 防范避税地避税
      - 防范资本弱化
      - 一般反避税条款
      - 补征税款加收利息

- 税法
  - 个人所得税法
    - 概述：以居民来源于境内、境外的应税所得和非居民来源于境内的应税所得为征税对象的直接税
    - 相关法规：《个人所得税法》《个人所得税法实施条例》
    - 纳税人
      - 居民个人：在中国境内有住所，或无住所而在一个纳税年度内在中国境内居住累计满 183 天的个人——无限纳税义务人
      - 非居民个人：在中国境内无住所又不居住或无住所而在一个纳税年度内在中国境内居住累计不满 183 天的个人——有限纳税义务人
    - 扣缴义务人：支付所得的单位或者个人
    - 征税项目和计税依据
    - 税率
      - 综合所得适用的税率：3%～45%的超额累进税率
      - 经营所得适用的税率：5%～35%的超额累进税率
      - 利息、股息、红利所得，财产租赁所得，财产转让所得和偶然所得，适用比例税率
    - 应纳税所得额的计算
    - 减税、免税
      - 减税
        - 残疾、孤老人员和烈属的所得
        - 自然灾害造成重大损失的
        - 其他
      - 免税
        - 省级人民政府、国务院各部委和中国人民解放军军以上单位以及外国组织、国际组织颁布的科学等方面的奖金
        - 国债和国家发行的金融债券利息
        - 按照国家统一规定发给的补贴、津贴
        - 福利费、抚恤金、救济金
        - 保险赔款
        - 军人的转业费、复员费、退役金
        - 按照国家统一规定发给干部、职工的安家费、退职费、基本养老金或者退休费、离休费、离休生活补助费
        - 依照有关法律规定应予免税的各国驻华使馆、领事馆的外交代表、领事官员和其他人员的所得
        - 中国政府参加的国际公约、签订的协议中规定免税的所得
        - 国务院规定的其他免税所得

- 税法
  - 增值税法①
    - 概述：理论增值额与法定增值额
    - 增值税的三种课税类型（根据外购固定资产扣除方法）
      - 生产型增值税：不允许任何扣除
      - 收入型增值税：扣除当期折扣
      - 消费型增值税：一次性全部扣除
    - 纳税人（划分标准：年销售额大小和会计核算水平）
      - 小规模纳税人
        - 年应征增值税销售额500万元及以下
        - 年应税销售额超过小规模纳税人标准的个人
        - 非企业性单位、不经常发生应税行为的企业（可选择）
      - 一般纳税人：除小规模纳税人以外的增值税纳税人
    - 征税范围
      - 销售货物
      - 提供应税劳务
      - 销售服务、无形资产或者不动产
      - 进口货物
      - 视同销售货物的行为
      - 混合销售行为
      - 兼营行为
      - 其他应征增值税的特殊项目
    - 税率
      - 一般纳税人的税率：免税、零税率～13%基本税率
      - 小规模纳税人的税率
    - 减免优惠：免税、减税项目由国务院规定
    - 出口退（免）税：是指货物报关出口销售后，将纳税人在国内实际承担的税收按规定的出口退税率计算退税并予退还增值税、消费税，或者免征出口环节增值税、消费税的制度
    - 纳税义务发生时间
      - 发生应税销售行为：收讫销售款项或者取得索取销售款项凭据的当天；先开具发票的，为开具发票的当天
      - 进口货物：报关进口的当天
      - 视同销售货物行为：货物移送的当天
      - 视同销售服务、无形资产或者不动产的：报关进口的当天
      - 增值税扣缴义务：纳税人增值税纳税义务发生的当天
    - 纳税期限：1日、3日、5日、10日、15日、1个月或者1个季度
    - 纳税地点

---

① 2024年12月25日，第十四届全国人大常委会第十三次会议表决通过了《中华人民共和国增值税法》，该法将于2026年1月1日起正式施行，《中华人民共和国增值税暂行条例》也将同时废止。但因本书修订时该法尚未正式生效，本章节内容仍以现行的《增值税暂行条例》为准。

企业涉及的其他税收实体法

其他税收实体法	含 义	纳税人	征税客体和税目	税率	应纳税额及计算公式	纳税期限
消费税法	以特定消费品或者消费行为为征税对象，以销售额或销售数量为计税依据征收的一种流转税和间接税	生产、委托加工和进口应税消费品的单位和个人	生产、委托加工和进口的应税消费品流转额	比例税率 定额税率	从价定率办法：应纳税额＝销售额×比例税率； 从量定额办法：应纳税额＝销售数量×定额税额； 复合计税办法：应纳税额＝销售额×比例税率＋销售数量×定额税额	1日、3日、5日、10日、15日、1个月或者1个季度； 进口：自海关填发税款缴纳书之日起15日内
关税法	以进出关境或国境的货物和物品的流转额为课税对象征收的一种税，包括房产税、契税等	进口货物的收货人、出口货物的发货人、进境物品的携带人或收件人	进出关境或国境的货物、物品的流转额	进口{普通税率、优惠税率} 出口税率	以进出口货物的完税价格为计税依据	进口：14日 出口：24小时
财产税法	以国家规定的纳税人所拥有或支配的某些特定财产的数量或价值额为征税对象的一类税	—	—	—	—	—
行为税法	以纳税人的某种特定行为为课税对象进行征收的一种税，包括印花税、城市维护城建税等	—	—	—	—	—
环境资源与土地税法	对我国境内从事资源开发、利用的单位和个人，就其资源生产和开发条件的差异而形成的级差征税的一类税，包括资源税、土地增值税、城镇土地使用税、耕地占用税等	—	—	—	—	—

- 税法
  - 税收征管法律制度
    - 管理机关
      - 税务局：增值税、企业所得税、个人所得税、资源税等
      - 海关：关税、船舶吨税等，同时代征进出口环节的增值税和消费税
    - 税务管理
      - 税务登记管理：设立、变更、注销登记
      - 账簿、凭证管理：税务机关是发票的主管机关
      - 纳税申报管理
        - 主体：纳税人或者扣缴义务人
        - 方式：直接申报、邮寄或数据电文等
    - 税款征收
      - 应纳税款核定：适用情形 & 核定方法
      - 税款征收方式：查账征收，查定征收，查验征收，定期定额征收，代扣代缴和代收代缴
      - 税收保全措施：条件 & 措施
      - 强制执行措施
        - 具体措施
        - 对象范围：不包括生活必需品
      - 税款征收的优先权
        - 税收优先权与一般债权
        - 税收优先权与担保物权
        - 税收优先权与罚款
      - 税款征收的代位权与撤销权：概念 & 条件 & 法律后果
      - 税款的退还、补缴和追征
      - 滞纳金
        - 延期缴纳（缓纳）——3 个月
        - 万分之五滞纳金
    - 税务检查
      - 纳税人、扣缴义务人的义务
      - 税务机关的权利和义务
    - 法律责任
      - 违反税务管理规定的行为及其法律责任
      - 违反税款征收规定的行为（及其法律责任）
        - 未按规定申报纳税
        - 偷税
        - 逃税
        - 骗取出口退税
        - 抗税
        - 逾期未缴税款
      - 企业作为扣缴义务人的法律责任
    - 税务争议处理
      - 纳税争议：行政复议前置（如征收税款、加收滞纳金等）
      - 纳税争议以外的其他争议：或复议或诉讼（如对处罚决定、强制执行或税收保全措施不服等）

名词解释与概念比较

1. 理论增值额与法定增值额（中国人民大学考研）
2. 税收饶让（中国人民大学考研）
3. 纳税环节（武汉大学考研）
4. 财产税法（中国人民大学考研）
5. 增值税（武汉大学；中国人民大学考研）
6. 税收与税法（暨南大学考研；重庆大学考研）
7. 税收保全
8. 居民个人与非居民个人
9. 居民企业与非居民企业
10. 税权

11. 源泉扣缴
12. 特别纳税调整
13. 预约定价安排
14. 契税（中国人民大学考研）
15. 印花税（中国人民大学考研）
16. 消费税
17. 房产税
18. 比例税率与累进税率（中国人民大学考研）

选择题

（一）单项选择题

1. 下列各项中，表述正确的是（　　）。（注会考试）

A. 税目是区分不同税种的主要标志

B. 税率是衡量税负轻重的重要标志

C. 纳税人就是履行纳税义务的法人和自然人

D. 征税对象就是税收法律关系中征纳双方权利、义务所指的物品

2. 对于不同税种，税法规定了不同种类的税率，那么在我国现行税制中，适用超率累进税率计算应纳税额的税种是（　　）。

A. 个人所得税　　B. 资源税

C. 消费税　　D. 土地增值税

3. 红星公司在日常的生产经营活动中发生了以下费用，在计算企业所得税应纳所得额时不允许扣除的项目是（　　）。

A. 企业发生的合理的工资薪金支出 8 万元

B. 企业直接向我国甘肃地区“希望工程”的 5 万元公益性捐款

C. 企业在规定比例之内发生的 1 万元业务招待费

D. 职工福利费 1 万元

4. 在我国以下的现行税制中，属于直接税的是（　　）。

A. 企业所得税　　B. 增值税

C. 消费税　　D. 关税

5. 韩国居民崔先生受其供职的境外公司委派，来华从事设备安装调试工作，在华停留 60 天。其间取得境外公司支付的工资 40 000 元，取得中国体育彩票中奖收入 20 000 元。崔先生应在中国缴纳个人所得税是（　　）。（注会考试）

A. 4 000 元　　B. 5 650 元

C. 9 650 元　　D. 10 250 元

6. 下列关于消费税的说法，哪一项是错误的？（　　）

A. 消费税是流转税

B. 消费税是价内税

C. 消费税实行的是单环节征收

D. 消费税均按照比例税率课征

7. 根据《个人所得税法》关于个人所得税征缴，下列哪一说法是正确的？（　　）（司考改编）

A. 自然人买彩票多倍投注，所获一次性奖金特别高的，可实行加成征收

B. 扣缴义务人履行代扣代缴义务的，税务机关按照所扣缴的税款付给 2%的手续费

C. 在中国境内无住所又不居住的个人，在境内取得的商业保险赔款，应缴纳个人所得税

D. 夫妻双方每月取得的工资薪金所得可合并计算，减除费用 7 000 元后的月工资薪金，为应纳税所得额

8. 关于个人所得税，下列哪一表述是正确的？（　　）（司考改编）

A. 以课税对象为划分标准，个人所得税属于动态财产税

B. 非居民纳税人是指不具有中国国籍但有来源于中国境内所得的个人

C. 居民纳税人从中国境内、境外取得的所得均应依法缴纳个人所得税

D. 劳务报酬所得适用比例税率，对劳务报酬所得一次收入畸高的，可实行加成征收

9. 关于扣缴义务人，下列哪一说法是错误的？（　　）（司考改编）

A. 是依法负有代扣代缴、代收代缴税款义务的单位和个人

B. 应当按时向税务机关报送代扣代缴、代收代缴税款报告表和其他有关资料

C. 可以向税务机关申请延期报送代扣代缴、代收代缴税款报告表和其他有关资料

D. 应当直接到税务机关报送代扣代缴、代收代缴税款报告表和其他有关资料

10. 从事零售业务的个体户王某收到税务机关限期缴纳通知书的期限届满后，仍然拖欠营业税款 2 000 元。税务机关对此采用的下列哪一种做法不符合法律规定？

（　　）（司考改编）

A. 扣押王某价值 2 500 元的营业用冷冻柜

B. 书面通知银行从王某的储蓄账户中划拨其存款、汇款至缴清税款为止

C. 从王某的储蓄账户中强制扣缴其未缴纳的滞纳金

D. 为防止王某以后再拖欠税款，在强制执行王某的银行存款后继续扣押其冷冻柜 6 个月，以观后效

11. 某运输公司因业务量扩大，向市场监督管理部门申请在外地设立一分支机构，获得批准并依法取得营业执照。后来，该分支机构因经营范围变化，向市场监督管理部门进行了变更登记。1 年后，该分支机构经营不善，又申请了注销登记。以下做法正确的是（　　）。

A. 分支机构在领取营业执照后的 45 日向税务机关申报办理税务登记

B. 税务机关在收到申报之日后当日发给税务登记证件

C. 分支机构 30 日内先向税务机关办理变更税务登记，而后向市场监督管理部门办理变更工商登记

D. 分支机构先向市场监督管理部门申报办理注销工商登记，而后向税务机关申报办理注销税务登记

12. 甲是一经营鲜花的个体工商户，依法取得营业执照。一天晚上，税务人员乙对甲进行税务检查，并当场出示了工作证，但甲拒绝其检查。下列说法正确的是（　　）。

A. 甲行为违法，乙已经出示了工作证，有权对其进行检查

B. 甲行为违法，因为纳税人无权拒绝税务人员进行的税务检查

C. 甲行为合法，因为乙未出示有效的税务检查证件

D. 甲行为合法，因为纳税人有权拒绝非工作时间的税务检查

13. 某外贸公司以假报出口方式骗取国家出口退税 3 000 元，税务机关发现该情况后，不正确的做法是（　　）。

A. 税务机关在一定期间内停止为其办理出口退税

B. 经查情节严重涉嫌犯罪的，移送司法机关依法处理

C. 税务机关对该公司处以 2 万元的罚款

D. 税务机关追缴其骗取的出口退税款

14. 华星公司欠缴大笔税款，且该公司目前财务状况恶化，虽然经税务机关采取强制执行措施仍无法缴清税款。此时，税务机关得知大兴公司长期拖欠华星公司一笔货款，而华星公司一直未向其索要，即将超过诉讼时效。税务机关以下做法正确的是（　　）。

A. 书面通知大兴公司开户银行从其存款中扣除未清缴的税款

B. 对大兴公司的产品采取扣押的强制执行措施，并以拍卖所得抵缴税款

C. 采取税收保全措施冻结债务人大兴公司的开户银行存款

D. 依照民法典合同编的规定向人民法院申请以自己的名义行使代位权

15. 下列各项中，符合《税收征收管理法》中延期缴纳税款规定的是（　　）。（注会考试）

A. 延期期限最长不得超过 6 个月，同一笔税款不得滚动审批

B. 延期期限最长不得超过 3 个月，同一笔税款不得滚动审批

C. 延期期限最长不得超过 6 个月，同一笔税款经审批可再延期一次

D. 延期期限最长不得超过 3 个月，同一笔税款经审批可再延期一次

16. 某企业流动资金匮乏，一直拖欠缴纳税款。为恢复生产，该企业将办公楼抵押给某银行获得贷款。此后，该企业因排污超标被环保部门罚款。现银行、税务部门和环保部门均要求拍卖该办公楼以偿还欠款。关于拍卖办公楼所得价款的清偿顺序，下列哪一选项是正确的？（　　）（司考改编）

A. 银行贷款优先于税款

B. 税款优先于银行贷款

C. 罚款优先于税款

D. 三种欠款同等受偿，拍卖所得不足时按比例清偿

17. 房地产开发公司与中介公司签订了商品房代理销售合同，并缴纳了相应税款。后房地产开发公司通过自身渠道成功售出部分房屋，遂与中介公司解除了

该部分房屋的代售合同。现房地产开发公司申请退税，下列说法正确的是（　　）。(法考改编)

A. 退自最后一次销售合同签订之日起 3 年内的税

B. 退自结算缴纳税款之日起 3 年内的税

C. 退房地产开发公司缴纳的契税

D. 退税日自合同解除日开始起算

18. 根据税收征收管理法规，关于税务登记，下列哪一说法是错误的？（　　）(司考改编)

A. 从事生产、经营的纳税人，应在领取营业执照后，在规定时间内办理税务登记，领取税务登记证件

B. 从事生产、经营的纳税人在银行开立账户，应出具税务登记证件，其账号应当向税务机关报告

C. 纳税人税务登记内容发生变化，不需到市场监督管理机关或其他机关办理变更登记的，可不向原税务登记机关申报办理变更税务登记

D. 从事生产、经营的纳税人外出经营，在同一地累计超过 180 天的，应在营业地办理税务登记手续

（二）多项选择题

1. 某公司计算缴纳企业所得税时，提出减免企业所得税的请求，其中哪些符合法律规定？（　　）(司考改编)

A. 购买国债取得的利息收入，请求免征企业所得税

B. 经营一项农业项目的所得，请求减征企业所得税

C. 投资经营一项无国家扶持基础设施项目的取得，请求免征企业所得税

D. 开发一项新技术的研究开发费用，请求在计算应纳税所得额时加计扣除

2. 依照《个人所得税法》规定，下列哪些个人所得免税？（　　）

A. 国家发行的金融债券利息

B. 企业债券利息

C. 教育储蓄存款利息

D. 国库券利息

3. 外国人约翰于 2022 年来到中国，成为某合资企业经理，迄今一直居住在北京。根据《个人所得税法》，约翰获得的下列哪些收入应在我国缴纳个人所得税？（　　）(司考改编)

A. 从该合资企业领取的薪金

B. 出租其在华期间购买的房屋获得的租金

C. 在中国某大学开设讲座获得的酬金

D. 在美国杂志上发表文章获得的报酬

4. 某企业从事服装销售业务，经工商登记取得营业执照。就税收法律关系而言，该个体户必须实施下列哪些行为？（　　）(司考改编)

A. 自领取营业执照之日起 30 日内向税务机关办理税务登记

B. 设置账簿

C. 向税务机关预缴纳税保证金

D. 从商店购买增值税专用发票

5. 某个体工商户拖欠个人所得税税款 2 万元，经数次催缴仍未交纳。主管税务机关对其采取的下列措施哪些是错误的？（　　）(司考改编)

A. 书面通知银行从其个人储蓄存款中扣缴税款

B. 扣押其价值相当于 2 万元的货物，以拍卖所得抵缴税款

C. 注销其税务登记

D. 申请人民法院强制执行

6. 税务机关在实行税收保全措施和强制执行措施时，下列哪些财产或者物品不在此类措施范围之内？（　　）(司考改编)

A. 纳税人甲个人仅有的一套住房

B. 纳税人乙个人所有的金银首饰

C. 纳税人丙自用的私人汽车

D. 纳税人丁所有的单价在 5 000 元以下的生活用品

7. 位于金华市的大海公司由于飓风灾害的影响，遭受较大的损失，正常生产经营活动受到严重影响，故向当地相关税务部门提出延期缴纳税款的申请，以下关于延期缴纳税款的做法不正确的有（　　）。

A. 大海公司在缴纳税款期限届满前提出口头申请

B. 大海公司延期缴纳税款的申请以得到了金华市国家税务局和地方税务局的批准为有效

C. 大海公司申请的延期缴纳期限为 6 个月

D. 批准大海公司延期缴纳的期间内免予加收滞纳金

8. 在下列哪些情况下，税务机关有权依法直接核定纳税人的应纳税额？（　　）(司考改编)

A. 甲公司擅自销毁账簿，拒不提供纳税资料

B. 乙公司申报的计税依据明显偏低，又无正当理由

C. 丙公司设置了账簿，但账目混乱，凭证不全，难以查账

D. 丁公司未按规定期限办理纳税申报，经税务机关责令限期申报后才申报

9. 先锋科技有限公司几年来一直按时依法缴纳税款，但税务机关在一次抽查中发现该公司确实因计算错误而少缴部分税款。对此情况的处理正确的有（　　）。

A. 在一般情况下，税务机关可以在 3 年内追征税款，但是不得包括滞纳金

B. 在一般情况下，税务机关可以在 3 年内追征税款，可以包括滞纳金

C. 在特殊情况下，税务机关可以在 5 年内追征税款

D. 在特殊情况下，税务机关对税款的追征可以不受规定时限的限制

10. 八通公司在年底整理账簿时发现在以前年度缴纳所得税时有超过应纳税额多缴的现象，遂向律师咨询解决办法，在律师所作出的解答中正确的有（　　）。

A. 只要是自结算缴纳税款之日起 5 年内发现的，该公司都可以要求退还

B. 只要是自结算缴纳税款之日起 3 年内发现的，该公司都可以要求税务机关退还

C. 只要是自结算缴纳税款之日起 3 年内发现的，该公司都可以要求税务机关退还多缴税款的银行同期存款利息

D. 税务机关经查实后应当立即退还，但是涉及从国库中退库的则不予退还

11. 甲公司欠税 40 万元，税务局要查封其相应价值产品。甲公司经理说："乙公司欠我公司 60 万元货款，贵局不如行使代位权直接去乙公司收取现金。"该局遂通知乙公司缴纳甲公司的欠税，乙公司不配合。该局责令其限期缴纳，乙公司逾期未缴纳。该局随即采取了税收强制执行措施。关于税务局的行为，下列哪些选项是错误的？（　　）（司考改编）

A. 只要甲公司欠税，乙公司又欠甲公司货款，该局就有权行使代位权

B. 如代位权成立，即使乙公司不配合，该局也有权直接向乙公司行使

C. 本案中，该局有权责令乙公司限期缴纳

D. 本案中，该局有权向乙公司采取税收强制执行措施

12. 某教师在税务师培训班上就我国财税法制有下列说法，其中哪些是正确的？（　　）（司考改编）

A. 当税法有漏洞时，依据税收法定原则，不允许以类推适用方法来弥补税法漏洞

B. 增值税的纳税人分为一般纳税人和小规模纳税人，小规模纳税人的适用税率统一为 3%

C. 消费税的征税对象为应税消费品，包括一次性竹制筷子和复合地板等

D. 车船税纳税义务发生时间为取得车船使用权或管理权的当年，并按年申报缴纳

13. 某外籍演员刘某在我国境内无住所，但 2022 年在北京和上海两地的酒店共计居住了 222 天。刘某作为甲公司和乙公司的实际控制人，自己演出的收入计入甲公司经营所得，乙公司则注册于境外某低税率岛屿国家。刘某是乙公司股东，乙公司并未开展实际经营活动，刘某在乙公司不分红，所有的利润均计入资本金。下列选项正确的是（　　）。（法考改编）

A. 刘某属于居民纳税人

B. 刘某需要进行汇算清缴

C. 税务机关可以对刘某的收入进行合理纳税调整

D. 刘某的劳务报酬和投资收益计入综合所得

14. A 基金在我国境外某群岛注册并设置总部，该群岛系低税率地区。香港 B 公司和浙江 C 公司在浙江签约设立杭州 D 公司，其中 B 公司占 95%的股权，后 D 公司获杭州公路收费权。F 公司在该群岛注册成立，持有 B 公司 100%的股权。随后，A 基金通过认购新股方式获得 F 公司 26%的股权，多年后又将该股权转让给境外 M 上市公司。M 公司对外披露其实际收购标的为 D 公司股权。经查，A 基金、F 基金和 M 公司均不从事实质性经营活动，F 公司股权的转让价主要取决于 D 公司的估值。对此，根据我国税法，下列哪些说法是正确的？（　　）（司考改编）

A. A 基金系非居民企业

B. D 公司系居民企业

C. A 基金应就股权转让所得向我国税务机关进行纳税申报

D. 如 A 基金进行纳税申报，我国税务机关有权按照合理方法调整其纳税收入

15. 某公司经营过程取得的各项收入中，包括销售货物收入、国债利息、股息收益、财政拨款等各项收入。请问以下哪些属于企业所得税的免税项目？（　　）（法考改编）

A. 向另一家公司销售货物的收入

B. 购买国债的利息收入

C. 投资国内某互联网公司取得的股息收益

D. 从当地政府获得的财政拨款

16. 关于税收优惠制度，根据我国税法，下列哪些说法是正确的？（　　）（司考改编）

A. 个人进口大量化妆品，免征消费税

B. 武警部队专用的巡逻车，免征车船税

C. 企业从事渔业项目的所得，可免征、减征企业所得税

D. 农民张某网上销售从其他农户处收购的山核桃，免征增值税

17. 根据税收征收管理法规，关于从事生产、经营的纳税人账簿，下列哪些说法是正确的？（　　）（司考改编）

A. 纳税人生产、经营规模小又确无建账能力的，可聘请经税务机关认可的财会人员代为建账和办理账务

B. 纳税人适用计算机记账的，应在使用前将会计电算化系统的会计核算软件、使用说明书及有关资料报送主管税务机关备案

C. 纳税人会计制度健全，能够通过计算机正确、完整计算其收入和所得情况的，其计算机输出的完整的书面会计记录，可视同会计账簿

D. 纳税人的账簿、记账凭证、报表、完税凭证、发票、出口凭证以及其他有关涉税资料，除另有规定外，应当保存10年

（三）不定项选择题

1. 下述属于税法构成要素之一的税收主体的有（　　）。

A. 纳税人、扣缴义务人

B. 各级税务机关

C. 海关

D. 财政机关

2. 下列各项中，不适用《税收征收管理法》的有（　　）。

A. 外商投资企业和外国企业所得税

B. 关税

C. 耕地占用税

D. 教育费附加

3. 以下为全国人大及其常委会制定的税收法律的有（　　）。

A. 个人所得税法　　B. 企业所得税法

C. 税收征收管理法　　D. 增值税暂行条例

4. 根据我国税法的规定，单位或个体经营者的下列行为视同销售，征收增值税的有（　　）。

A. 将自产、委托加工或购买来的货物用于集体福利或个人消费

B. 将自产、委托加工或购买来的货物作为投资

C. 将货物交给他人代销或者销售代销货物

D. 统一核算的纳税人，将货物异地移送销售

5. 以下税收中对外资企业和外籍人员同样适用的有（　　）。

A. 城镇土地使用税　　B. 土地增值税

C. 房产税　　D. 资源税

6. 下列各项中，属于资源税纳税人的有（　　）。（注会考试）

A. 开采原煤的国有企业

B. 进口铁矿石的私营企业

C. 开采石灰石的个体经营者

D. 开采天然原油的外商投资企业

7. 下列各项中，属于税务机关的税收管理权限的有（　　）。

A. 缓期征税权

B. 税收行政法规的制定权

C. 税法执行权

D. 提起行政诉讼权

8. 根据我国《税收征收管理法》的规定，处以税款1倍以上5倍以下罚款的违反税款征收规定的行为有（　　）。

A. 偷税行为

B. 骗取出口退税行为

C. 逃避追缴欠税的行为

D. 抗税行为

9. 下列各项中，税务行政复议是税务行政诉讼必经前置程序的有（　　）。（注会考试）

A. 税务机关不予依法办理出口退税引起的税务争议

B. 税务机关不予认定为增值税一般纳税人引起的税务争议

C. 因税务机关适用法律错误，致使纳税人少缴税款，税务机关要求补偿2年前税款引起的争议

D. 因纳税中介机构计算错误，致使纳税人少缴税款，税务机关要求补偿3年前的税款引起的税务争议

10. 2022年12月，某公司对县税务局确定的企业所得税的应纳税所得额、应纳税额及在12月30日前缴清税款的要求极为不满，决定撤离该县，且不缴纳税款。县税务局得知后，责令该公司在12月15日前纳税。当该公司有转移生产设备的明显迹象时，县税务局责成其提供纳税担保。就该公司与税务局的纳税争议，下列说法正确的是（　　）。（司考改编）

A. 如该公司不提供纳税担保，经批准，税务局有权书面通知该公司开户银行从其存款中扣缴税款

B. 如该公司不提供纳税担保，经批准，税务局有权扣押、查封该公司价值相当于应纳税款的产品

C. 如该公司对应纳税额发生争议，应先依税务局的纳税决定缴纳税款，然后申请行政复议，对复议决定不服的，可向法院起诉

D. 如该公司对税务局的税收保全措施不服，可申请行政复议，也可直接向法院起诉

11. 以下说法正确的有（　　）。

A. 凡是缴纳增值税、消费税、营业税的纳税人，须同时缴纳城市维护建设税

B. 在我国，土地增值税是增值税等流转税的一种具体形式

C. 对个人独资企业和合伙企业的所得额征收企业所得税

D. 契税是对在我国境内转移房屋所有权时，对房屋的买方征收的一种税

12. 根据《企业所得税法》的规定，下列收入为不征税收入的有（　　）。

A. 接受捐赠的收入

B. 转让无形资产的收入

C. 财政拨款

D. 行政事业性收费

13. 2023年年初，张某在国内某网络直播平台直播其备考经历，意外收获较多浏览量。年底，该平台向张某支付报酬。9月，张某通过考试后，在该平台拍卖其备考期间的学习资料，获得相应款项。下列关于张某缴纳个人所得税的说法正确的是（　　）。（法考改编）

A. 仅张某的拍卖款应缴纳个人所得税

B. 张某要对拍卖款和报酬进行汇算清缴

C. 张某的拍卖款是综合所得

D. 直播平台需为张某预扣预缴个人所得税

14. 根据《税收征收管理法》的规定，税务机关在税务检查中享有的权利主要有（　　）。（注会考试）

A. 检查纳税人的账簿、记账凭证、报表和有关资料

B. 到纳税人的生活场所检查纳税人应纳税的商品、货物或者其他财产

C. 到车站、码头、机场、邮政企业及其分支机构检查纳税人托运、邮寄应纳税商品、货物或者其他财产的有关单据、凭证和有关资料

D. 询问纳税人、扣缴义务人与纳税或者代扣代缴、代收代缴税款有关的问题和情况

15. 昌昌公司委托拍卖行将其房产拍卖后，按成交价向税务部门缴纳了相关税款，并取得了完税凭证。3年后，县地税局稽查局检查税费缴纳情况时，认为该公司房产拍卖成交价过低，不及市场价的一半，遂作出税务处理决定，重新核定房产交易价，追缴相关税款，加收滞纳金。经查，该公司所涉拍卖行为合法有效，也不存在逃税、骗税等行为。关于此事，下列哪些说法是正确的？（　　）（司考改编）

A. 该局具有独立执法主体资格

B. 该公司申报的房产拍卖价明显偏低时，该局就可核定其应纳税额

C. 该局向该公司加收滞纳金的行为违法

D. 该公司对税务处理决定不服，可申请行政复议，对复议决定不服，才可提起诉讼

简答题

1. 简述我国的税法体系。（北京大学考研）

2. 简述我国《税收征收管理法》确立的纳税人的

权利及征税机关相应的义务。①

3. 根据我国《税收征收管理法》的有关规定，阐述纳税人、扣缴义务人、纳税担保人同税务机关发生税收争议的解决办法及其程序，以及当事人对税务机关的处罚决定、强制执行措施或者税收保全措施不服的解决办法及其程序。(中国政法大学考研)

4. 简述我国流转税法的概念和类型。(中国人民大学考研)

5. 简述何谓税收优先权制度及其设定的理论基础和现实意义。(北京大学考研)

6. 简述我国企业所得税法规定的特别纳税调整制度。

7. 简述税率的概念和基本形式。

8. 简述税法构成要素。

9. 简述税收法定原则的三个方面。(中国人民大学保研)

案例分析题

1. 润泽有限责任公司未按照规定期限缴纳税款，当地税务局即下达通知，责令其在15天之内缴纳，15天后该公司仍未缴纳税款。

根据以上情形，回答下列问题：

(1) 此时润泽公司法定代表人甲要求办理出境手续，法定代表人甲的正确做法应该是什么？税务机关又应该如何处理？

(2) 税务局对润泽公司采取了强制执行措施，但是发现扣押的房产有部分已经被首先设定了抵押，抵押权人为乙公司。问：税收和担保物权哪一个优先？

(3) 税务局对润泽公司采取了强制执行措施，此时该公司又被市场监督管理机关发现有销售假冒伪劣商品的行为，决定对其处以3 000元的罚款，并处没收违法所得。问：市场监督管理机关的罚款和税收机关的税收哪一个优先执行？

(4) 税务机关发现润泽公司有哪些行为使税款征收无法实现时，可以依照《民法典》的规定行使代位权或者撤销权？

2. 恒光公司2016年12月缴纳企业所得税10万元，经税务机关审核，发现该公司应纳税额为8万元，对多缴的2万元税款税务机关没有返还。2017年12月，该公司应缴企业所得税款15万元，但因征税人员工作失误，只征收了13万元。到2020年1月，税务机关要求该公司补缴2017年少缴的2万元税款，并加收滞纳金。该公司拒绝补缴，并提出以2016年多缴的2万元税款折抵少缴的税款。于是税务机关决定采取税收强制执行措施，并对该公司处以罚款。税务机关派员去该公司扣押了一批货物并予以拍卖，以拍卖所得抵缴了税款、滞纳金和罚款。

请根据以上情形，回答以下两个问题：

(1) 恒光公司拒绝补缴税款，并要求税务机关以2016年多缴的2万元税款折抵少缴的税款，这种做法是否正确？

(2) 本题中，税收征管机关的哪些行为不合法？请简要评析。

3. 某化工厂自2018年10月开张以来，经营状况良好，并按时向税务机关进行了纳税申报。2019年1月，因产品积压，部分客户欠款没有收回，资金周转出现困难，没有及时进行纳税申报。市税务局催缴两次，该化工厂都没有理会。市税务局经局长批准后，派税务人员扣押、查封、拍卖了该厂的一批化工产品，并以拍卖所得抵缴1月份所欠税款。该化工厂对市税务局的做法无法接受，认为自己并非不主动缴纳，而是确系存在实际困难，因此与市税务局发生了争议。

请回答下列问题：

(1) 该化工厂与市税务局所发生的争议属于什么性质的争议？

(2) 对这类争议，纳税人可以采取什么样的法律程序解决？

论述题与深度思考题

1. 论述我国企业所得税的优惠制度。

2. 论述税款征收代位权和撤销权的关系、理论依据、适用条件与法律后果。

① 对纳税人权利的保护是学界讨论的热点，反映在考研等各类考试的试题中，体现了与具体税收制度的结合。考生不妨训练自己从多个视角关注纳税人权利的保护，如出口退税制度改革中关于纳税人权利的保护(北京大学考研)，税收征收管理过程中的纳税人权利保护，上升到宪法层面的纳税人权利保护，等等。

参考答案

名词解释与概念比较

1.

理论增值额	法定增值额
企业或个人在生产经营过程中新创造的那部分价值，即相当于商品价值（C+V+M）扣除在生产过程中消耗的生产资料的转移价值（C）以后的余额（V+M），它主要包括工资、奖金、利润、利息和其他属于增值性的费用	一国政府根据各自的国情、政策需要，在其增值税法中明确规定的增值额

法定增值额与理论增值额的关系是：法定增值额与理论增值额可能一致，也可能不一致。原因在于，各国在确定法定增值额时，其允许从销售额或收入额中扣除的项目或范围不同，主要表现为对外购固定资产的处理办法不同。一般来说，对于外购原材料、燃料、商品等流动资产形成的物质成本，各国都允许扣除。而对于外购固定资产形成的物质成本，则有的允许扣除，有的不允许扣除；在允许扣除的国家中，具体扣除的办法又有所不同，必然导致各国的法定增值额与理论增值额在多数情况下不一致，进而也使增值税的征收形成生产型、收入型和消费型增值税三种课征模式。

2. 税收饶让，又称税收饶让抵免，是指政府对本国纳税人在国外享受的所得税减免税款，视同在国外实际缴纳税款而给予抵免扣除待遇的一种税收优惠。税收饶让以税收抵免为前提，税收饶让是以税收抵免为基础的一项特殊抵免制度。税收饶让是一项国家间的措施，是缔约国之间意志妥协的产物，必须通过双边或多边安排方能实现。税收饶让的目的并不在于避免或消除法律性或经济性的国际双重征税，而是使来源地国利用外资的税收优惠政策与措施得以落实。

3. 纳税环节是指在商品生产和流转过程中应当缴纳税款的环节。纳税环节的作用和意义在于，一种税具体确定在哪个或哪几个环节进行征税，不仅关系到税制结构和税负平衡问题，而且对国家财政收入、纳税人缴纳税款、企业经济核算等都会产生重大影响。

4. 财产税是指以国家规定的纳税人的某些特定财产的数量或价值额为征税对象的一类税。财产税一般包括房产税、烟叶税、契税等。财产税也属于直接税范畴，但它不是对纳税人的财产普遍征收，税法限定其客体范围，以弥补流转税和所得税只能对投入生产经营的财产进行调节之不足。财产税法是调整以纳税人的某些特定财产的数量或价值额为征税对象的税收关系的法。我国现行财产税法主要有《房产税暂行条例》《契税法》《烟叶税法》等。

5. 增值税是以生产经营过程中产生的增值额为课税对象的一种税，属于流转税类。根据确定增值额时扣除项目中对外购固定资产的处理方法的不同，可将增值税分为生产型增值税、收入型增值税和消费型增值税三种课征类型。生产型增值税对于外购的固定资产不允许作任何扣除。就整个社会经济而言，它相当于国民生产总值，故被称为生产型增值税。生产型增值税不利于避免重复征税，但对于确保财政收入和限制投资有一定的作用。我国及少数发展中国家实行的增值税就属于这种类型。收入型增值税只允许在纳税期内扣除固定资产当期的折旧部分。就整个社会来说，它相当于国民收入，故称为收入型增值税。收入型增值税不利于采用规范的发票抵扣法，在避免重复征税方面不够彻底，且对投资有一定的限制作用。目前，采用这种类型的国家较少。消费型增值税允许将纳税期内当期购进的固定资产价值从当期的销售额中一次性全部扣除。从整个社会经济来看，它相当于征税对象中排除了任何投资，只限于消费资料，故称为消费型增值税。消费型增值税尽管在一定程度上会减少国家财政收入，但由于外购固定资产的成本可凭发票一次性全部扣除，更便于操作和管理，也有利于鼓励投资，加速设备更新，因而被认为是最先进、最能体现增值税优越性的一种类型。西方发达国家多实行这种增值税。我国自 2009 年 1 月 1 日起在全国范围内实施的“增值税转型”，正是从生产型增值税转向消费型增值税。

6.

名词	税收	税法
概念	税收是指以实现国家职能为目的，基于政治权力和法律规定，由政府专门机构向居民和非居民就其财产和特定行为所实施的强制、非罚与不直接偿还的金钱课征，是国家财政收入的主要形式	税法是指由国家制定、认可和解释的，并由国家强制力保证实施的调整税收关系的规范系统。它是以确认和保护国家税收利益、维护纳税人权益为根本任务的法律形式。税法包括实体税法和程序税法，实体税法是指规定国家征税和纳税主体纳税的实体权利与义务的法律规范的总称；程序税法，是指规定国家税务机关税务征管、纳税程序方面的法律规范的总称
特征	税收的形式特征主要为强制性、无偿性和固定性	(1) 调整税收关系的法； (2) 以确认征税权利和纳税义务为内容的法； (3) 权利、义务不对等的法； (4) 实体内容和征管程序相统一的法

税收与税法的关系是：两者密不可分。税收活动必须以税法为依据。税法是国家向社会组织和个人征税的法律依据。任何一种税收都是以一定的法律形式表现出来的，并借助法律的约束力保证其实现。税收与税法之间的关系，是一种经济内容与法律形式的关系。税收作为社会经济关系，是税法的实质内容；税法作为特殊的行为规范，是税收的法律形式。

7. 税收保全是当纳税义务人或扣缴义务人未按规定的期限缴纳或者解缴税款，纳税担保人未按规定的期限缴纳所担保的税款时，税务机关所采取的冻结、扣押、查封其财产的行为。税务机关采取税收保全措施的条件为：(1) 税务机关有根据认为从事生产、经营的纳税人有逃避纳税义务行为的，可在规定的纳税期之前，责令其限期缴纳应纳税款；(2) 税务机关在限期内发现纳税人有明显的转移、隐匿其应纳税的商品、货物以及其他财产或者应纳税的收入的迹象的，可以责成纳税人提供纳税担保；(3) 纳税人不能提供纳税担保，经县以上税务局（分局）局长批准，税务机关可以采取下列税收保全措施：1) 书面通知纳税人开户银行或者其他金融机构冻结纳税人的金额相当于应纳税款的存款；2) 扣押、查封纳税人的价值相当于应纳税款的商品、货物或者其他财产。

8.

纳税人	居民个人	非居民个人
划分标准	从税法角度来看，一般以住所、居所、居住期、管理机构或主要办事机构所在地等为标准划分居民个人与非居民个人	
概念	在中国境内有住所，或无住所而在一个纳税年度内在中国境内居住累计满 183 天的个人	在中国境内无住所又不居住，或无住所而在一个纳税年度内在中国境内居住累计不满 183 天的个人
纳税人的性质分类	无限纳税义务人	有限纳税义务人
纳税义务的范围	全部所得（境内所得+境外所得）	境内所得

9.

纳税人	居民企业	非居民企业
划分标准	登记注册地和实际管理机构地相结合的标准	
概念	依法在中国境内成立，或者依照外国（地区）法律成立但实际管理机构在中国境内的企业	依照外国（地区）法律成立且实际管理机构不在中国境内，但在中国境内设立机构、场所的，或者在中国境内未设立机构、场所的，但有来源于中国境内所得的企业
纳税义务范围	承担无限纳税义务，应当就其来源于中国境内、境外的所得缴纳企业所得税	负有限纳税义务，一般只就其来源于我国境内的所得纳税。具体而言，非居民企业在中国境内设立机构、场所的，应当就其所设机构、场所来源于中国境内的所得，以及发生在中国境外但与其所设机构、场所有实际联系的所得纳税；在中国境内未设立机构、场所的，或者虽设立机构、场所，但其所得与其所设机构、场所没有实际联系的，应当就其来源于中国境内的所得纳税

10. 税权也称课税权，是指宪法和法律赋予政府开征、停征、减税、免税、退税、补税等调整和管理税

收的权力的总称。税权是国家权力在税收上的表现，是国家财权的重要组成部分。国家通过行使税权获得税金形成国家财政资金，由此拥有了财权，为政府事权的实现提供物质基础。税权作为一个特定的税法范畴，具有专属性、法定性、优益性、公示性和不可处分性。税权的内容主要包括税收的开征、停征、减税、免税、退税、补税和征收管理等一系列的权能。

11. 源泉扣缴是指以所得支付者为扣缴义务人，在每次向纳税人支付有关所得款项时，代为扣缴税款的做法。实行源泉扣缴的最大优点在于可以有效保护税源，保证国家的财政收入，防止偷漏税，简化纳税手续。非居民企业在中国境内未设立机构、场所，但有来源于中国境内的所得，或者虽设立机构、场所，但取得的与其所设机构、场所没有实际联系的所得，其应纳税的所得额，实行源泉扣缴，以支付人为扣缴义务人。对于非居民企业在中国境内取得工程作业和劳务所得应纳税的所得额，税务机关可以指定工程价款或者劳务费的支付人为扣缴义务人。

12. 特别纳税调整，是指税务机关出于实施反避税目的而对纳税人特定纳税事项所作的税务调整，包括针对纳税人转让定价、资本弱化、避税港避税及其他避税情况所进行的税务调整，主要包括独立交易原则、预约定价安排、获取关联交易资料、防范避税地避税、防范资本弱化、一般反避税条款和补征税款加收利息等内容。

13. 预约定价安排，是指企业就其未来年度关联交易的定价原则和计算方法，向税务机关提出申请，与税务机关按照独立交易原则协商、确认后达成的协议。这种事先的预约定价协议是在纳税义务发生之前的一种约定，是根据税法的规定对纳税事实的预先评估，可以有效降低关联企业内部交易的税收风险，提高税收征收的可预见性。为完善预约定价安排管理，2016年10月11日国家税务总局发布《关于完善预约定价安排管理有关事项的公告》，细化了预约定价安排的程序性安排，即各级主管税务机关和纳税人按照平等、守信原则，依法所进行的会谈、审核和评估、磋商、预约定价安排的拟定和批准，以及监控执行等具体管理工作。

14. 契税是以所有权发生转移变动的不动产为征税对象，向产权承受人征收的一种财产税。纳税人是在我国境内转移土地、房屋权属的承受单位和个人。计税依据为不动产的价格。契税实行3%～5%的幅度税率。契税的适用税率，由省、自治区、直辖市人民政府依法定幅度按照本地区的实际情况提出，报同级人民代表大会常务委员会决定，并报全国人民代表大会常务委员会和国务院备案。

15. 印花税是指国家对纳税主体在经济活动中书立、领受具有法律效力的凭证的行为征收的一种税。该税以在凭证上粘贴印花税票的办法作为完税的标志，故称印花税。印花税的纳税人是指在中华人民共和国境内书立应税凭证、进行证券交易的单位和个人。在中华人民共和国境外书立在境内使用的应税凭证的单位和个人，应当依照法律规定缴纳印花税。其中，“应税凭证”是指《印花税法》所附“印花税税目税率表”列明的合同、产权转移书据和营业账簿；“证券交易”是指转让在依法设立的证券交易所、国务院批准的其他全国性证券交易场所交易的股票和以股票为基础的存托凭证，证券交易印花税对证券交易的出让方征收，不对受让方征收。

16. 消费税，是以特定消费品或者消费行为为征税对象，以销售额或销售数量为计税依据征收的一种流转税和间接税。其特征包括：

（1）消费税的纳税主体是在我国境内生产、委托加工和进口应税消费品的单位和个人，以及国务院确定的销售《消费税暂行条例》规定的消费品的其他单位和个人。

（2）消费税的征税客体是生产、委托加工和进口的应税消费品的流转额。

（3）消费税的纳税环节是在对货物普通征收增值税的基础上，选择少数消费品再征一道消费税；消费税是单一环节征收，属于价内税。

（4）消费税实行从价定率、从量定额，或者从价定率和从量定额复合计税的办法计算应纳税额。

17. 房产税，是财产税的一种，它是以房产为征税对象，以房产的计税余额或房产的租金收入为计税依据，向房产的所有人或使用人征收的一种财产税。纳税人是房屋的产权所有人，我国现行房产税采用的是比例税率，从价计征的税率为1.2%，从租计征的税率为12%。同时，现行政策规定，对个人出租住房和企事业单位、社会团体以及其他组织按市场价格向个人出租用于居住的住房，减按4%的税率征收房产税。

18. 比例税率是指对同一课税客体或同一税目，不论数额大小，均按同一比例计征的税率。这种税率不因课税客体数量的多少而变化，应纳税额与课税客体数量之间表现为一种等比例关系。

累进税率是一种随课税数额增大而提高的税率。累进税率根据划分级距的标准不同和累进方式不同可分为全额累进税率、超额累进税率和超率累进税率、超倍累进税率等。全额累进税率，是对课税客体的全部数额都按照与之相适应的等级税率征税。超额累进税率，是根据课税客体数额的不同规定不同的税率，对同一纳税人按照不同的等级税率征税。超率累进税率是以征税对象的相对率划分若干级距，分别规定相应的差别税率，相对率每超过一个级距的，对超过的部分就按高一级的税率计算征税。超倍累进税率是指以征税对象数额相当于计税基数的倍数为累进依据，计算应纳税额的税率。

选择题

（一）单项选择题

1. B。此题属于税法构成要素的传统考点。根据税法构成要素的规定，征税对象或称课税客体，是税法确定的产生纳税义务的标的或依据。它是引起税法权利、义务产生的根据，关系到某种税的征税界限，是区分不同税种的主要标志。而税目只是征税对象的具体化，并非税法必然构成要素，有的税法没有税目，所以A项错误。纳税人不仅包括法人和自然人，还包括其他组织，因此C项错误。征税对象不仅包括物品，也包括行为，所以D项也错误。税率是指课税客体数额与应纳税额之间的比例，是计算税额的尺度，也是衡量税负轻重的标志，所以B项正确。

2. D。此题主要考查对税率的规定。目前税法规定的法定税率基本形式主要有三种：（1）比例税率，如增值税、营业税、企业所得税等绝大多数税种采用比例税率；（2）定额税率，如资源税中的煤炭、其他非金属矿源矿等，城镇土地使用税，消费税中的黄酒、啤酒等采用定额税率；（3）累进税率，又分为超额累进税率和超率累进税率，两者的区别详见下表。因此D项正确。

累进税率	超额累进税率	超率累进税率
概念界定	把征税对象按照数额的大小分为若干等级，每一等级规定一个税率，税率依次提高，每一个纳税人的征税对象依所属等级同时适用几个税率分别计算，将计算结果相加后得出应纳税款	以征税对象数额的相对率划分若干级距，分别规定相应的差别税率，相对率每超过一个级距的，对超过的部分就按高一级的税率计算征税
适用范围	主要是个人所得税，具体为： （1）7级超额累进税率：工资、薪金； （2）5级超额累进税率：个体工商户生产经营所得，企事业单位承包、承租经营所得，个人独资企业和合伙企业投资者的生产、经营所得； （3）3级超额累进税率：劳务报酬所得	目前只有土地增值税

3. B。此题的考点为企业所得税准予扣除的项目。根据我国《企业所得税法》及其实施条例等相关税收规范的规定，A项中的企业实发工资薪金支出，C项中的在规定比例之内发生的业务招待费，D项中未超过工资薪金总额8万元14%的职工福利费1万元，都在企业所得额准予扣除项目的范围之内，按照相应比例从应纳税所得额中扣除。对于纳税人通过中国境内非营利的社会团体、国家机关向教育、民政等公益事业和遭受自然灾害地区等地区的捐赠，在法定的比例内都属于准予扣除的项目，但是纳税人直接向受赠人的捐赠不允许扣除。因此B项为本题的答案。

4. A。此题主要考查直接税与间接税的区分。税收种类按照纳税人与税收实际负担者是否同一的标准划分为直接税与间接税两类。纳税人与税收实际负担者相同的为直接税，反之为间接税，间接税是纳税人能将税负转嫁给他人负担的税种。典型的直接税为企业所得税、个人所得税和各类财产税等；间接税主要指增值税、消费税和关税等流转税。因此A项正确。

5. A。此题考查个人所得税法中非居民的界定以及其个人所得税的计算。先区分应税所得与非应税所得，再考虑应税所得适用的税率，从而计算出应纳税额。依我国《个人所得税法》第1条，在中国境内无住所又不居住，或者无住所而一个纳税年度内在中国境内居住累计不满 183 天的个人，为非居民纳税人，只就从中国境内取得的所得，向我国缴纳个人所得税。本案中韩国崔先生连续或累积居住 60 天，不属于我国居民，境外支付工资 40 000 元为非应税所得。而体育彩票收入属于应税所得中的偶然所得，适用 20%的税率，即应纳税额＝20 000×20%＝4 000（元），故 A 项正确。

6. D。此题是对消费税的综合考查。《消费税暂行条例》第 4 条规定，纳税人生产的应税消费品，于销售时纳税。因而消费税根本上不同于增值税的多环节征税，实行单一的销售环节征纳，因此 C 项正确。而且，消费税同增值税、营业税一样属于对流转额进行征税的流转税类，但是消费税与增值税的区别在于消费税是价内税，而增值税是税在价外的价外税，因此 A、B 项正确。《消费税暂行条例》第 5 条规定，消费税实行从价定率、从量定额，或者从价定率和从量定额复合计税的办法计算应纳税额。因此 D 项错误。具体来看，消费税的税率共分为三种：定额税率、比例税率和复合税率。又依据财政部、国家税务总局《关于调整酒类产品消费税政策的通知》和财政部、国家税务总局《关于调整烟类产品消费税政策的通知》，对粮食白酒和薯类白酒以及卷烟实行从价定率和从量定额相结合的复合税率；对黄酒、啤酒等用量大的产品实行定额税率。

7. B。A 选项错误：“彩票收入”属于偶然所得，应当按照 20%的比例税率缴纳个人所得税。B 选项正确：《个人所得税法》第 17 条规定，对扣缴义务人按照所扣缴的税款，付给 2%的手续费。C 选项错误：商业保险赔款应当免税。D 选项错误：“个人所得税”中工资、薪金以每个纳税人为纳税主体，而不是夫妻合并计算。

8. C。A 选项错误：个人所得税属于所得税，而非“财产税”。B 选项错误：根据《个人所得税法》第 1 条第 2 款的规定，非居民个人是指在中国境内无住所又不居住，或者无住所而一个纳税年度内在中国境内居住累计不满 183 天的个人，故而是否为税务居民以“住所＋居住时间”为标准判断，而不是依国籍确定。C 选项正确：根据《个人所得税法》第 1 条第 1 款，居民个人从中国境内和境外取得的所得，依照本法规定缴纳个人所得税。D 选项错误：根据《个人所得税法》第 3 条第 1 项，劳务报酬属于综合所得，适用超额累进税率。①

9. D。《税收征收管理法》第 4 条第 2 款规定：“法律、行政法规规定负有代扣代缴、代收代缴税款义务的单位和个人为扣缴义务人。”因此 A 项不当选。该法第 6 条第 2 款规定：“纳税人、扣缴义务人和其他有关单位应当按照国家有关规定如实向税务机关提供与纳税和代扣代缴、代收代缴税款有关的信息。”因此 B 项不当选。该法第 27 条第 1 款规定：“纳税人、扣缴义务人不能按期办理纳税申报或者报送代扣代缴、代收代缴税款报告表的，经税务机关核准，可以延期申报。”因此 C 项不当选。而该法第 26 条规定：“纳税人、扣缴义务人可以直接到税务机关办理纳税申报或者报送代扣代缴、代收代缴税款报告表，也可以按照规定采取邮寄、数据电文或者其他方式办理上述申报、报送事项。”可见，直接报送是一种途径，还可以通过其他途径办理，因此 D 项当选。

10. D。此题的考点为税务机关强制执行措施的范围。我国《税收征收管理法》第 40 条规定：“从事生产、经营的纳税人、扣缴义务人未按照规定的期限缴纳或者解缴税款，纳税担保人未按照规定的期限缴纳所担保的税款，由税务机关责令限期缴纳，逾期仍未缴纳的，经县以上税务局（分局）局长批准，税务机关可以采取下列强制执行措施：（一）书面通知其开户银行或者其他金融机构从其存款中扣缴税款；（二）扣押、查封、依法拍卖或者变卖其价值相当于应纳税款的商品、货物或者其他财产，以拍卖或者变卖所得抵缴税款。税务机关采取强制执行措施时，对前款所列纳税人、扣缴义务人、纳税担保人未缴纳的滞纳金同时强制执行。个人及其所扶养家属维持生活必需的住房和用品，不在强制执行措施的范围之内。”在理解和把握税收强制执行措施时，需要特别注意的是：第一，税收强制执行措施的适用范围既包括欠缴的税款，也包括滞纳金，但是不包括罚款；第二，税收强制执行措施适用的主体既包括纳税人，也包括扣缴义务人和纳税担保人，这一点又有别于税收保全措施只适用于纳税人的规定；第三，税收强制执行应坚持“告诫在先”的原则，即应当先行告诫，责令限期缴纳，逾期

① 此题原答案为 CD，2018 年《个人所得税法》的修改使 D 选项不再当选。

仍未缴纳的，再采取税收强制执行措施。而D项在强制执行王某的银行存款之后继续扣押其冷冻柜6个月的行为，既不属于合法的税收强制执行措施，也不构成对转移、隐匿财产等逃避纳税义务行为采取的税收保全措施，故税务机关采取的该行为不符合法律规定，因此D项为应选项。

11. B。本题主要考查的是税务登记管理的知识点。我国《税收征收管理法》第15条规定："企业，企业在外地设立的分支机构和从事生产、经营的场所，个体工商户和从事生产、经营的事业单位（以下统称从事生产、经营的纳税人）自领取营业执照之日起三十日内，持有关证件，向税务机关申报办理税务登记。税务机关应当于收到申报的当日办理登记并发给税务登记证件。工商行政管理机关（现为市场监督管理机关——引者注）应当将办理登记注册、核发营业执照的情况，定期向税务机关通报。本条第一款规定以外的纳税人办理税务登记和扣缴义务人办理扣缴税款登记的范围和办法，由国务院规定。"由此可知A项错误，B项正确。而该法第16条规定："从事生产、经营的纳税人，税务登记内容发生变化的，自工商行政管理机关（现为市场监督管理机关）办理变更登记之日起三十日内或者在向工商行政管理机关（现为市场监督管理机关）申请办理注销登记之前，持有关证件向税务机关申报办理变更或者注销税务登记。"由此可见，无论是开业登记还是变更登记，都是要先进行工商登记，再进行税务登记，即遵循"先工商后税务"的规则，但是注销登记遵循"先税务后工商"的原则，所以C、D项错误。此题正解为B项。

12. C。此题考点为税务检查。我国《税收征收管理法》第59条规定，税务机关派出的人员进行税务检查时，应当出示税务检查证和税务检查通知书，并有责任为被检查人保守秘密；未出示税务检查证和税务检查通知书的，被检查人有权拒绝检查。因此，税务机关在派人执行税务检查时，必须出示税务检查证件，包括税务检查证和税务检查通知书，仅出示工作证无权进行税务检查。这是税务机关依法征税的一项义务。由此可见，本题的正确选项为C项。

13. C。此题考点为骗取出口退税的法律责任。我国《税收征收管理法》第66条规定："以假报出口或者其他欺骗手段，骗取国家出口退税款的，由税务机关追缴其骗取的退税款，并处骗取税款一倍以上五倍以下的罚款；构成犯罪的，依法追究刑事责任。对骗取国家出口退税款的，税务机关可以在规定期间内停止为其办理出口退税。"由此可见A、B、D项正确。而本案中该外贸公司骗税金额为3 000元，对其作出罚款的行政处罚时的数额应为3 000～15 000元，而C项的处罚数额明显高于法定上限，故属于税务机关错误的执法行为。

14. D。此题主要考查对于税款征收的代位权的知识点。我国《税收征收管理法》第50条规定：欠缴税款的纳税人因怠于行使到期债权，或者放弃到期债权，或者无偿转让财产，或者以明显不合理的低价转让财产而受让人知道该情形，对国家税收造成损害的，税务机关可以依照《民法典》第535条、第538条行使代位权、撤销权。税务机关依照前款规定行使代位权、撤销权的，不免除欠缴税款的纳税人尚未履行的纳税义务和应承担的法律责任。因此，正确答案为D项。

15. B。此题考查延期缴纳税款制度（又称缓纳）。我国《税收征收管理法》第31条规定："纳税人、扣缴义务人按照法律、行政法规规定或者税务机关依照法律、行政法规的规定确定的期限，缴纳或者解缴税款。纳税人因有特殊困难，不能按期缴纳税款的，经省、自治区、直辖市国家税务局、地方税务局批准，可以延期缴纳税款，但是最长不得超过三个月。"因此A、C项错误。又因为税款的延期缴纳，同一笔税款不得滚动审批，即不能快到期时再次申请延长3个月，因此D项错误，正确项为B项。

16. B。本题考查税收优先权。本题中企业欠税时间在前，抵押权设定在后，所以税款具有优先权，具体参见《税收征收管理法》第45条，该条规定："税务机关征收税款，税收优先于无担保债权，法律另有规定的除外；纳税人欠缴的税款发生在纳税人以其财产设定抵押、质押或者纳税人的财产被留置之前的，税收应当先于抵押权、质权、留置权执行。纳税人欠缴税款，同时又被行政机关决定处以罚款、没收违法所得的，税收优先于罚款、没收违法所得。税务机关应当对纳税人欠缴税款的情况定期予以公告。"因此本题情境之下，税款优先于银行贷款与罚款，故只有B项表述正确。

17. D。此题主要考查有关退税的规定。《税收征收管理法》第51条规定："纳税人超过应纳税额缴纳的税款，税务机关发现后应当立即退还；纳税人自结算缴纳税款之日起三年内发现的，可以向税务机关要求退还多缴的税款并加算银行同期存款利息，税务机关及时查实后应当立即退还……”因此，该条规定适用于税款缴纳之时就存在多缴税款的情形。而房地产开发公司在签订商品房代理销售合同时，依法预缴各项税款，并不存在多缴税款的情形，故房地产开发公司于纳税之日退税事由尚不成立，不能直接适用前述规定。之后，房地产开发公司解除商品房代理销售合同，导致建立在该合同上的纳税义务不复存在。也就是说，在商品房代理销售合同解除之日，房地产开发公司始不负有相应的纳税义务，而因其已经缴纳相关税款，故在商品房代理销售合同解除之日，房地产开发公司多缴税款的事实才成立。因此，应当自商品房代理销售合同解除之日适用前述规定，即自商品房代理销售合同解除之日起开始计算退税申请期限，A、B项错误，D项正确。《契税法》第1条规定：“在中华人民共和国境内转移土地、房屋权属，承受的单位和个人为契税的纳税人，应当依照本法规定缴纳契税。”因此，购房者才是契税的纳税主体，房地产开发公司并不缴纳契税，C项错误。本题的正确选项为D项。

18. C。A选项正确，不当选。根据《税收征收管理法》第15条第1款的规定，企业，企业在外地设立的分支机构和从事生产、经营的场所，个体工商户和从事生产、经营的事业单位自领取营业执照之日起30日内，持有关证件，向税务机关申报办理税务登记。税务机关应当于收到申报的当日办理登记并发给税务登记证件。B选项正确，不当选。根据《税收征收管理法》第60条第1款的规定，纳税人未按照规定将其全部银行账号向税务机关报告的，由税务机关责令限期改正。C选项错误，当选。根据《税收征收管理法实施细则》第14条的规定，纳税人税务登记内容发生变化的，应当自工商行政管理机关或者其他机关办理变更登记之日起30日内，持有关证件向原税务登记机关申报办理变更税务登记。纳税人税务登记内容发生变化，不需要到工商行政管理机关或者其他机关办理变更登记的，应当自发生变化之日起30日内，持有关证件向原税务登记机关申报办理变更税务登记（注：该实施细则中“工商行政管理机关”，现为“市场监督管理行政机关”）。D选项正确，不当选。根据《税收征收管理法实施细则》第21条第2款的规定，从事生产、经营的纳税人外出经营，在同一地累计超过180天的，应当在营业地办理税务登记手续。

（二）多项选择题

1. ABD。《企业所得税法》规定，企业的下列收入为免税收入：（1）国债利息收入；（2）符合条件的居民企业之间的股息、红利等权益性投资收益；（3）在中国境内设立机构、场所的非居民企业从居民企业取得与该机构、场所有实际联系的股息、红利等权益性投资收益；（4）符合条件的非营利组织的收入。企业的下列所得，可以免征、减征企业所得税：（1）从事农、林、牧、渔业项目的所得；（2）从事国家重点扶持的公共基础设施项目投资经营的所得；（3）从事符合条件的环境保护、节能节水项目的所得；（4）符合条件的技术转让所得；（5）非居民企业在中国境内未设立机构、场所的，或者虽设立机构、场所，但取得的所得与其所设机构、场所没有实际联系的。企业的下列支出，可以在计算应纳税所得额时加计扣除：（1）开发新技术、新产品、新工艺发生的研究开发费用；（2）安置残疾人员及国家鼓励安置的其他就业人员所支付的工资。因此，选项A、B、D正确。

2. ACD。此题考点为个人所得税的免征范围。《个人所得税法》规定，利息所得是应纳所得额。《个人所得税法》第4条第2项规定，国债和国家发行的金融债券的利息所得免税。因此，A、D项下的利息是免税的。《对储蓄存款利息所得征收个人所得税的实施办法》规定，对个人取得的教育储蓄存款利息所得以及国务院财政部门确定的其他专项储蓄存款或者储蓄性专项基金存款的利息所得，免征个人所得税。因此C项也属于免税收入。

3. ABCD。本题关键是题干中约翰已经在中国居住满183天，符合《个人所得税法》第1条第1款“在中国境内有住所，或者无住所而一个纳税年度内在中国境内居住累计满一百八十三天的个人，为居民个人。居民个人从中国境内和境外取得的所得，依照本法规定缴纳个人所得税”的规定。所以，本题约翰在中国境内、境外所得，包括他在美国杂志上发表文章获得的稿酬，均应当依据《个人所得税法》缴税。具体纳税事项参见《个人所得税法》第2条：“下列各项个人所得，应当缴纳个人所得税：（一）工资、薪金所得；（二）劳务报酬所得；（三）稿酬所得；（四）特许权使用费所得；（五）经营所得；（六）利息、股息、红利所得；（七）财产租赁所得；（八）财产转让所得；

（九）偶然所得。”综上，本题A、B、C、D项全选。

4. AB。此题的考点为税务管理。税务管理包括税务登记管理，账簿、凭证管理和纳税申报管理三个部分。《税收征收管理法》第15条规定，企业，企业在外地设立的分支机构和从事生产、经营的场所，个体工商户和从事生产、经营的事业单位自领取营业执照之日起30日内，持有关证件，向税务机关申报办理税务登记。税务机关应当于收到申报的当日办理登记并发给税务登记证件。据此A项正确。该法第19条规定，纳税人、扣缴义务人按照有关法律、行政法规和国务院财政、税务主管部门的规定设置账簿，根据合法、有效凭证记账，进行核算。因此，B项正确。C项中的向税务机关预缴纳税保证金，在《税收征收管理法》中没有相应的规定，根据税收法定的原则，没有规定便不能采用，因此C项错误。《税收征收管理法》第21条第1款规定，税务机关是发票的主管机关，负责发票印制、领购、开具、取得、保管、缴销的管理和监督。因而，发票，特别是增值税专用发票，只能凭税务登记证向主管税务机关领购，因此D项错误。

5. CD。此题的考点是税收强制执行措施。《税收征收管理法》第40条第1款规定，税务机关可以采取下列强制执行措施：（1）书面通知其开户银行或者其他金融机构从其存款中扣缴税款；（2）扣押、查封、依法拍卖或者变卖其价值相当于应纳税款的商品、货物或者其他财产，以拍卖或者变卖所得抵缴税款。故A、B项正确，C项错误。税务机关虽然作为行政机关，但在代表国家行使征税权力时有权采取准司法性质的措施，税务机关在采取税收强制措施时无须借助法院，有别于税务机关向法院请求行使税收代位权和撤销权的条件，因此D项表述也是错误的，应选。

6. AD。此题的考点为税收保全和强制执行的财产范围。《税收征收管理法》第38条第3款规定，个人及其所扶养家属维持生活必需的住房和用品，不在税收保全措施的范围之内。该法第40条第3款规定，个人及其所扶养家属维持生活必需的住房和用品，不在强制执行措施的范围之内。该法第42条规定，税务机关采取税收保全措施和强制执行措施必须依照法定权限和法定程序，不得查封、扣押纳税人个人及其所扶养家属维持生活必需的住房和用品。《税收征收管理法实施细则》第59条规定：《税收征收管理法》第38条、第40条所称其他财产，包括纳税人的房地产、现金、有价证券等不动产和动产。机动车辆、金银饰品、古玩字画、豪华住宅或者一处以外的住房不属于《税收征收管理法》第38条、第40条、第42条所称个人及其所扶养家属维持生活必需的住房和用品。税务机关对单价5 000元以下的其他生活用品，不采取税收保全措施和强制执行措施。因此A项纳税人甲个人仅有的一套住房和D项中纳税人丁所有的单价在5 000元以下的生活用品不在税收保全措施和强制执行措施的适用范围内，为本题正确答案。

此外，需要补充的是：税务机关为保全税款，对纳税人采取强制执行措施查封的、继续使用不会减少其价值的财产，执行机关可以允许被执行人继续使用。

7. ABC。此题的考点为延期缴纳税款制度。《税收征收管理法》第31条规定：纳税人、扣缴义务人按照法律、行政法规规定或者税务机关依照法律、行政法规的规定确定的期限，缴纳或者解缴税款。纳税人因有特殊困难，不能按期缴纳税款的，经省、自治区、直辖市国家税务局、地方税务局批准，可以延期缴纳税款，但是最长不得超过3个月。由此可见，B、C项的做法错误。《税收征收管理法实施细则》第42条规定：纳税人需要延期缴纳税款的，应当在缴纳税款期限届满前提出申请，并报送下列材料……由此可见，税款的延期缴纳必须由纳税人提出书面的申请，所以A项的做法错误，而D项的做法正确。

8. ABC。此题考点为应纳税额的核定制度。《税收征收管理法》第35条第1款规定：纳税人有下列情形之一的，税务机关有权核定其应纳税额：（1）依照法律、行政法规的规定可以不设置账簿的；（2）依照法律、行政法规的规定应当设置账簿但未设置的；（3）擅自销毁账簿或者拒不提供纳税资料的；（4）虽设置账簿，但账目混乱或者成本资料、收入凭证、费用凭证残缺不全，难以查账的；（5）发生纳税义务，未按照规定的期限办理纳税申报，经税务机关责令限期申报，逾期仍不申报的；（6）纳税人申报的计税依据明显偏低，又无正当理由的。由此可知，本题答案为A、B、C项。

需要提示的是，注意税额核定与《税收征收管理法》第36条对关联企业之间适用的税收调整制度的区别。

9. BC。此题的考点主要集中在税款的追征与补缴。《税收征收管理法》第52条规定：因税务机关的责任，致使纳税人、扣缴义务人未缴或者少缴税款的，税务机关在 3 年内可以要求纳税人、扣缴义务人补缴税款，但是不得加收滞纳金。因纳税人、扣缴义务人计算错误等失误，未缴或者少缴税款的，税务机关在 3 年内可以追征税款、滞纳金；有特殊情况的，追征期可以延长到 5 年。对偷税、抗税、骗税的，税务机关追征其未缴或者少缴的税款、滞纳金或者所骗取的税款，不受前款规定期限的限制。本题的关键在于区分补缴与追征以及两者各自的期限问题。

不同类型	适用范围	适用期限限制	是否包含滞纳金
补缴	因税务机关的原因	3 年	只有税款
追征	因纳税主体的原因	3 年、5 年和无限期	税款+滞纳金

本题中先锋公司计算错误导致少缴税款，属于法律规定的追征。因此，B、C 项正确，A 项错误。需要特别注明的是，《税收征收管理法》第 52 条第 2 款所称的“特殊情况”指的是纳税人或者扣缴义务人因计算错误等失误，未缴或者少缴、未扣或者少扣、未收或者少收税款，累积数额在 10 万元以上的。只有在纳税主体偷税、抗税、骗税的情况下，税务机关的追征才可以不受时限限制，故 D 项错误。

10. BC。此题主要考查税款的退还。《税收征收管理法》第 51 条规定：纳税人超过应纳税额缴纳的税款，税务机关发现后应当立即退还；纳税人自结算缴纳税款之日起 3 年内发现的，可以向税务机关要求退还多缴的税款并加算银行同期存款利息，税务机关及时查实后应当立即退还；涉及从国库中退库的，依照法律、行政法规有关国库管理的规定退还。由此可见，B、C 项正确，A、D 项错误。

需要特殊提示的是，对于税务机关发现的多缴税款，《税收征收管理法》没有规定多长时间退还的，推定为无限期，因此，只要是税务机关发现的多缴税款，无论多长时间，均应退还给纳税人，而且不应拖延。

11. ABCD。本题考查的是税务机关的代位权。税务机关的代位权是有前提的，《税务征收管理法》第 50 条规定：欠缴税款的纳税人因怠于行使到期债权，或者放弃到期债权，或者无偿转让财产，或者以明显不合理的低价转让财产而受让人知道该情形，对国家税收造成损害的，税务机关可以依照《民法典》第 535 条、第 538 条规定行使代位权、撤销权。税务机关依照前款规定行使代位权、撤销权的，不免除欠缴税款的纳税人尚未履行的纳税义务和应承担的法律责任。而本题题干并没有提及“甲公司有怠于行使到期债权，或者放弃到期债权，或者无偿转让财产……行为”，所以并非“只要甲公司欠税，乙公司又欠甲公司货款，该局就有权行使代位权”。因此 A 项错误。《民法典》第 535 条第 1 款规定，因债务人怠于行使其债权或者与该债权有关的从权利，影响债权人的到期债权实现的，债权人可以向人民法院请求以自己的名义代位行使债务人对相对人的权利，但是该权利专属于债务人自身的除外。据此可知，代位权的主张必须通过诉讼的方式进行，因此 B 项错误。而乙公司并非欠税人，所以税务局不可责令乙公司限期缴纳，也不能对乙公司采取税收强制执行措施，因此 C、D 项错误。

12. AB。A 选项考查“税收法定原则”。根据该原则，当税法有漏洞时，不允许以类推适用方法来弥补税法漏洞，A 选项正确。2017 年 11 月 19 日修改后的《增值税暂行条例》第 12 条规定：“小规模纳税人增值税征收率为 3%，国务院另有规定的除外”，B 选项正确。消费税的征税对象为应税消费品，主要为高耗能、高污染和高档消费品，一次性竹制筷子、复合地板难以归入其中，C 选项错误。《车船税法》第 8 条规定：“车船税纳税义务发生时间为取得车船所有权或者管理权的当月”，“当年”错误，D 选项错误。

13. AB。《个人所得税法》第 1 条第 1 款规定：“在中国境内有住所，或者无住所而一个纳税年度内在中国境内居住累计满一百八十三天的个人，为居民个人。居民个人从中国境内和境外取得的所得，依照本法规定缴纳个人所得税。”本题中，刘某 2022 年在北京和上海累计居住了 222 天，已超过 183 天，应属居民纳税人，故 A 项正确。《个人所得税法》第 11 条第 1 款规定：“居民个人取得综合所得，按年计算个人所得税；有扣缴义务人的，由扣缴义务人按月或者按次预扣预缴税款；需要办理汇算清缴的，应当在取得所得的次年三月一日至六月三十日内办理汇算清缴。预扣预缴办法由国务院税务主管部门制定。”本题中，刘某系居民纳税人，对于其个人综合所得，需要办理汇算清缴。刘某通过演艺所得收入即使计入甲公司经营所得，也应当将其还原为个人劳务报酬所得，因为演艺工作有极强的人身专属性，纳入公司收入有虚假转换收入性质之嫌。所以对刘某的演艺收入应当算作其劳务报酬所得，属于综合所得，需要进行汇算清缴，故B项正确。《个人所得税法》第8条第1款规定：“有下列情形之一的，税务机关有权按照合理方法进行纳税调整：……（二）居民个人控制的，或者居民个人和居民企业共同控制的设立在实际税负明显偏低的国家（地区）的企业，无合理经营需要，对应当归属于居民个人的利润不作分配或者减少分配；……”据此，在没有开展实际经营活动的情况下，乙公司将所有利润计入资本金而不作利润分配，缺乏合理根据，税务机关有权对其进行纳税调整。但《个人所得税法实施条例》第4条规定：“在中国境内无住所的个人，在中国境内居住累计满183天的年度连续不满六年的，经向主管税务机关备案，其来源于中国境外且由境外单位或者个人支付的所得，免予缴纳个人所得税；在中国境内居住累计满183天的任一年度中有一次离境超过30天的，其在中国境内居住累计满183天的年度的连续年限重新起算。”据此，鉴于本题并未告知刘某连续6年均在中国境内居住累计满183天，故刘某自境外的乙公司获得的收入经过备案即可免予缴纳个人所得税，而无须进行纳税调整，C项错误。《个人所得税法》第2条第1款规定的前四项属于综合所得，包括：（1）工资、薪金所得；（2）劳务报酬所得；（3）稿酬所得；（4）特许权使用费所得。因此，刘某的投资收益并不属于综合所得，故D项错误。本题的正确选项为A、B项。

14. ABCD。A选项正确：根据《企业所得税法》第2条第3款的规定，“本法所称非居民企业，是指依照外国（地区）法律成立且实际管理机构不在中国境内，但在中国境内设立机构、场所的，或者在中国境内未设立机构、场所，但有来源于中国境内所得的企业”。A基金有来源于中国境内所得，是非居民企业。B选项正确：根据《企业所得税法》第2条，D公司设立于杭州，是居民企业。C选项正确：A基金将股权转让给M，其交易标的是D公司股权。而D公司是杭州公司，A基金和M公司的股权转让所得属于“来源于中国境内的所得”，所以A基金应就股权转让所得向我国税务机关进行纳税申报。D选项正确：《企业所得税法》第41条第1款规定，“企业与其关联方之间的业务往来，不符合独立交易原则而减少企业或者其关联方应纳税收入或者所得额的，税务机关有权按照合理方法调整”。

15. BC。A选项错误：“销售货物收入”属于企业所得税的“收入总额”，该类型收入不符合所得税的“收入总额”，并且该类型收入不符合“税收优惠”项目，所以不属于“免税收入”。B、C选项正确：根据《企业所得税法》第26条的规定，购买国债的利息收入和“符合条件的居民企业之间的股息、红利等权益性投资收益”属于免税收入。D选项错误：根据《企业所得税法》第7条第1项，“财政拨款”属于“不征税收入”，而非“免税收入”。

16. BC。A选项错误：消费税的征税对象为应税消费品，主要为高耗能、高污染和高档消费品，化妆品属于高档消费品，属于应税品。B选项正确：根据《车船税法》第3条的规定，军队、武装警察部队专用的车船免征车船税。C选项正确：根据《企业所得税法》第27条的规定，从事农、林、牧、渔业项目的所得可以免征、减征企业所得税。D选项错误：根据《增值税暂行条例》第15条第1款第1项的规定，农业生产者销售的自产农产品，可免征增值税。本题张某所售山核桃是从其他农户处购买的，非自产农产品，不属于免征增值税项目。

17. BCD。A选项错误：根据《税收征收管理法实施细则》第23条的规定，“生产、经营规模小又确无建账能力的纳税人，可以聘请经批准从事会计代理记账业务的专业机构或者财会人员代为建账和办理账务”。B选项正确：《税收征收管理法实施细则》第24条第2款规定：“纳税人使用计算机记账的，应当在使用前将会计电算化系统的会计核算软件、使用说明书及有关资料报送主管税务机关备案”。C选项正确：《税收征收管理法实施细则》第26条第1款规定，“纳税人、扣缴义务人会计制度健全，能够通过计算机正确、完整计算其收入和所得或者代扣代缴、代收代缴税款情况的，其计算机输出的完整的书面会计记录，可视同会计账簿”。D选项正确：《税收征收管理法实施细则》第29条第2款规定，“账簿、记账凭证、报表、完税凭证、发票、出口凭证以及其他有关涉税资料应当保存10年；但是，法律、行政法规另有规定的除外”。

（三）不定项选择题

1. ABC。此题主要考查税法构成要素中的税收主体。首先，需要澄清的是，税收的主体是征纳双方，既包括代表国家行使税收管理权的征税主体，也包括依法负有纳税义务的纳税人和依法负有代扣代缴、代收代缴义务的扣缴义务人，即纳税主体。这样改正了以往将纳税人客体化的倾向以及使征收主体“脱法”的问题。其次，征税机关不仅包括各级税务机关，还包括海关系统。税务机关征收增值税、营业税、企业所得税、个人所得税等各项税收，海关征收关税、船舶吨税，同时代征进出口环节的增值税和消费税，财政机关不属于我国征税主体。因此，A、B、C项均系正确答案。

2. BD。此题的考点为《税收征收管理法》的适用范围。《税收征收管理法》第2条规定：“凡依法由税务机关征收的各种税收的征收管理，均适用本法。”我国税收的征收机关有税务、海关等部门，但是《税收征收管理法》只适用于“税务机关”征“税”的行为。《税收征收管理法》第90条规定，牧业税、耕地占用税、契税等的征收管理具体办法，由国务院另行制定；海关征收关税及代征部分增值税、消费税，主要适用《海关法》等的规定。目前，农业税、牧业税已取消，依照2018年《耕地占用税法》第14条与2020年《契税法》第14条可以明确判断耕地占用税和契税的征管依然适用《税收征收管理法》。值得注意的是，目前还有一部分费用由税务机关征收，如教育费附加，不属于税收的范畴，这些费用同样不适用《税收征收管理法》。因此本题的正确选项为B、D项。

3. ABC。本题主要考查的是税法的制定及税法规范的法律位阶问题。在现行税收规范性法律文件中，《企业所得税法》《个人所得税法》《税收征收管理法》《车船税法》《船舶吨税法》《契税法》《印花税法》等为全国人大及其常委会制定的税收法律。此外，依据全国人大及其常委会授权立法，国务院先后制定了增值税、消费税、土地增值税等多个暂行条例。因此，本题A、B、C项正确。

4. BCD。此题主要考查视同销售货物的知识点。视同销售货物的特殊行为概括起来主要有以下几种：(1) 将货物交给他人代销；(2) 销售代销货物；(3) 统一核算，异地移送；(4) 将自产、委托加工的货物用于非应税项目、集体福利或个人消费；(5) 将自产、委托加工或购买的货物作为投资，分配给股东，无偿赠送他人，即将自产、委托加工或购买的货物用于“投”“分”“捐”。因此，B、C、D项正确。

特别需要强调的是，如果将购买的货物用于非应税项目、集体福利或个人消费，则不属于视同销售行为，而是税法上规定的不得从销项税额中抵扣的进项税额，故A项错误。所以需要注意视同销售行为与不得从销项税额中抵扣的进项税额的区别。

5. ABCD。此题主要考查的是不同税种的适用主体范围。我国的各种税种中，1994年以前，外资企业缴纳工商统一税，不缴纳产品税、增值税、营业税，因此，外资企业不属于城市维护建设税和教育费附加的纳税人。2009年1月12日，财政部、国家税务总局发布《关于对外资企业及外籍个人征收房产税有关问题的通知》，明确外商投资企业、外国企业和组织以及外籍个人（包括港澳台资企业和组织以及华侨、港澳台同胞）依照《房产税暂行条例》（国发〔1986〕90号）缴纳房产税。2010年10月18日，国务院发布了国务院《关于统一内外资企业和个人城市维护建设税和教育费附加制度的通知》，决定对外商投资企业、外国企业及外籍个人征收城市维护建设税和教育费附加。此外，城镇土地使用税、土地增值税、资源税、印花税、契税、个人所得税等都同样适用于外资企业和外籍人员。所以，A、B、C、D项均正确。

6. ACD。此题考查的知识点为资源税的纳税人。《资源税法》第1条中规定，在中华人民共和国领域和中华人民共和国管辖的其他海域开发应税资源的单位和个人，为资源税的纳税人，应当依照本法规定缴纳资源税。因此A、C项正确。进口的矿产品不缴纳资源税，因此B项错误。资源税的纳税人不区分企业所有制的性质，国有企业、集体企业、私营企业以及外商投资企业都是资源税的纳税人，因此D项也正确。

7. AC。此题主要考查税务机关的税收征管权。根据《税收征收管理法》第31条第2款的规定，纳税人因有特殊困难，不能按期缴纳税款的，经省、自治区、直辖市国家税务局、地方税务局批准，可以延期缴纳税款，即税务机关有缓期征税的审批决定权，所以A项正确。有关税收的行政法规的制定权属于最高行政机关——国务院或者经授权的地方人民代表大会，而不属于税务机关。税务机关制定的规范性文件，主要为国家税务总局制定的部门规章等，故B项错误。在税务行政诉讼中，起诉权是单向的，只有纳税人享有行政诉讼的起诉权，税务机关不享有起诉权，只有应诉权，所以D项错误。而税务机关最主要的权力即为税法执行权，所以C项亦正确。

8. BD。此题主要考查违反税款征收规定的行为的法律责任。《税收征收管理法》第 63 条规定：纳税人伪造、变造、隐匿、擅自销毁账簿、记账凭证，或者在账簿上多列支出或者不列、少列收入，或者经税务机关通知申报而拒不申报或者进行虚假的纳税申报，不缴或者少缴应纳税款的，是偷税。对纳税人偷税的，由税务机关追缴其不缴或者少缴的税款、滞纳金，并处不缴或者少缴的税款 50%以上 5 倍以下的罚款；构成犯罪的，依法追究刑事责任。该法第 65 条规定：纳税人欠缴应纳税款，采取转移或者隐匿财产的手段，妨碍税务机关追缴欠缴的税款的，由税务机关追缴欠缴的税款、滞纳金，并处欠缴税款 50%以上 5 倍以下的罚款；构成犯罪的，依法追究刑事责任。该法第 66 条规定：以假报出口或者其他欺骗手段，骗取国家出口退税款的，由税务机关追缴其骗取的退税款，并处骗取税款 1 倍以上 5 倍以下的罚款；构成犯罪的，依法追究刑事责任。对骗取国家出口退税款的，税务机关可以在规定期间内停止为其办理出口退税。该法第 67 条规定：以暴力、威胁方法拒不缴纳税款的，是抗税，除由税务机关追缴其拒缴的税款、滞纳金外，依法追究刑事责任。情节轻微，未构成犯罪的，由税务机关追缴其拒缴的税款、滞纳金，并处拒缴税款 1 倍以上 5 倍以下的罚款。因此，B、D 项正确。

最后总结如下：《税收征收管理法》“法律责任”一章中规定的罚款处罚方式中，处以 1 倍以上 5 倍以下罚款的为骗税和抗税（处罚较重）；其他多数都是处以 50%以上 5 倍以下的罚款，如偷税、欠税、违反纳税申报义务的行为、逾期未缴税款行为等。

9. CD。此题主要考查对纳税争议的处理程序。当事人不服税务机关的征税行为而发生的纳税争议，必须先向原处理机关的上一级税务机关申请行政复议，对行政复议决定仍不服的，才可以向法院提起行政诉讼，此时税务行政复议是税务行政诉讼的必经前置程序。这里所说的税务机关征税行为引发的纳税行为主要有三项：第一，征收税款；第二，加收滞纳金；第三，扣缴义务人和受税务机关委托的单位作出代扣代缴、代收代缴及代征行为。本题中只有 C、D 项属于征税行为引起的纳税争议，故为正解。

需要注意的区别是，《海关法》和《关税法》调整的关税争议都是“先复议后诉讼”的。

10. BCD。本题有一定难度，考得很细，考点为税收保全与税收争议的解决。题干中明确“某公司决定撤离该县，且不缴纳税款”，说明该公司有逃避纳税义务的行为，且尚未到纳税期，因为纳税期是 12 月 30 日，所以本题考查的是“税收保全措施”。我国《税收征收管理法》第 38 条规定：“税务机关有根据认为从事生产、经营的纳税人有逃避纳税义务行为的，可以在规定的纳税期之前，责令限期缴纳应纳税款；在限期内发现纳税人有明显的转移、隐匿其应纳税的商品、货物以及其他财产或者应纳税的收入的迹象的，税务机关可以责成纳税人提供纳税担保。如果纳税人不能提供纳税担保，经县以上税务局（分局）局长批准，税务机关可以采取下列税收保全措施：（一）书面通知纳税人开户银行或者其他金融机构冻结纳税人的金额相当于应纳税款的存款；（二）扣押、查封纳税人的价值相当于应纳税款的商品、货物或者其他财产。纳税人在前款规定的限期内缴纳税款的，税务机关必须立即解除税收保全措施；限期期满仍未缴纳税款的，经县以上税务局（分局）局长批准，税务机关可以书面通知纳税人开户银行或者其他金融机构从其冻结的存款中扣缴税款，或者依法拍卖或者变卖所扣押、查封的商品、货物或者其他财产，以拍卖或者变卖所得抵缴税款。个人及其所扶养家属维持生活必需的住房和用品，不在税收保全措施的范围之内。”A 项错在“从其存款中扣缴税款”，应该是“冻结”，因为“扣缴税款”不是税收保全措施，而是该法第 40 条规定的强制执行措施。

C、D 项均是税收争议的解决。C 项正确，因为“对应纳税额发生争议”即“纳税上争议”的救济手段是“先议再诉”，具体见《税收征收管理法》第 88 条第 1 款：“纳税人、扣缴义务人、纳税担保人同税务机关在纳税上发生争议时，必须先依照税务机关的纳税决定缴纳或者解缴税款及滞纳金或者提供相应的担保，然后可以依法申请行政复议；对行政复议决定不服的，可以依法向人民法院起诉。”D 项正确，因为“对税务局的税收保全措施不服”的救济手段是“或议或诉”，具体见该法第 88 条第 2 款：“当事人对税务机关的处罚决定、强制执行措施或者税收保全措施不服的，可以依法申请行政复议，也可以依法向人民法院起诉。”

11. D。此题是对我国税法规定的综合知识的考查。根据城市维护建设税的规定，城市维护建设税是向增值税、消费税、营业税的纳税人征收的一种附加税，但是有些纳税人仅缴纳这“三税”，并不属于城建税的纳税人，如外商投资企业和外国企业等情况，因此A项的说法不严密。B项错误：增值税是以商品生产流通和劳务服务各个环节的增值额为征税对象的一种税，属于流转税类。土地增值税是以在我国境内转让国有土地使用权、地上的建筑物及其附着物所取得的增值收入为征税对象的一种税，属于资源税类，虽然名称中含有“增值”二字，但是并不属于增值税类。C项错误，因为根据国务院《关于个人独资企业和合伙企业征收所得税问题的通知》，对个人独资企业和合伙企业停征企业所得税，只对其投资者的经营所得征收个人所得税。本题只有D项正确：契税是在我国境内转移土地使用权和房屋所有权时，根据双方当事人签订的契约，向土地、房屋的承受人征收的一种税。

12. CD。《企业所得税法》规定，企业以货币形式和非货币形式从各种来源取得的收入，为收入总额，具体包括销售货物收入，提供劳务收入，转让财产收入，股息、红利等权益性投资收益，利息收入，租金收入，特许权使用费收入，接受捐赠收入，其他收入。其中，转让财产收入包括转让固定资产、生物资产、无形资产等财产取得的收入。收入总额中的下列收入为不征税收入：（1）财政拨款；（2）依法收取并纳入财政管理的行政事业性收费、政府性基金；（3）国务院规定的其他不征税收入。因此，A、B项属于征税收入，C、D项属于不征税收入。

这里还需要提醒广大考生注意不征税收入和免税收入的区别。

13. D。《个人所得税法》第1条第1款规定：“……居民个人从中国境内和境外取得的所得，依照本法规定缴纳个人所得税。”本题中，张某系居民纳税人，应就其从中国境内和境外取得的全部所得（包括直播收入与拍卖款项）缴纳个人所得税，故A项错误。就个人而言，仅工资薪金、劳务报酬、稿酬、特许权使用费等四项综合所得需汇算清缴。本题中，张某的直播收入系劳务报酬，属于综合所得，应进行汇算清缴；但资料拍卖款系财产转让所得，非综合所得，不进行汇算清缴，故B、C项错误。《个人所得税法》第9条第1款规定：“个人所得税以所得人为纳税人，以支付所得的单位或者个人为扣缴义务人。”国家税务总局《关于加强和规范个人取得拍卖收入征收个人所得税有关问题的通知》第7条规定：“个人财产拍卖所得应纳的个人所得税税款，由拍卖单位负责代扣代缴，并按规定向拍卖单位所在地主管税务机关办理纳税申报。”据此，直播平台作为扣缴义务人需为张某预扣预缴税款，故D项正确。本题的正确选项为D项。

14. ACD。此题主要考查税务检查中税务机关的具体权利内容。根据《税收征收管理法》第54条的规定，A、C、D项正确。同时该条规定，税务机关有权到纳税人的生产、经营场所和货物存放地检查纳税人应纳税的商品、货物或者其他财产，检查扣缴义务人与代扣代缴、代收代缴税款有关的经营情况，但是B项将“生产、经营场所和货物存放地”偷换成了“生活场所”，因此不选。

15. ACD。A选项正确：根据《税收征税管理法》第14条和《税收征收管理法实施细则》第9条第1款的规定，县地税局稽查局具有独立执法主体资格。[①] B选项错误，C选项正确：根据《税收征收管理法》第35条第1款的规定，纳税人申报的计税依据明显偏低，又无正当理由的，税务机关有权核定其应纳税额。本题中“拍卖行为合法有效，也不存在逃税、骗税等行为”，3年后房价升高也较为正常，所以本题昌昌公司当年的计税依据正当。D选项正确：《税收征收管理法》第88条第1款规定，“纳税人、扣缴义务人、纳税担保人同税务机关在纳税上发生争议时，必须先依照税务机关的纳税决定缴纳或者解缴税款及滞纳金或者提供相应的担保，然后可以依法申请行政复议；对行政复议决定不服的，可以依法向人民法院起诉”。该条所称“纳税争议”，是指纳税人、扣缴义务人、纳税担保人对税务机关确定纳税主体、征税对象、征税范围、减税、免税及退税、适用税率、计税依据、纳税环节、纳税期限、纳税地点以及税款征收方式等具体行政行为有异议而发生的争议。

简答题

1. 税法体系，是指一国现行全部税收法律规范组

① 注意，2018年6月15日，为降低征纳成本，理顺职责关系，提高征管效率，为纳税人提供更加优质高效便利服务，将省级和省级以下国税地税机构合并。

成的有机联系的整体。税法作为实体内容和征管程序相统一的法，对应的税法体系也主要包括税收实体法和税收征管程序法两大块。

我国税收实体法，亦称实体税法，是指主要规定国家征税和纳税主体的实体权利和义务的法律规范的总称，主要包括流转税法、所得税法、财产税法、行为税与特定目的税法、资源税法等实体税收法律制度。

（1）流转税法。流转税法是指调整以流转额为征税对象的税收关系的法律规范的总称，主要包括增值税、消费税和营业税、关税等的法律、法规，主要在生产、流通或者服务业中发挥调节作用。

（2）所得税法。所得税法是指调整所得税税收关系的法律规范的总称。所得税是以纳税人的所得或收益额为征税对象的一种税。我国所得税法主要包括《个人所得税法》《企业所得税法》等。

（3）财产税法。财产税是以国家规定的纳税人的某些特定财产的数量或价值额为征税对象的税。我国现行财产税法主要有《房产税暂行条例》《车船税法》《烟叶税法》《契税法》等。

（4）行为税与特定目的税法。行为税与特定目的税是指国家针对纳税人的特定行为或者特定目的而征收的一类税收，包括《印花税法》《城市维护建设税法》等。

（5）资源税法，包括资源税、城镇土地使用税、耕地占用税、土地增值税等法律规范，主要是对因开发和利用自然资源差异而形成的级差收入发挥调节作用的法律法规，包括《环境保护税法》《资源税法》《城镇土地使用税暂行条例》等。

税收征管法，是指以保证税法主体的权利和义务得以实施或者职权和职责得以履行的有关程序为主的法律，主要规定征税机关的税收征管程序和纳税人的纳税程序等内容。我国现行主要的税收征管程序法是《税收征收管理法》及其实施细则，除此之外还包括《海关法》《关税法》等法规。

（参考资料：徐孟洲、徐阳光：《税法》，8版，北京，中国人民大学出版社，2024）

2. 纳税人的权利是指纳税人在税法法律关系中为了满足自己的利益和维护自己的权益，能够作出或者不作出一定行为，以及要求征税主体作出或者不作出一定行为的许可和保障。纳税人权利有广义和狭义之分。广义的纳税人权利包括自然权利和税收法律关系中的权利。此处所指纳税人权利采取狭义上的概念，即纳税人在税法法律关系中所享有的权利，既包括实体方面的权利，也包括程序方面的权利。我国《税收征收管理法》重视对纳税人权益的保护，规定了纳税人的权利，主要有：（1）依法请求减、免税的权利；（2）请求退回多征税款的权利；（3）提起税务行政复议和税务行政诉讼的权利（税收救济权）；（4）征税机关采取税收保全措施、强制措施不当，致使纳税人合法权益遭受损害时，依法请求国家赔偿的权利；（5）向征税机关查询有关纳税事项和资料的权利；（6）向税务机关了解国家税收法律、行政法规的规定及与纳税程序有关情况的知情权；（7）要求税务机关为纳税人、扣缴义务人情况保密的保密权；（8）对税务机关作出的决定，享有陈述权、申辩权；（9）控告和检举税务机关、税务人员违法违纪行为的监督权；（10）请求回避权；（11）选择纳税申报方式权；（12）申请延期申报权；（13）申请延期纳税权；（14）拒绝检查权；（15）委托税务代理权；（16）取得代扣、代收手续费权；（17）索取完税凭证权；（18）索取收据或清单权等。

同时，《税收征收管理法》关于规范税务机关征纳行为的规定也是从另一个角度保护纳税人的合法权益。纳税人的权利即为征税机关的义务，征税机关在税收征收管理过程中必须尊重和保护纳税人、扣缴义务人的权利：（1）税务机关应当广泛宣传税收法律、行政法规，普及纳税知识，无偿地为纳税人提供纳税咨询服务，以保证纳税人知情权的实现；（2）税务机关应当依法为纳税人、扣缴义务人的情况保密，以确保纳税人的保密权；（3）税务机关应当依法接受监督，为检举人保密，并按照规定对检举人给予奖励，以回应纳税人的监督权；（4）对于有利害关系的，税务机关具有应当回避的义务等。

（参考资料：刘文华、史际春、徐孟洲主编：《经济法》，7版，北京，中国人民大学出版社，2024）

3.《税收征收管理法》第88条规定：纳税人、扣缴义务人、纳税担保人同税务机关在纳税上发生争议时，必须先依照税务机关的纳税决定缴纳或者解缴税款及滞纳金或者提供相应的担保，然后可以依法申请行政复议；对行政复议决定不服的，可以依法向人民法院起诉。当事人对税务机关的处罚决定、强制执行措施或者税收保全措施不服的，可以依法申请行政复议，也可以依法向人民法院起诉。当事人对税务机关的处罚决定逾期不申请行政复议也不向人民法院起诉，又不履行的，作出处罚决定的税务机关可以采取本法第40条规定的强制执行措施，或者申请人民法院强制执行。《税收征收管理法》对于解决“纳税争议”和“当事人不服税务机关的处罚决定、强制执行措施或者税收保全措施”两种情况规定了不同的解决办法及程序。

（1）纳税争议的解决程序。《税收征收管理法实施细则》第100条规定，《税收征收管理法》第88条规定的纳税争议，是指纳税人、扣缴义务人、纳税担保人对税务机关确定纳税主体、征税对象、征税范围、减税、免税及退税、适用税率、计税依据、纳税环节、纳税期限、纳税地点以及税款征收方式等具体行政行为有异议而发生的争议。纳税人同税务机关发生的纳税争议，必须先向上一级税务机关申请行政复议，对复议决定仍不服的，才可以向人民法院提起税务行政诉讼，即必须“先复议再诉讼”。对于纳税争议，行政复议是前置程序，不能逾越，两者是有先后顺序的。

（2）纳税人对于税务机关作出的纳税争议以外的其他税务具体行为（如处罚、强制执行或者税收保全等）不服，既可以申请行政复议，也可以直接向人民法院提起行政诉讼。因此对于非征税行为，“可复议可诉讼”，两者是并行的，没有先后序位。

4. 流转税法是调整以流转额为征税对象的税收关系的法律、法规的总称。所谓流转额，是指在商品流转过程中商品销售收入额和经营活动所取得的劳务或营业收入额。流转税包括增值税、消费税、关税等，相应的，流转税法包括：

（1）增值税法。增值税是以商品生产流通和劳务服务各个环节的增值额为征税对象的一种税。增值税法是调整增值税征纳关系的法律规范的总称。1993年发布的《增值税暂行条例》（2017年修订）、《增值税暂行条例实施细则》（2011年修订）以及财政部、国家税务总局颁布的规章是我国增值税法的主要的规范性法律文件。按照税法主要构成要素，增值税的纳税主体为在中华人民共和国境内销售货物或者提供加工、修理、修配劳务以及进口货物的单位和个人。增值税的征税对象为货物和加工、修理、修配劳务的法定增值额，纳税环节为非单一环节的多环节征税，且属于价外税。

（2）消费税法。消费税是以应税消费品的流转额为征税对象的一种税。消费税法是调整消费税征纳关系的法律规范的总称，主要包括1993年的《消费税暂行条例》（2008年修订）及《消费税暂行条例实施细则》（2008年修订）等。消费税的纳税主体是在我国境内生产、委托加工和进口应税消费品的单位和个人，不分经济性质和所具有的国籍，也不分所处的地区。消费税的征税客体是生产、委托加工和进口的应税消费品的流转额；纳税环节是在对货物普遍征收增值税的基础上，选择少数消费品再征一道消费税，是单一环节征收；且属于价内税。消费税的税目包括烟、酒、化妆品、贵重首饰及珠宝玉石、鞭炮烟火、汽车轮胎等。

（3）关税法。关税是指对进出境的货物或者物品征收的一种流转税。关税法是调整关税征纳关系的法律规范的总称。我国现行关税法主要包括2021年修正的《海关法》、2024年公布的《关税法》及作为《关税法》附件的《进出口税则》等相关规定。关税的征税对象是进出境的货物、物品的流转额，在货物和物品进出境环节一次性征税。关税的应纳数额，以进出口货物的完税价格或应税数量为计税依据。关税税率分为出口税率和进口税率，其中进口税率又采用包括普通税率和优惠税率的复式税率。

5. 税收优先权是指纳税人未缴纳税收与其他未偿债务同时存在，且纳税人剩余财产不足清偿全部债务时，税收债权人依据法律的直接规定就纳税人的总财产或者特定的动产、不动产的价值优先受偿。税收优先权具有法定性、物上代位性、从属性和不可分性，同时不以登记占有为公示等特征。

《税收征收管理法》第45条中规定，税务机关征收税款，税收优先于无担保债权，法律另有规定的除外；纳税人欠缴的税款发生在纳税人以其财产设定抵押、质押或者纳税人的财产被留置之前的，税收应当先于抵押权、质权、留置权执行。纳税人欠缴税款，同时又被行政机关决定处以罚款、没收违法所得的，税收优先于罚款、没收违法所得。我国规定的税收优先权的清偿顺序为：第一，税收优先权与普通债权的竞合。税务机关征收的税款优先于没有担保的普通债权。第二，税收优先权与担保物权的竞合。税款优先于在“税款发生”以后设定的担保物权，但是错后于在“税款发生”之前设定的担保物权，即在通常情况下，担保物权优先于税款受偿，但是设定在税款之后的担保物权除外。第三，税收优先权与行政处罚的竞合。纳税人欠缴税款，同时又被行政机关决定处以罚款、没收违法所得的，税收优先于罚款和没收违法所得。而在税收债权内部相互之间并不存在优先权，即国税与地税之间不存在优先权，国税与国税之间、地税与地税之间相互也不存在优先权。

税收优先权的理论基础是承认税收债务说，将税收法律关系定义为公法上的债权债务关系：国家有权请求纳税人缴纳税款，纳税人承担纳税义务。从经济法的社会本位的理念出发，税收是国家维护公共利益的重要物质基础，具有强烈的社会公益性，从而也要求税款的征收具有一定的优先性。此外，在现实层面上，税收债权和普通私债权相比，不具有对待给付的特点，在征收上受时间、程序的限制较多，征收状况的现实和效率的考虑也要求我们要规定不同于税收担保、税收保全的制度，而且税收优先权可以在技术上解决对其他债权侵蚀的非公示性，增强其他债权人的预期，从而减弱税收优先权制度的负面影响，实现制度存在的合法性和合理性。因此，税收优先权有助于保障税款征收。

（参考资料：易明蓉：《论税收优先权》，载经济法网）

6. 特别纳税调整是指税务机关出于实施反避税目的而对纳税人特定纳税事项所作的税务调整，包括针对纳税人转让定价、资本弱化、避税港避税及其他避税情况所进行的税务调整。我国企业所得税法确立的特别纳税调整制度，主要包括以下内容：

（1）独立交易原则。

独立交易原则，是指没有关联关系的交易各方，按照公平成交价格和营业常规进行业务往来所遵循的原则。企业与其关联方共同开发、受让无形资产，或者共同提供、接受劳务发生的成本，在计算应纳税所得额时应当按照独立交易原则进行分摊。企业与其关联方企业之间的业务往来，不符合独立交易原则而减少企业或者其关联方应纳税收入或者所得额的，税务机关有权在该业务发生的纳税年度起 10 年内，按照合理方法进行纳税调整。

所称关联方，是指与企业有下列关联关系之一的企业、其他组织或者个人：1）在资金、经营、购销等方面存在直接或者间接的控制关系；2）直接或者间接地同为第三者控制；3）在利益上具有相关联的其他关系。

所称合理方法，包括：1）可比非受控价格法，是指按照没有关联关系的交易各方进行相同或者类似业务往来的价格进行定价的方法；2）再销售价格法，是指按照从关联方购进商品再销售给没有关联关系的交易方的价格，减除相同或者类似业务的销售毛利进行定价的方法；3）成本加成法，是指按照成本加合理的费用和利润进行定价的方法；4）交易净利润法，是指按照没有关联关系的交易各方进行相同或者类似业务往来取得的净利润水平确定利润的方法；5）利润分割法，是指将企业与其关联方的合并利润或者亏损在各方之间采用合理标准进行分配的方法；6）其他符合独立交易原则的方法。

（2）预约定价安排。

预约定价安排，是指企业就其未来年度关联交易的定价原则和计算方法，向税务机关提出申请，与税务机关按照独立交易原则协商、确认后达成的协议。这是我国企业所得税法针对关联企业业务往来中的转让定价行为作出的制度安排，也是国际上通行的一种转让定价调整方法。

具体而言，关联企业业务往来预约定价的税收管理是指纳税人与其关联企业间在购销货物和使用、无形资产的转让和使用、提供劳务、融通资金等业务往来中，申请预先约定关联交易所适用的转让定价原则和计算方法，用以解决和确定在未来年度关联交易所涉及的税收问题时，各级主管税务机关和纳税人按照平等、守信原则，依法所进行的会谈、审核和评估、磋商、预约定价安排的拟定和批准，以及监控执行等具体管理工作。这种事先的预约定价协议是在纳税义务发生之前的一种约定，是根据税法的规定对纳税事实的预先评估，在很大程度上可以降低关联企业内部交易的税收风险、提高税收征收的可预见性。

（3）核定应纳税所得额。

企业向税务机关报送年度企业所得税纳税申报表时，应当就其与关联方之间的业务往来，附送年度关联业务往来报告表。税务机关在进行关联业务调整时，企业及其关联方，以及与关联业务调查有关的其他企业，应当按照规定提供相关资料。企业不提供与其关联方之间的业务往来资料，或者提供虚假、不完整资料，未能真实反映其关联业务往来情况的，税务机关可以核定其应纳税所得额。

（4）防范避税港避税。

由居民企业，或者由居民企业和中国居民（根据《个人所得税法》的规定，就其从中国境内、境外取得的所得在中国缴纳个人所得税的个人）控制的、设立在实际税负明显低于企业所得税税率水平（低于《企业所得税法》第4条第1款规定税率的50%）的国家（地区）的企业，并非由于合理的经营需要而对利润不作分配或者减少分配的，上述利润中应归属于该居民企业的部分，应当计入该居民企业当期的收入。

（5）防范资本弱化。

资本弱化又称资本隐藏、股份隐藏或收益抽取，是指纳税人为达到减少纳税的目的，用贷款方式替代募股方式进行的投资或融资。由于各国对股息和利息的税收政策不同，当纳税人投资时，会在贷款或发行股票中进行选择，以达到减轻税收负担的目的。

我国《企业所得税法》规定，企业从其关联方接受的债权性投资与权益性投资的比例超过规定标准而发生的利息支出，不得在计算应纳税所得额时扣除。所称债权性投资，是指企业直接或者间接从关联方获得的，需要偿还本金和支付利息或者需要以其他具有支付利息性质的方式予以补偿的融资。所称权益性投资，是指企业接受的不需要偿还本金和支付利息，投资人对企业净资产拥有所有权的投资。

（6）一般反避税条款。

我国《企业所得税法》第48条规定，企业实施其他不具有合理商业目的（指以减少、免除或者推迟缴纳税款为主要目的）的安排，而减少其应纳税收入或者所得额的，税务机关可以按照合理方法调整。该条兜底性规定确立了我国企业所得税法中的一般反避税条款，将无法归在转让定价、避税港、资本弱化等具体反避税条款中但又构成避税且需要法律规制的情形涵盖在内。

税务机关在依照上述条款对企业的应纳税所得额进行调整时，有权在该业务发生的纳税年度起10年内进行。

（7）补征税款加收利息。

税务机关依照《企业所得税法》的有关规定作出的纳税调整，需要补征税款的，应当补征税款，并按照国务院规定加收利息。

7. 税率是指税法规定的每一纳税人的课税客体数额与应纳税额之间的比例，它是法定的计算税额的尺度。税法规定的法定税率基本形式主要有三种：

一是比例税率，是指对同一课税客体或同一税目，不论数额大小，均按同一比例计征的税率。这种税率不因课税客体数量的多少而变化，应纳税额与课税客体数量之间表现为一种等比例关系。

二是累进税率，是一种随课税数额增大而提高的税率。累进税率根据划分级距的标准不同和累进方式不同可分为全额累进税率、超额累进税率和超率累进税率。全额累进税率，是对课税客体的全部数额都按照与之相适应的等级税率征税，我国现行税法不采用这种税率。超额累进税率，是根据课税数额的不同级距规定不同的税率，对同一纳税人根据不同的登记税率征税。如我国的个人所得税即采用这种税率。其合理性在于对收入差别的调节，体现了合理负担的原则，因而被大多数国家采纳。超率累进税率，即以征税对象数额的相对率划分若干级距，分别规定相应的差别税率，各段应纳税额的总和就是全部征税对象的应纳税额。我国的土地增值税采用了这种税率。

三是定额税率，又称固定税额，是按单位课税客体直接规定一般固定税额的一种税率形式，适用于从量计征的税种，如车船税、资源税。

8. 税法构成是税收法律规范的内部构成。从逻辑上看，任何法律规范都是由条件（假定）、行为模式（处理）和法律后果（制裁）三个部分构成的。税收规范同其他法律规范一样，也是由条件、行为模式和法律后果三部分构成。条件是指适用该税法的条件或情形，如纳税人的范围、课税客体的情形等；行为模式是指征收主体或纳税主体的权利、义务范围，如纳税人就什么东西或行为交税、交多少、怎么交和什么时间交等；法律后果是指纳税主体为一定行为后的法律后果，如对合法行为进行保护和奖励，对违法行为给予制裁。税法构成要素之规定属于“实体事项”，因此，规定税法构成要素之规范属于税法实体规范。

从基本内容来看，税法构成要素主要包括税收主体、征税对象和税目、税率、纳税环节、纳税期限、纳税地点、税收优惠、法律责任，共8项。

（1）税收主体是指税法规定的享有权利和承担义务的当事人，即税法权利义务关系的承担者。

（2）征税对象和税目。征税对象，或称课税客体，是指税法确定的产生纳税义务的标的或依据。税目是税法规定的纳税对象中的具体项目，是征税对象的范围的具体体现。

（3）税率是指税法规定的每一纳税人的课税客体

数额与应纳税额之间的比例，它是法定的计算税率的尺度。

（4）纳税环节是指商品生产和流通过程中应当缴纳税款的环节。

（5）纳税期限是指纳税单位和个人缴纳税额的期限。

（6）纳税地点是指纳税人申报、缴纳税款的场所。

（7）税收优惠是指国家为了体现鼓励和扶持政策，在税收方面采取的激励和照顾措施。

（8）法律责任是指税法规定的纳税人和征税工作人员违反税法规范应当承担的法律后果，是规定对纳税人和征税工作人员违反税法行为采取的惩罚性措施。

9. 税收法定原则包括的内容可以概括为三个方面，即课税要素法定原则、课税要素明确原则和课税程序合法原则。

课税要素法定原则是指课税要素的全部内容和税收的课征及其程序等都必须由法律规定。凡无法律依据而仅以行政法规或地方性法规确定新的课税要素是无效的，与法律规定相抵触的行政法规或地方性法规也是无效的。就税收立法而言，有权制定法律的国家立法机关可以授权国家行政机关或地方政府制定有关税收方面的行政法规或地方性法规，但只限于税收的具体和个别事项。

课税要素明确原则是指在法律和授权立法的行政法规或地方性法规中，对课税要素和征收程序等内容的规定，必须尽量明确而不生歧义。如果规定模糊，则会产生行政机关确定课税要素的自由裁量权，易于导致征税权力的滥用。

课税程序合法原则是指征税机关依法定程序征税，纳税人依法定程序纳税并有获得行政救济或司法救济的权利。同时，不允许征纳双方达成变更征纳税程序的协议。所有以排除强行法的适用为目的的税收协议都是无效的。

案例分析题

1. （1）《税收征收管理法》第44条规定：欠缴税款的纳税人或者他的法定代表人需要出境的，应当在出境前向税务机关结清应纳税款、滞纳金或者提供担保。未结清税款、滞纳金，又不提供担保的，税务机关可以通知出境管理机关阻止其出境。结合本题情形来看，润泽公司的法定代表人甲只有在满足以下两种做法之一时，才能得到税务机关的批准，顺利出境：第一，向税务机关结清应纳税款及滞纳金；第二，向税务机关提供与欠缴税款数额相当的担保。如果甲既不结清税款和滞纳金，也不提供相应担保，税务机关可以采取措施，通知出境管理机关阻止甲出境。

（2）《税收征收管理法》第45条第1款规定，税务机关征收税款，税收优先于无担保债权，法律另有规定的除外；纳税人欠缴的税款发生在纳税人以其财产设定抵押、质押或者纳税人的财产被留置之前的，税收应当先于抵押权、质权、留置权执行。换言之，有财产担保的债权＞欠缴的税款＞无财产担保的债权，但是，纳税人欠缴的税款发生在纳税人以其财产设定抵押、质押或者被留置之前的，税收仍然应当优先于抵押权、质权和留置权等担保物权行使，即发生在前的税款＞发生在后的有担保的债权。该法第46条规定：纳税人有欠税情形而以其财产设定抵押、质押的，应当向抵押权人、质权人说明其欠税情况。抵押权人、质权人可以请求税务机关提供有关的欠税情况。因而，本题中乙的抵押权设定在先，故优先于税款的征收，同时乙有权要求税务机关提供润泽公司的欠税情况说明。

（3）《税收征收管理法》第45条第2款规定，纳税人欠缴税款，同时又被行政机关决定处以罚款、没收违法所得的，税收优先于罚款、没收违法所得。由此可见，税款的征收优先于罚款，本题的润泽公司所欠税款优先于3 000元罚款等行政处罚执行。

（4）根据《税收征收管理法》第50条关于税款征收的代位权和撤销权的规定，同时结合《民法典》第535条、第538条关于民事代位权和撤销权的规定，欠缴税款的润泽公司有下列行为之一，并且对国家税收造成损害的，税务机关可以依法对其行使代位权、撤销权：第一，欠缴税款的纳税人怠于行使到期债权的；第二，放弃到期债权的；第三，无偿转让财产的；第四，以明显不合理的低价转让财产而受让人知道该情形的。同时，本题税务机关行使代位权、撤销权的，并不能免除润泽公司尚未履行的纳税义务和由此应该承担的法律责任。

2. （1）恒光公司拒绝补缴税款并提出折抵税款的做法不正确。因为《税收征收管理法》第51条规定，纳税人超过应纳税额缴纳的税款，税务机关发现后应当立即退还；纳税人自结算缴纳税款之日起 3 年内发现的，可以向税务机关要求退还多缴的税款并加算银行同期存款利息，税务机关及时查实后应当立即退还；涉及从国库中退库的，依照法律、行政法规有关国库管理的规定退还。由此可见，税款的退还适用 3 年的期限时效。本题中恒光公司多缴 2 万元税款的事实发生在 2016 年 12 月，至 2020 年 1 月已经超过 3 年，因此恒光公司无权要求税务机关退还多缴的税款，也没有理由拒绝补缴税款，更无权要求折抵后来少缴的税款。

（2）在本题中税收征管机关不合法的行为主要有：第一，“在 2016 年 12 月恒光公司多缴 2 万元税款后，税务机关虽已发现但没有退还”是错误的。根据《税收征收管理法》第 51 条的规定，纳税人超过应纳税额缴纳的税款，税务机关发现后应当立即退还，但本题中税务机关未予退还。第二，“2020 年 1 月，税务机关要求恒光公司补缴 2017 年少缴的 2 万元税款，并加收滞纳金”是错误的。《税收征收管理法》第 52 条规定，因税务机关的责任，致使纳税人、扣缴义务人未缴或者少缴税款的，税务机关在 3 年内可以要求纳税人、扣缴义务人补缴税款，但是不得加收滞纳金。本题是因为征税人员失误，致使恒光公司少缴 2 万元税款，属于法律规定的补缴的范畴，税务机关在 3 年之内要求补缴 2 万元税款的做法是对的，但是加收滞纳金的做法是不正确的。第三，“税务机关在恒光公司拒绝补缴税款的情况下，立即作出采取税收强制执行措施的决定，并对公司处以罚款的处罚”是错误的。对于纳税人不缴纳税款的，税务机关应责令限期缴纳，逾期仍未缴纳的，才可以采取强制执行措施和处以罚款。本题中税务机关在未事先责令恒光公司限期缴纳的情况下就直接对其采取税收强制执行措施并处罚款，违反了“告诫在先”的原则。第四，“税务机关派员去公司扣押货物并予以拍卖，以拍卖所得抵缴税款、滞纳金和罚款”是错误的。《税收征收管理法》第 40 条规定，从事生产、经营的纳税人、扣缴义务人未按照规定的期限缴纳或者解缴税款，纳税担保人未按照规定的期限缴纳所担保的税款，由税务机关责令限期缴纳，逾期仍未缴纳的，经县以上税务局（分局）局长批准，税务机关可以采取下列强制执行措施：1）书面通知其开户银行或者其他金融机构从其存款中扣缴税款；2）扣押、查封、依法拍卖或者变卖其价值相当于应纳税款的商品、货物或者其他财产，以拍卖或者变卖所得抵缴税款。税务机关采取强制执行措施时，对前款所列纳税人、扣缴义务人、纳税担保人未缴纳的滞纳金同时强制执行。本题中的税务机关可以对恒光公司欠缴的 2 万元税款及滞纳金通过强制执行措施的拍卖所得款项来抵缴，但是法律并未赋予税收机关对罚款的强制执行权。因此本题中税务机关不能直接以拍卖所得抵缴罚款，而应通过法定程序请求人民法院强制执行。

3.（1）该化工厂与市税务局之间发生的争议属于关于税收强制执行措施的行政纳税争议。化工厂认为自己并非不主动缴税，因此对市税务局工作人员对其采取的税收强制执行措施不服，进而发生争议。

（2）《税收征收管理法》第 88 条规定：纳税人、扣缴义务人、纳税担保人同税务机关在纳税上发生争议时，必须先依照税务机关的纳税决定缴纳或者解缴税款及滞纳金或者提供相应的担保，然后可以依法申请行政复议；对行政复议决定不服的，可以依法向人民法院起诉。当事人对税务机关的处罚决定、强制执行措施或者税收保全措施不服的，可以依法申请行政复议，也可以依法向人民法院起诉。当事人对税务机关的处罚决定逾期不申请行政复议，也不向人民法院起诉，又不履行的，作出处罚决定的税务机关可以采取该法第 40 条规定的强制执行措施，或者申请人民法院强制执行。概括起来，纳税人对纳税争议（《税收征收管理法实施细则》第 100 条规定，《税收征收管理法》第 88 条规定的纳税争议，是指纳税人、扣缴义务人、纳税担保人对税务机关确定纳税主体、征税对象、征税范围、减税、免税及退税、适用税率、计税依据、纳税环节、纳税期限、纳税地点以及税款征收方式等具体行政行为有异议而发生的争议）不服，必须“先复议再诉讼”，对于纳税争议，行政复议是前置程序，不能逾越；而纳税人对于税务机关作出的纳税争议以外的其他税务具体行为（如处罚、强制执行或者税收保全等）不服，既可以申请行政复议，又可以直接向人民法院提起行政诉讼。因此对于非征税行为，“可复议可诉讼”。本题中，化工厂对于市税务局采取的行政强制执行措施不服，属于非纳税争议，因此可采用“或复议或起诉”的程序：化工厂可以在市税务局采取强制执行措施之日起 60 日内向采取强制措施的市税务局的上一级机关申请复议；对复议决定不服的，可以在接到复议决定之日起15日内向有管辖权的人民法院起诉。该化工厂也可以在市税务局采取强制执行措施之日起15日内不经行政复议，直接向人民法院起诉。

论述题与深度思考题

1. 我国《企业所得税法》统一了税收优惠政策，实行“产业优惠为主，区域优惠为辅”的税收优惠体系，对国家重点扶持和鼓励发展的产业和项目给予优惠，引导资金和资源投入目前国家需要鼓励和重点扶持的产业和项目，包括促进技术创新和技术进步，鼓励基础设施建设，鼓励农业发展及环境保护与节能节水，支持安全生产。

（1）免税收入。

免税收入是指属于企业的应税所得但按照税法规定免予征收企业所得税的收入。《企业所得税法》规定，企业的下列收入为免税收入：国债利息收入；符合条件的居民企业之间的股息、红利等权益性投资收益；在中国境内设立机构、场所的非居民企业从居民企业取得与该机构、场所有实际联系的股息、红利等权益性投资收益；符合条件的非营利组织的收入。

（2）税收减免。

企业的下列所得，可以免征、减征企业所得税：1）从事农、林、牧、渔业项目的所得；2）从事国家重点扶持的公共基础设施项目投资经营的所得；3）从事符合条件的环境保护、节能节水项目的所得；4）符合条件的技术转让所得；5）非居民企业在中国境内未设立机构、场所但取得来源于中国境内的所得，或者虽设立机构、场所，但取得的与其所设机构、场所没有实际联系的所得。

此外，根据企业所得税法的规定，民族自治地方的自治机关对民族自治地方的企业应缴纳的企业所得税中属于地方分享的部分，可以决定减征或者免征，但须报省、自治区、直辖市人民政府批准。

（3）优惠税率。

1）符合条件的小型微利企业，减按20%的税率征收企业所得税。

2）国家重点扶持的高新技术企业，减按15%的税率征收企业所得税。

（4）加计扣除支出、减计收入。

企业开发新技术、新产品、新工艺发生的研究开发费用，安置残疾人员及国家鼓励安置的其他就业人员所支付的工资，可以在计算应纳税所得额时加计扣除；企业综合利用资源，生产符合国家产业政策规定的产品所取的收入，可以在计算应纳税所得额时减计收入。

（5）抵扣应纳税所得额。

创业投资企业从事国家需要重点扶持和鼓励的创业投资，可以按投资额的一定比例抵扣应纳税所得额。创业投资企业采取股权投资方式投资于未上市的中小高新技术企业2年以上的，可以按照其投资额的70%在股权持有满2年的当年抵扣该创业投资企业的应纳税所得额；当年不足抵扣的，可以在以后纳税年度结转抵扣。

（6）缩短折旧年限或加速固定资产折旧。

根据有关规定，可以采取缩短折旧年限或采取加速折旧的方法的固定资产包括：1）由于技术进步，产品更新换代较快的固定资产；2）常年处于强震动、高腐蚀状态的固定资产。采取缩短折旧年限方法的，最低折旧年限不得低于税法规定折旧年限的60%；采取加速折旧方法的，可以采取双倍余额递减法或者年数总和法。

（7）税额抵免。

企业购置用于环境保护、节能节水、安全生产等专用设备的投资额，可以按一定比例实行税额抵免。

（8）专项优惠政策。

根据国民经济和社会发展的需要，或者由于突发事件等原因对企业经营活动产生重大影响的，国务院可以制定企业所得税专项优惠政策，报全国人大常委会备案。

（9）过渡性税收优惠。

过渡性税收优惠是我国内外资企业所得税法合并中的特殊处理措施，具体包括三个方面的内容：

1）《企业所得税法》发布前已经批准设立的企业，依照当时的税收法律、行政法规规定，享受低税率优惠的，按照国务院规定，可以在《企业所得税法》施行后5年内，逐步过渡到该法规定的税率；享受定期减免税优惠的，按照国务院规定，可以在《企业所得税法》施行后继续享受到期满为止，但因未获利而尚未享受优惠的，优惠期限从《企业所得税法》施行年度起计算。

2）法律设置的发展对外经济合作和技术交流的特定地区内，以及国务院已规定执行上述地区特殊政策的地区内新设立的国家需要重点扶持的高新技术企业，可以享受过渡性税收优惠。

3）国家已确定的其他鼓励类企业，可以按照国务院规定享受减免税优惠。

（参考资料：刘文华、史际春、徐孟洲主编：《经济法》，7版，北京，中国人民大学出版社，2024；《经济法学》编写组编：《经济法学》，3版，北京，高等教育出版社，2022）

2. 税款征收代位权，是指欠缴税款的纳税人有怠于行使到期债权等行为，对国家税收造成损害的，税务机关可以依照《民法典》合同编的相关规定，向人民法院请求以自己的名义代位行使纳税人的债权的权利。税款征收的撤销权，是指欠缴税款的纳税人有放弃到期债权、无偿转让财产、以明显不合理的低价转让财产而受让人知道该情形等行为，对国家税收造成损害的，税务机关可以依照《民法典》合同编的相关规定，请求人民法院撤销纳税人行为的权利。

（1）税收代位权与撤销权的联系和区别。两者的联系在于：都是债的保全的特殊形式，都以纳税人的行为对国家税收造成损害为权利行使要件，而且都遵循由税务机关向人民法院提出请求的程序要件。两者的区别主要在于：税收代位权是针对纳税人因消极不行使权利而导致国家税收无法及时征收的情形，即纳税人的财产“应该增加而没有增加”的情况；税收撤销权是针对纳税人因积极处分其财产而导致责任财产减少，从而损害国家税款征收，即纳税人的财产“不应减少而减少”的情况。

（2）代位权和撤销权本是合同保全制度的两种手段，将这两种手段引入税收征收中的理论依据是认可税收法律关系属于“债务关系”。根据民法上债的保全的理论，既然纳税义务从实质上可以被看作是纳税人对国家的一种债务，那么，当欠缴税款的纳税人怠于行使到期债权，对国家税收造成损害时，税务机关作为代表国家的“债权人”就应享有代位权，即税收代位权；当欠缴税款的纳税人因放弃到期债权或者无偿转让财产，或者以明显不合理的低价转让财产而受让人知道该情形，对国家税款造成损害时，税务机关应当享有税收撤销权。

（3）税务机关行使税收代位权和撤销权的适用条件。《税收征收管理法》第50条规定，欠缴税款的纳税人有下列行为之一，并且对国家税收造成损害的，税务机关可以向法院申请行使税收代位权和撤销权：第一，怠于行使到期债权；第二，放弃到期债权；第三，无偿转让财产；第四，以明显不合理的低价转让财产而受让人知道该情形的。

（4）纳税机关行使税收代位权和撤销权的法律后果。第一，对于国家而言，能够有力地追缴纳税人欠缴国家的税款，保证国家财政收入，维护国家经济利益；第二，对于税务机关自身而言，这是法律赋予的一种民事追索权，是对税务机关原有权利的一种延伸和扩展，扩大了税务机关追缴欠款的范围，提高了它行使民事权利的力度；第三，对于欠缴税款的纳税人而言，《税收征收管理法》第50条第2款规定，不免除欠缴税款的纳税人尚未履行的纳税义务和应承担的法律责任。

（参考资料：刘文华、史际春、徐孟洲主编：《经济法》，7版，北京，中国人民大学出版社，2024）

第二十三章　国有资产管理法

知识逻辑图

- 国有资产管理法
  - 概述
    - 国有资产和国有资产管理的概念和功能
    - 国有资产管理法
      - 概念：调整国有资产管理关系的法律规范的总称
      - 性质和特征
        - 调整关系的公益性
        - 调整手段的综合性
        - 调整对象的经济性
      - 体系
        - 基础性立法：《宪法》《民法典》
        - 国有自然资源法
        - 经营性国有资产法
        - 非经营性国有资产法
    - 国有资产管理法的基本原则
      - 国家所有、分级管理原则
      - “政企分开”原则
      - 宏观经济调控原则
      - 资本股权化原则
    - 国有资产管理机构和体制
  - 国有资产产权界定
    - 概述
      - 概念
        - 国有资产产权
        - 国有资产产权界定
      - 制度意义
    - 适用情形：主体范围 & 行为范围
    - 基本原则
      - “依法确认、尊重历史、宽严适度、有利监管”
      - “谁投资，谁所有，谁受益”
    - 标准
      - 国家机关、政党、人民团体等单位的国有资产产权界定
      - 全民所有制企业的国有资产产权界定
      - 集体所有制企业中的国有资产产权界定
      - 中外合资经营企业中的国有资产产权界定
      - 股份制企业中的国有资产产权界定
      - 全民单位之间的国有资产产权界定
    - 组织实施与纠纷处理

- 国有资产管理法
  - 国有资产产权登记
    - 概述：概念 & 要素 & 立法
    - 中央国家机关国有资产产权登记的基本规定
    - 事业单位国有资产产权登记的基本规定
    - 企业国有资产产权登记
      - 概念
      - 范围：《企业国有资产产权登记管理办法》第 3 条
      - 种类及内容
      - 年度检查制度
    - 自然资源确权登记
      - 原则和范围
      - 登记单元
      - 类型和程序
      - 自然资源登记簿
  - 国有资产监督管理
    - 行政事业性国有资产监督管理制度
      - 行政事业性国有资产监督管理概述
      - 行政事业性国有资产的配置、使用和处置
      - 行政事业性国有资产的预算管理
      - 行政事业性国有资产的基础管理
      - 行政事业性国有资产的监督
    - 企业国有资产监督管理制度
      - 企业国有资产监督管理概述
      - 企业国有资产监督管理机构的设置和职责、义务
      - 国家出资企业及其管理者的选择与考核
      - 关系国有资产出资人权益的重大事项
      - 国有资本经营预算
      - 企业国有资产监督
  - 国有资产管理报告
    - 国有资产管理报告制度概述
    - 国有资产管理报告的方式、重点与编制
      - 国有资产管理报告的方式和范围
      - 国有资产管理报告的重点
      - 国有资产管理报告的编制
    - 国有资产管理报告的审议
      - 国有资产管理报告的审议程序
      - 国有资产管理报告的审议重点
      - 国有资产管理报告的公开

名词解释与概念比较

1. 国有资产（中国人民大学考研）
2. 国有资产管理
3. 国有资产管理法（武汉大学考研）
4. 企业国有产权交易（中国人民大学考研）
5. 国有资产评估
6. 国有资产产权登记制度
7. 企业国有资产监督管理
8. 行政事业性国有资产
9. 自然资源确权登记

选择题

（一）单项选择题

1. 国有资产在广义和狭义上有不同的理解，狭义上的国有资产是指什么？（　　）

A. 资源性国有资产

B. 经营性国有资产

C. 非资源性国有资产

D. 非经营性国有资产

2. 关于行政事业单位国有资产，下列哪一种说法

是错误的？（　　）

A. 它由行政事业单位占有和使用

B. 它具有增值性

C. 它能够以货币计量

D. 它包括行政事业单位接受馈赠的资产

3. 根据《企业国有资产监督管理暂行条例》的规定，下列哪一种资产不属于国有资产监督管理委员会的管辖范围？（　　）

A. 国有企业的国有资产

B. 国有控股企业中的国有资产

C. 国有参股企业中的国有资产

D. 金融性国有资产

4. 依据我国宪法的规定，国有资产的所有者代表是下列哪一个？（　　）

A. 全国人民代表大会

B. 全国人民代表大会常务委员会

C. 中国人民银行

D. 国务院

5. 我国境内的国有资产占有单位的哪一行为不是必须进行国有资产评估的？（　　）

A. 资产拍卖、转让

B. 企业兼并、出售、联营、股份经营

C. 国外公司、企业和其他经济组织或者个人开办中外合资经营企业或者中外合作经营企业

D. 企业租赁或以资产进行抵押或其他担保

6. 企业发生哪种情况应进行注销产权登记？（　　）

A. 企业名称、住址或法定代表人改变的

B. 国有资本占企业实收比例发生变化的

C. 企业分立、合并或者改变经营方式的

D. 企业转让全部产权或企业被划转的

（二）多项选择题

1. 关于国有资产的概念，学者有不同的观点，但是国有资产具有一些基本特征。下列哪些是国有资产的特征？（　　）

A. 国有资产经营主体唯一性

B. 国有资产的所有者具有唯一性

C. 国有资产所有权界定法定性

D. 国有资产表现形态多样性

2. 下列哪些是经营性国有资产的特征？（　　）

A. 具有增值性

B. 它作为生产要素用于生产经营

C. 它以市场配置为主

D. 经营方式多样性

3. 非经营性国有资产的特征包括哪些？（　　）

A. 它用于国家公务和社会公益事业

B. 它一般由行政事业单位占用

C. 它主要由企业占有、使用

D. 它具有非增值性

4. 我国境内的国有资产占有单位的哪些行为是必须进行国有资产评估的？（　　）

A. 资产拍卖、转让

B. 企业兼并、出售、联营、股份经营

C. 国外公司、企业和其他经济组织或者个人开办中外合资经营企业或者中外合作经营企业

D. 企业清算

5. 资产评估程序由哪几个阶段组成？（　　）

A. 申请立项　　B. 资产清查

C. 评定估算　　D. 验证确认

6. 国有资产法律制度包括多方面的内容，对这些法律制度可以进行归类。下列哪些属于国有资产权属法律制度？（　　）

A. 国有资产交易法律制度

B. 国有资产清产核资制度

C. 国有资产产权登记与界定制度

D. 国有资产权属纠纷处理制度

7. 如果把国有资产划分为三大块，可以分为下列哪些？（　　）

A. 经营性国有资产

B. 非经营性国有资产

C. 国有自然资源

D. 金融性国有资产

8. 产权登记一般由哪几道程序组成？（　　）

A. 申请受理　　B. 填报审查

C. 审核认定　　D. 核发证书

9. 下列企业中由财政部履行出资人职责的是？（　　）

A. 中国国家铁路集团有限公司

B. 中国邮政集团有限公司

C. 中国烟草总公司

D. 北大荒农垦集团有限公司

10. 下列关于国有资产管理情况监督的说法，正确的是（　　）。

A. 全国人大常委会以每年听取和审议国务院关于

国有资产管理情况的报告作为履行人大国有资产监督职责的基本方式，并综合运用执法检查、询问、质询、特定问题调查等法定监督方式。

B. 企业国有资产（不含金融企业）、金融企业国有资产和行政事业性国有资产报表应当细化到行业，中央国有资产相关报表应当分企业、部门和单位编列。

C. 全国人大常委会审议国有资产管理情况报告，开展国有资产监督，应当重点关注企业国有资产（不含金融企业）和金融企业国有资产服务国家战略，提升国有经济竞争力、创新力、控制力、影响力、抗风险能力等情况。

D. 国务院应当建立健全整改与问责机制。根据审议意见、专题调研报告、审计报告等提出整改与问责清单，分类推进问题整改，依法对违法违规行为追责问责。

简答题

1. 简述国有资产评估的适用范围。

2. 简述国有资产管理法及其体系。（中国人民大学考研）

3. 简述《企业国有资产法》中关于国有出资企业管理者的规定。（华东政法大学考研）

4. 简述国有资产产权界定的含义、主体范围和基本原则。

论述题与深度思考题

试论我国国有资产监督管理的现状与完善。

参考答案

名词解释与概念比较

1. 国有资产是指国家依法取得和认定的资产、国家以各种形式对企业投资和投资收益形成的资产，以及国家向行政事业单位拨款等形成的资产。从广义上理解，国有资产可以分为三类，即国有自然资源、经营性国有资产和非经营性国有资产。狭义上理解的国有资产仅指经营性国有资产，即国家所有的并能为国家提供一定经济效益的各种经济资源的总和，主要包括：企业国有资产；行政事业单位占有、使用的能够通过各种经营形式获取利润的资产；国有自然资源中投入生产经营的部分。其中较为特殊的是城市国有公用事业资产，其兼具经营性和公益性两种特征。如城市公交、供水、供气、供热、园林、环卫等单位经营管理的资产，既能够通过营业给国家带来一定的经济效益，又能够为城镇居民提供必要的生活保障而具有一定的社会效益，在分类时应属于经营性国有资产。

2. 国有资产管理，是指国家对于投入各类企业（包括国有企业、中外合资企业和中外合作经营企业等）的国有资产的经营和使用，进行组织、指挥、协调、监督和控制的一系列的总称。国有资产管理是国家发挥经济管理职能的重要方面之一，担负着艰巨、繁重的任务。其基本任务是优化国有资产结构，保障国有资产的保值和增值，防止国有资产的流失，维护国有资产使用单位的合法权益，巩固和发展全民所有制经济的主导地位，推动社会主义市场经济和生产力的不断发展。

3. 国有资产管理法是调整国有资产管理关系的法律规范的总称。从性质上看，国有资产管理关系是一种经济管理关系，一般包括国有资产产权界定、登记关系，国有资产清产、核资关系，国有资产评估关系，国有资产产权交易关系和国有资产监督管理关系等，明显不是平等主体之间的财产关系。从立法目标来看，它是从社会宏观经济发展需要出发，具有明显的国家利益和社会利益本位的特点。国有资产管理法有效实施，受益人是全体国民，而不是某个公民或某家企业。从其内容来看，它是关于国有资产的开发、利用、监管和保护等方面的行为规范，而不仅仅是产权的交易问题。

4. 企业国有产权交易是指企业国有产权转让主体在履行相关决策和批准程序后，通过产权交易机构发布产权转让信息，公开挂牌竞价转让企业国有产权的活动。企业国有产权交易行为具有以下特征：（1）产权交易主体的限制性。企业国有产权的出让人主体资格是特殊的，出让权利受到限制，必须经过国有资产监督管理部门的批准，履行产权界定、资产评估和交易审批等程序。非中国大陆的受让人受让企业国有产权应当符合国务院公布的《指导外商投资方向规定》

及其他有关规定。（2）产权交易客体的多样性。作为交易行为标的的企业财产权利和经营权利既可以是有形财产或无形财产的整体，也可以是有形财产或无形财产的部分。（3）产权交易的市场性。首先，企业国有产权交易是有偿的，区别于行政指令下的企业合并、撤销等变动方式，国有产权交易的出让人要收回企业产权的资产价值；其次，国有产权交易的价格由市场决定，受到市场供需关系的调整；最后，国有产权交易行为必须在产权交易所进行。企业国有产权交易要遵循宏观经济调控原则，平等、自愿、有偿的市场竞争原则，注重实效的原则。

5. 国有资产评估是指由专门的评估机构和人员，依据国家规定和有关资料，根据特定的目的，遵循适用的原则、范围、程序和标准，运用科学的方法，以统一的货币单位，对国有资产的现时价格进行评定和估算。对国有资产进行评估，是国有资产管理中的一项重要工作。科学地对国有资产进行评估，可以如实地反映国有资产的价值量及其变动，推动国有资产的合理流动及优化配置，保障国有资产的保值和增值，维护国有资产所有者和经营者的合法权益，巩固和发展社会主义公有制的经济基础。国有资产评估应遵循真实性原则、科学性原则、公平性原则、独立性原则、可行性原则。

6. 国有资产产权登记是指国有资产管理部门代表国家和政府对行政事业资产和占有国有资产的企业进行登记，依法确认国家对国有资产的所有权，企业的经营权，行政事业单位的占有、使用权及相关权利的法律行为。国有资产产权登记制度是指国务院及其有关部委制定、发布的，调整国有资产产权登记关系，规定产权登记的内容、种类、程序及主管机关的法律责任等事项的法律规范的总和。

7. 企业国有资产，是指国家以各种形式对企业投资和投资收益形成的资产，以及根据法律、行政法规认定的企业其他国有资产。企业国有资产监督管理是指国有资产监督管理机构根据授权，依法履行出资人职责，在对企业的负责人任免及考核、重大事项的决策和国有资产的处置等方面进行管理，并对所出资企业的财务状况进行监督的行为。企业国有资产的监督管理应当遵循下列原则：（1）政企职责分开的原则；（2）政府的社会经济管理职能和国有资产所有者职能分开的原则；（3）企业财产的所有权与经营权分离的原则；（4）资本保全和维护所有者权益的原则；（5）企业独立支配其法人财产和独立承担民事责任的原则。

8. 行政事业性国有资产是行政事业单位依法占有、使用的国有资产，包括行政性国有资产和事业性国有资产。行政性国有资产是履行国家管理职能的各级各类国家机关（不限于行政机关）依法占有、使用的国有资产，其通过政府投资、采购、调剂等方式而形成，以满足国家机关正常发挥其职责和功能，如办公大楼、公务用车、培训基地。事业性国有资产是承担特定社会管理或公共服务职能的各级各类事业单位和社会团体依法占有、使用的国有资产，如公立医院资产、公立学校资产、城市市政管理部门及公共文化管理部门所管理的国有资产。

9. 自然资源确权登记是指对水流、森林、山岭、草原、荒地、滩涂、海域、无居民海岛以及探明储量的矿产资源等自然资源的所有权和所有自然生态空间统一进行确权登记。国家实行自然资源统一确权登记制度。自然资源确权登记坚持资源公有、物权法定和统一确权登记的原则。国家通过开展自然资源统一确权登记，清晰界定全部国土空间各类自然资源资产的所有权主体，划清全民所有和集体所有之间的边界，划清全民所有、不同层级政府行使所有权的边界，划清不同集体所有者的边界，划清不同类型自然资源之间的边界。自然资源统一确权登记以不动产登记为基础。

选择题

（一）单项选择题

1. B。国有资产是指属于以国家为代表的全民所有的财产。从广义上理解，国有资产可以分为三类，即国有自然资源、经营性国有资产和非经营性国有资产。城市国有公用事业资产，如城市公交、供水、供气、供热、园林、环卫等单位经营管理的资产，应属于经营性资产，但又同一般国有工商企业经营的资产有所不同。这些公益性的国有资产兼有经营性和公益性两种特征，是一种特殊的国有资产。狭义的国有资产仅指经营性国有资产。

2. B。行政事业单位国有资产由行政事业单位占有和使用，主要用途是保障行政机关履行行政职能，不以营利为目的，不具有增值性。

3. D。根据《企业国有资产监督管理暂行条例》的规定，国有企业的国有资产、国有控股企业中的国有资产、国有参股企业中的国有资产均属经营性国有资产，由国有资产监督管理委员会管理。金融性国有资产由中国人民银行管理。

4. D。国有资产属于全体人民所有，由政府作为国有资产所有者代表，承担国有资产管理职能。该职能主要由国有资产管理部门行使。

5. D。中国境内的国有资产占有单位进行资产拍卖、转让，企业兼并、出售、联营、股份经营，与国外公司、企业和其他经济组织或者个人开办中外合资经营企业或者中外合作经营企业，以及企业清算是必须进行国有资产评估的。而企业租赁或以资产进行抵押或其他担保根据具体情况可以进行资产评估。

6. D。A、B、C项三种情形应进行变动产权登记。企业解散、依法被撤销或者被依法宣告破产以及企业转让全部产权或企业被划转的，应进行注销产权登记。

（二）多项选择题

1. BCD。国有资产的所有者是全体人民，其所有权是由法律明确规定的；国有资产的表现形态是多样的；经营主体也是多样的，如国有企业、国有参股企业中都有国有资产，它们都是国有资产的经营主体。

2. ABCD。经营性国有资产是指投入企业生产经营或者按企业要求经营使用的国有资产。我国的国有资产管理体制改革，乃至整个经济体制改革，在一定意义上就是围绕着经营性国有资产展开的。因为在企业生产经营中使用，为企业营利服务，所以其具有增值性；是一种生产要素，以市场配置为主且经营方式具有多样性。

3. ABD。非经营性国有资产是指不投入生产经营，而由国家机关、事业单位和社会团体用于国家公务和社会公益事业的国有资产，以及尚未启用的国有资产。所以它主要由行政配置而非由企业占有、使用。

4. ABCD。本题选项中提及的中国境内的国有资产占有单位的行为除经国有资产管理部门批准可以不予评估的外，都必须进行资产评估。

5. ABCD。资产评估程序是指资产评估工作中的各个具体步骤和环节，按其内在逻辑关系所形成的排列顺序。它包括申请立项、资产清查、评定估算、验证确认四个阶段。

6. BCD。国有资产法律制度包括国有资产管理体制、国有资产交易法律制度、国有资产清产核资制度、国有资产产权登记与界定制度、国有资产权属纠纷处理制度、国有资产报告制度等多方面的内容。其中，国有资产清产核资制度、国有资产产权登记与界定制度及国有资产权属纠纷处理制度属于国有资产权属法律制度。

7. ABC。国有资产是指国家依法取得和认定的资产、国家以各种形式对企业投资和投资收益形成的资产，以及国家向行政事业单位拨款等形成的资产。从广义上理解，国有资产可以分为三类，即国有自然资源、经营性国有资产和非经营性国有资产。狭义上理解的国有资产仅指经营性的国有资产，即国家所有的并能为国家提供一定经济效益的各种经济资源的总和，主要包括：企业国有资产；行政事业单位占有、使用的能够通过各种经营形式获取利润的资产；国有自然资源中投入生产经营的部分。其中较为特殊的是城市国有公用事业资产，其兼具经营性和公益性两种特征，如城市公交、供水、供气、供热、园林、环卫等单位经营管理的资产，既能够通过营业给国家带来一定的经济效益，又能够为城镇居民提供必要的生活保障而具有一定的社会效益，在分类时应属于经营性国有资产。

8. ABCD。国有资产产权登记是指国有资产管理部门代表国家和政府对行政事业资产和占有国有资产的企业进行登记，依法确认国家对国有资产的所有权和企业的经营权、行政事业单位的占有、使用权及其相关权利的法律行为。它一般由申请受理、填报审查、审核认定、核发证书四道程序组成。

9. ABCD。按照《企业国有资产法》，国务院和地方人民政府分别代表国家对国家出资企业履行出资人职责，享有出资人权益。中央层面，98家中央企业由国务院国资委履行出资人职责，中国国家铁路集团有限公司、中国邮政集团有限公司、中国烟草总公司、北大荒农垦集团有限公司由财政部履行出资人职责。中央文化企业作为建设新时代中国特色社会主义文化的重要力量，由中央宣传部有效主导，财政部履行出资人职责。部分中央党政机关和事业单位因履行职责、承担相关工作任务和后勤保障等需要还兴办了一些企业，这些企业由所属部门、主办单位负责具体管理，财政部依照企业国有资产监督管理有关规定实施监管。

10. ABCD。根据《全国人民代表大会常务委员会关于加强国有资产管理情况监督的决定》，四个选项的表述均正确。

简答题

1. 国有资产评估的适用范围包括：

第一，应当进行资产评估的经济行为。应当进行的资产评估是指在国有企业产权变动中，除国有资产管理部门批准可以不予评估外，都必须进行的资产评估。根据《国有资产评估管理若干问题的规定》，国有资产占有单位有下列经济行为之一的，应当对相关国有资产进行评估：（1）整体或部分改建为有限责任公司或者股份有限公司；（2）以非货币资产对外投资；（3）合并、分立、清算；（4）除上市公司以外的原股东股权比例变动；（5）除上市公司以外的整体或者部分产权（股权）转让；（6）资产转让、置换、拍卖；（7）整体资产或者部分资产租赁给非国有单位；（8）确定涉讼资产价值；（9）法律、行政法规规定的其他需要进行评估的事项。

第二，可以不进行资产评估的经济行为。根据《国有资产评估管理若干问题的规定》，国有资产占有单位有下列经济行为之一的，可以不进行资产评估：（1）经各级人民政府及其授权部门批准，对整体企业或者部分资产实施无偿划转；（2）国有独资企业、行政事业单位下属的独资企业（事业单位）之间的合并、资产（产权）划转、置换和转让。占有国有资产的单位有其他经济行为，当事人认为需要的，可以进行国有资产评估。

第三，对相关非国有资产进行评估的经济行为。根据《国有资产评估管理若干问题的规定》，占有国有资产的单位存在下列经济行为之一的，应当对相关非国有资产进行评估：（1）收购非国有资产；（2）与非国有单位置换资产；（3）接受非国有单位以实物资产偿还债务。

第四，评估的资产范围包括流动资产、长期投资、固定资产、无形资产及其他资产。对负债及所有者权益也要进行对应调整。

（参考资料：刘文华、史际春、徐孟洲主编：《经济法》，7版，北京，中国人民大学出版社，2024）

2. 国有资产管理法是调整国有资产管理关系的法律规范的总称，其不属于民法体系中的财产法，而是属于经济法体系中的财政法范畴。因为从性质上看，国有资产管理关系是一种经济管理关系，一般包括国有资产产权界定、登记关系，国有资产清产、核资关系，国有资产评估关系，国有资产产权交易关系和国有资产监督管理关系等，明显不是平等主体之间的财产关系。从立法目标上看，它是从社会宏观经济发展需要出发，具有明显的国家利益和社会利益本位的特点。从内容上看，它是关于国有资产的开发、利用、监管和保护等方面的行为规范，不仅仅是产权交易的问题。综上所述，正是因为国有资产管理法调整关系的公益性、调整手段的行政性、调整对象的广泛性，我们可以认为，国有资产管理法是一种调整国有资产管理关系的财政法，是经济法体系的重要组成部分。国有资产管理法包括以下几个基本原则：国家所有、分级管理原则，“政企分离”原则，资本股权化原则，宏观经济调控原则。

国有资产管理法的体系是指在国有资产管理法基本原则的指导下，调整国有资产管理关系不同侧面所形成的法律规范，分类组合为不同的法律制度，这些国有资产管理法律制度相互联结，成为一个和谐、统一的体系。我国国有资产管理法体系包括五个方面的内容：国有资产界定与登记制度、国有资产清产与核资制度、国有资产报告制度、国有资产产权交易制度和国有资产监督管理制度等。

3.《企业国有资产法》按照建立健全与现代企业制度相适应的企业经理人选拔任用机制的要求，总结企业人事制度改革的实践经验，并与《公司法》等法律规定相衔接，按照国有独资、控股、参股等企业类型，对国家出资企业经营管理团队的选择和考核予以明文规定。特别值得关注的是“一严一禁”：“一严”即严格选拔任用企业“当家人”。《企业国有资产法》明确了履行出资人职责的机构任免或建议任免的企业管理者的范围；对由出资人机构任免或建议任免的国家出资企业管理者，在品行、专业知识和工作能力及身体条件等方面应具备的基本条件，以及任命或建议任命的程序作了原则规定；规定了国家出资企业管理者履行职务必须遵守的基本准则；对国家出资企业管理者的经营业绩考核、奖惩以及薪酬标准的确定等也作了原则规定。“一禁”即禁止国有企业高级管理人员的兼职行为。《企业国有资产法》规定国有企业高级管理人员不得随意进行三类兼职：一是未经履行出资人职责的机构同意，国有独资企业、国有独资公司的董事、高级管理人员不得在其他企业兼职；未经股东会、股东大会同意，国有资本控股公司、国有资本参股公司的董事、高级管理人员不得在经营同类业务的其他企业兼职。二是未经履行出资人职责的机构同意，国有独资公司的董事长不得兼任经理；未经股东会、股东大会同意，国有资本控股公司的董事长不得兼任经理。三是董事、高级管理人员不得兼任监事。所有这些条款，都将确保经营管理者规范、有序地承担使命，确保其真正成为国有资产委托经营的代理人。

（参考资料：《转型与突破：〈企业国有资产法〉的十大着力点》）

4.（1）含义：国有资产产权界定，是指对全部或部分占有国有资产的单位的产权、全民所有制单位与其他所有制单位之间以及全民所有制单位之间的产权，依法划分归属国家享有的资产所有权和企业享有的经营权及其他相关权利，明确各类产权主体行使权利的财产范围及管理权限的法律行为。

其意义在于：第一，国有资产产权界定是巩固社会主义公有制经济的重要措施；第二，国有资产产权界定是明确企业产权关系、深化国有企业改革的重要手段；第三，国有资产产权界定是加强国有资产管理的前提和重要保证；第四，国有资产产权界定是推动实现国有企业股权多元化和公司治理现代化，完善国有资产交易的前提条件。

（2）产权界定适用的主体限于：第一，全部或部分占有国有资产的单位；第二，全民所有制单位与其他所有制单位之间；第三，全民所有制单位与全民所有制单位之间。而产权界定适用的经济行为的范围是，占有、使用国有资产的单位发生的下列行为：a. 与外方合资、合作的；b. 实行股份制改造和与其他企业联营的；c. 发生兼并、拍卖等产权变动的；d. 国家机关及其下属事业单位创办企业和其他经济实体的；e. 国有资产监督管理机构认为需要界定的其他情形。

（3）产权界定应当遵循以下两个原则：一是国家统一所有、中央和地方“分级代表”的原则；二是“谁投资、谁拥有产权”的原则。

论述题与深度思考题

国有资产监督管理体制是关于国有资产监督和管理的机构设置、权限职责划分及调控管理方式等多方面的基本制度体系。在社会主义市场经济建立与完善的进程中，我国国有资产监督管理体制的构建不断走向成熟，每一步前进都伴随着里程碑式的阶段性成果。

现行国有资产监管体制是在历史发展基础上逐渐克服过时的内容，不断刷新体制要素而逐渐产生的。

首先，国有企业改革启发和催生了国有资产监管的思路和设想，比如，现代企业制度改革，健全治理结构，出资人就要考虑如何让治理结构真正发挥作用，进而规范和建设董事会；随着公司制股份制改革的进行，要考虑股权多元、产权混合和产权交易的管理，保证相互制约、监督，国有资产不流失；随着企业参与国际化运作，实施走出去战略，资产在境内外、国内外流动，如何化解风险，防止资产流失。所有这些问题都涉及资产管理监督在企业间、在企业与出资人间，在企业与政府部门间不同的关系。

其次，政府机构改革带动了国有资产监督管理机构的建设和完善。一是 1988 年，七届全国人大一次会议通过的机构改革方案，推进政府的经济管理部门从直接管理为主转变为间接管理为主，强化宏观管理职能。在这次改革中决定成立国家国有资产管理局（简称“国资局”），由其作为国务院国有资产行政管理的专司机构，负责对国有资产进行综合管理，分离政府社会经济管理者职能和国有资产所有者职能，初步确立了国家统一所有、政府分级监管、企业自主经营的国有资产管理体制。二是 2003 年，十届全国人大一次会议通过机构改革方案的决定，提出决策、执行、监督相协调的要求。这次改革设立国务院国有资产监督管理委员会（简称“国资委”）以指导推进国有企业改革和重组；设立中国银行业监督管理委员会（简称“银监会”，现已改革为国家金融监督管理总局），以加强金融监管，确保金融机构安全、稳健、高效运行。国资委作为国务院的特设机构，代表国家对经营性国有资产履行出资人职责；调整国有重要骨干企业党的领导体制，成立了国资委党委。通过建立健全权责明确、管理规范、上下协调、精干高效的中央和省、市（地）国有资产监管机构，在政府层面实现国有资产出资人到位。成立国有资产管理机构的目的，就是要通过中央和地方的国有资产监督管理机构，对授权监管的国有资产依法履行出资人职责，维护所有者权益，维护企业作为市场主体依法享有的各项权利，督促企业实现国有资本保值、增值，防止国有资产流失。对于金融性资产，逐渐形成了“一行三会”的金融资产监管模式，主要履行行业监管。2003 年 4 月，以银监会的正式挂牌为标志，形成了“一行三会”架构，同时，撤销中央金融工委。正是在机构改革的背景下，国有资产监管从各部门分别管与共同管到专门机构管，从没有专门机构到成立国家国资局、国资委专门监管，组织框架渐趋完善。

再次，国有资产监管体制具有鲜明的中国特色。除了符合市场化以及追求资产保值、增值的共性要求和目标，国有资产监管体制尊重国有企业的政治优势。国有资产监管体制体现了党的领导、组织建设、思想政治工作、职工民主管理、纪检监察监督等内容。

最后，国有资产监管体制借鉴世界各国经验，在开放中博采众长，在比较中积极选择。在国有资产监管模式和组织架构上，研究、借鉴各国做法，兼收并蓄，分步骤建立适合我们自己的监管机构。国资委成立后注重法规制度建设，不断总结企业改革和国有资产监管实践，并学习外国同类实践的经验，制定法规，建立了一套国有资产监管的法规体系，推进了国有资产监管的规范化运行。随着企业“走出去”战略的推进，国有企业不断加强与世界各国政府、企业的交往，国有企业在境外的资产和项目越来越多、数量越来越大，成为监管的重点之一。国资委逐步采用先进国家的法律环境、市场环境等有利因素，加强境外国有资产监管，总结了一些有效做法，如资金集中统一、信息化管理等，有助于完善国有资产监管体制。

总而言之，从国有资产监管体制的产生过程和特点看，现行体制突出表现在管人、管事、管资产相结合；中央、省、市三级政府分级监管；政企分开、政资分开及所有权和经营权分开；权利、义务、责任相统一。这些既是现行体制的核心内容，也是它的优势所在。当然，这种体制还有它的历史局限性。

现行国有资产监管体制的优势包括：(1) 监管资源集中，职责统一。管人、管事、管资产相结合，把人、事和资产三个重要资源集中于一个监管主体，使监管者有职有权，可以调动监管者的积极性，避免扯皮，提高监管效率。(2) 监管层次分明，有利于调动中央和地方的积极性。中央、省、市分层管，可以突出自己层级的特点，结合各自所在的环境、拥有的人才和资源实际，探索更有效的监管方式。分级监管体制体现了处理中央和地方关系的基本原则，可以有效调动各级积极性，发挥不同层级的优势和特点；还可以形成监管体制内的竞争，推动监管水平提高。(3) 监管责任分开，体现了职能特点。按照政府、国有资产监管机构和企业不同职责、身份界定监管责任。政府处于宏观层面，通过制定政策、法规、产业规划等，履行公共管理和服务职能；国有资产监管机构处于中观层面，要从出资人角度处理与企业的关系，履行国有资产保值、增值和维护国有资产安全的职能，不干预企业经营活动；企业处于微观层面，作为受委托经营国有资产的主体，自身也是分层级的，也要逐级委托经营国有资产，履行监管职责。政府、国有资产监管机构和企业都有监管责任，但在各自层面上，履行各自的职责，形成一个完整的体系。(4) 责、权、利集于一身，奖罚对象明确。管人、管事、管资产是赋予国有资产监管机构的权力，也是履行职责的基础。支配这些资源，国有资产监管机构就有条件施展监管能力。奖罚应当有一定的依据和标准，政府要从企业改革发展业绩、政治责任与社会责任的履行、自主创新、环境保护、节能减排等方面对国有资产监管机构进行考核，对作出贡献的要进行奖励，对造成资产损失的要进行责任追究。当然，由于国有资产监管机构工作人员是公务员身份，责任追究仅限于按照公务员管理规定进行，“责”与“利”实质上是一体的。

以上是现行国有资产监管制度的优势所在，同时在发展的过程中其仍有诸多不完善的方面，包括：

(1) 国有资产监管立法进程滞后。一是立法滞后，“国有资产监督管理法”亟待出台。目前，国有资产监管的相关法律文件虽然繁多，但多属于探索性立法，缺乏系统性和法律适用的全面性。对国有资产管理体制和对国资委的职责定位、监管范围有必要在法律上尽快予以明确，这样才能为新型国有资产监管体制改革的实践和完善提供法制保障。二是国有资产法规清理工作需要进一步加强。党的十六大之前在政资不分、政企不分的背景下制定的为数众多、相互摩擦甚至冲突的国有资产监管法规，亟待修改或废止。

(2) 体制要素不到位。现行国有资产监管体制框架较好，但一些要素在执行上难以到位。比如各级出资人机构对于监管企业的董事会、经营层目前还是直接管理，导致董事会作用难以充分有效发挥；还有一些企业权力集中在“一把手”，还没有形成科学有效的授权和监管机制；政府、出资人机构和监管的企业，在国有资产监管上的权力切割还不够明确，责、权、利还不够统一，导致运行时有些越位、错位甚至不到位的现象；有的地方政府管得过多，政企、政资分开没有解决好。这些都制约着国有资产监管体制功能的发挥，也影响着人们对现行国有资产监管体制的评价。

（3）体制框架偏小。现行的国有资产监管体制框架容积狭小，只是把非金融经营性国有资产纳入其中，大大限制了作用的发挥。随着虚拟经济的发展以及产融结合，目前分散监管的体制，容易把将虚拟经济与实体经济融合的企业碎片化，使监管信息不对称、监管成本叠加，并将监管不力的责任归咎于现有的监管体制。同时，体制框架的狭小局限了自身发展，使本来应该归纳进来的监管内容因体制本身的限制而被排除在外。对这些资产的监管职能横向分散在不同的履行出资人职责的机构，并不适用管人、管事与管资产相结合的原则，成为现行国有资产监管体制的盲区。

（4）国有资产监管责任体系和监管制度建设亟待加强。一是如何完善业绩考核体系和规范薪酬管理制度。通过业绩考核与薪酬管理，引导企业加强战略管理，避免短期行为发生。二是如何构建起适合国有企业发展实际的中长期激励、约束制度。从目前的考核实践看，可操作的、有效的中长期激励、约束办法正在尝试开发和运作。随着股权分置改革的推进，需要积极研究把股票市值纳入对国有控股企业经营业绩考核体系的可行性，并适时推广。三是如何科学评价董事会的业绩。在董事会建立之后，国资委不再直接对经营层进行业绩考核，而是由董事会负责，国资委对董事会的考核工作进行指导。在这种新的体制架构下如何评价董事会和如何指导董事会对经营层进行考核是一项全新的工作，需要进一步研究探索。四是如何构建从国资委到国有资产运营机构再到国有企业逐层次的监管机制，探索更为有效的监管方式。

国有资产监管体制改革是一个不断探索的过程，要在坚持现有经营性国有资产监管体制的基础上不断完善。可以从以下几个方面进行完善：

第一，建立完善的法制化国有资产管理体系。一是加快制定“国有资产管理法”。为构造科学的国有资产管理、监督、营运体系，必须制定一部统率其他国有资产管理法规的“国有资产监督管理法”，从而可有效决定国有产权的安全性和效率。二是起草制定与修订后的《公司法》配套的法规、规章，以适应依法履行出资人代表职责和促进国有企业改革发展的要求。三是进一步完善相配套的法规、规章。解决国有企业监事会制度如何与当前国有资产管理体制及国有企业建立现代企业制度相协调的问题，制定“企业国有资本经营预算管理条例”，建立健全国有资本经营预算制度等。四是对现行各种法规进行修改、完善。五是加强国有资产管理司法建设与国有资产管理法制文化建设。

第二，建立国有资产集中统一的监管体制。一是在监管对象上，对金融性资产、非金融性资产和部分资源性资产实行统一监管，建立健全统一的监管体制。国务院国资委和地方各级国有资产监管机构成立以来，监管的中央企业以及地方国有企业的国有资产量和经营收入、利润大幅提高，这反映了监管成效，证明了国有资产监管体制的科学有效。党的二十届三中全会作出了中共中央《关于进一步全面深化改革　推进中国式现代化的决定》，该《决定》指出，“深化国资国企改革，完善管理监督体制机制，增强各有关管理部门战略协同，推进国有经济布局优化和结构调整，推动国有资本和国有企业做强做优做大，增强核心功能，提升核心竞争力”。二是在监管模式上，以国资委监管的方式为主，整合监管资源，统一规划、统一监管，逐步做到全过程、全方位监管，不留死角、不留遗漏，不出重大失责，特别要加强境外国有资产监管，尽可能全覆盖，形成严密监管系统，及时发现和解决不同类型国有资产融合后的问题，切实增强监管体制的系统性、严密性。三是在监管步骤上，除了非金融性经营资产仍由国资委直接监管，对于其他类型的国有资产，国资委可采取委托或授权形式交有关方面具体监管，待条件成熟后，由国资委统一监管。四是在监管主体内部，增设监管不同类型资产的职能部门，有针对性地加强指导，促进监管。

第三，形成政府、国有资产监管机构与国有企业共同履行职责的监管格局。一是根据不同主体的职能权限，完善相应的国有资产监管职责。人大主要通过法规制定来实现人民的意志和利益，政府主要通过制定政策、行使公共职能来实行调控、提供服务，国有资产监管机构主要从出资人角度制定规划目标、实施专业化的监管，国有企业则从资产受委托的角度担负相应的经营责任、规范操作。二是坚持一级对一级负责。出资人要层层到位、层层落实。国有资产监管机构对政府负责，国有企业对国有资产监管机构负责，下属企业对上级出资企业负责。三是完善国有资产监管机构的职能。目前的国有资产监管机构作为直属特设机构，既承担着对出资企业监管的具体责任，又担负着对所有出资企业范围内的部分公共管理职能；既要处理具有个性的监管事项，又要面对共性的监管环境，平衡和处理监管范围内的宏观事项，在运作中效果很好。这种运作方式比那种把国有企业范围内的公共职能分解到不同部门，扯皮少，责任明，效率高。更何况国有资产监管机构不是资产的实际运营单位，它的工作人员是公务员身份，有责任、有能力从出资人的角度担负一些国有企业范围内的公共管理职能。四是国有企业要树立国有资产监管意识。国有资产监管机构的产生、发展，并不能包揽国有资产监管的所有职责，更不能代替企业的具体监管责任。不同层级的企业都要对上一级国有资产委托主体负责，要研究和探索企业不同层级在经营企业过程中监管资产的不同方式和方法，处理好与经营的关系，真正承担好国有资产保值、增值的责任。

第四，形成多级监管的完整链条。一是设立县级国有资产监管机构的条件基本具备。现行的国有资产监管体制实行三级监管，当时主要考虑在“抓大放小”的背景下，县级国有资产总量不多，设立县级监管机构条件还不成熟。从近几年的发展情况看，县级政府的国有资产存量在增加，政府对公共设施的投入也会形成新的国有资产，行政事业性资产转为经营性资产也会增加，国有资产通过经营运作实现了增值。各地贯彻“两个毫不动摇”的基本经济制度，培育优势国有企业，也扩大了国有资产的比重。许多县都自行设置了国有资产监管机构，因此有必要把县级监管纳入现行的国有资产监管体制中，设立县级规范的国有资产监管机构。二是国有资产监管机构要发挥一级对一级的指导和监督作用。树立“大国资”的理念，加强上级国有资产监管机构对下级国有资产监管机构工作的指导监督，共同提升监管水平。

第五，积极构建国有资产监管职责体系和监管制度。首先，完善业绩考核与激励—约束体系。一是抓紧完善考核指标体系和方法体系，把完善基本指标与优化、改进分类指标结合起来，积极推行能够体现行业特点和战略方向的“精准”考核，研究把上市公司市值纳入考核的方法；二是抓紧完善考核激励—约束体系，把业绩考核结果与薪酬分配紧密挂钩，逐步建立短期激励与中长期激励相结合的激励与约束机制；三是建立委托代理链条自上而下的激励—约束机制，在国有资产经营和监管这两个重要环节上模拟私人产权的利益机制，让经营监管者获得部分剩余索取权，以提高国有资产运营效率。其次，完善国有资产监督体系。强化最终所有者对所有者代表的监督即人民对政府的监督，以此督促国资委对国有资产保值增值真正负责任；强化所有者一级代表对次级代表的监督即国资委对授权经营机构的监督，以业绩合同为准进行审计监督和业绩评估，通过严格的财会制度来监督企业的经营活动；强化所有者代表对派往企业的产权代表（董事长）的监督，将绩效考核结果同个人收入挂钩；强化所有者代表对经理层的监督，通过董事会行使对经理人员的任免权、业绩考核权、责任追究权，从而使经营管理者能对国有资产保值、增值负责。

建立健全国有资产监督管理体制，关系到国有资产的运营效果和国有企业的改革发展，关系到国有经济的布局结构和活力、控制力、影响力。建立怎样的国有资产管理体制，才能符合实际、科学运转、高效监管？这是理论界和实际工作者持续关注的问题。我国应当根据现状，参考他国有益经验，结合中国特色社会主义市场经济的特点，不断探索，不断完善。

[参考资料：邵春保：《现行国有资产监管体制的发展趋势》，载《中国行政管理》，2011（4）；刘文华、史际春、徐孟洲主编：《经济法》，7版，北京，中国人民大学出版社，2024]

第二十四章　金融法

知识逻辑图

- 金融法
  - 概述
    - 金融的概念和表现形式
    - 金融法的概念：调整货币流通和社会信用活动中所发生的金融经营关系、金融管理关系和金融组织关系的法律规范系统
    - 金融法的调整对象——内容
      - 金融监管、调控关系
      - 金融业务关系
    - 中国金融法的体系结构
      - 金融组织法
      - 金融调控与监管法
      - 间接融资法
      - 直接融资法
      - 期货、期权与外汇法（特殊融资法）
      - 金融中介业务法
  - 中国人民银行法
    - 中国人民银行的法律地位和调控职能
      - 法律地位：中央银行
      - 宏观调控职能：《中国人民银行法》第 4 条共规定了 13 项职责
    - 中央银行制定和实施的货币政策
      - 概念和种类
      - 诸目标的冲突及权衡
      - 中国货币政策目标的选择
      - 我国货币政策目标的现实选择
    - 货币发行的基本制度
      - 人民币的法律地位
      - 人民币的发行
      - 人民币的管理
    - 中央银行调控的保障制度
      - 存款准备金制度
      - 基准利率制度
      - 再贴现制度
      - 再贷款制度
      - 公开市场操作制度
      - 借贷便利制度

- 金融法
  - 逆周期金融宏观审慎管理制度
    - 商业银行法与逆周期金融宏观审慎管理
    - 逆周期金融宏观审慎管理工具
      - 逆周期资本监管
      - 会计准则监管
      - 杠杆率监管
      - 压力测试
      - 贷款成数
    - 我国逆周期宏观审慎管理法定工具的应用
      - 在逆周期资本监管方面
      - 在会计准则监管方面
      - 在压力测试方面
      - 在贷款成数方面
  - 外汇管理调控制度
    - 概述
      - 概念：一国依法对境内的外汇收支、买卖、借贷、转移以及国际结算、外汇汇率和外汇市场所实施的行政限制性措施
      - 作用
        - 稳定本国货币的对外汇率
        - 防范外汇风险，保护国内市场，促进经济发展
        - 平衡本国国际收支
      - 类型
        - 全面外汇管理
        - 部分外汇管理（我国）
        - 基本不实行外汇管理
    - 外汇管理法及其立法
    - 外汇管理法主要内容
      - 外汇管理机关：国家外汇管理局及其分局、支局
      - 外汇管理的对象：境内机构、境内个人的外汇收支或者外汇经营活动，以及境外机构、境外个人在境内的外汇收支或者外汇经营活动
      - 经常项目外汇管理
      - 资本项目外汇管理
      - 金融机构外汇业务管理
      - 人民币汇率和外汇市场的管理

名词解释与概念比较

1. 金融法
2. 金融监管、调控关系/金融业务关系
3. 商业银行（中国政法大学考研、中国人民大学考研）
4. 开放式基金与封闭式基金（中国人民大学、武汉大学考研）
5. 国际商业贷款（武汉大学考研）
6. 商业银行法（中国人民大学考研）
7. 银行业监督法（中国人民大学考研）
8. 资本充足率（中国人民大学考研）
9. 再贴现（中国人民大学考研）
10. 内幕交易（中国人民大学考研）
11. 资本项目（中国人民大学考研）
12. 外汇管理（中国人民大学考研）
13. 公开市场操作（中国人民大学考研）
14. 基准利率（中国政法大学考研）
15. 存款准备金制度（中国政法大学考研）

选择题

（一）单项选择题

1. 商业银行贷款，应当遵守法律有关资产负债比

例管理的规定，其中商业银行的资本充足率不得低于（　　）。

A. 8%　　B. 75%

C. 10%　　D. 25%

2. 根据《银行业监督管理法》，国务院银行业监督管理机构有权对银行业金融机构的信用危机依法进行处置。关于处置规则，下列哪一说法是错误的？（　　）（司考改编）

A. 该信用危机必须已经发生

B. 该信用危机必须达到严重影响存款人和其他客户合法权益的程度

C. 国务院银行业监督管理机构可以依法对该银行业金融机构实行接管

D. 国务院银行业监督管理机构也可以促成其机构重组

3. 我国银行业监督管理机构对银行业实施监管的原则是（　　）。

A. 公开、公正、公平

B. 依法、公开、公正、效率

C. 公开、公正、效率

D. 依法、公正、效率

4. 根据现行银行贷款制度，关于商业银行贷款，下列哪一说法是正确的？（　　）（司考改编）

A. 商业银行与借款人订立贷款合同，可采取口头、书面或其他形式

B. 借款合同到期未偿还，经展期后到期仍未偿还的贷款，为呆账贷款

C. 政府部门强令商业银行向市政建设项目发放贷款的，商业银行有权拒绝

D. 商业银行对关系人提出的贷款申请，无论是信用贷款还是担保贷款，均应予拒绝

5. 国务院银行业监督管理机构对中国人民银行提出的检查银行业金融机构的建议，应当在收到建议之日起（　　）内予以回复。

A. 3日　　B. 15日

C. 30日　　D. 3个月

6. 下列关于中国人民银行执行货币政策的表述哪个是正确的？（　　）（司考改编）

A. 中国人民银行在全国人民代表大会领导下独立执行货币政策

B. 中国人民银行在全国人民代表大会领导下与国家财政部共同执行货币政策

C. 中国人民银行在国务院领导下独立执行货币政策

D. 中国人民银行在国务院领导下与财政部共同执行货币政策

7. 商业银行的下列违规行为哪一项依法应由中国人民银行负责查处？（　　）（司考改编）

A. 提供虚假财务报告

B. 出借营业许可证

C. 未经批准代理买卖外汇

D. 未经批准设立分支机构

8. 根据《商业银行法》的规定，商业银行破产清算时的财产分配适用下列哪一种顺序？（　　）（司考改编）

A. 清算费用，所欠职工工资和劳动保险费用，个人储蓄存款的本金和利息

B. 清算费用，个人储蓄存款的本金和利息，所欠职工工资和劳动保险费用

C. 个人储蓄存款的本金和利息，清算费用，所欠职工工资和劳动保险费用

D. 所欠职工工资和劳动保险费用，清算费用，个人储蓄存款的本金和利息

9. 某商业银行通过同业拆借获得一笔资金。关于该拆入资金的用途，下列哪一选项是违法的？（　　）（司考改编）

A. 弥补票据结算的不足

B. 弥补联行汇差头寸的不足

C. 发放有担保的短期固定资产贷款

D. 解决临时性周转资金的需要

10. 根据《商业银行法》的规定，商业银行不得向关系人发放信用贷款。下列哪一类人属于该规定所指的关系人？（　　）（司考改编）

A. 商业银行的董事、监事、管理人员、信贷业务人员及其近亲属

B. 与商业银行有业务往来的非银行金融机构的董事、监事和高级管理人员

C. 商业银行的上级主管部门的负责人及其近亲属

D. 商业银行的客户企业的董事、监事和高级管理人员

11. 某省金融监督管理局依法对某城市商业银行进行现场检查时，发现该行有巨额非法票据承兑，可能引

发系统性银行业风险。根据《银行业监督管理法》的规定，应当立即向下列何人报告？（　　）（司考改编）

A. 该省人民政府主管金融工作的负责人

B. 国务院主管金融工作的负责人

C. 中国人民银行负责人

D. 国务院银行业监督管理机构负责人

12. 关于《银行业监督管理法》的适用范围，下列哪一说法是正确的？（　　）（司考改编）

A. 信托投资公司适用本法

B. 金融租赁公司不适用本法

C. 金融资产管理公司不适用本法

D. 财务公司不适用本法

13. 下列哪一选项不属于国务院银行业监督管理机构职责范围？（　　）（司考改编）

A. 审查批准银行业金融机构的设立、变更、终止以及业务范围

B. 受理银行业金融机构设立申请或者资本变更申请时，审查其股东的资金来源、财务状况、诚信状况等

C. 审查批准或者备案银行业金融机构业务范围内的业务品种

D. 接收商业银行交存的存款准备金和存款保险金

14. 根据《党和国家机构改革方案》，（　　）统一负责除证券业之外的金融业监管，强化机构监管、行为监管、功能监管、穿透式监管、持续监管，统筹负责金融消费者权益保护，加强风险管理和防范处置，依法查处违法违规行为，作为国务院直属机构。

A. 国家金融监督管理总局

B. 中央财经委员会

C. 中国人民银行

D. 国家金融和外汇管理局

15. 国家通过机构改革推动建立以（　　）为主的地方金融监管体制，统筹优化中央金融管理部门地方派出机构设置和力量配备。

A. 中央金融管理部门地方派出机构

B. 地方金融监督管理机构

C. 地方金融工作委员会和金融办公室

D. 地方财经委员会

16. 某商业银行董事长张某授意该银行隐瞒亏损并提供虚假财务报告，该商业银行被吊销经营许可证后被撤销清算。在此之前，该商业银行曾因未遵守关于资产负债的比例违规发放贷款被金融监管机构处以罚款，该罚款尚未缴纳。该商业银行被撤销清算期间，发现未缴上一年度税款，还有一笔税款因商业银行计算错误而未缴。下列相关说法正确的是（　　）。（法考改编）

A. 在清算时，清算组应优先清偿包含企业所得税在内的欠缴税款

B. 在该商业银行被清算期间，经金融监管部门负责人批准，可申请司法机关禁止张某买卖商品房

C. 因计算错误未缴的税款，税务机关可要求该商业银行补缴但不能收取滞纳金

D. 在清算期间，该银行应先向金融监管部门缴纳罚款

17. 马某是某商业银行的信贷经理，朱某是该商业银行股东牛某的妻子，马某多次违规给朱某发放贷款。后商业银行经营陷入危机进入清算程序，马某立刻托人卖掉自己的房子并取出存款拟携款逃往境外。请问金融监管部门可以直接作出的决定有（　　）。（法考改编）

A. 冻结牛某的银行账户

B. 限制牛某的红利分配

C. 禁止马某卖房

D. 限制马某出境

（二）多项选择题

1. 根据《商业银行法》，关于商业银行分支机构，下列哪些说法是错误的？（　　）（司考改编）

A. 在中国境内应当按行政区划设立

B. 经地方政府批准即可设立

C. 分支机构不具有法人资格

D. 拨付各分支机构营运资金额的总和，不得超过总行资本金总额的70%

2. 下列商业银行同业拆借的行为，哪些违反了法律规定？（　　）（司考改编）

A. 约定拆借期限为6个月

B. 用拆入资金发放房地产开发项目贷款

C. 拆出资金为交足存款准备金之前的闲置资金

D. 将拆入资金用于解决临时性周转资金的需要

3. 商业银行出现信用危机严重影响存款人利益时，可由中央银行对其实行接管。下列有关商业银行接管的表述，哪些符合我国现行法律的规定？（　　）（司考改编）

A. 非经接管程序，商业银行不得解散或破产

B. 实行接管后，商业银行的债权、债务由接管组织概括承受

C. 接管的期限最长不超过2年

D. 自接管之日起，由接管组织行使商业银行的经营管理权力

4. 某商业银行因违反审慎经营规则，造成资本和资产状况恶化，严重危及稳健运行，损害存款人和其他客户合法权益。对此，银行业监督管理机构对该银行依法可采取下列哪些措施？（　　）（司考改编）

A. 限制分配红利和其他收入

B. 限制工资总额

C. 责令调整高级管理人员

D. 责令减员增效

5. 某商业银行发放的下列贷款，哪些应计入不良贷款？（　　）（司考改编）

A. 甲公司的一笔流动资金贷款于本周到期，现银行同意其延展还款期1个月

B. 乙公司的一笔房地产项目贷款于2024年6月到期，2023年7月该项目因资金短缺而停建

C. 丙公司的一笔委托贷款于2024年9月到期，2023年7月该公司已进入破产清算程序

D. 丁公司的一笔拖欠多年的固定资产贷款，现已按规定以呆账准备金予以冲销

6. 根据《商业银行法》，关于商业银行的设立和变更，下列哪些说法是正确的？（　　）（司考改编）

A. 国务院银行业监督管理机构可以根据审慎监管的要求，在法定标准的基础上提高商业银行设立的注册资本最低限额

B. 商业银行的组织形式、组织机构适用《公司法》

C. 商业银行的分立、合并不适用《公司法》

D. 任何单位和个人购买商业银行股份总额5%以上的，应事先经国务院银行业监督管理机构批准

7. 依据商业银行法，下列哪些表述是正确的？（　　）

A. 商业银行注册资本是实缴资本

B. 设立城市合作商业银行的注册资本最低限额为1亿元人民币

C. 商业银行可以自主决定在境内设立分支机构

D. 商业银行自取得营业执照之日起超过6个月无正当理由未开业的，国务院银行业监督管理机构可以吊销其经营许可证

8. 根据商业银行法，企业事业单位可以自主选择一家商业银行的营业场所开立一个办理日常转账结算和现金收付的账户，这种账户不属于（　　）。

A. 基本账户　　B. 临时账户

C. 一般账户　　D. 专用账户

9. 具有下列哪些情形之一，不得担任商业银行的高级管理人员？（　　）

A. 因犯有贪污、贿赂、侵占财产、挪用财产罪或者破坏社会经济秩序罪，被判处刑罚的

B. 因犯罪被剥夺政治权利的

C. 担任因经营不善破产清算的公司、企业董事或者厂长、经理的

D. 个人所负债务数额巨大的

10. 下列哪些方面的情况是银行业监督管理机构应当责令银行业金融机构如实向社会公众披露的重大事项？（　　）（司考改编）

A. 财务会计报告

B. 风险管理状况

C. 控股股东转让股份

D. 董事和高级管理人员的变更

11. 与《企业破产法》的规定相比较，《商业银行法》对商业银行破产的规定有哪些特殊之处？（　　）（司考改编）

A. 仅以不能清偿到期债务为破产原因

B. 破产宣告前须经国务院银行业监督管理机构同意

C. 清算组成员须包括国务院银行业监督管理机构的人员

D. 破产清算时应优先支付个人储蓄存款的本息

12. 商业银行出现下列哪些行为时，中国人民银行有权建议银行业监督管理机构责令停业整顿或吊销经营许可证？（　　）（司考改编）

A. 未经批准分立、合并的

B. 未经批准发行、买卖金融债券的

C. 提供虚假财务报告、报表和统计报表的

D. 违反规定同业拆借的

13. 银行业监督管理机构依法对银行业金融机构进行检查时，经设区的市一级以上银行业监督管理机构负责人批准，可以对与涉嫌违法事项有关的单位和个人采取下列哪些措施？（　　）（司考改编）

A. 询问有关单位或者个人，要求其对有关情况作

出说明

B. 查阅、复制有关财务会计、财产权登记等文件与资料

C. 对涉嫌转移或者隐匿违法资金的账户予以冻结

D. 对可能被转移、隐匿、毁损或者伪造的文件与资料予以先行登记保存

14. 某市商业银行2020年通过实现抵押权取得某大楼的所有权，2023年卖出该楼获利颇丰。2024年该银行决定修建自用办公楼，并决定入股某知名房地产企业。该银行的下列哪些做法是合法的？（ ）（司考改编）

A. 2020年实现抵押权取得该楼所有权

B. 2023年出售该楼

C. 2024年修建自用办公楼

D. 2024年入股某房地产企业

15. 某商业银行对其资金管理作出了一系列安排，包括向各分支机构拨付相关运营资金、调整流动性比例、处分抵押物及拆入资金等。下列哪些行为不符合法律规定？（ ）（法考改编）

A. 规定本行的流动性资产余额与流动性负债余额的比例不得低于35%

B. 为扩大经营规模，拨付给各分支行的营运资金综合为总行资金的65%

C. 因行使抵押权取得的商品房，规定应当自取得之日起2年内予以处分

D. 规定可以利用拆入的资金发放固定资产贷款，但不得用于投资

16. 下列属于国家金融监督管理总局职责的是？（ ）

A. 对金融控股公司的日常监管

B. 金融消费者保护

C. 投资者保护

D. 对银行业的行为监管

17. 甲银行向某房地产商贷款，但该房地产商无法按时还款，于是甲银行便利用同业拆借取得资金，然后再将取得的资金贷给该房地产商还息。后甲银行经营不佳，资金枯竭无力运转，发生信用危机。对此，下列说法正确的有（ ）。（法考改编）

A. 由中国人民银行决定接管甲银行

B. 由国家金融监督管理总局组织接管甲银行

C. 中国人民银行可对甲银行罚款

D. 中国人民银行可对甲银行处以暂停部分业务的处罚

简答题

1. 简述金融法的调整对象。

2. 简答《中国人民银行法》对中国人民银行职责范围的规定。

3. 中国人民银行在执行货币政策时可以采用哪些货币政策工具？（西南政法大学考研）

4. 简述中国人民银行的性质及主要的法定业务。（中国人民大学考研）

5. 简述商业银行的经营原则有哪些。（中国政法大学考研）

6. 简述金融企业与一般公司设立制度的异同。（中国政法大学考研；中国人民大学考研）

7. 简述商业银行资本充足管理制度。（武汉大学考研）

8. 简述我国《商业银行法》就防范信用风险所作的主要规定。（武汉大学考研）

9. 简述巴塞尔新资本协议确定的三大支柱的主要内容。（中国人民大学考研）

10. 简述资本项目自由化的主要内容。（武汉大学考研）

11. 简述银行业监督管理机构的监督管理职责。（中国人民大学考研）

12. 简述中国人民银行和商业银行的关系。（中国政法大学考研）

13. 简述商业银行的设立条件和程序。（中国政法大学考研）

论述题与深度思考题

论商业银行为储户的保密义务。（北京大学考研）

参考答案

名词解释与概念比较

1. 金融法的概念有广义和狭义之分。广义的金融法是指调整在全社会货币资金的筹集、分配、融通、

使用和管理活动中产生的所有经济关系的法律规范的总和，其调整对象的范围包括资金的财政分配和银行分配关系，还包括非银行金融机构、产业企业等经济组织以及自然人的资金在有偿筹集和使用中所发生的经济关系。狭义的金融法是指调整货币流通和社会信用活动中发生的经济关系的法律规范系统。一般而言，我们更经常使用的是狭义金融法的概念。

2. 金融监管、调控关系和金融业务关系是金融法的调整对象。其中，金融监管、调控关系是指国家金融监管、调控部门（包括中国人民银行、国家外汇管理局、国家金融监督管理总局、中国证券监督管理委员会等）在组织和管理全国的金融事业和对金融市场的监管、调控过程中形成的经济监督管理关系。金融业务关系，或称“金融交易关系”，是指银行和其他非银行金融机构在法律、法规允许的范围内从事相应业务活动而与其他金融主体之间发生的平等主体间的经济关系。

3.《商业银行法》第 2 条规定，本法所称的商业银行，是指依照本法和《公司法》设立的吸收公众存款、发放贷款、办理结算等业务的企业法人。我国的商业银行实行自主经营、自担风险、自负盈亏、自我约束，是经营货币金融业务的机构和特殊企业，它依法开展业务，不受任何单位和个人的干涉，并以其全部法人财产独立承担民事责任。

4. 根据基金是否可以赎回，证券投资基金可分为开放式基金和封闭式基金。开放式基金是指基金份额总额不固定，基金份额可以在基金合同约定的时间和场所申购或者赎回的基金。封闭式基金是指经核准的基金份额总额在基金合同期限内固定不变，基金份额可以在依法设立的证券交易场所交易，但基金份额持有人不得申请赎回的基金。两者的区别主要体现在：从基金规模来看，封闭式基金的规模相对而言是固定的，在封闭期限内未经法定程序许可，不能再增加发行，而开放式基金的规模是处于变化之中的，没有规模限制；从基金的期限来看，封闭式基金一般有明确的存续期限，而开放式基金一般没有固定期限，投资者可随时向基金管理人赎回基金单位；从基金单位的交易方式来看，封闭式基金单位的流通采取在证券交易所上市的办法，投资者买卖基金单位是以通过证券经纪商在二级市场上进行竞价交易的方式进行的，而开放式基金的交易方式是在首次发行结束一段时间后投资者通过向基金管理人或者中介机构提出申购或赎回申请的方式进行买卖；从基金单位的买卖价格形成方式来看，封闭式基金的买卖价格并不必然反映基金的净资产值，受市场供求关系的影响，常出现溢价或折价现象，而开放式基金的交易价格主要取决于基金每单位净资产值的大小，不直接受市场供求的影响；从基金投资运作的角度来看，封闭式基金的基金管理公司可以制定一些长期的投资策略与规划，而开放式基金为应付投资者随时赎回基金单位的要求，必须保持基金资产的流动性，要有一部分以现金资产的形式保存，而不能全部用来投资或全部进行长线投资。

（参考资料：《开放式基金与封闭式基金的区别》，载《上海证券报》，2001－12－13）

5. 国际商业贷款是指境内机构以商业性条件在国际金融市场筹措，并以外国货币承担契约性偿还义务的资金。国际商业贷款包括外国商业银行（机构）贷款、出口信贷，发行境外外币债券、大额可转让存单和中期票据等股票以外的有价证券，国际融资租赁，以现汇方式偿还的补偿贸易、项目融资、海外存款及其他形式的商业性融资。

6. 商业银行法是调整商业银行组织关系和经营业务关系的法律规范系统。1995 年 5 月 10 日第八届全国人大常委会第十三次会议通过的《商业银行法》是商业银行的基本法。2003 年 12 月 27 日第十届全国人大常委会第六次会议通过《关于修改〈中华人民共和国商业银行法〉的决定》，对该法作了修改。2015 年 8 月 29 日第十二届全国人大常委会第十六次会议通过《关于修改〈中华人民共和国商业银行法〉的决定》，对该法进行第二次修正。《商业银行法》明确规定了商业银行的设立条件、组织机构、对存款人的保护、贷款和其他业务的基本规则、财务会计、监督管理、接管与终止等内容，为我国商业银行的健康发展提供了法律保证。

7. 银行业监督法是调整银行业监督管理关系的法律规范系统。2003 年 12 月 27 日第十届全国人大常委会第六次会议通过并于 2004 年 2 月 1 日起施行的《银行业监督管理法》（2006 年 10 月修正），是我国对银行业实行监督管理的主要法律依据。该法明确规定了银行业监督管理的宗旨和原则，规定了银行业监督管理机构、监督管理职责、监督管理措施和法律责任等。

8. 资本充足率（Capital Adequacy Ratio，CAR）

也称资本风险（加权）资产率，是指资本总额与加权风险资产总额的比例。各国金融管理当局一般都对商业银行资本充足率实施管制，规定该项指标的目的在于抑制风险资产的过度膨胀，保护存款人和其他债权人的利益，保证银行等金融机构正常运营和发展。资本充足率有不同的口径，主要比率有资本对存款的比率、资本对负债的比率、资本对总资产的比率、资本对风险资产的比率等。作为国际银行监督管理基础的《巴塞尔协议》规定，资本充足率以资本对风险加权资产的比率来衡量，其目标标准比率为8%。

9. 再贴现是商业银行及其他金融机构以买入的未到期的贴现票据向中央银行办理的再次贴现，是中央银行执行货币政策的重要手段之一。在再贴现过程中，中央银行根据执行货币政策的需要，买进商业银行等持有的未到期票据，让渡现实货币；商业银行等则为解决资金短缺而出让已贴现票据。所以，再贴现是商业银行及其他金融机构与中央银行之间的票据买卖和资金让渡的过程，是商业银行和其他金融机构向中央银行融通资金的重要方式，还可以起到扩张或收缩社会信用的作用。

10. 内幕交易是指证券交易内幕信息的知情人和非法获得内幕信息的人，在内幕信息公开前，买卖该公司的证券，或者泄露该信息，或者建议他人买卖该公司的证券，以不正当地获取利益或避免损失的行为。内幕交易行为人利用其特殊地位或机会获取内幕信息进行证券交易，违反了证券市场“公开、公平、公正”的原则，侵犯了投资公众的平等知情权和财产权益，扰乱了证券市场秩序，因而为各国法律所普遍禁止。

11. 资本项目，是指国际收支中因资本输出和输入而产生的资产与负债的增减项目。这包括直接投资类、各类贷款、证券投资等。

12. 外汇管理，又称外汇管制，是指一个国家为了维护本国国际收支的平衡和汇价水平的稳定，对外汇的收付、买卖、借贷、转移，对本国货币的汇率和外汇市场的活动实行的一整套管理措施，总而言之，是对外汇资金的收支或经营管理活动实行一定限制的管理的法律制度。各国根据各自的政策实行不同程度的外汇管理，或严格，或宽松，甚至几乎不做任何管理，允许外汇自由兑换、买卖。外汇管理的目的或作用，大体上有维持国际收支平衡、保持本国货币汇率的基本稳定、保护本国的贸易和经济等。外汇管理法是调整外汇管理过程中产生的社会关系的法律规范的总称，即外汇管理法律制度的总称。

13. 公开市场操作是指中央银行在金融市场上买卖有价证券和外汇的活动。它是中央银行的一项主要业务，是货币政策的一种基本工具，中央银行买进或卖出有价证券或外汇意味着进行基础货币的吞吐，可以达到增加或减少货币供应量的目的。同时，中央银行买卖国债可以影响国债供求，影响国债利率，从而间接影响商业银行利率。公开市场操作有其独特的优势：一是公开性和平等性，二是灵活性，三是主动性，四是结构调整性。公开市场操作是发达市场经济国家主要的货币政策操作工具之一，也是中央银行调节商业银行流动性的主要手段之一。

14. 基准利率是指中国人民银行对商业银行及其他金融机构的存、贷款利率，又称法定利率。基准利率是整个金融市场和利率体系的核心，处于关键地位、起基础性作用，它的变化决定了其他各种利率的变化。

15. 存款准备金制度是指中央银行依据法律所赋予的权力，要求商业银行和其他金融机构按规定的比率在其吸收的存款总额中提取一定的金额缴存中央银行，并借以间接地对社会货币供应量进行控制的制度。提取的金额被称为存款准备金，准备金占存款总额的比率被称为存款准备金率或者存款准备金比率。存款准备金制度包括两个方面：一是法定准备金，二是超额准备金。

选择题

（一）单项选择题

1. A。《商业银行法》第39条规定：“商业银行贷款，应当遵守下列资产负债比例管理的规定：（一）资本充足率不得低于百分之八；（二）流动性资产余额与流动性负债余额的比例不得低于百分之二十五；（三）对同一借款人的贷款余额与商业银行资本余额的比例不得超过百分之十；（四）国务院银行业监督管理机构对资产负债比例管理的其他规定。本法施行前设立的商业银行，在本法施行后，其资产负债比例不符合前款规定的，应当在一定的期限内符合前款规定。具体办法由国务院规定。”因此本题选A项。

2. A。本题考查的是商业银行的接管制度。根据《银行业监督管理法》可知：（1）接管的条件：银行业金融机构（包括商业银行）已经或者可能发生信用危机，严重影响存款人（以及其他客户）的利益。该法第 38 条规定，在发生上述情况时，除了接管方式，还包括促成机构重组的方式。（2）接管的目的：对被接管的商业银行采取必要措施，以保护存款人的利益，恢复商业银行的正常经营能力。（3）接管的程序：接管商业银行的决定，由国务院银行业监督管理机构作出。因此本题 A 项错在“信用危机必须已经发生”，还应当包括“可能发生信用危机”的情况，同理，B 项表述正确。而根据《银行业监督管理法》第 38 条——“银行业金融机构已经或者可能发生信用危机，严重影响存款人和其他客户合法权益的，国务院银行业监督管理机构可以依法对该银行业金融机构实行接管或者促成机构重组，接管和机构重组依照有关法律和国务院的规定执行”，C、D 项表述正确。

3. B。《银行业监督管理法》第 4 条规定，银行业监督管理机构对银行业实施监督管理，应当遵循依法、公开、公正和效率的原则。

4. C。本题考查商业银行贷款规则。商业银行贷款有两个重要考点：（1）“人情贷”问题，即商业银行向关系人贷款必须提供担保，且向关系人发放担保贷款的条件不得优于其他借款人同类贷款的条件。至于关系人的范围，具体见《商业银行法》第 40 条。（2）不良贷款问题。《贷款通则》中规定的不良贷款包括“呆账贷款、呆滞贷款和逾期贷款”，即“一逾两呆”。贷款人应当按照国家规定提取呆账准备金，并按规定的条件和程序冲销呆账贷款。未经国务院批准，贷款人不得豁免贷款。

本题 A 项错在“口头形式”。《商业银行法》第 37 条规定：“商业银行贷款，应当与借款人订立书面合同。合同应当约定贷款种类、借款用途、金额、利率、还款期限、还款方式、违约责任和双方认为需要约定的其他事项。”B 项为概念错误，应属于“逾期贷款”。呆账贷款、呆滞贷款和逾期贷款均属于不良贷款，三者区分如下：呆账贷款是指按财政部有关规定确认为无法偿还，而列为呆账的贷款；呆滞贷款是指按财政部有关规定，逾期（含展期后到期）超过规定年限以上仍未归还的贷款，或虽未逾期或逾期不满规定年限但生产经营已经终止、项目已经停建的贷款（不含呆账贷款）；逾期贷款是指借款合同约定到期（含展期后到期）未归还的贷款（不含呆滞贷款和呆账贷款）。D 项考查“人情贷”，也就是向关系人发放贷款的规则。《商业银行法》第 40 条第 1 款规定：“商业银行不得向关系人发放信用贷款；向关系人发放担保贷款的条件不得优于其他借款人同类贷款的条件。”

5. C。《银行业监督管理法》第 26 条规定，国务院银行业监督管理机构对中国人民银行提出的检查银行业金融机构的建议，应当自收到建议之日起 30 日内予以回复。

6. C。《中国人民银行法》第 2 条规定：中国人民银行是中华人民共和国的中央银行。中国人民银行在国务院领导下，制定和执行货币政策，防范和化解金融风险，维护金融稳定。该法第 7 条规定，中国人民银行在国务院领导下依法独立执行货币政策，履行职责，开展业务，不受地方政府、各级政府部门、社会团体和个人的干涉。因此，本题应选 C 项。

7. A。《商业银行法》第 74 条规定，商业银行有下列情形之一，由国务院银行业监督管理机构责令改正，有违法所得的，没收违法所得，违法所得 50 万元以上的，并处违法所得 1 倍以上 5 倍以下罚款；没有违法所得或者违法所得不足 50 万元的，处 50 万元以上 200 万元以下罚款；情节特别严重或者逾期不改正的，可以责令停业整顿或者吊销其经营许可证；构成犯罪的，依法追究刑事责任：（1）未经批准设立分支机构的……（4）出租、出借经营许可证的；（5）未经批准买卖、代理买卖外汇的……《商业银行法》第 77 条规定：商业银行有下列情形之一，由中国人民银行责令改正……（1）拒绝或者阻碍中国人民银行检查监督的；（2）提供虚假的或者隐瞒重要事实的财务会计报告、报表和统计报表的；（3）未按照中国人民银行规定的比例交存存款准备金的。题中 B、C、D 三项都是专属于国务院银行业监督管理机构的职权，而对于提供虚假财务报告的行为，中央银行和国务院银行业监督管理机构都有权查处。

8. A。《商业银行法》第 71 条第 2 款规定，商业银行破产清算时，在支付清算费用、所欠职工工资和劳动保险费用后，应当优先支付个人储蓄存款的本金和利息。因此 A 项正确。

9. C。C 选项错误，“发放有担保的短期固定资产贷款”，即使是“有担保”，“短期”也不可。这是因为《商业银行法》第 46 条第 1 款明确规定，“禁止利用拆入资金发放固定资产贷款或者用于投资”。其他选项均合法。参见《商业银行法》第46条的规定。

10. A。《商业银行法》规定：商业银行不得向关系人发放信用贷款；向关系人发放担保贷款的条件不得优于其他借款人同类贷款的条件。前款所称关系人是指：（1）商业银行的董事、监事、管理人员、信贷业务人员及其近亲属；（2）前项所列人员投资或者担任高级管理职务的公司、企业和其他经济组织。因此A项正确。

11. D。《银行业监督管理法》规定：国务院银行业监督管理机构应当建立银行业突发事件的发现、报告岗位责任制度。银行业监督管理机构发现可能引发系统性银行业风险、严重影响社会稳定的突发事件的，应当立即向国务院银行业监督管理机构负责人报告；国务院银行业监督管理机构负责人认为需要向国务院报告的，应当立即向国务院报告，并告知中国人民银行、国务院财政部门等有关部门。因此D项正确。

12. A。《银行业监督管理法》第2条规定："国务院银行业监督管理机构负责对全国银行业金融机构及其业务活动监督管理的工作。本法所称银行业金融机构，是指在中华人民共和国境内设立的商业银行、城市信用合作社、农村信用合作社等吸收公众存款的金融机构以及政策性银行。对在中华人民共和国境内设立的金融资产管理公司、信托投资公司、财务公司、金融租赁公司以及经国务院银行业监督管理机构批准设立的其他金融机构的监督管理，适用本法对银行业金融机构监督管理的规定。国务院银行业监督管理机构依照本法有关规定，对经其批准在境外设立的金融机构以及前二款金融机构在境外的业务活动实施监督管理。"因此正确的选项是A。

13. D。《银行业监督管理法》第16条规定："国务院银行业监督管理机构依照法律、行政法规规定的条件和程序，审查批准银行业金融机构的设立、变更、终止以及业务范围。"第17条规定："申请设立银行业金融机构，或者银行业金融机构变更持有资本总额或者股份总额达到规定比例以上的股东的，国务院银行业监督管理机构应当对股东的资金来源、财务状况、资本补充能力和诚信状况进行审查。"第18条规定："银行业金融机构业务范围内的业务品种，应当按照规定经国务院银行业监督管理机构审查批准或者备案。需要审查批准或者备案的业务品种，由国务院银行业监督管理机构依照法律、行政法规作出规定并公布。"而根据《中国人民银行法》第23条的规定，存款准备金的接收属于中国人民银行的职责。因此符合题意的是选项D。

14. A。根据2023年《党和国家机构改革方案》，本次改革组建国家金融监督管理总局，统一负责除证券业之外的金融业监管，强化机构监管、行为监管、功能监管、穿透式监管、持续监管，统筹负责金融消费者权益保护，加强风险管理和防范处置，依法查处违法违规行为，作为国务院直属机构。

15. A。2023年《党和国家机构改革方案》明确，深化地方金融监管体制改革，建立以中央金融管理部门地方派出机构为主的地方金融监管体制，统筹优化中央金融管理部门地方派出机构设置和力量配备。地方政府设立的金融监管机构专司监管职责，不再加挂金融工作局、金融办公室等牌子。

16. B。《商业银行法》第71条规定："商业银行不能支付到期债务，经国务院银行业监督管理机构同意，由人民法院依法宣告其破产。商业银行被宣告破产的，由人民法院组织国务院银行业监督管理机构等有关部门和有关人员成立清算组，进行清算。商业银行破产清算时，在支付清算费用、所欠职工工资和劳动保险费用后，应当优先支付个人储蓄存款的本金和利息。"

《企业破产法》第113条规定："破产财产在优先清偿破产费用和共益债务后，依照下列顺序清偿：（一）破产人所欠职工的工资和医疗、伤残补助、抚恤费用，所欠的应当划入职工个人账户的基本养老保险、基本医疗保险费用，以及法律、行政法规规定应当支付给职工的补偿金；（二）破产人欠缴的除前项规定以外的社会保险费用和破产人所欠税款；（三）普通破产债权。破产财产不足以清偿同一顺序的清偿要求的，按照比例分配。破产企业的董事、监事和高级管理人员的工资按照该企业职工的平均工资计算。"

《银行业监督管理法》第40条规定："在接管、机构重组或者撤销清算期间，经国务院银行业监督管理机构负责人批准，对直接负责的董事、高级管理人员和其他直接责任人员，可以采取下列措施：（一）直接负责的董事、高级管理人员和其他直接责任人员出境将对国家利益造成重大损失的，通知出境管理机关依法阻止其出境；（二）申请司法机关禁止其转移、转让财产或者对其财产设定其他权利。"

《税收征收管理法》第52条第2款规定："因纳税

人、扣缴义务人计算错误等失误，未缴或者少缴税款的，税务机关在三年内可以追征税款、滞纳金；有特殊情况的，追征期可以延长到五年。”

综上所述，税款并不能被优先清偿，A项错误；商业银行在撤销清算期间，其董事长可被限制资产处分，但此措施需要申请司法机关采取，B项正确；因为纳税人、银行自身的计算错误未缴税款，一般情况税务机关3年内可以追征税款并加收滞纳金，C项错误；罚款并不属于债权，不能进行债权申报，所以在破产清算中，罚款无法得到清偿，D项错误。

17. B。《银行业监督管理法》第41条规定：“经国务院银行业监督管理机构或者其省一级派出机构负责人批准，银行业监督管理机构有权查询涉嫌金融违法的银行业金融机构及其工作人员以及关联行为人的账户；对涉嫌转移或者隐匿违法资金的，经银行业监督管理机构负责人批准，可以申请司法机关予以冻结。”本题中，马某违规放贷且违法转移资金，金融监管部门可以申请司法机关对其账户予以冻结，但牛某未参与违法放贷，故不能冻结牛某账户，A项错误。《银行业监督管理法》第37条第1款第2项规定：“银行业金融机构违反审慎经营规则的，国务院银行业监督管理机构或者其省一级派出机构应当责令限期改正；逾期未改正的，或者其行为严重危及该银行业金融机构的稳健运行、损害存款人和其他客户合法权益的，经国务院银行业监督管理机构或者其省一级派出机构负责人批准，可以区别情形，采取下列措施：……（二）限制分配红利和其他收入；……”本题中，银行信贷经理马某违规放贷，违反了审慎经营规则，故金融监管部门可以限制银行股东的利润分配，B项正确。《银行业监督管理法》第40条第2款规定：“在接管、机构重组或者撤销清算期间，经国务院银行业监督管理机构负责人批准，对直接负责的董事、高级管理人员和其他直接责任人员，可以采取下列措施：（一）直接负责的董事、高级管理人员和其他直接责任人员出境将对国家利益造成重大损失的，通知出境管理机关依法阻止其出境；（二）申请司法机关禁止其转移、转让财产或者对其财产设定其他权利。”本题中，银行已进入清算程序，马某作为信贷经理属于直接责任人员，金融监管部门应当通知出境管理机关依法阻止其出境，而不能直接作出决定，D项错误。对于马某处分个人财产的行为，金融监管部门应当向司法机关申请禁止马某行使该权利，也不能直接作出决定，C项错误。因此，本题答案为B项。

（二）多项选择题

1. ABD。本题考查的是商业银行分支机构。《民法典》第74条规定：“法人可以依法设立分支机构。法律、行政法规规定分支机构应当登记的，依照其规定。分支机构以自己的名义从事民事活动，产生的民事责任由法人承担；也可以先以该分支机构管理的财产承担，不足以承担的，由法人承担。”分支机构不是独立的法人，总行对其统一核算，分支机构对外先以自己经营管理的财产承担民事责任，不足部分由总行承担，因此C项表述正确，不当选。《商业银行法》第19条规定：“商业银行根据业务需要可以在中华人民共和国境内外设立分支机构。设立分支机构必须经国务院银行业监督管理机构审查批准。在中华人民共和国境内的分支机构，不按行政区划设立。商业银行在中华人民共和国境内设立分支机构，应当按照规定拨付与其经营规模相适应的营运资金额。拨付各分支机构营运资金额的总和，不得超过总行资本金总额的百分之六十。”因此A、D项错误，当选。B项属于明显错误的表述：关于商业银行设立、合并、分立解散、接管破产、设立分支机构等行政事务均需要经过国务院银行业监督管理机构审批。所以B项“经地方政府批准即可设立”明显不合法。

2. BC。《商业银行法》第46条规定：同业拆借，应当遵守中国人民银行的规定。禁止利用拆入资金发放固定资产贷款或者用于投资。拆出资金限于交足存款准备金、留足备付金和归还中国人民银行到期贷款之后的闲置资金。拆入资金用于弥补票据结算、联行汇差头寸的不足和解决临时性周转资金的需要。而2015年修正的《商业银行法》没有规定同行拆借期限。因此本题应选B、C项。

3. CD。《商业银行法》第69条第1款规定：商业银行因分立、合并或者出现公司章程规定的解散事由需要解散的，应当向国务院银行业监督管理机构提出申请，并附解散的理由和支付存款的本金和利息等债务清偿计划。经国务院银行业监督管理机构批准后解散。第71条第1款规定：商业银行不能支付到期债务，经国务院银行业监督管理机构同意，由人民法院依法宣告其破产。因此，接管程序不是商业银行解散或者破产的必经程序。法律并未规定实行接管后商业银行的债权、债务由接管组织概括承受。因此选项A、B错误。《商业银行法》第66条规定：接管自接管决定实施之日起开始。自接管开始之日起，由接管组织行使商业银行的经营管理权力。第67条规定：接管期限届满，国务院银行业监督管理机构可以决定延期，但接管期限最长不得超过2年。因此C、D项正确。

4. AC。本题考点为商业银行违反审慎经营规则的整改措施。《银行业监督管理法》第37条规定："银行业金融机构违反审慎经营规则的，国务院银行业监督管理机构或者其省一级派出机构应当责令限期改正；逾期未改正的，或者其行为严重危及该银行业金融机构的稳健运行、损害存款人和其他客户合法权益的，经国务院银行业监督管理机构或者其省一级派出机构负责人批准，可以区别情形，采取下列措施：（一）责令暂停部分业务、停止批准开办新业务；（二）限制分配红利和其他收入；（三）限制资产转让；（四）责令控股股东转让股权或者限制有关股东的权利；（五）责令调整董事、高级管理人员或者限制其权利；（六）停止批准增设分支机构。银行业金融机构整改后，应当向国务院银行业监督管理机构或者其省一级派出机构提交报告。国务院银行业监督管理机构或者其省一级派出机构经验收，符合有关审慎经营规则的，应当自验收完毕之日起三日内解除对其采取的前款规定的有关措施。"根据法条列出的措施可知，A、C项正确。

5. BC。我国商业银行法对商业银行贷款作出专门规定，包括要求对借款人的借款用途、偿还能力、还款方式等情况实行严格审查，并要求借款人提供担保等。虽然商业银行贷款要经过严格的审查程序，但也有可能发生收不回贷款的情形。《贷款通则》第34条规定：不良贷款系指呆账贷款、呆滞贷款、逾期贷款。呆账贷款系指按财政部有关规定列为呆账的贷款。呆滞贷款系指按财政部有关规定逾期（含展期后到期）超过规定年限以上仍未归还的贷款，或虽未逾期或逾期不满规定年限但生产经营已终止、项目已停建的贷款（不含呆账贷款）。逾期贷款系指借款合同约定到期（含展期后到期）未归还的贷款（不含呆滞贷款和呆账贷款）。根据该规定，逾期的不良贷款必须是超过延展期仍不能归还的贷款，选项A中的延展期未到，不属于不良贷款。选项D中的固定资产贷款，因已按规定以呆账准备金予以冲销，也不得列为不良贷款。正确答案应当是B、C项。

6. ABD。本题选项A、D考查国务院银行业监督管理机构审批事项。具体而言，国务院银行业监督管理机构审批、同意事项为：（1）审查批准商业银行的分立、合并（《商业银行法》第25条）。（2）任何单位和个人购买商业银行股份总额5%以上的，应当事先经国务院银行业监督管理机构批准（《商业银行法》第28条）。（3）更换董事、高级管理人员时，应当报经国务院银行业监督管理机构审查其任职资格（《商业银行法》第24条第2款）。（4）商业银行有下列变更事项之一的，应当经国务院银行业监督管理机构批准：1）变更名称；2）变更注册资本；3）变更总行或者分支行所在地；4）调整业务范围；5）变更持有资本总额或者股份总额5%以上的股东；6）修改章程；7）国务院银行业监督管理机构规定的其他变更事项……（《商业银行法》第24条第1款）

B项正确、C项错误，因为我国商业银行的组织形式为有限责任公司、股份有限公司，所以商业银行的分立、合并、组织形式、组织机构适用《公司法》。《商业银行法》第25条第1款规定，商业银行的分立、合并，适用《公司法》的规定。第17条第1款规定，商业银行的组织形式、组织机构适用《公司法》的规定。

7. ABD。《商业银行法》第13条第1款中规定，设立城市商业银行的注册资本最低限额为1亿元人民币，注册资本应当是实缴资本。所以，选项A、B正确。《商业银行法》第19条第1款中规定，商业银行在境内设立分支机构，必须经国务院银行业监督管理机构审查批准。故C项错误。《商业银行法》第23条第2款规定，商业银行及其分支机构自取得营业执照之日起无正当理由超过6个月未开业的，或者开业后自行停业连续6个月以上的，由国务院银行业监督管理机构吊销其经营许可证，并予以公告。故选项D正确。

8. BCD。《商业银行法》第48条第1款规定，企业事业单位可以自主选择一家商业银行的营业场所开立一个办理日常转账结算和现金收付的基本账户，不得开立两个以上基本账户。题干所指的是A"基本账户"。故其他选项错误，当选。

9. AB。《商业银行法》第27条规定，有下列情形之一的，不得担任商业银行的董事、高级管理人员：（1）因犯有贪污、贿赂、侵占财产、挪用财产罪或者破坏社会经济秩序罪，被判处刑罚，或者因犯罪被剥夺政治权利的；（2）担任因经营不善破产清算的公司、企业的董事或者厂长、经理，并对该公司、企业的破产负有个人责任的；（3）担任因违法被吊销营业执照的公司、企业的法定代表人，并负有个人责任的；（4）个人所负数额较大的债务到期未清偿的。

注意，C项的情形需要“负有个人责任”，D项的情形需要“到期未清偿”。

10. ABD。根据《银行业监督管理法》的规定，银行业监督管理机构应当责令银行业金融机构按照规定，如实向社会公众披露财务会计报告、风险管理状况、董事和高级管理人员变更以及其他重大事项等信息。

11. ABCD。《商业银行法》规定：商业银行不能支付到期债务，经国务院银行业监督管理机构同意，由人民法院依法宣告其破产。商业银行被宣告破产的，由人民法院组织国务院银行业监督管理机构等有关部门和有关人员成立清算组，进行清算。商业银行破产清算时，在支付清算费用、所欠职工工资和劳动保险费用后，应当优先支付个人储蓄存款的本金和利息。因此，以上A、B、C、D四项都是正确的。

12. CD。《商业银行法》第76条规定：商业银行有下列情形之一，由中国人民银行责令改正，有违法所得的，没收违法所得，违法所得50万元以上的，并处违法所得1倍以上5倍以下罚款；没有违法所得或者违法所得不足50万元的，处50万元以上200万元以下罚款；情节特别严重或者逾期不改正的，中国人民银行可以建议国务院银行业监督管理机构责令停业整顿或者吊销其经营许可证；构成犯罪的，依法追究刑事责任：（1）未经批准办理结汇、售汇的；（2）未经批准在银行间债券市场发行、买卖金融债券或者到境外借款的；（3）违反规定同业拆借的。第77条规定：商业银行有下列情形之一，由中国人民银行责令改正，并处20万元以上50万元以下罚款；情节特别严重或者逾期不改正的，中国人民银行可以建议国务院银行业监督管理机构责令停业整顿或者吊销其经营许可证；构成犯罪的，依法追究刑事责任：（1）拒绝或者阻碍中国人民银行检查监督的；（2）提供虚假的或者隐瞒重要事实的财务会计报告、报表和统计报表的；（3）未按照中国人民银行规定的比例交存存款准备金的。因此正确答案是C、D项。

13. ABD。《银行业监督管理法》第42条规定：银行业监督管理机构依法对银行业金融机构进行检查时，经设区的市一级以上银行业监督管理机构负责人批准，可以对与涉嫌违法事项有关的单位和个人采取下列措施：（1）询问有关单位或者个人，要求其对有关情况作出说明；（2）查阅、复制有关财务会计、财产权登记等文件、资料；（3）对可能被转移、隐匿、毁损或者伪造的文件、资料，予以先行登记保存。银行业监督管理机构采取前款规定措施，调查人员不得少于2人，并应当出示合法证件和调查通知书；调查人员少于2人或者未出示合法证件和调查通知书的，有关单位或者个人有权拒绝。对依法采取的措施，有关单位和个人应当配合，如实说明有关情况并提供有关文件、资料，不得拒绝、阻碍和隐瞒。因此正确的选项是A、B、D项。

14. AC。本题考查对相关法条的记忆。《商业银行法》第43条规定：“商业银行在中华人民共和国境内不得从事信托投资和证券经营业务，不得向非自用不动产投资或者向非银行金融机构和企业投资，但国家另有规定的除外。”因此D项错误。该法第42条规定：“借款人应当按期归还贷款的本金和利息。借款人到期不归还担保贷款的，商业银行依法享有要求保证人归还贷款本金和利息或者就该担保物优先受偿的权利。商业银行因行使抵押权、质权而取得的不动产或者股权，应当自取得之日起二年内予以处分。借款人到期不归还信用贷款的，应当按照合同约定承担责任。”因此B项错误之处为“3年”，应当是在2年内处分。

15. BD。A选项符合，不当选。《商业银行法》第39条第1款第2项规定，流动性资产余额与流动性负债余额的比例≥25%。B选项不符合，当选。《商业银行法》第19条第2款规定，拨付给各分支机构营运资金额的总和，不得超过总行资本金总额的60%。C选项符合，不当选，《商业银行法》第42条第2款规定，商业银行因行使抵押权、质权而取得的不动产或者股权，应当自取得之日起2年内予以处分。D选项不符合，当选。《商业银行法》第46条第1款中规定，禁止利用拆入资金发放固定资产贷款或者用于投资。

16. ABCD。根据2023年《党和国家机构改革方案》，国家组建国家金融监督管理总局。统一负责除证券业之外的金融业监管，强化机构监管、行为监管、功能监管、穿透式监管、持续监管，统筹负责金融消费者权益保护，加强风险管理和防范处置，依法查处违法违规行为，作为国务院直属机构。国家金融监督管理总局在中国银行保险监督管理委员会基础上组建，将中国人民银行对金融控股公司等金融集团的日常监管职责、有关金融消费者保护职责，中国证券监督管理委员会的投资者保护职责划入国家金融监督管理总局。

17. BC。《商业银行法》第 64 条规定："商业银行已经或者可能发生信用危机，严重影响存款人的利益时，国务院银行业监督管理机构可以对该银行实行接管……"据此，接管由国务院银行业监督管理机构（即国家金融监督管理总局）决定，A 项错误，B 项正确。《商业银行法》第 46 条第 2 款规定："……拆入资金用于弥补票据结算、联行汇差头寸的不足和解决临时性周转资金的需要。"该法第 76 条中规定："商业银行有下列情形之一，由中国人民银行责令改正，有违法所得的，没收违法所得，违法所得五十万元以上的，并处违法所得一倍以上五倍以下罚款；没有违法所得或者违法所得不足五十万元的，处五十万元以上二百万元以下罚款；情节特别严重或者逾期不改正的，中国人民银行可以建议国务院银行业监督管理机构责令停业整顿或者吊销其经营许可证；构成犯罪的，依法追究刑事责任：……（三）违反规定同业拆借的。"本题中，甲银行将拆入资金贷给房地产商还息的行为严重违法违规，故中国人民银行可对其进行罚款，C 项正确。而至于暂停部分业务这一处罚措施，于法无据，D 项错误。因此，本题答案为 B、C 项。

简答题

1. 金融法的调整对象是指金融法律规范的效力所涉及的社会关系的范围。金融法的调整对象具有以下特点：(1) 主体：以金融机构作为一方活动主体；(2) 内容：它是以金融活动为内容的社会关系；(3) 它是具体的现实存在的社会关系；(4) 金融法的调整对象具有纵横交错、内外结合的特点。[①] 金融法的调整对象可以分为金融管理关系、金融业务关系和金融机构或金融组织的内部关系。金融管理关系是指国家金融主管机关对金融业进行监督、管理和宏观调控过程中所发生的社会关系。金融业务关系是指金融机构之间以及它们与客户之间在经营货币和信用业务活动中发生的经济关系。金融机构或金融组织的内部关系是指在金融机构内部各单位之间所发生的组织管理关系和经营协作关系。

2.《中国人民银行法》第 4 条规定，中国人民银行履行下列职责：（1）发布与履行其职责有关的命令和规章；（2）依法制定和执行货币政策；（3）发行人民币，管理人民币流通；（4）监督管理银行间同业拆借市场和银行间债券市场；（5）实施外汇管理，监督管理银行间外汇市场；（6）监督管理黄金市场；（7）持有、管理、经营国家外汇储备、黄金储备；（8）经理国库；（9）维护支付、清算系统的正常运行；（10）指导、部署金融业反洗钱工作，负责反洗钱的资金监测；（11）负责金融业的统计、调查、分析和预测；（12）作为国家的中央银行，从事有关的国际金融活动；（13）国务院规定的其他职责。

3. 货币政策是一种宏观经济政策，制定和执行国家货币政策是中央银行的基本职责。货币政策是中央银行为实现特定的经济目标所采取的各种控制和调节货币供应量或信用量，进而影响宏观经济的方针、政策和措施。货币政策实质上是调节社会总供给和总需求来处理货币稳定与经济增长的关系。具体来说，中国人民银行的货币政策工具主要有以下几种：

（1）存款准备金制度。法定存款准备金被认为是货币政策的最猛烈的工具之一。中央银行要求商业银行和其他金融机构按规定的比率在其吸收的存款总额中提取一定的金额缴存中央银行，从而通过货币乘数影响间接地对社会货币供给进行控制。存款准备金制度能保证商业银行存款支付和资金清偿能力，调节和控制信贷规模，影响货币供应量，增强中央银行信贷资金宏观调控能力。

（2）基准利率制度。基准利率制度是中央银行的一项重要货币政策工具。当中央银行提高基准利率时，商业银行等金融机构筹措资金的成本增加，对中央银行的贷款需求降低，商业银行等就会到资金市场去寻求贷款。由于商业银行等筹措资金的成本加大，其对外贷款的利率必然提高，相应地，其客户的贷款数额就会减少，这样，社会货币供应量就会减少。相反，当中央银行降低基准利率时，商业银行等的贷款利率也会随之降低，贷款数额加大，货币供应量会相应增

① 注意：对于其特点要结合经济法的调整对象及其特征来进行理解。

加。因此，基准利率直接影响金融机构存贷款活动的开展，进而影响整个社会的信贷总量。中央银行通过提高或降低基准利率中的贷款利率，可起到限制或扩张社会信贷规模的作用。

（3）再贴现制度。再贴现是商业银行及其他金融机构以买入的未到期的贴现票据向中央银行办理的再次贴现。再贴现是商业银行及其他金融机构与中央银行之间的票据买卖和资金让渡的过程，是商业银行和其他金融机构向中央银行融通资金的重要方式。再贴现也是中央银行执行货币政策的重要工具之一。中央银行根据市场的资金供求状况，调整再贴现率，影响商业银行借入资金的成本，刺激或抑制资金需求，从而调节货币供应量。通过调整贴现率还能及时将货币政策的意图传递给社会，并引导人们的投资、消费行为，推动货币政策目标的实现。

（4）再贷款制度。再贷款是指中央银行向商业银行的贷款。中央银行通过调整再贷款利率，影响商业银行从中央银行取得信贷资金的成本和可使用额度，使货币供应量和市场利率发生变化。再贷款利率的调整也是中央银行向商业银行和社会各界宣传货币政策变动的一种有效方法，它能产生预告效果，从而在某种程度上影响人们的预期。

（5）公开市场操作制度。公开市场操作是指中央银行为实现货币政策目标而在金融市场上买进或卖出有价证券的行为。中央银行能随时根据金融市场的变化，主动买进或卖出有价证券或外汇，可以达到增加或减少货币供应量的目的。同时，中央银行买卖国债，可以影响国债供求，影响国债利率，从而间接影响商业银行利率。目前，公开市场业务操作已经成为中央银行调节商业银行流动性的主要手段之一。

（6）国务院确定的其他货币政策工具。

4. 中国人民银行是中华人民共和国的中央银行，是代表国家进行金融管理和金融调控的特殊的金融机构，是我国金融活动的中心，处于金融组织体系的最高地位。其最高地位表现在它是国家发行银行、国家银行、储备银行、银行的银行。

按照《中国人民银行法》的规定，中央银行的业务活动主要有：依法制定和执行货币政策，对金融业实施必要的监督和管理，提供金融服务等。与商业银行相比，其金融业务活动的特点在于：不以营利为目的，而是以执行货币政策、保证货币政策目标实现为原则，服务于政府和金融机构。具体而言，中央银行的业务主要可以分为三类：

（1）作为政府的银行。1）依照法律、行政法规的规定经理国库。2）代理国务院财政部门向各金融机构组织发行、兑付国债和其他政府债券。3）持有、管理、经营国家外汇储备、黄金储备。4）中国人民银行作为政府银行从事的其他业务。

（2）作为银行的银行。1）中国人民银行可以根据需要，为银行业金融机构开立账户，但不得对银行业金融机构的账户透支。2）组织或者协助组织银行业金融机构相互之间的清算系统，协调银行业金融机构相互之间的清算事项，提供清算服务。3）根据执行货币政策的需要，可以决定对商业银行贷款的数额、期限、利率和方式，但贷款的期限不得超过1年。4）中国人民银行作为银行的银行从事的其他业务。

（3）对金融业检查、监督的业务。中国人民银行有权对金融机构以及其他单位和个人的下列行为进行检查监督：1）执行有关存款准备金管理规定的行为。2）与中国人民银行特种贷款有关的行为。3）执行有关人民币管理规定的行为。4）执行有关银行间同业拆借市场、银行间债券市场管理规定的行为。5）执行有关外汇管理规定的行为。6）执行有关黄金管理规定的行为。7）代理中国人民银行经理国库的行为。8）执行有关清算管理规定的行为。9）执行有关反洗钱规定的行为。

5. 商业银行的经营原则是商业银行开展金融业务活动所必须遵循的基本指导思想，是保障商业银行规范、稳健运作的基本行为准则。我国《商业银行法》对我国商业银行的经营原则作出了明确规定，概括起来有以下八个原则：

（1）“三性原则”，即效益性原则、安全性原则和流动性原则。效益性原则是指商业银行在从事资产负债等业务的过程中，必须以营利为目标，并努力使盈利最大化，追求最佳的经济效益。安全性原则是指商业银行在进行业务活动时，应充分考虑按期收回资金本息的可靠程度，确保资产的安全。流动性原则是指商业银行的资金运用可以随时变为现款，以便及时、充分地满足存款者提取存款和发放正常贷款的需要，包括资产的流动性和负债的流动性两个方面。

（2）“四自方针”，即商业银行实行自主经营、自担风险、自负盈亏、自我约束。商业银行作为独立的企业法人，以其全部法人财产独立承担民事责任。

（3）业务往来遵循平等、自愿、公平和诚实信用的原则。该原则是适应市场经济的必然需要，也是实现银行与客户法律地位平等，保障客户应有权利的必需条件。

（4）保障存款人合法利益不受侵犯的原则。《商业银行法》第6条明确规定：商业银行应当保障存款人的合法权益不受任何单位和个人的侵犯。具体要求体现为：商业银行办理个人储蓄存款业务，应当遵循存款自愿、取款自由、存款有息、为存款人保密的原则，对个人储蓄存款，商业银行有权拒绝任何单位或者个人查询、冻结、扣划，但法律另有规定的除外。按照中国人民银行规定的存款利率的上下限，确定存款利率，并予以公告。按照中国人民银行的规定，向中国人民银行交存存款准备金，留足备付金。商业银行应当保证存款本金和利息的支付，不得拖延、拒绝支付存款本金和利息。

（5）严格贷款资信担保，依法按期收回贷款本息的原则。《商业银行法》第7条规定，商业银行开展信贷业务，应当严格审查借款人的资信，实行担保，保障按期收回贷款。我国商业银行贷款以担保贷款为原则，以信用贷款为例外。

（6）依法经营，不得损害社会公共利益的原则。商业银行作为特殊企业，必须将不损害公共利益作为其营利的前提条件。《商业银行法》第8条规定，商业银行开展业务，应当遵守法律、行政法规的有关规定，不得损害国家利益、社会公共利益。

（7）公平竞争原则。商业银行虽然是特殊企业，但在市场经济条件下商业银行并没有超出法律规定的有别于其他企业的特权。在市场运作中仍然必须遵循市场规律，公平竞争，优胜劣汰，从而保障金融市场的有序、健康发展。

（8）依法接受监督的原则。依照《中国人民银行法》和《银行业监督管理法》的规定，商业银行必须依法接受国务院银行业监督管理机构和中国人民银行的监督管理。

（参考资料：朱大旗：《金融法》，3版，北京，中国人民大学出版社，2015）

6. 与一般公司的设立条件相比，金融企业设立制度的特殊之处表现在以下几个方面：

（1）审批原则不同。金融企业的设立采取核准原则，设立金融企业必须经国务院银行业监督管理机构审查批准，并由国务院银行业监督管理机构颁发经营许可证。而我国《公司法》对一般公司的设立采取严格准则主义，并非所有公司的设立都必须经过审批。除此之外，设立金融机构，还应遵循以下五项原则：一是符合国民经济发展的需要；二是符合金融业发展的政策和方向；三是符合银行业、信托业、保险业、证券业分业经营和分业管理的原则；四是符合金融机构合理布局、公平竞争的原则；五是符合经济核算原则。

（2）设立条件不同。第一，对最低注册资本的要求不同。申请设立金融企业，必须具有符合中国人民银行规定的最低限额以上的人民币货币资本金或营运资本金；并且作为关系国计民生的特殊企业，金融企业的最低资本限额要求要远远高于设立一般公司的最低要求。第二，对人员资格的要求不同。金融企业的董事（理事）、监事、高级管理人员等，必须具备任职专业知识和业务工作经验，还要符合国务院金融监督管理机构规定的其他任职资格要求。公司法只对公司的董事、监事高级管理人员的任职资格作了限制，列举了相应的否定性条件。而金融企业的领导人除了不得具有公司法规定的否定性条件，还必须具备相应的专业知识和工作经验等积极性条件。第三，对经营条件的要求不同。设立金融企业必须具有符合国务院银行业监督管理机构规定的条件，例如营业场所必须具备防盗、通信、消防等设施，国务院银行业监督管理机构有其他要求的，还必须具备所要求的其他条件。而设立一般公司只需具备一定的营业场所和相应的生产经营设备、设施即可。

（3）审批机构不同。设立金融企业必须经国务院银行业监督管理机构审查批准，而设立一般公司需要审批的，其审批机构是法律、行政法规规定的政府主管部门或政府授权部门。

（4）设立程序不同。设立金融企业需经过申请筹建、申请开业、注册登记和公告四个程序。

7. 商业银行资本充足管理制度包括三方面内容：

首先，法律对商业银行注册资本总额作出了规定。注册资本额既是银行经营所需要的资本，又是银行对外承担民事责任的保障。注册设立全国性商业银行的注册资本最低限额为10亿元人民币，设立城市商业银行的注册资本最低限额为1亿元人民币，农村商业银行的注册资本最低限额为 5 000 万元人民币。注册资本应当是实缴资本。

其次，法律通过对商业银行资产负债比例的管理确保商业银行的资本充足。商业银行贷款，应当遵守下列资产负债管理的规定：资本充足率不得低于 8%；流动性资产余额与流动性负债余额的比例不得低于 25%；对同一借款人的贷款余额与商业银行资本余额的比例不得超过 10%；国务院银行业监督管理机构对资产负债比例管理的其他规定。

最后，法律规定了违反商业银行资本充足管理规定的法律责任。未遵守资本充足率、存贷比例、资产流动性比例、同一借款人贷款比例和国务院银行监督管理机构有关资产负债比例管理的其他规定的，由国务院银行业监督管理机构责令改正，并处 20 万元以上 50 万元以下罚款；情节特别严重或者逾期不改正的，可以责令停止整顿或者吊销其经营许可证；构成犯罪的，依法追究刑事责任。

8. 商业银行面临的金融风险主要有信用风险、利率风险、外汇风险、决策风险、管理风险、国家风险、竞争风险、流动性风险、体制性风险等。这些金融风险中，信用风险是商业银行经营中最突出、最集中、最严峻的风险。信用风险是指因信用活动中存在的不确定性而使银行遭受损失的可能性，其中主要是因债务人不能按期还本付息而使银行遭受损失的可能性。为防范商业银行的信用风险，我国《商业银行法》作出了以下几个方面的规定：

(1) 以效益性、安全性和流动性为商业银行的经营原则。《商业银行法》第 4 条规定，商业银行以安全性、流动性、效益性为经营原则，实行自主经营，自担风险，自负盈亏，自我约束。安全性是指银行的资产、收入、信誉以外所有经营发展条件免遭损失的可靠性程序，它要求尽可能使商业银行贷款和投资安全、无损地流回银行，避免各种风险，当然也包括信用风险。流动性要求商业银行应当把贷款种类、期限和银行存款的种类、期限进行适度分配，同时商业银行还必须保持适当的流动性比例。效益性要求商业银行在开展贷款业务时，应当充分考虑市场资金供求关系、提供贷款的成本、对贷款的管理费用和收贷费用，以及借款人信誉等级等各方面的因素，做好贷款的定价工作；同时还应采取各种措施以确保及时、顺利地收回贷款。

(2) 贷款业务应当遵守资产负债比例管理的规定。资产负债管理能够增强商业银行抵御外界经济动荡干扰的能力，而且有助于商业银行业务管理的日趋完善和科学化。《商业银行法》第 39 条规定，商业银行贷款，应当遵守下列资产负债比例管理的规定：1) 资本充足率不得低于 8%；2) 流动性资产余额与流动性负债余额的比例不得低于 25%；3) 对同一借款人的贷款余额与商业银行资本余额的比例不得超过 10%；4) 国务院银行业监督管理机构对资产负债比例管理的其他规定。

(3) 对关系人贷款的限制的规定。关系人是指商业银行董事、监事、管理人员、信贷业务人员及其近亲属，以及他们投资或者担任高级管理职务的公司、企业和其他经济组织。向关系人发放贷款，特别是发放信用贷款，会危害商业银行的稳健运行，使银行在发放贷款时很可能背离公平原则，在审查、批准过程中可能出现放松，也会增加信贷资金的风险，给银行安全进行资产经营埋下隐患。为此，《商业银行法》第 40 条规定，商业银行不得向关系人发放信用贷款；向关系人发放担保贷款的条件不得优于其他借款人同类贷款的条件。

(4) 贯彻安全性原则的相应措施的规定。防范信用风险的一个极为有效的措施就是要求借款人提供担保，担保贷款是我国最主要的贷款形式。而信用贷款是商业银行完全以贷款人品德、财务状况、预期未来收益以及以往偿债记录为凭而发放的贷款。为了确保信贷资金的安全和贷款业务的收益，在发放信用贷款前，商业银行必须对借款人的信用情况进行调查和审查，掌握借款人的偿还能力和信用程度，在此基础上决定是否发放信用贷款和发放多少信用贷款。为防范信用风险，商业银行应尽量少发放信用贷款。为此，《商业银行法》第 35 条规定：商业银行贷款，应当对借款人的借款用途、偿还能力、还款方式等情况进行严格审查。商业银行贷款，应当实行审贷分离、分级审批的制度。第 36 条规定：商业银行贷款，借款人应当提供担保。商业银行应当对保证人的偿还能力，抵押物、质物的权属和价值以及实现抵押权、质权的可行性进行严格审查。经商业银行审查、评估，确认借款人资信良好，确能偿还贷款的，可以不提供担保。第 41 条规定：任何单位和个人不得强令商业银行发放贷款或者提供担保。商业银行有权拒绝任何单位和个人强令要求其发放贷款或者提供担保。

9. 自1974年成立以来，巴塞尔委员会制定了一系列重要的银行监管规定，如1983年的银行国外机构的监管原则（又称巴塞尔协定）、1988年的《巴塞尔资本协议》、1999年6月出台的《巴塞尔新资本协议》（第一次征求意见稿），2006年，新协议正式施行。几十年来，巴塞尔协议的内容不断丰富，经历了一个内容不断更新、方法不断改进、思想不断成熟的深化过程。从发展历程来看，巴塞尔协议实际上没有一个明确的新旧分界点。学术界一般将1988年的《巴塞尔资本协议》称为旧巴塞尔协议，将1999年6月公布的《巴塞尔新资本协议》（第一次征求意见稿）称为新巴塞尔协议。新协议将风险扩大到信用风险、市场风险、操作风险和利率风险，并提出最低资本规定、监管当局的监督检查和市场纪律“三大支柱”，要求资本监管更为准确地反映银行经营的风险状况，以进一步提高金融体系的安全性和稳健性。

（1）最低资本规定——第一支柱。新协议在第一支柱中考虑了信用风险、市场风险和操作风险，并为计量风险提供了几种备选方案。关于信用风险的计量，新协议提出了两种基本方法：第一种是标准法，第二种是内部评级法。对于风险管理水平较低的银行，新协议建议其采用标准法来计量风险。根据标准法的要求，银行将采用外部信用评级机构的评级结果来确定各项资产的信用风险权利。在银行的内部风险管理系统和信息披露达到一系列严格的标准后，银行可采用内部评级法。内部评级法允许银行使用自己测算的风险要素计算法定资本要求。类似地，在计量市场风险和操作风险方面，委员会也提供了不同层次的方案以备选择。

（2）监管当局的监督检查——第二支柱。巴塞尔委员会认为，监管当局的监督检查是最低资本规定和市场纪律的重要补充。具体包括监管当局监督检查的四大原则、监管当局检查各项最低标准的遵守情况、监督检查的透明度等。其中，监督检查的四大原则有：第一，银行应具备与其风险状况相适应的评估总量资本的一整套程序，以及维持资本水平的战略。第二，监管当局应检查和评价银行内部资本充足率的评估情况及其战略，以及银行监测和确保满足监管资本比率的能力。第三，监管当局应希望银行的资本高于最低监管资本比率，并应有能力要求银行持有高于最低标准的资本。第四，监管当局应争取及早干预从而避免银行的资本低于抵御风险所需的最低水平，如果资本得不到保护或恢复，则需迅速采取补救措施。

（3）市场纪律——第三支柱。巴塞尔委员会强调，市场纪律具有强化资本监管，帮助监管当局提高金融体系安全、稳健的潜在作用。新协议在资本构成、风险资产及计量标准、内部评级系统及风险资产计量法、风险资产管理的战略与制度以及资本充足率等领域制定了更为具体的定量及定性的信息披露内容。新协议还将披露划分为核心披露与补充披露。巴塞尔委员会建议，复杂的国际活跃银行要全面公开披露核心及补充信息。关于披露频率，巴塞尔委员会认为最好每半年一次，对于过时将失去意义的披露信息，如风险暴露，最好每季度一次。

10. 资本项目（Capital and Financial Account）又称资本和金融账户，指资本的输出与输入，反映的是本国和外国之间以货币表示的债权、债务在国际间的变动，换言之，就是一国为了某种经济目的在国际经济交易中发生的资本跨国界的收支项目。资本项目包括居民和非居民间资产或金融资产的转移。资本项目自由化，是指实现国际收支平衡表中资本及金融账户下的货币自由兑换，也就是要消除对国际收支平衡表中的资本及金融账户下各项目的外汇管制，如数量限制、兑换限制、区域限制、补贴和课税等，以实现资本项目在国际间的自由流动。资本项目自由化主要包括以下内容：一是居民既可以通过经常项目的交易获得外汇，也可以自由地通过资本项目的交易获得外汇；二是所获外汇既可以在外汇市场上出售给银行，也可以在国内或国外持有；三是经常项目和资本项目交易所需要的外汇可自由在外汇市场上购得；四是国内外居民可自由地将本币在国内外持有来满足资产需求。

11. 银行业监督管理机构的监督管理职责主要有：

（1）制定和发布相应行政规章、命令。国务院银行业监督管理机构按照法律、行政法规制定并发布对银行业金融机构及其业务活动监督管理的规章、规则。（最基本职权）

（2）对银行业金融机构的市场准入管理。国务院银行业监督管理机构按照法律、行政法规的条件和程序，审查批准银行业金融机构设立、变更、终止以及业务范围。市场准入是银行业金融监督管理机构对新设银行业金融机构进行的限制性管理。对银行业金融机构的审批是从法律上对金融机构的经营资格、经营能力以及相应的权利能力、行为能力的审查、确认或限制。

（3）对银行业金融机构的经营业务的管理。银行业金融机构的审慎经营规则，由法律、行政法规定，也可以由国务院银行业金融监督管理机构依照法律、行政法制定。（审慎经营原则包括：风险管理、风险集中、内部控制、资本充足率和资产质量等内容）

（4）对银行业金融机构的宏观管理：建立监管评价体系和风险预警机制；报告系统性银行业风险；会同中国人民银行、财政部建立有关银行业突发事件处理制度；统一编制，公布银行业金融机构的统计数据和报表。

12. 商业银行是依据《商业银行法》和《公司法》设立的吸收公众存款、发放贷款、办理结算等业务的营利法人。中国人民银行是我国的中央银行，依法制定和执行国家货币政策，调控货币流通与信用活动，实施金融监管，是具有特殊性质的金融机构。

二者的联系表现为：一是中国人民银行是银行的银行，央行服务于商业银行。首先，央行是银行的存款准备金的保存者。其次，央行是银行的最后贷款者。央行可以通过再贷款、再贴现等手段向资金困难的商业银行提供流动性支持。最后，央行是银行的票据结算中心。二是央行具有制定货币政策职能。通过运用货币政策的工具，影响商业银行及其他市场主体的活动，从而影响货币供应量，以此进行宏观调控。三是央行具有监管银行的职能。商业银行同时被中国人民银行和国家金融监督管理总局监管。中国人民银行有权对商业银行执行有关人民币管理规定的行为进行检查监督。

二者的区别体现在：首先，商业银行的经营对象多元，对公业务以企业、单位等客户为主体，对私业务以居民个人为主体；而央行的经营对象是商业银行等金融机构和政府财政机构。其次，商业银行是经营货币资本的企业，以营利为目的；而央行不以盈利为目的，并且兼具国家行政机关与金融机构双重属性和职能。最后，商业银行的资产要在保持流动性的情况下最大限度地获取利润，而央行的资产以保持最大流动性为目标，这一流动性为央行发挥调控经济的职能提供物质保障。

13. 商业银行是依据《商业银行法》和《公司法》设立的吸收公众存款、发放贷款、办理结算等业务的营利法人。商业银行的设立条件，不仅需要满足《公司法》的规定，还需要满足《商业银行法》的有关规定。相较其他营利法人的设立，商业银行的设立要求更严格：要有符合《商业银行法》和《公司法》规定的章程；因高风险、高负债运营，故采实缴注册资本制，必须符合《商业银行法》规定的注册资本的最低限额；有具备任职专业知识和业务工作经验的董事、高级管理人员；健全的组织机构和管理制度；有符合要求的营业场所、安全防范措施和与业务有关的其他设施；其他应当符合的审慎性条件。商业银行的设立采取核准制，需要在拿到国家金融监管总局的金融执照后，才能办理相关工商登记。

论述题与深度思考题

我国《商业银行法》第 29 条中规定：“商业银行办理个人储蓄存款业务，应当遵循存款自愿、取款自由、存款有息、为存款人保密的原则。”《民法典》第509条中规定：“当事人应当按照约定全面履行自己的义务。当事人应当遵循诚信原则，根据合同的性质、目的和交易习惯履行通知、协助、保密等义务。”根据相关的法律原则和司法实践经验，对银行的保密义务应当进行全面的理解，其中不仅包括银行应对储户个人信息保密，还包括银行应为储户提供安全、保密的交易环境。

（1）对储户个人信息保密。对于储户的姓名、地址、职业、联系方式、账号、存款数额、交易情况等相关信息和资料，银行依法负有保密责任；除储户本人、储户授权之人以及国家有权机关外，银行不得非法对外提供上述有关信息和资料。

（2）为储户提供安全、保密的交易环境。《消费者权益保护法》第 7 条规定：“消费者在购买、使用商品和接受服务时享有人身、财产安全不受损害的权利。消费者有权要求经营者提供的商品和服务，符合保障人身、财产安全的要求”。该法第 18 条第 1 款中规定：“经营者应当保证其提供的商品或者服务符合保障人身、财产安全的要求。”银行营业场所是客户办理存取款和结算汇兑业务的地方，这种特殊性决定了其存在可能发生人身或财产损害的危险。因此，银行应当依法为储户提供安全、保密的交易环境，确保储户进入营业场所后的人身安全，防止他人非法获悉储户个人信息，避免发生储户人身或财产损害事件。

应当指出，不仅银行在储蓄合同法律关系中负有保密义务，而且储户作为合同当事人也应当对本人的银行账号、密码、身份证件等信息和资料承担保密责任。如果储户未适当履行保密义务，泄露账号、密码等信息，就可能导致不法分子冒领存款的不良后果。对此，国内商业银行通常都在有关业务章程或协议中明确规定：储户必须妥善保管存折、银行卡及其个人密码，凡使用密码进行的交易，银行均视为储户本人所为，并由储户本人对交易后果承担责任。这与民法上的交易当事人的间接义务在法理上是相通的。

综合测试题（一）

一、名词解释（共 4 题，每题 5 分，共 20 分）

1. 责、权、利、效相统一原则（中国人民大学考研）
2. 独立董事（中国人民大学考研）
3. 贴现与再贴现（武汉大学考研）
4. 价格听证制度（西南政法大学考研）

二、选择题（共 15 题，20 分）

（一）单项选择题（共 10 题，每题 1 分）

1. 下列哪个组织属于经济管理主体中的“经授权的其他组织”？（　　）

A. 中国人民银行　　B. 国家发展和改革委员会

C. 中国证券业监督管理委员会　　D. 中国进出口银行

2. 根据我国的有关法律，下面关于股东会的说法错误的是（　　）。

A. 代表 1/10 表决权的股东提议召开临时会议的，应当召开临时会议

B. 只有一个股东的有限责任公司不设股东会

C. 国有独资公司不设股东会

D. 股东会会议只能由股东按照出资比例行使表决权

3. 甲公司欠乙公司货款 30 万元到期不还，乙公司多次催要无果。乙公司登录“企查查”下载甲公司的不良涉诉信息私下发送给甲公司的几家合作伙伴，导致行业内各企业对甲公司的评价降低，甲公司频频收到合作伙伴的解约通知。经查，乙公司在“企查查”下载的信息实为 2016 年的信息，“企查查”的工作人员操作失误将其登记为 2018 年信息。对于乙公司的行为，下列说法正确的是（　　）。（法考改编）

A. 该行为属于互联网不正当竞争行为　　B. 该行为属于混淆行为

C. 该行为属于虚假宣传　　D. 该行为属于不正当使用公共数据的行为

4. 甲公司从事食品生产业务，生产许可证到期后向当地市场监督管理部门申请续期成功。后甲公司在对所生产的饼干进行包装时未更换新的包装，旧包装上记载的生产许可证编号已经过期。李某在乙超市购买该饼干时通过查询得知该许可证编号已经过期的事实，依旧购买饼干若干，并向法院起诉主张饼干价款的 10 倍赔偿，下列说法正确的是（　　）。（法考改编）

A. 乙超市有合法的购货来源且支付了合理的对价，所以不承担责任

B. 甲公司如果能证明该饼干质量合格且不会使消费者构成误认，则不承担 10 倍价款的赔偿责任

C. 李某应当先向乙超市主张赔偿，如果乙超市不赔，才可以向甲公司主张赔偿

D. 因为李某知道此饼干的许可证过期，故不可主张赔偿

5. 某年 1 月 30 日，小姜在某网上书店下单了三本法律类原版书籍和某歌星的 CD。次日收到包裹，小姜拆封后发现书籍为影印版，该 CD 也并非自己心仪的，便与店家沟通退货事宜。以下说法正确的有（　　）。（法考改编）

A. 书籍可以退货，但 CD 不能退货

B. 退货所发生的运费应由小姜自行承担

C. 若店家同意退货，小姜所支付款项只能在一个月后返还

D. 若小姜下单时网店曾提示“一经拆封，概不退货”，故对已拆封商品不予退货

6. 按照国有资产投入经营的状况划分，国有资产包括哪两种？（　　）

A. 经营性国有资产和非经营性国有资产　　B. 垄断性国有资产和非垄断性国有资产

C. 资源性国有资产和非资源性国有资产　　D. 营利性国有资产和非营利性国有资产

7. 企业产权情况发生变动的，应在多少日内办理变动产权登记？（　　）

A. 7 日内　　B. 15 日内　　C. 30 日内　　D. 60 日内

8. 根据《政府采购法》中关于质疑的规定，下列哪个说法是不正确的？（　　）

A. 供应商认为采购文件、采购过程和中标、成交结果使自己的权益受到侵害的，可以在知道或者应当知道其权益受到侵害之日起 7 个工作日内，向采购人提出质疑

B. 质疑可以书面提出，也可以口头提出

C. 采购人应当在收到质疑后 7 个工作日内作出答复

D. 采购人答复的内容不得涉及商业秘密

9. 吴某在甲银行办了一张借记卡，一年后收到短信提醒发生了一万元的转账，报警后发现系被他人在外地某商场盗刷。经查，吴某没有任何泄密行为，只是长时间没有修改密码而导致上述情况。关于吴某的维权及各主体责任，下列说法正确的是（　　）。（法考改编）

A. 吴某自行承担责任　　B. 银行应承担 1/2 的赔偿责任

C. 银行应承担全部的赔偿责任　　D. 只能由盗刷卡者承担责任

10. 关于企业所得税的说法，下列哪一选项是错误的？（　　）（司考改编）

A. 在我国境内，企业和其他取得收入的组织为企业所得税的纳税人

B. 个人独资企业、合伙企业不是企业所得税的纳税人

C. 企业所得税的纳税人分为居民企业和非居民企业，二者的适用税率完全不同

D. 企业所得税的税收优惠，居民企业和非居民企业都有权享受

（二）多项选择题（共 5 题，每题 2 分）

1. 在国有企业与国家或政府之间的关系中，国家或政府扮演的角色有（　　）。

A. 国有资产的抽象所有权人　　B. 国有资产的出资者（股东）

C. 国有资产的具体管理者　　D. 社会经济管理者

2. 李某在甲商场购买了一台微波炉，三天后微波炉爆炸将李某炸伤，经查，该微波炉由乙厂生产，存在严重缺陷。下列关于赔偿责任说法正确的是（　　）。

A. 可以要求甲商场承担责任　　B. 可以要求乙厂承担责任

C. 可以要求甲商场和乙厂承担连带责任　　D. 甲商场承担责任后可向乙厂追偿

3. 甲因某项重大发明创造带来显著社会效益，获得以下奖励：某国际组织奖励 5 万元美金；甲所在县政府奖励一套商品房，价值 200 万元人民币；乙公司奖励 10 万元人民币，乙公司的利润总额为 50 万元人民币。下列说法正确的是（　　）。（法考改编）

A. 甲所得国际组织奖励的 5 万元美金，免征个人所得税

B. 甲所得县政府奖励的商品房，免征个人所得税

C. 甲所得乙公司奖励的 10 万元，应当缴纳个人所得税

D. 乙公司缴纳企业所得税时，所奖励的 10 万元当年可全额税前扣除

4. M 省为了控制用电量，规定银行给发电厂的贷款比例不能超过 5%。但甲国有银行给 M 省 K 市某发电厂的贷款比例是 6%，给 M 省 L 市某发电厂的贷款比例是 30%。因有人匿名举报此事，银行内部开始进行审计工作，并在确认此事属实后报告给有关审计机关。但 K 市和 L 市的审计机关对审计管辖范围产生了争议。对此，下列说法正确的有（　　）。（法考改编）

A. 应由K市和L市审计机关协商确定管辖

B. 应由M省审计机关决定本案管辖

C. 审计机关可以对甲银行的内部审计工作进行业务上的指导和监督

D. 审计机关由本级政府领导，并向本级政府报告甲银行的审计调查结果

5. 某商业银行决定推出一批新型理财产品，但该业务品种在已获批准的业务范围之外。该银行在报批的同时要求下属各分行开展试销。对此，下列哪些选项是正确的？（　　）（司考改编）

A. 该业务品种应由中国国家金融监督管理总局审批

B. 该业务品种应由中国人民银行审批

C. 因该业务品种在批准前即进行试销，有关部门有权对该银行进行处罚

D. 该业务品种在批准前进行的试销交易为效力待定的民事行为

三、简答题（共3题，每题10分，共30分）

1. 简述经济法理念的内容。（中国人民大学考研）

2. 简述经济法与营商环境的关系。（中国人民大学考研）

3. 简述我国流转税法的概念和类型。（中国人民大学考研）

四、论述题（共2题，每题15分，共30分）

1. 论述消费者权益保护法的立法宗旨和原则。

2. 材料："加快建立现代财税制度。优化政府间事权和财权划分，建立权责清晰、财力协调、区域均衡的中央和地方财政关系，形成稳定的各级政府事权、支出责任和财力相适应的制度。适当加强中央在知识产权保护、养老保险、跨区域生态环境保护等方面事权，减少并规范中央和地方共同事权。……深化税收制度改革，完善直接税制度并逐步提高其比重。研究将部分品目消费税征收环节后移。建立和完善综合与分类相结合的个人所得税制度。稳妥推进房地产税立法。健全地方税体系，调整完善地方税税制，培育壮大地方税税源，稳步扩大地方税管理权。"——摘自中共中央、国务院《关于新时代加快完善社会主义市场经济体制的意见》（2020年5月11日）

请结合上述材料，试论述完善直接税制度的意义以及应当如何进行完善。

参考答案

一、名词解释

1. 责、权、利效相统一原则，是指在经济法律关系中各管理主体和公有制经营主体所承受的权（力）利、利益、义务和职责必须相一致，不应当有脱节、错位、不平衡等现象存在。其核心是主体的责、权、利相统一。同时，经济效益和社会效益是我们一切经济工作的基本出发点和终极目的，因此，效既是责、权、利的起点，又是责、权、利的终点，也是检验责、权、利的设置和制衡机制是否正确、得当的时间标准。责、权、利、效相统一原则，在社会主义市场经济或在以公有制为核心的市场经济下，是作为经济法灵魂的一项根本性原则。

责、权、利、效相统一原则中的"责"具有两个层次：首先，它是一种角色责任，表明了经济法律关系对特定角色的权（力）利、义务要求；其次，责任表明在主体违反义务时引起法律和国家对其作出否定性评价。"权"指的是权利和权力。"利"指的是利益，这是由经济法的经济性所决定的。"效"即效益，包括经济效益和更广泛意义上的社会效益。

2. 独立董事是指不在公司担任除董事外的其他职务，并与其所受聘的上市公司及其主要股东不存在可能妨碍其进行独立、客观判断的关系的董事。中国证监会于2023年发布《上市公司独立董事管理办法》（以下简称《独立董事管理办法》）。按照《独立董事管理办法》的规定，独立董事是指不在上市公司担任除董事外的其他职务，

并与其所受聘的上市公司及其主要股东、实际控制人不存在直接或者间接利害关系，或者其他可能影响其进行独立客观判断关系的董事。独立董事对上市公司及全体股东负有忠实与勤勉义务。上市公司董事会成员中应当至少包括1/3的独立董事，且其中至少包括一名会计专业人士。独立董事制度发端于英美法系国家，也是现在我国企业改革中进行的一项探索，对于改善上市公司治理业已发挥一定的作用。

3. 贴现是指企业以自己持有的未到期票据（期票、商业承兑汇票等）向商业银行请求提前兑取现金，经银行审查同意，根据当时的市场利率，在扣取票据自贴现日至到期前一日的利息（贴水）以后，将剩余金额用货币支付给持票人的一种银行业务。贴现是商业银行对外的一种特殊形式的贷款。而再贴现是商业银行以未到期的贴现票据向中央银行的贴现，再贴现是专属于中央银行的货币政策工具之一。贴现与再贴现的主要区别在于两个方面：一是主体不同，二是目的和功能不同。贴现是企业的一种融资方式，而再贴现一方面是商业银行的融资手段，另一方面也是中央银行调节货币供应量的重要手段。

4. 价格听证制度，是指政府价格主管部门在制定某一商品或服务的政府指导价、政府定价前，为了给利益相关的当事人提供提出反对意见的机会，而通过听证会的方式听取各方的意见、质证和辩驳，以对定价方案进行审议的制度。价格听证会是适用于政府定价行为的一项强制性要求，主要针对的是那些与群众生活息息相关的公用事业价格、公益性服务价格以及自然垄断的商品价格。

二、选择题

（一）单项选择题

1. C。本题考查的是经济管理主体的种类问题。经济管理主体主要包括政府及其管理部门、各级人民代表大会及其常务委员会、特殊企业和经授权的其他组织。其中，经授权的其他组织只是因法律或政府对其特别授权而获得一定的管理职能，这类主体既非政府机关，也非依法具有独特职能的特殊企业。选项C中的证监会在我国的定位是被授予相关监管职权的事业单位。选项A和B是国务院的经济管理部门，属于经济管理主体中的政府及其管理部门，而选项D是政策性银行，属于特殊企业。

2. D。本题考查我国《公司法》对于股东会的规定。根据自2024年7月1日起实施的《公司法》第62条和第123条的规定，有限责任公司和股份有限公司代表1/10以上表决权的股东提议召开临时会议的，应当召开临时会议。此外，根据《公司法》第60条和第172条的规定，只有一个股东的有限责任公司和国有独资公司均不设股东会。《公司法》第65条规定，股东会会议由股东按照出资比例行使表决权；但是，公司章程另有规定的除外。由此可见，股东会会议由股东按照出资比例行使表决权只是一般原则，公司章程可以对此作出不同的约定。

3. D。A项，互联网不正当竞争行为的核心表现是经营者利用技术手段，通过影响用户选择或者其他方式，实施了妨碍、破坏其他经营者合法提供的网络产品或者服务正常运行的行为。比如，(1) 未经其他经营者同意，在其合法提供的网络产品或者服务中，插入链接、强制进行目标跳转；(2) 误导、欺骗、强迫用户修改、关闭、卸载其他经营者合法提供的网络产品或者服务；(3) 恶意对其他经营者合法提供的网络产品或者服务实施不兼容。本案中乙公司并不存在此类情形，故A项错误。B项，混淆行为的核心是“搭便车、傍名牌”，在各方面伪装自己以使自己的特征与其他有一定影响力的商品或服务极其相像，达到使一般消费者误认的效果。本案中，乙公司并没有将自己伪装成跟甲公司相像，没有混淆行为，B项错误。C项，虚假宣传的核心是经营者对自身的方方面面作出不真实的美化效果并传播出去，以诱使消费者产生消费欲望，进而获取交易机会。本案中，乙公司没有对自身的任何方面作出虚假的意思表示，不构成虚假宣传，C项错误。D项，《反不正当竞争法》的立法目的在于维护市场竞争秩序，核心在于竞争行为的正当性和制止不正当行为。判断一项行为是否具有正当性，应当从市场竞争秩序、商业道德、利益平衡等基本原则出发，结合相关行业准则、行为手段、损害后果等因素对其性质予以综合评判。“企查查”误将甲公司的历史信息作为最新消息上传到网络，存在一定的失误且给甲公司造成了损失，应该承担赔偿责任。乙公司通过“企查查”查询到一些与甲公司有关的信用信息，可以作为自己作出商业决策的依据，但不应该将该信息恶意扩大至甲公司的合作伙伴，致使甲公司受到经济损失。乙公司此行为违反了诚信的基本规则，不正当地使用了公共数据，属于不正当竞争行为，D项正确。

4. B。《食品安全法》第 136 条规定："食品经营者履行了本法规定的进货查验等义务，有充分证据证明其不知道所采购的食品不符合食品安全标准，并能如实说明其进货来源的，可以免予处罚，但应当依法没收其不符合食品安全标准的食品；造成人身、财产或者其他损害的，依法承担赔偿责任。"食品经营者对于食品的质量问题可证明"善意"的，只能免予行政处罚，应当承担的民事责任不能免除。A 项表达为"不承担责任"，错误。第 148 条规定："消费者因不符合食品安全标准的食品受到损害的，可以向经营者要求赔偿损失，也可以向生产者要求赔偿损失。接到消费者赔偿要求的生产经营者，应当实行首负责任制，先行赔付，不得推诿；属于生产者责任的，经营者赔偿后有权向生产者追偿；属于经营者责任的，生产者赔偿后有权向经营者追偿。生产不符合食品安全标准的食品或者经营明知是不符合食品安全标准的食品，消费者除要求赔偿损失外，还可以向生产者或者经营者要求支付价款十倍或者损失三倍的赔偿金；增加赔偿的金额不足一千元的，为一千元。但是，食品的标签、说明书存在不影响食品安全且不会对消费者造成误导的瑕疵的除外。"食品质量不符合食品安全标准，消费者既可以向生产者索赔也可以向经营者索赔，生产者和经营者实行首负责任制，故 C 项错误。如果仅仅是食品包装、说明书等有瑕疵，但不影响食品的安全且不会对消费者造成误导的，经营者不承担 10 倍价款的罚则，B 项正确。最高人民法院《关于审理食品药品纠纷案件适用法律若干问题的规定》第 3 条规定："因食品、药品质量问题发生纠纷，购买者向生产者、销售者主张权利，生产者、销售者以购买者明知食品、药品存在质量问题而仍然购买为由进行抗辩的，人民法院不予支持。"食品、药品关乎消费者生命健康，即使消费者"知假买假"，生产经营者也应承担相应责任，不得以消费者明知为由进行抗辩，故 D 项错误。

5. A。《消费者权益保护法》第 24 条规定："经营者提供的商品或者服务不符合质量要求的，消费者可以依照国家规定、当事人约定退货，或者要求经营者履行更换、修理等义务。没有国家规定和当事人约定的，消费者可以自收到商品之日起七日内退货；七日后符合法定解除合同条件的，消费者可以及时退货，不符合法定解除合同条件的，可以要求经营者履行更换、修理等义务。依照前款规定进行退货、更换、修理的，经营者应当承担运输等必要费用。"第 25 条规定："经营者采用网络、电视、电话、邮购等方式销售商品，消费者有权自收到商品之日起七日内退货，且无需说明理由，但下列商品除外：（一）消费者定作的；（二）鲜活易腐的；（三）在线下载或者消费者拆封的音像制品、计算机软件等数字化商品；（四）交付的报纸、期刊……消费者退货的商品应当完好。经营者应当自收到退回商品之日起七日内返还消费者支付的商品价款。退回商品的运费由消费者承担；经营者和消费者另有约定的，按照约定。"本案中，CD 属于已拆封的音像制品且无质量问题，不得退货；书籍存在质量问题，消费者有权退货且发生的运费应当由书店承担。对于因质量问题产生的退货，法律并未限定所支付的款项在一个月后才能返还。因此，A 选项正确，B、C 选项错误。对于 D 选项，《消费者权益保护法》第 26 条第 2 款及第 3 款规定："经营者不得以格式条款、通知、声明、店堂告示等方式，作出排除或者限制消费者权利、减轻或者免除经营者责任、加重消费者责任等对消费者不公平、不合理的规定，不得利用格式条款并借助技术手段强制交易。格式条款、通知、声明、店堂告示等含有前款所列内容的，其内容无效。"本案中，书店"一经拆封，概不退货"的规定违反法律而不得作为不予退货的理由，故 D 选项错误。

6. A。国有资产按不同的标准可以划分为不同种类。如按照国有资产的基本属性划分，可以把国有资产划分为资源性国有资产和非资源性国有资产；按照国有资产投入经营的状况划分，可以把国有资产分为经营性国有资产和非经营性国有资产；按照国有资产的实际占有者划分，可以把国有资产分为企业国有资产、行政事业单位国有资产和其他单位国有资产。

7. C。《企业国有资产产权登记管理办法》规定，企业名称、住址或法定代表人改变的；国有资本占企业实收资本比例发生变化的；企业分立、合并或者改变经营形式的；有国务院国有资产管理部门规定的其他变动情形的，企业应自变动之日起 30 日内办理变动产权登记。

8. B。《政府采购法》第 52 条规定，供应商认为采购文件、采购过程和中标、成交结果使自己的权益受到损害的，可以在知道或者应知其权益受到损害之日起 7 个工作日内，以书面形式向采购人提出质疑。因此本题应选 B。

9. C。本题涉及盗刷卡致使储户造成损害的法律关系。商业银行应当承担对储户存款的安全保障义务。银行为持卡人提供银行卡服务，应当确保该卡内的数据信息不被非法窃取并加以使用。并且，银行作为发卡行及相关技术、设备和操作平台的提供者，在其与用户的合同关系中明显占据优势地位，银行理应承担伪卡的识别义务。发卡行未能充分尽到对于本案中银行卡的交易安全保障义务，给持卡人造成了经济损失，应承担赔偿损失的法律责任。本案中，吴某没有任何泄密行为，银行应承担全部的赔偿责任，故A、B项错误，C项正确。D项，观察选项的表述形式，“只能”可以说是“死亡字眼”。根据前述分析确认，虽然盗刷卡者就其对吴某的侵权行为需要承担民事甚至刑事责任，但不能因此排除银行的责任，D项表述为“只能”由盗刷卡者承担责任，是错误的。

10. C。本题A、B项均考查纳税主体。《企业所得税法》第1条规定：“在中华人民共和国境内，企业和其他取得收入的组织（以下统称企业）为企业所得税的纳税人，依照本法的规定缴纳企业所得税。个人独资企业、合伙企业不适用本法。”由此可知，A、B项正确，不选。C、D项考查居民企业和非居民企业在纳税上的区别。《企业所得税法》第4条规定：“企业所得税的税率为25%。非居民企业取得本法第三条第三款规定的所得，适用税率为20%。”由此可知，“完全不同”过于绝对，不同只是例外，适用相同税率才是原则规定，故C项错误，依题意当选。由《企业所得税法》第四章的规定可知，税收优惠强调的是扶持和鼓励，不按主体划分，不区分居民企业和非居民企业，故D项正确。

（二）多项选择题

1. ABD。本题考查国家或政府在国有资产运营中的角色定位。我国的市场经济和企业法治的顺利发展，亟须从法律和观念上区分国家或政府的三种角色：国有资产的“总老板”或抽象所有权人、国有资产的具体“老板”或出资者（股东）和社会经济管理者。这三种角色的设置不得有错位或利益冲突。至于C项中的具体管理者，国家作为具体“老板”，应当从市场上选任合适的经营者对国有企业的一般性事务进行经营管理，而不需要其自己直接进行具体的管理。

2. ABD。《消费者权益保护法》第40条第2款规定：消费者或者其他受害人因商品缺陷造成人身、财产损害的，可以向销售者要求赔偿，也可以向生产者要求赔偿。属于生产者责任的，销售者赔偿后，有权向生产者追偿。属于销售者责任的，生产者赔偿后，有权向销售者追偿。故本题应选A、B、D三项。

3. AC。本题考查所得税法中税收优惠的相关内容。选项A，依据《个人所得税法》第4条第1项，国际组织颁发的科学技术方面的奖金免征个人所得税，故A项正确；选项B，只有省级人民政府、国务院部委和中国人民解放军军以上单位颁发的特定类型奖金才免征个人所得税，县政府的奖金不免征个税，故B项错误；选项C，甲获得的乙公司颁发的奖金不能免税，C项正确；选项D，对于公益性捐赠，乙公司应在利润总额的12%范围内进行税前扣除，故当年乙公司只能在50×12%=6（万元）的范围内税前扣除，而不得全额扣除，故D项错误。综上，本题应选A、C两项。

4. BCD。本题中甲国有银行落实对发电厂贷款增量的情况属于《审计法》第26条规定的“被审计单位贯彻落实国家重大经济社会政策措施情况”，审计机关有权进行审计监督。故A选项错误，B选项正确。银行系M省国有银行，从产权关系上，由该省国有资产监督管理机构履行出资人职责。故应当由M省审计部门对其进行审计监督。同时M省审计部门可以授权下级审计机关进行审计，故K市审计机关属于M省审计机关的下级，可以经授权进行审计。C选项正确，因为审计机关应当对被审计单位的内部审计工作进行业务指导和监督。D选项正确，因为根据《审计法》第30条的规定，审计机关履行审计监督职责，发现经济社会运行中存在风险隐患的，应当及时向本级政府报告。

5. AC。本题考查的是国家金融监督管理总局的职权。《商业银行法》第24条规定：“商业银行有下列变更事项之一的，应当经国务院银行业监督管理机构批准：（一）变更名称；（二）变更注册资本；（三）变更总行或者分支行所在地；（四）调整业务范围；（五）变更持有资本总额或者股份总额百分之五以上的股东；（六）修改章程；（七）国务院银行业监督管理机构规定的其他变更事项。更换董事、高级管理人员时，应当报经国务院银行业监督管理机构审查其任职资格。”本题属于“调整业务范围”，因此应当由国家金融监督管理总局审批。A选项正确，B选项错误。D选项错在“交易为效力待定的民事行为”，该民事合同有效。

三、简答题

1. 参考答案一：

经济法的理念是人们对经济法的应然规定的理性的、基本的认识和追求，是经济法及其适用的最高原理。作为部门法，经济法的理念应当是实现公平正义，但经济法对于公平正义自有其独特的追求，否则，它与其他法律部门就没有分别，也就没有必要成为一个法的部门。经济法尤其是我国由社会主义公有制主导之经济法的实质正义观，在于实现社会范围内的实质性、社会性的正义和公平。这种正义观，是一种追求最大多数社会成员之福祉的、社会主义的正义观。公平正义既是抽象的又是具体的，它在任何情况下都表现为对特定利益的追求和维护。我们认为，经济法的理念是经济社会化条件下的实质公平正义，其核心内容是社会整体经济利益的实现。首先，社会整体经济利益是客观存在的。社会整体利益与社会个体利益固然紧密相关，但又确实不同于社会个体利益，也不是社会个体利益的简单相加。其次，依赖传统大陆法架构的民商法、行政法无法实现社会整体经济利益的追求和维护，这也为经济法预留下生存的空间。最后，中国经济法天然要以维护社会整体经济利益为己任，从而确立经济法的核心理念。

在经济社会化条件的实质公平正义之下，经济自由、经济效益、经济秩序（包括经济安全）等都是其不完全的表现形式。社会整体的经济生活应当是自由的、有效益的、有秩序的，这就决定了经济法的经济民主和经济集中、经济自由和经济秩序、公平和效益等的高度统合，反映到法律上，就是打破各种法律调整机制的自足和封闭状态，进行制度创新，对经济关系作综合、系统的调整。

（参考资料：史际春、李青山：《论经济法的理念》，载《经济法学评论》，2003 年卷）

参考答案二：

经济法的理念体现了经济法的本质属性和特征，贯穿于整个经济法的法治建设和经济法的理论研究过程之中，是立法、司法、执法的指南，更是经济法意识不可缺少的组成部分。可以将经济法理念的具体内容界定为：经济法应当依法运用国家调制手段解决市场失灵问题，保障经济与社会中普遍公正价值的实现，维护社会公共利益，促进经济与社会的良性运行与协调发展。概括而言，对经济法理念内容的理解主要包括经济法的实施与目标两方面的内容，前者是经济法理念的客观方面，后者是经济法理念的主观方面。

（1）经济法通过国家调制作用于市场机制，进而解决市场失灵问题。

一般说来，经济的理想状态是经济能协调、高效率地健康发展并实现其社会经济政策目标。对于如何实现这种理想状态，存在着两种不同的观念。一种观念认为，经济机制的自我机能可以使经济保持正常运行状态，任何外部干预都只会破坏经济机制的作用，仅靠市场机制自发作用的状态是经济的理想状态。经济自由意味着人们的经济选择自由，而选择自由要以人的平等为前提。这种观念的法律表述，就是个人利益不可侵犯、主体地位平等、意思自治，这正是民法的最基本原则或法律理念。另一种观念认为，市场机制存在缺陷，即经济机制的自我协调和恢复等机能有限。若任其自发作用将导致种种弊端，如果没有政府的干预，不可能达到经济的理想状态；而要克服市场机制的缺陷，解决市场机制在经济发展中的一些无力解决的问题，就必须由社会的代表者——国家采取多种措施，以实现经济的理想状态。这种观念的法律表述即社会利益、国家调制，这正是经济法的基本理念。

很显然，市场机制存在着客观缺陷，即市场失灵是现实存在的，它构成了确立经济法理念的客观基础。既然市场机制的自发作用可以实现经济的理想状态是民法的经济学观念基础，那么民法的基本理念就在于为市场机制的自由发挥创造条件，即恢复市场机制的自然状态。而经济法以市场缺陷的存在和国家调制作为其观念基础，其调整手段的实施就旨在规范、限制、修正市场机制作用的发挥，以使市场经济按照理想状态或一定的政策目标运行。这是民法在世界范围内具有极大的相同性及稳定性，而经济法却因国家的不同具有差异性和变动性的原因所在。

（2）经济法以实现社会公正为目标，并最终促进个人利益和社会利益的矛盾统一。

经济学家对于公正的论述，也形成了两种对立的观点：一种观点认为，在人格平等的基础上，要实现公正就必须给每个经济活动参与者同等待遇，实现“机会均等”，即“水平公正”——同样情况同样对待。另一种观点则认为，在现实经济活动中不同个体的能力及财产等是存在差别的，在不平等的前提下要实现公正，只能是一种

"垂直公正"——不同情况不同对待。而民法和经济法正是建立在这两种不同公正观上的法律系统。民法以抽象的人格平等为基础来建立公正体系，给每个主体以平等权利，主体机会均等就算公正，结果可以不同，即以平等求公正。经济法则以现实的不平等为基础来建立公正体系，基于不同主体在经济社会中的现实表现给予差别性的权利体系。除此之外，经济法对公正的探寻更超越当前的历史限制，寻求代际的公正，这在以追求可持续发展为目的的环境法当中体现得尤为明显。因此，与民法对起点公正、形式公正和代内公正的追求相比，经济法理念所探寻的是一种结果公正、实质公正和代际公正，即以权利体系和保护力度上的"不公正"追求真正的、普遍性的公正。

通过追求真正的、普遍性的公正，经济法旨在最终实现个人利益与社会利益的矛盾统一。效率与公平是个体营利性与社会公益性这一矛盾的具体化。市场经济中的个体都是以营利为目的，追求利润最大化目标的。其单个的逐利行为可能会给社会公共利益带来不良影响，而社会公共利益则是社会成员不可侵犯的共同利益。因此，必须消除个体营利行为的不良影响，限制个体盲目的逐利行为，对社会公益加以保护，以免各种不当的、非法的逐利行为给社会、国家和国民造成损害。这就要求国家行使其经济职能和社会职能，对市场经济进行调控和规制，以切实保障社会公共利益。

（参考资料：《经济法学》编写组编：《经济法学》，3版，北京，高等教育出版社，2022）

2. 营商环境，是指企业等市场主体在市场经济活动中所涉及的体制机制性因素和条件。营造良好的营商环境，就是要让有意愿、有能力的企业、个人无障碍进入市场、获得资源，在各类市场主体的平等竞争中，脱颖而出并发展壮大。经济法的调整对象包括经济管理关系、维护公平竞争关系和组织管理性的流转和协作关系，法治是最好的营商环境，因此建立健全经济法相关法律法规的制定和实施，是优化营商环境的关键之举和应有之义。

（1）经济法治与营商环境。

市场经济是法治的经济起点，社会主义市场经济本质上是法治经济。必须将市场的自发调节与国家的宏观调控相结合，建立一套完善、有效的法律刺激和约束机制。构建良好营商环境，促进经济高质量发展的目标要求必须推动相关法律法规的制定、修改、废除、完善。目前市场监管的法律法规还存在立法碎片化、立法空白、有些法律法规的制度设计与新的经济业态不相适应等问题，针对此种情况，经济法的立法应当坚持社会责任本位，以实现社会整体经济利益的实质公平正义作为立法的理念。只有这样，才能有助于形成一个科学合理的市场监管的法律法规体系，构建良好的营商环境。

（2）市场准入、退出机制与营商环境。

在市场准入方面，我国颁布了《外商投资法》《优化营商环境条例》等相关经济法法律法规。市场准入"负面清单"等制度的设立，便是贯彻落实经济法原则的体现，其保证了各类市场主体清晰明确地知道哪些领域不得投资、哪些领域有所限制。此外，《优化营商环境条例》还明确指出要保障市场主体在市场准入、获取生产要素、招标投标和政府采购环节中的平等待遇，依法保护市场主体自主经营权、财产权、知识产权等合法权益，从国家层面夯实了优化营商环境的法治基础，标志着中国坚持深化改革扩大开放，激发各类经营主体活力，加快建设全国统一大市场，持续营造市场化、法治化、国际化一流营商环境，不断增强发展的动力和活力。

在市场退出方面，《企业破产法》立法、实施与个人破产制度的探索，也是完善中国营商环境的关键之一。通过审理破产案件，化解产能过剩、清理僵尸企业等，有利于完善市场竞争优胜劣汰的竞争机制，优化社会资源的配置与使用，实现真正、充分、公平的竞争，打造良好的营商环境。

（3）政策制定与营商环境。

打造良好的营商环境，要正确处理好政府和市场的关系。应当坚持社会主义市场经济改革方向，充分尊重市场经济一般规律，最大限度减少政府对市场资源的直接配置和对微观经济活动的直接干预，充分发挥市场在资源配置中的决定性作用，更好发挥政府作用，更大激发市场活力和社会创造力，增强发展动力，打造良好的营商环境。

充分发挥有效市场与有为政府的作用从而推动高质量发展，是经济法的主要任务。为此，在政策制定上，我国于相关的法规中规定了公平竞争审查制度等机制，要求政府部门在制定有关政策措施时，要考虑其可能对市场竞争的影响，确保政府相关行为符合公平竞争要求和相关法律法规，在实现政策目标的同时，防止排除和限制竞争，保障市场配置资源的决定性作用得到充分发挥，保障各类市场主体平等使用生产要素、公平参与市场竞争、同等受到法律保护。这样一来，有利于最大限度地保证制定的政策能够达到合法有效、互相协调、正面激励的效果。

3. 流转税法是调整以流转额为征税对象的税收关系的法律、法规的总称。所谓流转额，是指在商品流转过程中商品销售收入额和经营活动所取得的劳务或营业收入额。流转税包括增值税、消费税、关税等。相应地，流转税法包括：

（1）增值税法。增值税是以商品生产流通和劳务服务各个环节的增值额为征税对象的一种税。增值税法是调整增值税征纳关系的法律规范的总称。1993 年发布的《增值税暂行条例》（2017 年修订）、《增值税暂行条例实施细则》（2011 年修订）以及财政部、国家税务总局颁布的规章，是我国增值税法的主要的规范性法律文件。按照税法主要构成要素，增值税的纳税主体为在中华人民共和国境内销售货物或者提供加工、修理、修配劳务以及进口货物的单位和个人。增值税的征税对象为货物和加工、修理、修配劳务的法定增值额。纳税环节为非单一环节的多环节征税，属于价外税。

（2）消费税法。消费税是以应税消费品的流转额为征税对象的一种税。消费税法是调整消费税征纳关系的法律规范的总称，主要包括 1993 年的《消费税暂行条例》（2008 年修订）、《消费税暂行条例实施细则》（2008 年修订）等。消费税的纳税主体是在我国境内生产、委托加工和进口应税消费品的单位和个人，不分经济性质和所具有的国籍，也不分所处的地区，均是消费税的纳税人。消费税的征税客体是生产、委托加工和进口的应税消费品的流转额。消费税的纳税环节是在对货物普遍征收增值税的基础上，选择少数消费品再征一道消费税，是单一环节征收，属于价内税。消费税的税目[①]包括烟、酒、化妆品、贵重首饰及珠宝玉石、鞭炮烟火、汽车轮胎等。

（3）关税法。关税是指对进出境的货物或者物品征收的一种流转税。关税法是调整关税征纳关系的法律规范的总称。我国现行关税法主要包括 2021 年修正的《海关法》、2024 年颁布的《关税法》，以及《进出口税则》。关税的征税对象是进出境的货物、物品的流转额，在货物和物品进出境环节一次性征税。关税的应纳数额，以进出口货物的完税价格或应税数量为计税依据。关税税率分为出口税率和进口税率，其中进口税率又采用包括普通税率和优惠税率的复式税率。

四、论述题

1.《消费者权益保护法》第 1 条即开宗明义地指出其立法宗旨：“为保护消费者的合法权益，维护社会经济秩序，促进社会主义市场经济健康发展，制定本法。”具体而言，消费者权益保护法的立法宗旨包括：

（1）保护消费者合法权益。这是消费者权益保护法的中心宗旨。虽然有的其他有关立法在其立法宗旨中也提到保护消费者权益，但与它们不同，消费者权益保护法是将保护消费者合法权益作为首条和中心宗旨予以制定的。

（2）维护经济秩序。维护经济秩序与保护消费者合法权益紧密相连，是一个问题的两个方面：维护了消费者的权益，也就维护了社会经济秩序；维护了社会经济秩序，也必然加强了对消费者权益的保护。其区别在于：一个着重个人，另一个着重社会；一个着重微观，另一个着重宏观。

（3）促进社会主义市场经济发展。消费者权益保护问题从微观上看是一个个人侵权问题，从宏观上看却是一个经济健康发展的问题。保护了消费者合法权益，必然会促进社会主义市场经济健康发展，这表现在：

A. 保护消费者权益，实际上是对企业经营者的经济活动进行监督，制止其违法、违约行为，督促其改善经营管理、提高产品质量。这样，就会促进整个社会经济健康发展。

B. 保护好消费者的权益，必然会引导和刺激消费行为，反过来又促进生产发展。

C. 保护消费者权益加强了国家对经济生活的切实的管理和监督，加强了国家机关对人民、对社会的经济责

① 2022 年 10 月 2 日，财政部、海关总署及国家税务总局共同发布了《关于对电子烟征收消费税的公告》，将电子烟作为烟税目下的子目征收消费税。目前，我国共对 15 个税目征收消费税，部分税目项下还进一步划分了若干子目。

任，从而促使国家机关更主动地协调和促进社会经济的发展。

在消费者权益保护法的立法宗旨中，应注意到它所反映的现代经济立法的新趋势和主要倾向，即“经济立法的社会化”。现代经济立法已不仅仅是以个人为本位、单纯地保护个人利益，而是将对个人利益的保护与社会整体利益联系起来，将两者协调结合起来。在当代社会，经济立法已从传统的“个人权利本位”提高到“社会责任本位”。这是现代经济立法的主流。

消费者权益保护法的原则是有关消费者权益保护法的立法、执法和法理研究的指导思想，也是消费者权益保护法立法宗旨集中化、具体化的体现。一般认为有以下原则：

（1）特别保护原则。

特别保护原则，即国家给予经济上处于弱者地位的消费者以特别保护的原则。消费者与经营者是相对应的，它们在法律地位上是平等的，在商品交易的地位中也是平等的，但在经济上是不平等的，消费者常常是弱者，表现在：A. 结构弱；B. 实力弱；C. 手段弱。

经济上的不平等是事实上的不平等，单靠传统法律的平等、公平、诚实信用等原则是解决不了的，必须以新的法律原则、方式和手段予以纠正和平衡，即通过消费者权益保护法予以特别的保护，如：A. 在消费者权益保护法中，对消费者只规定权利，对经营者则只规定义务。消费者是权利方，经营者是义务方、责任方。权利与义务分离，以突出对权利主体（消费者）的保护。B. 在归责原则上，采用严格责任原则、无过错责任原则，追究经营者的责任。C. 采用举证责任倒置。D. 一切组织和个人均可就消费者问题进行监督。

给消费者以特别保护，不会破坏法律平等的原则，不会影响经营者的平等、独立的法人地位，相反，这样才能实现真正的平等。

给消费者以特别保护，不会破坏权利义务一致的原则，因为：消费者权益保护法给予消费者的权利，本来就是其应享有的权利，而不是什么“特权”；给予经营者的义务也本来就是其应承担的义务，并非“额外负担”。消费者权益保护法并不排斥他们各自依据其他法律、法规所享有的权利和所承担的义务。

当然，对消费者权益的特别保护要有一定的“度”，不可过度，不可超越我国经济和法治的实际。

（2）国家支持原则。

国家支持原则，即国家支持、援助消费者的原则。《消费者权益保护法》第5条中规定：“国家保护消费者的合法权益不受侵害。国家采取措施，保障消费者依法行使权利，维护消费者的合法权益。”

国家对消费者的支持包括：法律支持、行政支持、经济支持。

（3）社会监督原则。

《消费者权益保护法》第6条规定：“保护消费者的合法权益是全社会的共同责任。国家鼓励、支持一切组织和个人对损害消费者合法权益的行为进行社会监督。”此条应理解为：A. 不仅受害的消费者个人，而且所有个人和组织，均可对消费者问题进行揭发、控告。B. 消费者组织对此负有更重的责任，大众媒体也负有不可推卸的责任。C. 消费者组织以外的其他个人和组织就消费者问题进行社会监督，既是权利，也是责任。

（4）公平、信用原则。

《消费者权益保护法》第4条规定：“经营者与消费者进行交易，应当遵循自愿、平等、公平、诚实信用的原则。”这一原则主要是经营者在与消费者进行交易时应当遵守的基本规则。消费者权益保护法不仅要解决这些原则遭到破坏时所发生的问题，更重要的是要求双方在法律规定的原则下进行正常的交易，尽量不发生或少发生消费者问题。“超前引导，防患于未然”是现代经济立法的又一发展趋势。

2. 税收制度是明确政府和市场关系的基础制度之一，现代税收制度的建立是实现税收治理现代化的基础，而直接税改革是建立现代税收制度的重要内容。以税负能否转嫁为标准，可以将各税种分为直接税与间接税，前者是指税负不能或很难转嫁，必须由纳税人直接承担的税，后者是指纳税人可以将税负转嫁出去，由他人承担的税。从流转税、所得税和财产税的大类出发，一般认为流转税属于间接税，而所得税和财产税属于直接税。

参考学界理论与国际经验，直接税较间接税能够起到更显著的再分配功能，提高税收治理活动中公众的参与度。首先，从税收性质来看，直接税税负直接由纳税人负担，可调动纳税人的纳税意识以及税收治理意识，为税收法律主义提供良好的社会环境。其次，直接税的税制设置使其在收入分配调节中能够发挥较强的作用，从而促使税收体制与现代化经济体系相协调。同时，逐步提高直接税比重，将征税环节更多转移至收入分配环节，既能够减少在生产流通领域征税，又能减少税收对市场机制运行产生的扭曲，促进创新驱动和产业结构升级。而反观我国税制改革历程，过去整体呈现出以流转税为主、所得税占小部分、财产税几乎不存在的情况，因此，要完善现代税收制度，必须健全直接税体系，逐步提高直接税比重。

为完善直接税制度，应当从功能搭配和税种性质的角度处理好直接税与间接税、直接税内部各种税之间的关系，并注意到直接税比重提高对较高的财税风险应对能力和税收治理能力的要求。

第一，就直接税和间接税的关系问题而言，从稳定宏观税负的角度来看，提高直接税比重必然意味着间接税改革的同步推进，主要是降低间接税的税负水平。在区分直接税与间接税、降低间接税负并提升直接税比重的同时，还要考虑到直接税与间接税的转化关系，对税种性质的调整也是提高直接税比重进而建立现代税收制度的一种方式，比如通过调整征税环节对部分现有的间接税进行改造，转化税种性质。

第二，对于直接税内部各税种，有学者指出，要从加快推进综合与分类相结合的个人所得税改革、实施房地产税改革、适时启动对遗产税和赠与税的论证与设计、适当降低企业所得税法定税率、优化企业所得税优惠政策体系、积极参与国际税收规则制定等方面推进直接税改革。而在前述措施里，个人所得税与房产税的改革又属于重中之重。以个人所得税为例，尽管2018年修正《个人所得税法》已取得了阶段性成果，但仍存在较多问题，应积极准备作个人所得税法的新一轮修订，在中央已明确提出多年的“综合与分类相结合”的改革大方向上，迈出实质性步伐。在回应社会诉求提高个税“起征点”（生活费用扣除额）的同时，应把可能归并的各种收入与工薪收入归并，使之接受超额累进税率的调节，并实行家庭收入按年度申报后作出赡养负担、特定支出（如刚需住房按揭贷款月供中的利息支出）的专项扣除的办法。同时，在房产税方面，应当积极稳妥推进房产税立法和改革。首先，短周期规律性的房地产市值评估是房地产税征收公平合理的必要保障，而在开展房地产税税基评估时，需要特别注重效率与公平的平衡。在房产税的配套税收优惠设计层面，应当通过锁定收入水平、居住面积、房产市值等因素将税收减免锁定于低收入者，始终坚持量能课税原则。同时，房产税与土地出让金、其他房产转让环节可能涉及的税种之间需要进行整合，优化地方财政收入结构，避免出现重复征税等问题。除以上措施外，还可以考虑进一步合理调整企业所得税税负，加大绿色产业的税收优惠力度，将遗产与赠予税纳入立法范畴等。

第三，要处理好直接税比重提高与应对财税风险之间的关系。直接税侧重于调节公平，但其对经济增长的负面影响也被大量实证研究所证实。因而在经济下行压力增大的情况下，要考虑到直接税对税源产生的影响，处理好潜在的财政风险。直接税由于产生了纳税人税负的直接感知，往往具有“税收厌恶”的特点。尽管直接税具有自身的优点，也有提升比重的必要性，但是在征收的技术上它要求纳税人直接纳税，因而如果纳税人收入、财产存量不透明或者在技术上不能完全可查，那么即使从制度设计或实际数据上看直接税比重提升了，税收的应有功能也未必能够实现。从这种角度看，要在深化财税体制改革过程中不断完善我国的税务征管体系，提高税收治理能力。

［参考文献：刘文华、史际春、徐孟洲主编：《经济法》，7版，北京，中国人民大学出版社，2024；陈少克、王银迪：《我国现代税收制度建设中的直接税改革》，载《税务与经济》，2019（5）；张斌：《经济转型背景下提高直接税比重的必然性与策略》，载《河北大学学报（哲学社会版）》，2019（1）］

综合测试题（二）

一、名词解释（共4题，每题5分，共20分）

1. 垄断协议（中国政法大学考研）
2. 企业市场准入制度（中国人民大学考研）
3. 消费者的保障安全权（中国人民大学考研）
4. 政府采购

二、选择题（共15题，20分）

（一）单项选择题（共10题，每题1分）

1. 下列关于企业及其内涵的说法，正确的是（　　）。

A. 企业主要不是一个经济概念，它基本上应该是一个法律概念

B. 企业的经营性并不意味着其必定具有营利性

C. 企业一般都具有独立性，即独立的决策能力和责任能力

D. 分公司一般不能被称为企业

2. 下列有关一人公司的表述正确的有（　　）。

A. 只有一个股东的有限责任公司可以设股东会

B. 一人公司发生人格或财产混同时，股东应当对公司债务承担连带责任

C. 一人公司的注册资本必须一次足额缴纳

D. 一个法人只能设立一个一人公司

3. 玩具协会举办玩具展销会，斗星公司借了护卫舰公司的营业执照，租赁云团公司的柜台，卖火牛公司生产的拼图玩具，大牛在该会展上购买了拼图玩具后，发现少了一片，在展销会结束之前，大牛可以向哪个主体主张权利？（　　）（法考改编）

A. 玩具协会　　B. 护卫舰公司　　C. 云团公司　　D. 火牛公司

4. 甲公司举办的商品展销会期间，消费者王某从标明参展单位为乙公司的展位柜台购买了一台丙公司生产的家用电暖气，使用时发现有漏电现象，无法正常使用。由于展销会已经结束，王某先后找到甲公司、乙公司，后得知乙公司将租赁的部分柜台转租给了丁公司，该电暖气是由丁公司卖出的。这种情况下，王某不能向谁要求赔偿？（　　）

A. 甲公司　　B. 乙公司　　C. 丙公司　　D. 丁公司

5. 政府作为国有资产所有者代表，承担国有资产管理职能。该职能主要集中在哪个部门？（　　）

A. 中央银行　　B. 财政部　　C. 国有资产管理部门　　D. 商务部

6. 某商业银行通过同业拆借获得一笔资金。关于该拆入资金的用途，下列哪一选项是违法的？（　　）（司考改编）

A. 弥补票据结算的不足　　B. 弥补联行汇差头寸的不足

C. 发放有担保的短期固定资产贷款　　D. 解决临时性周转资金的需要

7. 甲从德富超市购买一瓶乳酸菌饮料，标签写明菌群标准符合国际标准，但送检查明该饮料样品仅符合我国食品安全标准并不符合国际标准。经查，德富超市从美国国际饮品中心正规渠道进口该乳酸菌饮料。有关德富超

市需对甲承担的责任，下列说法正确的是（　　）。（法考改编）

A. 无须向甲退还价款且无须10倍赔偿

B. 需向甲退还价款但无须10倍赔偿

C. 无须向甲退还价款但需10倍赔偿

D. 既需向甲退还价款又需10倍赔偿

8. 在计算企业应纳税所得额时，下列哪一项支出可以加计扣除？（　　）（司考改编）

A. 新技术、新产品、新工艺的研究开发费用

B. 为安置残疾人员所购置的专门设施

C. 赞助支出

D. 职工教育经费

9. 以下不属于特殊经济责任制的优点的有（　　）。

A. 权利（力）、义务较为明确

B. 能够突出管理者与被管理者之间平等性的方面

C. 当事人不易滥用权利（力）

D. 有利于经济法律关系主体能动性、创造性的发挥

10. 关于扣缴义务人，下列哪一说法是错误的？（　　）（司考改编）

A. 是依法负有代扣代缴、代收代缴税款义务的单位和个人

B. 应当按时向税务机关报送代扣代缴、代收代缴税款报告表和其他有关资料

C. 可以向税务机关申请延期报送代扣代缴、代收代缴税款报告表和其他有关资料

D. 应当直接到税务机关报送代扣代缴、代收代缴税款报告表和其他有关资料

（二）多项选择题（共5题，每题2分）

1. 关于《反不正当竞争法》中诋毁商誉行为的下列说法，正确的是（　　）。

A. 行为人的主观心态只能是故意

B. 行为人的对象只能是特定的竞争对手

C. 若行为人散布的是真实事实，即使损害了竞争对手的商誉，也不构成诋毁商誉行为

D. 新闻单位受经营者教唆，诋毁其竞争对手商誉的，新闻单位的行为构成诋毁商誉行为

2. 某企业因计算错误，未缴纳税款累计达50万元。关于该税款的征收，下列哪些选项是正确的？（　　）（司考改编）

A. 税务机关可追征未缴的税款　　B. 税务机关可追征滞纳金

C. 追征期可延长到5年　　D. 追征时不受追征期的限制

3. 依照《个人所得税法》的规定，下列哪些个人所得免税？（　　）

A. 国家发行的金融债券利息　　B. 企业债券利息

C. 教育储蓄存款利息　　D. 国库券利息

4. 曙光公司是提供燃气的国有企业，审计机关对审计曙光公司进行审计时，有证据证明曙光公司将用户缴纳的燃气费以职工马某的名义另行存储，并篡改会计账簿。为防止用户资金流失，审计机关认为有必要采取相应措施。关于审计机关可采取的措施，下列哪些选项是正确的？（　　）（法考改编）

A. 冻结燃气公司和员工马某涉嫌转移的银行账户

B. 查询曙光公司以马某名义在银行的存款

C. 封存曙光公司会计账簿

D. 查询曙光公司银行账户

5. 经营者的下列哪些行为，违反消费者权益保护法规定的义务？（　　）

A. 出售蛋类食品的价格经常发生变化
B. 顾客购买两条毛巾索要发票，经营者以“小额商品，不开发票”为由加以拒绝
C. 店堂告示“未成年人须由成人陪伴方可入内”
D. 店堂告示“商品一经售出，概不退换”

三、简答题（共 3 题，每题 10 分，共 30 分）

1. 简述经济管理主体的类别。
2. 简述商业银行与一般公司作为企业法人的主要区别。（中国人民大学考研）
3. 简述行政垄断的法律规制。（中国政法大学考研）

四、论述题（共 2 题，每题 15 分，共 30 分）

1. 论述宏观调控法的原则（中国人民大学考研）
2. 消费者在竞争法和消费者权益保护法中的差异（中国政法大学保研）

参考答案

一、名词解释

1. 垄断协议，就是通常所说的卡特尔，是指经营者之间通过合谋性协议、安排或者协同行动，相互约束各自的经济活动，违反公共利益，在一定的交易领域内排除、限制竞争的行为。我国《反垄断法》第 16 条规定，本法所称垄断协议，是指排除、限制竞争的协议、决定或者其他协同行为。

垄断协议的定义：垄断协议，是指排除、限制竞争的协议、决定或者其他协同行为。垄断协议主要包括横向垄断协议、纵向垄断协议和混合型垄断协议（例如中心辐射型卡特尔）。

垄断协议具有如下特点：(1) 从目的看，垄断协议是为了排除、限制竞争；(2) 从主体看，是 2 个或 2 个以上的市场独立经营者；(3) 从行为看，垄断协议需要行为人共同采取措施；(4) 从表现形式看，主要包括协议、决定和协同行为；(5) 从法律态度看，我国《反垄断法》对垄断协议的态度为“原则上禁止，以豁免为例外”，且竞争法为强制法，不能被当事人的约定所排除。另外，我国《反垄断法》第 20 条对垄断协议的豁免例外作出了具体的规定。

评价：垄断协议为垄断行为的一种，其排除、限制竞争，获取高额的垄断利润，因此《反垄断法》对垄断协议原则上是禁止的，但是有些垄断协议并不会严重限制相关市场的竞争，而且能够使消费者分享由此产生的利益，为此规定了豁免情形。

（参考资料：薛克鹏：《经济法学》，150 页，北京，中国政法大学出版社，2018）

2. 企业市场准入是指对企业或者其他主体进入某领域或地方的市场从事活动施加限制或禁止的规则或制度。企业市场准入制度是一种制度化的安排，主要表现为法律制度，即调整市场准入过程中形成的社会关系的有关法律规范。规制企业市场准入的方法主要有许可或审批、确定标准两大类，另外还有行业管理、国家垄断等特殊方法。

设定企业市场准入制度，应当限于市场失灵的范围之内、限于能够弥补市场缺陷的范围之内、限于宏观调控手段不能达到目标的范围之内、限于市场机制不能实现或有效实现的领域之内、限于规制的收益大于成本的范围之内。

企业市场准入制度作为企业法及经济法中的一项重要制度，体现了经济法社会本位、公私协调的本性。如何完善适合我国国情的企业市场准入制度，关系到市场经济和法治经济的顺利转轨和不断完善。

3. 保障安全权是消费者最基本的权利，它是消费者在购买、使用商品和接受服务时所享有的保障人身、财产

安全不受侵害的权利。它包括保障消费者的人身安全权和财产安全权。保障消费者的人身安全权又包括消费者的健康不受损害和生命安全有保障。消费者有权要求经营者提供的商品和服务符合保障人身、财产安全的标准。这一标准从客观方面来说，即消费者在正常使用的情况下有权期待的产品或服务不会引起人身、财产问题的安全性；从主观方面来说，即产品或服务应该符合国家和有关部门制定的国家标准、行业标准。

4. 我国政府采购是指各级国家机关、事业单位和团体组织，使用财政性资金采购依法制定的集中采购目录以内的或者采购限额标准以上的货物、工程和服务的行为。采购是指以合同方式有偿取得货物、工程和服务的行为。政府采购主要具有以下特点：一是采购主体的特定性。政府采购主体一般为各级政府及其职能部门，我国主要为国家机关、事业单位和团体组织。二是采购资金的公共性。政府采购的资金主要来源于政府财政资金，即政府通过征收税费、基金等渠道筹集的财政资金。三是采购程序的法定性。政府采购的各个环节和步骤都必须依照法定的程序进行，有严格的限定性。四是采购目的的公益性。政府采购不是为了营利，而是为了实现政府职能和社会公共利益。

二、选择题

（一）单项选择题

1. B。此题主要考查企业的概念问题。企业主要不是法律概念，它基本上是一个经济概念，企业的概念只能反映某一主体具有经营的性质。企业的经营性是指它基于一定的目的进行筹划运作，考虑投入产出，重视经济核算，借以参与社会的经济、文化等活动。经营一般是为了营利，但经营性不等于营利性，企业也可以从事政策性经营或公益性经营，如政策性银行等。现代社会的非法人企业也是普遍存在的，如分公司企业、合伙型联营的企业等，所以企业未必具有独立的决策能力和责任能力。

2. B。本题考查我国一人有限责任公司的有关问题。自 2024 年 7 月 1 日开始实施的《公司法》第 60 条规定，只有一个股东的有限责任公司不设股东会。故 A 项表述错误。《公司法》第 23 条规定，一人公司的股东不能证明公司财产独立于股东自己的财产，即发生公司财产与股东个人财产的混同，适用公司法人人格否认制度，股东须对公司债务承担连带责任。故 B 项表述正确。依现行《公司法》设立一人公司，股东无须一次实缴资本，允许认缴资本。故 C 项表述错误。一人公司在投资方面的限制规定只适用于自然人，不适用于法人。换言之，一个法人可以投资设立两个或两个以上的一人有限责任公司。由一个法人设立的一人有限责任公司可以再投资设立一人有限责任公司，成为一人有限责任公司的股东。故 D 项错误。

3. B。本题中拼图玩具少了一片的质量问题，应被认定为产品瑕疵，瑕疵产品属于违约责任，消费者应向销售者主张责任，与生产者无直接法律关系，故应排除 D 项。消费者是在展销会上购买此瑕疵产品的。《消费者权益保护法》第 43 条规定：“消费者在展销会、租赁柜台购买商品或者接受服务，其合法权益受到损害的，可以向销售者或者服务者要求赔偿。展销会结束或者柜台租赁期满后，也可以向展销会的举办者、柜台的出租者要求赔偿。展销会的举办者、柜台的出租者赔偿后，有权向销售者或者服务者追偿。”展销会举办期间，经营者仍在展销会上开展经营活动，消费者容易向其主张责任，由经营者承担责任有利于消费者维权。展销会举办者负有基本的审查和注意义务，以确保其招募的经营者在展销会上销售的商品质量合格，并收集经营者的相关信息。如果在展销会上售出的商品质量不合格，被发现时展销会已经结束，经营者不知所踪，则消费者不容易向其主张责任，展销会的举办者也难逃失察之责，故展销会结束后由展销会举办者承担“期后连带”的责任，承担责任后再向经营者追偿。本题中发生纠纷时，展销会尚未结束，应该排除展销会的举办者和柜台的出租者，消费者应向销售者斗星公司主张责任，所以排除 A、C 项。销售者斗星公司系借营业执照实施销售活动。《消费者权益保护法》第 42 条规定：“使用他人营业执照的违法经营者提供商品或者服务，损害消费者合法权益的，消费者可以向其要求赔偿，也可以向营业执照的持有人要求赔偿。”营业执照的持有人和借用人承担连带责任，故护卫舰公司作为营业执照的持有人应承担责任，B 项当选。

4. C。《消费者权益保护法》第 43 条规定，消费者在展销会、租赁柜台购买商品或者接受服务，其合法权益受到损害的，可以向销售者或者服务者要求赔偿。展销会结束或者柜台租赁期满后，也可以向展销会的举办者、柜台的出租者要求赔偿。展销会的举办者、柜台的出租者赔偿后，有权向销售者或者服务者追偿。故本题中王某依法可向甲公司、乙公司、丁公司要求赔偿，而不能向生产者丙公司要求赔偿。

5. C。《企业国有资产法》规定，国有资产属于国家所有即全民所有。国务院代表国家行使国有资产所有权。该职能主要由国有资产管理部门行使，负责国有资产的登记、监督管理等事项。

6. C。本题考查的是商业银行同业拆借规则。《商业银行法》第 46 条规定："同业拆借，应当遵守中国人民银行的规定。禁止利用拆入资金发放固定资产贷款或者用于投资。拆出资金限于交足存款准备金、留足备付金和归还中国人民银行到期贷款之后的闲置资金。拆入资金用于弥补票据结算、联行汇差头寸的不足和解决临时性周转资金的需要。"因此根据法条规定，本题选项 C 符合题意。

7. B。C、D 项，本题中的乳酸菌饮料符合我国食品安全标准，所以德富超市不应该承担 10 倍价款的赔偿，所以 C、D 项错误；A、B 项，虽然乳酸菌饮料符合我国食品安全标准，但毕竟不符合其标签表明的即生产经营者承诺的标准，甲依消费者权益保护法和民法典的规定，主张退货是应被支持的，所以 A 项错误，B 项正确。

8. A。《企业所得税法》第 30 条规定："企业的下列支出，可以在计算应纳税所得额时加计扣除：（一）开发新技术、新产品、新工艺发生的研究开发费用；（二）安置残疾人员及国家鼓励安置的其他就业人员所支付的工资。"由此可知 A 项正确。B 选项"为安置残疾人员所购置的专门设施"不属于本条第 2 项所规定的"安置残疾人员及国家鼓励安置的其他就业人员所支付的工资"，故 B 项不合题意。

9. D。特殊经济责任制的优点，是权利（力）、义务较为明确、具体。采取契约或协议形式，能够突出管理者与被管理者之间平等性的方面，当事人不易滥用权利（力）或怠于履行义务，发生纠纷较为容易得到解决。而有利于经济法律关系主体能动性、创造性的发挥是一般经济责任制的优点。

10. D。《税收征收管理法》第 4 条规定："法律、行政法规规定负有纳税义务的单位和个人为纳税人。法律、行政法规规定负有代扣代缴、代收代缴税款义务的单位和个人为扣缴义务人。纳税人、扣缴义务人必须依照法律、行政法规的规定缴纳税款、代扣代缴、代收代缴税款。"该法第 6 条规定："国家有计划地用现代信息技术装备各级税务机关，加强税收征收管理信息系统的现代化建设，建立、健全税务机关与政府其他管理机关的信息共享制度。纳税人、扣缴义务人和其他有关单位应当按照国家有关规定如实向税务机关提供与纳税和代扣代缴、代收代缴税款有关的信息。"因此符合题意的答案是选项 D。

（二）多项选择题

1. ABC。《反不正当竞争法》第 11 条规定，经营者不得编造、传播虚假信息或者误导性信息，损害竞争对手的商业信誉、商品声誉。据此可以判断出诋毁商誉行为的特点是：(1) 行为的主体是市场经营活动中的经营者；(2) 经营者实施了诋毁商誉行为，如果发布的消息是真实的，则不构成诋毁行为；(3) 诋毁商誉行为是针对一个或多个特定竞争对手的；(4) 经营者对其他竞争者进行诋毁，其目的是破坏对方的商誉，其主观心态是故意。所以选项 A、B、C 正确。因新闻单位不是市场经营活动中的经营者，不符合主体要件，故 D 项不正确。

2. ABC。本题考查的是税款追征制度。根据《税收征收管理法》的相关规定，税款追征制度分为三种情况：(1) 因税务机关的责任，致使纳税人、扣缴义务人未缴或少缴税款的：3 年内，税务机关可以要求补缴税款，但不得加收滞纳金。(2) 纳税人、扣缴义务人因为失误（如计算错误等原因）未缴或少缴税款的：一般情况下，3 年内税务机关可以追征税款和滞纳金；特殊情况下，追征期可延长至 5 年。"特殊情况"是指，纳税人或者扣缴义务人因计算错误等失误，未缴或者少缴、未扣或者少扣、未收或者少收税款，累计数额在 10 万元以上。(3) 因偷税、抗税、骗税等原因致使未缴、少缴税款和滞纳金或被骗取税款的，税务机关的追征无期限限制。本题企业由于计算错误而未缴税款，并非故意偷税、抗税、骗税，所以 D 选项错误，答案为 A、B、C 项。

3. ACD。此题考点为个人所得税的免征范围。《个人所得税法》规定，利息所得是应纳所得额。《个人所得税法》第 4 条第 2 项规定，国债和国家金融债券的利息所得免税。因此，A、D 项下的利息是免税的。《对储蓄存款利息所得征收个人所得税的实施办法》规定，对个人取得的教育储蓄存款利息所得以及国务院财政部门确定的其他专项储蓄存款或者储蓄性专项基金存款的利息所得，免征个人所得税。因此 C 项也属于免税收入。

4. BCD。本题考查审计机关的权限。《审计法》第 37 条第 3 款规定："审计机关有证据证明被审计单位违反国家规定将公款转入其他单位、个人在金融机构账户的，经县级以上人民政府审计机关主要负责人批准，有权查询有关单位、个人在金融机构与审计事项相关的存款。"本题中对于曙光公司公款私存的行为，审计机关经县级以上人民政府审计机关主要负责人批准有权查询曙光公司以马某名义在银行的存款，故 B 项正确。《审计法》第 37 条第 2 款规定："审计机关经县级以上人民政府审计机关负责人批准，有权查询被审计单位在金融机构的账户。"第 38 条第 1 款、第 2 款规定："审计机关进行审计时，被审计单位不得转移、隐匿、篡改、毁弃财务、会计资料以及与财政收支、财务收支有关的业务、管理等资料，不得转移、隐匿、故意毁损所持有的违反国家规定取得的资产。审计机关对被审计单位违反前款规定的行为，有权予以制止；必要时，经县级以上人民政府审计机关负责人批准，有权封存有关资料和违反国家规定取得的资产；对其中在金融机构的有关存款需要予以冻结的，应当向人民法院提出申请。"鉴于曙光公司公款私存且篡改会计账簿的行为，审计机关经县级以上人民政府审计机关主要负责人批准有权查询曙光公司的银行账户，有必要时可以封存相关资料，故 C、D 项正确。对其中在金融机构的有关存款需要予以冻结的，应当向人民法院提出申请，不能直接冻结，故 A 项错误。综上，本题正确答案为 B、C、D 项。

5. BCD。B 项违反了经营者出具单据和发票的义务：消费者只要索要发票，经营者就应出具，与消费额多少无关。C、D 项均属经营者以店堂告示的形式为消费者附加不合理义务或免除自己的义务的行为。

三、简答题

1.（1）政府及其管理部门。

根据我国宪法的规定，国务院即中央政府，是最高国家行政机关，它负责领导和管理全国的经济工作和城乡建设，编制、执行国民经济和社会发展规划以及国家预算。

国务院的经济管理部门，包括国家发展和改革委员会、财政部、中国人民银行等宏观调控部门，自然资源部、工业和信息化部等部委，以及海关总署等国务院直属机构或部委下辖的国家局。这些为专门经济管理部门。我国将中国人民银行定位为实施宏观调控的国家机关。地方各级人民政府在国务院统一领导下，依法管理本行政区域内的经济、城乡建设事业和财政等工作，也依法设置有关宏观调控部门和专门的经济管理部门。

（2）各级人民代表大会及其常务委员会。

根据宪法的规定，我国的权力机关分为 5 级，即全国人民代表大会，省级人民代表大会，设区的市、自治州人民代表大会，县、不设区的市、市辖区人民代表大会，乡镇人民代表大会。它们在立法和审查、批准、决定重大事项，依法实施监督的过程中与有关机关、组织和个人发生经济法律关系。

（3）人民法院和人民检察院。

根据宪法的规定，人民法院是国家的审判机关，依照法律规定独立行使审判权；人民检察院是国家的法律监督机关，依照法律规定独立行使检察权。

（4）特殊企业。

作为经济管理主体的特殊企业，包括政策性经营的企业和专事国有资产投资或控股管理的企业两类。政策性经营的企业，承担着执行国家政策及相应的管理职能，其典型形式如我国的三大政策性银行等。专事国有资产投资和控股管理的企业，不经营具体业务，由于与国有资产管理密切相关而具有经济管理主体的性质，如我国的中国投资有限责任公司、国家开发投资集团有限公司等。这类主体有时可能兼有行政法和经济法的双重性质，如中国人民银行实际上也兼有特殊企业的性质。

（5）经授权的其他组织。

有些主体既非政府机关，也不是依法具有独特权能的特殊企业，但因法律或政府对其特别授权而获得一定的管理职能，如我国特设的国务院国有资产监督管理委员会等监管机构。

（参考资料：刘文华、史际春、徐孟洲主编：《经济法》，7 版，北京，中国人民大学出版社，2024）

2. 商业银行是企业法人。首先，它具有《民法典》赋予一般企业法人的法律地位和权利、义务；其次，由于商业银行依照《公司法》和《商业银行法》设立，其又和一般公司企业法人存在区别，主要表现在：

（1）设立的法律依据和条件不完全相同。一般公司的设立只需依照《公司法》设立，而商业银行还需依据《商业银行法》设立，并且需要经国务院银行业监督管理部门批准。

（2）经营的商品不同。一般公司经营的是普通商品，而商业银行经营的是特殊商品，即充当一般等价货币。

（3）经营的方式不同。一般公司的经营方式，都是将商品的所有权和使用权通过交易同时转让出去，而商业银行经营货币时只转让货币的使用权，保留货币的所有权。

（4）经营商品的权益来源不同。一般公司的收益主要来源于经营商品的价值增值，而商业银行的收益主要来源于经营货币所获得的利息。

（参考资料：潘静成、刘文华主编：《中国经济法教程》，3版，北京，中国人民大学出版社，1999；朱大旗：《金融法》，3版，北京，中国人民大学出版社，2015；朱崇实、刘志云主编：《金融法》，5版，北京，法律出版社，2022）

3. 反垄断执法机构依法对涉嫌滥用行政权力排除、限制竞争的行为进行调查，有关单位或者个人应当配合。行政机关和法律、法规授权的具有管理公共事务职能的组织，涉嫌违反《反垄断法》规定的，反垄断执法机构可以对其法定代表人或者负责人进行约谈，要求其提出改进措施。

行政机关和法律、法规授权的具有管理公共事务职能的组织滥用行政权力，实施排除、限制竞争行为的，由上级机关责令改正；对直接负责的主管人员和其他直接责任人员依法给予处分。反垄断执法机构可以向有关上级机关提出依法处理的建议。行政机关和法律、法规授权的具有管理公共事务职能的组织应当将有关改正情况书面报告上级机关和反垄断执法机构。

法律、行政法规对行政机关和法律、法规授权的具有管理公共事务职能的组织滥用行政权力实施排除、限制竞争行为的处理另有规定的，依照其规定。

四、论述题

1. 宏观调控法是指调整在国家对宏观经济运行实施规划、调节和控制过程中发生的社会关系的法律规范的总称，是经济法体系的主要组成部分。宏观调控法的原则是在宏观经济法的制定、执行以及主体参加宏观调控下的具体经济活动中所必须遵循的基本准则，是各项宏观经济法律制度和全部规范的总的指导思想。我国宏观调控法的原则是国家宏观调控政策的集中反映，是宏观调控法的本质特征和基本精神的体现，同时也是宏观调控法区别于市场规划法等其他经济法制度的显著标志。宏观调控法的原则有以下几项：

（1）促进总量平衡与结构优化原则。宏观调控的主要目标，就是要保持经济总量的基本平衡和经济结构的优化。所谓经济总量的平衡，就是社会总供给与社会总需求的价值总量的平衡，是社会经济运行保持协调状态的前提条件。经济结构是指国民经济诸组成要素相互联系、相互作用的内在形式和方式。宏观调控法必须确认平衡与优化原则，从而调动宏观调控法的一切调整手段，发挥宏观调控法各项法律制度的功能，促进经济总量的基本平衡和经济结构的优化。

（2）调控法定原则。政府进行宏观调控行为必然涉及资源的配置与利益的调节，尤其是财政、税收、中央银行和物价部门的调控行为，直接涉及生产经营者和公民的财产权益。调控法定原则的要求是，将宏观调控主体、行为、方式和程序纳入法治轨道：有权实施行为的调控主体资格必须法定；各类不同宏观调控主体所享有的宏观调控权力法定；实施宏观调控的方式和程序也必须法定，严格约束宏观调控主体在法律赋予的调控权限范围内活动，禁止假借调控之名，侵害受调控主体的权益，以保障宏观经济健康运行和市场经济秩序良好。

（3）宏观调控科学适度原则。在现代市场经济中，脱离国家宏观调控或国家干预的所谓“纯粹”市场经济，早已不复存在。有宏观调控的竞争性市场经济逐步替代了昔日的自由放任、反对国家干预的自由市场经济。所谓宏观调控科学适度原则，其内涵有三层意思：一是宏观调控主体实施宏观调控必须符合市场经济规律，即讲究科学性，不得冲击和削弱市场机制作用的发挥，而是应当促进和保护市场机制调节功能的充分发挥；二是实施宏观调控必须遵守宏观调控法律，依法进行调控；三是国家实施宏观调控一般采取间接手段，减少对直接调控手段的使用。

（4）注重调控效益原则。对宏观经济的调控所涉及的经济利益是全局性的利益，如生产者全体的利益、消费者全体的利益、国家利益或社会公共利益。国家宏观调控行为，应以注重全局性整体性利益、提高经济运行的宏观效率、促进国民经济持续增长为目标。宏观调控法更侧重于提高经济运行的宏观效率和增进国家整体利益。强调并坚持调控效益原则，有助于规范国家宏观调控行为、有效引导市场主体的经营行为，有助于节约经济资源、优化调控行为。宏观调控法通过调整宏观调控关系，激励、促进和保护宏观经济效益的提高。为实现这一目的，必须确定注重调控效益为宏观调控法的基本原则。

（参考资料：刘文华、史际春、徐孟洲主编：《经济法》，7 版，北京，中国人民大学出版社，2024）

2. 关于消费者在竞争法和消费者权益保护法中的差异，具体可以从主体的含义、消费者标准、调整方法、经营者和消费者的关系状态、消费者在竞争法和消费者权益保护法中扮演的角色、消费者在竞争法和消费者权益保护法中的作用方面具体展开论述。

（1）主体的含义不同。当消费者作为受害者的形象出现，竞争法和消费者权益保护法发生竞合，竞合中消费者是经济学上讨论的消费者剩余时的含义，不一定是为生活消费的需要购买使用商品或者接受服务的人，而是包括此类产品的同时也包括为生产目的的购买者。竞争法中的消费者包括购买者、潜在购买者、消费者、潜在消费者，否则就无法解释上游环节发生的拒绝交易、限定交易等行为被禁止的理由。消费者权益保护法中的消费者是为生活消费的需要而购买使用商品或者接受服务的人，竞争法中的消费者含义要宽于消费者权益保护法中的消费者。

（2）消费者标准不同。竞争法中的消费者标准内涵是一般消费者。消费者权益保护法中保护的消费者具有同一性，不分国籍、居住地或者认知状况。竞争法中的消费者则有类别的划分，至少分为一般消费者和特殊消费者两大类别，这是根据主体的认知能力进行的划分。特殊消费者是游离于一般消费者之外的两极主体：一类是专业人士——行家；另一类是没有认知能力的人。比如一个虚假的医疗广告，医生和患者对其的认识会截然不同，医生很容易揭穿广告的虚假本质，患者受急于治愈的心理作用，对夸张的广告内容往往信以为真。一般消费者是指在通常情况下购买商品时，施以其通常购买此种商品之注意程度的人。

（3）调整方法不同。调整方法上，竞争法以否定的方式进行调整，消费者权益保护法则以肯定的方式进行调整，否定性调整包括禁止性调整、限制性调整，“不得”“禁止”是标志性的表达，而消费者权益保护法则以“消费者享有……的权利”“可以”等语言模式进行表达。法律调整的否定方法多适用某种具体行为偏离了价值观预设的情形通过调整以期回复或者接近价值观所预设的状态。至于消费者权益保护法，则是以肯定式的调整方式全面为消费者创设权利。

（4）消费者和经营者的关系状态不同。消费者权益保护法强调实然进入状态，没有实际购买商品或者接受服务不是消费者，其权益由他法进行保护，如缔约过失责任。如果经营者的行为侵害了消费者的利益，消费者能够以积极行动对抗经营者维护自己的权益。竞争法强调进入状态和拟制状态，具有高度的抽象性，其不具体指明甲、乙、丙、丁购买什么产品或者接受什么服务，往往充当场外主体的角色，如发生在上下游企业之间的拒绝交易或者生产企业之间的价格联盟，不直接关系到某个为生活目的的消费者的利益；再如，面对虚假广告，消费者没有误认误购也不损害其利益。所以拟制状态的消费者更超然，无须消费者行使选择权便达到了对抗经营者的效果。

（5）消费者在竞争法和消费者权益保护法中扮演的角色不同。社会学理论指出，任何一个人都不可能仅仅承担某一种社会角色。同样，消费者在竞争法和消费者权益保护法中也扮演着不同的角色。在竞争性关系中，消费者首先是受益者，消费者受益源于竞争发挥的积极作用——产品或者服务质量的提高、价格降低、产品的替代性增强；其次，消费者又是受害者，具有支配地位的企业强迫消费者接受不公平的条件，如搭售、不公平高价等行为；最后，消费者是当事人关系之外的第三者，要么是同盟者，要么是竞争者，要么是合作者。在同盟者和合作者的情况下，企业联合行为的后果会反射到消费者身上，将消费者的利益上解，例如价格联盟形式增加消费者成本。竞争法并没有完全、同等地对待和吸纳竞争关系中消费者的三种身份。竞争法的否定性调整方式决定了在竞争法律关系上通过排除对消费者的危害——现实的危害或者危险来保护消费者，使消费者受益是立法者的思路和执法者的行动进路。因此，竞争法立足于“消费者—受害者”和“消费者—第三者”的双重身份，放弃受益者身份的规定；而消费者权益保护法中消费者是以对立于经营者的受害者的形象出现的。

(6) 消费者在竞争法和消费者权益保护法中的作用不同。消费者权益保护法中消费者是具有主体性、个体性的，而竞争法中作为第三者的消费者是企业行为正当性的判断标准。消费者作为行为正当性的判断标准的基础是竞争法调整功能的预防性或者事前救济。事前救济不要求认定垄断或者不正当竞争行为有事实损害的消极后果，只要求有消极后果的危险。消费者权益保护法中消费者的主体性、个体性转化为竞争法中的客观性、整体性。这一转变是由经济关系的需求和权力介入经济关系的不同路径造成的，竞争关系的基本矛盾是经营者的竞争冲突，这种冲突靠经营者自身无法解决，需要政府介入，政府制定了诸多评价企业行为的标准，其中之一是消费者标准。

综上，竞争法中的消费者和消费者权益保护法中的消费者存在差异，使消费者在竞争法中既作为受害者，又充当场外主体的角色。从消费者权益保护法中消费者的主体性到竞争法中消费者的客观性——消费者身份的变化，体现了消费者在两部法律中不同的路径选择。

［参考资料：刘继峰：《竞争法中的消费者标准》，载《政法论坛》，2009 (5)，127～135 页］

综合测试题（三）[①]

一、名词解释

1. 维护公平竞争原则
2. 预算调整（中国人民大学考研）
3. 消费型增值税
4. 货币政策工具
5. 股东失权
6. 相关市场

二、简答题

1. 简述经济法的综合性特征。
2. 简述《价格法》关于国家调控价格总水平措施的有关规定。
3. 简述经营者集中的法律控制。
4. 简述不正当竞争行为的概念及其特征
5. 简述互联网不正当竞争行为的认定（中国政法大学考研）

三、论述题

1. 论述反垄断法的本身违法原则和合理原则。
2. 论反不正当竞争法和反垄断法的联系与区别。
3. 竞争法保护竞争而不是竞争者，对此进行评价。（中国政法大学考研）

参考答案

一、名词解释

1. 维护公平竞争原则与平衡协调原则和责、权、利、效相统一原则并称经济法的三大基本原则。其中维护公平竞争原则是指经济法的立法和具体实施都必须以维护公平竞争为基本目标，在这个基本目标的指引下设置各种制度，一旦其目标设置发生了偏离，比如偏离到以保护市场经济中某一方主体的利益为终极目标，经济法的本质

① 本套试题为结合当前经济法学研究热点与历年考研经济法试题而命制的一套模拟研究生入学考试经济法专业课考试试题。经济法历年的考研题目设计均贯彻了总论为主、分论为辅、总分结合的特征。总论部分知识点相对固定、集中，主要考查对经济法这一法律部门独立性的认识、经济法的历史沿革、与其他学科的比较、经济法的特征和原则等。这是正确、深入理解经济法的概念和地位的主要途径。分论部分则体现了每年考试题目的新颖性和前沿性，考生应当对近两年以来相关领域的立法动态有所把握。分论部分的题目往往超出教材的范围，也经常出现考生对某个知识点知之甚少、不知如何下笔的情况，因此分论是大多数未过关考生失败的直接原因。例如 2019 年的分析题材料即 2018 年修订、2019 年正式实施的《个人所得税法》中新增的内容，以及国务院关于“专项附加扣除”具体实施办法的暂行条例，涉及经济法总论的原理问题，也涉及税收法定原则这一核心理论。又如，改革开放四十多年来，我国的经济法也在逐渐发展，因此读者可以对相关经济法具体制度的演进进行回顾和展望（如对分税制等财政体制改革的评述等）。总之，笔者希望读者能够举一反三，将经济法理论与实践紧密结合，进行深入的思考。

特征将发生动摇。维护公平竞争原则是经济法反映社会化市场经济的内在要求和理念的一项核心的、基础性的原则。

维护公平竞争的要求不仅直接体现在竞争法（反垄断法和反不正当竞争法）中，而且在经济法的各项制度诸如发展规划、产业政策、财政税收、金融外汇、企业组织、经济合同等制度，以及具体执法及司法过程中，都必须考虑市场主体公平竞争的问题，政府的经济管理和市场操作也应该做到公开、公平、公正，不得违背和破坏市场公平竞争的客观法则。

维护公平竞争原则和制度的出现，是通过国家的“有形之手”来纠正市场“看不见的手”所导致的弊端，同时又力求使“看不见的手”在最大范围内、最高程度上发挥作用的产物。以自由竞争和自由市场排斥政府对市场的管理、调控或“裁判”；或以规划、管理、调控等为名行干预、管制之实而抑制乃至否定市场的机制和作用，凡此理念和做法均与维护公平竞争原则相悖，最终都不免遭受客观规律的惩罚。可以说，维护公平竞争原则及贯彻市场经济精神的经济法，无论在资本主义还是在社会主义条件下，都是经由惨痛的教训得来的。

维护公平竞争原则应当作为经济法立法和执法的重要依据之一，它是市场经济之经济法的永恒追求。在此意义上，国外学者把反垄断法称为“经济宪法”“经济的基石”“市场经济的大宪章”等，并认为反垄断法及竞争法在经济法中占有核心和基本的地位，是经济法的“原则法”。因此也可以说，维护公平竞争原则是资本主义经济法的根本原则。

2. 预算调整，是指经全国人民代表大会批准的中央预算和经地方各级人民代表大会批准的本级预算，在执行中因特殊情况需要增加支出或者减少收入，使原批准的收支平衡的预算的总支出超过总收入，或者使原批准的预算中举借债务的数额增加的部分变更。预算调整是一种正常的预算活动，预算调整必须依法进行。预算执行中，因上级政府返还或者给予补助而引起的预算收支变化，不属于预算调整。

3. 增值税是以生产经营过程中产生的增值额为课税对象的一种税，根据确定增值额时扣除项目中对外购固定资产的处理方法的不同，可分为生产型增值税、收入型增值税和消费型增值税。其中消费型增值税允许将纳税期当前购进的固定资产价值从当期的销售额中一次性全部扣除。在此类型中，作为课税对象的法定增值额为当期全部销售额或收入额扣除全部外购生产资料价款后的余额。从整个社会经济来看，它相当于征税对象排除了任何投资，只限于消费资料，故称为消费型增值税。消费型增值税尽管在一定程度上会减少国家财政收入，但由于外购固定资产的成本可凭发票一次性全部扣除，更便于操作和管理，也有利于鼓励投资，加速设备更新，因而被认为是最先进、最能体现增值税优越性的一种类型。我国的增值税转型改革，正是从生产型增值税转向消费型增值税。

4. 货币政策工具是指中央银行实现货币政策目标的手段和措施的总称。货币政策是中央银行为实现其特定的经济目标而采取的各种控制和调节货币的供应量的方针和措施的总称。我国的货币政策目标是保持货币币值的稳定，并以此促进经济增长。《中国人民银行法》第23条规定，我国的货币政策工具主要有：(1) 存款准备金制度。存款准备金是指中国人民银行在法律所赋予的权力范围内，通过规定或调整商业银行缴存中国人民银行的存款准备金比率，控制商业银行的信用创造能力，间接地控制社会货币供应量的活动。(2) 再贴现制度。再贴现是指商业银行或其他金融机构将贴现所获得的未到期票据，向中央银行转让，从而取得现金的一种制度。(3) 基准利率确定制度。基准利率指中国人民银行对商业银行或其他金融机构的存、贷款利率。基准利率在利率体系中起基础性和主导性作用，直接影响浮动利率、优惠利率、差别利率、加息利率等的高低。(4) 再贷款制度。再贷款是中国人民银行对商业银行或其他金融机构提供的短期信贷。中国人民银行对商业银行或其他金融机构提供贷款，一是基于其最后贷款人的责任，二是为了调节货币供应量。(5) 公开市场业务制度。公开市场业务是指中国人民银行为实现货币政策目标而在公开市场上买进或卖出国债、其他政府债券和金融债券及外汇的行为。(6) 直接干预制度。直接干预是指中国人民银行以“银行的银行”身份，直接对商业银行或其他金融机构的信贷业务施以合理的干预。

5. 股东失权是指股东违反出资义务等法律规定而被剥夺股权，该股东因其股权被剥夺而丧失其股东地位的制度。股东与公司之间存在以缴纳出资与接受出资为内容的合同关系，股东相互之间存在约定共同向公司出资的合同关系。股东失权导致不依法履行出资义务的股东丧失相应部分的股权，本质上既是公司解除其与违约股东之间的合同关系，也是守约股东解除其与违约股东之间的合同关系，属于合同解除在商法规范中的特殊表现形式。自2024年7月1日起施行的《公司法》首次规定股东失权规则，其第52条规定，股东未按照公司章程规定的出资日期缴纳出资，公司可以依照相关规定发出书面催缴书催缴出资并载明缴纳出资的宽限期。宽限期届满，股东仍未履行出资义务的，公司经董事会决议可以向该股东发出失权通知。自通知发出之日起，该股东丧失其未缴纳出资的股权。可见，失权制度并不直接指向股东身份，其制度目的在于督促股东履行出资义务，收回股东未缴出资部分对应的股东权利，丧失股东身份是股东完全未履行出资义务的附带结果。股东失权制度的优势在于公司不必被动地等待身处债务人地位的股东的履行行为，而可以掌握收回股权并另行吸纳充实公司资本的主动权。

6. 相关市场是指经营者在一定时期内就特定的商品或者服务（以下统称“商品”）进行竞争的商品范围和地域范围。在市场竞争中，市场范围的大小直接影响市场竞争的程度，界定相关市场是认定市场是否有效竞争的基本前提和根本标准。在反垄断法中，相关市场的认定具有重要意义。它关系到对某个经营者的产品或服务所占市场份额、该经营者的市场地位及其行为是否构成不法垄断等的认定。

相关市场的定义：经营者在一定时期内就特定的商品或服务进行竞争的商品范围和地域范围。相关市场的类型：影响特定市场范围的有产品、地域、时间、技术等因素，根据这些因素分别构成相关商品市场、相关地域市场、相关时间市场、技术市场和创新市场。其中，相关商品市场是指经营者在一定时期内就特定商品进行竞争的商品范围，包括同类品和替代品的范围。相关地域市场是指经营者在一定时期内就特定商品进行竞争的地域范围。界定相关市场的作用或者意义在于：(1) 明确经营者竞争范围；(2) 是判断经营者是否具有市场支配地位的前提。任何竞争行为（包括具有或可能具有排除、限制竞争效果的行为——垄断行为、不正当竞争行为）均发生在一定的市场范围内。界定相关市场就是明确经营者竞争的市场范围。在禁止经营者达成垄断协议，禁止经营者滥用市场支配地位，控制具有或者可能具有排除、限制竞争效果的经营者集中等反垄断执法工作中，均可能涉及相关市场的界定问题。科学合理地界定相关市场，对识别竞争者和潜在竞争者、判定经营者市场份额和市场集中度、认定经营者的市场地位、分析经营者的行为对市场竞争的影响、判断经营者行为是否违法以及在违法情况下需承担的法律责任等关键问题，具有重要的作用。因此，相关市场的界定通常是对竞争行为进行分析的起点，是反垄断执法工作的重要步骤。

（参考资料：刘继峰：《竞争法学》，3版，141页，北京，北京大学出版社，2018）

二、简答题

1. 经济法基于公、私法的兼顾融合，在多方面具有综合性的特点。

首先，综合性是指公法因素和私法因素的融合。经济法或者以行政、刑事等公的手段去调整企业、合同、价格、利润、利率等私的关系，如竞争法对卡特尔合同、企业合并、独家代理、涉及商业秘密的合同、传销合同等的调整，价格法对市场之灵魂——物价的调控，税法和会计法对经营利润处理之规范，中央银行依法对利率实施调控，等等；或者将平等对立、协商较量、等价有偿、恢复补偿等私的手段引入有政府和公权力加入、为公共利益考量之公的关系，如国有或公共企业法、国有化法、私有化法、土地法、合同法等的调整。

其次，综合性又指经济法调整是将各种法律调整手段有机结合的综合调整。经济法对其关注的经济关系，采用所需的任何手段进行调整，包括民事的、行政的、刑事的、程序的、褒奖的、社会性的等。至于刑事责任应否一律归入刑法典，从社会法和经济法的观念出发，也是可以讨论的。除了传统的法律调整手段，经济法还采用公、私法融合的新型调整手段。另一种新型的法律调整手段，可以称之为专业及社会性调整手段，包括专业调控以及专业约束和制裁，这是大量经济技术性规范或专业规范转化为法律规范的必然结果。例如，税法和国有企业法中规定，企业遵照国家产业政策，以留利安排生产性建设项目或补充流动资金的，可以退还企业在投资部分已缴纳的所得税40%的税款；又如，证监会和外汇管理部门对非法经营境外期货外汇按现金交易活动的公司予以查处，方法包括停止接受新客户、新订单，限期平仓并退还客户剩余保证金等。诸如停止注册会计师、律师等的专业资格，责令行为人在专业媒体上公开解释或道歉，宣布某专业人士为市场禁入者等，可以称其为专业不名誉责任或制裁。专业不名誉责任或制裁具有经国家认可的行业责任或社会性制裁的性质。褒奖、社会性调控和制裁手段等并非经济法特有的调整手段，它们是当代社会经济和法治的新发展，尤为公、私法融合的各种新型法的门类所采用。

最后，综合性还可以理解为经济法在其调整中处处体现着统分结合、指导和规制相结合的现代市场经济精神。统分结合是指国家统一领导、调控与地方分权、公有主体自主经营管理相结合；指导和规制相结合则是指除了综合运用传统的强行性规范和任意性规范，经济法还大量创制指导、诱劝性规范，以适应纵横统一、在宏观调控下由市场来配置资源的客观要求。

2. 国家为了调控价格总水平，防止价格的暴涨暴落，制止市场经济的盲目性，采用法律形式，规定了一系列调控措施。由于稳定价格总水平是国家重要的宏观经济政策目标，所以国家根据国民经济发展的需要和社会承受能力，确定市场价格总水平调控目标，将其列入国民经济和社会发展计划，并综合运用货币、财政、投资、进出口等方面的政策和措施予以实现。政府可以建立重要商品储备制度，设立价格调控基金，以调控价格、稳定市场。为适应价格调控和管理的需要，政府价格主管部门应当建立价格监测制度，对重要商品、服务的价格的变动进行监测。政府在粮食等重要农产品的市场购买价格过低时，可以在收购中实行保护价格，并采取相应的经济措施保证其实现。价格调节基金主要是于重要商品市场价格发生波动时平抑价格。在价格主要由市场形成的机制下，价格调控的首选手段就是对与人民生活密切相关的商品建立价格风险基金。对粮食和食品等重要商品建立风险基金，意义尤为重大。国家要参与市场价格的调节，就必须掌握、控制一定的物资量。建立重要商品储备制度，对粮、棉、石油等重要商品，国家保持一定的储备能力，就可以在市场价格波动时，吞吐商品，平抑物价，维护市场稳定。建立全国性的价格信息监测网络，对市场价格变化进行跟踪、监测，对重要商品定期发布参考价格，同时又为政府和企业提供市场价格信息。这既有利于企业和政府掌握市场动态，及时调控物价，又有利于企业及时掌握国家价格政策并作出正确价格决策。

当重要商品和服务价格显著上涨或者有可能显著上涨时，国务院和省、自治区、直辖市人民政府可以对部分价格采取限定差价率或者利润率、规定限价、实行提价申报制度和调价备案制度等干预措施。但省、自治区、直辖市采取干预措施，应当报国务院备案。如果出现市场价格总水平剧烈波动等异常状态，国务院可以在全国范围内或者部分区域内采取临时集中定价权限、部分或者全面冻结价格的紧急措施。但在实行干预措施、紧急措施的情况消除后，应当及时解除干预措施、紧急措施。

在特殊情况下依法对市场价格进行适当干预，属于政府对市场进行适当调控，弥补市场失灵。这是世界各国通行的做法，也是现代市场经济理论和实践的重要内容。

3. 经营者集中是市场经济活动中的普遍现象，由于经营者集中的结果具有两面性——一方面，有利于形成规模经济，提高经营者的竞争力；另一方面，又可能产生或者加强市场支配地位，对市场竞争产生不利影响——所以各国反垄断法都对经营者集中实行必要的控制，以防止因其经济力的过度集中而影响市场竞争。控制的主要手段是经营者集中实行申报制度，并由反垄断执法机构进行审查，决定是否允许经营者实施集中。

（1）经营者集中的申报，指经营者在进行集中前，为了使反垄断执法机关知悉和了解经营者的集中计划，并就该计划是否合法作出判断，而由经营者向有关机构提供必要的文件和资料的一项制度。申报制度是反垄断法对经营者进行监控的一项预防性措施，有利于国家全面了解经营者集中的现状和趋势，从而掌握采取行动的主动权。我国《反垄断法》规定：经营者集中达到国务院规定的申报标准的，经营者应当事先向国务院反垄断执法机构申报，未申报的不得实施集中。经营者集中有下列情形之一的，可以不向国务院反垄断执法机构申报：1）参与集中的一个经营者拥有其他每个经营者50%以上有表决权的股份或资产的；2）参与集中的每个经营者50%以上有表决权的股份或资产被同一个未参与集中的经营者拥有的。

（2）经营者集中的审查。各国反垄断法并非一律禁止经营者集中，而只是禁止那些可能对市场竞争产生重大不利影响的集中行为，因此，确立经营者集中审查制度尤其是明确的审查原则和标准就十分关键。我国的《反垄断法》规定：国务院反垄断执法机构应当自收到经营者提交的符合法律规定的文件资料之日起30内，对申报的经营者进行初步审查，作出是否实施进一步审查的决定，并书面通知经营者。国务院反垄断执法机构作出决定前，经营者不得实施集中。国务院反垄断执法机构决定实施进一步审查的，应当自决定之日起90日内审查完毕，作出是否禁止经营者集中的决定，并书面通知经营者，作出禁止经营者集中的决定，应当说明理由。审查期间，经营者不得实施集中。国务院反垄断执法机构逾期未作出决定的，经营者可以实施集中。

审查经营者集中应当考虑以下因素：参与集中的经营者在相关市场的份额及其对市场的控制力；相关市场的市场集中度；经营者集中对市场进入、技术进步的影响；经营者集中对消费者和其他有关经营者的影响；经营者集中对国民经济发展的影响；国务院反垄断执法机构认为应当考虑的影响市场竞争的其他因素。对于外资并购境内企业或者以其他方式参与经营者集中，涉及国家安全的，除依照《反垄断法》的规定进行经营者集中审查外，还应当按照国家有关规定进行国家安全审查。经营者集中具有或可能具有排除、限制竞争效果的，国务院反垄断执法机构应当作出禁止经营者集中的决定。但是经营者能够证明该集中对竞争产生的有利影响明显大于不利影响，或符合社会公共利益的，国务院反垄断执法机构可以作出对经营者集中不予禁止的决定。对不予禁止的经营者集中，国务院反垄断执法机构可以决定附加降低集中对竞争产生不利影响的限制性条件。

4. 依照《反不正当竞争法》的定义，“不正当竞争”是指经营者违反《反不正当竞争法》的规定，扰乱市场竞争秩序，损害其他经营者或者消费者合法权益的行为。一般认为，“不正当竞争”这个术语出自1883年的《保护工业产权巴黎公约》。公约规定，在工商业活动中违反诚实经营的竞争行为即构成不正当竞争行为。此后，许多西方国家从不同的角度概括了不正当竞争的内涵，都把违反诚实信用原则和公平竞争原则的行为作为不正当竞争概念的核心内容。我国《反不正当竞争法》主要禁止的不正当竞争行为类别有混淆行为、商业贿赂行为、虚假宣传行为、侵犯商业秘密行为、不当奖售行为、诋毁商誉行为和网络不正当竞争行为。

不正当竞争行为具有以下特征：(1) 实施不正当竞争行为的主体是经营者，即我国《反不正当竞争法》所指的从事商品生产、经营或者提供服务（以下所称商品包括服务）的自然人、法人和非法人组织；(2) 不正当竞争行为所侵犯的课题是反不正当竞争法所保护的，而为不正当竞争行为人所损害和扰乱的市场竞争秩序和社会关系；(3) 实施不正当竞争的行为人在客观上有实施不正当竞争行为的事实；(4) 实施不正当竞争的行为人主观上有不遵循自愿、平等、公平、诚实信用的原则，不遵守公认商业道德的过错。

5. (1) 互联网不正当竞争的定义：在利用网络从事生产经营活动中，经营者为了排挤竞争对手谋取竞争优势，利用技术手段，通过影响用户选择或者其他方式实施的妨碍、破坏其他经营者合法提供的网络产品或者服务正常运行的行为。(2) 特点：1) 互联网不正当竞争发生于网络虚拟空间，主体是利用网络从事生产经营活动的经营者。2) 互联网不正当竞争的主要行为目的是妨碍、破坏其他经营者合法提供的网络产品或者服务正常运行，进而从中渔利。3) 互联网不正当竞争行为类型多种多样，且《反不正当竞争法》在列举之外做了开放式的兜底性规定。4) 互联网不正当竞争隐蔽性较强，反不正当竞争执法难度更大。5) 互联网不正当竞争涉及范围广，传播快，危害性更大。6) 互联网不正当竞争产生的原因具有复杂性，既有技术上的原因，也有法律上的原因。

三、论述题

1. 本身违法原则和合理原则是在美国反托拉斯法规制垄断协议行为中产生的，最初适用于规制垄断协议行为，后来被广泛运用于对所有反竞争行为的规制，并在其他国家（地区）得到进一步发展。

本身违法原则，又称自身违法原则、当然违法原则，是指对市场上的某些限制竞争行为违法性的判断认定，不必考虑这些行为的具体情况和后果，即可直接认定这些行为严重损害竞争，构成违法并应受到反垄断法禁止的原则。由于这些行为对竞争的破坏作用明确、稳定，一般不会因为其他因素的影响而有实质性的变化，所以无须加以证明便应受到反垄断法的禁止。典型的适用本身违法原则的行为有固定价格行为、联合抵制行为、划分市场行为。适用本身违法原则的优点在于：(1) 适用本身违法原则可以给予企业一个确定的合法性标准，使企业在计划和实施商业行为时不必担心可能招致突如其来的反垄断法的打击，提高了法律的稳定性和当事人的可预见性。(2) 适用本身违法原则可以减少反垄断执法机构和法院进行调查和取证的程序，可以节约反垄断法实施的时间和费用。法院、反垄断执法机构和企业不需要耗费大量的资源，直接对行为是否属于合理行为进行个案评价，也就可以避免对执法或诉讼中非常难以决断的经济和商业问题进行旷日持久的司法调查。（3）适用本身违法原则对市场主体具有威慑力。适用本身违法原则实际上使原告只要证明这种行为存在即可，行为本身就是当然禁止的，因此对市场行为主体具有威慑力，使其尽量避免从事此类行为。同时，适用本身违法原则也存在缺点，具体体现在：（1）适用本身违法原则可能会损害公平和正义。任何法律在对经济生活进行规制时都希望能够做到公正和效率的完美结合，但公正是法律或规则首先要追求的。尽管本身违法原则的适用可以很好地解决效率问题，但本身违法原则的合理基础应是被禁止的行为在绝大多数情况下确实损害了竞争并从而影响了国家整体经济利益的实现。简明标准会限制或妨碍许多对竞争和经济发展利大于弊的行为的判断，在行为的竞争后果具有多面性的情况下，以评价证据有难度为由而概采取简明标准，没有充分的理由，也会损害公平正义。（2）本身违法原则的简单化使其在适用时不可避免地存在错误。简化的原则不能充分考虑经济行为的复杂性，可能存在失误并招致不公正的判决。

合理原则是指某些对竞争的限制比较模糊的行为是否构成违法，必须在慎重考察经营者的目的、行为的方式及后果等因素后才可能作出判断，只有在企业存在谋求垄断的意图，并通过不属于“工业发展的正常方式”来实现目的，造成对竞争的实质性限制的情况下，其行为才构成违法，否则便是合理的行为，对于什么是谋求垄断的意图，以及什么是“工业发展的正常方法”并没有统一的标准，要取决于法官的主观判断。合理原则的适用为反垄断执法机构提供了充分的自由裁量权，执法机构、司法机关判断某些行为是否构成违法需要对行为的具体情况进行分析，如在合同中订立有关限制性条款的目的、合同双方的市场支配力、合同条款对相关市场产生的实际影响等，在综合分析的基础上才能认定行为是否违法。适用合理原则的优点在于：（1）适用合理原则对限制竞争行为的违法性判断更具公正性，使反垄断执法机构、法院能够考虑到经济生活中的变量，从而对某种限制竞争行为进行较为准确的判断，使反垄断法的适用能够更好地适应复杂的经济情况，避免机械的执法可能对正常经济生活造成的消极影响。（2）适用合理原则可以使国家的整体利益更容易实现。合理原则赋予了反垄断法的实施者较大的自由裁量权，使实施者能够根据实际情况，灵活运用法律来规制限制竞争行为，也更容易实现社会整体利益。但适用合理原则也存在一定缺陷，主要表现在：（1）适用合理原则增加了反垄断执法和司法的成本，使反垄断执法机构和法院不得不考察更多的因素，如被指控行为对竞争所具有的正反两方面的影响、该行业中的竞争结构、被指控企业的市场份额和市场力量等，这些因素的举证比较复杂，审理过程不可避免地延长，导致执法和司法成本增加。（2）适用合理原则阻碍了反垄断执法和司法效率的实现。反垄断法的举证规则极其麻烦，反垄断执法机构和法院要花费极大的精力，去考察众多方面的有关因素，以证明行为是否违法，而这往往影响了反垄断法的效果。（3）适用合理原则增加了权力被滥用的可能性。适用合理原则加强了反垄断执法机构和法院的自由裁量权，这使反垄断法纠纷的解决困难产生更大的非连续性和不可预见性，增加了公共决策者产生错误和滥用的危险。（4）适用合理原则使行为的合法与否具有不确定性，导致商业企业面对增加的不确定性，无法判定行为是否合法，也会导致反垄断法缺乏一般法律所具有的确定性和对行为的指导性。

（参考资料：孟雁北：《反垄断法》，2版，北京，北京大学出版社，2017）

2. 反不正当竞争法的概念有广义和狭义两种理解。广义的反不正当竞争法，是指调整发生在市场竞争中的不正当竞争行为的法律规范的总称。狭义的反不正当竞争法，专指《反不正当竞争法》，1993年9月2日第八届全国人民代表大会常务委员会第三次会议通过，自1993年12月1日起施行，2019年修正。反垄断法，顾名思义就是反对垄断和保护竞争的法律制度。它是市场经济国家基本的法律制度。一方面，反不正当竞争法与反垄断法同属于竞争法范畴，二者有许多相似之处，互为补充。但另一方面，二者又有很多不同之处，在维护市场竞争秩序方面起着不同的作用。

（1）二者的联系。

1）一个国家有条件制定和实施反不正当竞争法，其前提条件是这个国家的经济生活中存在着自由竞争。如果没有自由竞争，经营者就不存在自由订立合同的可能性，也不会出现不正当竞争行为。因此可以说，反垄断法为反不正当竞争法的执行提供了保障。

2）反垄断法也需要反不正当竞争法的配合和补充。如果一个国家只是反对垄断，而不反对不正当竞争行为，企业就可能会滥用它们的自由竞争权利，随意侵犯其他企业的正当权益，或者侵犯消费者的权益。

（2）二者的区别。

反垄断法和反不正当竞争法的立法目的、调整的对象、性质、行为的救济和制裁是不同的。

1）从立法目的或者理念上说，反不正当竞争法主要是反对经营者出于竞争目的，违反市场交易中诚信的原则和公认的商业道德，通过不正当手段攫取他人竞争优势的行为。因此，它首先保护的是受到不正当竞争行为损害的善意经营者的利益，以维护公平竞争的市场秩序。从这个意义上说，反不正当竞争法追求的价值理念是公平竞争。

反垄断法则是从维护市场的竞争性出发，目的是保证市场上有足够的竞争者，以便使交易对手和消费者在市场上有选择商品的权利。根据反垄断法的理论，只有当市场上出现了垄断或者垄断趋势的时候，政府方可干预市场，干预的目的是降低市场集中度，调整市场结构。因此，概括地说，反垄断法所追求的价值理念是自由竞争，目的是保障企业有自由参与市场竞争的权利，提高经济效率和消费者的社会福利。

2）调整对象不同。从各国反垄断立法与反不正当竞争立法规制的行为看，反垄断法主要禁止垄断行为，有的国家也称之为限制竞争行为，而反不正当竞争法主要禁止不正当竞争行为。这里要区别两个概念：垄断行为和不正当竞争行为。垄断行为是指排除或者限制竞争，损害消费者权益或者危害社会公共利益的行为，具体包括经营者之间排除或限制竞争的协议、决议或协同一致的行为，滥用市场支配地位的行为，以及经营者之间排除或限制竞争的集中行为。从这一概念可以看出，反垄断法关注的是排除或限制竞争的行为，其目的是保障企业有自由参与市场竞争的权利，提高经济效率和消费者的社会福利。不正当竞争行为是指经营者采用欺骗、胁迫、利诱以及其他违背诚实信用和公平竞争惯例的手段从事市场交易。一般是指商业活动中与自愿、平等、诚实信用、公平交易的商业道德相背离的各种行为。

3）从性质上看，反垄断法属于公法范畴，主要维护自由竞争的市场结构和公平竞争的机制；反不正当竞争法属于私法范畴，主要维护商业伦理道德和保护经营者的合法权益。反垄断立法与执法具有宏观特点和政策性；反不正当竞争立法与执法则属于微观领域，限于经营者或消费者。

4）从行为的救济和制裁看，反垄断法自其诞生之初就强调国家或行政机关的主动干预，而无论大陆法国家还是英美法国家，对不正当竞争行为主要采取私法救济，国家对其采取不告不理的态度。不正当竞争行为相对于垄断行为来说，前者主要是侵害私人的利益，因而主要是通过私人诉讼来制止不正当竞争行为；后者主要侵害的是公共利益，常通过行政程序来制止垄断行为，甚至用刑罚来惩罚严重垄断行为。

3. 竞争法，包括《反垄断法》和《反不正当竞争法》。保护竞争和保护竞争者二者属于不同层次的价值目标，并不矛盾，并不是处于相互对立的两极，不是非此即彼的关系，而是相互依存，你中有我，我中有你。

首先，反垄断法：（1）对竞争的保护。《反垄断法》第 1 条明确指出，为预防和制止垄断行为，保护市场公平竞争，鼓励创新，提高经济运行效率，维护消费者利益和公共利益促进社会主义市场经济健康发展，制定本法。反垄断法通过对垄断行为的规制，保护公平竞争的市场秩序。竞争是一种理想的资源配置方式，竞争所产生的积极效果有两个方面，一是效益好的企业将获得利润，效益差的企业由于优胜劣汰的市场机制将面临亏损或者破产，二是竞争将导致价格降低，产品或者服务的质量提高，消费者福利和消费者的选择权增加。（2）对竞争者的保护。保护竞争是一种抽象意义上的法律价值目标的表达，而保护竞争者是法律价值在具体层面上的体现。1）保护竞争者是反垄断法的价值要求。反垄断法以社会整体利益为本位，但社会利益本位原则的确立，并非通过完全放弃对个人权利的保护，而是通过对其进行合理必要的限制来予以实现。发展是一种扬弃，而不是断然否定。主张“不保护竞争者”显然是从绝对保护个人权利的极端滑向了另一个极端。反垄断法的价值不仅在于其对抽象的“良好的竞争秩序”的构建，也在于对具体利益相关者的保护。与消费者利益、社会公共利益相比，竞争者的利益更为直接地受到侵害，仅仅通过构建良好的竞争秩序来实现对竞争者的间接保护不仅无法达到有效保护的目的，反而会最终损害良好的竞争秩序这一目标的实现。因为任何抽象层面的法益目标都需要众多的具体法益目标予以支撑，最终都是通过对具体权利主体的保护、对具体义务主体施加强制力这种方法予以实现。2）保护竞争者是反垄断法价值体系的重要组成部分。反垄断法的主要主体是经营者，其又可以划分为实施垄断行为的经营者和受垄断行为影响的经营者，经营者享有公平竞争的权利，如果从事限制竞争行为的经营者侵犯了其他经营者享有的公平竞争权，此时其他竞争者可以依据反垄断法的规定寻求救济，向反垄断执法机构和法院寻求救济。《反垄断法》规定了垄断协议、滥用市场支配地位、经营者集中、滥用行政权力排除限制竞争等几种垄断行为。《反垄断法》通过对这几种垄断行为进行规制，维护受垄断行为侵害的竞争者的利益。维护公平自由的竞争秩序，依赖于现实中每一次公正的执法、每一次公正的审判。一方面是对从事损害竞争行为的经营者的打击，另一方面是对受垄断行为损害的竞争者的保护，对竞争者这些主体合法权益的保护是反垄断法价值目标的第一层次。（3）二者关系。反垄断法的价值目标可以分为不同层次，第一层次是保护具有竞争关系的经营者等合法主体权益，第二层次是保护公平竞争的市场秩序。竞争是一种秩序，这种秩序的保护，需要对具体权利人的合法权益进行有力地保护才能真正得以实现。

其次，反不正当竞争法：（1）对竞争的保护。反不正当竞争法的立法宗旨是促进社会主义市场经济健康发展，鼓励和保护公平竞争，制止不正当竞争行为，保护经营者和消费者的合法权益。此立法宗旨开宗明义地指出保护公平竞争。（2）对竞争者的保护。《反不正当竞争法》规定了 7 种不正当竞争行为，包括市场混淆、商业贿赂、虚假宣传、侵犯商业秘密、不正当有奖销售、商业诋毁、互联网不正当竞争等。通过对 7 种不正当竞争行为进行规制，保护受不公平竞争行为损害的经营者的利益。反不正当竞争法对竞争者的保护建立在社会连带的思想基础上。反不正当竞争法从社会连带的思想出发，从外部来看待当事人之间构建关系的小圈子，之所以从外部来看待这个小圈子，是因为小圈子具有外部性，特别是负外部性。比如商业贿赂的连带关系，在行贿人和受贿人的关系基础上连带行贿人的竞争者，之所以规制这种行为，是因为它侵犯了行贿人的竞争者的利益，既包括市场上既存的竞争者，又包括潜在的竞争者。因此，反不正当竞争法具有保护竞争者的功能。（3）二者关系。对不正当竞争行为的制止在表层上是维护了正当经营者的直接利益，在深层上是维护了公平竞争优胜劣汰的市场机制。《反不正当竞争法》对既有竞争者和潜在竞争者的保护，其背后的机理是创造一种机制，由该机制形成一种舞台，使现有的竞争者在竞争机制托起的市场舞台上进行正当竞争，同时清除阻碍新的进入者进入的障碍，向所有潜在的竞争者敞开大门。无论不正当竞争行为损害的是现有的竞争者还是潜在的竞争者，都最终损害了竞争机制，所以保护竞争和保护竞争者在最终意义上是一致的，不是相互矛盾的。

综上，传统的“保护竞争而不保护竞争者”，俨然将“竞争”的保护和对“竞争者”的保护视作两个不能相容的价值目标，这种人为割裂的后果在培育“保护竞争”这一竞争文化的同时，也传播了“不保护竞争者”的竞争思想。通过上述分析，可以发现“保护竞争”是一种抽象意义上法律价值目标的表达，“保护竞争者”则是法律价值在具体层面上的体现。竞争法对竞争的保护和对竞争者的保护并非水火不容，而是相互依存、相辅相成的，都能够在法律的价值中寻找到自己相应的空间。

（参考资料：吴宏伟、谭袁：《保护竞争而不保护竞争者？——对主流反垄断法观点的审视》，载《北方法学》，2013 年 7 月版，110～117 页）

图书在版编目（CIP）数据

经济法练习题集 / 刘文华，孟雁北主编. -- 6版. 北京：中国人民大学出版社，2025.3. --（21世纪法学系列教材配套辅导用书）. -- ISBN 978-7-300-33687-9

Ⅰ. D922.29-44

中国国家版本馆CIP数据核字第2025SC0438号

21世纪法学系列教材配套辅导用书

经济法练习题集（第六版）

主　编　刘文华　孟雁北

Jingjifa Lianxitiji

出版发行	中国人民大学出版社		
社　　址	北京中关村大街31号	**邮政编码**	100080
电　　话	010－62511242（总编室）		010－62511770（质管部）
	010－82501766（邮购部）		010－62514148（门市部）
	010－62515195（发行公司）		010－62515275（盗版举报）
网　　址	http://www.crup.com.cn		
经　　销	新华书店		
印　　刷	唐山玺诚印务有限公司	**版　　次**	2006年10月第1版
开　　本	890 mm×1240 mm　1/16		2025年3月第6版
印　　张	22.5	**印　　次**	2025年3月第1次印刷
字　　数	662 000	**定　　价**	59.00元

《　　　　　　　　》※任课教师调查问卷

为了能更好地为您提供优秀的教材及良好的服务，也为了进一步提高我社法学教材出版的质量，希望您能协助我们完成本次小问卷，完成后您可以在我社网站中选择与您教学相关的 1 本教材作为今后的备选教材，我们会及时为您邮寄送达！如果您不方便邮寄，也可以申请加入我社的**法学教师 QQ 群：436438859（申请时请注明法学教师）**，然后下载本问卷填写，并发往我们指定的邮箱（cruplaw@163. com)。

邮寄地址：北京市海淀区中关村大街 59 号中国人民大学出版社 1202 室收

邮　　编：100080

再次感谢您在百忙中抽出时间为我们填写这份调查问卷，您的举手之劳，将使我们获益匪浅！

基本信息及联系方式：※

姓名：＿＿＿＿＿＿ 性别：＿＿＿＿＿＿ 课程：＿＿＿＿＿＿＿＿＿＿＿＿＿＿＿＿

任教学校：＿＿＿＿＿＿＿＿＿＿＿＿＿ 院系（所）：＿＿＿＿＿＿＿＿＿＿＿＿＿＿

邮寄地址：＿＿＿＿＿＿＿＿＿＿＿＿＿ 邮编：＿＿＿＿＿＿＿＿＿＿＿＿＿＿＿＿

电话（办公）：＿＿＿＿＿＿ 手机：＿＿＿＿＿＿ 电子邮件：＿＿＿＿＿＿＿＿＿＿

调查问卷：※

1. 您认为图书的哪类特性对您选用教材最有影响力？（　　）（可多选，按重要性排序）

   A. 各级规划教材、获奖教材　　B. 知名作者教材

   C. 完善的配套资源　　D. 自编教材

   E. 行政命令

2. 在教材配套资源中，您最需要哪些？（　　）（可多选，按重要性排序）

   A. 电子教案　　B. 教学案例

   C. 教学视频　　D. 配套习题、模拟试卷

3. 您对于本书的评价如何？（　　）

   A. 该书目前仍符合教学要求，表现不错将继续采用。

   B. 该书的配套资源需要改进，才会继续使用。

   C. 该书需要在内容或实例更新再版后才能满足我的教学，才会继续使用。

   D. 该书与同类教材差距很大，不准备继续采用了。

4. 从您的教学出发，谈谈对本书的改进建议：＿＿＿＿＿＿＿＿＿＿＿＿＿＿＿＿＿＿

＿＿＿＿＿＿＿＿＿＿＿＿＿＿＿＿＿＿＿＿＿＿＿＿＿＿＿＿＿＿＿＿＿＿＿＿＿＿

＿＿＿＿＿＿＿＿＿＿＿＿＿＿＿＿＿＿＿＿＿＿＿＿＿＿＿＿＿＿＿＿＿＿＿＿＿＿

选题征集：如果您有好的选题或出版需求，欢迎您联系我们：

联系人：黄　强　联系电话：010-62515955

索取样书：书名：＿＿＿＿＿＿＿＿＿＿＿＿＿＿＿＿＿＿＿＿＿＿＿＿＿＿＿＿

书号：＿＿＿＿＿＿＿＿＿＿＿＿＿＿＿＿＿＿＿＿＿＿＿＿＿＿＿＿＿＿＿＿

备注：※ 为必填项。